AF576181

Ulrich Bender

Kirchenmusiker im „Dritten Reich“: Wilhelm Bender (1911 bis 1944) Musiker an der Berliner Parochialkirche Person und Werk im kirchenpolitischen Wettbewerb

Veröffentlichungen zur Musikforschung

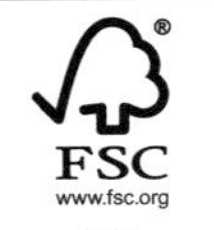
FSC
www.fsc.org
MIX
Papier aus verantwortungsvollen Quellen
Paper from responsible sources
FSC® C105338

Mauer Verlag
Wilfried Kriese
72108 Rottenburg a/N

Titelbild: Wilhelm Bender am Glockenspiel (Privat)
Abbildung auf Seite 5: Parochialkirche von der Klosterstrasse aus gesehen
Fotografie Ernst von Brauchitsch, 1904
Stiftung Stadtmuseum Berlin: Inv.-Nr.: SK 02/896 VF
Reproduktion: Oliver Ziebe, Berlin

2011

ISBN 978-3-86812-246-6

www.mauerverlag.de

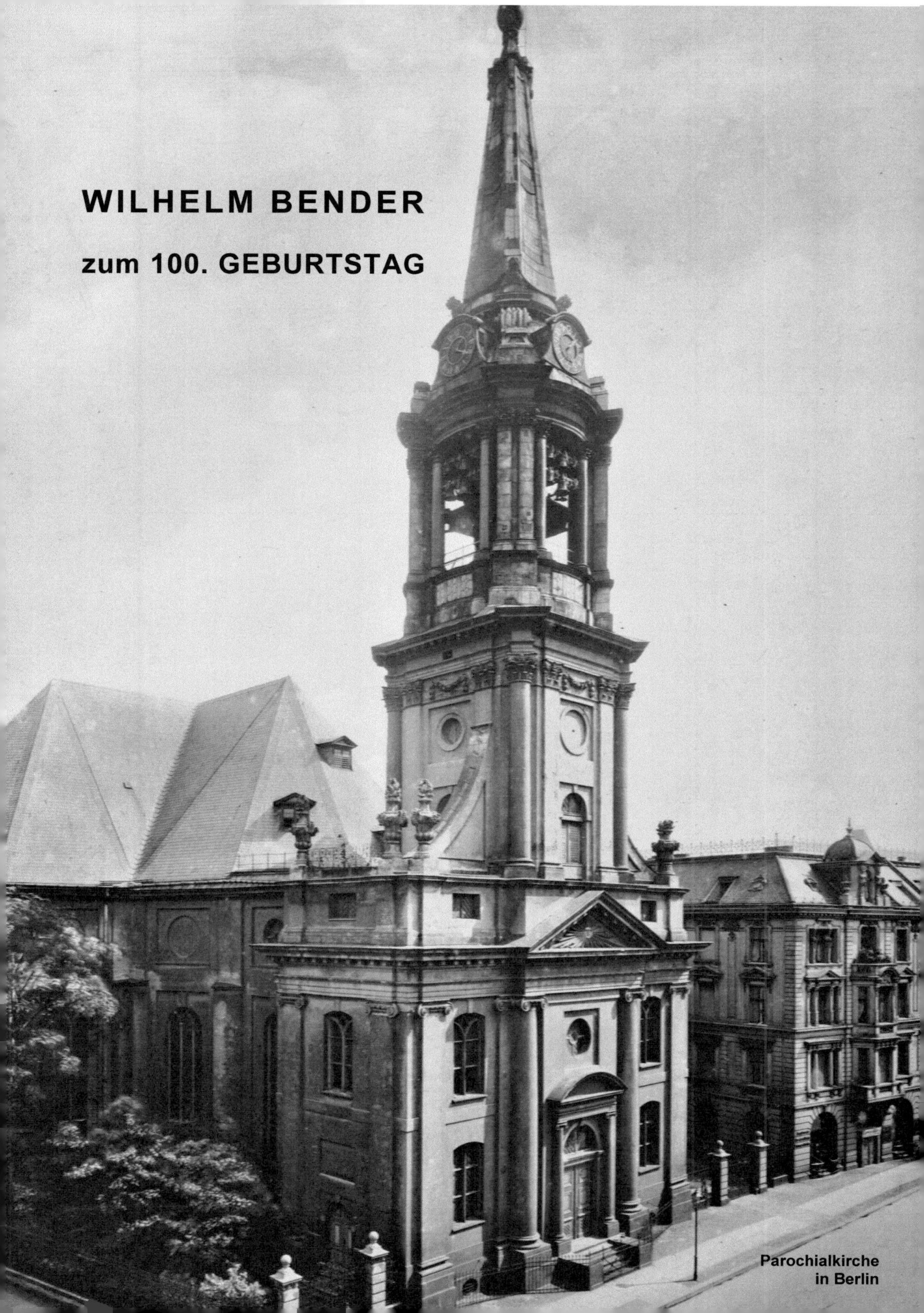

Parochialkirche
in Berlin

Inhaltsverzeichnis

1 Lebensdaten

1911	am 10. Februar in Frankfurt/Main geboren
1929	Abitur an der Liebig-Oberrealschule in Frankfurt/Main Beginn des Doppelstudiums an der Universität Frankfurt (Germanistik, Philosophie, Kunstgeschichte) und am Dr. Hochschen Konservatorium, der späteren Staatlichen Hochschule für Musik in Frankfurt (Orgel, Gesang, Klavier, Musiktheorie)
1931	Wechsel nach Berlin an die Staatliche Akademie für Kirchen- und Schulmusik
1934	Examen zur Befähigung zum Künstlerischen Lehramt an Höheren Schulen und Examen für Organisten und Chordirigenten mit Auszeichnung Bann-Musikreferent der Hitlerjugend und Singscharleiter der Rundfunkspielschar in der Reichsjugendführung „Musikus“ am Kinderfunk des Deutschlandsenders in Berlin Organist am Invalidenfriedhof in Berlin Organist und Chorleiter an der Lazaruskirche in Berlin Beginn einer regen Konzerttätigkeit Erste Lied-Kompositionen wie „Der eine fragt, was kommt danach“ und „Kinderlein zart“ sowie der Kleinen Chorkantate „Ich singe Dir mit Herz und Mund“
1935	Assessorenarbeiten über „Volkssingen und Schulgemeinde“ und „Das artgemäße Lied. Ein Beitrag zur Geschmacksbildung“ Pianist und Organist am Deutschlandsender in Berlin
1936	Assessorenexamen für das künstlerische Lehramt an Höheren Schulen Kantor und Glockenspieler an die Parochialkirche in Berlin bis 1940. Antrittskonzert an der Orgel der Parochialkirche am 11. August Schüler in der Kompositionsklasse bei Paul Hindemith. Musikwissenschaftlicher Berater für die Sammlung historischer Instrumente des Staatlichen Instituts für Deutsche Musikforschung in Berlin
1937	Heirat, 1938 und 1940 Geburt der beiden Töchter Dozent bis 1940 an der Volkshochschule Groß-Berlin für „Deutsche Volksliedkunde“ Erste wichtige Kompositionen für das Carillon, z. B. „5 Tänze für Glockenspiel“ Mitwirkung an der evangelischen Orgel- und Liturgiereform

1938	Gründung und Leitung des „Volksdeutschen Singkreises“ Gutachtertätigkeiten für Glockenspiele Zahlreiche deutschlandweite Orgel- und Glockenspielkonzerte Deutsche Uraufführung von Glockenmusik Georg Friedrich Händels Rege Kompositionstätigkeit, u. a. Komposition der „Suite für Glockenspiel“ und der „Sonate in f für Altblockflöte und Klavier“ Komposition der Liedersammlungen „Neue Lieder für kleine Kinder“ und „Der Brunnen“
1939	Mitgliedschaft in der Reichsmusikkammer Rege Kompositionstätigkeit, u. a. Komposition der Liedersammlung „Unsere Katz heißt Mohrle“
1940	Eintrit in die NSDAP Militärdienst als Funker in Frankreich, Belgien und den Niederlanden Als Musikreferent der Wehrmacht und als „Krad-Organist“ Ausbilder von Singleitern der Wehrmacht in einer Heeresmusikschule Komposition der Liedersammlung „Weisse Blum – Rote Blum“
1942	Berufung zum Hochschullehrer und Leiter der Abteilung („Institut“) für Schulmusik an der Staatlichen Hochschule für Musik in Frankfurt/Main Beförderung zum Feldwebel Wichtige Kompositionen für Klavier, u. a. „Tanzreihe: Acht Stücke für Klavier“ Umfassende Konzerttätigkeit, z. B. in Amsterdam mit dem Glockenkonzert „Glocken singen für Soldaten“ Beginn der (unvollendeten) Niederschrift der Dissertation „Europäische Glockenspiele“ im Rahmen einer geplanten Promotion in Heidelberg bei Professor Heinrich Besseler
1943	Vergeblicher Versuch, Wilhelm Bender auf die „Gottbegnadeten-Liste“ zu setzen Erneuter Militärdienst in einer Propaganda-Kompanie in Südost-Europa Komposition „Der Jahrmarkt. 10 Klavierstücke“ Komposition der vier Lieder für Sopran „Trinkt, oh Augen“ Vereinzelte Kompositionen von Militärmusik
1944	am 23. März in Griechenland gefallen am 30. April Trauergottesdienst in der Parochialkirche

2 Spurensuche

Mein Leben wäre möglicherweise ganz anders verlaufen:

Schon recht früh zeigte ich großes Interesse an „guter Musik“ – an Instrumentalmusik zumeist. Hätte mein hochbegabter und erfolgreicher Onkel Wilhelm Bender, vielleicht sogar am gleichen Wohnort, einen „richtigen“ Musiker aus mir gemacht, sofern er nicht nur mein Musikinteresse beobachtet, sondern vielleicht Begabungen entdeckt und gefördert hätte?

Diese Frage stellt sich mir eigentlich erst heute. „Onkel Wilhelm“, seine große Musikalität sowie seine künstlerischen Arbeiten habe ich erst in den letzten Jahren wirklich entdeckt. Als Jugendlicher habe ich gerne seine „Tanzreihe für Klavier“ (vor-) gespielt: Sie hat auf sehr moderate Weise mein klassisches Repertoire erweitert, ohne mich damals zu weit in die Moderne zu führen, die mich auch heute noch eher intellektuell interessiert als emotional anspricht. Zum anderen: Wer aus meinem damaligen schulisch-musikalischen Umfeld konnte schon mit professionellen (gedruckten) Klavierstücken eines eigenen Onkels aufwarten?

Einige Jahrzehnte lang war der Musiker Wilhelm Bender fast vergessen. Nach einer eher zufälligen Durchsicht seiner u.a. beim Schott-Verlag in Mainz verlegten Kompositionen nahm ich mir vor, mich für die Wiederaufführungen der Musik meines Onkels einzusetzen. Außerdem wollte ich mehr über das Musikerleben von Wilhelm Bender erfahren.

Meine Spurensuche führte mich auch ins Ausland. Es fand sich ein brieflicher Hinweis auf einen in Kanada gebürtigen Glockenspieler aus den USA, Frank Percival Price, der Wilhelm Bender noch vor dem Kriege bei der Glockengießer-Familie Schilling in Apolda kennen gelernt und (wegen des dann bald erfolgten Kriegsausbruchs vergeblich) zu einem Konzert in die neue Welt eingeladen hatte. Anlässlich seiner Europareise hatte Percival Price zahlreiche Kompositionen für Glockenspiel („Carillon“) gesammelt und glücklicherweise Kopien von Wilhelm Benders Glockenspielmusiken anfertigen dürfen, die dann in den Kriegswirren in Berlin teilweise verloren gingen. Percival Price hat die Arbeiten Wilhelm Benders durch seine Konzerttätigkeit und als Professor an der University of Michigan in Nordamerika bekannt gemacht; er bezeichnete den jungen Wilhelm Bender in einer seiner Veröffentlichungen „als den fähigsten Carillonneur östlich der Niederlande“. Die Tochter von Price, Daphne McCree, schickte mir ein Verzeichnis aller im Percival Price-Archiv der National Library of Canada in Ottawa vorhandenen Kompositionsabschriften (nach seinem Tod im Jahre 1985 hatte Price dieser Institution seinen gesamten musikalischen Nachlass testamentarisch vermacht). Die meisten der verloren geglaubten Glockenmusiken von Wilhelm Bender konnten so wieder erschlossen werden.

Für mich, den Neffen, war es ein Erlebnis besonderer Art, bei meinen Internet-Recherchen nach archivierten Kompositionen z. B. im Online-Verkehr mit der Texas Technical University auf eine mir bislang unbekannte Flötensonate von Wilhelm Bender zu stoßen. Tatsächlich sind (gedruckte) Werke von Wilhelm Bender in den unterschiedlichsten (Universitäts-)Bibliotheken in der alten und neuen Welt zu finden, in Iowa, New York, Colorado, Illinois, Ottawa wie auch in Mechelen, Antwerpen, Wien, Berlin, Frankfurt oder Detmold.

Über das Internet, durch Korrespondenzen mit Musikhochschulen, Musikverlagen, Kirchen, in Gesprächen mit Archivaren im In- und Ausland, mit internationalen Musikern und Verlegern, in Büchern und Fachzeitschriften usw. stieß ich auf weitere Kompositionen, die seinerzeit in z. T. nicht mehr existierenden Verlagen gedruckt wurden. Beeindruckend übrigens, wie hilfsbereit und interessiert Fremde sich im In- und Ausland zeigten und sich sehr schnell um Archiv-Recherchen und Antworten bemühten, wenn ich meine Anliegen als Neffe vortrug. Ihnen allen sei auch hier noch einmal gedankt.

Alte Konzertprogramme, die mir in Archiven zur Verfügung gestellt oder aus Büchern zugänglich wurden und die Wilhelm Bender u. a. als Interpreten eigener Werke vorstellten, führten zur weiteren Suche nach gedruckten Noten und nach historischen Rundfunkaufnahmen seiner Kinderlieder oder nach Rundfunk- und Schallplattenaufnahmen mit meinem Onkel als Solisten (u. a. auf einem Original-Bach-Cembalo, das vormals Johann Sebastian Bach gehörte). Insgesamt konnte ich fast 170 Tonträger ausfindig machen und über 140 Kompositionstitel nachweisen, wovon mehr als 100 wieder in Notenform – gedruckt oder als Manuskript – vorliegen[1]. Bei dieser großen Anzahl an Werken ist zu bedenken, dass z. B. eine Liedersammlung, bestehend aus 8 Liedern, oder eine Tanzreihe mit 8 Klavierstücken nur als eine Komposition gezählt wurde! Es handelt sich bei den Kompositionen von Wilhelm Bender um Klavier- und Flötenstücke, Chor- und Orchesterwerke, Kammermusik und vor allem um (Kinder-)Lieder und Kompositionen für Glockenspiel.

Qualität und Quantität der Werke sind erstaunlich für einen jungen Mann, der mit 23 Jahren seine beiden Studien für das Lehramt an den Höheren Schulen und für Kirchenmusik abschloss und schon mit 33 Jahren sterben musste. Er hätte ein ganz großer Musiker werden können, wenn ihm die dazu nötigen Lebensjahre vergönnt gewesen wären. Er war musikalisch ein Naturtalent mit der natürlichen Fähigkeit, in Melodien und Noten zu denken, eine herausragende Begabung mit einer glänzenden musikalischen Zukunft.

Bedenkt man, dass Wilhelm Bender neben seiner Arbeit als Kirchenmusiker und Komponist auch Aufsätze schrieb und Gutachten anfertigte, an einer Dissertation über Glockenspiele arbeitete, Vorträge hielt, Orgelunterricht gab, wesentlichen Einfluss innerhalb der kirchenmusikalischen Erneuerungsbewegung auf die Liturgiereform der ehemals altpreußischen Union nahm und zahlreiche weitere Nebentätigkeiten ausübte, teils aus Freude und wegen seines künstlerischen Sendungsbewusstseins, teils um seine nicht üppigen Einnahmen als Kirchenmusiker aufzubessern (z. B. als Dozent an der Volkshochschule Groß-Berlin), so fragt man sich, wie er dieses Arbeitsvolumen in seinen wenigen Berufsjahren überhaupt schaffen konnte.

[1] Sehr wahrscheinlich ist es dem Verfasser nicht gelungen, alle musikalischen und biografischen Spuren Wilhelm Benders lückenlos zu verfolgen, es konnten auch nur wenige historische Musikauf-nahmen mit Wilhelm Bender wiedergefunden werden. Möglicherweise liegen insbesondere noch Schallplatten mit Aufnahmen Wilhelm Benders unentdeckt in manchen Privathaushalten; einige Konzerte Wilhelm Benders – vor allem an der Orgel und am Glockenspiel der Parochialkirche – wurden u. a. vom Berliner Rundfunk mitgeschnitten und anschließend auf Schallplatten übertragen. Sie wären von zusätzlicher historischer Bedeutung u.a. dann, wenn die Parochialkirche in den nächsten Jahren ein neues Glockenspiel erhalten wird. Alle diejenigen, die noch zur Vervollständigung des (musikalischen) Lebensbildes des Kirchenmusikers Wilhelm Bender beitragen können, werden darum dringlich gebeten, den Verfasser zu informieren.

1936 wurde er, der ewig Neugierige, sogar noch bei Paul Hindemith in dessen Kompositionsklasse aufgenommen, um sich weiter fortzubilden.

Seine wichtigsten musikalischen Schaffensjahre verbrachte Wilhelm Bender an der Berliner Parochialkirche. Die dortige Tätigkeit als Organist, Chorleiter und vor allem als Glockenspieler in den Jahren 1936-1940 muss für ihn höchst inspirierend gewesen sein. Viele seiner wichtigen Kompositionen entstanden in jenen Jahren.

Ich habe für die vorliegende Arbeit nicht nur das musikalische Material von und zu Wilhelm Bender gesammelt, sondern auch die noch vorhandenen biografischen Daten aufgespürt, um das, was sich mir aus erreichbaren Quellen erschlossen hat, zusammenfassend zu beschreiben. Alle mir zugänglichen Briefe, persönliche Notizen, Akten, Protokolle, Drucksachen usw. habe ich ausgewertet, um über das Leben, über die musikalischen und wissenschaftlichen Werke und das gesellschaftliche, berufliche und musikalische Umfeld Wilhelm Benders mehr zu erfahren. Leider ging durch die Kriegszerstörung auch die Berliner Bibliothek Wilhelm Benders verloren, außerdem sein gesamtes Notenmaterial und vermutlich auch seine Schallplattensammlung. Die Kenntnis seiner literarischen und musikalischen Informationsquellen und seiner künstlerischen Vorlieben hätten zusätzliche Aussagen zu seinem persönlichen Leben erlaubt. Las Wilhelm Bender viel, und wenn ja, was, welche außermusikalische Interessen verfolgte er noch (bei seiner großen Arbeitsbelastung kaum vorstellbar) – und war er hoffentlich generell interessierter als so mancher Musiker, der ohne größeres Zusatzwissen und ohne weitere Neigungen außerhalb seines Berufsfelds bleibt?

Es gibt weitere erkennbare Lücken in ansonsten vollständigen Akten: Das Archiv der Parochialkirche scheint zu manchen Themen der nationalsozialistischen Jahre systematisch und absichtsvoll „bereinigt“ worden zu sein. Dies ist deswegen zu vermuten, weil einige der in der Parochialkirche Verantwortlichen eine erkennbare Nähe zu den Nationalsozialisten pflegten. Es fehlen z. B. große Teile der Personalakte des Pfarrers Kitscha, Mitglied der Deutschen Christen und der NSDAP, mit dem Wilhelm Bender in der Parochialkirche zusammengearbeitet hat, es fehlen Mietverträge mit der SA, die im Wohn- und Bürohaus der Parochialkirche Räume angemietet hatte usw. Wo keine historischen Quellen zu finden sind, wachsen Fantasie und Vermutungen. Nicht alles lässt sich wissenschaftlich anhand von Fundstellen nachweisen; doch lassen die zahlreichen noch vorhandenen Quellen gewisse Schlüsse auf ansonsten nur vermutete Sachverhalte durchaus zu. Auch aus einer gewollten Unvollständigkeit tritt der Geist des Ganzen manchmal überdeutlich hervor.

Durch meine Beschäftigung mit der letztlich doch überraschenden Materialfülle in Verbindung mit Wilhelm Bender ergab sich die Chance, die Situation eines Musikers zu beschreiben, der – bei allem Talent - schon alleine wegen seiner Jugend und seiner kurzen Schaffensperiode überregional kaum in vorderster Reihe stehen konnte. Ganze Bibliotheken beschäftigen sich mit den Großen der Musik in den Jahren von 1933–1945 und ihrer Rolle im Dritten Reich, mit ihren Nazi-Karrieren wie z. B. denen von Elly Ney, Clemens Krauss, Herbert von Karajan, Elisabeth Schwarzkopf und (in Grenzen) mit denen von Hans Pfitzner, Karl Böhm u. a. oder mit Mitläufern wie Richard Strauss, Carl Orff, Werner Egk, Wolfgang Schneiderhahn, Walter Gieseking usw.[2] – damals zum Teil jüngere Talente, noch auf der untersten Sprosse ihrer Karrie-

---

[2] Umfangreiche Hinweise zu den Musikern, die im Dritten Reich politisch auffällig wurden, liefert Fred K. Prieberg in seinem Buch „Musik im NS-Staat“, Frankfurt am Main 1982.

releiter, die sich des künstlerischen Fortkommens wegen politisch absicherten (aber nach dem Krieg häufig genug alle Beziehungen zu den Nationalsozialisten vertuschen wollten).

Die Musiker der „zweiten und dritten Garnitur“ und ihre kleine oder große Bedeutung im und für das „Dritte Reich“ wurden bislang meistens übersehen – sei es aus Mangel an Interesse oder aus Mangel an biografischem Material. Zusätzlich haben Bedenken, eine Aufarbeitung des „harmloseren“ nationalsozialistischen Alltags von weniger bedeutenden Musikern könne eine Relativierung der Naziverbrechen bedeuten, manche biografische Veröffentlichung verhindert. Seit wenigen Jahren konzentriert sich das Forschungsinteresse nicht mehr (nur) auf die großen historischen Abläufe, die zumindest vorläufig erforscht sind, sondern verstärkt auf individuelle Lebensläufe und deren Umfeld – was sicherlich auch dazu beiträgt, die übergeordneten Zusammenhänge besser zu verstehen.

Für Wilhelm Bender ergibt sich das Bild eines Musikerschicksals im Dritten Reich, notwendigerweise weniger spektakulär als das Bild der ganz Großen, aber leider tragischer und vermutlich auch repräsentativ für viele andere vergleichbare Einzelschicksale jener Jahre. Ich berichte über Wilhelm Benders Leben und seine Musik, bemühe mich um den Bezug zu dem entsprechenden (kirchen-)politisch wirren Geschehen und verbinde – wo es mir angebracht schien und soweit mir das als Nicht-Historiker möglich war – die private Lebensgeschichte Wilhelm Benders mit der Vor- und Kriegszeit, dokumentiere also auch ein Stück individueller Zeitgeschichte. Die Beschreibung seiner persönlichen und institutionellen Berliner Umgebung, die ja nicht nur Wilhelm Bender beeinflusst hat, dient auch dem Erkennen einer bestimmten Gefühls- und Gesinnungswelt und des damaligen (musik-)politischen Klimas, das die Akzeptanz des Nationalsozialismus überhaupt erst ermöglicht oder zumindest doch wesentlich erleichtert hat.

Darum nimmt auch die Beschreibung des Kirchenkampfs in dieser Arbeit einen vergleichsweise breiten Raum ein[3]. Wilhelm Bender, der diese Auseinandersetzungen innerhalb der evangelischen Kirche von Anbeginn an in Berlin – hier war der Kirchenkampf besonders intensiv – miterlebte, hat vermutlich unter dieser kirchenpolitischen Situation gelitten (während er die allgemeine politische Situation bis zu den Kriegsjahren wohl eher als weniger bedrückend empfand). Ausgeschlossen, dass ihm die evangelische Kirche in seinen Berliner Jahren Vorbild und moralische Orientierung war. Undenkbar, dass ihn der fehlende Widerstand der evangelischen Kirche gegenüber den Gräueln des NS-Regimes zu einer Distanzierung vom Nationalsozialismus hätte leiten können. Wenn letztlich schon die Kirche vor der nationalsozialistischen Diktatur weitestgehend kapitulierte, mit welchem Anspruch sollte man dann von einem jungen, politisch noch formbaren Kirchenmusiker erwarten können, zu einer kritischen oder sogar ablehnenden politischen Haltung gegenüber dem Nationalsozialismus zu finden?

Eine gewisse Distanz zum nationalsozialistischen Geschehen fand Wilhelm Bender allerdings auf kirchenmusikalischem Gebiet: In die kirchenmusikalischen Erneuerungsbewegung hat er sich intensiv eingebracht und ist dabei (zusammen mit seinem Pfarrer) nicht den einfacheren und risikoloseren Weg gegangen, den das NS-Regime

---

[3] Vgl. Kapitel 5.

vielleicht eher honoriert hätte[4]. Insoweit hat Wilhelm Bender im kirchenmusikalischen Teil des Kirchenkampfs auf Seiten der Bekennenden Kirche durchaus Stellung bezogen. Bei meinen Recherchen zum Beitrag Wilhelm Benders zur kirchenmusikalischen Erneuerungsbewegung bin ich zu dem Ergebnis gekommen, dass die Auseinandersetzungen um die „richtige Kirchenmusik" im Dritten Reich sehr wohl ein nicht unwesentlicher Teil des Kirchenkampfes zwischen den Deutschen Christen und der Bekennenden Kirche waren. Dieser Zusammenhang wird in der Literatur m. E. zu Unrecht übersehen, selbst in Standardwerken nicht gewürdigt[5]. Jedenfalls habe ich auch über diese Verbindungen relativ ausführlich berichtet, auch wenn zumindest der Kirchenkampf aus heutiger Sicht für Nicht-Theologen eher ein unbedeutender Mosaikstein im chaotischen Gesamtbild des Dritten Reichs war. Für die kirchenpolitische und kirchenmusikalische Einordnung Wilhelm Benders ins Chaos des Dritten Reichs schien mir die Beschreibung dieser Zusammenhänge jedoch von Bedeutung zu sein.

Die Auswahl der auf Wilhelm Bender wirkenden vermuteten menschlichen und fachlichen Einflussfaktoren musste subjektiv bleiben; diese Einflüsse Dritter lassen sich ohnehin nicht mehr lückenlos nachweisen, sondern – auch in ihrer unterschiedlichen Wirkungsintensität – bestenfalls vermuten. Subjektiv war die Auswahl deshalb, weil auch nur solche Einflüsse von mir verfolgt wurden, die mit den zur Verfügung stehenden persönlichen Möglichkeiten und mit vertretbarem Aufwand recherchiert werden konnten. Dies gilt insbesondere für die mir zugängliche Literatur, die ich in der unfangreichen Bibliografie mit rund 170 Titeln aufgelistet habe. Fachleute werden erkennen, ob ich vielleicht noch wichtigere Autoren übersehen habe. Jedenfalls wurden – ein wichtiges Ziel dieser Arbeit - alle noch vorhandenen Spuren zu Person und Werk Wilhelm Benders gesichert.

Ich habe Wilhelm Bender in seinem gesellschaftlichen und kulturellen Umfeld beschrieben und die dafür notwendigen Informationen aus Musikwissenschaften, (Kirchen-)Geschichte und Theologie zusammengetragen – für einen Laien nicht ungefährlich. Fachlich bin ich dadurch sicherlich fallweise angreifbar. Ich habe mich dennoch zu diesem Wagnis entschlossen, weil ich ansonsten das Leben Wilhelm Benders nicht so auseichend hätte beschreiben können, wie ich es gerne wollte. Ich weise damit auf Inhalte und Zusammenhänge von Jugendmusikbewegung, Volkssingen, Hitlerjugend, (evangelischem) Kirchenkampf, kirchenmusikalischer Erneuerungsbewegung und der allgemeinen Suche nach einer individuellen Tonsprache hin – Abhängigkeiten, die ich bei meinem vorbereitenden Lektürestudium in dieser Form nirgendwo beschrieben fand. Meistens stieß ich bei den einzelnen Themen auf fachlich isolierte Spezialliteratur, die die o. g. Verbindungen nicht einmal ansatzweise herstellen. Die sich aber gegenseitig beeinflussenden Wirkungsgeschichten der erwähnten Institutionen, Bewegungen und Gesinnungen findet man – das macht die Person Wilhelm Bender auch historisch interessant – in dessen Ausbildungs- und Berufsstationen sowie in seinen Kompositionen und Schriften wieder. Die Lebens- und Schaffensperiode von Wilhelm Bender umfasst exakt die große soziale und kulturelle Umbruchphase der dreißiger Jahre des letzten Jahrhunderts: In der Dekade nach 1930 bis zum Kriegsgeschehen wird Wilhelm Bender mit seinem Wirken damit zu einem Zeitzeugen und zu einer „gelebten Inhaltsangabe" der wichtigsten interdependenten (kirchen-)

---

[4] Vgl. Kapitel 14.

[5] Vgl. z. B. Wolf-Dieter Hauschild: Lehrbuch der Kirchen- und Dogmengeschichte, Band 2, Reformation und Neuzeit, Gütersloh 1999.

politischen und (kirchen-)musikalischen Strömungen. Ich hoffe, dass diese Beschreibungen auch Anstoß für z. B. ein musikwissenschaftliches Seminar geben könnten, in dem die Situation Wilhelm Benders oder vergleichbarer Musikerschicksale im „Dritten Reich" interdisziplinär, also mit gleichzeitiger Beteiligung der genannten wissenschaftlichen Disziplinen, professionell und damit umfassend dargestellt wird.

Es sollte mit der vorliegenden Veröffentlichung bewusst neben der Biografie auch gleichzeitig eine Monografie entstehen, weil es im kirchenpolitischen Klima jener Jahre zum Schicksal Wilhelm Benders vermutlich Parallelen zu Schicksalen vieler anderer Kirchenmusiker gab. Darum wurde dieses verführende politische Klima, soweit es für das Schaffen Wilhelm Benders und vielleicht für das von Dritten von Bedeutung schien, zum besseren Verständnis ihres Handelns oder Unterlassens in die vorliegende Betrachtung mit einbezogen. Infolgedessen habe ich mich unter anderem auch mit jenen Institutionen beschäftigt, mit denen Wilhelm Bender und weitere Musiker in regem Kontakt standen, sowie mit seinen Lehrern und Vorbildern und anderen ihn umgebenden Personen, die natürlich auch Bezugspunkte für ihn und seine Musik waren. Es ist der Versuch, den Menschen und Künstler Wilhelm Bender in seinen (musik-) geschichtlichen Kontext zu stellen und gleichzeitig die Analyse seiner Kompositionen in sein biografisches Umfeld einzubetten.

Wilhelm Bender war ohne Zweifel politisch angepasst und hat sich bewusst mit der (kirchen-)politischen Situation arrangiert. Er war schon ab 1934 in der Hitlerjugend tätig und ab 1940 Mitglied in der NSDAP. Die ihn in seinem künstlerischen Leben umgebenden persönlichen wie institutionellen aktiven politischen Rahmenbedingungen, von denen er geradezu „umzingelt" war und die ihm insbesondere in seinen Studienjahren gewollt oder doch unbewusst politisch verführten, ließen zumindest anfangs wohl kaum Spielraum für eine andere politische Weltanschauung und später schwerlich eine veränderte Realisierung der persönlichen Karriereplanung zu. Das unterschied ihn in keiner Weise von Millionen anderer Deutscher. Ein überzeugter Nationalsozialist war er nicht. Sein Handeln hatte dem seinerzeitigen politischen Verständnis entsprochen; vielleicht hätte er als frommer Kirchenmusiker weniger angepasst und mit mehr innerer Resistenz agiert, hätte dem Säkularisierungsdruck energischer widerstanden, wenn ihm das Führungspersonal, seine Kirchenführung, Vorbild und moralische Stütze gewesen wäre. Gerne hätte man in seiner Familie im nachhinein ein eher idealtypisches Bild von ihm gehabt – am liebsten vom einem Mann der Kirche, der so fest in seinem Glauben verankert war, dass er im Rahmen seiner Möglichkeiten (kirchen-)politischen Widerstand geleistet hätte. Gerne hätte man aus heutiger Sicht auch gesehen, dass einige seiner Kompositionen zumindest in die Nähe der „entarteten Musik" gerückt oder 1938 im Zusammenhang mit der Düsseldorfer Ausstellung „Entartete Musik" erwähnt worden wären oder er sich im Umkreis „verfemter" Künstler bewegt hätte. Von alledem ist nichts zu entdecken, nur Wunschdenken, das den damaligen Verhältnissen und den konkreten Handlungsspielräumen der allermeisten Menschen im Nationalsozialismus nicht gerecht wird. Stattdessen ist nur das damals übliche Maß an Opportunismus zu finden. Ohne die Vorbildfunktion seiner vorgesetzten „Berufschristen" reichten Glauben und Gewissen zur eigenen Vorbildfunktion alleine nicht aus.

Insoweit handelt es sich im vorliegenden Fall nicht immer um eine erbauliche Lektüre; schmerzlicher wären allerdings schonende Beschönigungen gewesen. Unbestritten war Wilhelm Bender Nutznießer des NS-Kultursystems – damit hat er sich selbst in eine ungleich günstigere Situation befördert als manch anderer begabte Musiker seiner Generation, der sich aufgrund seiner kritischen Gesinnung unter den politischen Umständen nicht entwickeln durfte. Er hatte ohne Bedenken und kompromisslos seine Chancen als Musiker im damaligen (kirchen-)politischen Umfeld genutzt und sein Talent entsprechend eingesetzt. Schicksalhaften Prüfungen war er auf diese Weise nicht ausgesetzt; andererseits verdankte er seine beruflichen Erfolge auch nicht irgendwelchen glücklichen Fügungen oder politischen Beziehungen, sondern ausschließlich seinem großen Können. Wer sich im „Dritten Reich“ dem Dienst an der Musik verpflichtet fühlte, begab sich offenbar in Widersprüche, die sich aus heutiger Sicht kaum auflösen lassen. Würde man im Übrigen Tun und Unterlassen des Musikers Wilhelm Bender mit ähnlichen Aktivitäten überlebender Musiker im Dritten Reich vergleichen, so käme man leicht zu dem Schluss, auch Wilhelm Bender sei schlimmstenfalls nach dem Krieg von den Alliierten im Rahmen der „Entnazifizierung“ lediglich als „Mitläufer“ (im Rahmen der drei möglichen Kategorien „Täter“, „Mitläufer“ und „Opfer“) bei Zahlung einer geringen Sühnestrafe eingestuft worden[6].

In seiner Musik war Wilhelm Bender aber erstaunlich unpolitisch. In ihr fehlt jegliche Ideologie; die damals üblichen „Huldigungskompositionen“, die für Karrieristen unerlässlich waren, findet man bei Wilhelm Bender nirgendwo. Er war nach allem sicherlich ein moralischer Mensch in einem unmoralischen Regime, ein persönliche Nachteile vermeidender Mitläufer – kein Täter. Mitläufertum war als politischer Kompromiss ein gängiger Tatbestand. Wie die meisten Menschen passte er sich damals der Obrigkeit an und hatte bestenfalls im Verborgenen abweichende Meinungen und Überzeugungen. Wie viele Menschen, die das „Dritte Reich“ erlebt haben, ist er schicksalhaft in eine Situation geraten, die den Menschen heute erspart blieb. Er war wahrscheinlich weder ein wirklicher Nationalsozialist noch (nicht einmal bei kleineren Ereignissen) ein entschiedener Gegner – was damals vermutlich der Normalfall war. Wie viele andere kooperierte Wilhelm Bender mehr oder minder intensiv mit den nationalsozialistischen Tätern und wurde damit aus der Sicht der Nachkriegsgeneration zum Mittäter. Aber er war auch Opfer der nationalsozialistischen (Kultur-)Politik. Denn anders als die Überlebenden jener Jahre hat er in dieser schrecklichen Zeit bereits in jungen Jahren sein Leben lassen müssen und für mögliche Fehler immerhin mit der „Höchststrafe“ gebüßt. Wirkliche Nazi-Karrieristen – auch aus dem akademischen Lehrbetrieb – haben oft nicht nur nicht für ihre politischen Verfehlungen büßen müssen, sondern sich nach 1945 den neuen Erfordernissen wendig angepasst und neuerlich Karriere gemacht[7]. So trug der Neubeginn bereits Züge der Restauration.

---

[6] Eine solche Schlussfolgerung lässt sich z. B. aus der Vita des Komponisten Wolfgang Fortner ableiten (vgl. auch Kapitel 8), in den nationalsozialistischen Jahren Dozent am Evangelischen Kirchenmusikalischen Institut in Heidelberg, Kirchenmusiker der Bekennenden Kirche, Parteimitglied und Schöpfer NS-genehmer Musik. Vgl. Matthias Roth: War Wolfgang Fortner ein Nazi? Der Komponist mit der Partei-Mitgliedsnummer 7.818.245 im Spiegel seiner „Entnazifizierungsakte“. In: Musik in Baden-Württemberg, Jahrbuch 2005, Band 12, Seite 137-149.

[7] Vgl. Braune Universität. Deutsche Hochschullehrer gestern und heute. Dokumentenreihe in 5 Heften. Hrsg. Rolf Seeliger, München 1964-1965. Diese kleine Schriftenreihe ist durchaus als Tribunal der Nachgeborenen über einige Professoren zu verstehen, die im Nationalsozialismus Karriere gemacht haben. Beeindruckend in diesem Zusammenhang die Stellungnahme von Professor Hans Galinsky. „Mein damaliges Versagen ist daraus zu verstehen, nicht zu entschuldigen: Ich habe vor Menschen mehr Furcht gehabt als vor Gott“. Vgl. Braune Universität, a.a.O., hier Dokumentenreihe Heft 3, München 1965, Seite 61. Ein Beispiel dafür, wie Beamte des Hitlerstaats nach 1945 ihre Karriere fortsetzen konnten – z. B. durch Identitätswechsel –, zeigt Patrick Bahners am Beispiel des bekannten bayerischen Historikers Karl Bosl. Bosl schrieb sich Widerstandshandlungen zu, deretwegen ein Schüler seines Gymnasiums, Robert Lim-

Ich habe die Jahre Wilhelm Benders im „Dritten Reich" beschrieben, an die zugänglichen historischen Fakten als Kulisse für die Bühne seines Lebens erinnert, mich aber davor gehütet, sie (bewusst) zu beurteilen. Ich wollte Tatsachen ermitteln und zusammentragen, die dem Leser ein eigenes Urteil ermöglichen. Ich kann auch nicht bewerten, ob sein Engagement und seine politischen Mitgliedschaften das damals verordnete Mindestmaß überstiegen. Es wird den damaligen Umständen kaum gerecht, wenn man über politische Mitläufer im sicheren Schutz demokratischer Verhältnisse nach heutigen moralischen Maßstäben und gegenwärtigen Vorstellungen urteilt – allemal, wenn sie nicht in den vorderen Reihen gestanden haben. Die damalige Wahrnehmung war notwendigerweise eine ganz andere als die heutige mit ihrem Wissensvorsprung. Das Wort Fontanes, dass die Menschen so lange moralische Heldentaten verlangten, wie sie diese persönlich nicht leisten müssen, gilt gewiss auch rückblickend! Dennoch haben die Mitläufer des Dritten Reichs meine Sympathie nicht gewonnen – auch nicht, wenn man die damaligen Ideen und Handlungen nicht an den heutigen Werte- und Vorstellungswelten misst. Aber auch bei der „Beobachtung" der wendigen Mitläufer im Rahmen meiner Recherchen habe ich viel dazu lernen können, wofür ich letztlich dankbar bin.

Bei meiner Suche nach persönlichen Hintergründen für oft nicht verständliche Verhaltensweisen konnten die Darlegungen der von jener Zeit direkt betroffenen Generation für eine rückblickende Beurteilung leider nicht taugen – zu subjektiv waren die entsprechenden Erklärungen, die auch schnell den Charakter von aggressiven Rechtfertigungen annahmen. Ein Verständigungswille war darüber hinaus auch nicht zu erkennen. Offene Gespräche mit den Beteiligten über die Irrwege des „Dritten Reichs" waren in meiner Jugend mit der Elterngeneration leider unerwünscht und stießen auf eine erkennbare „Unfähigkeit zu trauern" (Alexander und Margarete Mitscherlich). Man hätte sich von den Beteiligten zumindest eine nachträgliche Betroffenheit gewünscht statt Abwehr. Da auch meine Generation mit der belasteten Geschichte verhaftet ist, unschuldig zwar, aber dennoch Teil der Wirkungsgeschichte, der man sich nicht entziehen kann, hatten wir als „Mit-Verhaftete" durchaus ein Recht, die Beteiligten, erst recht die Schuldigen, nach den damaligen Geschehnissen zu befragen. Hätten sie zumindest zu erklären versucht, so wäre Ihnen zugestanden, was Bertolt Brecht in seinem Gedicht „An die Nachgeborenen" schreibt: „Ihr aber, wenn es so weit sein wird, daß der Mensch dem Menschen ein Helfer ist: Gedenkt unserer mit Nachsicht".

Aufgrund eines tiefen Erschreckens über das Verhalten ihrer Eltern im Dritten Reich und aufgrund der ängstlichen Vermutung, die Eltern hätten an dem Schrecklichen vielleicht beteiligt sein können, ist und war die Kindergeneration auch kaum objektiv. Sie versuchte oft genug, ihre Eltern und Lehrer – obwohl sie ihnen viel Gutes verdankt – mit ihren Fragen nach den Geschehnissen im Dritten Reich moralisch unter Druck zu setzen und klagte sie gleichzeitig pauschal an: Jeder hätte durchaus Verständnis für angepasste Mitläufer gefunden; aber das Argument, dass man „von allem nichts wusste", muss schon lange nicht mehr akzeptiert werden. Nicht erst seit den Erinnerungen von Joachim Fest weiß man, dass es auch solche – und nicht wenige – gab, die sich vom Unrechtsregime nicht einspannen ließen[8]. Es scheint, als hätte erst die

---

pert, am letzten Kriegstag in Ansbach hingerichtet wurde. Vgl. Patrick Bahners: Die Legende eines Humanisten. In: Frankfurter Allgemeine Zeitung Nr. 154 vom 6. Juli 2011, Seite N 3.

[8] Vgl. Joachim Fest: Ich nicht. Erinnerungen an eine Kindheit und Jugend. Hamburg 2006.

Enkelgeneration, die ohne Schuld- und Betroffenheitsgefühle lebt, den nötigen Abstand zum Geschehen, um fairer, neutraler – wohl auch mit weniger eigener innerer familiäre Anteilnahme – eine wirkliche historische Bewertung zu beginnen. Entsprechende neuere wissenschaftliche Arbeiten deuten in diese Richtung.

Bei meinen Gesprächen mit der Kriegsgeneration wurde ich nicht nur einmal gefragt, warum ich denn wieder den „Schmutz der Vergangenheit“ aufwirbeln wollte und das ausgerechnet im Zusammenhang mit Kirche und Musik. Dabei wurde wohl unterstellt, dass schon die bloße Beschreibung der damaligen Situation das Vertrauen in Wahrhaftigkeit und Moral von Kirche und Kunst beschädigen könnte. Da ich aber nun einmal das Leben meines Onkels so gut wie eben möglich nachzeichnen wollte, mochte ich bei meiner Darstellung auf offenbar Unerwünschtes nicht verzichten.

Die Literatur zum Nationalsozialismus ist für den an jüngster Geschichte interessierten Laien unüberschaubar. Über kaum eine Epoche der moderneren deutschen Geschichte gibt es so viele Untersuchungen wie über die des verabscheuungswürdigen Nationalsozialismus. Gleichwohl ist die Beurteilung dieser Zeit alles andere als abgeschlossen. Der interessierte Betrachter stößt bei neueren Informationen zu ausgewählten Themen – im vorliegenden Fall z. B. im Zusammenhang mit dem Kirchenkampf innerhalb der evangelischen Kirche oder mit der so genannten „Entarteten Musik“ – durchaus auf eine neue tendenziöse Literatur: Die Extreme können bedeuten, dem gesamten deutschen Volk jener Jahre eine Kollektivschuld an allem Schrecklichen zu geben – an der Tyrannei, am Krieg, an der Judenvernichtung usw. Oder lässt manche neuere Literatur – nicht von Neonazis oder Holocaust-Leugnern geschrieben – auch ahnen, dass es weniger Kollektivschuld als vielmehr Individualschuld gegeben hat, diese aber hunderttausendfach?[9]. Die Fülle der überlieferten Stimmungs- und Augenzeugenberichte (darunter auch Gestapo-Berichte) beweisen offenbar recht deutlich, dass das „Dritte Reich“ kaum von einem einhelligen Volksvotum getragen wurde, dass die Deutschen in ihrer Mehrheit nicht aggressionslüstern und kriegsbegeistert waren, sondern eher resigniert, voller Kriegsfurcht und Friedenssehnsucht – wobei diese Stimmung nur fallweise von der Begeisterung über Hitlers eklatante Siege im Krieg unterbrochen wurde. Statt Begeisterung konnte man eher Beklemmung beobachten. Darüber war die NS-Führungsschicht aus den unterschiedlichsten Quellen bestens informiert[10].

Dennoch scheint sicher, dass nicht nur die führenden Personen, sondern auch viele Mithandelnde sowie die Gleichgültigen gegen Anstand, Menschenrecht und Menschenwürde schuldig wurden und damit gegen jegliche zivilisierte Norm verstießen[11]. Im Zuge kommender Veröffentlichungen wird vielleicht auch die Rolle der Mitläufer im

---

[9] Vg. Konrad Löw: „Juden unerwünscht“. In: Frankfurter Allgemeine Zeitung Nr. 51 vom 1. März 2007, Seite 7.

[10] Vgl. z.B. Marlies G. Steinert: Hitlers Krieg und die Deutschen. Stimmung und Haltung der deutschen Bevölkerung im Zweiten Weltkrieg. Düsseldorf-Wien 1970, Seite 26.

[11] In den Akten der Berliner Staatskanzlei, Referat Ordensverleihungen, findet sich ein Bericht von Ulrich Biehl, Hauptmann der Armee der Vereinigten Staaten, über seinen Besuch bei Konrad Adenauer im April 1945 (vgl. Frankfurter Allgemeinen Zeitung, Nr. 113 vom 16. Mai 2007, Seite 13). In diesem Gespräch äußerte Adenauer geradezu radikale Ansichten zur Entnazifizierung: Die Amerikaner hätten seines Erachtens alle NSDAP-Mitglieder zu beseitigen („to eliminate“), was immer ihre Entschuldigun-gen sein mögen. Adenauer wünschte darüber hinaus auch Sanktionen gegen alle „non-Nazis“, wenn sie seit 1933 von den Nationalsozialisten profitiert hätten.

Dritten Reich eine andere Bewertung erfahren. Im Einzelfall kommt man dann doch zu recht unterschiedlichen Bewertungen von Personen, Gruppen oder Institutionen.

Die vorliegende Bio-(Mono-)grafie mag über das damalige nationalsozialistische und (kirchen-)politische Klima um Wilhelm Bender hinaus interessant sein, und zwar musikwissenschaftlich für Musikinteressierte z. B. mit weiterführenden Themen, die sich vielleicht detaillierter mit den einzelnen Werkgruppen und Aufsätzen Wilhelm Benders beschäftigen (oder mit vergleichbarer zeitstilistischer Musik anderer aus jenen Jahren). Ein ausführliches Werkverzeichnis im Anhang wird in diesem Zusammenhang wohl hilfreich sein. Insoweit kann diese Schrift vielleicht auch dazu beitragen, Wilhelm Benders Musik der Musikwelt mehr als bisher zurückzugeben. Interessant scheint mir aus heutiger Sicht insbesondere, auf die Aktualität der Kinderlieder Wilhelm Benders für die gegenwärtige musikalische Früherziehung hinzuweisen. Kirchenmusiker und Theologen mögen die Frage beantworten, ob und inwieweit die von Wilhelm Bender angestoßenen Liturgieveränderungen auch in der heutigen evangelischen Kirche noch anregend und diskussionswürdig sind. Erstaunlicherweise hat sich die Fachliteratur nach meiner Kenntnis bis heute noch nicht zu einer wissenschaftlichen Bewertung der Liturgiereformen im Dritten Reich entschließen können.

Fallweise Überschneidungen und Wiederholungen in den folgenden Kapiteln ließen sich nicht immer vermeiden, weil jeder Abschnitt für sich möglichst abgeschlossen verständlich sein soll, also auch separat gelesen werden kann. Im Übrigen habe ich das (kirchen-)politische Klima und den historischen Hintergrund, auf die Wilhelm Bender 1933 als formbarer Jugendlicher in Berlin stieß, ausführlicher beschrieben (wenn es mir für Person und Werk Wilhelm Benders von Bedeutung schien) als es der (Vor-) Kriegsgeneration (also im wesentlichen den heute über Siebzigjährigen) vielleicht notwendig erscheint. Mit diesen generellen Szenarien ist diese Generation aus eigenen Erfahrungen in der Regel bestens vertraut – wenngleich auch bei ihnen z. B. die kirchenpolitischen Zusammenhänge oder die musikhistorischen Entwicklungen im „Dritten Reich“ kaum bekannt sind, sofern sie damit beruflich nicht befasst waren. Aus Berichten und Gesprächen mit den heute z. B. Zwanzig- bis Vierzigjährigen habe ich gelernt, dass das Staunen über die aus heutiger Sicht schwer nachvollziehbaren Vorgänge im „Dritten Reich“ unglaublich groß ist, dass sie aber Fakten, die zur großen Katastrophe geführt haben, letztlich nur sehr vage kennen. Für diese Generation mögen die vorliegenden ausführlicheren Darstellungen darum von größerem Interesse sein. Und schließlich wollte ich persönlich die nationalsozialistische Zeit – allemal im Zusammenhang mit meiner Familie – so gründlich wie möglich kennen lernen.

Im Rahmen der Recherchen zu diesem Buch ergab sich auch im Zusammenhang mit dem Stammbaum Wilhelm Benders eine Überraschung: Der Genealoge Wolfgang Gramlich entdeckte in 13. Generation eine direkte Blutlinie von Wilhelm Bender zu dem bekannten Ritter („Reichs-Cavalier“) Götz von Berlichingen „mit der eisernen Hand“ (1480-1562) und dem unappetitlichen Götz-Zitat, der durch Goethes Schauspiel von 1773 unsterblich wurde. Herrn Gramlich sei für diese Entdeckung gedankt.

Mein Dank gilt auch dem Evangelischen Landeskirchlichen Archiv Berlin ELAB, in dem eine Fülle von Materialien über die Parochialkirche und über Wilhelm Bender und seine Zeit an der Parochialkirche in Berlin aufbewahrt wird. Herr Stenzel vom ELAB hat mir manche wertvollen Hinweise zu weiterführenden Recherchen auch in anderen Archiven gegeben. Besonders danken möchte ich Herrn Peter Teicher aus Berlin, ehemaliges Mitglied des Gemeindekirchenrats der Georgen-Parochialgemeinde, für die kritische Durchsicht vornehmlich jener Kapitel meiner Arbeit, die sich mit der Parochialkirche befassen, sowie meiner Frau und meinem Freund Oberstudienrat Knut Thomsen für ihre gründliche redaktionelle Arbeit. Wertvolle Anregungen erhielt ich von Frau Professor Dr. Gisela Kittel, von Frau Dr. Sungil Yu und von Herrn Professor Alexander Wagner. Selbstverständlich bin nur ich alleine für eventuelle Fehler und Mängel in dieser Arbeit verantwortlich.

Zu großem Dank bin ich ferner Herrn Wilhelm Ritter verpflichtet, dem ehemaligen Geschäftsführer der Deutschen Glockenspielvereinigung in Kassel und Carillonneur an der Karlskirche in Kassel sowie am Glockenspiel von Schloss Johannisburg in Aschaffenburg: Er hat sich voller Elan der wieder entdeckten Glockenspielkompositionen Wilhelm Benders angenommen, sie 2007 in drei Bänden herausgegeben und über die Glockenspielvereinigung dem internationalen Konzertbetrieb wieder zugeführt.

Dr. Ulrich Bender

Detmold, im Oktober 2011

3 Ein kurzes Leben

33 Lebensjahre hätten fast ausgereicht, aus Wilhelm Bender einen ganz großen Künstler zu machen, an den sich ein größeres, internationales Publikum sicherlich auch noch Jahrzehnte nach seinem Tod erinnern würde. Aber auch seine wenigen Lebensjahre haben schon genügt, das Bild eines hochbegabten Menschen mit heiterem Wesen dauerhaft zu zeichnen, voll bezwingendem Idealismus – das Bild eines strahlenden, zukunftsfreudigen Mannes. Er war persönlich bescheiden, freundlich und wohl auch ein wenig eitel (stets korrekt gekleidet; die Fliege zum Anzug war sein Markenzeichen), dabei strebsam, diszipliniert und in einer unaufdringlichen und unverkrampften Weise effizient – eine Voraussetzung, um das gewaltige Arbeitspensum seiner wenigen Berufsjahre überhaupt zu schaffen. Singen und Jubeln waren ihm Herzenshaltung; er wollte die Welt mit seiner Musik verschönern. „Dieser Mensch war erfüllt von einer unermüdlichen Lust, alles um sich herum erklingen zu lassen" schreibt Paula Knüpffer, eine langjährige Weggefährtin am Berliner Rundfunk.

Bereits zu seinen Lebzeiten hat man Großes von ihm erwartet. Er war ein musikalisches Naturtalent mit der natürlichen Fähigkeit, in Melodien und Noten zu denken, eine herausragende Begabung mit einer glänzenden Zukunft. Vorliegende Briefe und Zeitungsberichte berichten von seinem lebendigen Gottvertrauen und seiner großen Zuversicht. Er muss derart überzeugend evangelisch-fromm gewesen sein, dass seine Verlobte Lisa Schwister, die aus einer streng traditionell-katholischen Familie stammte, mit dem Segen ihrer Familie in eine evangelische Heirat einwilligte und auch die beiden Töchter evangelisch erzog.

Wilhelm Bender wurde am 10. Februar 1911 in Frankfurt-Rödelheim geboren. Er lernte früh, Klavier zu spielen. Seine Eltern entdeckten und förderten wie beim Bruder Erich zeitig seine musikalischen Neigungen und stellten dazu aus der knappen Haushaltskasse – der Vater von drei Söhnen war Amtmann bei der Stadt Frankfurt am Main – die nötigen Mittel bereit.

Zur Mutter Eva bestand ein besonders enges Verhältnis. Intensive Neigungen zur Musik verbanden beide zusätzlich. Ihr innigster Wunsch war es, Sängerin zu werden; die Chance auf eine Ausbildung – sie war in ihrer Jugend Zimmermädchen beim Bankier Rothschild – hatte sie nie. Als Wilhelm Bender zum Studium nach Berlin ging, begann ein reger Briefaustausch. Ihre Briefe waren manchmal sogar in Versform und häufig in hessischer Mundart abgefasst.

Wilhelm Benders Schulzeit endete Ostern 1929 an der Liebig-Oberrealschule in Frankfurt-Bockenheim mit dem Abitur („gut"). Durch eine Ergänzungsprüfung („Großes Latinum") erhielt er das Reifezeugnis eines Realgymnasiums (die Liebigschule wurde erst 1931 in ein Realgymnasium umgewandelt). Schon in der Liebigschule trat Wilhelm Bender zusammen mit weiteren begabten Mitschülern künstlerisch hervor. Regelmäßig veranstaltete die Liebigschule Vortragsabende, Konzerte und Ausstellungen auf hohem Niveau: „Musik, Dichtung, Malerei der Liebigschüler" oder „Die Liebigschüler als Dichter, Maler und Komponisten" lauteten die anspruchsvollen Ankündigungen[1].

---

[1] Programme solcher Schüleraufführungen aus den Jahren 1928 und 1929 mit Wilhelm Bender als Sänger und Rezitator sind im Frankfurter Stadtarchiv erhalten geblieben.

Mit Beginn des Sommersemesters 1929 studierte Wilhelm Bender an der Frankfurter Universität die Fächer Germanistik, Philosophie sowie Kunstgeschichte und gleichzeitig am Frankfurter Dr. Hochschen Konservatorium, der späteren Staatlichen Hochschule für Musik, Orgel, Gesang, Klavier und Musiktheorie. Noch hielt er sich die Option offen, Lehrer am Gymnasium und/oder Kirchenmusiker zu werden.

Handwerklich gut gerüstet wechselte er im Sommer 1931 an die Staatliche Akademie für Kirchen- und Schulmusik in Berlin. Bis dahin war Frankfurt 20 Jahre lang sein Lebensmittelpunkt gewesen. Berlin musste einen jungen Musiker wie ihn locken: Außer der Akademie gab es eine Staatliche Akademische Hochschule für Musik (u. a. mit den Dozenten Paul Hindemith für Komposition, Artur Schnabel für Klavier, Carl Flesch für Violine) und die Preußische Akademie der Künste (an der Arnold Schönberg und Hans Pfitzner ihre Meisterklassen für Komposition leiteten) mit zusätzlichen Angeboten an Vorträgen und Gastvorlesungen und darüber hinaus ein reichhaltiges Konzert- und Opernprogramm.

Im Februar 1934 bestand Wilhelm Bender die Prüfung für das Künstlerische Lehramt an Höheren Schulen mit Auszeichnung und nur vier Wochen später seine Prüfung für Organisten und Chordirigenten mit Bestnoten: Orgelspiel sehr gut, Klavier- und Partiturspiel sehr gut, Gesang sehr gut, Chorleitung sehr gut, Musikgeschichte sehr gut, Liturgik sehr gut, Orgelstruktur gut, Theorie und Komposition gut!

Wilhelm Bender legte nach zweijähriger Tätigkeit als Studienreferendar an Berliner Schulen im April 1936 dann auch noch das Assessorenexamen mit Auszeichnung ab („Assessor für das Künstlerische Lehramt an Höheren Schulen“). Während der Vorbereitungen auf seine pädagogische Prüfung an der Heinrich-Schliemann-Schule in Berlin war er schon fallweise als Organist am Invalidenfriedhof tätig und kurz darauf fest angestellter Kantor an der Lazaruskirche in Berlin. Die beiden Assessorenarbeiten für seine Examina als Schul- und Kirchenmusiker schrieb Wilhelm Bender 1934 und 1935 über eines seiner Lieblingsthemen, das Volkssingen: „Volkssingen und Schulgemeinde“ und „Das artgemäße Lied. Ein Beitrag zur Geschmacksbildung“[2].

Diese Assessorenarbeiten Wilhelm Benders sind nicht frei vom Geist des HJ-Bildungsauftrags geschrieben. Auch die Wortwahl war naturgemäß nicht immer gegen Einflüsse des damaligen Zeitgeists gefeit; die Sprache demonstriert in der Befangenheit der Zeit auch politische Loyalität. Das rein musikalische Anliegen der Arbeiten übertrifft aber bei weitem den ideologischen Ansatz, obwohl gerade bei Prüfungsanlässen ein noch deutlicherer „examenspolitischer Opportunismus“ mit erkennbarer nationalsozialistischer Ideologienähe am verständlichsten gewesen wäre. Allerdings ist es auch kein Zufall, dass sich Wilhelm Bender, von der Jugendmusikbewegung[3] geprägt, immer wieder mit dem Volkslied beschäftigt hat – immerhin stand es im Mittelpunkt der Musikerziehung der Hitlerjugend, der er angehörte. Wilhelm Bender spannt in seinen beiden Schriften den Bogen vom methodisch-theoretischen Wegweiser für Singscharleiter und Spielscharführer einer Sing- und Spielschar und für künftige Singwarte und Singführer bis zur Wiedergabe seiner schulpraktischen Erfahrungen als Referendar im Musikunterricht – als Arbeitsplan für Lehrerausbilder gedacht. Immerhin sind seine pädagogischen Ansprüche und Ziele hoch – sie reichen bis zur An-

---

[2] Vgl. Archiv der Bibliothek für Bildungsgeschichtliche Forschung des Deutschen Instituts für Internationale Pädagogische Forschung in Berlin, Signaturen GUT ASS 71 und 72.

[3] Vgl. Kapitel 13.

leitung der Schüler zum Erfinden eigener Melodien. Gleichzeitig entwickelt Wilhelm Bender in seinen Arbeiten eine Ästhetik des Volksliedsingens und Volksliedkomponierens – gleichsam die geistige Untermauerung seines eigenen (parallelen Kinderlied-) Schaffens.

Wilhelm Bender war im Januar 1934 der Hitlerjugend als (nebenamtlicher) Bann-Musikreferent beigetreten[4] – wahrscheinlich nicht ganz freiwillig, da Studenten der Akademie für Kirchen- und Schulmusik zum Eintritt in die Hitlerjugend „ermutigt" wurden (an dieser Berliner Akademie wurde bereits ab 1934 unter der Leitung von Wolfgang Stumme[5], Musikreferent im Kulturamt der Reichsjugendführung, eine Arbeitsgemeinschaft über die „Musikarbeit in der Hitlerjugend" eingerichtet). Das Arbeiten mit einer singfreudigen Jugend hatte Wilhelm Bender stets angestrebt; dass das Lied als machtpolitisches Mittel alsbald missbraucht wurde, um eine ganze Generation ideologisch auszurichten, war anfänglich vermutlich nur schwer zu erkennen. So entstand durch die Berliner Akademie für Kirchen- und Schulmusik sein erster intensiver Kontakt zur Hitlerjugend, der er dann beitrat – der Jugend-Musikarbeit wegen, aber auch als wichtige Voraussetzung, um schneller Karriere als Musiker zu machen und um zusätzliches Einkommen durch öffentliche Aufgaben zu erwerben.

In der Hitlerjugend war Wilhelm Bender Musikreferent und gleichzeitig Singscharleiter der Rundfunkspielschar in der Reichsjugendführung (die Musikkader der Hitlerjugend waren als HJ-Rundfunk-Spielscharen meist den Rundfunksendern angeschlossen[6]). In der Regel sorgten die HJ-Musikreferenten für die Umrahmung z. B. politischer Live-Sendungen, für die Gestaltung von Feierstunden und Kundgebungen, die Durchführung

---

[4] Wilhelm Bender war seit Januar 1934 Musikreferent in der Hitlerjugend, und zwar Singreferent im (niedrigen) Rang eines Scharführers im Bann 21 in Berlin – der untersten von vier Organisations-ebenen der HJ nach der HJ-Gefolgschaft (was der NSDAP-Untergau-Ebene entsprach). Dies bedeutete, dass Wilhelm Bender für die Hitlerjugend nur nebenamtlich tätig war (ebenfalls nur nebenamtlich in seiner gleichzeitigen Eigenschaft als „Musikus", d. h. als Mitglied der Rundfunkspielschar). Hauptberufliche HJ-Musikreferenten arbeiteten i.d.R. nur in den beiden oberen Organisationsebenen von Reichsjugendführung und HJ-Gebiet (vgl. Michael Buddrus: Totale Erziehung für den totalen Krieg. Hitlerjugend und nationalsozialistische Jugendpolitik, Teil 1 und 2, München 2003). Im "Dritten Reich" gab es bis 1939/40 rd. 765.000 haupt- und nebenamtliche HJ-Mitarbeiter (nur rd.12.000 waren hauptamtlich beschäftigt und wurden voll bezahlt). Die wichtigsten 14.000 HJ-Mitarbeiter hat Michael Buddrus in einer speziellen Kartei namentlich erfasst; der Name Wilhelm Bender kommt darin nicht vor.

[5] Vgl. auch Kapitel 8. Wolfgang Stumme war einer der wenigen aktiven Musikerzieher im Dritten Reich, der nach dem Krieg offen und offensiv seine Mitverantwortung und Mitschuld für sein damaliges Engagement und für seine damalige Überzeugung eingestand. Seine pädagogische und künstlerische Arbeit hat er nach dem Krieg „unter der Kontrolle der Öffentlichkeit" ausgeübt und nach 20 Jahren eine Tätigkeit an einer Hochschule, an die er berufen wurde, „erst nach allen Fragen die Vergangenheit berührenden Vorverhandlungen aufgenommen" (vgl. NRW Staatsarchiv Detmold, D 72 Nachlass Ilse Strobel). Wolfgang Stumme hat sich auch später immer wieder schriftlich und durch mündliche Rede zu seiner nationalsozialistischen Vergangenheit bekannt. Von seinen insbesondere jungen Zuhörern wurde ihm dafür große Achtung entgegengebracht. Eine ähnliche Gesprächsbereitschaft ist von kaum einem der nach dem Krieg in leitende Position aufgerückten Kirchenmusiker bekannt, die nach 1945 z. B. junge Kirchenmusiker ausgebildet haben. Vgl. z. B. Braune Universität. Deutsche Hochschullehrer gestern und heute. Dokumentenreihe in 5 Heften. Hrsg. Rolf Seeliger, München 1964-1965.

[6] Die Chöre und kleinen Orchesterensembles der HJ-Rundfunk-Spielscharen traten meist bei öffentlichen Konzertveranstaltungen auf und wurden von der HJ-Führung zur eigenen Inspiration bei Schulungen, Drill-Übungen und regionalen Zeltlagern eingesetzt oder bei NSDAP-Kundgebungen aufgeboten. Zum nationalsozialistischen Bildungskanon gehörte, dass man im Rahmen einer harten Ausbildung auch den Geist der Jugendlichen mit Hilfe ständig wiederholter Lieder abstumpfte. Diese Musik diente ausschließlich ideologischen Zwecken, weswegen eine Fülle von ideologisch aufgeladenen Texten zur Verfügung stand (vgl. Michael H. Kater: HITLERJUGEND, Darmstadt 2005, Seite 33 ff.).

von Laienspielen, die Zusammenstellung u. a. von Liederbüchern für HJ, SA und SS sowie für Beiträge der HJ-Liederbücher. Waren die Musikreferenten Mitglied in einem HJ-Musikausschuss, so beurteilten sie die Gesangsleistungen, Lieder und andere Kompositionen junger Nationalsozialisten.

Für solche Aufgaben war Wilhelm Bender allerdings weniger vorgesehen. Für die Hitlerjugend organisierte er zwar manches Konzert, übernahm fallweise die musikalische Ausgestaltung mancher Jugendfeiern und entwarf musikalische Programme für Chöre und Musikgruppen (Pfarrer Lagrange von der Lazarusgemeinde, seinem späteren Arbeitgeber, bestätigt in einem Zeugnis die entsprechenden Leistungen Wilhelm Benders innerhalb der HJ-Organisation), er durfte aber stattdessen zu seiner Genugtuung von 1934 bis 1936 regelmäßig als „Musikus" im Kinderfunk des Deutschlandsenders in Berlin im Rahmen der HJ-Musikerziehung in der Sendung „Kunterbunt" auftreten (zusammen mit Paula Knüpffer), einem speziellen Vormittagsprogramm für Kinder im Alter von drei bis fünf Jahren mit deutlicher Tendenz zur musikalischen Früherziehung. Für den Rundfunk komponierte er außerdem (verschollene) Hörspielmusiken. Als Musikreferent der Hitlerjugend schrieb er ferner Liedsätze für das (wie er selbst in einem Entwurf für ein Werkverzeichnis schrieb) „Marinehandbuch" (tatsächlich ist das Liederbuch der Kriegsmarine[7] gemeint) und beteiligte sich mit eigenen Liedkompositionen an der Erstellung des (von Wilhelm Bender so genannten) „Liederbuchs der Deutschen Arbeitsfront"[8].

Weitere nebenberufliche Aufgaben (ohne Leitungstätigkeit) ergaben sich als musikwissenschaftlicher Berater für die Sammlung historischer Instrumente des Staatlichen Instrumenten-Museums, dem damaligen Staatlichen Institut für Deutsche Musikforschung in Berlin angegliedert, und bis 1939 auch als Pianist, Cembalist und Organist am Deutschlandsender[9] – häufig als Solist auf Instrumenten der historischen Sammlung auftretend.

---

[7] Vgl. Liederbuch der Kriegsmarine, Heft 1 und 2. Hrsg. Oberkommando der Kriegsmarine, Leipzig 1934. Exemplar u.a. in der Bibliothek für Zeitgeschichte in der Württembergischen Landesbibliothek, Signatur 64930 (35).

[8] Die Bezeichnung „Liederbuch der Deutschen Arbeitsfront DAF" wurde nur umgangssprachlich verwendet; tatsächlich handelt es sich um das Liederbuch „Wir wandern und singen" der Nationalsozialistischen Gemeinschaft „Kraft durch Freude KdF". Hrsg. Reichsamt Reisen, Wandern und Urlaub. Zentralverlag der NSDAP, Franz Eher Nachf., München 1937. Dieses Liederbuch enthält u.a. drei Liedkompositionen Wilhelm Benders („Wo die Räder der Maschinen sausen", „Der eine fragt", „Nichts kann uns rauben"). Die Deutsche Arbeitsfront stellte als nationalsozialistischer Verbund den Einheitsverband der Arbeitnehmer und Arbeitgeber dar; sie wurde 1933 durch die Übernahme der freien Gewerkschaften und deren Vermögen geschaffen. Das Amt „Kraft durch Freude" war eine Unterorganisation der DAF.

[9] Beim Deutschen Rundfunkarchiv DRA in Wiesbaden sind noch einige Mitschnitte von Konzerten Wilhelm Benders als Solist auf Instrumenten der Staatlichen Sammlung alter Musikinstrumente des Staatlichen Instituts für Deutsche Musikforschung aus den Jahren 1938 und 1939 erhalten, und zwar an der Orgel und auf einem Original-Bach-Cembalo, das vormals Johann Sebastian Bach gehörte, z.T. aufgenommen im Turmzimmer der Parochialkirche, das häufig als Kammermusikraum genutzt wurde. In einer „kleinen Nachtmusik" für den Deutschlandsender bot Wilhelm Bender z. B. im Juli 1939 zusammen mit anderen Künstlern in der Sendung „Musik auf alten Instrumenten" Musik auf dem Cembalo, auf dem noch Johann Sebastian Bach persönlich gespielt hatte; diese Aufnahme ist im Rundfunkarchiv DRA in Berlin erhalten (zur Geschichte des so genannten Bach-Cembalos vgl. das Booklet zur CD „Klingendes Museum: Das Bach-Cembalo im Nachbau" des Musikinstrumenten Museums des Staatlichen Instituts für Musikforschung, Berlin 1998). Andere Mitschnitte werden in Archivlisten des DRA nur noch erwähnt, die Aufnahmen selbst sind verschollen (vgl. Kapitel 17 „Tonträgerverzeichnis"). Leider konnten trotz intensiver Nachforschungen in den einschlägigen Archiven (auch nicht in den bekannten Privatarchiven) auch

Der Unermüdliche unterwies außerdem Kirchenmusik-Studierende der Hochschule im liturgischen Orgelspiel[10] und war ferner sporadisch als musikwissenschaftlicher Berater – z. B. im Zusammenhang mit der Wiederentdeckung der Glockenspielmusik von Händel[11] – am oben erwähnten Staatlichen Institut für Deutsche Musikforschung tätig.

Von 1937–1940 unterrichtet Wilhelm Bender als Dozent an der Volkshochschule Groß-Berlin VHS; er beherzigte damit auch den pädagogischen Rat seines Lehrers Paul Hindemith, das von jedem Musiker Errungene an verständige Schüler musikpädagogisch weiter zu geben[12]. In den Jahresprogrammen (Arbeitspläne genannt) wird Wilhelm Bender ab dem Unterrichtsjahr 1937/38 namentlich geführt, und zwar als Übungsleiter in der Musikabteilung in Neukölln. Er unterrichtete Erwachsene, musikalische Laien und Dilettanten, die oft aus den einfachsten gesellschaftlichen Schichten stammten, in Abendkursen in dem Fach „Deutsche Volksliedkunde". Hier lernte er u. a. den bekannten Musikpädagogen, Komponisten und Chorerzieher Professor Ernst Lothar von Knorr[13] schätzen, der in den Arbeitsplänen der VHS ebenfalls als Übungsleiter eingetragen war[14]. Beide kannten sich bereits von der Berliner Musikszene her, von regelmäßigen Konzerten und Hausmusiken der Musikbücherei Charlottenburg; sowohl Wilhelm Bender als auch von Knorr traten dort solistisch mit ihren eigenen Kompositionen auf (eine Liste von Mitwirkenden bei diesen Konzerten nennt im Oktober 1937 auch die junge, damals noch unbekannte Sopranistin Elisabeth Schwarzkopf). Von Knorr schätzte den ambitionierten und talentierten Nachwuchsmusiker Wilhelm Bender, bewahrte ihn später zumindest vorübergehend vor dem unmit-

---

keine der in Zeitungsartikeln genannten Filmaufnahmen von den Konzerten Wilhelm Benders oder keines der Bilder der UFA- und Tobis-Wochenschauen gefunden werden.

[10] Wilhelm Bender gab bis zu seiner Einberufung zur Wehrmacht 1940 in der Parochialkirche Orgelunterricht; er war als Lehrer – wegen seiner Anziehungskraft besonders bei seinen Schülerinnen – sehr beliebt. Die Parochialgemeinde musste nach 1940 zahlreiche Bewerbungen von Orgelschülern abweisen, weil ihr Kantor bereits zur Wehrmacht eingezogen war.

[11] Vgl. Kapitel 12.

[12] Vgl. Paul Hindemith: Unterweisung im Tonsatz. I. Theoretischer Teil, Mainz 1937, hier zitiert nach der neuen, erweiterten Ausgabe aus dem Jahre 1940, Seite 23.

[13] Vgl. Landesarchiv Berlin, Signaturen A Rep. 021 Nr. 8. Die Arbeitspläne der Volkshochschule führen Wilhelm Bender von 1940/41 bis 1943/44 als „zum Kriegsdienst einberufene Mitarbeiter" und 1944/45 als „Gefallener". Von Knorr (1896-1973) war, mittlerweile zum Hauptmann der Wehrmacht befördert, zum Professor in Frankfurt/Main berufen worden und hatte 1941 Berlin verlassen. Vgl. Kapitel 8.

[14] Der Bildungsplan der Volkshochschule Groß-Berlin (VHS) von 1932 hatte zum Ziel, allen Erwachsenen, die keine höhere Schulbildung erhalten hatten, die entsprechende Allgemeinbildung zu vermitteln – gegliedert in Grund-, Mittel- und Oberstufen. Das Bildungsangebot war breit gefächert, von der Spracherziehung über Theater-, Staatsbürger- und Zeitungskunde, Geschichte bis zur Staats-, Rechts- und Wirtschaftslehre sowie Kunst und Musik. Man muss angesichts der fachlichen Bekanntheit vieler Dozenten und der speziellen Kursinhalte davon ausgehen, dass die Volkshochschulen jener Jahre ein ungleich höheres Bildungsniveau hatten als die heutigen. Allerdings enthielten die Volkshochschulprogramme auch einige Kurse nationalsozialistischer Ideologie („Drama und Rasse", „Ahnenforschung als Wissenschaft", „Vererbungslehre und Erbgesundheitslehre" u. a.). Insoweit entstand an der VHS Groß-Berlin ein gewisses nationalsozialistisches Klima; soweit aber bekannt konnten die Dozenten im allgemeinen „unpolitisch" unterrichten: Politische Denunziationen durch den Leiter gegenüber seinen Mitarbeitern, unter denen es zumindest eine Widerstandskämpferin gegeben haben soll, fanden nicht statt (vgl. Ruth Ellerbrook, Hrsg.: Vom Chaos zum KOSMOS: Beiträge zur Geschichte der Volkshochschule Charlottenburg im Jubiläumsjahr 1995, Berlin 1995, Seite 21). Ab 1933 wurde die VHS Groß-Berlin von Konrad Kosmehl geleitet, ursprünglich Mitglied der Deutschnationalen Volkspartei DNVP, einer nationalkonservativen, auch antisemitischen Partei der Weimarer Republik mit starken völkischen Elementen in ihrem Parteiprogramm ("starkes deutsches Volkstum gegen den undeutschen Geist"), die sich im Juni 1933 auf Druck der NSDAP selbst auflöste. Kosmehl trat daraufhin unverzüglich der NSDAP bei.

telbaren Kriegsdienst an der Front und holte ihn im Jahr 1942 als Lehrer an die Hochschule für Musik in Frankfurt.

Mit seinen beiden Examina hätte Wilhelm Bender jetzt die Wahl gehabt: Musiklehrer am Gymnasium oder Organist an einer Kirche oder beides parallel.

Schon Weihnachten 1934 – während seiner Tätigkeit als Studienreferendar – trat er seine erste feste (schlecht bezahlte) Anstellung als Organist und Chorleiter an der Lazaruskirche in Berlin an. Nach seinem Assessorexamen musste er dort schriftlich erklären, dass er „eine Anstellung in einem staatlichen oder städtischen Schulamt neben seinem Organistenamt nicht annehmen werde". Diese Entscheidung gegen den Schuldienst ist ihm sicher nicht leicht gefallen; soweit aus den vorliegenden Berichten und Erzählungen hervorgeht, wünschte er sich immer, Jugendliche zu erziehen und bei der Erziehung ein einfühlsamer, verständnisvoller Pädagoge zu sein. Besonders Kinder wollte er unterrichten; immerhin fand er „inneren Ersatz" als engagierter Chorleiter und erfolgreicher Komponist von Kinderliedern.

Mit Aufnahme seiner Tätigkeit an der Lazaruskirche begann für Wilhelm Bender, Studienassessor a.D., eine rege Konzerttätigkeit in Berlin, teilweise schon mit eigenen Werken. Aber auch in anderen Städten konzertierte er bereits (z. B. 1935 mit einem in der Presse hoch gelobten Orgel-Weihnachtskonzert an der Dreikönigskirche in Frankfurt-Sachsenhausen, unter den Zuhörern der bekannte Frankfurter Organist Helmut Walcha, führender Vertreter der Orgelbewegung[15]). Auch als Solo-Sänger fällt er den Kritikern auf (so wird berichtet, dass er als „dirigierender Sänger" unvermittelt einsprang, als in einer Aufführung einer der Sänger ausfiel). Sein Kirchenchor wurde schnell über die Grenzen Berlins hinaus bekannt. Seinem Bruder Erich[16], der blendend Violine, Cello und Klavier spielte und ebenfalls gut sang, verhalf er zu Auftritten in seinen Berliner Konzerten, so z. B. als erstem Geiger in einer von Wilhelm Bender geschriebenen Komposition für Streichtrio und Chor „Singet dem Herrn ein neues Lied" oder in einer Aufführung der Matthäuspassion von Heinrich Schütz als Sänger (Evangelist). Mit seiner Kantorei brachte er zwei Bachkantaten zur Aufführung, mit Erich Bender und u. a. mit Traute Pallet als Sopranistin, der späteren Ehefrau Erich Benders. Wilhelm Bender vertonte bereits 1935 Liedertexte seiner Brüder Erich und Heinz und seiner Frau Lisa.

Wilhelm Bender blieb nur kurz an der Lazaruskirche. Als die Kantorenstelle an der Parochialkirche vakant wurde, der einzigen Berliner Kirche mit Glockenspiel (die Berliner nannten sie liebevoll die „Singuhr-Kirche"[17]), bewarb er sich im März 1936 voller Elan und Zuversicht um die Position des kirchenmusikalischen Leiters[18] – zu einem Zeit-

[15] Vgl. Kapitel 14.

[16] Erich Bender wurde später als Leiter des Kinderchors des NDR und als Komponist von Kinderliedern, Film- und Hörspielmusiken bekannt. Im Archiv des NDR gibt es zahlreiche Bandaufnahme seiner Kinderlieder, seiner Bearbeitungen von Kinderliedern seines Bruders Wilhelm und von klassischen Hörspielen mit seiner Musik, z. B. „Der Tod Adams" von Friedrich Gottlieb Klopstock oder „Der Flötenengel" von Luise Rinser mit Sprechern wie Will Quadflieg, Klaus-Jürgen Wussow, Joseph Offenbach.

[17] Der Turm der Parochialkirche mit seinem Glockenspiel wurde bereits von Theodor Fontane in seinem Roman „Frau Jenny Treibel" als Singuhr-Turm erwähnt.

[18] Von der Lazaruskirche schied Wilhelm Bender im besten Einvernehmen; entsprechende wohlwollende Zeugnisse der vier Lazarus-Pfarrer Kracht, Lagrange, Schwarz und Guhe belegen dies. Bis Ende 1936 vertrat Wilhelm Bender manchmal sogar noch den neuen Organisten Günter Lamprecht an der Lazaruskirche (wie Wilhelm Bender ein Schüler des Domorganisten Fritz Heitmann). Einige wenige Dokumente über die Tätigkeit Wilhelm Benders an der Lazaruskirche befinden sich noch im Archiv der Lazarus-

punkt, zu dem er an der Lazaruskirche gerade die Dienstordnung für den Organistendienst unterschrieb und in das Beamtenverhältnis auf Lebenszeit berufen wurde. Seiner Bewerbung legt er eine beachtliche Zahl von Kritiken über seine Aufführungen in der Lazaruskirche bei.

Noch während des Bewerbungsverfahrens wurden ihm von Wolfgang Fortner, Leiter des Evangelischen Kirchenmusikalischen Instituts Heidelberg[19], eine Dozentenstelle und von Professor Besseler von der Universität Heidelberg eine Assistentenstelle angeboten[20], was aber insoweit mit Risiken verbunden war, da Teile der nationalsozialistischen Studentenschaft an den Universitäten eine Verbindung zur Kirchenmusik als belastend empfanden und ihnen entsprechende Lehrer unzumutbar schienen. Wilhelm Bender zog damals darum das Amt des Kirchenmusikers an der Parochialkirche vor, auch des deutlich höheren Einkommens wegen, aber auch wegen des größeren Wirkungskreises. Denn die Parochialkirche, neben dem Dom eine der schönsten, für manche sogar die nach dem Dom beherrschende Kirche Berlins, war ein Faszinosum: Die barocke Kirche mit Glockenturm strahlte in der eher schmucklosen Kirchenumgebung Berlins schon alleine von ihrer Architektur her ein spezielles Fluidum, eine „klare Herrlichkeit“ aus. Hinzu kam die lange musikalische Tradition des Hauses, die schon zu Beginn des 20. Jahrhunderts eine deutschlandweite Anziehungskraft als überragende Stätte der Kirchenmusik genoss. Begnadete Orgel- und Glockenspieler (alleine drei Generationen der berühmten Organistenfamilie Thiele spielten hier, Carl Ludwig „Louis“ Thiele, Johann Friedrich Ludwig Thiele, Eugen Thiele) begründeten ihren Ruf[21]. Felix Mendelssohn Bartholdy wurde in der Parochialkirche 1825 konfirmiert, seine Schwester Fanny heiratete 1829 dort den Maler Wilhelm Hensel, beide Geschwister komponierten kleinere Stückchen für die Parochial-Orgel und haben diese Wagner-Orgel auch selbst gespielt[22].

Ehrgeizigere Beweggründe für seinen Weggang von der Lazaruskirche nennt Wilhelm Bender vertraulich in seinem Bewerbungsschreiben: „Der Verwirklichung höherer kirchenmusikalischer Ziele steht die begrenzte Aufnahmefähigkeit der Volksgenossen entgegen, aus denen sich unsere Gemeinde zum weitaus größten Teil zusammensetzt. Eine veraltete, mittelmäßige Orgel kann den künstlerischen Ansprüchen nicht gerecht werden. An der Parochialkirche, die keinen der genannten Mängel aufweist, hoffe ich, das rechte Arbeitsfeld zu finden“. Damit ihm diese Offenheit nicht schade, fügt er an: „Um die verfrühte Beunruhigung meiner Gemeinde zu vermeiden, bitte ich, meine Bewerbung vorläufig vertraulich zu behandeln“. Als Referenzen nennt er seine beiden Orgellehrer, die Professoren Wolfgang Reimann[23], einflussreicher Musikfunktionär, und Fritz Heitmann[24], u. a. Organist am Berliner Dom.

Kirchengemeinde, die seit 2000 mit der St. Andreas-Gemeinde zu einem Pfarrsprengel unter dem Namen St. Markus verschmolzen wurde. Vgl. „Aus der Geschichte der Lazarus-Gemeinde anlässlich ihres 110-jährigen Bestehens (1896-2006)“, Berlin 2006.

[19] Vgl. Kapitel 8.

[20] Vgl. Kapitel 8.

[21] Vgl. Das Glockenspiel der Parochialkirche zu Berlin. Gedenkschrift zum zweihunderjährigen Jubiläum des Glockenspiels nebst einem Anhange über das Glockengeläut. Im Auftrag des Gemeindekirchenrats verfasst von Eugen Thiele, Berlin 1915, Seite 70 ff.

[22] Vgl. „300 Jahre Parochialkirche. Beiträge zur Geschichte“. Hrsg. Gemeindekirchenrat der Evangelischen Kirchengemeinde St. Marien, Berlin 2003, u. a. Seite 24 ff.

[23] Vgl. Kapitel 8.

[24] Vgl. Kapitel 8.

Die Parochialkirche war an dem jungen Organisten ebenfalls äußerst interessiert. Man hatte – wie das Bewerbungsverfahren zeigte - große Pläne mit ihm und wollte keinesfalls riskieren, dass der junge Mann, der sich mit seiner Konzerttätigkeit in kurzer Zeit bereits über Berlin hinaus einen glänzenden Namen als Kirchenmusiker gemacht hatte, das Kantorenamt dort nicht anträte. Gleichzeitig sollte er das Amt des Glockenspielers am historischen Glockenspiel („Carillon“) ausüben. Die Aufgabe lautete, die zu jener Zeit fast erloschene Tradition des Glockenspiels wieder aufzunehmen und durch regelmäßige Konzerte das Glockenspiel erneut zu einem künstlerischen Ereignis in Berlin werden zu lassen. In getrennten Arbeitsplatzbeschreibungen („Dienstordnungen“) wurden einerseits die Aufgaben des Organisten und Chorleiters sowie andererseits die des Glockenmeisters Wilhelm Bender an der Evangelischen Parochialkirche in Berlin sehr ausführlich festgelegt[25].

Aus den Protokollen des Gemeindekirchenrats geht hervor, dass sich auf die ausgeschriebene hauptamtliche Organistenstelle 22 (nur männliche) Bewerber um die Stelle als kirchenmusikalischer Leiter gemeldet hatten, von denen vier in die engere Wahl zu einem Probespiel eingeladen wurden. Am überzeugendsten war Wilhelm Bender, über den sein ehemaliger Lehrer Professor Heitmann zusätzlich ein Gutachten angefertigt hatte. Wilhelm Bender wurde einstimmig zum neuen Organisten gewählt. „Wilhelm Bender ist“ (so schreibt der Vorsitzende des Gemeindkirchenrats) „eine ganz besondere Kraft auf kirchenmusikalischem Gebiet und im Besitz des großen kirchlichen Zeugnisses für den hauptberuflichen Kirchenmusikerdienst. Er ist vollakademisch gebildeter Kirchenmusiker und hat auch sein Examen als Studienassessor gemacht.“

In einem weiteren Protokoll des Gemeindekirchenrats heißt es: “Es lag uns unbedingt daran, eine Kraft wie Bender für unsere altehrwürdige, 240 Jahre alte Parochialkirche und damit gleichzeitig für Berlin zu gewinnen und zu erhalten. Höhere Qualifikation und ein damit verbundener höherer Leistungsanspruch verdienen auch höhere Bewertung“. So wurde sein Gehalt aus Sicht der Kirche großzügig bemessen, so dass das Konsistorium glaubte, nachdrücklich auf das „überhöhte“ Gehalt aufmerksam machen zu müssen und in diesem Zusammenhang auf die schlechte finanzielle Situation der Parochialgemeinde verwies. In einem internen Kirchenbericht wird dennoch „pro Wilhelm Bender“ mit der überraschenden Begründung argumentiert, dass es – gerade weil man enorme Summen z. B. für hohe Renovierungskosten des Gotteshauses seit 1926/27 ausgegeben habe (265.000 Reichsmark für ein neues Dach, 65.000 Reichsmark zur Renovierung der Außenfassade, 22.000 Reichsmark für den Um- und Ausbau der Orgel usw.) – auf ein paar Hundert Reichsmark mehr für Wilhelm Bender auch nicht mehr ankomme!

Außerdem machte sich Pfarrer Kitscha, amtierender Geistlicher jener Jahre an der Parochialkirche, in einem ausführlichen Schreiben vom 18. Januar 1937 an den Evangelischen Oberkirchenrat für die Gehaltsforderungen Wilhelm Benders stark: Wilhelm Bender sei eine „ganz besondere Kraft“, er habe weitere Angebote der Heidelberger Universität und einer deutschen Kirchenmusikschule und schließlich der Hinweis, dass man eine „zuschussfreie Gemeinde“ sei und unterliege hinsichtlich unserer Ausgaben nach unseren verbrieften landesherrlichen Grundrechten keiner

---

[25] Vgl. Personalakte „Wilhelm Bender“ sowie Korrespondenzen und Bewerbungsakten zur Wahl des Kantors. Evangelisches Landeskirchliches Archiv in Berlin ELAB, Bestände 11, 14 und 29, Signaturen 804, 905 und 906.

irgendwie gearteten Beschränkungen oder Aufsicht..."[26]. Obwohl die Finanzabteilung beim Evangelischen Konsistorium der Mark Brandenburg in ihrer Stellungnahme vom 22. März 1937 noch einmal Bedenken gegen die vorgesehene Besoldungsgruppe A4b1 mit einem jährlichen Gehalt zwischen 4.100 und 5.800 Reichsmark deutlich machte und einen Besoldungsrahmen von A4c2 zwischen 2.800 und 4.100 Reichsmark als völlig ausreichend ansah, erhielt Wilhelm Bender sein Wunschgehalt.

Statt eines jährlichen Brutto-Grundgehalts von 1800 Reichsmark an der Lazaruskirche plus 576 Reichsmark Wohngeld und fallweiser Entschädigungen für besondere Einsätze als Organist (monatlich durchschnittlich rund 170 Reichsmark netto) zahlte man Wilhelm Bender nun ein „ruhegehaltsfähiges Diensteinkommen" an der Parochialkirche in Höhe von jährlich brutto 4.892 Reichsmark, also im Monat brutto 408 Reichsmark, einschl. einer Glockenmeisterzulage. Damit kam es zu mehr als einer Verdoppelung der Bezüge des neuen hauptamtlichen Kirchenmusikers. Zusätzlich stand ihm eine Dienstwohnung im Gemeindehaus zu, für die er statt der geplanten 100 Reichsmark monatlich nach kurzen Verhandlungen nur noch 81,60 Reichsmark zahlen musste. Wilhelm Bender erhielt eine Anstellung als Organist, Chorleiter und Glockenmeister. Die bei der Lazarus-Kirchengemeinde geleisteten Dienstjahre wurden auf die ruhegehaltsfähige Dienstzeit und auf das Besoldungsdienstalter bei der Parochialgemeinde angerechnet.

Im August 1936 unterzeichnete Wilhelm Bender während der Berliner Olympiade seinen neuen Anstellungsvertrag in Berlin und trat seinen Dienst an – Wilhelm Bender hatte seinen „Traumjob" gefunden. Im Oktober 1937 erfolgte die endgültige Anstellung, nachdem ihm zuvor der Evangelische Oberkirchenrat ein Zeugnis über die Anstellungsfähigkeit ausgestellt hatte. Er wurde auf Lebzeiten in das Beamtenverhältnis als Organist, Chorleiter und Glockenmeister übernommen und nach der Besoldungsordnung für Reichsbeamte entlohnt; gleichzeitig musste er auch bei der Parochialkirche seinen Verzicht auf ein Schulamt erklären. Im November 1937 erfolgte seine Verpflichtung und Vereidigung auf den Führer und Reichskanzler gemäß vorgeschriebenem Diensteid nach dem Gesetz über die Vereidigung von Beamten: „Ich schwöre: Ich werde dem Führer des Deutschen Reiches und Volkes Adolf Hitler treu und gehorsam sein, die Gesetze beachten und meine Amtspflichten gewissenhaft erfüllen, so wahr mir Gott helfe".

Neben seinen großen musikalischen Fähigkeiten stellten Wilhelm Benders Fleiß und sein organisatorisches Talent eine besondere Begabung dar; nicht immer sind solche Eigenschaften beim produktiven Künstler zu finden. Die Musik war fähig, in Wilhelm Bender große Energien zu wecken und freizusetzen. Nur so ist trotz seiner Jugend die erstaunliche Vielseitigkeit im Komponieren und Konzertieren verständlich, nur so konnte der produzierende wie reproduzierende Künstler auf den Feldern der Komposition und Interpretation derart früh erfolgreich sein. Ein gewisser musikalischer Fanatismus, die ihm „seine Existenz" bedeutete, war wohl als Antriebsfeder für seinen Arbeitseinsatz unerlässlich. Obwohl Wilhelm Bender in seinem Hauptberuf voll ausgelastet schien, wollte er sich in seiner musikalische Entwicklung weiter bilden: Berlin – neben Wien ein weiteres europäisches Zentrum für Musik - bot hierfür die optimalen Voraussetzungen. Der bereits erfolgreiche Kirchenmusiker stellte darum im Dezember 1936 bei Professor Hindemith an der Staatlichen Akademischen Hochschule für Musik

---

[26] Vgl. Evangelisches Landeskirchliches Archiv in Berlin ELAB, Bestand 7, Signatur 11550.

in Berlin den Antrag, als Gasthörer in dessen Kompositionsklasse mit einer eng begrenzten Schülerzahl aufgenommen zu werden („Schulgeld“ 90 Reichsmark)[27].

1937 heiratete Wilhelm Bender seine Verlobte Lisa Schwister, 1938 und 1940 wurden seine beiden Töchter geboren; nach den Einzeltaufen fand 1943 nochmals eine festlich-musikalische gemeinsame („Tauf“-)Feier in Berlin in der Parochialkirche statt, mit dem Vater an der Orgel. Die gestiegenen Lebenshaltungskosten erforderten nun höhere Einkünfte. In zwei Schreiben vom September 1938 bat Wilhelm Bender deshalb nach zwei Jahren Amtszeit („nachdem seine Leistungen an der Parochialkirche lange genug beobachtet und bewertet werden konnten“) um ein Sondergehalt für die Ausübung des Glockenmeisteramts („um den beinahe kränkenden Gegensatz zu den inzwischen bewiesenen Leistungen zu verringern“) und um mehr freie Zeit für Nebentätigkeiten zu haben, damit er sich weitere Einnahmen erschließen könne. Er rechnete in unerbittlicher Freundlichkeit vor, dass sein Monatsgehalt von netto 352,90 Reichsmark für ein angemessenes Leben des Parochial-Kirchenmusikers nicht ausreiche. Genauestens führte er auf, welche Kosten ihm entstünden – u. a. auch Ausgaben anlässlich seines Dienstes an der Parochialkirche, die ihm von der Kirche nicht ersetzt würden (Kleidung, Monteuranzüge und Handschuhe, die er bei seiner „tief ins handwerklich reichenden Tätigkeit“ am Glockenspiel tragen müsse, Noten, Telefonkosten usw.). Seine Einkünfte durch Orgelunterricht oder Rundfunkhonorare seien leider nur gering, weil ihm für Nebentätigkeiten kaum Zeit bliebe.

Am Schluss seines vierseitigen „ungern geschriebenen Briefs“ versichert er dem Gemeinderat, „dass die von mir beschriebene finanzielle Lage den einzigen Anlass zur Unzufriedenheit darstellt. Ich schätze mich glücklich, an der Parochialkirche arbeiten zu dürfen und bin für die großzügige Unterstützung, die der Gemeindekirchenrat meiner Arbeit gewährt, allezeit dankbar“.

Durch Wilhelm Benders Hartnäckigkeit im Verhandeln stieg sein Gehalt einschließlich Ortszuschlag und Kindergeld in zwei Jahren bis Anfang 1940 immerhin auf netto 487,62 Reichsmark. Ende 1938 hatte er bereits einen Härteausgleich für den Differenzbetrag zwischen Wohnungsmiete und Wohngeldzuschuss für sich ausgehandelt. Auch ein weiterer „Bonus“ ist in diesem Zusammenhang dokumentiert: Das Grundgehalt von Kirchenmusikern stand häufig „unter dem Vorbehalt der Leistungsfähigkeit der Kirchengemeinde“, d. h. es konnte sehr leicht auch gekürzt werden. Der Gemeindekirchenrat der Parochialkirche hat lt. Sitzungsprotokoll vom 30. November 1938 den Fortfall dieses Vorbehalts bei der Besoldung Wilhelm Benders beschlossen und in seine Bestallungsurkunde aufgenommen.

Ferner hat man ihm ebenfalls mehr Zeit für Nebentätigkeiten eingeräumt[28]. Auf seine Tätigkeiten am Berliner Rundfunk und an der Volkshochschule wurde bereits hingewiesen. Wilhelm Bender gründete 1938 und leitete den „Volksdeutschen Singkreis“,

---

[27] Auf dem im Archiv der Berliner Universität der Künste noch vorhandenen Benderschen Gesuch stimmt Paul Hindemith persönlich dem Antrag Wilhelm Benders mit seiner geraden, gestochenen Unterschrift zu, die an seine Notenschrift erinnert.

[28] Um mehr Zeit für seine künstlerischen Tätigkeiten zu haben, hatte Wilhelm Bender einen Fachmann für die von ihm bislang erledigten Arbeiten am Glockenspiel (Umsetzen der Notenstifte, Wartung und kleinere Reparaturen) gesucht. Nach 1937 wurde für diese Arbeiten ein Vertrag mit der Turmuhren-Fabrik C.F. Rochlitz in Berlin geschlossen; Honorar pauschal 450 Reichsmark pro Jahr. Nach der Dienstverpflichtung Wilhelm Benders zum Militär entfiel das Umsetzen der Lieder auf die Walze, so dass es bei Wartungsarbeiten nur noch einmal pro Jahr verblieb und das Honorar auf pauschal 200 Reichsmark herabgesetzt wurde.

mit dem er in der Parochialkirche unter dem Vorbehalt proben durfte, „daß der Volksdeutsche Singkreis in den Gottesdiensten kostenlos zur Verfügung steht und dem Aufbau der Parochialkantorei durch das Nebenwirken Wilhelm Benders nicht beeinträchtigt wird." Er verfasste jetzt auch zusätzliche Gutachten, hielt Vorträge und war für den Glockengießer Schilling in Apolda tätig, indem er neue Glockenspiele abnahm oder zusätzlich einrichtete und mit eigenen Konzerten einweihte (z. B. 1938 an der Christianskirche in Hamburg-Ottensen, ein Glockenspiel, das – anders als die meisten anderen Glockenspiele – auf dreierlei Weise bedient werden kann, nämlich mit Hilfe des üblichen Hebelklavier-Spieltischs, eines Spielautomaten und einer zusätzlichen normalen Piano-Tastatur, Pfingsten 1939 an der St. Johanniskirche in Lößnitz im Erzgebirge und Weihnachten an der Nikolaikirche in Frankfurt am Main).

Besonders in Frankfurt am Main, seinem Geburtsort, stieß Wilhelm Benders Tätigkeit an der Nikolaikirche auf große öffentliche Aufmerksamkeit. In den Studien zur Stadt- und Kirchengeschichte „Die Alte Nikolaikirche am Römerberg" ist die Programmfolge des Einweihungskonzerts nach der Abnahmeprüfung am 23. Dezember 1939 detailliert beschrieben, „in der zur festlichen Stunde Liedsätze gespielt wurden, in denen das Lob des Reiches, der Stadt des Handwerks und das Lob der Weihnacht aufklang"[29]. Es wurde u. a. die „Neue Glockenmusik von Wilhelm Bender, Suite in vier Sätzen" gespielt, die ihn als Glockenspielkomponisten schon sehr bald auch über einen Kreis von Fachleuten hinaus bekannt gemacht hatte. Der Organist der Nikolaikirche, Wilhelm Heinrich Simmermacher, ließ sich von Wilhelm Bender im Schnelldurchgang zum Carillonneur ausbilden.

Die ihm eigene Professionalität, zielstrebig Pläne durchzusetzen, hatte Wilhelm Bender bereits eindrucksvoll mit seiner Bewerbung an der Parochialkirche bewiesen. Systematisch hatte er zuvor Zeugnisse gesammelt, um sie seinen Bewerbungsunterlagen beizulegen. Selbst seine Schüler bewerteten ihn, den Lehrer, in Worten höchster Bewunderung und bestätigten seine hervorragende pädagogische Begabung - eine eher ungewöhnliche Methode. Selbstverständlich verlangten die bevorstehende Familiengründung und die weitere Familienplanung ein energisches Vorausdenken der wirtschaftlichen Situation. Glücklicherweise waren dem Künstler auch diese eher kommerziellen Eigenschaften und sein strebendes Handeln in die Wiege gelegt worden. Sie verhinderten letztlich auch eine Stagnation des künstlerischen Werdegangs durch Ablenkungen bei der Bewältigung materieller Alltagsprobleme.

Wilhelm Bender war von seiner Musikalität und seinen Fähigkeiten tief überzeugt, wurde darin von Dritten auch lebhaft bestätigt. An seinem musikalischen Fortkommen musste ihm darum viel gelegen sein. Musik war sein Lebensinhalt. Für ihn stand fest, auch in einer politisch mehr als problematischen Zeit weiter Musik machen und seine Karriere fortsetzen zu wollen. So hat er sich in politisch schwieriger Zeit früh mit dem Nazi-Regime stillschweigend arrangiert, einer von vielen Musikern zwischen Anpassung und Selbstbehauptung. Mit der Bereitschaft, sich einer politischen Macht günstigerer Bedingungen wegen anzupassen, stand er damals nicht alleine. Große Teile der Parochialgemeinde z. B. hatten sich sehr früh nationalsozialistischem Gedankengut geöffnet. Die Parochialgemeinde bezeichnete sich bereits 1933 intern als „Reformatorische Reichskirche". 1934 trat Pfarrer Kitscha, ein ausgewiesener Nationalsozialist,

---

[29] Vgl. Studien zur Frankfurter Geschichte, Band 32 (Hrsg. Werner Becher und Roman Fischer): "Die Alte Nikolaikirche am Römerberg". Studien zur Stadt- und Kirchengeschichte, Frankfurt am Main 1992, Seite 406 ff.

sein Amt an der Parochialkirche an. Er war Anhänger der Glaubensbewegung „Deutsche Christen", wie mittlerweile auch die Mehrheit der damaligen Parochial-Gemein-demitglieder, eine Gruppierung innerhalb der evangelischen Kirche, die stark vom nationalsozialistischen Gedankengut beeinflusst war. Dies führte zu Spannungen innerhalb der Parochialgemeinde zwischen den Deutschen Christen und der Gegenbewegung „Evangelium und Kirche", die der Bekennenden Kirche nahe stand[30].

Wilhelm Bender hatte von den politischen Mehrheitsverhältnissen in der Parochialgemeinde zweifellos rechtzeitig Kenntnis gehabt. Jedenfalls verweist er in seiner Bewerbung nicht ohne Grund als Referenz auch auf seine Tätigkeit in der Hitlerjugend. Offenbar war er von der aktuellen Situation an der Parochialkirche keinesfalls so abgestoßen, dass er dort auf die neuen Aufgaben verzichtet hätte. Erkennbar und ausdrücklich hat er sich allerdings mit der grundsätzlichen nationalsozialistischen Zielsetzung nicht identifiziert, sich aber als Kirchenmusiker auch zu keiner Zeit in irgendeiner Weise distanziert (auch der Status eines Kirchenbeamten war per se zu keiner Zeit ein Protest gegen die aktuellen Machthaber). Erstaunlich immerhin, dass man Wilhelm Bender nicht schon in der Parochialkirche bei den dortigen politischen Verhältnissen zum Eintritt in die NSDAP drängte[31], sondern er erst 1940 Parteimitglied wurde[32].

Im Rahmen offensichtlich notwendiger Aktivitäten, denen er als HJ-Musiker verpflichtet war, hat er sich auch einigen wenigen politisch motivierten Militär-Kompositionen nicht verweigert. Sein Mitwirken an den Liederbüchern der Kriegsmarine und der Nationalsozialistischen Gemeinschaft „Kraft durch Freude" wurde bereits erwähnt. In einem nicht veröffentlichten Manuskript analysierte Wilhelm Bender einzelne Lieder (z. B. „Auf, auf zum fröhlichen Jagen" und „Wenn Soldaten singen") im Rahmen „sinnfälligster Äußerungen des Gemeingefühls" und weist ihre Eignung als Marschlieder nach.

Für seine grundsätzliche Ideologieferne und seine vermutete politische Gleichgültigkeit oder innere Neutralität spricht allerdings die Tatsache, dass er vom Parochial-Gemeindekirchenrat einstimmig in sein neues Amt berufen wurde, also sowohl von den Mitgliedern der Deutschen Christen als auch von den oppositionellen Mitgliedern der Glaubensgemeinschaft „Evangelium und Kirche", er also weniger oder gar nicht einer Gesinnung wegen gewählt wurde, sondern vorwiegend oder ausschließlich als Künstler aufgrund seines musikalischen Könnens.

Erst 1939 wurde Wilhelm Bender Mitglied der Reichsmusikkammer[33], was zuvor von ihm als Kirchenmusiker nicht direkt gefordert war: Alle evangelischen Kirchenmusiker waren Mitglieder des von den Landeskirchen und auch vom Nazi-Staat anerkannten

---

[30] Vgl. Kapitel 5 und 6.

[31] Selbst dort, wo Pastoren weder Mitglied der NSDAP noch der Deutschen Christen waren, kam es zum entsprechenden Druck: Um selbst einen Parteieintritt zu vermeiden, erhofften sich manche Pastoren Zugeständnisse, wenn sie ihre Küster und Kantoren zur Mitgliedschaft in eine Parteiorganisation drängten.

[32] Zwar gab es von 1933 bis 1939 eine Partei-Aufnahmesperre, doch konnten z. B. bewährte HJ-Mitglieder ab April 1937 NSDAP-Mitglied werden. Mit seinen Verdiensten in der Hitlerjugend hätte Wilhelm Bender darum schon 1937 Parteimitglied werden können.

[33] Die Reichsmusikkammer war dem Reichsminister für Volksaufklärung und Propaganda Joseph Goebbels unterstellt war. Es durfte künftig nur noch derjenige produktiv an der „Mehrung deutschen Kulturguts" teilnehmen, der einer der Reichskulturkammer angeschlossenen Fachkammern beigetreten war. So konnte man alle „unliebsamen und schädlichen Elemente" ausschalten, um die „Wiederkehr des verjudeten Literatur- und Kunstbetriebs der letzten Jahrzehnte für alle Zeiten zu verhindern" (vgl. Fußnote 35).

Reichsverbands für evangelische Kirchenmusik[34]. Diese Mitgliedschaft war in den meisten Landeskirchen Pflicht (in der evangelischen Kirche der altpreußischen Union

[34] Anfang 1933 wurden die auf dem Gebiet der Kirchenmusik tätigen Kräfte der Deutschen Evangelischen Kirche – je nach kirchenmusikalischer Arbeit – zu drei Spitzenverbänden zusammengefasst, und zwar zum Verband evangelischer Kirchenmusiker Deutschlands, zum Verband evangelischer Kirchenchöre Deutschlands und zum Verband evangelischer Posaunenchöre Deutschlands. Um eine möglichst große Geschlossenheit ihres Einsatzes zu erzielen, vereinigten sich diese drei Verbände kurz darauf zum „Reichsverband für evangelische Kirchenmusik“. Die Deutschen Christen versuchten zur gleichen Zeit im Rahmen ihrer eigenen kirchenpolitischen Ziele eine stilistische Neugestaltung der deutschen evangelischen Kirchenmusik (vgl. Kapitel 14). Sie unterstützten und förderten darum den im April 1933 von Kirchenmusikern, die den Deutschen Christen nahe standen, gegründeten „Reichsverband evangelischer Kirchenmusiker Deutschlands“, der diese stilistische Neugestaltung in Angriff nehmen wollte und der nach dem Willen der Deutschen Christen darum die Kompetenzen des Reichsverbands für evangelische Kirchenmusik übernehmen sollte. Der von den Deutschen Christen bald abhängige Reichsverband evangelischer Kirchenmusiker Deutschlands war u. a. ein entschiedener Gegner der Orgelbewegung, die von führenden evangelischen Kirchenmusikern (z. B. Karl Straube, Wolfgang Reimann und Adolf Strube; vgl. Kapitel 14) vorangetrieben wurde. Diese Kirchenmusiker schlossen sich – nach gemeinsamen Aufrufen zugunsten gegenwartsnaher, neuer Kompositionen und zugunsten einer im Gottesdienst verwurzelten Kirchenmusik – im September 1933 im neuen „Reichsbund für evangelische Kirchenmusik“ zusammen, eine gezielte Gegenbewegung zum Reichsverband evangelischer Kirchenmusiker Deutschlands. Diese Gründer standen zwar der Bekennenden Kirche deutlich näher als den Deutschen Christen, dennoch waren sie zu großen Teilen ebensolche Nationalsozialisten wie die Deutschen Christen – es ging ihnen über die politische Gesinnung hinaus ausschließlich um „ihre“ Kirchenmusik. Beim neuen Reichsbund für evangelische Kirchenmusik lag völlig unstrittig die größere fachliche Kirchenmusik-Kompetenz im Vergleich zum Reichsverband evangelischer Kirchenmusiker in Deutschland, was selbst vom deutschchristlichen Reichsbischof Müller anerkannt wurde. Wegen seiner weniger qualifizierten und weniger prominenten Mitglieder entzog Müller – stellvertretend für das NS-Regime – dem Reichsverband evangelischer Kirchenmusiker Deutschlands trotz heftiger Proteste der Deutschen Christen seine Gunst. Der Reichsbund für evangelische Kirchenmusik mit seinen ausgewiesenen Fachleuten wurde nun als offizielle Vertretung der deutschen Kirchenmusik vom Reichskirchenausschuss der Deutschen Evangelischen Kirche DEK anerkannt. Um den verwirrenden und unübersichtlichen Namensähnlichkeiten von „(Reichs-)Bund“ und „(Reichs-) Verband“ ein Ende zu setzen, wurde der Reichsbund nun wieder in den „Reichsverband für evangelische Kirchenmusik“ umbenannt. Der Reichsverband evangelischer Kirchenmusiker Deutschlands erklärte sich schließlich damit einverstanden, dass seine Mitglieder in diesen neuen Reichsverband für evangelische Kirchenmusik überführt wurden. Im Dezember 1933 ging dann auch der zwischenzeitlich kompetenz- und bedeutungslos gewordene ursprügliche Reichsverband für evangelische Kirchenmusik in den neuen Reichsverband für evangelische Kirchenmusik über. Damit war der Machtkampf der Kirchenmusiker bereits nach wenigen Monaten beendet. Innerhalb eines Jahres war es gelungen, eine kirchenmusikalische Organisation zu schaffen, die dem Einfluss der Deutschen Christen entzogen war. Da der aktuelle Reichsverband durch öffentliche Auseinandersetzungen und nicht auf internem Verhandlungsweg zustande kam, konnten die Deutschen Christen bei der Besetzung leitender Ämter völlig augeschaltet werden (vgl. Dietrich Schuberth: „Der Berufsstand des Kirchenmusikers“. In: Der Kirchenmusiker, Heft 6, 1986, Seite 203). Da der „Krieg der Verbände“ auch eine partielle Stellvertreterschlacht zwischen Deutschen Christen und Bekennender Kirche auf einem Spezialgebiet war – letzlich ging es doch nicht nur um Kirchenpolitik, sondern auch um die Ästhetik der Kirchenmusik und um deren ideologische Wurzeln - wurde das Ergebnis von den Deutschen Christen nicht nur als kirchenpolitische, sondern auch als politische Niederlage empfunden (vgl. Dietrich Schuberth: „Der Berufsstand des Kirchenmusikers“, a.a.O., Seite 200 sowie Wolfgang Herbst: „Evangelische Kirchenmusik und Nationalsozialismus.“ Vortrag vom 6.3.2005, in der Frankfurter Nikolaikirche gehalten (im Internet unter: „antifa.frankfurt.org/Nachrichten/kirchenmusik_und_nationalsozialismus.html“ veröffentlicht). Im Jahre 1936 musste der Reichsverband für evangelische Kirchenmusik in die Reichsmusikkammer eingegliedert werden („Gleichschaltung“ war der damals übliche Fachbegriff) und verlor damit seine Selbständigkeit. Die o. g. drei Fach-Verbandssäulen des Reichsverbands wurden den bereits bestehenden Fachschaften der Reichsmusikkammer organisatorisch zugeordnet: Der alte Fachbereich „Verband evangelischer Kirchenmusiker Deutschlands“ wurde in die bereits bestehende Fachschaft V der Reichsmusikkammer „Evangelische Kirchenmusiker“ integriert, die beiden Fachverbände „evangelische Kirchenchöre Deutschlands“ und „evangelische Posaunenchöre Deutschlands“ in der Fachschaft IV „Evangelische Kirchen- und Posaunenchöre“ zusammengefasst. Die Fachverbände traten nach außen hin nach wie vor als rechtlich selbständige Institutionen auf – und sei es

schon seit Februar 1935). Bereitwillig gliederte sich der Reichsverband für evangelische Kirchenmusik im Oktober 1936 in die Reichsmusikkammer ein und wurde so zum Bestandteil des NS-Kultursystems.

Solange Wilhelm Bender als Kirchenmusiker amtierte, war er auch mittelbar Mitglied der Reichsmusikkammer[35]. Mit dem Ruhen seines kirchenmusikalischen Dienstes während des Krieges, also mit Einberufung zum Militärdienst, verlor er diesen Status und trat nun der Reichsmusikkammer direkt bei[36]. Für seine neue „weltliche" Karriere brauchte er neben seiner HJ-Zugehörigkeit diese neue institutionelle Basis: Fast alle Musiker gingen damals (berechnende) Arbeitsbündnisse mit dem Regime ein, das als Gegenleistung einen gewissen künstlerischen Spielraum und ein geregeltes Einkommen gewährte. Es war im Übrigen bekannt, dass Parteimitglieder bevorzugt angestellt und schneller befördert würden. Immer mehr Musiker demonstrierten daher nationale Gesinnung; manche gingen sogar soweit, Kollegen zu denunzieren, und bewarben sich dann um die freigewordenen Stellen. Der Katalog der Wiener Ausstellung „Opfer, Täter, Zuschauer" der Wiener Staatsoper (März-Juni 2008) nennt dafür ein besonders kurioses Beispiel: Als die Opernleitung den jüdischen Souffleur entließ, stellte man einen stocktauben, aber nazitreuen Rentner für diese Aufgabe ein!

Im März 1940 wurde Wilhelm Bender auf Anraten von Professor von Knorr dann auch noch Parteimitglied in der NSDAP[37]. Von Knorr verfügte über die Möglichkeit, Wilhelm Bender zumindest vorübergehend vom Wehrdienst zu befreien, der im Januar 1940 zur Wehrmacht einberufen worden war[38], und zwar als Funker in die Infanterie-

---

nur als Adressaten für die Jahresmitgliedsbeiträge der Kirchenmusiker (vgl. „Das kirchenmusikalische Amt in der evangelischen Kirche der altpreußischen Union. Die wichtigsten geltenden Verordnungen und Erlasse auf dem Gebiet der Kirchenmusik. Drucksachen für Superintendenten und Kirchenmusikwarte". Bearbeitet von Oskar Söhngen, Berlin 1942, Seiten 97 ff. und 124 ff.). Oskar Söhngen hatte 1950 erneut eine Neuausgabe von „Das kirchenmusikalische Amt in der evangelischen Kirche der altpreußischen Union...", also mit identischem Titel herausgegeben. Durchsichtig und darum peinlich war dabei, dass sich Söhngen in der Ausgabe von 1950 in den ansonsten fast textgleichen Einleitungen auf Seite 14 vom Nazi-Regime „unschuldig" distanziert - „Bedrohungen und Verfolgungen durch die zusammengeballte gottfeindliche Macht des Nationalsozialismus..."-, während er in der Ausgaben von 1942 auf Seite 8 noch der „Reichsmusikkammergesetzgebung dankbar gedenkt. Sie hat mit ihren grundlegenden Gedanken des ständischen Aufbaus des Musiklebens und der Durchführung des Leistungsprinzips die Entwicklung begünstigt und entscheidend gefördert".

[35] Für Kirchenmusiker galt die Mitgliedschaftspflicht nur, wenn sie auch außerkirchlich z. B. eine musikpädagogische Aufgabe versahen. Die nebenberuflichen Tätigkeiten Wilhelm Benders bei der Volkshochschule, beim Rundfunk und sein Orgelunterricht begründeten jedenfalls noch keine Mitgliedschaft bei der Reichsmusikkammer. Die Reichsmusikkammer war eine der sieben Einzelkammern der Reichskulturkammer, die im September 1933 von Joseph Goebbels durch das Reichskulturkammergesetz gegründet wurde, um alle Bereiche des Kulturlebens gleichzuschalten, d.h. den gesamten deutschen Musikbetrieb zu verstaatlichen und damit zu kontrollieren. Den Vorsitz der Reichskulturkammer übernahm Goebbels als Präsident selbst, Präsident der Reichsmusikkammer wurde Richard Strauss, der das Amt aber nur zwei Jahre lang ausübte.

[36] Sein Antrag beim Landeskulturverwalter Gau Berlin auf Mitgliedschaft in der Reichsmusikkammer im Juni 1939 und sein Hinweis auf weitere nebenamtliche Tätigkeiten führten dazu, dass er im gleichen Monat auch einen aktuellen Personalbogen für Dozenten an der Volkshochschule Groß-Berlin ausfüllen musste. Diese im Bundes- und Landesarchiv in Berlin aufbewahrten Frage- und Personalbögen liefern eine Reihe authentischer biografischer Daten zum Leben Wilhelm Benders.

[37] Mitgliedsnummer 7.547.723 auf Antrag vom 23.1.1940. Vgl. Bundesarchiv (ehemaliges Berlin Document Center BDC), NSDAP-Zentralkartei.

[38] Vor seiner Einberufung zum Heeresdienst empfahl Wilhelm Bender dem Gemeindekirchenrat zwei Vertreter einmal für Orgel- und Choramt und zum anderen für das Glockenspiel (und zwar möglichst weibliche Kräfte, „weil nur so die Gewähr für eine ununterbrochene Vertretung im Kirchen- und Friedhofsdienst

Nachrichten-Ersatz-Kompanie 68, Standort Guben. Seine Kompanie war zuvor von Polen in den Westen verlegt worden und wurde nun am Niederrhein gegen die Niederlande, Belgien und Frankreich eingesetzt[39]. Seine Beamtentätigkeit an der Parochialkirche ruhte während des Wehrdienstes.

Das unmittelbare Kriegsgeschehen erlebte er vorerst nur rund ein halbes Jahr lang. Er war nicht gerne Soldat. Sein Heimweh schrieb er sich mit dem Lied „Weihnacht der Soldaten" von der Seele. Aus Leeuwen in Belgien berichtete er in einem langen Brief an Franz Schilling, dem freundschaftlich verbundenen Glockengießer aus Apolda[40], wie schmerzlich ihm seine Situation immer wieder vor Augen geführt würde – besonders wenn er die vielen Orgeln in Belgien sehe. Und er wäre nicht der vorausplanende Wilhelm Bender, wenn er nicht im gleichen Brief „eine Art Zeugnis oder Bescheinigung über meine Tätigkeit und Bedeutung auf dem Glockenspielgebiet" erbeten hätte, „die ich mit anderen zusammen (später) vorlegen kann".

Nach nur wenigen Monaten Teilnahme am aktiven Kriegsgeschehen ergab sich für Wilhelm Bender erst einmal eine glückliche Wende in seinem Soldatenleben: Ernst Lothar von Knorr machte Wilhelm Bender im Herbst 1940 im Auftrag des Oberkommandos der Wehrmacht zum Ausbilder von Singleitern der Wehrmacht. In seiner Eigenschaft als Musikreferent der Wehrmacht gründete von Knorr Heeresmusikschulen im Deutschen Reich. Er nutzte seine Position, um über Listen „unabkömmlicher Kulturschaffender" Musiker vor dem Frontdienst zu bewahren, indem er sie z. B. als Lehrkräfte an einer Heeresmusikschule unterbrachte[41]. Seine Bemühungen erlösten Wilhelm Bender vorerst vom Kriegsdienst an der unmittelbaren Front.

Als Unteroffizier in der Propaganda-Kompanie (er nannte sich selbst „Krad-Organist") unternahm Wilhelm Bender zahlreiche Reisen zu den Truppenteilen nach Frankreich, Norwegen und Griechenland. In einem Bericht für die „Parochialglocken", den mehrseitigen Mitteilungen aus der Parochialgemeinde[42], die seit 1924 regelmäßig veröffentlicht wurden, beschrieb er seine Tätigkeit als „Krad-Organist" in Frankreich: 70 Kilometer per Motorrad an der Loire entlang zu einer Kathedrale, um dort im Gottesdienst – nach nur kurzer Abstimmung des liturgischen Gangs mit dem Dekan – die Orgel zu spielen. „Wie lange schon habe ich keine Tasten berührt? Mein Vorspiel stößt die Tore der Herzen auf und mit strahlender Flut strömt der Choral aus den Mündern: Nun danket alle Gott."

---

gegeben ist") und drückt die Hoffnung aus, bald wieder seinen Dienst selbst aufzunehmen. Das Glockenamt wurde allerdings von einem jungen Vikar übernommen, der ebenfalls bald Soldat wurde und darum nur wenige Monate an der Parochialkirche tätig sein konnte.

[39] Alle Angaben sind bei der Deutschen Dienststelle (WAST) für die Benachrichtigung der nächsten Angehörigen von Gefallenen der ehemaligen deutschen Wehrmacht in Berlin archiviert.

[40] Franz August Schilling in Apolda (1897-1977), Inhaber derselben Glockengießerei, die 1799 Friedrich Schiller praktischen Anschauungsunterricht für sein „Lied von der Glocke" erteilt hatte („Fest gemauert in der Erden steht die Form aus Lehm gebrannt"). Schilling hatte 1935 für die Parochialkirche die vierte (kleinste) Läuteglocke gegossen, "die 1917 dem Vaterland geopfert" wurde. Die Glocke, versehen mit den NS-Hoheitszeichen Adler und Hakenkreuz sowie dem Siegel der Parochialkirche, trug die Inschrift: ICH WILL DEM HERRN SINGEN MEIN LEBEN LANG UND MEINEN GOTT LOBEN, SOLANGE ICH BIN Psalm 104, Vers 33. GEOPFERT IM DRITTEN JAHRE DES WELTKRIEGES, NEU ERSTANDEN IM DRITTEN JAHRE DES DRITTEN REICHES 1917-1935.

[41] Vgl. Prieberg, Fred K.: Musik im NS-Staat, Frankfurt/Main 1982, Seite 309.

[42] Die „Parochialglocken" erschienen mehrseitig bis Oktober 1939, danach wegen notwendiger Sparmaßnahmen nur noch auf einem Blatt. Im Mai 1941 musste das Erscheinen der „Parochialglocken" wegen Papiermangels ganz eingestellt werden.

1941 wurde Ernst Lothar von Knorr Professor für Kompositionslehre und stellvertretender Direktor der Staatlichen Hochschule für Musik in Frankfurt. Er holte Wilhelm Bender 1942 nach Frankfurt, wo im gleichen Jahr an der Hochschule für Musik erstmals eine Abteilung für Schulmusik eingerichtet wurde. Wilhelm Bender wurde im Auftrag der Wehrmacht Leiter der Abteilung für Schulmusik (Wilhelm Bender schreibt in seinem Lebenslauf vom – intern so genannten – „Institut" für Schulmusik). Die Einstellung eines Leiters der Abteilung für Schulmusik genehmigte der Oberpräsident der Provinz Hessen-Nassau und berief Wilhelm Bender als Hochschullehrer nach Frankfurt, wo er nach der „Reichsbesoldungsgruppe H2 für Professoren" bezahlt wurde (nur als Mitglied der Reichsmusikkammer durfte er diese Lehrtätigkeit an der Hochschule für Musik überhaupt ausüben). Eine Professur wurde ihm – wie damals üblich – „nach Bewährung im Amt" in zwei bis drei Jahren in Aussicht gestellt. Diese Frist hat Wilhelm Bender nicht mehr erlebt. Seine Berufung zum Hochschullehrer war Ehre und Lohn für sein bislang erfolgreiches Musikschaffen. Eine spätere offizielle akademische Berufung zum Professor ist in den Wirren des Krieges und dann wegen seines Todes nicht mehr erfolgt. Wilhelm Bender hat seinen neu erworbenen akademischen Titel in seinen letzten Lebensjahren jedenfalls weder geführt noch erwähnt.

Die Abteilung Schulmusik war für die Ausbildung künftiger Gymnasiallehrer und -lehrerinnen im Fach Musik zuständig. Da fast alle Lehr- und Organisationspläne im Krieg verbrannt sind, ist über die kurze Tätigkeit Wilhelm Benders als Leiter der Abteilung für Schulmusik nur bekannt, dass er zusammen mit von Knorr die künftige Organisation der Abteilung für Schulmusik festzulegen hatte, die neuen Dozenten auswählen sowie auf die fachwissenschaftlichen Lehrpläne Einfluss nehmen sollte. Wilhelm Bender war auch selbst als Dozent im Rahmen eines handlungsorientierten, modernen Musikunterrichts tätig, in dem die Studierenden selbständig musikalische Präsentationen (Komposition, Arrangement, szenische Umsetzung usw.) erarbeiten und öffentlich vorstellen sollten.

Die Frankfurter Staatliche Hochschule für Musik war 1938 aus dem Dr. Hochschen Konservatorium, einer Stiftung des Frankfurter Rechtsanwalts Dr. Hoch, hervorgegangen; das Konservatorium gehörte zu den damals berühmtesten Musikerziehungsstätten in aller Welt. Ab 1936 wurde der Lehrkörper der Hochschule systematisch durch seinen Direktor Hermann Reutter ausgebaut; ältere Kräfte hat man durch jugendliche, „den Ansprüchen der Gegenwart gewachsene Musiker" ersetzt. Ziel war es, mit einer auf höchstes Niveau ausgerichteten Dozenten- und Studentenschaft wieder an den hervorragenden Ruf im In- und Ausland vor dem Ersten Weltkrieg anzuknüpfen. Namhafte junge deutsche Komponisten gehörten bald dem Lehrkörper der Musikhochschule an, was zu einer Ausrichtung auf das zeitgenössische Schaffen führte: z. B. Hessenberg, Höller und Reutter, alle drei Staatspreisträger, Frommel, Egk und Orff. In dieser Umbruchphase kam auch Ernst Lothar von Knorr von Berlin nach Frankfurt und wurde – wie in Berlin – auch dort mit zusätzlichen organisatorischen Aufgaben betraut. Hierzu zählte auch der Aufbau der Abteilung für Schulmusik.

Aus Dankbarkeit für seine Freistellung vom Kriegsdienst und für die Berufung an die Frankfurter Staatliche Hochschule für Musik widmete Wilhelm Bender „Herrn Professor Ernst Lothar von Knorr" seine wichtigste Klavierkomposition überhaupt, die „Tanzreihe Acht Stücke für Klavier" (Schott Musikverlag 1943).

Aktivitäten Wilhelm Benders lassen sich für die Zeit nach 1942 nur spärlich nachweisen; viele Unterlagen hat der Krieg vernichtet. Im Oktober 1943 wurde das Frankfurter

Hochschulgebäude bei einem Fliegerangriff völlig zerstört und damit große Teile des Archivs. Nur wenige Dokumente aus jener Zeit blieben erhalten, so das Programm eines Konzerts im Jahr 1942 („Kriegseinsatz der Staatlichen Hochschule für Musik" im Auftrag des Oberkommandos der Wehrmacht und in Zusammenarbeit mit dem Sonderreferat „Truppenbetreuung" im Reichsministerium für Volksaufklärung und Propaganda) „Studenten singen für Soldaten" an der Hochschule für Musik in Frankfurt unter der Leitung von Major von Knorr und „Musik-Unteroffizier" Wilhelm Bender – u. a. mit der Komposition Wilhelm Benders „Auf, grüner Jung" in einer Bearbeitung für Instrumente. Ein Gutachten Kurt Hessenbergs, Kompositionslehrer an der Hochschule, lobt die Befähigung Wilhelm Benders als Chorleiter und Chorerzieher in Frankfurt und seine Aufführungen mit dem Chor der Frankfurter Musikhochschule, „die ihn sehr in Erstaunen versetzten".

Parallel zu seiner Frankfurter Lehrtätigkeit begann Wilhelm Bender als Doktorand in Heidelberg an einer Dissertation zu schreiben. Das Thema der geplanten Arbeit lautete „Europäische Glockenspiele". Der Doktorvater war Professor Heinrich Besseler, Leiter des Musikwissenschaftlichen Seminars der Ruprecht-Karls-Universität Heidelberg.

Im August 1943 erfolgte nach nur kurzer Dozententätigkeit in Frankfurt die erneute „Bereitstellung für die Front". Bereits ab Juni 1942 unterstand er der Verfügungs-Kompanie „Infanterie-Ersatz-Bataillon 81" mit Einsatzraum auf dem von deutschen Truppen besetzten Balkan und ab Dezember 1943 bis zu seinem Tod der motorisierten Propaganda-Kompanie 690. Im Jahr 1942 war er zum Feldwebel befördert worden – eine große militärische Karriere hat Wilhelm Bender in der Wehrmacht nicht gemacht. Die Aufgaben bestanden wiederum in der Ausbildung von Singleitern, der Veranstaltung von Chorkonzerten – jetzt im Rahmen der Betreuung des gesamten griechischen Raums. Dort schrieb er Textbeiträge für die wöchentliche Soldatenzeitschrift „Wacht im Südosten", besprach und interpretierte darin für seine Kameraden wöchentlich das von ihm ausgewählte „Unser neues Lied", komponierte gelegentlich selbst kleine Melodien mit eigenen Texten, die in der „Wacht im Südosten" abgedruckt wurden, und organisierte Kameradschaftsabende.

In den kurzen Wochen vor der neuerlichen Einberufung wurden zahlreiche Zeugnisse und Gutachten über Wilhelm Bender von einem Teil der damals bekanntesten Musikprofessoren an der Frankfurter Hochschule für Musik geschrieben[43], um die Wehrmacht zu bewegen, seinen geplanten Militäreinsatz zu verhindern: Kurt Hessenberg („Ich halte Wilhelm Bender für eine der stärksten Begabungen unter den jüngeren deutschen Komponisten"), Gerhard Frommel („Bender steht zweifellos mitten in der Entwicklung und sein Wesentlichstes hat er wohl noch nicht gesagt"), Hermann Reutter, Direktor der Staatlichen Hochschule für Musik in Frankfurt („Die mir bekannt gewordenen Kompositionen Wilhelm Benders rechtfertigen in vollem Umfang seinen Ruf als eine der stärksten schöpferischen Nachwuchsbegabungen, die wir haben") und Karl Höller („Eine so erfreuliche Erscheinung von künstlerischer Eigenart und Bedeutung sollte unter allen Umständen der hiesigen Hochschule und darüber hinaus dem deutschen Musikleben in seiner Tätigkeit erhalten bleiben"). Aus Berlin schrieben Paul Höffer („Die kompositorischen Arbeiten Wilhelm Benders zeigen eine weit überdurchschnittliche Begabung"), aus Heidelberg Wolfgang Fortner in einer für das Evangeli-

[43] Alle hier zitierten Briefe, die im Juni und Juli 1943 geschrieben wurden, befinden sich im Evangelischen Landeskirchlichen Archiv in Berlin ELAB, Bestand 7, Signatur 11550.

sche Kirchenmusikalische Institut konzertierten Aktion („Sowohl seine aparten und lebendigen Klavierstücke wie seine schönen empfindungstiefen Lieder lassen bestimmt den Wunsch wach werden, alles zu versuchen, um Bender eine weitere fruchtbare Entwicklung seiner Begabung zu ermöglichen“).

Vergeblich. Auf die „Gottbegnadeten-Liste“[44] der wichtigsten Komponisten wurde Wilhelm Bender von den Nationalsozialisten nicht mehr gesetzt, was bevorzugte Behandlung und Freistellung vom Militärdienst bedeutet hätte.

In seiner Propaganda-Kompanie komponierte er im Januar 1944 sein letztes Lied: „Den Staub der Straße hast Du bezwungen“ nach einem Text von Hans-Ulrich Platt, veröffentlicht in „Wacht im Südosten“, Nr. 81 vom 16.1.1944[45].

Es gibt zahlreiche Briefe, Todesanzeigen, Aktenvermerke u. ä. anlässlich des Todes von Wilhelm Bender. Am 23. März 1944 starb er „im Dienste der Wehrmacht“ bei einer missglückten Flugzeuglandung in Sedes nahe Saloniki in Griechenland vor einem Konzert im Rahmen der Truppenbetreuung. Ein zukunftsreiches Leben hatte seinen allzu frühen Abschluss gefunden. Seit 1975 ist er auf einem deutschen Soldatenfriedhof zusammen mit 9.972 deutschen Soldaten in Dionyssos-Rapendoza, in der Landschaft des antiken Attika in der Nähe Athens, beerdigt.

Wilhelm Bender zum Gedächtnis fand am 30. April 1944, fünf Wochen nach seinem Tod, ein Trauergottesdienst in der Parochialkirche statt, zu Ehren des Menschen und Kirchenmusikers Wilhelm Bender[46]. In liebevollen und anerkennenden Worten wurden in den Gedenkansprachen (u. a. vom Oberkonsistorialrat Dr. Söhngen[47] als Vertreter der obersten Kirchenbehörde) – nicht ohne das damals übliche Pathos – die Leistungen Wilhelm Benders gewürdigt. Es war die Rede „von jungen zukunftsfrohen Kirchenmusikern, die dieser männermordende Krieg verschlungen hat – länger als die Gefallenenreihen jedes anderen musikalischen Berufsstandes“. Söhngen sprach von der strahlenden sieghaften Erscheinung Wilhelm Benders, von der ungewöhnlichen Vielseitigkeit seiner Gaben und Interessen, von seiner Rolle als leidenschaftlicher Vorkämpfer für die zeitgenössische Musik und von seinen Chancen auf ein führendes kirchenmusikalisches Amt in der Kirche der altpreußischen Union [48].

---

[44] Die 36seitige Gottbegnadeten-Liste mit insgesamt 1.041 Namenseinträgen der wichtigsten Künstler des NS-Regimes wurde in der Endphase des Zweiten Weltkrieges vom Reichsministerium für Volksaufklärung und Propaganda sowie von Adolf Hitler persönlich zusammengestellt (die Bezeichnung „gottbegnadet“ wurde auch vom NS-Regime offiziell geführt!). Die Gottbegnadeten-Liste basierte auf den so genannten „uk-Listen“ für die von Hitler für den Fronteinsatz als „unabkömmlich“ eingestuften Künstler, die sich der nationalsozialistischen Propaganda widmen sollten. Parallel existierten weitere Listen, die auch von Hitler unterschrieben werden mussten (z. B. die von Joseph Goebbels und Ernst Lothar von Knorr, dieser in seiner Eigenschaft als Musikreferent des Oberkommandos des Heeres) und eine „uk-Stellung“ für 360 Musikern bedeuteten (vgl. Fred K. Prieberg: Handbuch Deutsche Musiker 1933–1945. CD-ROM-Lexikon, Kiel 2004, Seite 3.784). Eine „uk-Stellung“ galt aber nur auf Widerruf und wurde regelmäßig überprüft. Auch Wilhelm Bender stand vorübergehend auf dieser Liste. Selbst bekanntere Persönlichkeiten, die zuvor auf der Liste der „uk-gestellten“ Künstler standen (z. B. der Dirigent Georg Ludwig Jochum), wurden nicht in die Gottbegnadeten-Liste übernommen.

[45] Vgl. Evangelisches Landeskirchliches Archiv in Berlin ELAB, Bestand 7, Signatur 11550.

[46] Vgl. Evangelisches Landeskirchliches Archiv in Berlin ELAB, Bestand 7, Signatur 11550.

[47] Vgl. Fußnote 34 und Kapitel 14, Fußnote 53.

[48] Die Gedenkansprache ist im Wortlaut in Kapitel 15, Exkurs IV („Wilhelm Bender zum Gedächtnis“), wiedergegeben.

Die Predigt stand unter dem Bibelwort „Ihr habt nun Traurigkeit“. Musikfreunden ist dieser Johannestext u. a. durch das innige Sopran-Solo aus dem Deutschen Requiem von Johannes Brahms vertraut.

4 Geschichte des Parochial-Glockenspiels

Die wichtigste berufliche Wirkungsstätte Wilhelm Benders war die Parochialkirche in Berlin, neben dem Dom die beherrschende Kirche Berlins. Hier verbrachte er seine schöpferischsten Jahre. Seine dortige Tätigkeit als Organist, Chorleiter und vor allem als Glockenspieler in den Jahren 1936–1940 muss für ihn höchst inspirierend gewesen sein. Fast alle seine wichtigsten Kompositionen entstanden in jenen Jahren, Kompositionen für das zarteste Instrument überhaupt, der Kinderstimme, bis hin zum größten und beeindruckendsten Instrument, dem Glockenspiel.

Die Parochialkirche war für Wilhelm Bender ein Faszinosum: Die barocke Kirche mit Glockenturm strahlte in der eher schmucklosen Kirchenumgebung schon alleine wegen ihrer Architektur ein spezielles Fluidum aus. Hinzu kam die lange musikalische Tradition des Hauses, die eine deutschlandweite Anziehungskraft als bedeutende Stätte der Kirchenmusik genoss. Begnadete Orgel- und Glockenspieler begründeten ihren Ruf. In dieser Tradition fort zu wirken, war der Lebenstraum Wilhelm Benders. Hier zu arbeiten, war für ihn kein glücklicher Zufall, sondern ein früh verfolgtes Ziel.

Nur einem glücklichen Zufall allerdings, eher noch einer politischen Fehleinschätzung, verdankt die Parochialkirche überhaupt ihre Entstehung: Die Erlaubnis, die Königswürde für Preußen zu gewinnen, musste der brandenburgische Kurfürst Friedrich III. im Jahre 1694 mit dem unvorstellbar hohen Betrag von 2 Millionen Goldtalern bezahlen, zu entrichten an den Habsburger Kaiser. Außerdem hatte der Kurfürst dem Kaiser 8.000 brandenburgische Soldaten für dessen Kampf gegen Frankreich im Spanischen Erbfolgekrieg zur Verfügung gestellt. Einen weiteren sechsstelligen Betrag sollte Friedrich für seine Königserhebung an den den Habsburgern nahe stehenden Deutschen Orden in Wien als Ausgleich für den Ostpreußen-Verlust des Ordens zahlen: Der damalige Hochmeister des Ordens war 1525 zum reformierten Glauben übergetreten, säkularisierte das preußische Ordensgebiet und machte es zu seinem erblichen Herzogtum. Diese Zahlung an den Deutschen Orden aber lehnte Friedrich kategorisch ab[1]. Falls die angebotenen Gegenleistungen zur Erreichung seines ehrgeizigen Ziels, König zu werden, immer noch nicht ausreichend sein sollte – so vermutete man am Hof –, würde Friedrich III. wahrscheinlich auch seinen protestantisch-reformierten Glauben wechseln und zum Katholizismus übertreten[2].

---

[1] Vgl. Der Untergang des Ordensstaates Preußen und die Entstehung der preußischen Königswürde. Aus den Quellen dargestellt von Dr. J. Vota. Mainz, Kirchheim & Co. 1911, Seite 540 ff.

[2] Der Urgroßvater Friedrichs III., Kurfürst Johann Sigismund, war 1613 zwar auch aus eigener theologischer Überzeugung und innerer Neigung vom lutherischen zum calvinistisch-reformierten Bekenntnis übergetreten (nicht aber das Bürgertum und seine Ehefrau; ein erstes Beispiel einer modernen, glaubensverschiedenen Ehe!), sondern auch aus politischer Berechnung, um sich der Unterstützung der nördlichen Niederlande zu versichern, als man die klevische Erbschaft (d.h. die vereinigten Herzogtümer Jülich, Kleve, Berg) erwerben wollte. Sigismund hatte die Absicht, aus seinem ererbten „Länderhaufen“ einen starken Staat zu machen (vgl. Ingeborg Allihn: „Welch Größe, herrliche Stadt“. Vom Fischerdorf zur Weltstadt. In: Wie mit vollen Chören. 500 Jahre Kirchenmusik in Berlins historischer Mitte. Hrsg. Ingeborg Allihn und Wilhelm Poeschel, Berlin 2010, Seiten 24-41). Diesen politischen Pragmatismus hatte er intellektuell geschickt verbrämt: Bei den humanistisch Gebildeten wurde damals die lutherische Auffassung von Religion und Kultus für rückständig gehalten. Als fortschrittlich galt den Reformierten, sich einer Abendmahlsauffassung anzuschließen, die in Brot und Wein lediglich Bilder und Zeichen sah, aber nicht den realen Leib Christi, und die Wort und Geist einer Predigt den Vorzug gaben, wobei Bilder und Riten nur stören würden. Der Kurfürst hielt die reformierte Ausprägung des Protestantismus aber auch darüber

Solche Gedanken waren nicht aus der Luft gegriffen: Fast gleichzeitig bewarb sich z. B. August der Starke im Jahre 1697 nach dem Tod des polnischen Königs Johann Sobieski um die polnische Krone; außer den üblichen Wahlgeldzahlungen, letztlich reine Bestechungsgelder, die August entrichtete, konvertierte der orthodoxe Lutheraner im Juni 1697 zum katholischen Glauben – denn nur ein Katholik durfte in Polen nach herrschender Regel König werden – und wurde wenige Tage später vom polnischen Reichstag zum König in Polen gewählt. Damit hatte Sachsen, das damalige

---

hinaus für politisch aussichtsreicher, um das Land wirtschaftlich und verwaltungstechnisch weiter zu entwickeln: Seine Basis war die reformierte (calvinistische) Lehre von der doppelten Prädestination, nach der Gott eine Gruppe Menschen für den Himmel bestellte, eine andere Gruppe für die Hölle. Die vorteilhafte weltliche Ergänzung dieser Lehre bestand darin, dass man am diesseitigen Wohlstand und Wohlergehen seinen eigenen Gnadenstand erkennen konnte, der wirtschaftliche Erfolg also Gradmesser für die jenseitigen Wohltaten war. So hatten Fleiß, asketische Lebensführung, Selbstdiziplin, Bildung und Hochschätzung der Arbeit ihren Sinn. Man verfolgte eine Politik durch Religion zugunsten der Wirtschaft, die sich mit einer auf Erwerb und Wohlstand gerichteten Gesinnung bestens verstand und die die Regierung in ihrem Streben am wenigsten störte. Der Erfolg verschaffte Gewissheit, den für den Himmel Auserwählten anzugehören. So wurden calvinistische Teile Preußens über Glauben und Streben nach Reichtum zum Nutzen des Staates zu wetteifernden Aktivitäten angespornt (letztlich entsprang die höfische Sonderkonfession also einem praktischen Denken und Handeln – was auch nicht verwunderte, weil nach alter Tradition Kurfürsten und Markgrafen von Brandenburg von den sieben Erzämtern des Reichs das des Kämmerers inne hatten, womit schließlich eine gewisses auf Erwerb und Wohlstand gerichtetes Streben erwartet werden konnte). Zwar machte der Kurfürst keinen Gebrauch von seinem Recht, u. a. die Lutheraner in seinen Ländern zu zwingen, seinem reformierten Glauben zu folgen, aber wer am Hof und im Lande „etwas werden wollte“, der musste sich – bei aller Liberalität und Toleranz – schon zur Konfession des Kurfürsten bekennen; Männer reformierter Konfession wurden am Hof eindeutig bevorzugt. So konnte der Calvinist Friedrich Wilhelm, Vater Friedrichs III., seit 1675 nach seinem Sieg über die Schweden der „Große Kurfürst“ genannt, seine durch den Dreißigjährigen Krieg heruntergekommenen Länder zu einem barocken Musterstaat aufpäppeln und das kleine Berlin, in dessen Mauern noch bis 1680 das Vieh gehalten wurde, zu einer veritablen Residenz machen. Der Zusammenhang zwischen calvinistischer Lehre und wirtschaftliche Properität war überzeugend. Der Erfolg hatte auch nicht lange auf sich warten lassen: Wo 1648 noch 8.000 Einwohner hausten, lebten 1709 – nur zwei Generationen später – schon 56.000. Gestützt auf seine Erfahrungen in den Niederlanden – u. a. an der Universität von Leyden - und mit Blick auf den beispielhaften Aufstieg Ludwigs XIV. in Frankreich und dessen Rezepte staatlicher Macht wandte auch Friedrich Wilhelm an, was immer seinem Staat zu Macht und Ansehen verhelfen konnte: Aufbau einer schlagkräftigen Armee, eine zentral gesteuerte und gut ausgebildete Beamtenschaft, staatlich gelenkte Wirtschaftsförderung und Machteinschränkungen des Adels und der Kirche. Im Rahmen dieser modernitätsträchtigen Toleranzpolitik ergingen Einladungen zur Ansiedlung z. B. an friesisch-niederländische Bauern oder an die französischen Glaubensflüchtlinge, die Hugenotten (bei Achtung ihres Glaubens, ihrer Kultur und Sprache) oder die Wiederzulassung der Juden in Berlin. Der calvinistische Pragmatismus erwies sich als außerordentlich erfolgreich, führte aber zu extremen Begehrlichkeiten, die damals keineswegs an die moralischen Grenzen einer calvinistisch-liberalen Religionsauffassungen stießen: Um zusätzliche Finanzierungsquellen für den Aufbau seines zentralen Staatsapparats und für die wirtschaftliche Belebung seiner Territorien zu erschließen, ließ der Große Kurfürst ab 1683 einen militärisch befestigten Handelsstützpunkt „Großfriedrichsburg“ an der Goldküste Westafrikas (im heutigen Ghana) errichten und gründete die Brandenburgisch Afrikanische Kompanie. Mit bis zu 36 Schiffen (die Niederländische Westindische Kompanie verfügte zur gleichen Zeit über 16.000 Schiffe!) erwirtschaftete seine Handelsgesellschaft insbesondere im transatlantischen Sklavenhandel hohe Profite. Nicht die Missionsarbeit war also der Stimulus für die koloniale Expansion. Insgesamt schickte man rd. 30.000 Afrikaner auf die überseeischen Sklavenmärkte – offenbar kein Widerspruch zu den christlich-moralischen Überzeugungen der Calvinisten im Rahmen ihres Opportunitätsstrebens nach zusätzlichem kolonialem Reichtum. Erst Händeleien mit den Niederländern, die sich ihr Monopol an der Goldküste nicht nehmen lassen wollten, und veränderte politische Prioritäten, die seine politische Aufmerksamkeit banden, veranlassten 1721 den späteren preußischen „Soldatenkönig“ Friedrich Wilhelm I., die preußische Kolonie an die Niederländische Westindische Kompanie zu verkaufen (die 1960 restaurierte Ruine der Festung „Großfriedrichsburg“ zählt zum UNESCO-Weltkulturerbe in Ghana). Vgl. Ulrich van der Heyden: Rote Adler an Afrikas Küsten. Die brandenburgisch-preußische Kolonie Großfriedrichsburg in Westafrika, Berlin 2001.

Kernland der lutherischen Reformation und des Protestantismus, wieder ein katholisches Oberhaupt.

Die Berliner reformierte Gemeinde konnte also durchaus zu Recht befürchten, bei einem Glaubenswechsel des Monarchen künftig die Möglichkeit zur Nutzung der dann nicht mehr protestantischen Hof- und Domkirche zu verlieren, der Hauptträgerin der Hohenzollerntradition mit Grabstätte der Hohenzollern. Die Hof- und Domkirche, damals die einzige reformierte Kirche in Berlin, galt als die protestantische repräsentative Zentralkirche[3].

So baten denn die reformierten Gemeindemitglieder der Hof- und Domkirche den Kurfürsten um Erlaubnis, eine unabhängige reformierte Stadtgemeinde mit einer eigenen Kirche bauen zu dürfen – ohne allerdings das eigentliche, durch Konvertierungsvermutungen ausgelöste Anliegen zu nennen. Gleichzeitig erhöhte sich damit auch die Chance, den reformierten Glauben im Falle einer Konversion in Berlin überhaupt zu erhalten. Die Gemeinde führte in ihrem offiziellen Bittbrief vom Mai 1694 als Grund für den notwendigen Kirchenbau an, dass es im Dom oft zu eng würde und man dessen Glocken nicht überall hören könne. Ferner wies man später noch darauf hin, eine zweite Begräbnisstelle für verdiente Berliner reformierten Glaubens in der historischen Mitte Berlins, also innerhalb der mittelalterlichen Stadtmauern, schaffen zu müssen, weil die Kapazitäten des Domfriedhofs in absehbarer Zeit erschöpft seien[4]. Unter der Kirche sollte auch ein Gruftgewölbe für Beisetzungen entstehen[5]. Tatsächlich wurden im Laufe der Jahrhunderte in der Krypta der Parochialkirche in 30 Grabkammern über 500 Nobilitäten und andere hochgestellte Persönlichkeiten sowie Ärzte des Hofes, Rechtsanwälte usw. (meist gegen Bezahlung) begraben[6] – wesentlich mehr als in den 30 Gruftkammern überhaupt Platz finden konnten: Die Gemeinde hatte von Zeit zu Zeit vermutlich verfallene Särge aus der Gruft herausnehmen lassen und auf dem Kirchhof bestattet, um sich weitere Einnahmen durch Krypta-Bestattungen zu verschaffen.

Die Befürchtungen einer Konversion des Monarchen waren letztlich unbegründet, denn auch ohne Konfessionswechsel wurde der Kurfürst Friedrich III., der Vater des Soldatenkönigs Friedrich Wilhelm I. und Großvater Friedrichs des Großen (Friedrich II.), im Jahr 1701 schließlich König. Er nannte sich fortan Friedrich I., König in

---

[3] Der heutige Berliner Dom wurde erst zwischen 1894 und 1905 als evangelische Kirche am jetzigen Standort errichtet, um den wachsenden Repräsentationsansprüchen der Monarchie zu genügen. Der Dom-Vorläufer wurde bereits ab 1536 als katholische Hofkirche am kurfürstlichen Schlos gebaut. Als mit der Einführung der Reformation in Brandenburg der Kurfürst Joachim II. im Jahre 1539 zum Protestantismus übertrat, wurde aus dem katholischen Dom ein evangelischer Dom. Erst als die gotische Backsteinkirche einzustürzen drohte, entstand ein neuer Dom auf neuem Gelände, der alte Dom am Schloss wurde abgerissen.

[4] Ein Antrag wurde von den Gemeindemitgliedern im Januar 1697 an den Kurfürsten gerichtet, dem innerhalb von zehn Tagen stattgegeben wurde.

[5] Weiterführende Literatur zur Krypta bieten die Mitteilungen der Berliner Gesellschaft für Anthropologie, Ethnologie und Urgeschichte, Band 23, 2002: „Die Mumien in der Gruft der Parochialkirche in Berlin – Ergebnisse der anthropologischen Untersuchung“ von Bettina Jungklaus, „Die Beigesetzten der Gruftgewölbe in der Parochialkirche zu Berlin im historischen Kontext“ von Daniel Krebs, „Das letzte Möbel – Entwicklung der Särge in der Gruft der Parochialkirche in Berlin-Mitte“ von Andreas Ströbl und „Frühneuzeitliches Totenbrauchtum im Spiegel der Gruft der Parochialkirche in Berlin-Mitte“ von Blandine Wittkopp, Seiten 31–74.

[6] Das Wort „begraben“ ist in diesem Zusammenhang nur sinnbildlich zu verstehen: Die Toten wurden in freistehenden Särgen bestattet.

Preußen[7]. Friedrich III. (alias Friedrich I.) war gerne bereit, für die Verschönerung seiner Residenz einen neuen Kirchenbau zu genehmigen, auch in der Hoffnung, dass ein wirklich anspruchsvoller, prachtvoller Bau unter Beteiligung seines Baudirektors Johann Arnold Nering entstünde. Dem Kurfürsten kam der Antrag sogar gelegen, konnte er doch mit dem neuen Gotteshaus die kirchliche Betreuung seiner reformierten Glaubensbrüder verbessern; außerdem wäre ein (mit einem vergleichsweise geringen Zuschuss in Höhe von 10.000 Talern für ihn preiswerter) weiterer repräsentativer Kirchenbau nach seiner angestrebten Rangerhöhung zum König eine willkommene Aufwertung seiner Hauptstadt. Mit kurfürstlicher Genehmigung vom Juni 1694 erwarb man daraufhin ein Anwesen in Berlin zwischen der heutigen Waisen- und Klosterstraße für den eigenen Kirchenbau, für das erste kirchliche (evangelisch-reformierte) Bauwerk seit der Reformation in Berlin, auch dadurch ein kirchenbauliches Ereignis ersten Ranges.

Man wollte eine Stadtkirche für eine bürgerliche Gemeinde gründen, also keine Hofkirche, keine Garnison- und keine Klosterkirche. Es sollte ferner ein Sakralbau nach einem neuen protestantisch-reformierten Gestaltungsgesetz werden, um die neue evangelische Auffassung vom Wesen des Gottesdienstes zu repräsentieren – weniger künstlerische Ambitionen, mehr auf den kultischen Zweck ausgerichtet. Der Fertigbau galt später dann auch als fast perfekte Symbiose, die das Suchen nach einer neuen (reformierten) evangelisch-gemäßen Kirchenarchitektur zwanglos und doch mit dem traditionellen barocken Stil aufs engste verband.

Es war in der Parochialkirche allerdings von Anfang an nicht spezifisch reformiert, sondern „nur“ reformatorisch zugegangen. Ein ausgesprochen reformiertes Bewusstsein war hier nie gepflegt und gestaltet worden. Nach der Bildung der „Kirche der Altpreußischen Union“ im Jahr 1817 durch Friedrich Wilhelm III. entstand in Preußen eine einheitliche (unierte) evangelische Landeskirche aus Lutheranern und Reformierten. Die Parochialkirche führte jetzt statt des alten Namens „Neue Reformierte Stadt- und Pfarrkirche“ die Bezeichnung „Evangelische Parochialkirche“. Die Parochialkirche trat der Union unverzüglich bei. Das spezifische reformierte Bewusstsein der Parochialgemeinde war zu diesem Zeitpunkt zum großen Teil schon geschwunden, die entsprechenden Veränderungen vollzogen sich darum problemlos. Man kam den veränderten liturgischen Erfordernissen entschlossen entgegen. Die Parochialgemeinde hatte schon längst den größeren liturgischen Reichtum der lutherischen Kirche ausgeschöpft[8]. Letztlich hatte der reformierte Ansatzpunkt der Parochialgemeinde ledig-

[7] Friedrich III. hatte sich selbst in Königsberg gekrönt. Er wurde nicht König *von* Preußen genannt, sondern König *in* Preußen. Kurfürst Friedrich III. strebte die Königswürde lediglich für das Herzogtum Preußen an und nicht für das gesamte preußische Gebiet, das zum Teil bis 1772 (zur ersten polnischen Teilung) unter der Oberhoheit der polnischen Krone stand. Der Titel „König *von* Preußen“ hätte als Herrschaftsanspruch auf das gesamte preußische Gebiet verstanden werden können und damit Konflikte mit Polen heraufbeschworen. Vgl. Deutsche Geschichte in Quellen und Darstellung: Das Zeitalter des Absolutismus. 1648-1789. Herausgegeben von Helmut Neuhaus. Reclam Band 5 Nr. 17005, Stuttgart 1997, Seite 266 ff.

[8] Zwar wurde am reformatorischen Bekenntnis festgehalten, doch wurde von Anfang an den Predigern die Verpflichtung auferlegt, „... sich so zu betragen, dass mit dem Luthertum eine gegenseitige kirchliche Duldsamkeit gestiftet und erhalten wird“. Offenbar haben die Pfarrer dies respektiert. Vgl. Christian Hammer und Peter Teicher: Die Parochialkirche zu Berlin, Berlin-München 2009, Seite 80.

lich im Namen bestanden. Die Gemeinde selbst hatte sich – aus der Liturgie zu erkennen – von Anfang an zu Luther hin entwickelt[9].

Wie die Hof- und Domgemeinde war die neue Gemeinde keine Wohnsitz- oder Orts-(Lokal-)gemeinde, deren Gemeindemitglieder aus einem bestimmten engeren, territorial abgegrenzten Gebiet stammen. Sie war eine so genannte Personalgemeinde[10] oder Personalpfarrei[11] ohne eigenes, eng abgegrenztes lokales Gemeindegebiet (ohne Parochie, also ohne Kirchensprengel). Die Personalgemeinde stand – theoretisch unabhängig vom Wohnort, faktisch jedoch auf Alt-Berlin, Charlottenburg und Schöneberg beschränkt – jedem offen, der sich als Reformierter der Gemeinde zugehörig fühlte und in die Gemeinde aufgenommen werden mochte[12] (noch während der

---

[9] Vgl. „1703-1953. Zweihundertfünfzig Jahre Evangelische Parochialkirche". Festgottesdienst zum zweihundertfünfzigjährigen Bestehen der Ev. Parochialkirche am 8. Juli 1953. Druckfassung Berlin 1953, Seite 15-16.

[10] Unter Personalgemeinde versteht man eine Gemeinde, bei der sich die Zugehörigkeit nicht nach dem Wohnsitz der getauften Christen bestimmt, sondern z. B. nach Abstammung, Funktionen, Beruf usw. Die Anzahl der Personalgemeinden war und ist in Deutschland sehr gering. Sie waren und bleiben die Ausnahmeerscheinungen (z. B. in den Sonderfällen der Militär- oder Studentenseelsorge oder im Falle von Kirchengemeinden mit Russlanddeutschen, die in Militärkirchengemeinden als landeskirchliche Personalgemeinden mit Parochialrechten organisiert sind; zum Status von Personalgemeinden vgl. Jörg Winter: „Personalgemeinden im Recht der Evangelischen Landeskirche in Baden". In: „Bürgerliche Freiheit und Christliche Verantwortung". Festschrift für Christoph Link zum 70. Geburtstag. Herausgegeben von Heinrich de Wall und Michael Germann. Tübingen 2003, Seite 181–195). Der offizielle Status einer Personalgemeinde kann je nach Landeskirchenrecht z. B. von der entsprechenden Landessynode gewährt werden. Die Grundordnung der Evangelischen Landeskirche in Baden z. B. hat in § 10 Abs. 2 die politische Grundsatzentscheidung getroffen, dass es neben der Form der Ortsgemeinde auch andere Formen der Gemeinde geben kann. Sie hält zwar am Typus der überkommenen Ortsgemeinde als Regelfall fest, ist darauf aber nicht festgelegt und zeigt die notwendige Offenheit, die es ermöglicht, neue Entwicklungen aufzunehmen und rechtlich zu gestalten (vgl. Jörg Winter, „Personalgemeinden im Recht der Evangelischen Landeskirche in Baden", a.a.O., Seite 194). Das Interesse an Personalgemeinden wächst im Zusammenhang mit der Diskussion um die Zukunftsfähigkeit der Kirche und deren territoriale Organisationsform. Das Modell der Ortsgemeinde wird den modernen Lebensbedingungen nicht mehr in allen Fällen gerecht, weil sie möglicherweise verhindert, dass in einer Wohnsitzgemeinde bestimmte Frömmigkeitsformen, theologische Richtungen oder Traditionen z. B. von Aussiedlern aus der ehemaligen Sowjetunion in städtischen Ballungsgebieten gemeinsam ausgeübt werden (zu den neuen Richtungs-Personalgemeinden vgl. Jörg Winter, „Personalgemeinden im Recht der Evangelischen Landeskirche in Baden", a.a.O., Seite 183). Insoweit werden alternative – offene – Gemeindeformen künftig an Bedeutungen gewinnen. Da in der Regel eine Doppelmitgliedschaft in einer Personalgemeinde und in der örtlichen Wohnsitzgemeinde ausgeschlossen ist, muss es Regeln für ein friedliches und gedeihliches Zusammenwirken mit den im Einzugsbereich bestehenden Ortsgemeinden geben, da es ansonsten zu einem spaltenden Wettbewerb um Gemeindemitglieder kommen kann. Im Rahmen dieser Arbeit wird in Kapitel 7 eine solche Wettbewerbssituation für die Parochialkirche beschrieben.

[11] In der Festschrift zum zweihundertjährigen Jubiläum der Parochialkirche wird auch die Bezeichnung „Immediatgemeinde" gebraucht, deren Glieder durch das einmal geknüpfte Gemeinschaftsband ein konstanteres Element als die strukturierende Bevölkerung der meisten großstädtischen Kirchengemeinden bilden. Vgl. Geschichte der Evangelischen Parochialkirche zu Berlin von 1703–1903. Festschrift zum Zweihundertjährigen Jubiläum des Bestehens der Kirche im Auftrage der Gemeindekörperschaften, verfaßt von H. Naatz, Erstem Geistlichen der Gemeinde. Berlin 1903, Seite VI.

[12] Heute setzt sich die Berliner Kirchengemeinde St.Petri-St.Marien, durch deren Fusionen die Parochial-Kirchengemeinde im Jahre 2003 ihren Gemeindenamen verloren hatte (vgl. Fußnote 31), nach eigenem Bekunden aus drei Gruppen zusammen: Aus der Ortsgemeinde mit Wohnort innerhalb der Parochie, aus der Personalgemeinde mit Wohnort außerhalb der Parochie, die jedoch über Umgemeindung zur Gemeinde gehört, und aus der „Gemeinde auf Zeit", die sowohl die Passantengemeinde als auch die thesen- und anlassbezogene Gemeinde mit Wohnort in Berlin sowie deutschland- und weltweit umfasst; ohne offiziell zur Gemeinde zu gehören, nutzt die Gemeinde auf Zeit auch das kirchliche Angebot von St.Petri-St.Marien (vgl. „Brief an die Gemeinde". Gemeindebrief der Evangelischen Kirchengemeinde

Teilung Berlins nach 1945 hatte die Parochialgemeinde Mitglieder in Ost- und West-Berlin, bis die Verbindungen 1961 mit dem Mauerbau zerbrach[13]). Das Einzugsgebiet der Parochial-Personalgemeinde war als historische Urzelle identisch mit den (nicht einmal miteinander angrenzenden) Berliner Stadtgebieten, in denen sich – weit auseinander liegend – die Wohnungen und Wohnhäuser der ersten Gemeindemitglieder befanden. Allerdings war die weit verstreute Personalgemeinde zeitweise auch eine erhebliche organisatorische Belastung. Durch ihren Sondercharakter als Personalgemeinde hatte die Parochialgemeinde auch immer Schwierigkeiten, ihren Mitgliederbestand zu erhalten. Die Parochialgemeinde war stets eine kleine Gemeinde, anfangs mit rund 800 Gemeindegliedern, im Jahre 1874 mit 8.000 Gemeindemitgliedern, 1903 zur 200-Jahr-Feier waren es nur rd. 7.000, 1933 sogar nur noch rd. 4.000 Mitglieder, unter anderem, weil wegen der Entvölkerung der Innenstadt durch neue Büro- und Verwaltungsgebäude nicht wenige Parochial-Gemeindemitglieder aus dem Stadtzentrum an den Berliner Stadtrand zogen (der Durchschnitt der evangelischen Berliner Gemeinden betrug nach 1935 über 15.000 Mitglieder; im Gegensatz dazu stand die aus fünf Gemeinden gebildete überregionale Kirchengemeinde Neukölln mit 20 Pfarrern und 220.000 Seelen – also mit durchschnittlich 44.000 Gemeindemitgliedern).

Die Gemeinde der „neuen reformierten Stadt- und Pfarrkirche“ nannte sich „reformierte Parochialgemeinde“, um mit der Bezeichnung „Parochial“ deutlich zu machen, dass es sich im Gegensatz zur Hofkirche um eine selbständige Gemeindekirche handelte (andererseits aber verwirrend, weil man gerade nicht über eine eigene Parochie verfügte): Da von Anfang an hohe Hofbeamte und bedeutende Berliner Persönlichkeiten zu ihren Mitgliedern gehörten, die über die ganze Stadt verteilt wohnten, hätte die Gründung einer Wohnsitzgemeinde keinen Sinn gemacht. Durch eine Personalgemeinde war sichergestellt, dass durch das „einmal geknüpfte Gemeinschaftsband“[14] eine Gemeinschaft aus Gläubigen zusammenkam, mit denen man auch im Übrigen Leben in engem Kontakt stand. So konnte man vermeiden, sich fremden und neuen Einflüssen und nicht kontrollierbaren Entwicklungen auszusetzen. Auch durch den hohen Status ihrer Gemeindemitglieder erwarb sich die reformierte Parochialkirche den Ruf, neben dem Dom die beherrschende Stadtkirche Berlins zu sein.

St.Petri-St.Marien, November 2009 bis Februar 2010). Mit ihrer ersten im Jahre 1968 erfolgten Fusion erhielt die Parochialgemeinde durch die St. Georgen-Gemeinde erstmals ein festes Gemeindegebiet. Ihr Status als Personalgemeinde war damit erloschen, auch wenn ein kleiner Mitgliederbestand, der außerhalb des St. Georgen-Gemeindegebietes lebt, auch heute noch Mitglied der gegenwärtigen Kirchengemeinde ist.

[13] Am 22. August 1961 wurden die in West-Berlin wohnenden Gemeindemitglieder durch den Berliner Mauerbau von ihrer Kirche getrennt; die Parochialkirche verlor etwa die Hälfte ihrer Mitglieder (1968 hatte die Ost-Parochialkirche nur noch rund 2.000 Gemeindemitglieder), ihr Ostteil fusionierte 1968 mit der St.Georgen-Gemeinde (der Mitgliederbestand von St.Georgen betrug damals etwa 1.500, um 1850 lag er noch bei 61.000!). In West-Berlin wurde eine selbständige Parochial-Teilgemeinde ohne eigene Kirche gegründet. Ihr Bestand verringerte sich stetig, 1978 löst sie sich auf. Nach dem Berliner Passierscheinabkommen von 1963 und der 1964 eingeräumten Möglichkeit, dass DDR-Rentner in den Westen reisen durften, hätten die alten Bindungen wieder aufleben können, durch die möglicherweise eine Auflösung im Westen verhindert worden wäre. Stattdessen entwickelte der Ostteil der Parochialgemeinde Kontakte zur weit entfernten Erlösergemeinde in Münster/ Westfalen.

[14] Vgl. Geschichte der Evangelischen Parochialkirche zu Berlin von 1703–1903. Festschrift zum Zweihundertjährigen Jubiläum des Bestehens der Kirche im Auftrage der Gemeindekörperschaften, verfaßt von H. Naatz, Erstem Geistlichen der Gemeinde. Berlin 1903, Seite VI. Diese Festschrift liefert im Übrigen einen umfassenden Überblick über die Geschichte der Parochialkirche von ihrer Einweihung bis zum Jahre 1903.

Kirchengeschichtlich bedeutsam waren die Privilegien, die der neuen selbständigen Gemeindekirche vom Kurfürsten von Anfang zugesprochen wurden. Der Kurfürst war an der Erhaltung des reformierten Glaubens durchaus interessiert. Offensichtlich konnte er die „politische Notwendigkeit“ einer Konversion zur Erreichung seines „Königs-“Ziels selbst noch nicht ausschließen; jedenfalls gab er der neuen reformierten Gemeinde durch ungewöhnliche Privilegien ein hohes Maß an Unabhängigkeit und damit auch dem reformierten Glauben eine größere Überlebensfähigkeit, die auch noch durch die breite regionale Streuung ihrer Mitglieder in Form einer Personalgemeinde gestärkt wurde. Die Parochialgemeinde sollte im Rahmen eines uneingeschränkten Patronatsrechts in vollem Umfang eigenständig, finanziell unabhängig und keiner staatlichen oder kirchlichen Behörde unterstellt sein. Nach königlicher Bestimmung erhielten die Kirchenvorsteher und Kirchenältesten das „Jus Patronatus“. Damit verzichtete der Landesherr auf jegliche Einmischung, d. h. auf sein bisheriges selbstverständliches Recht als „summus episcopus“, den Prediger der Gemeinde zu bestimmen. Die Gemeinde sollte also ohne Bevormundungen vom Thron unabhängig gemacht werden; diese Selbsteinsetzung eines Predigers war in Berlin keiner anderen Gemeinde vergönnt und war der erste landesherrliche Verzicht auf jegliche Einmischung[15]. Auch die von Anfang an zur Parochialkirche gehörende allgemeinbildende Schule, in deren Blütezeit etwa 300 Schülerinnen und Schüler unterrichtet wurden, sollte selbständig organisiert werden, weitere Gebäude konnten nach eigenem Ermessen errichtet werden. Durch diese Privilegien wuchs in der Gemeinde ein Selbstbewusstsein, auf dessen Boden – so die Meinung der Betroffenen – außergewöhnliche „wirkliche Pfarrerpersönlichkeiten“, begabte Prediger und Seelsorger sowie fruchtbare Schriftsteller unter ihnen reifen konnten, Vorbild jedenfalls vieler junger Geistlicher.

Der 1694 begonnene Kirchenneubau (im Jahr 1695 war die Grundsteinlegung) stand unter keinem guten Stern: Mit dem Bau des gewaltigen Fundaments für den repräsentativen Kirchenneubau war das vorhandene Geld – trotz einer landesweiten Kollekte zur Mitfinanzierung - bereits verbraucht. Johann Arnold Nering, der Baumeister des Kurfürsten, hatte einen an der italienischen Renaissance orientierten, (im Inneren nach den Anforderungen der calvinistischen Bauherren zwar schlichten) im Äußeren offenbar allzu prächtigen repräsentativen Zentralbau mit üppigen Zugeständnissen an den barocken Baustil entworfen. Darum bat die Parochialgemeinde den Kurfürsten, das aufwendige Baukonzept reduzieren zu dürfen, was dieser vermutlich nur widerstrebend genehmigte. Gleichzeitig erhielt die Gemeinde die Erlaubnis zu einem weiteren Spendenaufruf. Die neuen Entwürfe (nach Nerings Tod vom Landesbaumeister Martin Grünberg realisiert) sahen z. B. sowohl eine Verkleinerung des Grundrisses als auch eine Absenkung des Kuppelgewölbes sowie den sparsameren Einsatz von Bauzier vor. Der neue Entwurf entsprach damit weniger den Repräsentationswünschen des Herrschers, wohl aber den Wünschen einer sich reformiert nennenden Gemeinde[16]. Jedenfalls entstand durch die baulichen Veränderungen insbesondere im Innern eine großartige Klarheit der Architektur mit (für Kirchenmusik, weniger für das gespro-

[15] Nach damaligem Selbstverständnis hatten das Jus Patronatus nur die “Hausväter”, also die Haushaltsvorstände, ausgeübt. Erst 1887 wurde dieses Vorrecht zur Pfarrerwahl – gegen den Widerstand der „Hausväter“, die sich eines ihrer wichtigsten Vorrechte beraubt sahen – durch ein Gemeindestatut auf alle wahlfähigen männlichen und weiblichen Gemeindemitglieder im Alter ab 24 Jahre übertragen.

[16] Zur Architektur der Parochialkirche vgl.: Sibylle Badstübner-Gröger „Die Parochialkirche in Berlin“. Große Baudenkmäler, Heft 525, München-Berlin 1998.

chene Wort) bemerkenswerter Akustik[17]. Trotz mehrfacher Kosten sparender Vereinfachungen gegenüber dem ursprünglichen Bauentwurf verdoppelte sich der anfänglich geschätzte Aufwand für den Kirchenbau. Sie betrugen schließlich einschließlich des Grundstückerwerbs rund 120.000 Taler (das Jahresgehalt des ersten Predigers betrug zum Vergleich 600 Taler) [18].

Am 15. August 1695 war Grundsteinlegung. Die Bauarbeiten stockten jedoch bald, weil 1698 das neue, bereits bedachte Gewölbe im mittleren Teil der Kirche einstürzte (schlechte Bauausführungen – vermutlich wegen Kapitalmangels – waren wohl der Grund). Der Gewölbeeinsturz und weitere Umplanungen, an denen auch der Baumeister Andreas Schlüter beteiligt war, verzögerten die Fertigstellung der Kirche, so dass erst am 8. Juli 1703 die Einweihung in Gegenwart des Königspaars stattfinden konnte – drei Tage vor dem 46. Geburtstag des Monarchen. Die erste selbständige reformierte Kirchengemeinde im lutherischen Berlin war entstanden. Die feierliche Taufe zweier königlicher Mohren und eines Tartaren war die erste kirchliche Handlung, die in Gegenwart der neuen reformierten Gemeinde vorgenommen wurde; beide königliche Majestäten waren Taufzeugen.

Immer wieder wurde der Bau durch Spendenaufrufe und schließlich auch durch eine Landeskollekte finanziell unterstützt. Die Gesamtausstattung und die endgültige Vollendung der Kirche zogen sich sogar noch bis zum Jahr 1705 hin. Der unscheinbare Turm, der nur bis zum ersten Geschoss gediehen war, musste vorerst noch auf seine Fertigstellung verzichten. Erst 1713 erging der Auftrag, den Turmbau zu vollenden, an den Chef des Ingenieurkorps Jean de Bodt, der seit 1701 das gesamte landesherrliche Bauwesen leitete.

Auch das für den Glockenturm vorgesehene Glockenspiel hatte eine unschöne Vorgeschichte[19]: Es war ursprünglich für den (vor seiner Vollendung 1706 eingestürzten) Münzturm am Berliner Schloss vorgesehen. Kurfürst Friedrich III., der spätere König Friedrich I., hatte auf seinen Hollandreisen (seine Mutter war Holländerin) Gefallen an den dortigen Glockenspielen gefunden und erwarb daraufhin eine Anlage – noch ohne Glocken – zum Preis von 8.000 Talern. Er ordnete neben dem Umbau seines Berliner Schlosses auch den Umbau des Münzturms am Schloss an, um dort das neue Glockenspiel zu installieren. Der Münzturm war ein ehemaliger Wachturm, den man im 17. Jahrhundert zu einem Wasserturm für die „Berliner Wasserkunst" ausgebaut hatte. Er sollte ein unterirdisch verlegtes Röhrensystem mit Wasser speisen, um die Schlossbewohner und die Bürgerschaft Berlins mit Wasserspielen zu erfreuen sowie Wasserentnahmestellen zum Feuerlöschen zu versorgen – ein System, das allerdings kaum jemals befriedigend funktioniert hatte. In diesen Wasserturm verlegte man nach dem Zerfall der Wasserrohre 1630 die königliche Münzprägeanstalt. Aus dem Was-

---

[17] Zur Verbeserung der Akustik wurde der Altarraum in seiner ganzen Ausdehnung mit einem Teppich ausgelegt, unterhalb der Orgelempore wurden Vorhänge aus grünem Wollstoff angebracht und die Hauptgänge mit Kokosläufern ausgestattet. Vgl. Geschichte der Evangelischen Parochialkirche zu Berlin von 1703–1903. Festschrift zum Zweihundertjährigen Jubiläum des Bestehens der Kirche im Auftrage der Gemeindekörperschaften, verfaßt von H. Naatz, Erstem Geistlichen der Gemeinde. Berlin 1903, Seite 106.

[18] Vgl. Christian Hammer, Peter Teicher: Die Parochialkirche zu Berlin, Berlin-München 2009, Seite 23.

[19] In einer Gedenkschrift der Parochialkirche aus dem Jahre 1915 wurde das Glockenspiel ausführlich beschrieben. Vgl. Das Glockenspiel der Parochialkirche zu Berlin. Gedenkschrift zum zweihundertjährigen Jubiläum des Glockenspiels, nebst einem Anhange über das Glockengeläut. Im Auftrag des Gemeindekirchenrats verfasst von Eugen Thiele, Berlin 1915.

serturm wurde nun ein Münzturm, der auf Wunsch Friedrichs vom Architekten Andreas Schlüter auf 91 Meter aufgestockt und mit Uhr, Glockenspiel und Geläut sowie einem neuen Wasserbehälter ausgestattet werden sollte. Zu diesem Zweck musste das Fundament des Turmes verstärkt werden. Schlüter hatte die Statik falsch berechnet. Als der Turm die Höhe von 60 m erreicht hatte, neigte er sich ganz beträchtlich nach zwei Seiten hin und bekam Risse, woraufhin er unschöne Stützungen durch Mauerblöcke und Mauerpfeiler erhielt. Auf einen weiteren Ausbau musste man notgedrungen verzichten und einigte sich schließlich 1706 in einer Kommission auf Vorschlag Schlüters, den Turm auf eine Höhe von 36 Metern abzutragen und nur noch als Aussichtsplattform zu nutzen. Noch bevor der König dazu seine Zustimmung geben konnte, war der Turm allerdings völlig eingestürzt[20].

Inzwischen hatte der König auch die Glocken seines neuen Carillons beim berühmten Artillerie-, Denkmal- und Glockengießer Jacobi aus Bad Homburg vor der Höhe gießen lassen. Glockenwerk und Glocken wurden nach dem Einsturz des Münzturms eingelagert und erst einmal vergessen; das rostende Werk blieb auf dem königlichen Schlossbauhof liegen. Erst der seit 1713 regierende „Soldatenkönig" Friedrich Wilhelm I., Sohn Friedrichs I., erinnerte sich an das ursprünglich für den Münzturm vorgesehene Glockenspiel und machte es 1713 der Parochialkirche etwas überraschend zum Geschenk, um ihm so eine bleibende Berliner Heimat zu sichern. Daraufhin mussten beim Bau des Parochial-Kirchturms Umbauten erfolgen, um das Glockenspiel überhaupt aufnehmen zu können: Für das Glockenspiel erhöhte der Architekt Philipp Gerlach nach dem Tod Grünbergs den Turm um ein Säulengeschoss mit einer kupferbeschlagenen Spitze als Bekrönung; dadurch waren an dem schließlich 60 Meter hohen Glockenturm Änderungen in der Statik und in der Form geboten, was erst „den Adel des Baues" vollendete: „Was sich vorher als schönes Türmchen darbot, steigt jetzt mit bewegtem Zierrat zu rhythmisch wohlgegliederter Höhe empor und schafft damit erst den edlen Zusammenklang von Schiff und Turm". Der Turm der Parochialkirche erhielt von den Berlinern den liebevollen Beinamen „König der Klosterstraße"[21].

Das Glockenspiel-Geschenk kam der Parochialgemeinde aus den unterschiedlichsten Gründen ziemlich ungelegen: Zum einen musste der im Bau befindliche Parochial-Kirchturm statisch verstärkt werden, was erneut viel Geld kostete[22] (der geänderte Pa-

---

[20] Schlüters Karriere war in Preußen nach dieser handwerklichen Fehlleistung weitestgehend beendet – schließlich war der Turm auch bereits ohne das Gewicht des geplanten Wasserbehälters und der Automatik des Glockenspiels und ohne die zu erwartenden Schwingungen des die Automatik antreibenden Uhrwerks mit seinem schweren Pendel eingestürzt. Schlüter suchte sich daraufhin eine neue Betätigung in St. Petersburg. Er hatte vor dem Turmeinsturz auch Bauentwürfe für die Parochialkirche geliefert – insbesondere für den Kirchturm, die jedoch von dem Architekten Grünberg, dem die Bauleitung oblag, nicht berücksichtigt wurden. Daraufhin hatte Schlüter seine Planungen für die Parochialkirche als Entwürfe zum Umbau des Münzturms am Schloss verwendet. Nach dem Einsturz des Münzturms war die Parochialgemeinde wegen der Entscheidung gegen die Schlüter-Entwürfe im Nachhinein außerordentlich dankbar (vgl. Parochialglocken Nr. 5 vom August 1936, Seiten 29–32). Die ebenfalls in Berlins Mitte gelegene St.Petri-Kirche traf ein dem Münzturm ähnliches Schicksal: 1734 fiel der 110 m hohe Kirchturm vermutlich ebenfalls wegen Baufehlern zusammen und zerstörte dabei Teile der Kirche und zweier benachbarter Häuser.

[21] Vgl. Parochialglocken, Nr. 5/6 vom August/September 1939, Seite 27. Die „Parochialglocken" sind die Mitteilungen aus der Parochialgemeinde, die seit 1924 regelmäßig veröffentlicht wurden.

[22] Die entsprechenden Kosten waren nur durch eine Anleihe in Höhe von 15.000 Talern aufzubringen. Vgl. Geschichte der Evangelischen Parochialkirche zu Berlin von 1703–1903. Festschrift zum Zweihun-

rochialturm, der das Glockenspiel aufnahm, bestand jetzt nur noch aus einer Holzkonstruktion, was dazu führte, dass diese wegen des Gewichts der Glocken in all den Folgejahren immer wieder ausgebessert werden musste und die Parochialgemeinde bis zur endgültigen Zerstörung des Kirchturms im Jahre 1944 darum permanent finanziell belastete). Auf Kosten der Parochialgemeinde wurde ferner das Glockenspiel mit Uhr und Walzen eingebaut – weitere 800 Taler, die an den Schweinfurter Orgelmacher Röder zu zahlen waren, der die Arbeiten bis zum spielfertigen Aufbau plante und überwachte (da es im Gegensatz zu anderen Musikinstrumenten für Carillons keine Standardausführungen gibt, sondern sie passend zum jeweiligen Carillonturm geschaffen werden müssen, war auch das ursprünglich für einen anderen Turm entworfene Glockenspiel für den Einbau in den Turm der Parochialkirche anzupassen). Außerdem hatte das Werk durch die lange unsachgemäße Aufbewahrung manchen Schaden erlitten, weshalb eine Reihe von Teilen ebenfalls zulasten der Gemeinde nachgefertigt und ergänzt wurde. Und drittens war es nicht das Ziel einer auf Zurückhaltung und Schlichtheit bedachten, eher kunstfeindlichen reformierten Gemeinde mit einfachen Gottesdienstformen, Präferenzen für reine, herbe Linien und einer tief sitzenden Abneigung „gegen sinnbetörende Schmückungen und gegen das katholische Prunkprinzip", ein „weltliches" Glockenspiel zur Schau stellen zu müssen[23]. Aber ein königliches Geschenk konnte man schlecht ablehnen. Und außerdem: Durch das Spielen von Chorälen und anderen frommen Liedern auf dem weit über die Stadt erklingenden Glockenspiel konnte man Menschen, die nicht zu den Gottesdiensten in die Kirche kamen, zumindest zur frommen Lebensführung ermahnen. Letztlich konnte man nicht ahnen, dass dieses Glockenspiel der Parochialkirche in seiner fast 250jährigen Geschichte Berlins Aufstieg und Katastrophen begleiten und einmal zu den bedeutendsten in ganz Deutschland und Europa gehören würde, viele Jahre die überregionale Bedeutung der Parochialkirche bestimmte und schließlich als Eckpfeiler der deutschen Glockenspielbewegung nach 1936 in die Geschichte einging[24].

Am 1. Januar 1715 ertönte das Glockenspiel zum ersten Mal – im Rahmen „einer kläglichen Neujahrsmusik" zum weiteren Schrecken der Gemeinde musikalisch allerdings höchst unsauber. Die Glocken sollen „eisern" geklungen haben, „falsch, schnar-

---

dertjährigen Jubiläum des Bestehens der Kirche im Auftrage der Gemeindekörperschaften, verfasst von H. Naatz, Erstem Geistlichen der Gemeinde. Berlin 1903, Seite 21.

[23] Reformierte Kirchen zeichnen sich immerhin u. a. dadurch aus, dass in der Regel keine Bilder und kein Kirchenschmuck vorhanden sind, allemal keine Glockenspiele (anders als in Deutschland findet man in den reformierten Kirchen z. B. Hollands sehr häufig Glockenspiele). Schließlich hatte schon der Konfessionswechsel von Kurfürst Johann Sigismund zum Streit zwischen Lutheranern und Reformierten geführt, der auch in Berlin die Reformierten zum „Bildersturm" veranlasste, dem die „katholische Ausstattung" vieler Kirchen zum Opfer fiel. Die Reformierten hatten meist noch nicht einmal Läuteglocken (die Parochialkirche allerdings von Anfang an), bestenfalls eine Handglocke, die nicht mit Inschriften oder Symbolen geschmückt sein durfte (aber auch die Lutheraner, für die – bei aller Abgrenzung gegenüber katholischen Praktiken – Kirchenglocken eine Selbstverständlichkeit waren, reduzierten den Einsatz von Glockengeläuten; Luther beispielsweise lehnte das Weihen neu gegossener Glocken als „intolerable Profanisierung" und das „Satansaustreiben" durch Glockengeläut strikt ab; vgl. Percival Price: Bells and Man, Oxford, New York, Toronto, Melbourne 1983, Seiten 129-133). In manchen reformierten Gemeinden ging es allerdings recht pragmatisch zu: In Hessen-Kassel z. B. gab es bis 2005 eine langfristige Vereinbarung, nach der einer Kirchengemeinde – z. B. der reformierten „Hugenotten"-Karlskirche in Kassel – das Kirchengebäude lediglich bis zum Dachfirst gehört, „Dach und Gefach" dagegen der politischen Gemeinde, in der die Kirche stand. Die Gemeindeverwaltungen waren damit also durchaus in der Lage, im Kirchturm ein eigenes Glockenspiel zu installieren.

[24] Vgl. Jeffery Bossin: The Berlin Carillon – 1706 to 1944. In: Bulletin of the Guild of Carillonneurs in North America, Vol. XXXIII, January, 1984, Seite 33.

rend und zweideutig, nur halb passabel, ohne Klang". 20 von 37 Glocken mussten umgegossen oder durch neue ersetzt werden. Die Rücknahme des unbrauchbaren Glockenguts wurde der Gemeinde von Jacobi mit 30 Talern pro Zentner vergütet, der Umguss dann mit 6 Talern pro Zentner berechnet, der Glockenneuguss mit 37 Talern pro Zentner[25]. Die Kosten beliefen sich auf 15.400 Taler; unter Berücksichtigung eines Zuschusses des Königs in Höhe von 8.000 Talern hatte die Gemeinde weitere 7.400 Taler zu zahlen. Allerdings war auch nach dem Neu- und Umguss klar, dass von Jacobis Künsten nichts mehr zu hoffen war; der Glockenguss war erneut misslungen. Jacobi konnte seine Glocken teilweise noch als Läuteglocken mit einem Gewinn von 700 Talern an andere Kirchen verkaufen – ein materieller Scheingewinn im Vergleich zu seinem Imageverlust.

Das Jacobi-Glockenspiel wurde nun (wiederum auf Kosten der Gemeinde) durch 32 in Amsterdam vom bekannten Glockengießer Jan Albert de Grave neu gegossene Glocken ersetzt. Im November 1717 ertönte das neue Glockenspiel der Parochialkirche, das erste in Preußen überhaupt, zum ersten Mal. Bis dahin hatte das Carillon über 15.400 Taler gekostet. Nach allen Missgeschicken fühlte sich der König verpflichtet, der Parochialgemeinde einen einmaligen Zuschuss in Höhe von 6.000 Talern und einen jährlichen Zuschuss von 200 Talern zur Instandhaltung zu gewähren[26]. Dieser jährliche Zuschuss wurde nicht ein einziges Mal in den 208 Jahren Parochial-Glockenspielgeschichte angehoben; er deckte zum Schluss nicht einmal mehr die Kosten für das Ölen der beweglichen Teile des Glockenspiels.

Man konnte nach den durchlittenen und zusätzlich zu finanzierenden Pannen kaum behaupten, die Gründungsphase der Parochialkirche und die Errichtung des Glockenspiels seien besonders glücklich verlaufen: Ein Gewölbeeinsturz, ein missratener erster Glockenguss, drei Architekten waren mit dem Bau befasst, weil zwei während der Bauphase starben, der Hofgießer Jacobi geriet in Verruf und die beschenkte Gemeinde in finanzieller Not! Und schließlich forderte das Glockenspiel auch noch ein Menschenopfer: Im Juni 1783 arbeitete der Uhrmacher Conrad Morff im Inneren der großen Spielwalze. Durch Unachtsamkeit seines Gesellen löste sich die Walzen-Verriegelung und geriet von dem schweren Aufzugsgewicht in immer schnellere Umdrehungen. Von den nach innen ragenden Stiften wurde Morff schrecklich verstümmelt und starb nach fünfzehn Tagen an seinen Verletzungen[27].

Aber trotz aller Widrigkeiten bei der Fertigstellung wurde die Parochialkirche schließlich doch noch Berlins erster barocker Kirchenbau von Rang, der entgegen aller Geldnöte und reformierten Zurückhaltung in vielen seiner architektonischen Details „zum besten der Berliner Barockarchitektur um 1700" gehörte und den Bauten des Hofes in keiner Weise nachstand. Mit ihrem markanten Turm, der seine anmutige Form dem Glockenspiel verdankte, und dem berühmten Glockenspiel mit seinen 37 Glocken zählte die Parochialkirche bis zu ihrer massiven Beschädigung im Jahre 1944 zu den bekanntesten Kirchen der Stadt.

---

[25] Vgl. Das Glockenspiel der Parochialkirche zu Berlin. Gedenkschrift zum zweihundertjährigen Jubiläum des Glockenspiels, nebst einem Anhange über das Glockengeläut. Im Auftrag des Gemeindekirchenrats verfasst von Eugen Thiele, Berlin 1915, Seite 32.

[26] Vgl. Hans Siepert: Das Berliner Glockenspiel. In: Familienzeitschrift Daheim, Heft Nr. 15/16, 1934, Seite 1.

[27] Vgl. Christian Hammer und Peter Teicher: Die Parochialkirche zu Berlin, Berlin-München 2009, Seite 45.

An und in der Parochialkirche wurden dem Zeitgeist entsprechend immer wieder einmal Erneuerungsarbeiten und Umbauten vorgenommen. Nach 1800 entstanden auf dem Gemeindegrundstück als Kapitalanlage stattliche Neubauten für ein Hospital (nach heutigen Maßstäben ein kleines Seniorenheim), Miet- und Pfarrwohnungen sowie Gewerbe- und Gemeinderäume. Die finanzielle Situation ließ derartige Investitionen zu. Damals wurden die entsprechenden kaufmännischen Aufgaben autonom innerhalb der Parochialkirche durch einen Rendanten erfolgreich selbst vorgenommen, während die Landeskirchen vergleichbare Aufgaben für andere Gemeinden zentral wahrnahmen. Die Gemeindeverwaltung der Parochialkirche hatte sich mit zusätzlichen kaufmännischen Arbeiten erfolgreich befasst – so z. B. neben anderen Stiftungen[28] mit der Verwaltung der „von Kattesche Familienstiftung oder der „Kriegsrat Brandt'schen Familienstiftung von 1772", bei der dem Presbyterium gegen Entgelt die Aufsicht über das Stiftungsvermögen übertragen war[29]. Äußerst günstig wurde z. B. 1907 ein Grundstück der Parochialkirche von 3.857 qm in der Frankfurter Allee für 407.880 Mark verkauft. So konnte man auch in weniger dringende Maßnahmen zeitnah investieren, die kurzfristig ansonsten unterblieben wären, langfristig aber sparen halfen: 1912 wurde ein elektrischer Antrieb für die vier Läuteglocken angeschafft und dadurch Personalkosten gespart; die nun arbeitslosen Glockenläuter wurden großzügig entschädigt. Die finanziellen Mittel für diese und andere Ausgaben hat die Parochialgemeinde – von Spenden und Lotterien für Baumaßnahmen abgesehen – aus Verzinsung und Mieten, gebührenpflichtigen kirchlichen Amtshandlungen, Einnahmen für Bestattungen usw. stets selbst erwirtschaftet. Als Kirche mit Sonderstatus wollte sie in jeder Hinsicht – auch unter Verzicht von Kirchensteuerzuweisungen – unabhängig, selbständig und darum zuschussfrei bleiben.

Die Parochialkirche besann sich vor dem guten finanziellen Hintergrund auch immer wieder ihrer „musikalischen Handwerkszeuge": 1905 wurde die 1732 erworbene Wagner-Orgel durch eine neue Orgel der Firma Sauer ersetzt, 1914 das nun 200 Jahre alte Glockenspiel gründlich renoviert (nach kleineren Reparaturarbeiten in den Jahren 1763, 1775, 1797, 1838, 1891, 1905, 1912 und nach 1914 wieder 1929 und 1939).

Die Auswirkungen des Ersten Weltkriegs, die Gründung der Republik, die Inflation und das Erstarken der sozialistischen Bewegung belasteten die Gemeinde dann finanziell und organisatorisch. In der Folge geriet die Parochialkirche in eine bedrohliche finanzielle Schieflage. Zeitungsberichte vermeldeten 1923, dass das Glockenspiel von Parochial verstummt sei – Tariferhöhungen für den elektrischen Strom machten es finan-

---

[28] Am 27. Oktober 1806 zog Napoleon unter dem Geläut aller Glocken und unter Kanonendonner in Berlin ein. Aus Angst vor den fremden Truppen versteckte der damalige Pfarrer der Parochialkirche, der Prediger Gronau, die im Pfarrhaus befindlichen Dokumente und Gelder der Stiftungskassen zwischen den Särgen im Grabgewölbe der Kirche. Kurz darauf erhielt die Gemeinde die Nachricht, dass die Parochialkirche mit Einquartierungen der Franzosen belegt werden sollte. Mit dem Totengräber zusammen stieg Gronau nachts wieder in die Gruft und holte sämtliche Stiftungsgelder- und Dokumentenkisten in seine Wohnung zurück und überließ sie „dem Schutz der Vorsehung, wo sie dann auch unangetastet geblieben sind", weil die Kirche von der drohenden Einquartierung dann doch verschont blieb. Vgl. Geschichte der Evangelischen Parochialkirche zu Berlin von 1703–1903. Festschrift zum Zweihundertjährigen Jubiläum des Bestehens der Kirche im Auftrage der Gemeindekörperschaften, verfaßt von H. Naatz, Erstem Geistlichen der Gemeinde. Berlin 1903, Seite 57–58.

[29] Zu den entsprechenden Einnahmen vgl. Geschichte der Evangelischen Parochialkirche zu Berlin von 1703–1903. Festschrift zum Zweihundertjährigen Jubiläum des Bestehens der Kirche im Auftrage der Gemeindekörperschaften, a.a.O., Seite 101.

ziell unmöglich, das (mechanische) Glockenspiel weiter zu betreiben, auch waren die Stifte der automatischen Walze unbrauchbar geworden. Das Handspiel wurde wegen anstehender (nicht bezahlbarer) Reparaturen eingeschränkt. In dieser Situation kamen unglücklicherweise weitere außerordentliche finanzielle Lasten auf die Parochialgemeinde zu: Die Turmuhr musste repariert werden, die im I. Weltkrieg zwangsweise abgegebenen Prospekt-Pfeifen der Orgel sollten ersetzt werden, der U-Bahnbau verursachte Risse am Kirchengebäude, Kirchturm und Gemeindehaus (wegen der ungeklärten Rechtsverhältnisse blieben Schadensersatzzahlungen aus; es wurde wegen des U-Bahnbaus sogar über einen Abriss der Parochialkirche diskutiert). Reparaturen am Kirchturm, der beinahe eingestürzt wäre, kosteten rund 222.000 Reichsmark und waren unaufschiebbar wie z. B auch die Renovierung der Außenfassade usw. 1932 wurde ein moderner Motor für das automatische Glockenspiel angeschafft - ein Kurzschluss hätte zuvor fast zu einem Brand im Kirchturm geführt. Zur Finanzierung wurde neben Spendenaufrufen und Darlehnsaufnahme eine Lotterie veranstaltet. Dennoch ergab sich z. B. im Haushaltsjahr 1933/34 ein Fehlbetrag in Höhe von 1,7 Mio. Reichsmark[30].

Grundsätzliche Überlegungen, aber auch die finanziellen Bedrängnisse führten bereits 1933 zur Überlegung, angrenzende Gemeinden unter der Führung der Parochialkirche anzugliedern, um die Basis der schrumpfenden Parochialgemeinde zu kompensieren; eine Genehmigung des Superintendenten konnte damals jedoch nicht erreicht werden. Möglicherweise wäre die Parochialkirche dann als führender Fusionspartner zumindest mittelfristig nach dem Krieg selbständig geblieben[31].

Wahrscheinlich kamen nach 1933 vorübergehend rettende Zuschüsse und Spenden in nicht unerheblichem Umfang auch aus der Parteikasse der Nationalsozialisten, obwohl finanzielle Unterstützungen der Kirchen durch die NSDAP ansonsten unüblich waren. Eine Rolle spielte dabei ganz gewiss die räumliche Nähe der Parochial-Kirchenleitung zu Politik und Partei der Nationalsozialisten: Das Wohn- und Geschäftshaus der Parochialkirche war nicht nur an Privatpersonen vermietet, sondern auch an den Magistrat von Berlin und an die SA. Ferner sind die politischen und künstlerischen Profilierungsbestrebungen der Parochialkirche vermutlich nicht ohne Anerkennung geblieben[32]. Auch wegen solcher Zuweisungen konnte man sich vermutlich 1935 z. B. eine zweite Orgel leisten, eine Chororgel, die von der Firma Sauer hinter dem Sandsteinaltar aufgestellt wurde. Sie war mit der Hauptorgel verbunden, die zum Spielen der Chororgel um ein viertes Manual erweitert wurde. Im gleichen Jahr wurde die im I. Weltkrieg „gespendete" vierte Läuteglocke durch einen Neuguss ersetzt[33] (die 1943 allerdings bereits wieder zum Einschmelzen für die Waffenherstellung abgegeben werden musste). Um die Besuche der Gottesdienste zu beleben, hatte man bedürftigen Gemeindemitgliedern, die von der Parochialkirche weit entfernt wohnten, ei-

---

[30] Vgl. die persönlichen Aufzeichnungen des ehemaligen Mitglieds der Parochialgemeinde Karlheinz Kaepernick zur Geschichte der Parochialkirche von 1903–1968. Privatdruck (im Familienbesitz), Berlin 2010, Seite 40.

[31] 1968 fusioniert der durch den Berliner Mauerbau seit August 1961 vom Westteil getrennte Ostteil der Parochialgemeinde mit der St.Georgen-Gemeinde (damals verlor die Parochialkirche die Hälfte ihrer Mitglieder, an eine weitere Selbständigkeit war nicht mehr zu denken) und 2003 mit der St.Marien-St.Nikolai-Kirchengemeinde (dabei ging nach 300 Jahren die Bezeichnung „Parochial" im Gemeindenamen verloren) und 2006 nochmals mit der St.Petrie-Gemeinde zur Evangelischen Kirchengemeinde St.Petri-St.Marien.

[32] Vgl. Kapitel 7.

[33] Vgl. Kapitel 3, Fußnote 40.

ne Erstattung des Fahrgelds angeboten, um ihnen den Besuch des Gottesdienstes zu ermöglichen usw.

Durch Zuwendungen und laufende Einnahmen betrug das Brutto-Vermögen der Parochialgemeinde zum 31. März 1941 trotz bedeutender Investitionen[34] stolze (bilanzielle) 689.258 Reichsmark (einschl. Grundvermögen mit einem Einheitswert von 283.200 Reichsmark) bei einer Verschuldung von nur 74.645 Reichsmark. Aus dem Nettovermögen erwirtschaftete der Rendant im gleichen Jahr beachtliche Vermögenserträge in Höhe von 101.920 Reichsmark[35]. Nach dem Krieg verfügte die Parochialgemeinde noch über Barmittel in Höhe von rd. 44.000 Reichsmark und auf Bankkonten und an Wertpapieren über weitere rd. 316.000 Reichsmark.

Finanziell hätte die Parochialgemeinde also gut überleben können. 1944 wurde ihr aber erst einmal hierfür die Basis entzogen, als im Mai 1944 durch Brandbomben getroffen das Obergeschoss des Turms in die Kirche stürzte, die bis auf die Umfassungsmauern völlig ausbrannte, mit ihr das gesamte Inventar. Alle Glocken schmolzen – bis auf zwei, die noch heute im Turmstumpf hängen. Am Tag der Bombardierung brannte auch das damals dicht neben der Kirche gelegene Bezirksamt. Zweiundzwanzig Schläuche richteten sich auf das Amt, ein einziger nur auf die Kirche. Als einer der mitlöschenden Kirchenältesten den SS-Mann, der die Brandbekämpfung leitete, bat, mehr Schläuche an die Kirche und an ihr Archiv zu legen, lehnte dieser ab: Diese seien weniger wichtig!

Bald nach Kriegsende setzten die Aufräumarbeiten ein. Der Wiederaufbau der Kirche begann 1950 mit Reparaturen im Innenraum und dem Neubau des Dachs[36]; eine umfassende Sanierung fiel in die Jahre 1987 bis 2003. Am 20. August 1961 fand im provisorisch hergerichteten Kirchenschiff der Parochialkirche für lange Zeit der letzte Gottesdienst mit der Einführung des neuen und für die Parochialkirche letzten Pfarrers Karl-Heinz Reichhenke statt. Danach feierte die Gemeinde nach dreißigjähriger Pause an Ostern 1991 im Kirchenraum wieder ein Gottesdienst, nachdem von 1970-1990 das Kirchenschiff als Möbellager diente und es danach nur noch Theateraufführungen, Ausstellungen, Konzerte und andere Kulturveranstaltungen gegeben hatte[37]. Allerdings hatte die Parochialgemeinde seit dem 1. Advent 1946 bis 1993 Gottesdienste im Turmsaal der Parochialkirche durchgeführt. Diesen Turmsaal, der von Wilhelm Bender regelmäßig für die Aufführung von Kammermusik genutzt worden war[38], hatte die Parochialgemeinde in einem beachtlichen Kraftakt selbst renoviert und als Gottesdienstraum mit Kanzel, Orgel und Kirchenbänken für ihre Gottesdienste würdevoll – geschmückt mit den Ölgemälden aller Pfarrer der Parochialgemeinde – selbst gestaltet. Seit 1991 wurden für die Restaurierungsarbeiten

---

[34] 1939 wurde z. B. die Stromversorgung in Berlin von Gleichstrom auf Wechselstrom umgestellt, weshalb alle Motoren für Glockenspiel, Orgel, Geläut, Heizung usw. neu angeschafft wurden. Die Keller unter dem Hospital mussten 1939 als Luftschutzkeller hergerichtet werden. Weitere Investitionen insbesondere in die Ausgestaltung von Glockenturm und Glockenspiel sind im Kapitel 7 beschrieben.

[35] Vgl. Evangelisches Landeskirchliches Archiv in Berlin ELAB, Bestand 7, Signatur 2700.

[36] 1951 legte die Glockengießerei Schilling ein Angebot vor, Glocken für ein neues Glockenspiel zu gießen. Obwohl unter anderem bereits Material der zerschmolzenen Glocken des Parochialglockenspiels an Schilling geliefert wurde, beschloss man 1953, kein neues Glockenspiel zu installieren. Vgl. die persönlichen Aufzeichnungen des ehemaligen Mitglieds der Parochialgemeinde Karlheinz Kaepernick zur Geschichte der Parochialkirche von 1903–1968. Privatdruck (im Familienbesitz), Berlin 2010, Seite 59.

[37] Vgl. Christian Hammer und Peter Teicher: Die Parochialkirche zu Berlin, Berlin-München 2009, Seite 89.

[38] Vgl. Kapitel 7.

rd. 15 Millionen DM aufgewandt. Alleine für die Fertigstellung des Turmes mit Glockenspiel in historischer Gestalt einschließlich Turmunterbau sind noch beachtliche Beträge erforderlich, für deren Beschaffung offenbar eine Lösung gefunden wurde. Der Verein „Denk mal an Berlin e.V." hat sich der Rekonstruktion des Turms der Parochialkirche und der Wiederherstellung des Glockenspiels angenommen, deren Baukosten auf über 3 Mio. Euro veranschlagt werden. Auch der Senat von Berlin unterstützt das Projekt, den Kirchturm der Parochialkirche mit seinem berühmten Glockenspiel wieder aufzubauen. Die Turmspitze mit Glockenspiel soll möglichst bis 2013 den barocken Kirchbau erneut bekrönen. Dann soll auch wieder die Glockenmusik Wilhelm Benders am Originalschauplatz erklingen. Dagegen liegt ein endgültiges Konzept für die Neugestaltung des Kirchenraumes noch nicht vor. Eine Rekonstruktion des Zustandes von 1885, wie er bis 1945 bestand, ist nicht beabsichtigt. Auch wird keine ausschließlich auf den Gottesdienst fixierte Gestaltung angestrebt (dennoch suchen sich immer öfter Paare die Parochialkirche als Ort ihrer Trauung aus), vielmehr ist an eine multifunktionelle Nutzung gedacht. Die Parochialkirche ist heute Standort der „Stiftung kirchliches Kulturerbe", die sich der Erhaltung, Erforschung und dem kirchenpädagogischen Erschließen der alten kirchlichen Kunst Berlins und Brandenburgs widmet. Parallel dazu soll die Umgestaltung des die Kirche umgebenden Gebietes dazu führen, dass dem „Klosterviertel", in dem die Parochialkirche liegt, durch zusätzliche Bewohner und Besucher eine neue städtebauliche Bedeutung zuwächst. Mit einbezogen wird dabei der einzige im Zentrum Berlins noch erhaltene barocke Innenstadtfriedhof der Parochialgemeinde.

5 Der Kirchenkampf als Berliner kirchenpolitische Kulisse Wilhelm Benders

Teil der perfiden, letztlich aber nur vorübergehend erfolgreichen Politik der Nationalsozialisten war die Einbindung der großen Kirchen in ihre Propagandaarbeit, mit dem Versuch, jegliche kirchliche Opposition auszuschalten und nationalsozialistisches Gedankengut möglichst effektiv, d. h. auf direktem Wege, unter den Gläubigen zu verkünden. Hitler hatte dabei den beiden großen Konfessionen durchaus unterschiedliche Rollen zugedacht: Während die evangelische Kirche als Mehrheitskirche eine aktive Propaganda-Aufgabe in einer neuen Reichskirche übernehmen sollte, war man bei der katholischen Kirche, die als fest gefügte Institution wegen ihrer römischen Zentralisierung auch in Deutschland politisch kaum wirksam gelenkt werden konnte, eher darauf bedacht, dass sie dem Nationalsozialismus nicht im Wege stand. Ohnehin unterstellte man den Katholiken, dass ihre Loyalität weniger der eigenen Nation oder dem Führer gelte, sondern dem römischen Kirchenoberhaupt. Im Reichskonkordat vom Juli 1933, dem ersten außenpolitischen Vertragswerk der nationalsozialistischen Hitler-Regierung mit hoher internationaler Signalwirkung, wurden u. a. Ausbildung und Eigentum der katholischen Kirche garantiert, ferner geregelt, dass katholische Priester nicht zum Wehrdienst eingezogen würden, sie sich aber als „Gegenleistung" – eine Hauptforderung Hitlers – aller politischen Ämter zu enthalten hätten Die katholische Kirche verstand das Reichskonkordat als Defensiv-Vertrag, der ihr in Deutschland das Überleben durch möglichst große Distanz zu Hitler sichern und der die katholischen Priester schützen sollte. Eine Hauptsorge galt der Sakramentspendung zum Seelenheil, um sie auch unter widrigsten Bedingungen eines gottlosen Regimes zu garantieren. Die katholische Kirche versprach sich neben einer ungestörten Religionsausübung in Deutschland auch Unterstützung im internationalen Kampf gegen den „kirchenfeindlichen, gottlosen Marxismus". Das Reichskonkordat wurde zwischen dem Vizekanzler von Papen und dem Kardinal Pacelli, dem späteren Papst Pius XII., geschlossen[1] (und gilt in manchen deutschen Bundesländern noch heute).

---

[1] Pacelli hatte sich im Konkordat weitergehende Zugeständnisse der Nationalsozialisten zugunsten der Katholiken erhofft. Er war verärgert, dass die katholischen Bischöfe 1933 eigenmächtig ihre Warnungen vor dem Nationalsozialismus zurückgenommen und die katholische Zentrumspartei dem Ermächtigungsgesetz zugestimmt hatten, ohne dafür von den Nationalsozialisten gewichtige Gegenleistungen für ihr Engegenkommen zu verlangen (vgl. Hubert Wolf: „Eine deutsche Mission und zwei Traumata". In: Frankfurter Allgemeine Zeitung Nr. 236 vom 9. Oktober 2008, Seite 8). Als Papst Pius XII. wiederum wurde Pacelli heftig kritisiert, weil er nicht deutlicher und vor allem nicht öffentlich gegen die nationalsozialistische Judenvernichtung protestiert und z. B. in seiner Weihnachtsansprache 1942 nur der Opfer des Krieges gedacht hatte und gleichgültig gegenüber den Juden-Deportationen schien, da er die Juden nicht ausdrücklich erwähnte. Darum hängt sein Foto in der „Hall of Shame" im Jerusalemer Holocaust-Museum von Yad Vashem. Zum 50. Todestag im Oktober 2008 verteidigte der Vatikan die Haltung Pius` XII. und erinnerte an dessen Interventionen, mit denen er sich „still und geheim" für verfolgte Juden eingesetzt habe, indem er z. B. Schutzbriefe ausstellen ließ oder Juden Verstecke gewährte. Gemeint ist das Angebot Pius` XII., die päpstlichen Ländereien um Rom, Klöster, Konvente und kirchliche Institute als Zufluchtstätten für die von deutschen Besatzungs-SS-Truppen verfolgten Menschen – vor allem Juden – zu nutzen. Dies geschah möglicherweise sogar mit Billigung der deutschen Regierung, die die Neutralität der päpstlichen Territorien respektierte. So konnten etwa 35.000 Menschen gerettet werden. Als Gegenleistung wurde vom Papst offenbar „neutrales Schweigen" gefordert (vgl. „Das Bild von Pius XII". In: Frankfurter Allgemeine Zeitung Nr. 245 vom 20. Oktober 2008, Seite 1). Allerdings ist die Haltung von Pius XII. in der Frage der Judenverfolgung nach wie vor nicht restlos geklärt; die Öffnung der Vatikanarchive für die Amtszeit von Pius XII. von 1939–1958 wird vermutlich Klarheit bringen (vgl. Mordechay Lewy: „Das Schweigen des Papstes". In: Franbkfurter Allgemeine Zeitung Nr. 72 vom 26. März 2010, Seite 9). Aber

Insgesamt war die Haltung der deutschen Katholiken gegenüber den Nationalsozialisten – anders als bei der evangelischen Kirche – kaum von internen Konflikten belastet; weder passte sich die Weltkirche dem Nationalsozialismus ideologisch besonders an[2], noch bekämpfte sie ihn energisch[3], wies aber immer wieder auf die Unvereinbarkeit von Nationalismus und Kirchenlehre hin. Für den gläubigen Katholiken war die Mitgliedschaft in der NSDAP vorübergehend nicht erlaubt. Besonders nach 1941 wurde die katholische Kirche vom NS-Regime gezielt verfolgt, ein Presseverbot ausgesprochen, Klöster aufgelöst, Geistliche ermordet oder inhaftiert.

Von der evangelischen Kirche erwartete Hitler eine aktive Unterstützung seiner Politik und eine zusätzliche Popularisierung des neuen Regimes. Immerhin waren zwischen 1914 und 1945 zwei Drittel der Deutschen Protestanten, nur ein Drittel war Katholiken. Die Einstellung der evangelischen Kirche gegenüber der nationalsozialistischen Machtergreifung mit ihrer Massenbegeisterung war zwar nicht überall einhellig, aber offenbar doch weithin zustimmend – die NSDAP hatte in protestantischen Gebieten deutlich höhere Wahlerfolge als in katholischen[4]. Es war jedoch nicht zu erwarten, dass die 1933 geschätzten ca. 41 Millionen deutsche Protestanten durch ihr Denken und Handeln in die offenkundig schweren Entgleisungen der Gewaltepoche „Drittes Reich" involviert werden konnten. Die damalige protestantische Mehrheit – uniert,

---

auch wenn Pius XII. geglaubt hätte, als Papst müsse er schweigen, so war es seinen Bischöfen in aller Welt unbenommen, ihrerseits für die Opfer der nationalsozialistischen Gewaltherrschaft einzutreten. Der Papst hatte sie – nicht nur in Deutschland – dazu durchaus ermuntert.

[2] Wie der folgende Auszug aus dem „Katholischen Militär-Gebet- und Gesangbuch" von 1937 zeigt, war der Katholizismus von nationalsozialistischen Ideen jedoch nicht ganz frei: Gebet für Führer, Volk und Wehrmacht. „Lasset uns beten! In deiner Hand, o Gott, liegt die Herrschaft über alle Reiche und Völker der Erde. Segne unser deutsches Volk in deiner Güte und Kraft und senke uns tief ins Herz die Liebe zu unserem Vaterlande. Laß uns ein heldenhaftes Geschlecht sein und unserer Ahnen würdig werden. Laß uns den Glauben unserer Väter hüten wie ein heiliges Erbe. Segne und leite die Führer der deutschen Wehrmacht und mit ihnen das deutsche Soldatentum, welches dazu berufen ist, den Frieden zu wahren und den heimischen Herd zu beschützen. Segne alle, die zu Wehr- und Waffendienst bereitstehen und gib ihnen die Kraft, ihren Fahneneid mit heiliger Treue zu hüten. Laß die Regierung unseres Volkes ein glanzvolles Abbild deiner gerechten und gütigen Führung sein. Segne besonders unseren Führer und Reichskanzler in allen Aufgaben, die ihm gestellt sind. Laß uns alle unter seiner Führung in der Hingabe an Volk und Vaterland eine heilige Aufgabe sehen, damit wir durch Gehorsam und Treue die ewige Heimat verdienen im Reiche deines Lichtes und deines Friedens. Amen".

[3] Deutlichen Widerstand gab es jedoch von einzelnen Katholiken. Ein mutiges Eintreten gegen die verbrecherische Politik der Nationalsozialisten schien durchaus möglich. Es sei in diesem Zusammenhang nur an den Mut des Münsteraner Bischofs Clemens August Kardinal Graf von Galen („Löwe von Münster") erinnert, der 1941 nachdrücklich Protest gegen die Euthanasie-Morde im Dritten Reich erhob („die gewaltsame Tötung der nicht mehr arbeitsfähigen Invaliden, Krüppel, unheilbar Kranken, Altersschwachen"). Ihm gelang, was kaum ein anderer kirchlicher Würdenträger erreichte: Eine Serie von Naziverbrechen so nachhaltig vor der deutschen und internationalen Öffentlichkeit zu brandmarken, dass das Regime sie zumindest vorübergehend verschob. Hitler setzte Teile seines Euthanasieprogramms für mehr als ein Jahr aus und vertagte seine Abrechnung mit den Kirchen auf die Zeit „nach dem Endsieg" (vgl. Joachim Kuropka, Hrsg.: Streitfall Galen. Studien und Dokumente, Münster 2007). Von Galen hat auch – wie jüngste Forschungen zeigen – die päpstliche Enzyklika „Mit brennender Sorge" initiiert, in der Papst Pius XI. klar stellte, dass das Wertesystem der katholischen Kirche mit dem Wertesystem der nationalsozialistischen Ideologie nicht übereinstimme. Allerdings: Diese im März 1937 auf deutschen Kanzeln verlesene Enzyklika lässt es an Hinweisen über die gefährdeten Juden fehlen. Eine weitere Enzyklika, die dieses Manko 1938 korrigieren sollte, ist wegen der Krankheit des Papstes offenbar nie erschienen. Sein Nachfolger Pacelli setzte als Papst Pius XII. ganz auf die Neutralität der römisch-katholischen Kirche. Papst Johannes Paul II. hat sich erst 50 Jahre nach Kriegsende dafür entschuldigt, dass sich die katholische Kirche nach 1933 nicht ausreichend für die Juden engagiert hatte.

[4] Vgl. Wolf-Dieter Hauschild: Lehrbuch der Kirchen- und Dogmengeschichte. Band 2, Reformation und Neuzeit, Gütersloh 1999, Seite 861.

lutherisch, reformiert – mit eigenen theologischen Orientierungen lässt sich zwar nicht leicht auf einen gemeinsamen Nenner bringen. Aber eine mächtige Gemeinschaftsidee band sie zusammen: das Vaterland, die Nation. Der moderne Nationalismus mit seiner Vaterlandsliebe war die mächtigste und umfassendste Integrationsideologie u. a. des frühen 20. Jahrhunderts für die verunsicherten und disparaten Protestantismen[5]. Der übergreifende deutsche Nationalprotestantismus duldete im Rahmen dieser Ideologie dann auch mehr oder weniger resignierend den Radikal-Nationalismus der Hitlerzeit oder förderte ihn sogar.

Die Voraussetzungen einer aktiven politischen Unterstützung durch die Protestanten schienen Hitler günstig, als sich im Juni 1933 die Deutsche Evangelische Kirche eine neue (Reichs-)Kirchenverfassung gab. Mit ihr glaubte Hitler, die evangelische Kirche leichter staatlich kontrollieren und zu Propagandazwecken einsetzen zu können. Mit dem Organisationsplan einer zentralen deutschen Reichskirche sah der durch Familie und Sozialmilieu katholisch geprägte Hitler seine Vorstellung von der zentralistischen vatikanisch-katholischen Kirche auf die evangelische Kirche übertragen. In dieser Reichskirche sollte die seit 1932 innerhalb der evangelischen Kirche bestehende Glaubensbewegung „Deutsche Christen“ zum Aufbau und zur Sicherung einer nationalsozialistischen Massenbasis im Kirchenvolk das Fundament bilden. Mit den Deutschen Christen als innerkirchlicher Parallelbewegung zur NS-Bewegung wollte man eine zusätzliche Wählerschaft für die NSDAP gewinnen, um die nationalsozialistische Ideologie aktiv und effizient in die Gemeinden zu tragen und um die Gleichschaltung der Kirche mit dem Staat zu verwirklichen. In dieser Bewegung sah man die Möglichkeit, die NSDAP außerparlamentarisch zu stärken. Die Kirchengemeinden würden – so der Plan – von der Glaubensbewegung „Deutsche Christen“ unterwandert, die wiederum ihre religiösen Kräfte dem Nationalsozialismus dienstbar machen und insbesondere den Rasse-Standpunkt in den Kirchen durchsetzen würden – Vorherrschaft der arischen Herrenrasse und Eroberung von Lebensraum im Osten. Diese politischen Fremdeinflüsse machten in der Folge die evangelische Kirche zu einer Konfliktgemeinschaft; Flügelkämpfe schwächten sie jahrelang.

Die Glaubensgemeinschaft „Deutsche Christen“ wurde im Juni 1932 vom Berliner Pfarrer Joachim Hossenfelder als innerevangelische Kirchenpartei auf Initiative von Wilhelm Kube[6] als Organisation evangelischer Pfarrer in der nationalsozialistischen Bewegung gegründet, aus der sich dann ein grundsätzlicher Zusammenschluss evangelisch getaufter Nationalsozialisten entwickelte. Hossenfelder nannte diesen Zusammenschluss auch „die SA Jesu“ (der ursprünglich angedachte Name „Evangelische Nationalsozialisten“ musste verworfen werden, weil die Parteileitung keine konfessionellen Benennungen in die NSDAP hineintragen wollte). Neu war immerhin, dass sich eine politische Partei mit den Deutschen Christen eine eigene kirchliche Organisation schuf. Das gab diesem Teilprotestantismus eine nicht unbedeutende staatspolitische Komponente. Die Deutschen Christen standen in ihrer Gesinnung und in ihrer religiösen Ideologie in nächster Nähe zum Parteiprogramm der Nationalsozialisten – ein von völkisch-politisierten Pfarrern stimulierter, zur Macht drängender nationalistischer, fremdenfeindlicher Teil des deutschen Protestantismus. Das programmatische Ziel des radikalen Flügels war eine neue „arteigene, deutsch-

---

[5] Vgl. Manfred Gailus: Mir aber zerriss es das Herz. Der stille Widerstand der Elisabeth Schmitz, Göttingen 2010, Seiten 190-191.
[6] Vgl. Kapitel 6, Fußnote 34.

germanische" und damit fast neuheidnische Nationalreligion mit religiöser Überhöhung von Blut, Boden, Volk und Rasse. Der neue Glaube war bei gleichzeitiger Verachtung des biblischen Christentums und seiner alttestamentarischen Wurzeln mit einer rassistischen, antijüdischen Weltanschauung verbunden, die das bekenntnisgebundene Christentum ersetzen würde[7]. In den Richtlinien der Deutschen Christen von 1932 wurden bereits Ideen zur Judenpolitik formuliert, die später von den Nationalsozialisten in die „Nürnberger Rassegesetze" übernommen wurden[8].

Ein „positives Christentum" – ein stets diffus verwendeter Begriff – sollte zur Volksreligion werden. Die entsprechende missionarische Grundhaltung beflügelte einen Großteil der Deutschen Christen; die Neubelebung der Volksmission zur Re-Christianisierung Deutschlands stieß auf breite Zustimmung, weil sie ein traditionelles Anliegen aktualisierte. Große Teile der Deutschen Christen, die als Protestanten zumindest zeitweilig einem christlich-nationalsozialistischen Doppelglauben anhingen[9], erkannten erst spät, dass sich hinter diesen Ideen der Plan zu einer Vereinigung ihrer Religion mit nationalsozialistischen und rassistischen Zielen des Dritten Reichs verbarg, die Religion dem Nationalismus und Rassismus untergeordnet werden sollte. Organisatorisch erstrebte die nationalsozialistische Partei mit Hilfe der Deutschen Christen die Gleichschaltung von Kirche und Staat, im Mittelpunkt eine einzige zentralistische Reichs- und Nationalkirche mit Eingliederung der Landeskirchen nach Beseitigung des landeskirchlichen Föderalismus.

Am Ende sollte nur noch eine einheitliche deutsch-germanische Konfession nach Überwindung der verschiedenen Religionen existieren, organisiert nach dem Führerprinzip mit einem Reichsbischof an der Spitze, ähnlich dem Staat unter der NSDAP und unter Hitler – anstelle der Vielfalt von 28 Landeskirchen[10]. Ein deutsches Reich an Stelle des Reichs Gottes! Als Bedingung für eine Kirchenmitgliedschaft forderten radikale Teile der Deutschen Christen „Rassenreinheit" und eine Loslösung der evangelischen Kirche von jüdischen Wurzeln. Gemeint war damit im Wesentlichen die Säuberung der Kirche vom alttestamentarischen Geist, d. h. die Befreiung vom Alten Testament mit seiner „jüdischen Lohnmoral", das zu Unrecht kanonisches Ansehen genieße. Es wurden nach 1933 von den Deutschen Christen neue Gesangbücher mit neuen Liedern „im Geiste eines lebensbejahenden heldischen Christentums, wie es

---

[7] In den „Richtlinien" der Deutschen Christen hieß es: „Wir sehen in Rasse, Volkstum und Nation uns von Gott geschenkte und anvertraute Lebensordnungen... Daher ist der Rassenvermischung entgegenzutreten... In der Judenmission sehen wir eine schwere Gefahr für unser Volkstum. Sie ist das Eingangstor fremden Blutes in unseren Volkskörper... Insbesondere ist die Eheschließung zwischen Deutschen und Juden zu verbieten." Ferner sollten Judenchristen aus der Kirche ausgeschlossen werden, die germanische Rasse durch „Schutz vor Untüchtigen und Minderwertigen" rein gehalten werden, die „Entjudung" der kirchlichen Botschaft durch Abkehr vom Alten Testament und eine Umdeutung des Neuen Testaments sowie die Auflösung der von Synoden regierten 28 Landeskirchen, die in ihrem Bekenntnis frei waren, und die Schaffung einer nach dem Führerprinzip strukturierten „Reichskirche" und außerdem die Vernichtung des angeblich „volksfeindlichen" Marxismus.

[8] Bereits Tacitus hatte in seiner „Germania" Tugenden und Charakter der Germanen mit ihrer „ethnischen Unvermischtheit" verbunden. Die Bevölkerung Germaniens habe sich niemals durch Heirat mit Fremdstämmen vermischt und sei so ein reiner, nur sich selbst gleicher Menschenschlag geblieben. Obwohl längst von der Forschung widerlegt, wurden diese Thesen in die Rassentheorien des 19. und 20. Jahrhunderts übernommen.

[9] Vgl. Manfred Gailus: Diskurse, Bewegungen, Praxis: Völkisches Denken und Handeln bei den „Deutschen Christen". Unveröffentlichtes Vortragsmanuskript, Berlin 2010, Seite 2.

[10] Von den 28 Landeskirchen war die größte und wichtigste die Altpreußische Union, in der lutherische und reformierte evangelische Christen zusammen verwaltet wurden.

der Wesensgrundlage unserer nordisch betonten Rasse entspricht“[11], geschaffen (z. B. das Gesangbuch „Großer Gott wir loben Dich“), traditionelle Texte geändert oder verworfen und von alttestamentarischen Spuren gereinigt, „Amen“ z. B. durch „Heil“ oder „Das walte Gott“, „Halleluja“ durch „Lobe den Herrn“ ersetzt. Im Judentum sahen sie eine Gefahr für die Vergiftung der Rasse. Das „Christwerden der Juden“ sei das Einfallstor fremden Blutes in die germanische Rasse; das Schicksal des deutschen Volkes könne nur anders werden, wenn der Fremdkörper des Judentums aus dem deutschen Staatswesen ausgeschlossen werde. Eine so verstandene „Rassenkultur“ stünde den Belangen des Christentums nicht entgegen, sondern sei Bestandteil der göttlichen Schöpfungsordnung[12].

Nachdem der Kaiser als Oberhaupt der Landeskirchen nach 1918 nicht mehr existierte, der Protestantismus damit in gewisser Weise heimatlos schien und sich in der Weimarer Republik die von der Verfassung vorgesehene Trennung von Staat und Kirche nur holprig vollzog, entwickelte der Zeitgeist in einer nur allmählich staatsfreien Volkskirche eine tiefe religiöse Führersehnsucht bei großen Teile des protestantischen Milieus. Man feierte den 30. Januar 1933, den Tag von Hitlers Machtübernahme, geradezu wie einen religiösen Aufbruch. In Hitler sah man den Gottgesandten. Bevölkerung und Kirche erhofften sich eine Wiedergeburt Deutschlands im „Dritten Reich“[13]. Der radikale National-Protestantismus adaptierte die völkisch-nationalsozialistischen Ansprüche des NS-Regimes, einige entdeckten in der NSDAP sogar eine christliche Partei.

Nach dem Verständnis der Deutschen Christen schienen Kirche und „Drittes Reich“ wie füreinander geschaffen, ein unauflösbares inniges Ineinander von germanischem und christlichem Wesen. Aus der Verbindung der Begriffe deutsch und christlich sollte erkennbar werden, dass Deutschtum von christlich geprägter germanischer Substanz sei. Die Deutschen Christen waren als „völkische Protestanten“[14] zum Ende der Weimarer Republik als religiös-radikale Gruppe aufgetreten, die dem Christentum den Ursprungscharakter einer „Volks- und Kampfesreligion“ mit einem „heldischen Jesus“ an der Spitze – der Prototyp des germanischen Helden als Vorbild des deutschen Ariers – zurückgewinnen wollten. Man versprach sich von einem neuen arteigenen völkischen Christentum eine Kraftsteigerung und Erneuerung des Volkstums. Untereinander waren die radikalen Deutschen Christen ideell durch Nationalismus, Demokratiefeindlichkeit, Antikommunismus, Antisemitismus und Rassismus verbunden. Gemäßigte Deutsche Christen, weniger antisemitisch und rassistisch, konnten den radikalen Flügel, der das öffentliche Erscheinungsbild prägte, kaum mäßigend beeinflussen[15].

Die Wurzeln der Deutschen Christen lassen sich bereits im national-konservativen Protestantismus des Kaiserreichs ausmachen. Organisatorisch traten schon lokale

---

[11] Vgl. Vorwort von Albert Protz zum Gesangbuch „So singen deutsche Christen“, Berlin 1934.

[12] Vgl. Manfred Gailus: Diskurse, Bewegungen, Praxis: Völkisches Denken und Handeln bei den „Deutschen Christen“. Unveröffentlichtes Vortragsmanuskript, Berlin 2010, Seite 3.

[13] Das sogenannte „Dritte Reich“ war das geplante „Tausendjährige Reich“, ein neues Reich nach dem 1806 zerfallenen Heiligen Römischen (ersten) Reich deutscher Nationen und dem deutsch-preußischen zweiten Reich von 1871.

[14] Vgl. Manfred Gailus: Diskurse, Bewegungen, Praxis, a.a.O., Seite 1.

[15] Vgl. Klaus Scholder: Die Kirchen und das Dritte Reich. Band 1: Vorgeschichte und Zeit der Illusionen 1918-1934, Frankfurt-Berlin-Wien 1977. Band 2: Das Jahr der Ernüchterung 1934. Barmen und Rom, Loccum-Tübingen-Heidelberg 1985.

Vorläufer 1928 in Erscheinung: Die radikalen Deutschchristen in Thüringen gründeten die „Thüringer Kirchenbewegung Deutsche Christen“ gegen alles „Undeutsche und Artfremde“. Ihre Bibelauslegung war politisch, sogar rassistisch geprägt. Sie forderten den Kampf gegen Marxisten und Juden, Reinhaltung der Rasse und Schutz des Volkes vor Entartung, Kampf gegen den jüdisch-materialistischen Geist und Tilgung aller jüdischen Spuren aus Bibel und Liedgut. Im „artgemäßen Christentum“ der nachfolgenden radikalen Deutschen Christen traten an die Stelle des Alten Testaments germanische Märchen und Sagen.

Ihre Verbundenheit mit dem Nationalsozialismus machten die Deutschen Christen auch äußerlich mit ihren Stempeln und Siegeln sichtbar: Ein Doppelsymbol zeigt sowohl Christuskreuz als auch Hakenkreuz (die radikaleren Thüringer Christen wählten sogar ein Symbol mit einer ununterbrochenen Kette geschwungener Hakenkreuze um das Christuskreuz).

Nach Hitlers Machtübernahme versuchten die Deutschen Christen zielstrebig, die evangelische Kirche durch Umgestaltung in eine von der nationalsozialistischen Ideologie beherrschte Reichskirche politisch und weltanschaulich mit der Nazi-Ideologie zu verschmelzen. Sehr rasch und bereitwillig stießen viele Protestanten voller Hoffnung auf eine erfolgreiche Volksmission, unter ihnen über 2.000 Pfarrer, zu den Deutschen Christen und ließen sich im Namen einer neuen Deutschtums-ideologie für politische Zwecke instrumentalisieren. In Berlin z. B. gehörten anfangs fast 40 % der Gemeindepfarrer zu den Deutschen Christen, rd. 20 % waren auch NS-Parteigenossen. Mehrheitlich stammten die Deutschen Christen aus nichtakademischen, kleinbürgerlichen Familien mit der typischen Aufsteigermentalität einer „Kleine-Leute-Bewegung“[16].

Für den 23. Juli des Schicksalsjahres 1933 organisierten die Nationalsozialisten in der Deutschen Evangelischen Kirche Kirchenwahlen. In diesem Wahlkampf wurde die Glaubensgemeinschaft „Deutschen Christen" als nationalsozialistisches Sprachrohr materiell und propagandistisch von der NSDAP massiv unterstützt. Hitler setzte zugunsten der Deutschen Christen den NSDAP-Propaganda-Apparat ein und hielt am Vorabend der Wahl im Rundfunk eine Rede, die dazu beitrug, den Deutschen Christen, gestützt durch NS-Partei und Staat, einen überwältigenden Zweidrittelsieg z. B. in Preußen (der altpreußischen Union mit ihren acht Kirchenprovinzen) mit knapp 70 % der Stimmen zu bescheren (u. a. mit den Voten kirchenferner Parteigenossen). Hitler präsentierte sich bei der Unterstützung der Deutschen Christen als gottgläubiger Führer mit bewusst kirchenfreundlicher Haltung. Als Machtpolitiker betrieb er eine Verschleierung der weltanschaulichen Gegensätze zwischen Nationalsozialismus und Christentum, um Wählerstimmen vor allem im national-protestantischen Milieu zu gewinnen[17].

Eine Opposition gegen die Deutschen Christen fand sich 1933 im Vorfeld der Juli-Kirchenwahlen unter dem Namen „Evangelische Kirche“ zusammen (der auf Geheiß der Nationalsozialisten in „Evangelium und Kirche“ geändert werden musste). Den Anstoß zu dieser Sammelbewegung gab die „Jungreformatorische Bewegung“ (ur-

---

[16] Vgl. Hans-Ulrich Wehler: Deutsche Gesellschaftsgeschichte. Vierter Band. Von Beginn des Ersten Weltkriegs bis zur Gründung der beiden deutschen Staaten 1914-1949, München 2003, Seite 802.

[17] Vgl. Wolf-Dieter Hauschild: Lehrbuch der Kirchen- und Dogmengeschichte, Band 2, Reformation und Neuzeit, Gütersloh 1999, Seite 861.

sprünglich „Junglutherische Bewegung“[18] genannt) um den Betheler Pastor Friedrich von Bodelschwingh. Die Tatsache, dass nun eine parlamentarische Mehrheit von bewusster nationaler Haltung am Ruder war, wurde zwar allgemein begrüßt. Man fürchtete jedoch, dass die Verkündigung künftig nicht mehr an das Wort Gottes gebunden bliebe, wenn die massiven Versuche der Deutschen Christen, ihr konkurrierendes „artgemäßes Christentum“ einzuführen, erfolgreich wären. Vielleicht ahnten auch die oppositionellen Landeskirchen den nicht unwahrscheinlichen Entzug ihrer Autonomie und wehrten sich dagegen, Befehlsempfänger in einer zentralen Reichskirche zu werden. Die oppositionelle Sammel-Bekenntnisgruppe, die im Wahlkampf von den Nationalsozialisten extrem behindert wurde, verlor die Kirchenwahlen. Sie konnte z. B. in der altpreußischen Union lediglich die restlichen 30 % der Stimmen für sich verbuchen (in Westfalen beispielsweise immerhin über 50 %).

Die Deutschen Christen dominierten nach ihrem überragenden Wahlsieg die Leitungsgremien der altpreußischen Union; deutschchristlich beherrscht waren auch die Offizialgemeinden der so genannten „zerstörten Landeskirchen“ Sachsen, Thüringen, Mecklenburg, Schleswig-Holstein, Braunschweig, Hessen und eine Reihe kleinerer Kirchen – eine wirkliche fast alles umfassende Revolution[19]. Man kann geradezu von einer innerkirchlichen Machtergreifung der Deutschen Christen sprechen. Lediglich die so genannten „intakten Landeskirchen“ Hannover, Bayern, Württemberg waren nicht in die DEK-Reichskirche eingegliedert und nicht deutschchristlich dominiert. Die Deutschen Christen vermochten nunmehr, an der Kirchenbasis zu regieren. An die Spitze ihrer neuen „Evangelischen Reichskirche“ wählten sie (wie auch die unterlegenen Jungreformatoren) im September 1933 ihren Reichsbischof-Kandidaten, Ludwig Müller[20], der mit großen Kompetenzen ausgestattet wurde, während die Nationalsy-

---

[18] Die Jungreformatorische Bewegung war eine bereits bestehende protestantische Gruppe, die zwar ebenfalls eine reichsweite Gesamtkirche forderte, die aber an die reformatorischen Bekenntnisschriften gebunden sein sollte. Zur Verstärkung ihrer Position gegenüber den Deutschen Christen verbündeten sie sich für die Juli-Kirchenwahlen im Jahre 1933 mit einigen anderen kleineren Gruppen mit kirchlichen Erneuerungsideen und bildeten zusammen die oppositionelle Wählerliste „Evangelium und Kirche“. Nach ihrer Wahlniederlage beschlossen die Jungreformatoren, sich aus der Sammelgruppe „Evangelium und Kirche“ und auch aus der aktiven Kirchenpolitik zurückzuziehen, um ihre Kräfte auf die innerkirchliche Arbeit in Theologie und Gemeinde zu konzentrieren. Die insoweit geschwächte Gruppe „Evangelium und Kirche“ setzte ihre Oppositionsarbeit aber unbeirrt fort.

[19] Die Wahlerfolge der Deutschen Christen zeigen, dass die nationalsozialistische Judenpolitik keineswegs auf die Zustimmung nur einer kleinen Minderheit in der deutschen Bevölkerung stieß. Selbst das Auswärtige Amt macht sich im „Dritten Reich“ die nationalsozialistische Judenpolitik zu eigen und war systematisch an der Judenvernichtung beteiligt (vgl. Eckart Conze, Norbert Frei, Peter Hayes, Moshe Zimmermann: Das Amt und die Vergangenheit, Deutsche Diplomaten im Dritten Reich und in der Bundesrepublik. München 2010). Die Karrieren der beteiligten Diplomaten gingen nach 1945 bruchlos weiter. Trauriger Höhepunkt in der Nachkriegsgeschichte des Auswärtigen Amts ist die 1953 eingerichtete „Zentrale Rechtschutzstelle“, die sich zu einer staatlichen Hilfsorganisation für Kriegsverbrecher entwickelte. Es entstand ein Informationsdienst, der Kriegsverbrecher über existierende Haftbefehle informierte und sie davor warnte, in entsprechende Länder zu reisen. Vgl. Frank Schirrmacher: „Die Täter vom Amt“. In: Frankfurter Allgemeine Sonntagszeitung vom 24. Oktober 2010, Nr. 42, Seite 33-39 und Nils Minkmar: „Endlich sprechen die Akten“. In: Frankfurter Allgemeine Zeitung Nr. 248 vom 25. Oktober 2010, Seite 25.

[20] Selbst die oppositionelle Jungreformatorische Bewegung wie später auch die Bewegung „Evangelium und Kirche“ waren der Meinung, die Fortexistenz föderaler Kirchenstrukturen sei im Führerstaat nicht mehr aufrecht zu erhalten. Die Idee einer einheitlichen Reichskirche, in die sich die einzelnen Landeskirchen eingliedern sollten, wurde allgemein befürwortet. Um den Favoriten der Deutschen Christen zuvorzukommen, wählte die Sammelbewegung „Evangelium und Kirche“ am 27. Mai 1933 den angesehenen Leiter der Betheler Anstalten Friedrich von Bodelschwingh anstelle des von den Deutschen Christen vorgesehenen Kandidaten und Bevollmächtigten Hitlers, Ludwig Müller, zum Reichsbischof. Proteste der

node nur wenige Kompetenzen behielt. Nachdem Hitler nach den Kirchenwahlen auch noch zu erkennen gegeben hatte, er wünsche sich eine starke christliche Kirche, schien es politisch opportun, sich am kirchlichen Leben zu beteiligen. Daraufhin erhielten die Deutschen Christen weiteren Zulauf: Im Oktober 1933 konnten sie schon rund 600.000 Mitglieder zählen, darunter reichsweit etwa 6.000 Pfarrer – ein Drittel aller protestantischer Pfarrer[21].

Der Aufstieg der Deutschen Christen wurde jedoch rasch gestoppt, der allmähliche Niedergang setzte überraschend schnell ein: Auslöser war eine Massenkundgebung im Berliner Sportpalast im November 1933, einer General-Mitgliederversammlung mit über 20.000 Teilnehmern, auf der die Deutschen Christen ihre bislang nicht überall eindeutig bekannten religiös-politischen Ziele erstmalig einer breiten Öffentlichkeit in schonungsloser Offenheit bekanntmachten, so dass sie nun selbst dem flüchtigsten Beobachter überdeutlich (größtenteils aber auch negativ) auffielen[22]:

Im Sinne eines kämpfenden, heldischen Christentums gehöre die Seele des deutschen Volkes restlos dem nationalsozialistischen Staat, dessen Totalitätsanspruch auch vor der Kirche nicht halt machen solle. Die Vereinigung aller Religionen und Konfessionen in einer einzigen neuen deutschen Volkskirche[23] (die „völkische Natio-

---

Deutschen Christen gegen von Bodelschwinghs Wahl und eine schmutzige Kampagne gegen ihn persönlich führten am 24. Juni 1933 zum Rücktritt von Bodelschwinghs vom neuen Bischofsamt, nachdem sich abzeichnete, dass einzelne Vertreter der Landeskirchen von Bodelschwingh fallen lassen würden. Nach den Kirchenwahlen im Juli 1933 war der Weg für Ludwig Müller frei. Müller (1883-1945), seit 1931 NSDAP-Mitglied und Hitler eng verbunden, baute auch als Mitglied der Reichsleitung der Deutschen Christen deren Organisation in Ostpreußen eigenständig auf. Nach dem Sportpalast-Skandal verlor Müller an Ansehen. Die permanente Erfolglosigkeit Müllers führte zur Schaffung eines Reichskirchenministeriums unter der Leitung von Hanns Kerrl, dessen Aufgabe in einer verschärften staatlichen Aufsicht über die evangelische und katholische Kirche mit Hilfe von Kirchenausschüssen bestand. Dadurch wurde Müller entmachtet, blieb aber nominell Reichsbischof.

[21] Manfred Gailus nennt in seiner Monografie „Protestantismus und Nationalsozialismus. Studie zur nationalsozialistischen Durchdringung des protestantischen Sozialmilieus in Berlin“, Köln 2001, Seite 486, die folgenden Zahlen für Berlin: 565 Pfarrer hatten zwischen 1933 und 1945 eine Pfarrstelle in Berlin inne. Davon gehörten 220 den Deutschen Christen an, 180 der Bekennenden Kirche. Über 100 Pfarrer waren Parteimitglieder (also etwa ein Fünftel der 565 Pfarrer), 87 dieser NSDAP-Pfarrer gehörten gleichzeitig den Deutschen Christen an, nur maximal 5 (also weniger als 10 Pfarrer) der Glaubensgemeinschaft „Bekennende Kirche“. Aus der Nichtzugehörigkeit zur NSDAP erwuchsen für Pfarrer – anders als z. B. in Beamtenkreisen – keine ernsthaften beruflichen Nachteile. Diejenigen, die in die NSDAP eintraten, taten dies nicht unter Zwang, sondern weil sie unbedingt dabei sein wollten. Seit Mai 1933 gab es bei wachsender Festigung des Regimes faktisch auch eine Aufnahmesperre für Pfarrer (vgl. Kapitel 3, Fußnote 32), denen klar gemacht wurde, dass sie in der Partei als potentielle konfessionelle „Störenfriede“ der neuen „Volksgemeinschaft“ nicht mehr erwünscht seien – für nicht wenige beitrittswillige Pfarrer eine schmerzliche Ehrenkränkung (vgl. Manfred Gailus, a.a.O., Seite 488).

[22] Im Berliner Sportpalast sprach der Berliner Gauobmann Reinhold Krause das Anliegen der Deutschen Christen deutlich aus: „Unsere Religion ist die Ehre der Nation im Sinne eines kämpfenden, heldischen Christentums... Wenn wir Nationalsozialisten uns schämen, eine Krawatte vom Juden zu kaufen, dann müssten wir uns erst recht schämen, irgendetwas, das zu unserer Seele spricht, das innerste Religiöse vom Juden anzunehmen. Hierher gehört auch, daß unsere Kirche keine Menschen judenblutiger Art mehr in ihren Reihen aufnehmen darf. Wir... haben immer wieder betont: judenblutige Menschen gehören nicht in die deutsche Volkskirche, weder auf die Kanzel, noch unter die Kanzel. Und wo sie auf den Kanzeln stehen, haben sie so schnell wie möglich zu verschwinden". Die vollständige Rede Krauses im Berliner Sportpalast wurde im Wortlaut vom Otto-Suhr-Institut dokumentiert.

[23] Mit Volkskirche bezeichnet man jene Kirchen, deren Mitglieder einen großen Teil des Volkes ausmachen (in Deutschland z. B. evangelische und katholische Kirche). Im Nationalsozialismus stand „Volkskirche“ für eine „germanisierte Kirche“, die ihre jüdische Herkunft verleugnet und eine national-

nalkirche") sei das rasch anzustrebende Gebot der Stunde. Ferner wurde – parallel zum „Arierparagraphen" für Beamte[24] – ein „Arierparagraph für Kirchenämter" gefordert[25], also die Amtsenthebung aller Pfarrer, die als nicht arisch galten oder nicht willens oder nicht fähig seien, bei der religiösen Erneuerung des deutschen Volks „aus dem Geist des Nationalsozialismus" führend mitzuwirken: Ohne Zögern wollte man z. B. für „Juden-Christen" abgesonderte Gemeinden einrichten und Theologen und Organisten jüdischer Herkunft aus dem Kirchendienst entlassen („Als Geistlicher oder Beamter der Kirchenverwaltung... kann nur arbeiten, wer rückhaltlos für den nationalen Staat und die Deutsche Evangelische Kirche... eintritt.. und wer arischer Abstammung ist und nicht mit einer Person nicht arischer Herkunft... verwandt ist"). Das staatliche Unrecht sollte mit dem „Arierparagraphen" nun auch in die Kirche getragen werden. Den Deutschen Christen konnte die Anpassung der evangelischen Kirche an das Dritte Reich nicht weit und schnell genug gehen.

Die Sportpalast-Entschließung verfehlte die ursprünglich erhoffte Wirkung vollkommen. Sie wurde stattdessen als Enthüllung des „wahren Wesens" der Deutschen Christen und nicht als einmalige Entgleisung verstanden. Sie wirkte erschreckend und desillusionierend auf zahlreiche Gläubige – man sprach vom „Sportpalastskandal"; er rief bei vielen empörte Reaktionen hervor, selbst bei denen, die an sich die nationale Erhebung begrüßten. Eine Austrittsbewegung von Gemeindemitgliedern und Pfarrern war die Folge. Viele kündigten nach dieser programmatischen Kundgebung ihre Mitgliedschaft bei den Deutschen Christen, nahezu alle gemäßigten Deutschen Christen. Eine „christliche" Nationalreligion schien erstrebenswert, eine „völkische Nationalreligion" – fast im Sinne einer Säkular-(Ersatz-)Religion – entbehrte der christlichen Grundlagen. Nach der Sportpalastrede distanzierten sich fast alle Teilorganisationen der evangelischen Kirche von den Deutschen Christen: Eine zur

---

sozialistische Ideologie unter dem Dach einer völkischen Nationalkirche zum Glaubensbekenntnis machen sollte.

[24] Zwei Monate nach der nationalsozialistischen Machtübernahme verabschiedete die Reichsregierung unter Hitler im April 1933 das Gesetz zur Wiederherstellung des Berufsbeamtentums („Arierparagraph" vom 7.4.1933. Reichgesetzblatt RGBl. I, 1933, Seite 175), das als Handhabe zur Gleichschaltung des öffentlichen Dienstes und der Entlassung von Gegnern des NS-Regimes diente. Betroffen waren insbesondere Beamte und Angestellte jüdischen Glaubens; der in diesem Gesetz formulierte „Arierparagraph" verbot die Beschäftigung von Nichtariern im öffentlichen Dienst. Im September 1935 erreichte die antisemitische Ideologie mit den Nürnberger Gesetzen („Reichsbürgergesetz", „Gesetz zum Schutz des deutschen Blutes und der deutschen Ehre" und „Reichsflaggengesetz") einen weiteren negativen Höhepunkt. Nun wurde u.a. der Nachweis einer arischen Abstammung über zwei Generationen hinweg verlangt. Mit der Einführung des „Arierparagraphen" verloren über 30.000 missliebige Beamte – meist Juden und Kommunisten – ihren Posten. Bei der Umsetzung des Arierparagraphen waren die Kirchen dem Staat durchaus gefällig: Seit 1874 gab es im Deutschen Reich Standesämter, die die entsprechenden notwendigen Urkunden ausstellten. Für die Zeit davor wurden Kirchenbücher der christlichen Gemeinden benötigt, die Teile der Kirche im Rahmen ihrer kircheneigenen Sippenforschung oft bereitwillig für den „Ariernachweis" zur Verfügung stellten, wobei die katholische Kirche eher zurückhaltend reagierte und nur solche Auskünfte erteilte, die unvermeidlich waren, ebenso die „intakten" evangelischen Landeskirchen mit ihren bekennenden Kirchenleitungen und viele einzelne Bekenntnispfarrer. Die Landeskirchen, die von Deutschen Christen geleitet wurden, wollten dagegen „als Kirche der Sippe dienen" und waren den Nationalsozialisten bei der Judenverfolgung durchaus behilflich (vgl. Manfred Gailus, Hrsg.: Kirchliche Amtshilfe. Die Kirche und die Judenverfolgung im „Dritten Reich". Göttingen 2008). Es gab sogar Kirchenleitungen, die für die Gestapo ohne Zwang Listen ihrer Gemeindemitglieder jüdischer Abstammung anfertigten und auslieferten – in der Nachkriegsgeschichtsschreibung nicht selten als Beihilfe zum Mord dargestellt.

[25] Im September 1939 hatte die 10. Generalsynode der Altpreußischen Union beschlossen, Pfarrer und Organisten nichtarischer Herkunft aus dem Kirchendienst zu entlassen.

Macht drängende deutschchristliche Strömung des Neuheidentums, die das bekenntnisgebundene Christentum zu Gunsten einer „deutsch-germanischen Nationalreligion" ersetzen wollte, war nicht zu akzeptieren.

Eine Mehrheit protestantischer Bischöfe und Pastoren – vornehmlich aus akademischen, gutbürgerlichen Familien – stimmte speziell gegen die kirchliche Anwendung des „Arierparagraphen". Es bildete sich im September 1933 ein „Pfarrernotbund" zum „ideellen und materiellen Schutz der bedrohten Amtsbrüder jüdischer Herkunft", an der Spitze ein „Bruderrat". Für ihn formulierten Dietrich Bonhoeffer und Martin Niemöller ein Protestschreiben an den Reichsbischof Müller. In seinen Aufnahmebedingungen für neue Mitglieder des Pfarrernotbundes verpflichtete der Pfarrernotbund seine Mitglieder zur Gegenwehr gegen eine Umsetzung des „Arierparagraphen" – jedoch lediglich gegen dessen Einführung in der evangelischen Kirche. Ein Protest gegen die staatliche Diskriminierung der Juden insgesamt lag dem Bruderrat fern. Er begründete seine Passivität mit der lutherischen „Zwei-Reiche-Lehre", wonach der Staat die Inhalte und die Durchsetzung von Recht und Gesetz selbst bestimmen könne, während sich die Kirche „auf die Rettung des Seelenheils" zu beschränken habe. Martin Luther hatte – ganz auf dem Boden des Römerbriefs (13, 1-7: „Jeder leiste den Trägern der staatlichen Gewalt den schuldigen Gehorsam. Denn es gibt keine staatliche Gewalt, die nicht von Gott stammt; jede ist von Gott eingesetzt. Wer sich daher der staatlichen Gewalt widersetzt, stellt sich gegen die Ordnung Gottes ...") – die Protestanten früh gelehrt, der Obrigkeit gehorsam zu sein. Eine Einmischung in die staatliche Politik kam also traditioneller Weise nicht in Frage – schließlich hatte man sich früher z. B. auch nicht gegen Leibeigenschaft oder für Frauenrechte eingesetzt. Man betrachtete darum bestenfalls noch das Schicksal der jüdischen Christen mit Sorge, für verfolgte jüdische Deutsche wurde das Mitleid ausgeblendet. Es gab anfänglich in der antisemitischen Grundhaltung (sowie im Nationalismus, Antikommunismus und in der Demokratiefeindlichkeit) durchaus ein Bindeglied zwischen Protestanten (also auch mit dem Pfarrernotbund) und den Nationalsozialisten. Der Pfarrernotbund gestand dem neuen Regime zu, neben dem Marxismus die „Judenfrage durch neue Wege zu lösen"; sie sahen den Ausschluss von Juden aus Staatsämtern als durchaus notwendig an[26]. Die aktuelle Judenverfolgung sei wohl eine „Bestätigung des bereits biblisch fixierten Schicksals". Allerdings war der Pfarrernotbund bereit, Juden durch Taufe zu Christen zu machen und sich dann für sie (bedingt!) einzusetzen, während die Deutschen Christen unnachgiebig ihren rassischen Antisemitismus prägten. Letztlich widersprachen nach 1933 nur einige wenige evangelische Pfarrer der antisemitischen Politik der Nationalsozialisten[27].

---

[26] Vgl. Gerhard Lindemann: „Antijudaismus und Antisemitismus in den evangelischen Landeskirchen während der NS-Zeit". In: Geschichte und Gesellschaft Nr. 29, 2003, Seite 577.

[27] Zur latenten Judenfeindschaft in Teilen der Bekennenden Kirche und zum protestantischen Antisemitismus vgl. Hartmut Ludwig: Die Denkschrift von Elisabeth Schmitz „Zur Lage der deutschen Nichtarier". Analyse, Kontext und Vergleich. In: Elisabeth Schmitz und ihre Denkschrift gegen die Judenverfolgung. Konturen einer vergessenen Biografie (1893-1977). Hrsg. Manfred Gailus, Berlin 2008, Seite 93-127. Der Schweizer reformierte Theologe und renommierte Theologieprofessor Karl Barth, 1934 Verfasser der „Barmer Theologischen Erklärung", war für Elisabeth Schmitz erster Ansprechpartner, um ihre Klage über die in ihren Augen versagende zeitgenössische Theologie und Kirche zu formulieren – und um sich in ihrer Gewissensnot Rat von ihm zu holen. Als danach und später von Barth und anderen Korrespondenzpartnern nur unbefriedigende Antworten eintrafen, verfasste Elisabeth Schmitz ihre persönliche „Denkschrift" zur Ausgrenzung und Verfolgung der Juden und anderer „Nichtarier", die sie der Bekennenden Kirche im September 1935 übergab (vgl. „Die Denkschrift. Zur Lage der deutschen Nichtarier

Parallel bildeten sich zum Pfarrernotbund in einigen Landeskirchen des Reiches so genannte „Bekenntnisgemeinschaften". Ein „Reichsbruderrat" übernahm als Parallel-Kirchenregiment die Koordination der gemeinsamen Abwehrhaltung gegenüber den Deutschen Christen und lud im Mai 1934 zur „Barmer Bekenntnissynode" ein, auf der sich auf der Basis der „Barmer Theologischen Erklärung" – im Alleingang von Karl Barth, SPD-Mitglied, verfasst – die Glaubensgemeinschaft „Bekennende Kirche" konstituierte[28] (und Barth den Ruf als „Vater der Bekennenden Kirche" einbrachte). Die Bekennende Kirche sah sich als die rechtmäßige evangelische Kirche in Deutschland an, den Reichsbruderrat als legitime Kirchenleitung. Sie verweigerten der „nationalsozialistischen" Reichskirche der Deutschen Christen den Gehorsam. Der Bekennenden Kirche ging es zum einen um die Erhaltung ihrer kirchlichen Freiheiten; sie forderte die Selbstorganisation der Gläubigen (z. B. im Zusammenhang mit dem „kirchlichen Arierparagraphen") und geißelte die Irrlehre der Reichskirche. Zum anderen wehrte sie sich gegen die Theologie der Deutschen Christen, es gebe außer dem Wort Gottes noch eine andere Quelle der Verkündigung (z. B. das deutsche Volkstum als zweite Offenbarung, wie von den Deutschen Christen behauptet), ein anderes Bekenntnis als zu Jesus Christus, dem Herrn und Retter. Ferner ging die Bekennende Kirche auf Distanz zu den kirchenmusikalisch-romantischen Vorstellungen der Deutschen Christen[29]. Als grundsätzliche politische Oppositionsbewegung verstand sie sich selbst jedoch nicht; sie grenzte sich mit ihrer Lehre lediglich vom staatlichen Totalitätsanspruch ab.

Die „Barmer Erklärung" vom Mai 1934 wurde in der Zeit des Nationalsozialismus zum theologischen Fundament der Bekennenden Kirche. In sechs Thesen wandte sie sich u. a. gegen eine Theologie mit „anderen Offenbarungen als dem Wort Gottes", wie sie von den Deutschen Christen propagiert wurde. Sie forderte für die Kirche außerdem eine „selbstbestimmte Gestalt ihrer Ordnung", die nicht von den jeweils herrschenden politischen Verhältnissen abhinge. Ferner „verwirft sie die falsche Lehre", dass der Staat die einzige und totale Ordnung menschlichen Lebens repräsentiere und er auch noch die der Kirche zugedachten Aufgaben erfülle. Umgekehrt bestätigte die Kirche, sie wolle sich keine staatlichen Aufgaben und Würden aneignen und insoweit auch kein staatliches Organ werden. Damit wandte sie sich gegen die Gleichschaltung von Staat und Kirche, d. h. gegen eine nationalsozialistische Umformung, und wehrte sich ausdrücklich gegen die Verquickung der christlichen Lehre mit nationalsozialistischem Gedankengut. Letztlich stand die Bekennende Kirche fest zu Martin Luthers Auffassung, dass die Kirche den Staat unkritisch respektieren müsse, der Staat sich aber als Gegenleistung aus allen innerkirchlichen Angelegenheiten strikt heraushalten müsse.

Auf der Basis der Reichsbekenntnissynode von Berlin-Dahlem im Oktober 1934 schuf sich die Bekennende Kirche dann innerhalb der evangelischen Kirche konsequent

---

1935/36". In: Manfred Gailus: Mir aber zerriss es das Herz. Der stille Widerstand der Elisabeth Schmitz, Göttingen 2010, Seite 223 ff.). Auf der dritten Synode der Bekennenden Kirche Preußens im September 1935 in Berlin-Steglitz wurde ihre Denkschrift unter den Synodalen herumgereicht und gelesen. Ihre Wirkung aber war nur sehr begrenzt und wurde selbst noch nach dem Krieg (bewusst?) übersehen. Vgl. auch Fußnoten 72 und 78.

[28] Die Bekennende Kirche war fast vollständig eine „Frauenbewegung" mit geringem NSDAP-Mitgliederanteil, die allerdings von wenigen aktiven Männern geführt wurde, während die Glaubensbewegung „Deutschen Christen" eher eine Männerbewegung war. Vgl. Hans-Ulrich Wehler: Deutsche Gesellschaftsgeschichte. Vierter Band. Von Beginn des Ersten Weltkriegs bis zur Gründung der beiden deutschen Staaten 1914-1949, München 2003, Seite 805.

[29] Vgl. Kapitel 14.

(unter Berufung auf das von der Bekennenden Kirche selbst so genannte „Dahlemer Notrecht“) eine eigene Parallelorganisation zur deutlichen Abgrenzung ihrer Lehre, ihrer Organisation und ihres Ausbildungswesens von den Deutschen Christen. Die „Vorläufige Kirchenleitung“ (der „Reichsbruderrat“) als eigene Leitungs- und Verwaltungsstruktur an der Spitze erkannte die offizielle DEK-(Reichs-)Kirchenbehörde der Deutschen Christen nicht an, ohne sich aber bereits erkennbar abzuspalten.

Eine noch weitergehende, von der Gesinnung der Deutschen Christen und vom nationalsozialistischen Regime abweichende Position demonstrierten die Bekenntnischristen, als ihre Kirchenleitung im Mai 1936 nach einer weiteren Reichsbekenntnissynode (diesmal in Bad Oeynhausen) eine vertrauliche und geheime Denkschrift an Hitler richtete. Sie war zunächst nicht für die Öffentlichkeit bestimmt und ging weit über kirchenpolitische Themen hinaus, mischte sich couragiert in aktuelle gesellschaftpolitische Probleme ein. Sie prangerte (wieder unter wesentlicher Mitwirkung von Karl Barth) mutig die Menschenrechtsverletzungen des Regimes an, die Verhaftung von bekennenden Geistlichen und die Existenz von Konzentrationslagern, die Angriffe auf die Gewissensfreiheit, die Judenpolitik mit der Verpflichtung zum Judenhass sowie den Terror der Geheimen Staatspolizei. Ausdrücklich verwarf sie die "nationalsozialistische Weltanschauung" und den staatlichen Antisemitismus: „...Wenn hier Blut, Rasse, Volkstum und Ehre den Rang von Ewigkeitswerten erhalten, so wird der evangelische Christ durch das erste Gebot gezwungen, diese Bewertung abzulehnen. Wenn der arische Mensch verherrlicht wird, so bezeugt Gottes Wort die Sündhaftigkeit aller Menschen. Wenn dem Christen im Rahmen der nationalsozialistischen Weltanschauung ein Antisemitismus aufgedrängt wird, der zum Judenhass verpflichtet, so steht für ihn dagegen das christliche Gebot der Nächstenliebe. Einen besonders schweren Gewissenskonflikt bedeutet es für unsere evangelischen Gemeindeglieder, wenn sie das Eindringen dieser antichristlichen Gedankenwelt bei ihren Kindern, ihrer christlichen Elternpflicht entsprechend, bekämpfen müssen... Das evangelische Gewissen, das sich für Volk und Regierung mitverantwortlich weiß, wird aufs härteste belastet durch die Tatsache, dass es in Deutschland, das sich selbst als Rechtsstaat bezeichnet, immer noch Konzentrationslager gibt und dass die Maßnahmen der Geheimen Staatspolizei jeder richterlichen Nachprüfung entzogen sind... Unser Volk droht die ihm von Gott gesetzten Schranken zu zerbrechen, es will sich selbst zum Maß aller Dinge machen. Das ist menschliche Überheblichkeit, die sich gegen Gott empört. In diesem Zusammenhang müssen wir dem Führer und Reichskanzler unsere Sorge kundtun, daß ihm vielfach Verehrung in einer Form dargebracht wird, die allein Gott zukommt. Noch vor wenigen Jahren hat der Führer es selbst mißbilligt, daß man sein Bild auf evangelische Altäre stellte...“[30]

Nachdem diese zunächst geheime Denkschrift im Ausland öffentlich wurde, bekannte sich die Kirchenleitung der Bekennenden Kirche in einer Kanzelabkündigung am 23. August 1936 auch in Deutschland öffentlich zu ihr. Danach galt die Bekennende Kirche in Deutschland als staatsfeindliche, subversive Organisation[31]. Der innerkirchli-

---

[30] Vgl. Heinrich Hermelink: Kirche im Kampf. Dokumente 1933–1945. Tübingen und Stuttgart 1959, Seiten 351-354. Diese Denkschrift wurde neben Niemöller u. a. auch von Pfarrer Böhm unterzeichnet, der sich 1934 vergebens um eine Pfarrstelle an der Parochialkirche beworben hatte (vgl. Kapitel 6).

[31] Größeres Aufsehen als die „Hitler-Denkschrift“ erregte jedoch im März 1937 die ausnahmsweise in deutscher Sprache verfasste päpstliche Enzyklika „Mit brennender Sorge“ (vgl. Fußnote 3), die die Verstöße des NS-Regimes gegen das Konkordat und gegen die ideologische Propaganda sowie die religiöse Umgestaltung der Gesellschaft im Sinne eines Neuheldentums anprangerte. Auch aufgrund dieser Enzy-

che Streit erhielt den Rang einer nationalpolitischen Auseinandersetzung. Eine Welle von Verhaftungen evangelischer Kirchenführer wegen Landesverrats war die Folge – um internationales Aufsehen zu vermeiden meist erst nach den Olympischen Spielen. Alleine im Jahr 1937 wurden fast 800 Pfarrer und Kirchenjuristen der Bekennenden Kirche vor Gericht gestellt und verurteilt, die Bekennende Kirche zunehmend verfolgt und offen unterdrückt[32] – bis zur Verhaftung führender Mitglieder und dem Einzug der Pfarrer als Frontsoldaten zum Wehrdienst.[33] Ziel war die Verminderung kirchlichen Einflusses auf die Gesellschaft. Die Kirchenleitung, soweit sie es überhaupt noch gab, hielt aber an ihrer Haltung fest und setzte sich ab 1938 z. B. mit dem Büro Grüber auch für verfolgte evangelische Juden ein: Der Berliner Propst Heinrich Grüber gründete eine Organisation, die vom Arierparagraphen betroffene Juden zur Emigration verhalf; 1940 kam Grüber dafür vorübergehend ins Konzentrationslager. Zum Kriegsende versteckte Grüber junge Mädchen und schützte sie unter Einsatz seines Lebens vor Vergewaltigungen durch Rotarmisten[34].

Nach der Reichsbekenntnissynode von Bad Oeynhausen traten 1936/37 innerhalb der Bekennenden Kirche Spannungen und Spaltungen auf. Die Bischöfe der lutherischen "intakten" Kirchen einerseits und die Vertreter der unierten Kirchen innerhalb der Bekennenden Kirche andererseits vertraten unterschiedliche Standpunkte zu der „Hitler-Denkschrift". Der Lutherrat, die Vertretung der Lutheraner in der Bekennenden Kirche, lehnte eine Kanzelabkündigung dieser Schrift in ihren Landeskirchen ab, um einen Konflikt mit dem NS-Staat zu vermeiden. Damit entfernte sich der lutherische Flügel immer weiter von den unierten Kirchen und ihrem Reichsbruderrat (nach Dahlem auch als „dahlemitischer Flügel" bezeichnet). Allerdings war diese Denkschrift als Grund einer Abspaltung eher vorgeschoben: Vielmehr wollten die Lutheraner eine (aus ihrer Sicht) historische Fehlentwicklung rückgängig machen, nämlich die Union zwischen Lutheranern und Reformierten überhaupt, der man in Kirchenkreisen oft genug das „Kirche-Sein im Vollsinn" abgesprochen hatte, weil ihr ein eigenes und eindeutiges

---

klika verschärfte der Staat seine Unterdrückungsmaßnahmen. Vgl. Wolf-Dieter Hauschild: Lehrbuch der Kirchen- und Dogmengeschichte, Band 2, Reformation und Neuzeit, Gütersloh 1999, Seite 894.

[32] Eine Kanzelabkündigung des Bruderrats der Evangelischen Kirche der Altpreußischen Union in Berlin vom 17. Juni 1937 nennt einige Namen der von der Geheimen Staatspolizei schon am 14. und 15. Juni 1937 in Berlin Verhafteten: Der Präses der Bekennenden Kirche Berlins, Pfarrer D. Jacobi, die Mitglieder des Preußischen Bruderrats, P. Lic. Niesel und von Armin Lützlow, Br. Ehlers, Sup. Heine, den Missionsinspektor Lokies und acht weitere Laien und Pfarrer der Bekennenden Kirche. „Die Räume des Rates der Evangelischen Kirche der altpreußischen Union wurden polizeilich versiegelt, Haussuchungen und Aktenbeschlagnahmungen wurden bei Behörden der Bekennenden Kirche durchgeführt und dadurch die Arbeit unserer Kirchenleitungen lahmgelegt. Die bisherigen Verhaftungen, Ausweisungen und Redeverbote bestehen weiter... Wir stellen fest: Diese Maßnahmen der Geheimen Staatspolizei stehen im schroffen Widerspruch zu dem Wahlerlaß vom 15. Februar und den wiederholten Zusicherungen des Führers, daß Staat und Partei in Leben und Verkündigung der Kirchen nicht eingreifen werden. Solange solche Maßnahmen nicht aufgehoben sind, kann von Freiheit der Kirche und Freiheit der Wahl keine Rede sein. Als Gemeinde Jesu Christi schließen wir unsere leidenden Brüder in unsere Fürbitte ein und werden umso treuer am unveräußerlichen göttlichen Recht und Auftrag der Kirche festhalten". Ferner protestierte der Bruderrat gegen staatliche Eingriffe in das Kollektenwesen der Bekennenden Kirche.

[33] Nach der Fünften Verordnung vom Dezember 1935 zur Durchführung des Gesetzes zur Sicherung der Deutschen Evangelischen Kirche von September 1935 war die Ausübung kirchenbehördlicher Befugnisse – wie z. B. die Besetzung von Pfarrstellen, die Erhebung und Verwaltung von Kirchensteuer, die Ausbildung, das eigenmächtige Publizieren, die Kontrolle von Gehaltszahlungen, die Anordnung von Kanzelabkündigungen, die Ausschreibungen von Kollekten u. a. – durch kirchliche Vereinigungen (gemeint war die Bekennende Kirche) unzulässig.

[34] Vgl. Michael H. Kater: HITLERJUGEND, Darmstadt 2005, Seite 208.

Bekenntnis zu fehlen schien. Eine eigenständige zentrale lutherische Nationalkirche hätte aus Sicht des Lutherrats diesen „Fehler“ nachhaltig heilen können. Organisatorische und ideelle Parallelen zur zentralen nationalen Reichskirche der Deutschen Christen waren bei den Lutheranern unübersehbar.

Nachdem Pfarrer Niemöller im Auftrag des Reichsbruderrats in seinen „Sätzen zur Arierfrage“ als Kompromiss angeboten hatte, Pfarrern nichtarischer Abstammung keine kirchlichen Leitungsfunktionen mehr zu übertragen, hob Reichsbischof Müller die Einführung des „kirchlichen Arierparagraphen“ auf. Letztlich galten die („nur“) vierzig vom „Arierparagraphen“ betroffenen Pfarrer jüdischer Herkunft als nicht erheblich genug, um dafür die evangelische Kirche und das Verhältnis des Staates zu ihr einer Zerreißprobe auszusetzen! Letztlich wurde diese Zerreißprobe dann aber doch nicht vermieden, da die Deutschen Christen die Entscheidung ihrer Reichskirchenleitung gegen den „kirchlichen Arierparagraphen“ durchaus als weitere Niederlage empfanden. Zuvor hatten sie bereits Ende 1933 bei der organisatorischen Neugliederung der evangelischen Kirchenmusik eine empfindliche Niederlage erlitten[35]. Wütend attackierten sie jetzt die Bekennende Kirche und versuchten, sie als staatsfeindliche Organisation darzustellen. Die offenen Auseinandersetzungen um den Kurs der Kirche im Dritten Reich nahmen ihren dramatischen Fortgang.

Allerdings war zwischenzeitlich der Einfluss der Deutschen Christen deutlich geschrumpft. Die Wirkung des Barmer Bekenntnisses führte in Verbindung mit der von vielen als destruktiv empfundenen Sportpalastrede dazu, dass etwa 7.000 der insgesamt rd. 18.000 deutschen evangelischen Pfarrer der Bekennenden Kirche beitraten. Durch ihre moralische und quantitative Stärke konnte die Bekennende Kirche die Deutschen Christen trotz deren Unterstützung durch die Nationalsozialisten bei der Durchsetzung ihrer Kirchenpolitik damit weitgehend in Schach halten. Nach der Sportpalastkrise wurde zum Zeichen der Abgrenzung von der dortigen Entschließung und zur Schadensbegrenzung die Glaubensbewegung „Deutsche Christen“ schnellstens in die volksmissionarisch ausgerichtete „Reichsbewegung Deutsche Christen RDC“ umbenannt; die umstrittenen radikalen Ziele der Deutschen Christen wurden erst einmal zugunsten einer einheitlichen, geeinten deutschen Reichskirche zurückgestellt. Dennoch blieben die Deutschen Christen uneins und fochten untereinander Kämpfe aus, zerfielen bald in mehrere Splittergruppen. Die verbliebene Restmacht verteilte sich auf verschiedene Flügelorganisationen, so z. B. auf die eigentliche reichsweite Nachfolgeorganisation, die gemäßigte „Reichsbewegung Deutsche Christen“, die sich ab 1938 „Lutherdeutsche“ nannte, auf die „Kirchenbewegung Deutsche Christen“, die als Sammelbecken der radikalen Deutschchristlichen fungierte und am konsequentesten eine überkonfessionelle Nationalkirche anstrebte, auf den eher reaktionären „Bund für Deutsches Christentum“, die „Nationalkirchliche Bewegung Deutsche Christen“, die „Kampf- und Glaubensbewegung Deutsche Christen“, die „Glaubensbewegung Deutsche Volkskirche“ u. a. 1934 gab es 32 verschiedene deutschchristliche Glaubensbewegungen[36]. 1937 schlossen sich die meisten dieser Gruppen in der „Nationalkirchlichen Bewegung Deutsche Christen“ wieder zusammen, die da-

---

[35] Vgl. Kapitel 14.

[36] Hitler hatte diese Entwicklung, die er „Pfaffengezänk nannte, vorhergesehen und in „Mein Kampf“ davor gewarnt: „Führt doch ihre ganze Tätigkeit das Volk vom gemeinsamen Kampf gegen den gemeinsamen Feind, den Juden, weg, um es statt dessen seine Kräfte in ebenso unsinnigen wie unseligen inneren Religionsstreitigkeiten verzehren zu lassen“.

mit die größte Anhängerschaft innerhalb der Deutschen Evangelischen Kirche in sich vereinte und in der Reichskirchenführung das größte Gewicht besaß[37].

Letztlich war der Reichskirchen-Plan bereits Anfang 1934 ausgeträumt. Dabei scheiterte die im gesamten Reich vertretene Glaubensbewegung „Deutsche Christen" an sich selbst, zerbrach an den Folgen der Sportpalast-Entschließung, die der Bekennenden Kirche erst Anlass und Raum zum oppositionellen Handeln gab. Da auch ihre volksmissionarischen, politischen Bemühungen im Dienste der Nationalsozialisten erfolglos blieben, wurden die Deutschen Christen dem diktatorischen Regime lästig, das schnell vergaß, dass es u. a. durch protestantische Mithilfe an die Macht gelangt war. In Parteikreisen genossen die deutschchristlichen Pfarrer bald eine ebenso geringe Wertschätzung – waren sie nationalsozialistisch auch noch so kämpferisch – wie schon zuvor die Pfarrer der Bekennenden Kirche. In den Auseinandersetzungen innerhalb der evangelischen Kirche zwischen den deutschchristlichen und den bekenntniskirchlichen Kräften sah Hitler schließlich sogar einen Angriff auf den nationalsozialistischen Staat. Aus Gründen der politisch-weltanschaulichen Einheit war man nun darauf bedacht, den innerkirchlichen Streit aus der Partei herauszuhalten, weshalb die NSDAP ihre bisherige Unterstützung zugunsten der Deutschen Christen allmählich einstellte und sie sogar in offenkundig antikirchliche Tendenzen ummünzte. Da es den Deutschen Christen nie gelungen war, aus eigener Kraft die Macht in der evangelischen Kirche zu erobern, setzte ihre weitere Entmachtung in dem Moment ein, als das Nazi-Regime einen Wandel seiner bisherigen kirchenpolitischen Haltung zulasten der Deutschen Christen vornahm. Die Deutschen Christen wurden zwischen dem Monopolanspruch des Regimes und dem kircheninternen Widerstand der Bekenntnischristen zerrieben. Diese Entwicklung führte einerseits zu einer fallweisen, letztlich aber nicht mehr durchsetzungsfähigen Radikalisierung bestimmter deutschchristlicher Kräfte, andererseits aber zu deren Resignation, verbunden mit der Hoffnung, nach Kriegsende und „nach Kriegsbewährung" könnte ihnen ein Neuanfang beschieden sein.

Bekennende Kirche und Deutsche Christen waren (gemessen an der Gesamtzahl von rd. 41 Mio. Protestanten im Jahr 1933 im Reich) mit nur jeweils 500.000-600.000 Mitgliedern recht kleine Gruppierungen[38] und verfügten insoweit kaum über den erstrebten flächendeckenden Organisationsgrad – was ohne eigene Rechtspersönlichkeit innerhalb der Deutschen Evangelischen Kirche DEK, einer Körperschaft des öffentlichen Rechts, ohnehin zusätzlich erschwert wurde (Deutsche Christen und Bekennen-

---

[37] Der Einfachheit halber werden im Folgenden die verschiedenen deutschchristlichen Splittergruppen weiterhin nur als „Deutsche Christen" bezeichnet.

[38] Zu ihrer besten Zeit 1934/35 dürfte die Anzahl der Deutschen Christen nach vagen Schätzungen ca. 600.000 Mitglieder von rd. 41 Mio. deutschen Protestanten insgesamt betragen haben (Vgl. Doris L. Bergen: Twisted Cross. The German Christian Movement in the Third Reich, USA, 1996, Seite 8). Auf der Gegenseite der Bekennenden Kirche ist die Mitgliederzahl mit rund 500.000 eher geringer gewesen. Für Berlin ergibt sich nach Schätzungen 1934/35 ein Zahlenverhältnis von knapp 50.000 DC-Mitgliedern gegenüber ca. 36.000 BK-Mitgliedern (vgl. Manfred Gailus: „Protestantismus und Nationalsozialismus. Studie zur nationalsozialistischen Durchdringung des protestantischen Sozialmilieus in Berlin", Köln 2001, Seite 292). Auch wenn die Deutschen Christen für eine schlagkräftige, flächendeckende Organisation zu klein waren, so repräsentierten sie durch ihre Meinungsführerschaft weit über die eigenen Mitglieder hinaus eine gewaltige kirchenpolitische Strömung innerhalb der Gesamtbevölkerung, weswegen sie eben keine zu vernachlässigende Minderheit waren. Schließlich dominierten sie eine Zeit lang die deutsche evangelische Kirche, lösten einen Kirchenkampf innerhalb der Protestanten aus, setzten zeitweilig das Führerprinzip in der evangelischen Kirche durch, dominierten die theologischen Fakultäten zahlreiche Universitäten und Hochschulen und später die Militärseelsorge.

de Kirche waren allerdings nur die organisierten Repräsentanten einer Vielzahl weiterer Gesinnungsgenossen, die keine organisatorische Teilhabe wünschten; ihr Einfluss war dadurch ungleich größer als es die Mitgliederzahlen erwarten ließen). Man verstand sich eher als „Club", als loser Zusammenschluss, als Gruppierung oder als inoffizielle Vereinigung und Gemeinschaft, zwar vereinsähnlich, aber ohne justitiablen Bezug zum Vereinsrecht und damit ohne eine entsprechende Mitgliedschaft mit den ansonsten üblichen Rechten und Pflichten.

Bei den Deutschen Christen und der Bekennenden Kirche wurden Verzeichnisse ihrer Mitglieder geführt, nicht flächendeckend, da es eine einheitliche überregionale Organisationsstruktur der Abläufe nicht gab. Selbst die Deutschen Christen mit ihrer Vorstellung einer (völkisch-rassistischen) zentralen Reichskirche mussten die Grenzen ihrer Organisationsfähigkeit erkennen: Ließ sich ihre Reichskirchen-Idee nicht reichsweit verwirklichen, so wurde sie doch zumindest im engeren Wirkungskreis des eigenen Kirchenbezirks oder auf Gemeindeebene angestrebt. Über die Mitgliedschaft zu den Deutschen Christen entschieden die Pfarrer, die ohnehin die stimulierenden Kräfte dieser Glaubensbewegung waren[39]. Die Bekennende Kirche vergab an ihre Mitglieder auch noch Mitgliedsausweise, „Rote Karte" genannt, mit einer eher informellen Doppelmitgliedschaft; schließlich waren die Betroffenen mit ihrer Taufe bereits Mitglied der evangelischen Kirche geworden – ohne Mitgliedsausweis.

Für die Aufnahme in die Bekennende Gemeinde wurde ein Antrag gestellt, die Aufnahme vom Gemeinde-Bruderrat[40] auf einer „roten Karte" bestätigt, auf der die persönlichen Daten des Mitglieds sowie die entsprechende Kirchengemeinde und der Pfarrbezirk vermerkt waren. Alle in die Bekenntnisgemeinde aufgenommenen Mitglieder wurden in einer entsprechenden Liste der Bekenntnisgemeinde geführt[41].

---

[39] Im Kirchenkampf gab es auch Auseinandersetzungen zwischen Deutschen Christen und Bekennender Kiche um die Kirchensteuer und die Kollekten, als Gemeindemitglieder in gespaltenen Gemeinden versuchten, direkten Einfluss auf die Verwendung ihrer Kirchensteuer und Kollekten zu nehmen: Notwendigerweise wollten die Mitglieder der Bekennenden Kirche nicht die Deutschen Christen finanzieren und umgekehrt. So kam es vor, dass Mitglieder der Bekennenden Kirche ihre Kirchensteuer nicht mehr auf die offiziellen Konten der Deutschen Evangelischen Kirche einzahlten, sondern an neu errichtete „Kirchensteuer-Neben-Hebestellen" oder an eigene Kirchensteuerämter, die die Verwaltung der Kirchensteuer jetzt in eigener Regie übernahmen. Diese Gelder wurden von den Pfarrern an die Bekenntnissynode abgeführt, was ihnen Anklagen wegen Veruntreuung eintragen konnte, wenn ab 1935 in dem entsprechenden Gebiet die bisher obligatorische staatliche Verwaltung der Kirchensteuern nicht in eine Kann-Bestimmung umgewandelt worden war (für die neu zu „Großdeutschland" hinzugekommenen Gebiete wurde die Kirchensteuer überhaupt nicht mehr zugelassen, sondern es waren an ihrer Stelle nur noch privatrechtliche Beiträge erlaubt). Einfacher waren eigene Spenden für die Kollekten in gespaltenen Gemeinden zu steuern; da man den Kollektenzweck kannte, gab man nur, wenn man den Zuwendungsweck auch billigte.

[40] Gemäß „Kirchlichem Notrecht" der Zweiten Reichsbekenntnissynode in Dahlem vom Oktober 1934 schuf sich die Bekennende Kirche mit dem Bruderrat ein neues Organ zur Leitung und Vertretung der Deutschen Evangelischen Kirche DEK. Nach ihrem Verständnis hatten die Deutschen Christen die Verfassung der DEK und die rechtmäßigen Organe der Offizialkirche zerschlagen. Die Synode der Bekennenden Kirche hatte dagegen nicht ihren Austritt aus der DEK erklärt, sondern nur ihren Bruch mit ihr vollzogen.

[41] Auf der Rückseite der „roten Karte" war der folgende Text abgedruckt: „Die Bekennende Kirche ist der Zusammenschluß aller derer, die die Heilige Schrift des Alten und Neuen Testaments nach der Auslegung der reformatorischen Bekenntnisse als die alleinige Grundlage der Kirche und ihrer Verkündigung anerkennen. Die Glieder der Bekennenden Kirche sind durch das Evangelium aufgerufen. Deshalb wollen sie sich zum Wort Gottes und zum Tisch des Herrn halten und ein christliches Leben führen. Sie wollen beten und arbeiten für eine Erneuerung der Kirche aus dem Wort und dem Geist Gottes. Sie wissen sich

Nach dem Scheitern der Deutschen Christen wurden staatlich initiierte Kirchenausschüsse[42] von dem im September 1935 ernannten neuen „Reichsminister für die kirchlichen Angelegenheiten“ Hanns Kerrl[43] ins Leben gerufen, in denen sowohl Mitglieder der Bekennenden Kirche als auch der Reichsbewegung Deutsche Christen zusammentraten. In der Ära der Kirchenausschüsse wollte man den Frieden in der Kirche durch Vermittlung zwischen Staat und Kirche wiederherstellen. Die Kirchenausschüsse sollten aber auch weiterhin dem Ziel der Gleichschaltung von Lehre und Organisation dienen, um die gespaltene evangelische Kirche vom Staat endlich kontrollieren zu können. Die Kirchenausschusspolitik wurde von einem Teil der Bekennenden Kirche, dem „dahlemitisch–unierten Flügel“, abgelehnt, während die Lutheraner zunehmend Bereitschaft zur Zusammenarbeit mit den Reichskirchenausschüssen zeigten, trotz der in den Ausschüssen zahlreich vertretenen Mitglieder der Deutschen Christen. Die Kontroversen führten schließlich zur Spaltung der Bekennenden Kirche.

Das NS-Regime war von diesen Vorgängen allerdings kaum mehr beeindruckt. Die Kirche erfuhr keinerlei Anerkennung mehr seitens der maßgeblichen Parteiideologen. Bereits 1937 lösten sich die Kirchenausschüsse wieder auf. Der staatlich initiierte Befreiungsversuch der evangelischen Kirche war ebenso gescheitert wie der Versuch ihrer Gleichschaltung und die Vereinnahmung der Kirchenmusik. Hitlers Wunsch, die christlichen Konfessionen aus dem Herzen der Deutschen zugunsten des Nationalsozialismus zu verdrängen, schlug fehl. Als das deutsche Volk Hitlers Plänen nicht folgen mochte, sich von ihrer Kirche abzuwenden, verfolgte er langfristig eine Strategie, die den Lebensnerv der Kirchen treffen sollte. War er vordem noch auf Konfliktvermeidung mit den Kirchen bedacht, so wurden die Kirchen von Hitler politisch letztlich nicht mehr benötigt. Es entwickelte sich sogar ein massiver Argwohn der NSDAP-Führung gegenüber den bestehenden religiösen Glaubensbewegungen. Auf ihre völlige Zerstörung – man sprach auch hier von einer „Endlösung“ – verzichtete man jedoch, vor allem weil man bei den Kriegsvorbereitungen und während des Kriegs an der „Heimatfront“ Ruhe bevorzugte, und plante die endgültige Eliminierung der Kirche erst für die Zeit nach dem Krieg. Hitler befahl seiner Umgebung darum, den konfessionellen Bruch für die Dauer der Kriegsvorbereitungen und während des Krieges zurückzustellen (nicht jedoch auf Schikanen zu verzichten). Im Krieg sei nichts wichtiger als der innere Friede. Immerhin waren 95 % der 80 Millionenbevölkerung des Großdeutschen Reiches nach wie vor als Kirchenmitglieder eingetragen. Selbst die Mehrheit der NSDAP-Mitglieder war – zumindest formal – Mitglied der Kirche geblieben, bezahlte Kirchensteuer und bezeichnete sich als Christ[44]. Offiziell hatte die NSDAP den Kirchenaustritt auch nicht gefordert (nur Alfred Rosenberg trat als einziger NS-

---

zu entschlossenem Kampf wider jede Verfälschung des Evangeliums und wider jede Anwendung von Gewalt und Gewissenszwang in der Kirche verpflichtet. Ich bitte um Aufnahme in die Bekennende Gemeinde und vertraue darauf, daß Gott mir zum Wollen das Vollbringen gebe und mich ein lebendiges Glied Seiner Kirche werden lasse. Ich erkenne an, daß die Not der Bekennenden Kirche von mir Opfer fordert. Datum .... Vor= und Zuname ....“.

[42] Nach der Ersten Verordnung vom Oktober 1935 zur Durchführung des Gesetzes zur Sicherung der Deutschen Evangelischen Kirche vom September 1935 wurden ein Reichskirchenausschuss sowie Landeskirchen- und Provinzialkirchenausschüsse eingesetzt.

[43] Hanns Kerrl (1887-1941) schloss sich bereits 1923 der NSDAP an, sympathisierte stark mit den Deutschen Christen, war Preußischer Landtagspräsident und preußischer Justizminister (in dieser Zeit erließ er ein Berufsverbot für jüdische Notare und Rechtsanwälte in Preußen), bevor er Reichsminister für die kirchlichen Angelegenheiten („Reichskirchenminister“) wurde.

[44] Vgl. z.B. Marlies G. Steinert: Hitlers Krieg und die Deutschen. Stimmung und Haltung der deutschen Bevölkerung im Zweiten Weltkrieg. Düsseldorf-Wien 1970, Seite 96.

Spitzenpolitiker aus der Kirche aus – anders als zum Beispiel Göring, Bormann, von Schirach u. a.).

Die Nationalsozialisten vermieden zwar Kritik am Glauben der einfachen Volksgenossen (während sie Kommunisten, Sozialdemokraten und Gewerkschaftler hemmungslos verfolgten), fühlten sich aber mächtig genug, um sich mit der organisierten Kirche anzulegen[45]. Auf eine schon 1935 beginnende systematische Unterdrückung und Schikanierung wollte man darum auch nicht verzichten[46]. Viele kirchliche Arbeitsfelder wurden daher eingeschränkt, z. B. die Publizistik; es wurde die Militärseelsorge in Heer und Marine behindert und in der neuen Luftwaffe gar nicht erst zugelassen, es wurden theologische Lehrstühle abgebaut, Einschränkungen der Kollekten, Auflösung von Ausbildungsstätten und vieles mehr[47]. Schließlich lag es im Wesen des Nationalsozialismus mit seinem Monopolanspruch, keine selbständigen Größen neben sich zu dulden. Das NS-Regime war darum bestrebt, die christlichen Kirchen und die von ihnen verkörperten Werte zumindest erst einmal „schleichend zu beseitigen“: Allmähliche Verdrängung von Kirche und christlicher Religion aus der Gesellschaft durch massive staatliche Eingriffe in innerkirchliche Belange. Symptomatisch für die einsetzende Unterdrückung der Kirchen war z. B. auch die nationalsozialistische Einflussnahme auf die evangelische Kirchenmusik mit Hilfe der Deutschen Christen durch eine gewollte Entkonfessionalisierung der Musik innerhalb und außerhalb der Kirche[48].

Die sich beschleunigende Bedeutungslosigkeit selbst der Deutsche Christen-Pfarrer in Parteikreisen zeigt beispielhaft ein den Pfarrer Kitscha von der Parochialkirche betreffender Vorgang aus dem Jahr 1938. Kitscha war immerhin seit 1933 auch Mitglied der NSDAP, einer ihrer eifrigsten Befürworter und der nationalsozialistischen Politik durch wirkliche Überzeugung herzlich verbunden: In ausführlichen Schreiben beschwerten sich Kitscha und der Gemeindekirchenrat der Parochialkirche über eine staatspolizeiliche Auflösung einer Konfirmandenfreizeit in Hirschluch am 5. und 6. März 1938. Bei der Kontrolle von Urlaubsscheinen der Konfirmanden durch HJ-Führer eines Streifendienstes war es zu gezielten Schikanen gekommen, obwohl einige der Konfirmanden auch der Hitlerjugend angehörten. Offenbar in Einvernehmen mit der Geheimen Staatspolizei waren unter fadenscheinigen Begründungen mehrstündige Vernehmungen mit Leibesvisitationen und Stubenrevisionen angeblich wegen zweier fehlender Urlaubsscheine vorgenommen worden - offiziell, weil Kitscha diese Freizeit so gut wie rein kirchlich angelegt hatte und zu wenig politisch im Sinne der Hitlerjugend. Anschließend war die vorzeitige Auflösung der Freizeit (von Kitscha in seinem Schreiben jetzt „HJ-Lager“ genannt) angeordnet worden. Die Kinder – selbst der vierjährige Sohn von Kitscha – waren in Abwesenheit Kitschas nach dessen politischer Gesinnung ausgefragt worden. Das Singen von Chorälen und das Beten zu den Mahlzeiten hatte der anwesende Bannführer bis zur Abreise verboten, Ausweise einbehalten.

---

[45] Vgl. Ernst Piper: Alfred Rosenberg. Hitlers Chefideologe. München 2005, Seite 400.

[46] Hitler über seine persönliche Einstellung zum Christentum und den Kirchen lt. Gesprächsprotokolle vom 6.Juli 1933: „Der Faschismus mag in Gottes Namen seinen Frieden mit der Kirche machen... Das wird mich nicht abhalten, mit Stumpf und Stiel... das Christentum auszurotten... Die Pfaffen sollen sich selbst ihr Grab schaufeln. Um ihr erbärmliches Gelumpe von Stellung und Einkommen werden sie alles preisgeben... Man ist entweder Christ oder Deutscher. Beides kann nicht sein...“

[47] Vgl. Fußnote 31 und Wolf-Dieter Hauschild: Lehrbuch der Kirchen- und Dogmengeschichte, Band 2, Reformation und Neuzeit, Gütersloh 1999, Seite 896.

[48] Vgl. Kapitel 14.

Kitscha hatte sich als nationalsozialistischer Pfarrer zu erkennen gegeben und verlangte – vergeblich – von einem anwesenden HJ-Bannführer eine Ehrenerklärung. Der Gemeindekirchenrat hat den Vorfall u. a. dem Reichsinnenminister gemeldet; von einer Reaktion ist nichts bekannt. In dem entsprechenden Schreiben wird auch herausgestellt, dass „der Gemeindekirchenrat der Parochialkirche zum größeren Teil aus Parteigenossen besteht, die durch 5-jährige Arbeit den Nationalsozialismus als gemeinsame Grundlage für das Handeln der gesamten Körperschaft durchgesetzt haben. Er hat damit erreicht, dass die Parochialgemeinde von allen zersetzenden Begleiterscheinungen des Kirchenstreits bis heute unberührt geblieben ist und in voller Einmütigkeit und Einsatzbereitschaft zu dem Werk des Führers steht“[49].

Allerdings war in Einzelfällen der Einfluss der Deutschen Christen noch bis fast zum Kriegsbeginn 1939 erstaunlich groß und selbst bis 1945 wurden fast alle (bis auf die sogenannten „intakten“) Landeskirchen von Deutschen Christen geführt. Aber das kämpferische Interesse der Teilprotestantismen an den innerkirchlichen Auseinandersetzungen erlahmte zusehends. Im Alltagsleben der weitaus meisten Gemeinden in Berlin, wo diese Auseinandersetzungen besonders heftig waren, spielte er sogar so gut wie keine Rolle mehr[50].

1938 wollten die Deutschen Christen der Bekennenden Kirche aber noch einmal mit ihrer „Treueeid-Kampagne“ einen Schlag versetzen: Da die Mitarbeiter der Landeskirchen als einzige Träger eines öffentlichen Amts noch nicht verpflichtend auf den Führer vereidigt wurden, drängten die Deutschen Christen die Reichskanzlei zu einer Anordnung zur Ableistung des Treueids auf Hitler an dessen Geburtstag am 30. April 1938. Dieses Unterwerfungsritual zielte natürlich auf jene Geistlichen der Bekennenden Kirche, die den Treueeid bislang noch nicht freiwillig geleistet hatten. Da Pfarrer jüdischer Herkunft nach dem Nürnberger Rassengesetz von 1935 an Eidesleistungen nicht teilnehmen durften, wäre diese Anordnung auch einer späten Einführung des „Arierparagraphen“ in der Bekennenden Kirche gleich gekommen. Die Bekennende Kirche gab (bis auf die beiden reformierten Landeskirchen Lippe und Hannover, die die Eidesforderung ganz ablehnten) – statt als Gesamtheit zu opponieren – die Entscheidung für oder gegen den Treueid an ihre einzelnen Pfarrer weiter[51], für die ein persönlicher Verzicht auf den Treueeid aber viel risikoreicher war als eine Gruppenentscheidung. 90 Prozent der Pfarrer legten den Eid ab. Die Bekennende Kirche hatte darauf verzichtet, sich mutig als Opposition zu profilieren – was um so leichter gewesen wäre, als die Reichskanzlei auf die Durchsetzung der umstrittenen Eid-Anordnung

---

[49] Vgl. Evangelisches Landeskirchliches Archiv in Berlin ELAB, Bestand 11, Signatur 1550.

[50] Eine Ausnahme stellte die Nazareth-Gemeinde in Berlin-Wedding dar. Hier blieb der besonders radikale deutschchristliche Pfarrer Johannes Endler bis 1945 im Amt. Vgl. „Bekenntnis in Not. Die evangelische Kirche in Berlin-Brandenburg im Konflikt mit dem totalen Staat (1933-1945)“. Aufsätze zur Geschichte des Kirchenkampfs. Hrsg. Erich Schuppan. Berlin 2000, Seite 346.

[51] Dies galt allerdings nur insoweit, als der Treueeid nicht gegen das Ordinationsgelübde verstieß. In der Evangelischen Landeskirche in Württemberg z.B. lautete dieses so genannte „Ordinationsgelübde“: „Im Aufsehen auf Jesus Christus, den alleinigen Herrn der Kirche, bin ich bereit, mein Amt als Diener des göttlichem Wortes zu führen und mitzuhelfen, dass das Evangelium von Jesus Christus, wie es in der Heiligen Schrift gegeben und in den Bekenntnissen der Reformation bezeugt ist, aller Welt verkündigt wird. Ich will meinen Teil dafür Sorge tragen, dass die Kirche in Verkündigung, Lehre und Leben auf den Grund des Evangeliums gebaut werde, und will darauf Acht haben, dass falsche Lehre, der Unordnung und dem Ärgernis in der Kirche gewehrt werde. Ich will meinen pfarramtlichen Dienst im Gehorsam gegen Jesus Christus nach den Ordnungen unserer Landeskirche tun und das Beichtgeheimnis wahren“.

überraschend verzichtet hatte; die Kirchen waren ihr immer weniger wichtig geworden.

Für den noch vorhandenen Rest-Einfluss der Deutschen Christen steht auch die im Mai 1939 auf der Wartburg erfolgte Gründung des Eisenacher „Instituts zur Erforschung und Beseitigung des jüdischen Einflusses auf das deutsche kirchliche Leben" – gegründet von den Thüringer Deutschen Christen mit Zustimmung von den drei Vierteln Nazi-Kirchen der 28 deutschen evangelischen Landeskirchen[52]. Man verband mit der Gründung auch die Hoffnung, dass durch sie die seit 1937 ansteigende Zahl der Kirchenaustritte gebremst werden könne. Das so genannten „Entjudungsinstitut" erarbeitete eine besondere Systematik des kirchlichen Antisemitismus und legte z. B. 1941 ein „entjudetes Neues Testament" mit dem Titel „Die Botschaft Gottes" und ein „entjudetes Gesangbuch" mit dem Titel „Großer Gott wir loben dich" vor. Grundsätzliches Ziel des Instituts war die Reinigung kirchlicher Bräuche, des Kirchenrechts, des Liedguts, der Liturgie und aller religiöser Ausdruckformen vom „jüdischen Geist". Dabei wurde das Alte Testament z. B. dem nationalsozialistischen Rassebegriff vollständig geopfert. An die Stelle der Bedeutung Israels als dem auserwählten Volk wird das besondere Wirken Gottes am deutschen Volk in den Mittelpunkt der Theologie mit dem Ziel einer „Gottesdienstordnung der Deutschen" gestellt. Wichtigstes Ziel aber war die Entwicklung eines „Fünften Evangeliums", das den Mythos vom „arischen Jesus" wissenschaftlich begründen sollte. Das religiöse Erscheinungsbild Jesu Christi in seiner Rolle als sanftmütiges Opferlamm und die daraus resultierende degenerierte „Sündenbock- und Minderwertigkeitstheologie" sollten durch einen starken, herrischen Christus ersetzt werden, „nicht Gottes Sohn, sondern ein menschlichen Krieger, unbesiegbar, von nordischer Haltung". Jesus als germanischer Held, als arischer Held, durfte natürlich niemals Jude gewesen sein[53].

Auch die im November 1935 erfolgte Gründung „Kirchlicher Hochschulen für reformatorische Theologie" in Berlin und Wuppertal durch die Bekennende Kirche anstelle der staatlichen Fakultäten und die Gründung der amtskirchlichen Predigerseminare „zur Abwehr einer Überfremdung theologischer Fakultäten an den staatlichen Universitä-

---

[52] Vgl. z. B. Oliver Arnhold: Der kirchliche Antisemitismus während der Zeit des Nationalsozialismus, untersucht an der Arbeit des Eisenacher Instituts zur Erforschung und Beseitigung des jüdischen Einflusses auf das deutsche kirchliche Leben 1939-1945. Paderborn 1994.

[53] Darum wurde auch die völkische Zugehörigkeit von Jesus auf den Prüfstand gestellt: Als Galiläer sei er gar kein Jude, sondern Arier; bevor Galiläa 100 v. Chr. von Judäa erobert wurde, habe dort eine Mischbevölkerung verschiedener Herkunft gelebt, darunter auch arische Volksstämme, von denen Jesus abstamme. Die Beziehung von Juden und Galiläern sei ein Verhältnis von Besetzern und Besetzten gewesen, was sich z. B. auch im Verhalten der Galiläer 70 n. Chr. bei der Zerstörung des Tempels in Jerusalem widerspiegele, indem sie den Juden nicht zu Hilfe kamen. Die Galiläer seien auf jüdischen Druck zwar konfessionell, aber nicht völkisch zu Juden geworden. Jesu Lehre wurde vom Eisenacher Institut im Übrigen auch zum Gegenpol des Judentums aufgebaut: Jesus lehre eine Beziehung von Vertrauen und Liebe zwischen Gott und den Menschen, die Gottesliebe also, die sich in der Nächstenliebe zeige. Die Beziehung zwischen Gott und den Menschen beruhe im Judentum aber auf Gesetz und Strafe und Gott agiere als Richter. Ferner sei die Botschaft Jesu eine universelle, die sich auf alle Menschen beziehe, und nicht nur auf ein von Gott auserwähltes Volk. Damit wurde – neben dem Kreuztod – der Bruch zwischen Jesus und den Juden hergeleitet. Allerdings war das „Entjudungsinstitut" mit seinen "Forschungsergebnissen" weder besonders originell noch überaus produktiv: Zu den gleichen Ergebnissen kam bereits Housten Stewart Chamberlain, Rassentheoretiker, Bayreuther Chefideologe und zeitweise Vertrauter Cosima Wagners, seit 1908 auch Ehemann der Richard-Wagner-Tochter Eva, in seinem zweibändigen Buch „Die Grundlagen des XIX. Jahrhunderts", München 1899. Vgl. auch Wolfgang Fenske: Wie Jesus zum „Arier" wurde. Auswirkungen der Entjudaisierung Christi im 19. und zu Beginn des 20. Jahrhunderts. Wissenschaftliche Buchgesellschaft, Darmstadt 2005.

ten" – eine Initiative Martin Niemöllers – wurde auf Druck der Deutschen Christen von den staatlichen Machthabern verboten. Diese Hochschulen mit eigenen Examina, Vikarausbildung und Ordinationen konnten neben der Theologischen Schule in Bethel ihre Tätigkeit jedoch illegal bis 1941 fortsetzen, weil die Nationalsozialisten sie zeitweise in einer nicht exakt definierten Grauzone gewähren ließen, andererseits deren Dozenten in Haft setzten, wenn es ihnen in den Sinn kam. Die Absolventen der Kirchlichen Hochschulen wurden in den Kirchen der Bekennenden Kirche (letztlich illegal) untergebracht und durch freiwillige Spenden bezahlt[54].

Die innerkirchlichen Auseinandersetzungen zwischen den Deutschen Christen und der Bekennenden Kirche nach 1933/34 um den wahren Glauben innerhalb der Kirche, um das Verhältnis zur nationalsozialistischen Politik und um die Kirchenmusik gingen begrifflich als „Kirchenkampf der evangelischen Kirche" in die Geschichte ein. Er stürzte den deutschen Protestantismus in eine gewaltige Identitätskrise. Der Kirchenkampf begann mit der gegen die Deutschen Christen gerichteten Entscheidung, Friedrich von Bodelschwingh für das Amt des Reichsbischofs zu nominieren. Der Kirchenkampf führte die evangelische Kirche in die Spaltung. Zwar fand der Kirchenkampf reichsweit statt, der Großraum Berlin aber galt als Extremfall für das Aufeinandertreffen der Teilprotestantismen. Berlin war nicht nur das Zentrum der politischen, sondern auch der kirchenpolitischen Entwicklung. Kirchenkampf war also nicht etwa die Bezeichnung für eine kämpferische Auseinandersetzung der evangelischen Kirche mit den Nationalsozialisten und schon gar nicht ein partieller Kampf des Staates gegen die (Bekennende) Kirche, nicht ein genereller Widerstand gegen die Anmaßungen der Diktatur. Kirchenkampf war im Wesentlichen ein Streit innerhalb der evangelischen Kirche um das Wesen der Kirche. Eine Kirchenkampf-Auseinandersetzung etwa in Form einer geschlossenen kirchlichen Opposition gegen den Nationalsozialismus hat es nie gegeben. Insoweit hat sich die Deutsche Evangelische Kirche nicht am Verhältnis zum Nationalsozialismus, sondern innerkirchlich gespalten. Allerdings hat die Gehorsamsaufkündigung der Bekennenden Kirche gegenüber der Reichskirche dazu geführt, dass die evangelische Kirche eine der ganz wenigen Organisationen im NS-Deutschland war, die in ihrer Gänze nicht gleichgeschaltet werden konnte und die auch gegen massives deutschchristliches und nationalsozialistisches Einwirken ihre eigenen Vorstellungen von einer neuen evangelischen Kirchenmusik durchsetzen konnte. Es war dem Regime nicht gelungen, die vorgesehene Reichskirche unter einem Hitler ergebenen Reichsbischof zu erschaffen.

Die Kirchen waren – abgesehen von der Wehrmacht – der letzte bedeutende nichtnationalsozialistische Machtfaktor in Deutschland[55]. Dazu trug auch eine trotz massiver Gegenpropaganda nur schwer beeinflussbare vorgeformte Volksmeinung bei, eine bestenfalls langfristig auflösbare stereotype Grundstimmung und eine kritische Grundhaltung[56]. Es gab z. B. permanent Kritik an der nationalsozialistischen Propaganda, an inhumanen Maßnahmen, wenn sie den eigenen Lebensbereich betrafen, an dem Menschenführungsanpruch der NSDAP, am Lebensstil der Parteiführer, an sozialen Ungerechtigkeiten, an ungünstigen materiellen Bedingungen im Rahmen der „Kano-

---

[54] Die evangelische Kirche hat nach dem Krieg diese Dienstverhältnisse nur z. T. legalisiert, d. h. die-Dienstzeit wurde auf das Nachkriegsarbeitsverhältnis angerechnet, das Vorkriegsgehalt aber nicht nachgezahlt.

[55] Vgl. Ernst Piper: Alfred Rosenberg. Hitlers Chefideologe. München 2005, Seite 401.

[56] Vgl. z.B. Marlies G. Steinert: Hitlers Krieg und die Deutschen. Stimmung und Haltung der deutschen Bevölkerung im Zweiten Weltkrieg. Düsseldorf-Wien 1970, Seite 23.

nen- statt Butter-Politik“, sogar an organisierten Protestaktionen und Gewalt gegen Juden, die als gelenkt erkannt und abgelehnt wurden[57]. Die massivste Kritik aber gab es an antikirchlichen Aktionen, die von der Volksmeinung nicht toleriert wurden. Antikirchliche Maßnahmen von Staat und Partei stießen in den traditionell kirchentreu eingestellten ländlichen, klein- und mittelständischen Gebieten und insbesondere bei den Frauen auf zunehmende Kritik[58]. An dieser Erkenntnis kam auch Hitler nicht vorbei, weshalb er zumindest im Rahmen der Kriegsvorbereitungen die Verdrängungsbemühungen gegen die Kirche einstellen ließ – der Sieg einer nennenswert eigenständigen, öffentlichen Mehrheitsmeinung. Es erstaunt, dass die damaligen Kirchenführungen nicht erkannten, ein wie großes, letztlich nur zielführend zu organisierendes Potential von Gläubigen im „Dritten Reich“ für eine ungleich mutigere und kritischere Kirchenpolitik bereit gestanden hätte. Stattdessen stieß man mit dem innerkirchlichen Kirchenkampf viele Gläubige eher ab. Ein vertrauensvolleres Verhältnis der Kirchenmitglieder zu ihrer Kirche hätte die Nationalsozialisten mit großer Wahrscheinlichkeit viele Stimmen und vor allem Sympathien gekostet, hätte ihren Einfluss relativiert.

Die ideologische Identifikation der Deutschen Christen mit dem Nationalsozialismus war und ist stets unbestritten[59]. Aber auch in der Bekennenden Kirche gab es zahlreiche obrigkeitstreue Mitglieder, gerade unter den Pfarrern, die wie die Deutschen Christen den Treueeid auf den Führer freiwillig und aus Überzeugung schworen. Hitlerbegeisterung und Bekennende Kirche schlossen sich – mit erkennbar abnehmender Tendenz – im Dritten Reich keineswegs aus. Allerdings reichte das Mitgliederspektrum – anders als bei den Deutschen Christen – bis zum aktiven Widerständler. Von einer durch breite bekennend-kirchliche Kreise getragenen Ablehnung des nationalsozialistischen Systems aber kann selbst bis in die letzten Kriegsjahre hinein insoweit überhaupt keine Rede sein – obwohl sich Teile der evangelischen Nachkriegskirche durchaus als grundsätzliche Widerstandsorganisation im Dritten Reich und nicht nur als Organisation gegen die Gleichschaltung gesehen haben.

Auch die Bekennende Kirche machte nicht immer unmissverständlich und durchgängig deutlich, dass sich der unversöhnliche Rassenhass der NS-Weltanschauung keinesfalls mit christlichen Vorstellungen vertrug, erklärte nicht einmal ihren Pfarrern, dass Bekenntnistreue mit dem Dienst in der SS oder im KZ unvereinbar sei[60].

---

[57] Diese Kritik erfolgte allerdings kaum aus humanitären Gründen, sondern weil sie eines Deutschen unwürdig seien. Andere gesetzliche Maßnahmen zur Ausschaltung der Juden aus dem Wirtschaftsleben wurden dagegen mit einem gewissen Verständnis als durchaus gerecht empfunden (vgl. Marlies G. Steinert: Hitlers Krieg und die Deutschen. Stimmung und Haltung der deutschen Bevölkerung im Zweiten Weltkrieg, a.a.O., Seite 75).

[58] Vgl. Marlies G. Steinert: Hitlers Krieg und die Deutschen. Stimmung und Haltung der deutschen Bevölkerung im Zweiten Weltkrieg, a.a.O., Seite 66.

[59] Die antisemitischen Reden und Parolen vieler deutschchristlicher Geistlicher z. B. haben in jedem Fall einen – insgesamt vielleicht nur einen bescheidenen – Beitrag zur Stabilisierung einer systemkonformen Mentalität geliefert. Vgl. Wolf-Dieter Hauschild: Lehrbuch der Kirchen- und Dogmengenschichte, Band 2, Reformation und Neuzeit, Gütersloh 1999, Seite 908.

[60] In diesem Zusammenhang muss jedoch z. B. die mutige „Hitler-Denkschrift“ der Bekennenden Kirche vom Mai 1936 gegen die Politik der Nationalsozialisten anerkannt werden. Sie prangerte die aktuellen gesellschaftlichen Probleme des Regimes an, Menschenrechtsverletzungen die Verhaftung von bekennenden Geistlichen, die Existenz von Konzentrationslagern, die Angriffe auf die Gewissensfreiheit, die Judenpolitik oder den Terror der Geheimen Staatspolizei. Zuvor hatte bereits im März 1935 die preußische Bekenntnissynode in Berlin-Dahlem auf Landesebene – wie auch manche andere Landeskirche nach der Reichsbekenntnissynode von Oktober 1934 – ein kritisches „Wort an die Gemeinden“ verabschiedet. Durch diese Kanzelabkündigung sollte das Volk „vor der tödlichen Gefahr“ einer neuheidnischen

Darum kann die Bekennende Kirche eine grundsätzliche Widerstandssrolle kaum für sich in Anspruch nehmen, da über die nur fallweise erfolgte Verbalisierung ihres Protestes hinaus kaum Konsequenzen folgten. Sie war vor allem eine innerkirchliche Oppositionsbewegung evangelischer Christen gegen die von den Deutschen Christen und der Staatsmacht unternommenen Gleichschaltungsversuche von Lehre und Organisation mit dem Nationalsozialismus[61]. Es war – teilweise auch im Zusammenhang mit der Kirchenmusik – ein aufgezwungener „Widerstand wider Willen". Immerhin aber war die Bekennende Kirche mindestens „Sand im Getriebe" des Regimes, ein im Dritten Reich eher seltener und nicht selbstverständlicher Störfaktor. Eine einheitliche Opposition gegen den Führerstaat bildete die Bekennende Kirche jedoch keineswegs. Große Teile der Bekennenden Kirche waren dem NS-Regime – zumindest anfänglich – sogar treu ergeben und standen hinter der „nationalen Erhebung". Viele der Bekennenden Christen hatten Adolf Hitlers Machtergreifung bejaht, schwiegen lange zu den meisten Menschenrechtsverstößen des Regimes und unterstützten fallweise (gegenüber dem Vaterland, nicht gegenüber Hitler) den Zweiten Weltkrieg. Die Bekennende Kirche kämpfte – wo es ihr opportun erschien – auch durch Zugeständnisse gegenüber Hitler gegen die Deutschen Christen; Widerspruch gegen den ideologischen Nationalsozialismus, Widerstand gegen Hitler waren – von wenigen persönlichen Ausnahmen abgesehen – nicht ihr vordringliches Anliegen. Nationalsozialistische Gesetze wurden abgelehnt, wenn sie der Kirche inhaltliche oder organisatorische Veränderungen aufzwingen wollten; ansonsten schwieg die bekennend-kirchliche Mehrheit. Proteste gab es im Zusammenhang mit der Wahrung innerkirchlicher Machtstrukturen und gegen „eine falsche Entwicklung der Kirchenmusik"[62], nur geringer Widerstand gegen die Verfolgung von Minderheiten oder die Schikanierung von Bürgern jüdischen Glaubens durch den Staat[63]. Ein grundlegendes Wächteramt einer hohen moralischen Instanz hat sie nicht ausgeübt. Zur Begründung des unterlassenen Widerspruchs gegenüber der Obrigkeit stützte man sich gemäß protestantischer Tradition auf das lutherische Verständnis von der „Zwei-Reiche-Lehre", seiner Obrigkeitslehre, nach der man politisch nicht eingreifen dürfe. Diese allzu bequeme Zurückhaltung der Bekennenden Kirche wurde seitens der Nationalsozialisten allerdings in keiner Weise durch eine erkennbare politische Mäßigung gewürdigt.

Religion gewarnt werden. Darin hieß es: „Dieser Wahnglaube macht sich einen Gott nach des Menschen Bild und Wesen... Solche Abgötterei hat mit positivem Christentum nichts zu tun. Sie ist Antichristentum". Ferner stellte die Bekenntnissynode im Hinblick auf den geforderten und praktizierten Führereid klar, dass „jeder Eid vor Gottes Angesicht geleistet wird... und jeder Eid seine Grenze darin findet, dass alleine Gottes Wort uns unbedingt bindet". Obwohl die Bekenntnissynode das „Wort an die Gemeinde" mit dem Hinweis verband, es wende sich lediglich gegen die neuheidnische Religion und nicht gegen das Regime, wurden über 500 evangelische Pfarrer vorübergehend inhaftiert.

[61] Im Unterschied zu den Gleichschaltungsversuchen in der evangelischen Kirche gab es keine entsprechenden Bemühungen in der katholischen Kirche; diese hierarchisch geprägte Institution mit ihrer großen inneren Geschlossenheit bot hierfür a priori keine Gelegenheit. Auch das festgefügte Lehrsystem bot – anders als im dogmatisch weniger fixierten Protestantismus – keinen Spielraum für die nationalsozialistische Irrlehre. Insoweit bestand ein starker Schutz gegen eine Vereinnahmung durch den totalitären Staat. Vgl. Wolf-Dieter Hauschild: Lehrbuch der Kirchen- und Dogmengeschichte, Band 2, Reformation und Neuzeit, Gütersloh 1999, Seite 881 ff.

[62] Vgl. Kapitel 14.

[63] Es war ausgerechnet ein Verlag der Bekennenden Kirche, der Münchner Chr. Kaiser Verlag, der 1936 die antijüdischen Hetzschriften Martin Luthers mit systemkonformen Kommentaren neu herausgab.

Die Bekennende Kirche war aus heutiger Sicht insgesamt wahrscheinlich ebenso ein Parteigänger der Nationalsozialisten wie die Deutschen Christen[64]. Auch die Bekennende Kirche spannte die Nationalsozialisten zur Durchsetzung ihrer Ziele ein; 1937 ließ sie sich z. B. ihr „Fest der Deutschen Evangelischen Kirchenmusik" vom NS-Regime mitfinanzieren, was nur möglich war, weil sie dem Regime gegenüber glaubhaft machen konnte, dass auch sie sich für die schnelle Verwirklichung einer „judenreinen evangelischen Kirchenmusik" eingesetzt hatte und weiter einsetzen würde. Häufig hat sich die Bekennende Kirche laut und deutlich gegen den Vorwurf der konkurrierenden Deutschen Christen gewehrt, ihr mangele es an Loyalität gegenüber den Nationalsozialisten: Sie habe schließlich oft genug mit Ergebenheitsadressen ihre grundsätzliche Staatstreue bekundet – bis hin zum (freiwilligen) Treue-(Dienst-)Eid ihrer Geistlichen[65].

Obwohl sich die Bekennende Kirche von der allgemeinen Kriegsbegeisterung kaum erfassen ließ[66], druckten Mitglieder der Bekennenden Kirche in ihrem Organ „Junge Kirche" die folgenden Erklärungen ab: „Kriegsgebet... Schütze und schirme die deutsche Kriegsmacht, rüste alle, die ihr angehören, aus mit tapferem Mut... Segne und behüte mit starkem Arm unseren Führer wider alle ihn umringenden Gefahren..."[67].

---

[64] Die Bekennende Kirche veröffentlichte in ihrem Organ, der Zeitschrift „Junge Kirche", z. B. die folgenden Verlautbarungen zum zweiten Jahrestag der Machtübernahme, die inhaltlich genauso gut von den Deutschen Christen hätte stammen können: „Die Bekenntnisgemeinschaft der Bekennenden Kirche in der Deutschen Evangelischen Kirche hat an ihre Anhänger die Aufforderung gerichtet, aus Anlass des zweiten Jahrestages der Machtübernahme durch den Führer und Reichskanzler am 30. Januar im Gottesdienst des vorhergehenden Sonntags in Fürbitten des Führers zu gedenken. In ihm soll der Dank für alles, was Gott dem Führer in diesen zwei Jahren zum Wohl unseres Volkes hat gelingen lassen, und die Bitte um weiteres Gelingen unter dem Segen Gottes zum Ausdruck gebracht werden". Vgl. „Junge Kirche", 3. Jahrgang 1935, Seite 133. Und u. a. zum Geburtstag des Führers 1937: „Es wird keine evangelische Gemeinde und kein evangelisches Haus geben, in dem nicht am 20. April in Fürbitte des Führers und Reichskanzlers gedacht worden ist. Die evangelischen Christen haben Gott, den Herrn, gebeten, das Werk des Führers mit seinem Segen zu lenken...". Vgl. „Junge Kirche", 5. Jahrgang 1937, Seite 354. Es sei angemerkt, dass den Christen durch das Neue Testament (1. Brief des Paulus an Timotheus) aufgetragen wird, Fürbitten zu tun u. a. „...für alle Obrigkeit, damit wir ein ruhiges und stilles Leben führen können...". Die Pflicht zur Fürbitte gilt auch gegenüber einer gottlosen Regierung, jedoch kann der Inhalt der Fürbitte frei gewählt werden.

[65] Kirchengesetz über den Diensteid der Geistlichen und Beamten vom 9. August 1934, § 1: Die Geistlichen haben folgenden Diensteid zu leisten: „Ich, N.N., schwöre einen Eid zu Gott dem Allwissenden und Heiligen, daß ich als ein berufener Diener im Amt der Verkündigung sowohl in meinem gegenwärtigen wie in jedem anderen geistlichen Amte, so wie es einem Diener des Evangeliums in der Deutschen Evangelischen Kirche geziemt, dem Führer des Deutschen Volkes und Staates Adolf Hitler treu und gehorsam zu sein und für das Deutsche Volk mit jedem Opfer und jedem Dienst, der einem deutschen evangelischen Manne gebührt, mich einsetzen werde; weiter, daß ich die mir anvertrauten Pflichten des geistlichen Amts gemäß den Ordnungen der Deutschen Evangelischen Kirche und den in diesen Ordnungen an mich ergehenden Weisungen gewissenhaft wahrnehmen werde; endlich, daß ich als rechter Verkündiger und Seelsorger allezeit der Gemeinde, in die ich gestellt werde, mit allen meinen Kräften in Treue und Liebe dienen werde. So wahr mir Gott helfe!" Die Bekennende Kirche fügte den Zusatz „...soweit es sich mit meinem Ordinationsgelübde verträgt" ein.

[66] Im September 1938 hatte die Bekennende Kirche wegen der Gefahr des Kriegsausbruchs ein „Bußgebet" an ihre Pfarrer verschickt, eine Vorlage mit Gebetsliturgie für einen Abendgottesdienst. Es sollte dafür gebetet werden, dass das Vaterland vor einem Krieg bewahrt würde. Allerdings kam es nirgendwo zu entsprechenden Gottesdiensten. Dennoch wurde die Führungsspitze der Bekennenden Kirche von den Nationalsozialisten mit Disziplinarmaßnahmen belegt und mundtot gemacht; Pfarrer der Bekennenden Kirche wurden als „Volksschädlinge" bereits Ende 1939 zum Kriegsdienst an der Front eingezogen. Als Institution war die Bekennende Kirche damit praktisch am Ende. Es äußerten sich lediglich noch mutige Einzelpersonen und freie Gruppen als kirchenoppositionelle Kräfte.

[67] Vgl. „Junge Kirche", 8. Jahrgang, 1940, Seite 45.

Weiter schrieben sie im Zusammenhang mit dem Angriff auf Frankreich: „Gebetsgemeinschaft... Wie du der Väter Opfermut und Treue bis in den Tod gesegnet hast, so segne jetzt die Erhebung unseres Volkes zum Schutze des deutschen Landes und zur Abwehr der Feinde, die sich wider uns verbunden haben. Habe Dank für allen Waffenerfolg, den du uns schon geschenkt hast; hilf uns weiter, du treuer Gott... Der ungeahnte, gewaltige Siegesmarsch... es ist die Stunde des Frontsoldaten... Die Nation verlangt den letzten Einsatz aller für den Endsieg! Niemand darf in dieser Stunde beiseite stehen"[68]. Nach dem Sieg über Frankreich war zu lesen: „...ist ein Ruhmesblatt, welches das deutsche Volk wirklich mit Stolz in das Buch der Geschichte einheften kann... Das deutsche Volk beugt sich in dieser Stunde in tiefer Dankbarkeit und Demut vor Gott..."[69]. Im gleichen Sinn gab es auch Kriegspredigten in den Gottesdiensten; sie sollten vor allem – aber eben nicht nur – Glaubensstärke und Trost vermitteln.

Als im November 1938 in Deutschland die Synagogen brannten, jüdische Mitbürger misshandelt und ihr Besitz am hellen Tage geplündert wurde, die makabren Absichten des NS-Staates also endgültig erkennbar waren, unterblieb eine offizielle Stellungnahme der Bekennenden Kirche zu diesen November-Pogromen, zu den von den Nationalsozialisten organisierten Zerstörungen von Leben und Eigentum der Juden im gesamten Deutschen Reich mit 400 Toten, besser bekannt als „Reichskristallnacht". Worte des Protestes der Kirche oder Widerstand gegen diese und andere Untaten unterblieben nach den Denkschriften von 1934 und 1936 bis auf Einzelvoten im großen und ganzen[70] (auch, weil die offizielle Kirchenleitung von den Nationalsozialisten weitestgehend mundtot gemacht wurde) – wie im Übrigen auch die Bevölkerung insgesamt wenig Zivilcourage aufbrachte; die christliche Solidarität mit dem verfolgten Judentum war allemal außerhalb der Kirche so gut wie ausgeblieben[71].

Lediglich einzelne Persönlichkeiten der Kirche, z. B. Barth, Elisabeth Schmitz, Gollwitzer, Bonhoeffer, Bodelschwingh oder Niemöller wagten überhaupt öffentlichen Protest[72]. Sie konnten aber das Versagen der großen Mehrheit nicht wettmachen. Aktiven Widerstand gegen den Nationalsozialismus leisteten sogar nur ganz wenige, er beruhte auf Aktionen einzelner – wie etwa von Heinrich Grüber oder Dietrich Bonhoeffer, der dafür noch kurz vor Kriegsende im April 1945 hingerichtet wurde. Sie aber waren nicht repräsentativ für die Gesamtheit der Mitglieder der Bekennenden Kirche. Alles, was im Hinblick auf die Rettung von Juden positiv beigetragen wurde, verschwindet in

---

[68] Vgl. „Junge Kirche", a.a.O., Seite 278.

[69] Vgl. „Junge Kirche", a.a.O., Seite 341.

[70] Vgl. Wolf-Dieter Hauschild: Lehrbuch der Kirchen- und Dogmengeschichte, Band 2, Reformation und Neuzeit, Gütersloh 1999, Seite 894.

[71] Vgl. Hellmut Traub: „Warum hat keiner laut geschrieen?" Vortrag vom November 1988, gehalten in Stuttgart aus Anlass des 50. Jahrestags der Pogromnacht am 9. November 1988. In: Glaube und Lernen – Zeitschrift für theologische Urteilsbildung, 5. Jahrgang, Heft 1/1990, Seiten 20-37. Traub kommt zu dem Ergebnis, es sei sehr wohl „geschrien" worden, „aber nicht mit den heutigen Möglichkeiten". Er gibt Beispiele, wie einzelne sehr wohl in „finsteren Zeiten" Widerstand geleistet hätten. Widerstand in größerem Maße sei – so Traub – nicht aus Feigheit unterlassen worden, sondern wegen des „Unvermögens vor der großen Aufgabe, die viel zu schwer war".

[72] Öffentliche Reaktionen der Bekennenden Kirche auf die staatliche Diskriminierung und Verfolgung der Juden im Nazi-Deutschland waren die Ausnahmen – so z. B. Dietrich Bonhoeffers Essay „Die Kirche vor der Judenfrage" oder die Denkschrift von Elisabeth Schmitz „Zur Lage der deutschen Nichtarier" oder Helmut Gollwitzers Bußtagspredigt von 1938 oder Karl Barths Kampfschrift „Theologische Existenz heute!" Vgl. Andreas Pangritz: Nun ist Bußtag – und die Kirche soll schweigen. In: Elisabeth Schmitz und ihre Denkschrift gegen die Judenverfolgung. Konturen einer vergessenen Biografie (1893-1977). Hrsg. Manfred Gailus, Berlin 2008, Seite 163.

der historischen Wertung hinter dem fast totalen Schweigen[73]. Die öffentlich vollzogene Ausstoßung der Juden aus der Gesellschaft fand keinen nennenswerten Widerspruch oder Widerstand der Kirchen, eben auch nicht der Bekennenden Kirche. Außer der Denkschrift von 1936 gab es keine bekenntniskirchliche Verurteilung des nationalsozialistischen Antisemitismus (während die Kirchenleitungen der Deutschen Christen den Antisemitismus „gleichsam lehramtlich sanktioniert hatten")[74]. Das fast völlige Versagen u. a. der Kirchen angesichts der Verbrechen an den Juden kam einer Kapitulation vor dem NS-Staat gleich. Nicht einmal den theologisch motivierten Widerstand Bonhoeffers wollte die Bekennende Kirche nachvollziehen; auf ihren Fürbittelisten für inhaftierte Pfarrer tauchte sein Name niemals auf[75].

In der Bekennenden Kirche befanden sich Personen mit extremen Positionen, die Hitler und die Nazis nur noch als Verkörperung des Bösen sahen oder die als nazifreundliche Vertreter dem Regime in jeder gewünschten Form dienten. „Am Ende des Spektrums befanden sich Männer wie Dietrich Bonhoeffer, der Hitler buchstäblich bis auf den Tod bekämpfte und von den Nationalsozialisten ermordet wurde, und an dem anderen Männer wie Otmar Freiherr von Verschuer, ein Spezialist für Erbbiologie in Berlin, der seinen Assistenten Dr. Josef Mengele beauftragte, ihn mit heterochromen Augäpfeln jüdischer Häftlinge aus Auschwitz zu versorgen".[76] Man hat den Kirchen nach 1945 den Vorwurf gemacht, dass sie damals gegen die Verletzung des Kirchenrechts tapfer protestiert hatten, aber die Verletzung der Bürger- und Menschenrechte ohne anhaltenden Protest geschehen ließen; die gewaltige Dimension der Morde an europäischen Juden war den Kirchenleitungen allmählich bekannt geworden[77].

Erst viel später wird der Berliner Pfarrer Martin Niemöller[78] als einer von wenigen mit seinem individuellen Schuldbekenntnis wegen unterlassenem Widerstand in beein-

---

[73] Vgl. Wolf-Dieter Hauschild: Lehrbuch der Kirchen- und Dogmengeschichte, Band 2, Reformation und Neuzeit, Gütersloh 1999, Seite 907.

[74] Vgl. Wolf-Dieter Hauschild: Lehrbuch der Kirchen- und Dogmengeschichte, a.a.O., Seiten 905 - 907.

[75] Widerstand war oft genug nach dem Krieg auch außerhalb des kirchlichen Bereichs ein „Unthema"; zu viele Überlebende waren mit der politischen Vergangenheit verstrickt, befürchteten, zur Verantwortung gezogen zu werden oder schämten sich ganz einfach. So blieben die Widerständler für lange Zeit für die einen Verräter, für die anderen störende Mahner. Zu dieser Haltung passt, dass die Hinterbliebenen der hingerichteten Widerständler erst nach 1950 Renten erhielten. Vgl. Vollmer, Antje: Doppelleben: Heinrich und Gottliebe von Lehndorff im Widerstand gegen Hitler und Ribbentrop. Frankfurt 2010.

[76] Vgl. Michael H. Kater: Die missbrauchte Muse. Musiker im Dritten Reich. München-Zürich 2000, Seite 307.

[77] Einige wenige Angehörige der Bekennenden Kirche waren auch Mitglied der SS. Vgl. Hans Friedrich Lenz: „Sagen Sie, Herr Pfarrer, wie kommen Sie zur SS? Bericht eines Pfarrers der Bekennenden Kirche über seine Erlebnisse im Kirchenkampf und als SS-Oberscharführer im Konzentrationslager Hersbruck", Gießen 1983 (im Konzentrationslager Hersbruck bei Flossenbürg wurde Bonhoeffer noch 1945 ermordet) sowie Hans Prolingheuer: Kleine politische Kirchengeschichte, Köln 1984.

[78] Neuerdings fällt sogar ein Schatten auch auf Martin Niemöller (vgl. Manfred Gailus: Vom „gottgläubigen" Kirchenkämpfer Rosenbergs zum „christgläubigen" Pfarrer Niemöllers: Matthes Zieglers wunderbare Wandlungen im 20. Jahrhundert". In: „Zeitschrift für Geschichtswissenschaften", 54. Jahrgang, Heft 11, 2006, Seite 937-973). In seinem Beitrag beschreibt Gailus, wie Niemöller, einer der führenden Köpfe der evangelischen Opposition gegen Hitler, den rechtskräftig verurteilten Naziverbrecher und NS-Ideologen Matthes Ziegler 1949 im Alleingang zum Pfarrer gemacht hat. Niemöllers Motive liegen im Dunklen, möglicherweise aber war er Ziegler einen Gefallen schuldig, als Niemöller 1938 vor Gericht stand und Ziegler aussagte, die Vorwürfe gegen Niemöller beruhten auf einem Missverständnis. Niemöller galt als „Hitlers persönlicher Gefangener" mit Exklusivbehandlung und stand dem Führer politisch sehr viel näher als bislang angenommen (die Hintergründe von Hitlers persönlichen Animositäten gegenüber Niemöller werden ausführlich beschrieben bei Klaus Scholder: Die Kirchen und das Dritte Reich, Band 2. Das Jahr der Ernüchterung 1934. Barmen und Rom, Loccum-Tübingen-Heidelberg, Seite 59 ff.). Seit

druckender Weise das Versagen der Kirchen eingestehen: „Als die Nazis die Kommunisten holten, habe ich geschwiegen, ich war ja kein Kommunist. Als sie die Sozialdemokraten einsperrten, habe ich geschwiegen, ich war ja kein Sozialdemokrat. Als sie die Gewerkschafter holten, habe ich geschwiegen, ich war ja kein Gewerkschafter. Als sie mich holten, gab es keinen mehr, der protestieren konnte“[79].

Die evangelische Kirche hat sich nach dem Krieg trotz eindeutiger Nähe zum nationalsozialistischen Regime oft genug bemüht, den Erfolg der Bekennenden Kirche bei der Verdrängung der Deutschen Christen als Beweis für die Existenz einer generellen Widerstandsorganisation gegenüber den Nationalsozialisten und zur eigenen Imagebildung einzusetzen. Ob die Rolle der Bekennenden Kirche im Dritten Reich aber wirklich als politische Oppositionshaltung, gar als Widerstand gegen den Staat gewertet werden kann, ist äußerst strittig und je nach Wohlwollen ihr gegenüber auslegungsfähig[80]. Auch ein „Widerstand durch Mitwirkung“ ist nur schwer erklärbar.

Sie schien der politischen Entwicklung damals nicht gewachsen, geriet nachhaltig in die Defensive, war weniger für andere da, für sich auf Bestandssicherung bedacht und kämpfte vorwiegend um ihre Selbsterhaltung als Kirche. Wenn sie später behauptete, man habe sich damals gemäß protestantischer Tradition nach dem lutherischen Verständnis von der „Zwei-Reiche-Lehre“ innerkirchlich vorschriftsmäßig verhalten und war darum dem Regime gegenüber grundsätzlich gehorsam, wollte also auch gar keinen generellen Widerstand leisten, so war diese Einstellung in der damaligen nationalsozialistischen Ausnahmesituation verständlich, aber zu bequem. Im Bereich des Glaubens und der Kirche müssen für Institutionen mit einem moralisch-ethischen Erscheinungsbild besonders strenge, vertrauensvolle Maßstäbe und hohe Erwartungen an Wahrhaftigkeit und Moral gelten. Die Kirche beansprucht schließlich die mora-

---

1924 hatte Niemöller nach eigenem Bekunden die Nazi-Partei gewählt, 1933 Hitlers Reichskanzlerschaft noch ausdrücklich begrüßt, ehe er kirchenintern opponierte. Gailus nennt aber auch ein Beispiel für eine „Kontrast-Biographie“ innerhalb der Bekennenden Kirche, und zwar die der Historikerin und Studienrätin Elisabeth Schmitz (1893–1977), die schon im April 1933 ein kirchliches Engagement für die bedrängten Juden und ein öffentliches Eintreten gegen Antisemitismus forderte und schwere Vorwürfe wegen der Ergebenheitsadressen der evangelischen Kirche gegenüber der Hitler-Regierung erhob. 1935/36 veröffentlichte sie ihre ablehnende Haltung gegenüber dem NS-Staat in einer ausführlichen Denkschrift zur „Lage der deutschen Nichtarier“. Vgl. Manfred Gailus (Hrsg.): Elisabeth Schmitz und ihre Denkschrift gegen die Judenverfolgung. Konturen einer vergessenen Biografie (1893-1977), Berlin 2008, Seite 191 ff. In ihr beschreibt sie die Not der verfolgten Juden und richtete eine scharfe Anklage gegen das Schweigen der Kirche, insbesondere der Bekennenden Kirche. Ihre Äußerungen hoben sich deutlich von anderen Verlautbarungen innerhalb des deutschen Protestantismus ab; ihre Gedanken und ihre Denkschrift wurden aber nicht nur innerhalb der Vorkriegskirche kaum rezipiert, sondern auch die Nachkriegskirche hatte sie wie andere kirchenkritische Personen bewusst vergessen, zumindest marginalisiert und ihr die gebührende Anerkennung zu Lebzeiten verweigert (vgl. Manfred Gailus: Mir aber zerriss es das Herz. Der stille Widerstand der Elsabeth Schmitz, Göttingen 2010). Im Oktober 2011 wurde in Berlin-Lankwitz eine Gedenktafel zu Ehren von Elisabeth Schmitz enthüllt. Gailus fragt zu Recht, um wie viel weniger die Nachkriegskirchenleitung „moralisch geschrumpft“ und in ihrer Bedeutung kleiner geworden wäre, wenn sie Personen, die sich im Kirchenkampf mutig ausgezeichnet hatten, in ihre Reihen zurückgerufen hätte!

[79] Noch poetischer hat es Bertholt Brecht 1940 in seinem Theaterstück „Der gute Mensch von Sezuan“ ausgedrückt: „Oh, ihr Unglücklichen! Eurem Bruder wird Gewalt angetan, und ihr kneift die Augen zu! Der Getroffene schreit laut auf, und ihr schweigt? Der Gewalttätige geht heim und wählt seine Opfer. Und ihr sagt: uns verschont er, denn wir zeigen kein Missfallen. Was ist das für eine Stadt, was seid ihr für Menschen! Wenn in einer Stadt ein Unrecht geschieht, muss ein Aufruhr sein. Und wo kein Aufruhr ist, da ist es besser, dass die Stadt untergeht. Durch ein Feuer, bevor es Nacht wird!“

[80] Es darf auch in diesem Zusammenhang nicht verschwiegen werden, dass große Teile der evangelischen Kirche an der schnellen Verwirklichung einer „judenreinen evangelischen Kirchenmusik“ nicht nur interessiert, sondern auch aktiv beteiligt waren.

lische Herrschaft über die Seelen; insoweit muss sie sich, die sich freiwillig den Vollkommenheitsansprüchen des Christentums unterworfen hat, auch selbst an allerhöchsten moralischen Ansprüchen messen lassen. Vertrauen ist eine zentrale Kategorie der Kirche.

Unter Widerstand im Dritten Reich versteht man eher nicht – nicht nur nach einem späteren Urteil, das sich im Rahmen demokratischer Spielregeln gebildet hat – eine kircheninterne oder nur fallweise agierende Opposition gegen die grundsätzliche Politik der Nationalsozialisten. Einzelne Beweise für Standhaftigkeit und Widerstand in der Bekennenden Kirche sind ebenso vorhanden wie Schuld und Versagen. Viel überzeugender scheint in diesem Zusammenhang beispielsweise die Haltung der Zeugen Jehovas, die vorwiegend durch ihre Verweigerung des Wehrdienstes im permanenten Widerstand gegen die Nationalsozialisten standen – was noch heute weitgehend übersehen wird. Allerdings ist der Kirchenkampf für Nicht-Theologen aus heutiger Sicht – wenn er überhaupt wahrgenommen wurde – ohnehin nur eine Marginalie im Chaos des Dritten Reichs. Die meisten interpretieren ihn in völliger Unkenntnis wohlwollend als Widerstandskampf der Protestanten gegen das nationalsozialistische Regime.

Immerhin war bei aller Kritik im Verlauf des „Dritten Reichs" ein Wandel in der Gesinnung der Kirchen zu erkennen, eine zunehmende kritische Distanz zum Regime, oft genug verdeckt von einer gleichzeitigen kritiklosen Zurückhaltung gegenüber den Nationalsozialisten. Mit diesem auf Entspannung zielenden Auftreten wollten sie – allerdings erfolglos – eine Mäßigung der Nationalsozialisten gegenüber den Kirchen eintauschen. Damit vermied die Kirche, ihre Gläubigen in einen Gewissenskonflikt zwischen politischer und kirchlicher Loyalität zu treiben.

Die Bekennende Kirche konnte den Alliierten Kontrollrat z. B. anhand von Passagen aus dem Barmer Bekenntnis und aus der Denkschrift von 1936 davon überzeugen, dass man als „kirchliche Widerstandsorganisation" („aktive antifaschistische Widerstandsbewegung") dem aktiven Widerstand im Dritten Reich zugerechnet werden müsse (Pfarrer und Mitglieder der Deutschen Christen, die sich zu keinem Zeitpunkt und in keiner Weise gegen die Willkürakte des Nazi-Regimes ausgesprochen hatten, schienen dagegen nach 1945 spur- und wortlos verschwunden zu sein – sehr zum Erstaunen der alliierten Besatzungsoffiziere, die sich auch mit dieser nationalsozialistischen Kirchenpartei intensiv auseinandersetzen wollten). Daraufhin hatte die Militärregierung durch den Kassationshof im Bayerischen Staatsministerium für Sonderaufgaben der evangelischen Kirche im Oktober 1946 im Rahmen selbst bestimmter kirchlicher Spruchkammern eine „Selbstreinigung" in Form der internen Entnazifizierung gestattet[81]. Da in den Spruchkammern häufig ehemalige NSDAP-Mitglieder saßen, führte dies in den Nachkriegsjahren zu einer eigentlich ungewollten breiten Rehabilitationswelle von Mitläufern und ehemaligen Nationalsozialisten unter den (auch Deut-

---

[81] Aufgrund des Amnestiegesetzes vom 31.Dezember 1949, das dem Grundsatz der Entnazifizierung widersprach und die politische Befriedung über den Machtfrieden stellt, blieb später ein Großteil der während des „Dritten Reichs" begangenen Verbrechen ungesühnt (vgl. auch Ferdinand von Schirach: „Können Sie schießen, Herr von Schirach?". In: Bilder und Zeiten. Frankfurter Allgemeine Zeitung Nr. 205 vom 3. September 2011, Seite Z 6). 1968 verjährten dann sogar Mordtaten, als das scheinbar harmlose „Einführungsgesetz zum Ordnungswidrigkeitengesetz EGOWiG" erlassen wurde. Dieses Gesetz schien derart unwichtig, dass man es im Bundestag nicht einmal diskutierte. Es führte u. a. zu einer Änderung des § 50 StGB und wirkte dadurch wie eine Amnestie (vgl. auch Ferdinand von Schirach: Der Fall Collini, München-Zürich 2011, Seiten 181 ff. und 194 ff.).

schen) Christen, was dafür sorgte, dass nach dem Krieg die Rolle der Evangelischen Kirche im Dritten Reich erst spät aufgearbeitet wurde.

Nach Kriegsende waren die vormaligen Mitglieder der Bekennenden Kirche über die von manchen so dargestellte Widerstandrolle im Rahmen der Vergangenheitsbewältigung eher geteilter Meinung[82]: Das Stuttgarter Schuldbekenntnis vom Oktober 1945 war nach dem Zweiten Weltkrieg die erste Erklärung der neu gebildeten Evangelischen Kirche in Deutschland EKD, die mit der sich damals bildenden Widerstandsideologie aufräumte und eine Mitschuld evangelischer Christen an den Verbrechen des „Dritten Reichs“ bekannte (ohne sich explizit zu den Verbrechen an den Juden zu äußern). „Wohl haben wir lange Jahre hindurch im Namen Jesu Christi gegen den Geist gekämpft, der im nationalsozialistischen Gewaltregiment seinen furchtbaren Ausdruck gefunden hat; wir klagen uns an, dass wir nicht mutiger bekannt, nicht treuer gebetet, nicht fröhlicher geglaubt und nicht brennender geliebt haben ...“. Das Stuttgarter Schuldbekenntnis löste heftige Kontroversen und z. T. Empörung in der evangelischen Kirche und in der deutschen Bevölkerung aus: Zum einen relativiere das deutliche Bekenntnis zur Mitschuld den Wert der Erklärung der Bekenntnissynode von Barmen im Rahmen der Entnazifizierungsverfahren, zum anderen befürchtete man, ein öffentliches Schuldbekenntnis liefere den Besatzungsmächten zusätzliche Argumente für härtere Vergeltungsmaßnahmen.

Noch deutlicher als die Stuttgarter Erklärung legte das „Darmstädter Wort zum politischen Weg unseres Volkes“, ein evangelisches Bekenntnis zur Mitverantwortung der deutschen evangelischen Kirche für den Nationalsozialismus vom August 1947, den Finger auf die Wunde. Das Darmstädter Wort benannte konkrete Irrwege der Christen vor und während des Nationalsozialismus („Wir sind in die Irre gegangen... Dadurch haben wir dem schrankenlosen Gebrauch der politischen Macht den Weg bereitet...“). Innerhalb der evangelischen Kirche gab es mithin gewichtige Stimmen, die nicht nur nichts von der „Widerstandslegende“ wissen wollten, sondern im „Darmstädter Wort“ u. a. bekannten, den Nationalsozialisten sogar den Weg bereitet und ihre eigene kirchliche Berufung verleugnet zu haben. Inwieweit frühere Deutsche Christen sich das Darmstädter Wort zu Eigen gemacht haben, war in der Literatur nicht zu erkennen; erkennbar ist allerdings, dass auch diese Erklärung – eher Mitschuld als Widerstand – innerhalb der evangelischen Kirche keinesfalls nur positiv aufgenommen wurde[83]. Diese zurückhaltende Gesinnung war nach dem Krieg durchaus verbreitet, wurden doch in der Bundesrepublik Deutschland noch bis weit in die fünfziger Jahre hinein sogar Männer und Frauen des Widerstands als „Verräterclique“ gemieden, denunziert und diffamiert.

---

[82] Vgl. auch Manfred Gailus und Wolfgang Krogel (Hrsg.): Von der babylonischen Gefangenschaft der Kirche im Nationalen. Regionalstudien zu Protestantismus, Nationalsozialismus und Nachkriegsgeschichte 1930 bis 2000. Berlin 2006.

[83] 1949 gab der Bruderrat der Evangelischen Kirche Deutschlands ein „Märtyrerbuch“ heraus, das die ermordeten und in den Konzentrationslagern gestorbenen Mitglieder der Bekennenden Kirche aufführt. In der Einleitung wird darauf hingewiesen, dass nur solche erwähnt werden, „...die ihr Leiden nicht darum auf sich genommen haben, weil sie mit der Politik des Dritten Reiches nicht einverstanden waren..., sondern nur..., weil sie das Bekenntnis der Kirche angegriffen sahen und es... um der Treue zu Christus willen zu wahren hatten“. Dieses (entpolitisierte) Märtyrerbuch sparte einige der als politische Widerständler des 20. Juli 1944 und Kriegsdienstverweigerer hingerichteten Mitglieder der Bekennenden Kirche aus. Deren Namen veröffentlichte Wilhelm Oehme, Pfarrer in der DDR, erst 1980.

6 Die kirchenpolitische Position der Parochialgemeinde nach 1933

Was überregional zwischen den sich streitenden konfessionellen Gruppen stattfand, machte auch innerhalb der einzelnen Kirchengemeinden nicht halt. Zum Beispiel war ein Viertel der Gemeinden im Großraum Berlin deutschchristlich beherrscht und auch in den meisten der so genannten „gespaltenen" Gemeinden, die mehr als die Hälfte aller Berliner Gemeinden ausmachten, bestimmten deutschchristliche Kräfte lange Zeit das Feld[1]. Zwar gab es in Berlin während des Kirchenkampfs einige gemäßigte, so genannte „stille" protestantische Gemeinden ohne gravierende zerstörerische Auseinandersetzungen, die politisch deutlich hinter den nazifizierten Gemeinden zurückblieben[2]. Ihre Zahl soll nur 16 von 147 betragen haben[3]. Als „stille" Gemeinde wird häufig auch die Dom-Gemeinde bezeichnet, die große Schwestergemeinde der Parochialkirche. Allerdings werden bei ihrer angeblichen Distanznahme gegenüber den Deutschen Christen und dem NS-Staat die vielfachen Formen und Gelegenheiten der Bereitstellung dieser Repräsentationskirche für ausladende deutschchristliche Dank- und Festgottesdienste übersehen, z. B. die wiederholten Predigten des Reichsbischofs Ludwig Müller[4].

„Gespaltene" Gemeinden mit besonders heftigen kircheninternen Auseinandersetzungen im Rahmen des Kirchenkampfs waren in Berlin z. B. die Kaiser-Wilhelm-Gedächtnisgemeinde oder die Immanuel-Gemeinde. Ein besonders unrühmliches Beispiel lieferte die Apostel-Paulus-Kirche in Schöneberg am 1. Advent 1934: Während des Gottesdienstes lieferten sich die Pfarrer der Deutschen Christen und der Bekennenden Kirche heftige Wortgefechte[5] – der eine Pfarrer von der Kanzel aus, der andere am Altar, ein anderer lautstark inmitten der Gemeindemitglieder, wobei der

---

[1] Vgl. Manfred Gailus: Protestantismus und Nationalsozialismus. Studien zur nationalsozialistischen Durchdringung des protestantischen Sozialmilieus in Berlin. Köln 2001, Seite 642.

[2] Die Terminologie wurde von Manfred Gailus übernommen: Vgl. Protestantismus und Nationalsozialismus, a.a.O., Seite 124 ff: Im Gegensatz zur „gespaltenen" Gemeinde (mit mehr oder minder scharfer Polarisierung zwischen Deutschen Christen und Bekennender Kirche) haben es „resistente" Gemeinden verstanden, sich erfolgreich einem deutschchristlichen Herrschaftsanspruch auf die Parochie zu widersetzen. „Nazifizierte" Gemeinden waren nach Gailus Kirchengemeinden, die nach 1933 durch eindeutige Vorherrschaft der Deutschen Christen bestimmt wurden; die Bekennende Kirche trat – wenn sie überhaupt vorhanden war – dort überhaupt nicht in Erscheinung. „Angepasste" Gemeinden waren durch die Bereitschaft zur freiwilligen Gleichschaltung charakterisiert, mit denen sich die Bekennende Kirche den Deutschen Christen oder dem Staat andienten. Diese charakterisierenden Beschreibungen betrafen im wesentlichen Kirchengemeinden in dem Zeitraum von 1933 bis ca.1936. Danach verloren die mit dem Kirchenkampf verbundenen innerkirchlichen Auseinandersetzungen stark an Bedeutung. Auf Ausgleich zielende Kirchenauschüsse wurden vom Regime 1935 eingesetzt, die von der Reichsebene bis hinunter zu den Gemeindeebenen wieder für „geordnete Zustände" in den Landeskirchen sorgen sollten (vgl. Kapitel 5). Gailus beziffert im Übrigen die Zahl der „gespaltenen" Gemeinden Berlins auf 68 von 131 Gemeinden (52 %), die in Berlin also klar dominierten, 8 als resistent (6 %), 34 als nazifiziert (26 %) und 21 als angepasst (16 %). Weitere 16 der insgesamt 147 Berliner evangelischen Kirchengemeinden nennt Gailus „still und unspektakulär", weil sie wegen mangelnder Polarisierung kaum Schlagzeilen lieferten und über sie sich auch kein hinreichend scharfes Bild zeichnen lässt.

[3] Vgl. Manfred Gailus: Protestantismus und Nationalsozialismus, a.a.O., Seite 224.

[4] Vgl. Manfred Gailus: Protestantismus und Nationalsozialismus, a.a.O., Seite 226.

[5] Vgl. Eitel-Friedrich von Rabenau: Gemeinde im Werden. Geschichte der Apostel-Paulus-Gemeinde, Berlin 1954, Seite 53 ff. Ein weiteres drastisches Beispiel für den innerkirchlichen Kirchenkampf in einer anderen Stadt, das vermutlich für viele andere Kirchen in den unterschiedlichsten Gemeinden steht, wird in den „Studien zur Frankfurter Geschichte", Band 32, geschildert (Hrsg. Werner Becher und Roman Fischer): „Die Alte Nikolaikirche am Römerberg". Studien zur Stadt- und Kirchengeschichte., Frankfurt 1992, Seite 223 ff.

Organist, ein Deutscher Christ, fallweise mit vollem Orgelwerk akustisch eingriff, wenn der als „Judensöldling" beleidigte Pfarrer der Bekennenden Kirche sprach und die Gemeinde laut sang, sobald sich der deutschchristliche Pfarrer äußerte[6].

Auch unter den Pfarrern mit Zugehörigkeit zu den Deutschen Christen gab es einige wenige „stille" Parteigenossen, die kirchlich nicht sonderlich „deutschchristlich" hervortraten und politisch und ideologisch im kirchlichen Raum eher Zurückhaltung übten. Zu diesen eher gemäßigten gehörte auch Pfarrer Kitscha von der Parochialkirche[7]. Zwar wurde man ein Mitglied der Glaubensgemeinschaft Deutsche Christen aufgrund seiner Weltanschauung und Gesinnung, jedoch eröffnete eine (frühe) Mitgliedschaft in der deutschchristlichen Reichsbewegung - und parallel möglichst noch eine Parteimitgliedschaft – auch rasche Pfarrerkarrieren besonders in der Reichshauptstadt, was ansonsten dort nur weniger zügig möglich war: Bis 1933 konnten Pfarrer erst nach mindestens acht Dienstjahren in der Provinz auf eine der begehrten Pfarrstellen in der Reichshauptstadt berufen werden. Überall dort, wo die Deutschen Christen dominierten, zählten jetzt aber Dienstalter, Berufserfahrung, persönliche Reife und Amtswürdigkeit weniger, sondern insbesondere Jugendlichkeit, aktivistischer Handlungselan eines angeblichen „Tatchristentums" sowie ein deutschchristliches Bekenntnis – verbunden mit politischen Kriterien wie eine NSDAP-Parteimitgliedschaft[8]. Die Gunst dieser historischen Stunde verhalf auch Herbert Kitscha 1934 im Alter von nur 28 Jahren über Deutschchristentum und Parteikarriere als Jungpfarrer zu einer hauptstädtischen Pfarrstelle[9]. Sein vom üblichen Treueeid abweichendes Führergelöbnis bei seiner Amtseinführung ist eine eindeutige Ergebenheitsadresse im Sinne der Deutschen Christen: „Ich gelobe vor Gott und dieser Gemeinde: Ich will der mir anvertrauten Gemeinde mit der Kraft, die mir Gott schenkt, in Treue und Redlichkeit dienen – will ihr ein treuer Hirte sein – will das Evangelium nach dem Verständnis, das mir der Heilige Geist verleiht, lauter und rein predigen – den Deutschen in meiner Predigt aber ein Deutscher sein und bleiben. Ich will mit meinem Amt, meiner Kraft und meinem Gebet zugleich mithelfen, in Treue zum Führer das Reich zu bauen, auf daß unser Volk wieder frei, fromm und geachtet werde unter den Völkern der Erde. Das will ich tun!"[10].

Obwohl mit Herbert Kitscha ein Deutscher Christ und überzeugter Parteigänger als einziger Pfarrer tätig war, machte die Parochialkirche wegen ihres geringen innerkirchlichen Polarisierungspotentials kaum Schlagzeilen. Im Vergleich zu anderen „ge-

---

[6] Eine mutige Haltung gegenüber einem Mitarbeiter ist von der „gespaltenen" Martin-Luther-Gemeinde im judenfeindlichen Berlin überliefert: 1934 trat der Halbjude Evaristos Glassner seine Stelle als Organist und Chorleiter an, wie Wilhelm Bender ein Schüler Professor Heitmanns. Kurz vor Ende seiner Probezeit begann der NS-Staat Mitte 1935 eine Kampagne gegen Juden im Kulturleben. Glassner erhielt Kündigung und Berufsverbot von der Reichsmusikkammer („keine Eignung im Sinne der nationalsozialistischen Staatsführung"); der Gemeindekirchenrat (Vorsitzender war Pfarrer Kurt Saran, Mitglied der Deutschen Christen und persönlicher Freund des Reichsbischofs Müller!) zweifelte die Anwendung des „Arierparagraphen" auf die Kirche an, verlängerte die Probezeit Glassners und stellte ihn dann als Angestellten fest an. Als die Berufung Glassners zum Kirchengemeindebeamten anstand, gab es neuerliche Diskussionen mit dem Evangelischen Oberkirchenrat. Glassner zog es daraufhin vor, sich in Holland eine neue Existenz aufzubauen. Vgl. Dieter Jahn: „Solange ich hier bin". Evaristos Glassner und die evangelische Kirchenmusik im Dritten Reich. In: Musik und Kirche, Jahrgang 1989, Seiten 129-137.

[7] Vgl. Manfred Gailus: Protestantismus und Nationalsozialismus. Studie zur nationalsozialistischen Durchdringung des protestantischen Sozialmilieus in Berlin. Köln 2001, Seite 488.

[8] Vgl. Manfred Gailus: Protestantismus und Nationalsozialismus, a.a.O., Seite 385.

[9] Herbert Kitscha, geb. 1906 in Hohensalza/Posen, Ordination 1930, 1932 erste Pfarrstelle in Ueckermünde, 1934 Wechsel zur Parochialkirche, seit 1.5.1933 Mitglied der NSDAP.

[10] Vgl. Parochialglocken Nr. 11 vom Februar 1935, Seite 2.

spaltenen“ Gemeinden waren die politischen Auseinandersetzungen an der Parochialkirche relativ harmlos – insbesondere nach 1936, also während der Dienstzeit Wilhelm Benders. Als nationalprotestantische Bastion war die Parochialkirche kaum zu bezeichnen, obwohl es an Treuebekundungen Pfarrer Kitschas an das Regime bis in die Kriegszeit hinein nicht fehlte[11]. Man darf allerdings auch nicht übersehen, dass nach 1936 Bedeutung und Durchsetzungsfähigkeit der Deutschen Christen schon deutlich nachgelassen hatten und in der Parochialgemeinde den Deutschen Christen lediglich die Glaubensgruppe „Evangelium und Kirche“ gegenüberstand, die sich zwar als ein Teil der Bekennenden Kirche verstand, die insgesamt aber nicht derart oppositionell war wie die Bekennende Kirche selbst. Dennoch hat Pfarrer Kitscha in den Jahren von 1934 bis nach seiner Einberufung 1940 in die Wehrmacht Führer und Nationalsozialisten bewundert und den Krieg verherrlicht[12]. Erst sein Kriegsdienst hatte ihm allmählich die Augen geöffnet; jedenfalls fehlen ab Mitte 1941 seine flammend-verherrlichenden Aufrufe in den „Parochialglocken“.

An der Parochialkirche gab es zwischen den Beteiligten kaum divergierende Richtungsentscheidungen. Insgesamt herrschte erstaunlicher Weise eher ein stilles Einvernehmen. 1937 berichtete der Kirchenälteste Dr. Kunz an den Evangelischen Oberkirchenrat: „Die Parochialgemeinde ist vielleicht die einzige Berliner Gemeinde, in welcher seit 2 ½ Jahren sämtliche Körperschaftsbeschlüsse einstimmig von beiden Gruppen gefasst wurden. Im Personalcharakter der Gemeinde liegen Bindungen vor, die sich stärker erweisen als alle kirchenpolitischen Sondermeinungen und Tendenzen“[13]. Im gleichen Jahr schreibt Kitscha an seine Gemeinde: „Es kann festgestellt werden, dass, nachdem sich auch die kirchenpolitischen Gegensätze in unserer Gemeinde ausgeglichen haben, ein einheitlicher Wille all‘ die Männer und Frauen beseelt, die für den Aufbau eingesetzt wurden. Die Parochialgemeinde dürfte vielleicht die einzige, auf jeden Fall aber die erste Gemeinde sein, die klar erkannt hat, dass ohne den nationalen Umbruch im Jahre 1933 ein Weiterbestehen der Kirche nicht möglich gewesen wäre. Sie hat daher ihre gesamte Arbeit in den Gedanken und in den Dienst am Führer gestellt. Ein jeder einzelne Mitarbeiter ist stolz darauf, sich nicht

---

[11] Vgl. z. B. Parochialglocken Nr.1 von April/Mai 1941, Seite 3: „Der Weg Adolf Hitlers zum Führer des deutschen Volkes ist so einzigartig, dass es den Generationen, die nach uns kommen und in den Büchern der Geschichte blätternd sein Leben und sein Werk überschauen, als ein kaum fassbares Wunder erscheinen wird... Es gab eine Zeit, in der das deutsche Volk einst betend sprach: ‚Wir heben unsere Hände aus tiefster, bittrer Not. Herr Gott, den Führer sende, der unseren Kummer wende mit mächtigem Gebot! Erwecke uns den Helden, der stark in aller Not, sein Deutschland gläubig führet ins junge Morgenrot!‘ Gott hat die Bitte erhört... Unsere Herzen schlagen dem Führer des Großdeutschen Reiches an diesem Tage in besonderer Liebe und Verehrung entgegen... Wir geloben ihm unwandelbare Treue und unverbrüchlichen Gehorsam.“

[12] Vgl. „Der Christ im gerade begonnenen Krieg“. In: Parochialglocken Nr. 8 von November 1939, Seite 33: „Indem er als gehorsamer, geschworener Diener die Waffe ergreift, weiß er sein Gewissen geborgen in Gott, wird er ob der Erfüllung solcher herrlichen Gottesbefehle und -gebote freudig im Kämpfen und Sterben. Eine solche erlösende Kraft hat für ihn der reine selbstlose Gehorsam. Wer immer so in den Krieg zieht, soll wissen, dass Gott mit ihm ist, und dass, wenn er fallen sollte, er einen Tod stirbt, wie ihn sich kein Mensch schöner wünschen kann.“

[13] Vgl. Personalakte von Pfarrer Herbert Kitscha im Evangelischen Landeskirchlichen Archiv in Berlin ELAB, Bestand 7, Signatur 1550 („Parochial-Kirchengemeinde zu Berlin, 1923-1953“). In diesem Brief beschwert sich Kitscha im Übrigen auch, dass Gemeindemitgliedern bei Wohnungswechsel jetzt oft das Recht versagt würde, in der Parochialgemeinde verbleiben zu können; der Mitgliederfortbestand sei jedoch mehr als in anderen Gemeinden eine Existenzfrage für die Parochialgemeinde (vgl. dazu auch Kapitel 7, Fußnote 3).

nur als Christ, sondern auch als evangelischer Nationalsozialist bezeichnen zu dürfen."[14]

Dennoch blieb die Parochialkirche von den politischen Geschehnissen und gesellschaftlichen Umbrüchen nach 1933 nicht ganz unberührt. Große Teile der Parochialgemeinde hatten sich sehr früh nationalsozialistischem Gedankengut geöffnet. Die Parochialgemeinde selbst nannte sich bereits 1933 „Reformatorische Reichskirche". Die Glaubensbewegung „Deutsche Christen" stellte rasch die Mehrheit in den Gemeindekörperschaften, in der sich Deutsche Christen und die Gruppe „Evangelium und Kirche" gegenüber standen. 1933 gehörten dem Gemeindekirchenrat (auch als „Kirchenälteste" oder Presbyterium bekannt) dreizehn Vertreter der Deutschen Christen und fünf Vertreter der Fraktion von Evangelium und Kirche an. In der Gemeindevertretung[15] war das Verhältnis mit 12:12 dagegen ausgeglichen. Nur fallweise kam es zu Auseinandersetzungen und Spannungen in den Fraktionen, die wegen der Stimmenmehrheit im Gemeindekirchenrat in der Regel von den Deutschen Christen entschieden wurden.

Bis auf das im Folgenden beschriebene Ereignis ist über größere Eklats in den Parochialakten nichts Vergleichbares vermerkt worden[16]: Im September 1933 war Pfarrer Heldt während seines Urlaubs verstorben. Pfarrer Walter Schott, der erst seit wenigen Monaten an der Parochialkirche die zweite Pfarrstelle innehatte, rückte nun in die erste Pfarrstelle auf, die durch den Tod von Pfarrer Heldt vakant geworden war. Allerdings kündigte er kurz darauf für April 1934 seinen krankheitsbedingten Rücktritt an. Der Gemeindekirchenrat wollte bis dahin zumindest schon einmal die frei gewordene zweite Pfarrstelle besetzen[17]. Bereits im November 1933 wählte der Gemeindkirchenrat nach entsprechenden Ausschreibungen drei Kandidaten für Gastpredigten aus. Anschließend kam es zur Neuwahl, und zwar durch die Gemeinde selbst (die Wählerliste nennt 959 Personen), die das Vorrecht zur Pfarrerwahl seit 1703 besaß[18]. Der von den Deutschen Christen dominierte Gemeindekirchenrat empfahl den wahlberechtigten Gemeindemitgliedern mit 13:5 Stimmen die Wahl des Pfarrers Teichmann, Mitglied der Deutschen Christen. Gewählt wurde im Dezember 1933 aber wider Erwarten der Gegenkandidat Dr. Böhm, kein Parteimitglied und kein Deutscher Christ, mit der Mehrheit der Stimmen der Gemeindemitglieder[19]. Dr. Böhm erhielt 331 Stimmen, Teichmann 327 und der dritte Kandidat Schmidt nur 1 Stimme, 2 Stimmen waren ungültig[20].

Gegen diese Wahl legte die Fraktion der Deutschen Christen Protest ein, da die Wahl angeblich nicht ordnungsgemäß verlaufen sei. In den „Parochialglocken", den Mitteilungen aus der Parochialgemeinde, und in einer Mitteilung an das Konsistorium stell-

---

[14] Vgl. „Drei Jahre Aufbau". In: Parochialglocken Nr. 10 vom Januar 1937, Seite 66.

[15] Die Gemeindevertretung (damals auch Gemeindebeirat genannt) dient als beratendes Gremium aus Gemeindemitgliedern, die sich in bestimmten kirchlichen Arbeitsbereichen besonders engagieren.

[16] Erwähnenswert ist darüber hinaus eine tätliche Auseinandersetzung zwischen den Vertretern der Deutschen Christen und der Fraktion „Evangelium und Kirche" über die Verwendung einer Kollekte. Vgl. hierzu Fußnote 24.

[17] Zur Pfarrerwahl: „Auf Beschluß der Gemeindekörperschaften ist Herr Pfarrer Schott in die durch den Tod des Herrn Pfarrer Heldt freigewordene erste Pfarrstelle nachgerückt. Die zweite Pfarrstelle wird zum 1. Januar neu besetzt. Die vorbereitenden Schritte dazu sind eingeleitet." Vgl. Parochialglocken Nr. 7 vom Oktober 1933, Titelblatt.

[18] Vgl. Kapitel 4, Fußnote 14.

[19] Vgl. Evangelisches Landeskirchliches Archiv in Berlin ELAB, Bestand 7, Signatur 1550.

[20] Vgl. Parochialglocken, Nr. 1 vom Januar 1934, Seite 1.

ten die Deutschen Christen den Wahlausgang als nicht dem wahren Willen der Gemeinde gemäß dar[21]: Im ursprünglichen Wahlstatus seien nach dem damaligen Verständnis nur alle „Hausväter der Gemeinde“ wahlberechtigt, es sah insoweit nicht vor, dass „das Pfarrer-Wahlrecht auf die Ehefrauen und die erwachsenen Angehörigen“ übertragen würde[22]. Diese „geradezu widersinnige und dem Sinn des alten Vorrechts hohnsprechende“ Entwicklung sollte nun „korrigiert“ werden. Der entsprechende Antrag wurde bei einer Enthaltung mit 12 gegen 3 Stimmen vom Gemeindekirchenrat angenommen, von der Gemeindevertretung mit 26:16 Stimmen. Das Konsistorium entsprach dem Einspruch, die Wahl wurde für ungültig erklärt. Damit waren nach dem Ausscheiden von Pfarrer Schott beide Pfarrstellen vakant geworden, eine pfarramtliche Vertretung durch die Pfarrer Wetzel und Kitscha auf Veranlassung des Konsistoriums eingerichtet. Das alleinige Vorrecht der Parochialgemeinde zur Pfarrerwahl war nun erloschen. Handstreichartig wurde der Weg zu einer, den Deutschen Christen genehmen Pfarrerwahl erreicht: Auf Antrag des Kirchenältesten Dr. Kunz wurde das Gemeindestatut von 1887, das den wahlberechtigten männlichen und weiblichen Gemeindemitgliedern im Alter ab 24 Jahren das Recht zur Pfarrerwahl bestätigte, jeweils mehrheitlich vom Gemeindekirchenrat und von der Parochial-Gemeindevertretung aufgehoben. Jetzt oblag die Pfarrerwahl alleine den gewählten Gemeindekörperschaften, nicht mehr der Gemeinde direkt – mit den bekannten Stimmenverhältnissen. Erstmals erfolgte die Pfarrerwahl nicht mehr durch die Gemeinde, sondern durch die Körperschaften der Parochialgemeinde.

Nachdem der zuvor gewählte Dr. Böhm eine abermalige Kandidatur aus persönlichen Gründen zurückgezogen hatte, wurde in der neuerlichen Pfarrerwahl im September 1934 der einzige Kandidat, der Pfarrvertreter Herbert Kitscha, einstimmig (bei einer Enthaltung), also auch mit Zustimmung der Gruppe „Evangelium und Kirche“, in die zweite Pfarrstelle gewählt[23] – um wieder Frieden in die Gemeinde zu bringen und um Kitscha die Ausübung der Amtsgeschäfte zu erleichtern, obwohl Kitscha Mitglied der Deutschen Christen sowie seit Mai 1933 Mitglied der NSDAP war und er an der Parochialkirche nun als einziger Pfarrer agierte, damit die Gruppe „Evangelium und Kirche“ durch keinen eigenen Pfarrer repräsentiert war[24]. 1933 war bis zu seiner Emeritierung

[21] Vgl. Parochialglocken Nr. 6 vom Juli 1934, Seite 3.

[22] Vgl. Kapitel 4, Fußnote 15.

[23] Kitscha wurde im Januar 1935 offiziell in sein Pfarramt eingeführt (vgl. Kapitel 8).

[24] Die Glaubensbewegung „Evangelium und Kirche“ an der Parochialkirche konnte später „inoffiziell“ den (von den Gemeindekörperschaften nicht gewählten) Pfarrer Schwebel aus der St. Nikolaikirche für sich gewinnen (der früher schon einmal an der Parochialkirche tätig war, 1923 aber als Diakon zur St. Nikolaikirche wechselte, weil ihn die Parochialkirche wegen ausbleibender Zuschüsse der Preußischen Bau- und Finanzdirektion nicht mehr bezahlen konnte). Als Mitglied der Bekennenden Kirche soll er angeblich zumindest vorübergehend keinen Anstellungsvertrag mit der Parochialkirche gehabt haben, sondern von Gemeindemitgliedern direkt unterstützt worden sein (vgl. Kapitel 5, Fußnote 39; da Schwebel aber Beamter auf Lebenszeit war, ist zu vermuten, dass er von Anfang an mit der Parochialkirche in einem Angestelltenverhältnis stand; er war zumindest während der ab 1940 kriegsbedingten Abwesenheit von Kitscha offiziell vom Konsistorium an die Parochialkirche verpflichtet worden). Schwebel konnte wegen der Streitigkeiten mit Kitscha manches Mal nur nachmittags einen eigenen Gottesdienst abhalten (bei einer solchen Gelegenheit soll es zwischen der Fraktion „Evangelium und Kirche“ und den Vertretern der Deutschen Christen zu tätlichen Auseinandersetzungen über die Verwendung der Kollekte aus einem Nachmittagsgottesdienst gekommen sein). In den verbliebenen Parochialakten sind entsprechende Hinweis nicht zu finden, allerdings ist bekannt, dass Wilhelm Bender an manchen Nachmittagen Gottesdienste der Mitglieder von „Evangelium und Kirche“ als Organist begleitet hat und er darum unter den Gemeindemitgliedern insgesamt wesentlich beliebter gewesen sein soll als Pfarrer Kitscha. Liest man die Predigten

kurzzeitig Pfarrer Schott in ihrem Sinne tätig gewesen. Jetzt machte man sich Hoffnung auf einen eigenen Kandidaten, nämlich auf den im Dezember 1933 bereits gewählten Dr. Böhm, der später wieder die erste Pfarrstelle besetzen sollte. Zu einer weiteren Pfarrerwahl ist es jedoch bis Kriegsende nicht mehr gekommen, Kitscha blieb der einzige Pfarrer an der Parochialkirche[25]. Auch die Erwartungen der Fraktion „Evangelium und Kirche", durch ihre Wahlzustimmung für Kitscha Wohlwollen für die anstehenden Nachwahlen eines Kirchenältesten und eines Gemeindevertreters aus ihren Reihen zu erlangen, wurden enttäuscht. Man wählte erneut die Kandidaten der Deutschen Christen. Es kam notwendigerweise zu Spannungen im Gemeindekirchenrat und in der Gemeinde; zumindest zeitweise vertieften sich die kirchenpolitischen Gegensätze. Die entstandene gegenseitige Abneigung führte allerdings nur vorübergehend zu getrennten Gottesdiensten im selben Gotteshaus.

Augenscheinlich bezogen sich die Spannungen innerhalb der Parochialgemeinde insgesamt eher auf reine Personalfragen. In maßgeblichen Veröffentlichungen zum Berliner Kirchenkampf finden sich keine Hinweise auf eine darüber hinaus gehende aktive und „gespaltene" Parochialgemeinde[26]. Auch über Pfarrer Kitscha wurde in den einschlägigen Veröffentlichungen wenig berichtet, was ebenfalls darauf hin deutet, dass die Deutschen Christen an der Parochialkirche nicht sonderlich aktiv waren.

Gegen politische Tendenzen von außen war die Parochialgemeinde - wie viele andere Gemeinden auch - nicht nur nicht resistent, sondern offen und aufnahmebereit. Es scheint, als wären sich die beiden Glaubensgruppierungen „Deutsche Christen" und „Evangelium und Kirche" in kirchlichen Sachfragen dabei durchaus einig gewesen. Die folgenden Beispiele mögen dies verdeutlichen: Bereits am 30. April 1933 wurde einvernehmlich ein „Rüstgottesdienst" zur Vorbereitung auf die Feiern am 1. Mai abgehalten. Zuvor fand zum 20. April zu Hitlers Geburtstag ein Dankgottesdienst statt, an dem während des Gottesdienstes am Altar SA-Abordnungen mit ihren Fahnen und ein Musikzug der NSDAP teilnahmen. Die Kirche war weit für die braunen Bataillone geöffnet worden, man verfolgte konsequent das Ziel, das Hakenkreuz auch in die Kirche zu bringen (Fest- und Dankgottesdienste prägten im Übrigen auch in vielen anderen Kirchen das „Schicksalsjahr 1933" als Erlösung des gedemütigten Deutschlands vom verhassten „Schanddiktat von Versailles"). In den folgenden Monaten und Jahren wiederholten sich in der Parochialkirche Gottesdienste dieser Art und Heldengedenkfeiern mit Kranzniederlegung an der Ehrentafel für die Gefallenen des Ersten Weltkriegs – allerdings weniger auffällig und spektakulär als Herbert Kitscha (obwohl Mitglied der NSDAP und der Deutschen Christen) Pfarrer an der Personalkirche wurde. Wie in anderen Kirchen standen in der Parochialkirche um den Altar Hakenkreuzfahnen als „Symbol der deutschen Hoffnung". Eine fallweise Tendenz, Gottesdienste durch die „Feier" zu verdrängen, war – nicht nur in der Parochialkirche – auch später noch häufig zu erkennen. Die NSDAP wollte eine Feierform finden, die die Kirchgänger zur Partei hinführen würde, um dann auf das zu verzichten, was ihnen bislang die

---

von Pfarrer Schwebel, so fällt auf, dass sie sich deutlich von der NS-Sprache des deutschchristlichen Pfarrers Kitscha unterscheiden.

[25] Vgl. Parochialglocken Nr. 7 vom Oktober 1934, Titelblatt: „Und nun vorwärts! Pfarrer Herbert Kitscha ist in der gemeinsamen Sitzung der Gemeindekörperschaften am 14. September in die zweite Pfarrstelle gewählt worden... Ungeklärt ist noch die Entscheidung über die Besetzung der ersten Pfarrstelle."

[26] Vgl. z.B. Erich Schuppan (Hrsg.): „Wider jede Verfälschung des Evangeliums. Gemeinden in Berlin-Brandenburg 1933-1945. Zur Geschichte des Kirchenkampfes". Berlin 1998. Ferner Kühl-Freudenstein, Neuss, Wagener (Hrsg.): Kirchenkampf in Berlin 1932-1945. 42 Stadtgeschichten, Berlin 1999.

Kirche geboten hatte[27]. Umgekehrt übernahm der „katholische Atheist" Hitler[28], Bewunderer der Organisation der katholischen Kirche, manche ihrer Handlungen für die nationalsozialistischen Feierstunden.

Kernstück dieser Umformung war der neue kirchliche Kult, eine neue deutschchristliche Liturgie des Gottesdienstes. Überragend wichtig wurden ein exzessiver Fahnenkult in der Kirche, der feierliche Gruppeneinmarsch mit Fahnen (anfangs militärische Traditionsfahnen, dann Deutsche Christen-Gruppenfahnen, die neue Reichsflagge mit dem Hakenkreuz, Fahnen der SA und der NS-Ortsgruppen), die feierliche Fahnenaufstellung um den Altar, bisweilen vom Pfarrer zelebrierte Fahnenweihen am Altar, schließlich der ritualisierte Fahnenausmarsch. Anlässlich solcher Zeremonien erklang in der Parochialkirche von der Orgel – ebenfalls in manch anderer Berliner Kirche – gegen Ende 1933 neben dem Deutschlandlied auch das „Horst-Wessel-Lied" („Die Fahne hoch! Die Reihen dicht geschlossen!")[29], gelegentlich unterstützt von einer stehend mitsingenden Gemeinde, die den Arm zum Hitlergruß erhoben hatte (nach der Anweisung des Liederbuchs „Singkamerad" aus dem Jahre 1934 mussten die erste und dritte Strophe dieses „Weihelieds" mit erhobenem rechten Arm gesungen werden). Manchmal wurde das „Horst-Wessel-Lied" auch nur als Orgelausklang am Ende eines deutschchristlichen Fest- und Dankgottesdienstes gespielt[30]. Das „Horst-Wessel-Lied" war nach dessen „Märtyrertod durch Kommunisten" 1930 zur Parteihymne der NSDAP geworden und fand nach 1933 intensiven Eingang in die Gottesdienste der von den Deutschen Christen dominierten evangelischen Kirchen. Die „Heldenfigur" Wessel, weil auch Pfarrersohn, eignete sich perfekt, eine Verbindung zwischen Teilen der evangelischen Kirche und dem Nationalsozialismus aufzubauen[31].

---

[27] Vgl. Ernst Piper: Alfred Rosenberg. Hitlers Chefideologe. München 2005, Seite 419.

[28] Vgl. Marlies G. Steinert: Hitlers Krieg und die Deutschen. Stimmung und Haltung der deutschen Bevölkerung im Zweiten Weltkrieg. Düsseldorf–Wien 1970, Seite 67.

[29] Vgl. Fußnote 31.

[30] Manche Berliner Kirchengemeinden feierten den Pfarrersohn Wessel mit Hakenkreuz geschmückten Gedenk-tafeln (z. B. in der St. Nikolaikirche, wo Wessels Vater bis 1922 predigte). In der 1935 eingeweihten Berliner Martin-Luther-Gedächtniskirche, die reichlich mit NS-Symbolen ausgestattet wurde, findet sich eine Kanzel, die durch Holzschnitzerarbeiten mit zahlreichen zeitgenössischen Figuren verziert war – darunter wohl auch die Züge Horst Wessels; er ist noch heute dort zu bestaunen (vgl. Manfred Gailus: Vom Feldgeistlichen des ersten Weltkriegs zum politischen Prediger des Bürgerkriegs. Kontinuitäten in der Berliner Pfarrerfamilie Wessel. In: Zeitschrift für Geschichtswissenschaft ZfG Jahrgang 50, Heft 9 2002, Seite 800). Die wegen ihrer NS-Symbole bekannte Kirche in Berlin-Mariendorf wird derzeit als Kunsthalle und – wegen ihrer Baufälligkeit – nur noch selten zu Gottesdiensten genutzt. Sie soll in den kommenden Jahren zu einem Kultur- und Veranstaltungsort umgebaut werden. Zum 30. Geburtstag Wessels sollte im Oktober 1937 in Bremen auf Wunsch der Deutschen Christen sogar eine neue evangelische Kirche „Horst-Wessel-Gedächtniskirche" genannt werden, die spätere Dankeskirche und heutige Versöhnungskirche, um deutlich zu machen, dass Wessel einer der ihren sei. Hitler persönlich unterband dieses Vorhaben, weil er den „nationalsozialistischen Markennamen Horst Wessel" nicht in den Kirchenkampf hineinziehen lassen wollte. Vgl. Daniel Siemens: Horst Wessel. Tod und Verklärung eines Nationalsozialisten, München 2009, Seite 158.

[31] Horst Wessel wuchs in unmittelbarer Umgebung der Parochialgemeinde in der Jüdenstraße auf. In seinem Tagebuch befindet sich u. a. ein Erlebnisbericht vom Oster-Glockenspiel der Parochialkirche. Horst Wessel, 1907 in Bielefeld geboren, fand 1926 als Student in Berlin zur NSDAP, wo er den 34. SA-Trupp, später Sturm 5, übernahm. Wessel wurde im Januar 1930 durch einen Kommunisten verwundet und erlag im Februar 1930 seinen Verletzungen. Er wurde neben den Toten des missglückten Hitlerputsches vom November 1923 der gefeierte „Blutzeuge der Bewegung" und zum Märtyrer der Bewegung aufgebaut. Die Nationalsozialisten erhoben das „Horst Wessel-Kampflied" zur zweiten Nationalhymne („Die Fahne hoch! Die Reihen fest (dicht/sind) geschlossen! SA marschiert mit ruhig (mutig) festem Schritt. Kamraden, die

Allgemein konnte man in den deutschchristlich dominierten Kirchen eine „Verdeutschung" der traditionellen Liturgie beobachten (denen die Bekennende Kirche – und nach 1936 sogar die Parochialkirche – eigene liturgische Entwürfe entgegen setzte[32]). Man experimentierte dort mit neuen, für zeitgemäß erachteten Gottesdienstentwürfen und tilgte alle jüdisch-hebräischen oder sonst fremdländisch anmutenden Termini aus dem kirchlichen Sprachgebrauch.

Alles dies geschah zunächst besonders ausladend in speziellen Fest- und Gedenkgottesdiensten – etwa zum 30. Januar, dem Tag der Machtübernahme, zum Kriegsgefallenen- und zur NS-Märtyrer-Ehrung im März, zum Hitlergeburtstag im April oder zum 1. Mai als „Tag der nationalen Arbeit". Diese „liturgische Praxis" drang bald als vorbildliches Muster auch in die gewöhnlichen Gottesdienstfeiern vor. Mehr und mehr verdrängten Ritualerlebnis und Symbolpropaganda das gesprochene Wort. In diesen Zeremonien mischten sich traditionelle, evangelisch-kirchliche Rituale mit einem neuen religiös-politischen Kult und den politisch-weltanschaulichen Symbolen des Nationalsozialismus. Das „Horst-Wessel-Lied" wurde dabei zu einer eine Art liturgischem Bestandteil kirchlicher Veranstaltungen.

Die Parochialgemeinde beantragte im September 1933 auf einstimmigen Antrag der Fraktion der „Deutschen Christen" die Durchführung eines „zentralen Dankgottesdiensts" in ihren Mauern „als Dank für die Errettung unseres Vaterlands und unserer altehrwürdigen Parochialkirche... So wollen wir dem Allmächtigen danken, dass uns in der Person unseres Volkskanzlers Adolf Hitler der Retter erstanden ist".[33] Die Parochialkirche war als Ort der Inszenierung wegen der „vorbildlichen Verbundenheit" ihrer Gemeinde mit dem nationalsozialistischen Staat ausgewählt worden und weil sich in Berlin-Mitte „rings um die Kirche der Kommunismus breit macht". Der Gastpfarrer Targe, der für den kurz zuvor verstorbenen Pfarrer Heldt von der Parochialkirche den Gottesdienst hielt, gedachte Adolf Hitler und dankte ihm dafür, dass er „vaterlandslose Gesellen davon abhalten konnte, russische Zustände in Deutschland herbei zu beschwören". Die professionelle Inszenierung sorgte dafür, dass der Horst-Wessel-

---

Rotfront und Reaktion erschossen, marschiern im Geist in unsern Reihen mit. Die Straße frei den braunen Bataillonen. Die Straße frei dem Sturmabteilungsmann! Es schaun aufs Hakenkreuz voll Hoffnung schon Millionen. Der Tag für (der) Freiheit und für Brot bricht an. Zum letzten Mal wird Sturmalarm (-appell) geblasen! Zum Kampfe stehn wir alle schon bereit! Schon (bald) flattern Hitlerfahnen über allen Straßen (über Barrikaden), die Knechtschaft dauert nur noch kurze Zeit! Die Fahne hoch! Die Reihen fest geschlossen! SA marschiert mit ruhig festem Schritt. Kamraden, die Rotfront und Reaktion erschossen, marschiern im Geist in unsern Reihen mit"). Der Text des Horst-Wessel-Lieds ist unbestritten vom Namensträger 1927 selbst gedichtet, zur Herkunft der Melodie finden sich unterschiedliche Angaben. Wahrscheinlich hat Wessel seinen Text auf eine ihm bereits bekannte Melodie geschrieben (vermutlich auf eine von Gustav Hagemann notierte volkstümliche Melodie „Ich bin so gern daheim", die er im Münsterland gehört hatte; vgl. Hagemann, Gustav: Bäuerliche Gemeinschaftskultur in Nordravensberg, Aschendorff, Münster 1931). Neben der maß- und kritiklosen Verherrlichung des „Horst-Wessel-Lieds" erschienen bereits während des Nationalsozialismus die unterschiedlichsten Parodien, die bestimmte Institutionen oder Situationen karikieren sollten, so an die SA („Die Hände hoch! Die Augen fest geschlossen! SA pariert, SS bestimmt den Schritt ..."), an den BDM („Die Beine hoch und ja nicht fest verschlossen ..."), zur Lebensmittelknappheit („Die Pfannen hoch! Es gibt schon nichts zu fressen ..."). Berthold Brecht verarbeitete das Lied im Pariser Exil 1933 in seinem Gedicht „Kälbermarsch" („Der Metzger ruft, die Augen fest geschlossen. Das Kalb marschiert mit ruhig festem Tritt ...") und hat es 1942 in sein Theaterstück „Schweyk im Zweiten Weltkrieg" übernommen. Vgl. Daniel Siemens: Horst Wessel. Tod und Verklärung eines Nationalsozialisten, München 2009, Seiten 195 und 206 und Johannes Lübeck: Biographie zu Horst Wessel (unveröffentlichtes Manuskript), Bünde 2007, Seite 189 ff.

[32] Vgl. Kapitel 14.

[33] Vgl. Parochialglocken Nr. 6 vom September 1933, Titelblatt.

Sturm und die SA-Standarte 6 zu Beginn des Gottesdienstes vor und in der Kirche ein Spalier bildeten, während die Fahnenträger zum Altar marschierten und dort Aufstellung nahmen. Bei dieser Gelegenheit erklang zum ersten Male das „Horst-Wessel-Lied“ auch vom Glockenturm der Parochialkirche. „So gedachte man Horst Wessels, der jahrelang unter Einsatz seines Lebens in der Umgebung dieser Kirche den Kommunismus bekämpfte und dann sein Leben für die nationalsozialistische Idee geopfert hat.“

Nach der Predigt überreichte Pfarrer Targe dem langjährigen Fraktionsführer der NSDAP im Preußischen Landtag Wilhelm Kube[34] die kirchliche Kessler-Verdienstmedaille[35]. Der Geistliche dankte für „das Wunder, das in den letzten Monaten am deutschen Volk geschehen ist“. Viele Tausend Zuschauer hatten sich vor der Kirche eingefunden und lauschten den Glocken mit erhobener Hand[36].

Weitere Beispiele lassen sich anführen: 1934 wurde durch Kirchengesetz mit Zustimmung der Parochialkirche die „Streichung“ der Kirchenfahne verfügt und zur Beflaggung der Kirchengebäude die Nationalflagge zur Pflicht. Im Februar 1934 beschloss der Gemeindekirchenrat, die Jugendvereine der Parochialgemeinde in die Hitlerjugend einzugliedern. Die Turmmusiken der Parochialkirche wurden schon ab 1933 fallweise von einem NS-Musikzug gespielt. Auch bei der Auswahl der Lieder für die Glockenkonzerte machte sich nationalsozialistisches Gedankengut bemerkbar: Der bis Ende 1935 amtierende Kantor Hans Siepert, nationalsozialistisches Parteimitglied, war von der „Wiedergeburt der deutschen Nation“ begeistert, was die Liederauswahl in seinen Mittwochskonzerten stark beeinflusste. Große Präferenzen hatte er z. B. für das „Horst-Wessel-Lied“, das er gerne und häufig auf dem Parochial-Carillon spielte, bevorzugt am 23. Februar zum Todestag Horst Wessels oder anlässlich Führers Geburtstags, also an „Tagen des besonderen Gedenkens“. Trutz- und Kampflieder hat Siepert mit Leidenschaft gespielt, von Januar 1935 an ertönte einige Wochen lang „im Ringen um bedrohtes Grenzland" bis zur „Heimkehr des Saarlands ins Reich" nach jedem Halbstundenschlag der Turmuhr das Saarlied („Deutsch ist die Saar, deutsch immerdar... Wir wollen niemals Knechte sein, wir wollen ewig Deutsche sein!") – eindeutige politische Äußerungen der Parochialgemeinde.

Auch in manchen Aufsätzen in den „Parochialglocken“ spiegelte sich die Einstellung von Kirche und Gemeinde zur nationalsozialistischen Politik wider[37]. Deutlich war in den Jahren der nationalsozialistischen Herrschaft zu erkennen, dass der Pfarrer und der größte Teil der Kirchenältesten zur Gruppe der Deutschen Christen gehörten (nur rund die Hälfte der Gemeindemitglieder dagegen „dachte deutschchristlich“). Bezeichnend für die innere und offenbar bis nach dem Krieg fortdauernde unbelehrbare

---

[34] Richard Paul Wilhelm Kube (1887-1943), Mitglied der NSDAP seit 1928, NSDAP-Fraktionsvorsitzender im Preußischen Landtag, drängte zusammen mit dem Kreis um Hossenfelder von der Kreuzberger Christuskirche, dem späteren Gründer der Glaubensbewegung „Deutsche Christen“, auf Parteiebene auf eine eigenständige NS-Kirchengruppe, um die Kirche für die Ideen des Nationalismus zu erobern. Kube unterstützte die Deutschen Christen, indem er deren Ansprüche innerhalb der Kirchenleitungen mit Hilfe der Partei durchsetzen wollte. Dafür erhielt er die Kessler-Verdienstmedaille.

[35] Nach dem früherern Pfarrer der Parochialkirche Dr. Hans Carl August Kessler benannt, später Generalsuperintendent der Neumark und Niederlausitz. Die Kessler-Verdinstmedaille wurde kirchenintern 1929 gestiftet und nur wenige Male vergeben.

[36] Vgl. Berliner Lokalanzeiger Nr. 441 vom 18.9.1933.

[37] Vgl. Fußnoten 11-14.

Einstellung der Handelnden ist z. B. ein Datumsvermerk vom Oktober 1945 im Protokollbuch zur ersten Sitzung des Gemeindekirchenrats: „Nach dem Russeneinfall"!

Die Deutschen Christen warben häufig mit kleinen Anzeigen in den „Parochialglocken" für ihre Gemeinschaftsabende im Gemeindesaal[38] oder für die NS-Volkswohlfahrt NSV, eine Trägerin der Wohlfahrtspolitik im NS-Regime[39] und für das Winterhilfswerk[40]. Kundgebungen der Deutschen Christen mit eindeutigen politischen Schwerpunkten bei der Themenwahl wurden im Gotteshaus selbst abgehalten – so z. B. im März 1935 zum Thema „Deutschglaube oder Christusglaube" mit Pfarrer Kitscha als Redner und den Leitern der Deutschen Christen, den Pfarrern Mehlfeld und Schmidt unter Mitwirkung der Parochialkantorei. Ohne Bedenken veröffentlichte die Gemeindegruppe „Deutsche Christen" in den „Parochialglocken" vereinzelt Todesanzeigen nur für ihre deutschchristlichen Mitglieder. In keinem Fall waren im Übrigen etwaige Widerstände und Einwände der Gruppe „Evangelium und Kirche" zu erkennen!

Seit Kriegsbeginn berichteten die „Parochialglocken" auch über „Weltliches", z. B. „Jeder auf seinem Posten", ein Kommentar zum Sieg der deutschen Marine und Luftwaffe über die englische Herrschaft zur See[41]. In der gleichen Ausgabe schrieben Pfarrer Kitscha und Wilhelm Bender von ihren Kriegserlebnissen („Von einem Soldaten" und „Der Kradorganist"). Im April 1938 feierten die „Parochialglocken" auf der Titelseite in großen Lettern den Anschluss Österreichs an Deutschland. Voller Bewunderung lobte man im ganzseitigen Text „in dieser geschichtlich heiligen Stunde" die politischen Erfolge des Führers: „In fünfjähriger harter Arbeit hat er Deutschland nicht nur wirtschaftlich stark gemacht, ihm seine Wehrhoheit wiedergegeben, den Schandvertrag zerfetzt, sondern das deutsche Volk zusammengerissen zu seelischer Einheit und empor geführt zu stolzer Höhe[42]. Im September 1940 berichteten die „Parochialglocken" von der Überlegenheit deutscher Flugzeuge in den großen Luftschlachten, „vom Donner der deutschen Motoren über der britischen Insel" und vom Entscheidungskampf über englischem Boden[43]. Und in den „Parochialglocken" wird ein Gedicht „Die deutsche Front" über Heldentum und über den Feind, der Deutschland zum schärfsten Streit zwingt, abgedruckt [44].

Eine Predigt von Pfarrer Kitscha zum Reformationsfest 1934 ist repräsentativ für die nationalsozialistische Einstellung, dass das deutsche Volk nun das neue „auserwählte Volk" sei[45]: „...Das ist das erhebende Bewußtsein, daß die Reformation als die große Neuentdeckung des christlichen Glaubens durch Martin Luther auf deutschem Boden

---

[38] Vgl. z. B. Parochialglocken Nr. 6 vom September 1936, Seite 38.

[39] Die Nationalsozialistische Volkswohlfahrt (NSV) war mit 17 Millionen Mitgliedern im Jahre 1943 die größte Massenorganisation des Deutschen Reichs. Im Mittelpunkt der NSV standen Gesundheitsfürsorge, Vorsorgeuntersuchungen sowie die medizinische Betreuung, die vor allem während des Krieges von Bombenopfern in Anspruch genommen wurde. Zur NSV gehörte auch die NSV-Bahnhofsmission, die u. a. zur Verdrängung kirchlicher Missionen gegründet wurde.

[40] Das Winterhilfswerk WHW des Deutschen Volkes sammelte Sach- und Geldspenden für bedürftige Volksgenossen. Dabei bediente es sich auch einiger Nebenorganisationen der NSV. Durch die Linderung materieller Not trug das WHW im „Dritten Reich" zur inneren Stabilisierung, zum „Zusammengehörigkeitsgefühl der Volksgemeinschaft" und zur Entlastung des Staatshaushalts von Sozialausgaben erheblich bei.

[41] Vgl. Parochialglocken Nr. 8 vom November 1940, Seite 15.

[42] Vgl. „Der Führer ruft". In: Parochialglocken Nr. 1 vom April 1938, Seite 1.

[43] Vgl. „... muß haben tapferes Herze!" In: Parochialglocken Nr. 6 vom September 1940, Seite 11.

[44] Vgl. „Die deutsche Front". In: Parochialglocken Nr. 4 vom Juli 1940, Seite 7.

[45] Vgl. Parochialglocken Nr. 8 vom November 1934, Titelblatt.

geschehen ist. Man bedenke: für diese Neuentdeckung der frohen Botschaft hatte Gott sich einen Deutschen ausersehen; einen Mann also, in dessen Adern deutsches Blut rollte, der die deutsche Sprache sprach und unser Vaterland so liebte, wie wir. Diesem Deutschen ist es also vorbehalten gewesen, nach seinen weniger glücklichen Vorgängern die Sache Gottes endlich zum Siege zu bringen. Das zu wissen, ist in unseren Tagen ein erhebender, fröhlicher Gedanke. Indem der Herrgott einen Deutschen so sichtbar vor allen anderen Nationen begnadete und ihn zu seinem Dolmetsch unter den Völkern machte, tat dieser Gott der Bibel kund, daß er sein deutsches Volk lieb hatte und wohl wollte, daß es ihm gehörte. Seit Luthers Tagen ist der entscheidende Bund zwischen dem lebendigen Gott und der deutschen Seele geschlossen. So lebt die Reformation in der Kirche fort als das große heilgeschichtliche Ereignis deutscher Geschichte, in welchen Gott den deutschen Menschen und sich die deutsche Art verbündete"....

In seinem Aufsatz „Evangelium und Volkstum oder: Wo steht der Christ zu seinem angestammten Volk?" warb Pfarrer Kitscha – „weil das Gebiet des Glaubens die Politik berührt" und weil die derzeitige politische Haltung dem christlichen Glauben entgegenkommt – um das „nationale Bekenntnis" der Gemeinde, um den Neubau des Reiches, um den Führer: „Indem er als verantwortlicher Staatsmann das deutsche Volk zu seinem Ursprung und zu seinem echten Wesen zurückführt, indem er seine Reinigung vor allen Überfremdungen durchsetzt, bekennt er sich zu dem allmächtigen Schöpfer, der Völker gewollt und ihnen mit ihrer Besonderheit eigenste Aufgaben gegeben habe"[46]. In seiner Einführungspredigt am 6. Januar 1935, ein halbes Jahr nachdem er mit der pfarramtlichen Verwaltung der Parochialgemeinde betraut worden war, sprach Kitscha „als Deutscher zu Deutschen". Die Frage, ob sich die Gläubigen trotz oder wegen ihres Glaubens am Aufbau von Volk und Reich beteiligen dürfen, beantwortet Kitscha mit der in der Heiligen Schrift festgeschriebenen Liebe des Christen zu seinem Volk („so grenzenlos, dass er jede Minute dafür sterben könnte") und der völkischen Verantwortung mit den Völkern als Träger des geschichtlichen Heilplans Gottes. Ferner zeichnet er ein „Bild des Welt-Heilands, das in den letzten Jahrzehnten nicht immer klar und deutlich herausgearbeitet worden ist". Man habe ihm nicht nur in der Kunst, sondern auch in der Predigt jene weichen, sentimentalen Züge gegeben, die seinem Wesen, Schicksal und Wort wahrhaftig schlecht entsprachen. Das sei heute anders geworden: „Unter dem Eindruck schicksalhafter Erlebnisse haben wir sein Wesen und den Sinn seiner ewigen Sendung ganz neu verstehen gelernt. Und die Predigt von ihm hat jene herben, männlichen Züge wiedererhalten, die von jeher Kennzeichen und Merkmal echter Gottespredigt gewesen sind"[47].

Damit stand Kitscha wie viele andere Deutsche Christen im besten inneren Einvernehmen mit der Kritik des NS-Chefideologen, Alfred Rosenberg, dem Parteiphilosophen und Gründer des „Kampfbunds für deutsche Kultur"[48], am christlichen Glauben. Dieser wandte sich gegen das traditionelle Christusbild, in dem es Christus als sanftmütiges Opferlamm auf sich nahm, die Menschheit von der Erbsünde zu befreien. Er ersetzte dieses Bild durch einen eher entchristlichten und herrischen Christus, nicht Gottes Sohn, sondern Sohn eines menschlichen Kriegers von nordischer Hal-

---

[46] Vgl. „Evangelium und Volkstum oder: Wo steht der Christ zu seinem angestammten Volk?" In: Parochialglocken Nr. 13 vom September 1937, Seite 34.

[47] Vgl. Parochialglocken Nr. 11 vom Februar 1935, Seite 3.

[48] Vgl. Kapitel 9 und vgl. Ernst Piper: Alfred Rosenberg. Hitlers Chefideologe, München 2005.

tung: blond, blauäugig, groß und unbesiegbar – Prototyp des germanischen Helden. Natürlich durfte dieser neuheidnische Jesus im nationalsozialistisch-rassistischen Weltbild kein Jude gewesen sein[49].

Peinlich für die Verantwortlichen der Parochialkirche war, dass sie über allem politischen und antisemitischen Eifer jahrelang die hebräische Inschrift יהוה[50] über dem Kirchenportal übersehen hatten. Spät – erst 1939 und auch nur aufgrund einer anonymen Zuschrift – ließ der Gemeindekirchenrat sie still und heimlich entfernen[51].

Die unappetitliche Nähe zum nationalsozialistischen Gedankengut verdarb offenbar auch die menschlich-moralischen Sitten mancher „Berufschristen" an der Parochialkirche und führte zu unangenehmen „weltlichen" Handlungen: Dies betrifft z. B. die Vorgänge um die Kündigung der Fünf-Zimmerwohnung der Witwe Armenat im Gemeindehaus durch den Gemeindekirchenrat der Parochialkirche anlässlich der räumlichen Zusammenlegung des Kirchenarchivs im Jahre 1938. Kitscha ging robust und massiv gegen die Mieter im Gemeindehaus vor. Belange der Kirchengemeinde hatten anlässlich der räumlichen Veränderungen unbedingt Vorrang. 1938 wurde z. B. gegen die Mieterin Armenat persönlich und gerichtlich vorgegangen, um sie aus den benötigten Räumlichkeiten „zu entfernen". Rückendeckung holte sich Kitscha in der Finanzverwaltung beim Evangelischen Konsistorium der Mark Brandenburg[52]. Frau Armenat lebte von der Vermietung dieser Zimmer und erhob Einspruch. Dabei verwies sie auf zwei jüdische Mieter im Gemeindehaus, denen noch nicht gekündigt worden sei. Eine entsprechende Meldung richtete sie auch an die örtlichen NSDAP-Organe. Daraufhin wurde einem jüdischen Mieter sofort gekündigt und Frau Armenat übernahm dessen Wohnung, die um zwei Zimmer größer war als die ursprüngliche. In der ersten Wohnung konnte daraufhin das Kirchenarchiv untergebracht werden. Da der zweite jüdische Mieter, der im Sterben lag, mit einer Arierin verheiratet war, erging bis zu dessen Tod keine Kündigung. Der „Mieterwechsel" wurde der Gemeinde in den „Parochialglocken" von Pfarrer Kitscha freundlich verbrämt mitgeteilt: Man habe jenseits des Mieterschutzgesetzes „auf gütlichem Wege unsere nicht-arischen Mieter entfernen können, so daß in Zukunft endlich deutsche Namen an unserem Hause stehen. Diese Tatsache wird gewiß von allen Gemeinde= Mitgliedern begrüßt werden"[53]. Anzeichen einer zumindest leisen Verachtung für diese Handlungen sind weder beim Kantor, noch beim Gemeindekirchenrat, noch anderswo in der Gemeinde nachzuweisen.

Wenig zimperlich ging man auch mit dem amtierenden Kantor Siepert um, dessen Fähigkeiten insbesondere als Glockenmeister zunehmend heftig kritisiert wurden, weil unter Siepert das Interesse der Bevölkerung am Glockenspiel ständig abnahm. Siepert zeigte eine gewisse Bitterkeit, dass es innerhalb und außerhalb der Gemeinde Nörgler an seinem Spiel gab. Da man sich mit dem Glockenspiel an der Parochialkirche in der Öffentlichkeit viel intensiver profilieren wollte als bisher[54], wurde ihm gegen seinen Willen nach fünfzehnjähriger Tätigkeit zum Jahresende 1935 gekündigt, um einen „fähigeren Nachfolger" zu suchen. In dieser Zeit hatte er in vierzehn Jahren 1.258 Glockenkonzerte in der Parochialkirche gegeben, durchschnittlich zwei pro

---

[49] Vgl. Kapitel 5, Fußnote 53.

[50] יהוה ist der Name Gottes J W H W aus dem Alten Testament, von rechts nach links zu lesen.

[51] Zitiert nach den persönlichen Aufzeichnungen des Gemeindemitglieds Karlheinz Kaepernick zur Geschichte der Parochialkirche von 1903–1968. Privatdruck (im Familienbesitz), Berlin 2010, Seite 44.

[52] Vgl. Evangelisches Landeskirchliches Archiv in Berlin ELAB, Bestand 7, Nr. 11 550.

[53] Vgl. Parochialglocken Nr. 3 vom Juni 1938, Seite 18.

[54] Vgl. Kapitel 7.

Woche. Verdienste hatte er sich ferner durch die Herausgabe einer größeren Sammlung von Bearbeitungen bekannter kirchlicher und weltlicher Musik für das Glockenspiel und von Märschen erworben. Nach offizieller Lesart verließ er die Parochialkirche krankheitshalber und trat seinen Ruhestand aus Gesundheitsgründen an. Um durch Druck ein möglichst frühes Ausscheiden herbeizuführen, wurden Teile seines Gehalts auf Wunsch von Pfarrer Kitscha einbehalten. Siepert klagte zuerst gegen seine Entlassung und dann auf Ausbezahlung der von der Parochialkirche einbehaltenen Gehaltsteile.

Erst auf Anordnung des Evangelischen Konsistoriums der Mark Brandenburg zahlte die Parochialkirche im Mai 1937 an Siepert den Restbetrag in Höhe von 4.014,76 Reichsmark aus, eine Wiedereinstellung erreichte Siepert nicht. Dennoch wahrten beide Seiten nach außen die Form: Im Neujahrsgottesdienst 1936 wurde Siepert von Pfarrer Kitscha feierlich verabschiedet, vom Gemeindekirchenrat erhielt er im Gottesdienst Blumen. Hans Siepert zog 1936 von Berlin weg und starb 1942.

Im April 1942 beauftragte der Gemeindekirchenrat der Parochialkirche seinen Kunstausschuss, ein neues Führerbild für den Gemeindesaal zu beschaffen.

7 Die Parochialkirche im kulturellen und kircheninternen Wettbewerb der Jahre 1935 bis 1940

Nach dem Autoritätsdenken im Kaiserreich entwickelte sich im demokratischen Bürgertum der Weimarer Republik eine offene Sehnsucht nach Selbstbestimmung, Selbstverantwortung und Erfolg. Berlin z. B. wandelte sich im Rahmen dieser veränderten Weltanschauung speziell in den dreißiger Jahre in rasantem Tempo von einer Groß- zu einer Weltstadt mit einem den Aufschwung fördernden innerstädtischen Wettbewerb um den attraktivsten Stadtteil, das modernste und höchste Gebäude, die effektivste Infrastruktur, die besten Theater und Opernhäuser usw.

Die Gesellschaft war nicht mehr kaisertreu. Sie fühlte sich auch nicht mehr katholisch oder evangelisch, war gottesdienstmüde, fühlte sich nicht mehr „zugehörig", aber keineswegs irreligiös. Die Kirche hätte diesem beachtlichen religiösen Potential in einer weltanschaulich und religiös heimatlos gewordenen Gesellschaft rasch eine neue Heimstatt geben können. Auf eine aktiv werbende Rolle waren die Kirchen nach 1918, als sich die in der Weimarer Verfassung verankerte Trennung von Staat und Kirche nur sehr allmählich vollzog, so schnell noch nicht vorbereitet, nachdem sie ihre „staatsrepräsentative" Rolle verloren hatten und nicht länger das ehemalige Zusammengehörigkeitsgefühl von Nation, Kultur und Christentum repräsentierten. Diese Rolle hatte ihr zuvor ohne viel Zutun und mit einem gewissen Automatismus einen hohen Mitgliederbestand gesichert. Jenes neue Defizit trat bei der mit dem Staat verwaltungstechnisch nach wie vor aufs engste verflochtenen evangelischen Kirche noch viel deutlicher zutage als bei der katholischen Kirche.

Die missionarische Lücke versuchte die protestantische Kirche in der neuen hochpolitisierten, säkularisierten Atmosphäre Berlins zur Intensivierung der Gemeindearbeit mit einem „Attraktivitätswettbewerb" einiger evangelischer Stadtkirchen um die Rolle der auffälligsten und der politisch gefälligsten Kirche auszugleichen. Dies sollte mit einem Wettstreit gelingen, den die politisch aktiven Gemeinden – zumindest deren Repräsentanten, in der Regel Deutsche Christen – erfolgreich führen und gewinnen wollten. In einem politisch-wetteifernden Klima setzte vornehmlich bei den Deutschen Christen ein hartnäckig und intensiv geführter Imagewettbewerb in den entsprechenden Kirchengemeinden Berlins um die Vorherrschaft unter den Berliner Kirchen ein – ein missionarischer Wettbewerb um Prestige und Wohlgefallen gegenüber den Gläubigen Berlins und deutlich erkennbar auch gegenüber dem herrschenden Regime (wobei bei jenem zweifachen Wettbewerb einige überforderte Kirchen – gemessen an der christlichen Glaubensverkündigung – oft genug versagten). In einer zur Entkonfessionalisierung und Säkularisierung neigenden Epoche Berlins galt dieses Gunststreben zwar vornehmlich dem Erhalt und Gewinn neuer Gemeindemitglieder, mindestens aber genauso, um gegenüber den Nationalsozialisten vorteilhaft aufzufallen, wobei das Erreichen des zweiten Ziels in den politisch aktiven Gemeinden gleichzeitig wieder dem Erreichen des ersten zu dienen schien: Gewannen die Kirchen in dem neuen politischen Klima ein Mehr an Renommee und Prestige, so gewannen sie auch eine größere Autorität gegenüber den Kirchgängern bei der Verkündung sowohl des christlichen als auch des politischen Worts. Die Begeisterungen der Kirchen für das Regime und für das „Kirchengeschäft" gingen Hand in Hand.

Die Nationalsozialisten waren von diesem Kirchen-Wettstreit lange Zeit durchaus angetan, zeigte er doch das große Interesse von Teilen der evangelischen Kirchen am

Nationalsozialismus und bewies, dass die Kirchen grundsätzlich bereit waren, sich als Propagandaforum und Sprachrohr für politische Ziele einspannen zu lassen. Wohlgefallen am Berliner Regierungssitz versprach den Stadtkirchen zusätzliches (kirchen-) politisches Prestige und – vermutlich wie im Falle der Parochialkirche – in der Folge auch gewisse (vermutete) finanzielle Vorteile.

Im damaligen Berliner Pluralismus der Lebensformen mit seinem freizügigen Großstadtleben, seinem areligiösen Liberalismus, atheistischen Marxismus, mit freidenkerischer Sozialdemokratie mit deren Proletariat und den neuen nationalsozialistischen Rahmenbedingungen musste gerade die evangelische Kirche für ihre Überzeugung besonders intensiv werben. Die evangelische Kirche war damals wie heute auf der Suche nach kreativen Anknüpfungspunkten für glaubensverkündende Angebote mit Lebensbezügen, die Erfolge versprachen, und die Menschen auf die christliche Tradition und auf ihre aktuelle Interpretation neugierig machen sollten, um sie dann an die Kirche zu binden[1]. Dies betraf besonders die Parochialkirche mit ihrer eher instabilen Mitgliederzahl. Es entwickelte sich dort eine spezielle Kirchenarbeit, eine intensive missionarische Gemeindearbeit mit einem mehr oder weniger originellen und ungewöhnlichen Handlungskonzept und mit neuen Veranstaltungsformen, um neue Gemeindemitglieder zu werben und um den bestehenden Mitgliedsbestand mindestens zu halten, besser noch aufzustocken. Dabei galt es im speziellen Fall der Parochialkirche als Personalgemeinde[2] ohne eine eigene konkurrenzfreie „Monopol-Parochie", also ohne eigenes engeres Gemeindegebiet nach üblicher Praxis, letztlich darum, auffällig dafür zu werben, dass potentielle Gemeindemitglieder in die Parochialgemeinde und nicht in andere Berliner Kirchengemeinden einträten. Protestanten umliegender Wohnsitzgemeinden waren erkennbar willkommen, wenn sie aufgrund der besonderen Aktivitäten der Parochialkirche ihre dortige Gemeindemitgliedschaft zugunsten der Parochialkirche aufgaben. Ein spaltender Wettbewerb innerhalb der Berliner Gemeinden war allerdings verpönt und wurde möglichst vermieden.

Die negative Entwicklung des Gemeindemitgliedbestands ließ der kleinen Parochialgemeinde aber nicht immer Raum für eine vornehme Rücksichtnahme und Zurückhaltung. Die Parochialkirche warb durchaus aktiv um neue „ortsnahe" Mitglieder, ohne dass von dritter Seite offene Kritik an diesen „Beutezügen" geübt worden wäre. Immerhin hatte die Parochialkirche innerhalb von rd. 30 Jahren fast die Hälfte ihres Mitgliedsbestandes verloren und zählte 1933 nur noch rd. 4.000 Mitglieder[3] (der Durch-

---

[1] Vgl. dazu u. a. das Reformpapier der Evangelischen Kirche in Deutschland EKD „Gott in der Stadt. Perspektiven evangelischer Kirche in der Stadt", EKD-Texte 93, Hannover 2007. Auch der Gemeindekirchenrat der Berliner Kirchengemeinde St.Petri-St.Marien, in die die Parochial-Kirchengemeinde im Jahre 2003 aufgegangen war, verabschiedete im April 2009 acht Leitlinien kirchlicher Verkündigungverantwortung, die auf den Reformanregungen von Bischof Wolfgang Huber basieren. Der Gemeindekirchenrat hat in seinen Leitlinien den Rahmen und die Richtung notwendiger Veränderungen formuliert. Ziel ist eine zukunftsfähige Kirche in der Stadt. Es kommt ihm darauf an, die knappen (auch pfarramtlichen) Ressourcen durch geistliche Profilierung dort einzusetzen, wo sie zur Verkündigung am dringendsten gebraucht werden („Konzentration der Kräfte und Mittel im Sinne von Schwerpunktsetzung statt Vollständigkeit"). Zu den geplanten Maßnahmen gehört auch, die Parochialkirche in Zusammenarbeit mit dem Kirchenkreis für wöchentliche Andachten, Kasualien und kirchenkreisliche bzw. gemeindliche Gottesdiensthöhepunkte in den Sommermonaten zu nutzen (vgl. „Brief an die Gemeinde". Gemeindebrief der Evangelischen Kirchengemeinde St.Petri-St.Marien, November 2009 bis Februar 2010).

[2] Vgl. Kapitel 4, Fußnoten 10 und 11.

[3] 32 % der Mitglieder der Parochialgemeinde waren schon über 60 Jahre alt, 45 % zwischen 30 und 60 Jahre und nur 23 % unter 30. Vgl. „Ein ernstes Wort an unsere Gemeinde". In: Parochialglocken Nr. 6 vom September 1937, Seite 38.

schnitt der evangelischen Berliner Gemeinden betrug nach 1935 über 15.000 Mitglieder). Der geringe Mitgliedsbestand war wegen der Gefahr eines langsamen Substanzverlusts stets eine Existenzfrage[4]. Das sich mit dem Bereich des 1895 gegründeten Berliner Stadtsynodalverbandes deckende „Einzugsgebiet" der Parochialgemeinde Alt-Berlin mit Charlottenburg und Schöneberg (das deutlich kleiner war als das gesamte Berliner Stadtgebiet), in dem sie mit anderen Kirchengemeinden konkurrierte, sollte zwar immer wieder einmal auf Wunsch der Parochialkirche ausgedehnt werden[5]. Diese Forderung nach einer „zeitgemäßen Ausdehnung der Parochie-Grenzen" wurde erhoben, weil – so Pfarrer Kitscha in einem Jahresbericht – „außerhalb unserer Grenzen unzählige ehemalige Mitglieder wohnen, die den begreiflichen Wunsch haben, kirchenrechtlich zu uns zu gehören"[6]. Ein entsprechender Antrag von März 1935 beim Konsistorium und dem übergeordneten Evangelischen Oberkirchenrat auf Ausdehnung des Parochiekreises auf die gesamte Großstadt Groß-Berlin blieb erst einmal erfolglos[7], später wurde diese Erweiterung vollzogen[8]. Dem Konsistorium rang man später noch die Zusagen ab, dass Mitglieder der Parochial-Kirchengemeinde bei Fortzug einen Antrag auf Zulassung zum Verbleib in der Gemeinde stellen konnten („Verbleibsantrag drei Monate nach Verlassen des Gemeindegebiets") und dass evangelische Glaubensgenossen, die seit 1914 ganz aus Berlin verzogen waren, nach ihrer Rückkehr nach Berlin wieder in die Parochialgemeinde eintreten durften. Nun begann, von der Parochialkirche veranlasst, eine intensive Suche nach früheren Gemeindemitgliedern, die jetzt wieder in Berlin wohnten. Insbesondere jüngere Gemeindemitglieder, die z. B. nach ihrer Verheiratung umgezogen waren, wurden dringend ersucht, nach dem aktuellen Erlass des Konsistoriums als Mitglied wieder in den Schoß der Parochialgemeinde zurückzukehren. Ein flammender Appell an alle Gemeindemitglieder in den „Parochialglocken" beschwor sie, nach Personen zu for-

---

[4] An anderer Stelle wurde bereits erwähnt (vgl. Kapitel 6, Fußnote 13), dass sich Pfarrer Kitscha in einem Brief an den Evangelischen Oberkirchenrat beschwerte, dass Gemeindemitgliedern bei Wohnungswechsel oft das Recht versagt würde, in der Parochialgemeinde verbleiben zu können; der Mitgliederfortbestand sei jedoch mehr als in anderen Gemeinden eine Existenzfrage für die Parochialgemeinde. Vgl. Personalakte von Pfarrer Herbert Kitscha im Evangelischen Landeskirchlichen Archiv in Berlin ELAB, Bestand 7, Signatur 1550.

[5] Es gab 1933 offenbar sogar Bestrebungen, der Parochial-Personalgemeinde einen Teil der räumlich angrenzenden Nachbargemeinden anzugliedern, um neues Leben in die immer kleiner werdende „City-Gemeinde" zu bringen (vgl. die persönlichen Aufzeichnungen des ehemaligen Mitglieds der Parochialgemeinde Karlheinz Kaepernick zur Geschichte der Parochialkirche von 1903–1968. Der Privatdruck befindet sich im Familienbesitz. Berlin 2010, Seite 40) oder die Personalgemeinde zugunsten einer Wohnsitzgemeinde ganz aufzulösen: „... Aber uns Menschen an ´Parochial´ interessiere auch noch etwas anderes, nämlich der Bestand unserer Gemeinde überhaupt. Es gäbe eine Tendenz, die ein Auflösen der Personalgemeinden für richtig halte. Will die Gemeinde ihren Bestand sichern, dann gelte es zu zeigen, daß an ´Parochial´ auch neue Zeiten eingezogen seien und daß das ´Dahindämmern´ im alten Geist und in alter Form endgültig vorbei sei... Jetzt kann es weitergehen in zähester Aufbauarbeit zu Nutz und Frommen unserer lieben Parochialkirche, zum Segen der evangelischen deutschen Reichskirche". Vgl. „Unsere Gemeindeversammlung". In: Parochialglocken Nr. 4 vom April 1934, Titelblatt. Beide Vorschläge wurden nie realisiert.

[6] Vgl. „Jahresbericht" von Pfarrer Kitscha: In: Parochialglocken Nr. 3 vom Juni 1938, Seiten 16-19.

[7] Grundsätzliche Überlegungen, aber auch finanzielle Bedrängnisse führten bereits 1933 zur Überlegung, angrenzende Gemeinden unter der Führung der Parochialkirche anzugliedern, um die Basis der schrumpfenden Parochialgemeinde zu kompensieren; eine Genehmigung des Superintendenten konnte aber schon damals nicht erreicht werden.

[8] Vgl. die persönlichen Aufzeichnungen des ehemaligen Mitglieds der Parochialgemeinde Karlheinz Kaepernick zur Geschichte der Parochialkirche von 1903–1968 (Privadruck im Familienbesitz), Berlin 2010, Seite 41).

schen, „die aus Unkenntnis oder Nachlässigkeit unserer Gemeinde verloren gegangen sind“[9]. Anlässlich der Weihe der vierten Läuteglocke im Juni 1935 gab Kitscha der Hoffnung Ausdruck, dass die junge Glocke im Verein mit ihren Schwestern bis in fernste Zeiten ihre eherne Stimme erschallen lassen möge, um „eine immer zahlreicher werdende Gemeinde in unser altes Gotteshaus zu erbauender Andacht“ zu rufen[10].

Auf eine weitergehende, vielleicht sogar aggressivere Mitgliederwerbung wurde verzichtet. Es ist nicht erkennbar, dass die als Personalgemeinde auf Mitgliederzuwachs angewiesene Parochialgemeinde „offene Beutezüge“ im Mitgliedsbestand der angrenzenden Pfarrgemeinden unternommen hätte. Plump und angreifbar wollte man verständlicherweise nicht sein. Es wurde aber gerne gesehen, wenn Mitglieder anderer Gemeinden die Gottesdienste der angesehenen und attraktiven Parochialkirche als Gäste besuchten. Häufig ließen Mitglieder angrenzender Gemeinden ihre Kinder in der Parochialkirche taufen oder konfirmieren, weil man die Atmosphäre der Parochialkirche der entsprechenden Kirche seiner Wohnsitzgemeinde aus dem Berliner Umfeld vorzog. Selbst „fremde“ Brautpaare zog es zu ihrer Trauung in die Parochialkirche. Letztlich blieb es nicht aus, dass sich über solche Besuche neue Mitglieder für die Parochialkirche fanden, nachdem sie in ihrer „alten“ Gemeinde ihre Mitgliedschaft aufgegeben hatten. Von dieser passiven Werbung gingen aber keine großen Impulse auf den Mitgliedsbestand der Parochialgemeinde aus – wohl auch, weil einem Gemeindewechsel das Konsistorium in einem komplizierten Verfahren zustimmen musste.

Das Werben um neue Mitglieder hätte neben dem Prestigegewinn durch einen hohen Mitgliedsbestand auch einen finanziellen Aspekt haben können: Die Finanzzuweisung aus der Kirchensteuer erfolgte damals in der Regel im Umlageverfahren über eine Mitgliederpauschale – anders als bei heutigen Personalgemeinden, die fallweise auch zusätzliche bedarfsabhängige Zuweisungen z. B. für ihren „Gebäudebestand zur gottesdienstlichen Nutzung“ erhalten, um über diesen Mehrbetrag den Erhalt der Gotteshäuser zu sichern. Die Parochialkirche hatte zur Sicherung ihrer Unabhängig- und Selbständigkeit jedoch meist auf diese Kirchensteuerumlage verzichtet, um eine möglichst weitgehende Unabhängigkeit von den Kirchenbehörden zu wahren.

Für den in Berlin einsetzenden „kirchlichen Wettbewerb“ war die aus der Domgemeinde hervorgegangene Parochialgemeinde bestens gerüstet. Insbesondere ihre äußerlichen Voraussetzungen – bis hin zum Standort in Berlins Mitte – waren vergleichsweise günstig; man konnte auch die historische Einzigartigkeit der Parochialkirche ins Rennen schicken, die Berlin eine ihrer architektonischen Signaturen verlieh und man damit nolens volens einen wichtigen Beitrag zur Entwicklung der Stadtkultur leistete. Ferner ergab sich – wie sich bald herausstellte – eine erfolgreiche positive Alleinstellung durch ihr Glockenspiel, das älteste in Deutschland, nachdem erkennbar war, dass auch die Nationalsozialisten die große volkstümliche Beliebtheit des Glockenspiels mehr noch als die Orgel zu propagandistischen Zwecken einsetzen würden. So strebte man in der Parochialgemeinde mit großem Selbstbewusstsein und Selbstvertrauen eine repräsentativ-gefällige Wettbewerbsstellung neben dem übermächtigen Berliner Dom an.

---

[9] Vgl. „Ein ernstes Wort an unsere Gemeinde“. In: Parochialglocken Nr. 6 vom September 1937, Seiten 37-38.

[10] Vgl. Parochialglocke Nr. 4 vom Juli 1935, Titelblatt.

Im Gemeindekirchenrat der Parochialkirche war man sich einig, insbesondere mit Hilfe des Glockenspiels eine Vision umzusetzen, neben dem Dom die auffallendste Kirche Berlins zu werden. Ein entsprechender Plan wurde von den Verantwortlichen im Jahre 1935 gefasst, die Parochialkirche als historischen und gleichzeitig künstlerischen Mittelpunkt Berlins zu positionieren. Dabei sollte das Glockenspiel zum Kern der Alleinstellung und zum Ausgangspunkt der Profilierungsbemühungen der Parochialgemeinde werden. Man brauchte nur noch einen überzeugenden Künstler, um das Glockenspiel in ein herausragendes Licht stellen zu können. Das Glockenspiel war dem Gemeindekirchenrat besonders wichtig, weshalb es 1924 auch zum Namensgeber der „Parochialglocken" wurde, den „Mitteilungen aus der Parochialgemeinde" (herausgegeben vom Gemeindekirchenrat) und 1934 den „Parochialglocken" noch drei Glocken als Logo hinzugefügt wurden.

Für sein Glockenspiel gab der Gemeindekirchenrat der Parochialkirche in einer Stellenbeschreibung für den Glockenmeister die künftige Marschrichtung vor. Ferner wurde um das Instrument „Glockenspiel" herum eine Strategie zur Festigung dieses Alleinstellungsanspruchs im Rahmen einer Art Imagekampagne entwickelt, die auch nach heutigen Maßstäben als modernes Marketing zu bezeichnen ist. Kunst, die innerhalb der Kirche wirkte, hätte die potentiellen neuen Gemeindemitglieder und allemal die Nationalsozialisten weniger beeindruckt als eine Kunstform, die lautstark nach außen warb. Auf eine wortgewaltige Verkündigung christlicher Botschaften kam es bei diesem Ziel alleine nicht mehr an; bei der geplanten Image-Kampagne sollte in Verbindung mit der Kirchenarchitektur das „Freiluft-Instrument", das Glockenspiel der Parochialkirche, im Mittelpunkt stehen.

Der amtierende Glockenmeister Hans Siepert schien diesen höheren Anforderungen nicht mehr gewachsen. Ein neuer Kantor und Glockenspieler sollte die zu jener Zeit allmählich erlöschende Tradition des Glockenspiels zu Ehren der Parochialkirche wieder aufleben und durch regelmäßige Konzerte das Glockenspiel (und nicht etwa die Orgel!) zu einem künstlerischen Ereignis in Berlin werden lassen. Dann würde die Parochialkirche zum Zentrum des Berliner Musiklebens, also nicht nur zum Mittelpunkt des Kirchen-Musiklebens werden!

Zwar wollte Siepert, Vorgänger Wilhelm Benders an der Parochialkirche, „anlässlich der Wiedergeburt der deutschen Nation" nach der Machtergreifung mit speziellen Glockenspielprogrammen sein Repertoire erweitern und seine bröckelnde Position in der Parochialkirche festigen. Schon Anfang 1933 hätte er gerne in seinem Mittwochsprogramm den Führer Adolf Hitler musikalisch begrüßt – was der damalige Pfarrer Heldt, kein Mitglied der Deutschen Christen, jedoch heftig unterband. Der Zwist zwischen Pfarrer Heldt und Kantor Siepert führte kurzzeitig dazu, dass Siepert seine Konzertprogramme zur Genehmigung vorlegen musste. Diese Verfügung wurde jedoch bereits im April 1933 wieder zurückgenommen, so dass Siepert nun die neuen Weisen der Bewegung in sein Programm übernehmen konnte. Am 17. September 1933 erklang dann zum ersten Mal auch das „Horst-Wessel-Lied" auf dem Glockenspiel der Parochialkirche.

Der politische und künstlerische Enthusiasmus Sieperts verhinderte allerdings nicht, dass die Zahl der Zuhörer bei den Glockenkonzerten deutlich zurückging. Die Kritik an Sieperts Spiel verstärkte sich – insbesondere führten die schnörkelhafte Ausgestaltung seines Choralspiels zu Beschwerden, auch sein Anschlag und sein Melodie-Rhythmus. Viele störten sich aber schlechthin an dem „Gebimmel" mittwochs zwischen 12 und 13 Uhr. Der Aufsatz „Das Glockenspiel“ in der kleinen Festschrift „300 Jahre Parochialkirche“ zitiert eine Bürgerbeschwerde aus dem Jahr 1935 (was von Mutigen damals offenbar noch gewagt werden konnte), dass das Carillon für das Spielen des „Horst-Wessel-Lieds“ missbraucht worden sei[11].

Nach der Kündigung des Anstellungsverhältnisses mit Hans Siepert durch die Kirchenleitung wurde die Kantorenstelle für die Folgebesetzung offiziell ausgeschrieben. Die Ausschreibung erfolgte im Kirchlichen Amtsblatt: „... ist die zum 1. Januar 1936 freigewordenen Organistenstelle sofort hauptamtlich zu besetzen. Verbunden ist mit der Stelle das Amt des Chordirigenten und Glockenmeisters für das historische Glockenspiel ...“.

Wilhelm Bender bewarb sich daraufhin Anfang 1936 mit 21 anderen Kandidaten aus ganz Deutschland um die Position des Kantors und Glockenspielers an der Parochialkirche (weitere sechs Bewerbungen gingen verspätet ein und wurden nicht mehr berücksichtigt). Als Referenzen nannte er die Professoren Heitmann und Reimann, seine früheren Lehrer an der Staatlichen Akademie für Kirchen- und Schulmusik in Berlin, die ihn im Bewerbungsverfahren später auch prüften[12]. In der Parochialkirche wurde eine Prüfungskommission eingesetzt, deren Leitung Professor Heitmann übernahm, Organist am Berliner Dom. Alle Kandidaten erhielten ein Schreiben mit den Prüfungsanforderungen. Im Probespiel am 25. Mai 1936 war Wilhelm Bender am überzeugendsten, über den Professor Heitmann zuvor für die Prüfungskommission ein zusätzliches Gutachten angefertigt hatte. Aufgrund der überragenden Leistungen während des Probespiels wurde von einem weiteren Probeauftritt in einem Gottesdienst abgesehen. Wilhelm Bender wurde einstimmig am 27. Mai 1936 zum Chordirigenten, Organisten und Glockenmeister gewählt[13]. Man traute ihm zu, die Kunst des Glockenspiels neben der gekonnten Beherrschung des Kantorenamts am ehesten zur Perfektion zu bringen.

Der Prüfungskommission war neben der künstlerischen Bewältigung des Amtes ebenfalls wichtig, dass Wilhelm Bender mit Pfarrer Kitscha persönlich und fachlich harmonieren würde[14]. Auch Äußerlichkeiten spielten bei der Kandidatenauswahl der Bewerber und persönliche Eindrücke eine zentrale Rolle. Säuberlich ist in der Auswahlliste z. B. vermerkt, dass Herr Lamprecht schielt, Herr Philipps ein Pauker und ein Säufer sei und Herr Schwarz unter Größenwahn leide, weil er nur das Carillon, nicht aber die Orgel spielen und schon gar nicht die Kantorei leiten wolle.

Trotz der öffentlichen Ausschreibung vermitteln die Akten zum Bewerbungsgeschehen den Eindruck, als hätte man von Anfang an Wilhelm Bender als neuen Hoffnungsträger gewinnen wollen, der sich bereits in seiner kurzen Amtszeit an der Lazaruskirche auch über Berlin hinaus einen guten Namen als Kirchenmusiker gemacht hatte. Drei Gründe lassen diese Vermutung zu: Gezielt hat der Gemeindekirchenrat Fritz

---

[11] Vgl. „300 Jahre Parochialkirche. Beiträge zur Geschichte“. Hrsg.: Gemeindekirchenrat der Evangelischen Kirchengemeinde St. Marien, Berlin 2003, Seite 20.

[12] Vgl. Kapitel 8.

[13] Das Evangelische Landeskirchliche Archiv in Berlin ELAB verfügt im Bestand 14 und im Bestand 29 über alle im Zusammenhang mit dem Berufungsverfahren und der Bewerbung Wilhelm Benders wichtigen Akten.

[14] Gespräche des Verfassers mit dem Sohn Kitschas, Horst-Dietrich Kitscha, bestätigten, dass beide, die mit ihren Familien in der Klosterstraße 65 im gleichen Haus wohnten, ein konstruktives Miteinander auch im privaten Rahmen pflegten.

Heitmann gebeten, die Leitung der Prüfungskommission zu übernehmen, obwohl dieser inzwischen durch das gemeinsame Musizieren nicht nur ein kongenialer Partner, sondern fast auch ein persönlicher Freund Wilhelm Benders geworden war. Die Prüfungsanforderungen waren ferner intensiv auf die Fähigkeit des Improvisierens ausgerichtet; Improvisation aber war offenbar unter allen überdurchschnittlichen Fähigkeiten Wilhelm Benders ausgeprägtestes Talent, was er in seinen Konzerten sowohl an der Orgel und am Cembalo als auch später am Glockenspiel immer wieder glanzvoll unter Beweis stellen konnte. Drittens wurde neben einem Kantor auch ein Glockenspieler, ein Carillonneur, für das historische Parochial-Glockenspiel, das Carillon[15], der o. g. Gründe wegen gesucht. Da es in Deutschland nicht allzu viele Glockenspiele gab, konnte man kaum damit rechnen, im Bewerbungsverfahren auf einen erfahrenen Glockenspieler zu stoßen. Tatsächlich verfügten alle Bewerber – außer Wilhelm Bender und dem Kandidaten Schwarz – über keinerlei Praxis am Glockenspiel. Über die Fähigkeiten des einundzwanzigjährigen Schwarz ist nichts überliefert; er fiel aber aus dem Bewerberverfahren rasch heraus, weil er an der Parochialkirche nur das Amt des Glockenisten übernehmen wollte, nicht aber das Amt des Kantors. Wilhelm Bender dagegen hatte bereits als Schüler und Student in Frankfurt am Glockenspiel der so genannten „Englischen Kirche“ Erfahrung sammeln können[16].

Im Bewerbergespräch mit Wilhelm Bender bildete die geplante „besondere Pflege des Glockenspiels“ an der Parochialkirche zwar einen Schwerpunk, aber das Vorspielen auf dem Carillon war nicht mehr Gegenstand des Probespiels. Man vertraute darauf, dass Wilhelm Bender seine noch bescheidenen Kenntnisse an diesem Instrument rasch verfeinern würde (zur Unterstützung erhielt er alsbald die Genehmigung zum Ankauf eines Übungs-Glockenspiels, mit dem er – ohne durch Üben die Anwohner zu stören – in der Lage war, seine Fertigkeit im Glockenspiel schneller zu vervollkommnen). Jedenfalls hatte sich Wilhelm Bender nicht erst nach seinem Dienstantritt an der Parochialkirche das Glockenspiel von Grund auf beigebracht. Da der Gemeindekirchenrat in seiner Ausschreibung größten Wert darauf legte, das Parochial-Glockenspiel auf höchstem Niveau zu aktivieren, hätte es für einen völligen Laien auf diesem Gebiet – bei allen sonstigen Qualitäten - vermutlich auch keine Einstellungschance gegeben.

---

[15] Als Carillon bezeichnet man ein großes Turm-Glockenspiel. Die World Carillon Federation (WCF) verlangt von einem Carillon, dass es mindestens über 23 Glocken in chromatischer Reihe über zwei Oktaven verfügt und die Glocken von einem Spieltisch aus angeschlagen werden. Ein Konzert-Carillon besteht aus mindestens 48 Glocken und einem Spieltisch mit einem Tonumfang von vier Oktaven. Ein Grand Carillon besitzt mindestens 53 Glocken und einen Spieltisch mit einem Tonumfang von viereinhalb Oktaven. Der Name Carillon ist von „quatrillionem“ abgeleitet, dem rhythmischen Anschlag von vier Glocken, wie er im 14. Jahrhundert vom Turmwächter praktiziert wurde.

[16] Es handelt sich um die Victoria Memorial Church of Boniface im Frankfurter Westend, die über ein „englisches Glockenspiel“ verfügte, bei dem keine Glocken, sondern aus Kosten- und Platzgründen nur Klangstäbe angeschlagen wurden. Wegen ihres geringeren Volumens und wegen der fehlenden Obertöne klangen die Stäbe weder so weit noch so voll und „farbig“ wie (Bronze-)Glocken (den automatischen Glockenspielen mit Porzellanglocken ähnlich). Die „Englische Kirche“ verkaufte noch vor Kriegsbeginn ihre Immobilien an die Alt-Katholische Gemeinde, die sie nach dem Krieg an die (Deutsche) Evangelisch-reformierte Gemeinde in der Freiherr-vom-Stein-Strasse in Frankfurt weitergab. Das Kirchengebäude wurde im Krieg zerstört und später nur durch ein Gemeindehaus ohne Kirche ersetzt. Ein Gedenkstein auf dem Grundstück erinnert an die Zerstörung der „Englischen Kirche“ im Krieg. Die Evangelisch-reformierte Gemeinde hatte das Grundstück nach dem Krieg gekauft und einen Neubau als Kopie der „Englischen Kirche“ errichtet. Da die Gemeinde schnell wuchs und in der neuen Kirche Schadstoffe verbaut wurden, wurde der Kirchen-Nachbau später abgerissen und durch einen neuen Kirchenbau ersetzt.

Die Parochialgemeinde war an dem jungen Kirchenmusiker Wilhelm Bender lebhaft interessiert. Man hatte besonders in Verbindung mit dem Glockenspiel große Pläne mit ihm. Wilhelm Bender trat sein Amt im August 1936 während der Berliner Olympiade an und wurde damit seit 1717, von ihrer Entstehung bis zu ihrer Zerstörung, nach 219 Jahren der 15. und vorläufig letzte hauptamtliche Kantor und Glockenmeister der Parochialkirche[17]. Anlässlich seines Antrittskonzerts am 11. August 1936 spielte Wilhelm Bender nicht als Carillonneur auf dem Glockenspiel, sondern als Kantor auf der Sauer-Orgel der Parochialkirche „alte deutsche Orgelmusik“. Die „Parochialglocken“ vermeldeten 900 Zuhörer. Die Kritiken in der „Deutschen Allgemeinen Zeitung“, im „Völkischen Beobachter“ und in der „Berliner Zeitung am Mittag“ waren überschwänglich: Die „vollkommene Technik des Orgelspielers von Rang und Bedeutung“ wird gerühmt, aber auch das mit „seinem Geschick zusammengestellte Programm aus Orgelmusik aus zwei Jahrhunderten, das durch seine Schönheit unmittelbar zu Herzen sprach“[18]. Nach dem Orgelkonzert spielte ein junger Mann, Reinhold Graßnick, der als Glockenspieler interimistisch die Zeit zwischen dem Ausscheiden Sieperts und dem ersten Glockenkonzert Wilhelm Benders am 14. Oktober 1936 ausfüllte und Siepert bei dessen Krankheiten fallweise vertreten hatte, sein letztes Konzert auf dem Parochial-Glockenspiel.

Man täte der Parochialgemeinde und ihren Gemeindekörperschaften Unrecht, wenn man ihnen unterstellte, ihre vordringlichen wettbewerblichen Bemühungen mit dem Glockenspiel um Image und Prestige hätten weniger ihrer Gemeinde, sondern eher den Nationalsozialisten oder anderen weltlichen Zielen gegolten. Denn tatsächlich ging es gerade in einer Zeit der Entvölkerung des Berliner Zentrums durch Wegzug von Gemeindemitgliedern an den Stadtrand Berlins um den Erhalt der Gemeinde. Im Rahmen dieser Entwicklung wurde der kulturelle und kircheninterne Wettbewerb um Wohlgefallen und Vorherrschaft notwendigerweise immer intensiver geführt. Zumindest wollte man den Mitgliederbestand halten, möglichst ausweiten. Die seit 1934 immer wieder aufflammenden Diskussionen um die Auflösung von Personalgemeinden und z. B. auch der erkennbare Niedergang der benachbarten Nikolai-Wohnsitzgemeinde, die schließlich 1938 „außer Gebrauch“ genommen wurde, waren in der Parochialkirche offensichtlich Ansporn genug für besondere kirchliche, aber auch eher weltliche Aktionen. Stets aber blieb die Kirchenmusik für die Parochialkirchen von großer Bedeutung: Denn auch mit herausragenden Kirchenkonzerten konnten mehr Menschen als bei jedem anderen kirchlich-religiösen Angebot angesprochen werden.

Wilhelm Bender leistete nach seiner Anstellung an der Parochialkirche auch bei dieser „Akquisitionsarbeit“ nach den zahlreichen noch vorhandenen Konzert-Rezensionen und Berichten aus der Gemeinde mit seiner Kantorei und als Organist sehr schnell Überdurchschnittliches. Insoweit gehörte die Parochialgemeinde mit Wilhelm Bender nach 1936 innerhalb Berlins zu den wenigen Kirchen mit künstlerisch überzeugender Kirchenmusik. In einem Beitrag in der „Allgemeinen Musik-Zeitung“ vom 24. Februar 1939 nennt Professor Fritz Heitmann nur sechs überdurchschnittliche Organisten (neben Wilhelm Bender an der Parochialkirche), die sich in Berliner Kirchen in besonderem Maße um die Orgelmusik verdient machten. In der gleichen Ausgabe zählt der

---

[17] Eine Übersicht über die 15 Carillonneure gibt Jeffery Bossin in seinem Artikel "The Berlin Carillon – 1706 to 1944". In: Bulletin of the Guild of Carillonneurs in North America, Vol. XXXIII, January, 1984, Seite 30.
[18] Vgl. Parochialglocken Nr. 6 vom September 1936, Seite 38.

Kenner der Berliner Chor-Szene, Dr. E. Kroll, die musikalisch wichtigsten Kirchenchöre Berlins auf. Er erwähnt fünf überdurchschnittliche evangelische Kirchenchöre, besonders die beiden besten unter den guten Berliner Chören, den Kirchenchor der katholischen St. Hedwigs-Kathedrale und „die aufstrebende Kantorei der Parochialkirche unter Wilhelm Bender".

Trotz der engen Konkurrenz, in der die Arbeit Wilhelm Benders zu den vielen anderen (letztlich nicht nur Berliner) Kirchenmusikern stand: Wahrscheinlich wäre es ihm bei seiner Befähigung und bei seinem großen Fleiß gelungen, sich mit der Parochialkirche rasch und dauerhaft an die Spitze der Berliner Kirchenmusiker zu setzen. Wilhelm Bender hatte sich jedenfalls in diesem Wettstreit bereits bestens behauptet. Die Kritiken seiner regelmäßigen Orgel- und Kantoreikonzerte sind z. T. überschwänglich positiv. Seine Orgelkonzerte wurden in der Presse als „herausragend“ gefeiert, aber auch z. B. zwei Abendmusiken mit der Parochialkantorei anlässlich der Buxtehude-Feiern zum 300. Geburtstag im November 1937. Die „Musikwoche" vom 18. März 1939 lobt „den immer mehr aufrückenden Wilhelm Bender" ganz besonders (in der „Allgemeinen Musik-Zeitung“ vom 17. März 1939 wird allerdings das Hervorstoßen einzelner Text-Silben des Parochialchors im gleichen Konzert als übertrieben kritisiert). Den ersten großen überregionalen Erfolg feierte Wilhelm Bender mit seinem neu gebildeten Kirchenchor lt. jubelnder Konzertkritiken in der „Deutschen Allgemeinen Zeitung“, der „Berliner Zeitung am Mittag“ und dem „Berliner Lokalanzeiger“ in einem Konzert an Ostern 1937 mit der Bachkantate „Christ lag in Todesbanden“. Damit habe sich die Parochial-Kantorei eine bemerkenswerte Stellung im Berliner Chorwesen errungen. Die Johannes-Passion von Heinrich Schütz wurde Ostern 1938 unter der Leitung Wilhelm Benders von der Parochialkantorei und dem von ihm kurz zuvor gegründeten Volksdeutschen Singkreis in der Parochialkirche aufgeführt. Der „Völkische Beobachter“ lobt dieses Konzert als Beweis für den Aufstieg der Chormusik im neuen Deutschland. Oberkonsistorialrat Söhngen, der später eine der Gedenkansprachen im Trauergottesdienst für Wilhelm Bender halten sollte, schrieb ihm in einem persönlichen Brief, dass auch „die letzte Leistung in jedem Falle eine war, wie man sie in Berlin ganz selten findet“[19]. Gleichzeitig lud er ihn zu Konzerten in andere Berliner Kirchen ein.

Für die musica sacra hatte Wilhelm Bender seine ehrgeizigen Aufgaben als Kantor der Parochialkirche selbst beschrieben: Im Singen der Gemeinde finde sich alle Kirchenmusik. Die Choralpflege sei das Kernstück der musikalischen Gemeindearbeit. Ziel sei daher die Schaffung einer Parochialkantorei, die in einem Auslese-Chor gipfele. Ferner solle die Bildung einer Instrumentalgruppe versucht werden. In selbstständigen Abendmusiken, die sich dem kirchlichen und nationalen Festkreis einordnen, würde die Orgelimprovisation eine ganz besondere Pflege erfahren. Die Orgel müsse aber auch mit dem „Wesen ihrer zweiten Kanzel“ der Gemeinde näher gebracht werden[20]. Auch als Komponist war Wilhelm Bender an der Parochialkirche bereits aufgefallen (als Komponist von Kinderliedern hatte er sich schon zuvor beim Berliner Rundfunk einen Namen gemacht): Er komponierte 1936 sein viel beachtetes Werk „Wurze des Waldes“, uraufgeführt zum Erntedankfest 1936 in der Parochialkirche – nach Texten des mittelhochdeutschen Dichters Spervogel der Ältere.

---

[19] Vgl. Parochialglocken Nr. 2 vom Mai 1936, Seite 9.
[20] Vgl. Parochialglocken Nr. 5 vom August 1936, Seite 29.

Wilhelm Bender brauchte die „Berliner Kirchenmusik-Konkurrenz" also nicht zu fürchten. Dennoch: Am Glockenspiel waren er und damit auch die Parochialkirche schon 1936 konkurrenzlos; außer in Potsdam gab es schließlich weit und breit kein weiteres Glockenspiel von Rang. Der schnellste Weg zur Profilierung – ohne Vernachlässigung der musica sacra – führte somit mit dem neuen begabten und ehrgeizigen Glockenspieler über das Glockenspiel. Man sah an der Parochialkirche – was sich bald auch als richtig herausstellte – ganz besonders im betont säkularen Kontext mit dem Glockenspiel-Angebot die durchschlagende missionarische und politische Chance. Es schien töricht zu sein, dieses Alleinstellungsmerkmal „Glockenspiel" im Wettbewerb der Gemeinden nicht zu nutzen, zumal es allen Beteiligten mit Wilhelm Bender an der Spitze auch noch die Chance zur – von persönlichen Eitelkeiten nicht freien – öffentlichen Selbstdarstellung bot. Dennoch war der missionarische Eifer Wilhelm Benders keine oberflächliche Inszenierung, sondern entsprach seiner religiösen Gesinnung.

Seine hervorgehobene Aufgabenstellung als Glockenspieler hat Wilhelm Bender auch weiterhin – wenn auch in reduziertem Umfang – nicht vom subtileren Musizieren an der Orgel und mit der Kantorei abgehalten. Anhand noch vorhandener Konzertprogramme der Parochialkirche und von Rezensionen ist erkennbar, dass noch im frühen Jahr 1937 der Konzertschwerpunkt Wilhelm Benders auf der Orgel und auf Aufführungen mit der Parochialkantorei lag. Danach verschieben sich Interesse und Schwerpunkt seiner öffentlichen Auftritte deutlich hin zum Glockenkonzert; mit Wilhelm Bender fanden nach 1937 große Konzerte auf dem Carillon weit häufiger statt als Konzerte an der Orgel. Die Orgelkonzerte zogen im Übrigen deutlich weniger Publikum an, wurden weniger von Kritikern besprochen, und es folgten auch weniger Veröffentlichungen nach, die aber – wenn sie denn erschienen – deutlich subtiler und kenntnisreicher abgefasst waren und dem Künstler Wilhelm Bender im Vergleich zu seinen öffentlichkeitswirksameren Glockenkonzerten gerechter wurden („die Sauberkeit seines Spiels und die polyphone Klarheit der Registrierung" wurden von der „Musikwoche" vom 4.2.1939 deutlich hervorgehoben). Dagegen ist in den Berichten über die Glockenspielkonzerte - anders als bei den Orgelkonzerten – viel von der Wirkung auf die Zuhörer die Rede (oft verbunden mit Schätzungen über die Zahl der sich vor der Kirche drängenden Konzertbesucher, manchmal bis zu 2.000, so z. B. 1937 anlässlich der 700-Jahrfeier zur Stadtgründung Berlins), von der Zahl der eingesetzten Klappstühle auf dem Friedhof oder auf den umliegenden Straßen, vom Volksfest-Charakter usw. Es war – was seitens der Parochialgemeinde nicht ungern gesehen wurde - viel von der werbenden Außenwirkung die Rede und weniger von der musikalischen Darbietung selbst. Mit den Glockenspielkonzerten wurde der beabsichtigte „Event"-Charakter erzielt, dem schon alleine durch die Fülle der Konzerte und Berichte etwas leicht Oberflächliches anhaftete und letztlich zu dem feinsinnigen Musiker Wilhelm Bender nicht immer passen wollte.

Der Eindruck des Oberflächlichen wurde jedoch durch die kirchliche Inszenierung reduziert, die von der Parochialkirche als Ort des Glockenkonzerts ausging und damit den volkstümlicheren Glockenkonzerten den Charakter und Anschein eines religiösen Ereignisses mit großer Anziehungskraft verschaffte. Eine zusätzliche Attraktivität entstand durch die große Anzahl der Anwesenden selbst, denn Glockenspiele waren in der Bevölkerung sehr beliebt – besonders bei den sogenannten „kleinen Leuten". In dieser Gemeinschaft befand man sich unter Gleichgesinnten gleicher Gefühlslagen. Hier drang Wilhelm Bender mit seinem Glockenspiel tief in das Berliner Volksempfinden ein. In Berlin (wie aber auch in den anderen Großstädten, in denen Carillons vorhanden waren) gab es ein reiches Musikangebot an Opern, in Konzertsälen und Kirchen; diese Aufführungsorte waren in der Regel den bildungsfernen Schichten mit Schwellenangst verschlossen. Das Glockenspiel aber, dieses „Freiluft-Instrument“, kann auf der Straße gehört werden und gibt jedermann das Gefühl, „dabei zu sein“ – ohne Kleiderordnung, man kann kommen und gehen, man kann sich miteinander unterhalten, ohne zu stören. Es fehlt an der sonst hemmenden üblichen „Kulturtechnik“ des „anderen“ Konzertbesuchs; Carillonkonzerte stehen allen offen.

In den Konzertsälen, in geschlossenen Räumen, findet das Carillon notwendigerweise keinen Eingang; so bleibt das Glockenspiel immer nur am Rande des allgemeinen Konzert- und Kulturlebens angesiedelt. Die eigentliche Entwicklung des modernen Glockenspiels vollzog sich somit außerhalb von Konzertsaal und Oper auf den Rathäusern, Kirch- und Schlosstürmen der Städte. Glockenmusiken haben also „nichts mit exklusiver Kunst“ gemein, „sondern stehen unverrückbar im Leben und im Volk“ – so ein Bericht der Deutschen Allgemeinen Zeitung vom Mai 1938. Es ergaben sich insoweit ungewohnte Begegnungen durch die Glockenkonzerte, während ansonsten Konzerte in der Kirche oder im Konzertsaal eher etwas für Kirchgänger oder „Eingeweihte“ waren.

Zur Attraktivitätssteigerung der Glockenkonzerte Wilhelm Benders passte auch die Themenauswahl: Beispielhaft sei erwähnt, dass Wilhelm Bender zu Hitlers Geburtstag am 20. April 1939 auf dem Glockenspiel in einem Sonderkonzert „Lieder der Hitlerjugend“ spielte: „Der Führer hat gerufen“, „Singend wollen wir marschieren“ usw. Die Programmauswahl stieß notwendigerweise auf das Interesse des Nazi-Regimes, besonders wenn die Glockenkonzerte mit Posaunenchören – nach 1933 meistens aus Musikzügen von NS-Organisationen – auf dem Turm verbunden waren[21]. Wilhelm Bender gab gerne Glockenkonzerte unter Mitwirkung von Turmbläsern (fallweise auch mit NS-Musikzügen), so z. B. 1939 mit deutschen Soldatenliedern aus der Zeit um 1525 bis zur Gegenwart („Glocken singen für Soldaten“).

Wilhelm Bender widmete überhaupt zahlreiche Glockenkonzerte den Nationalsozialisten mit besonderer Liedauswahl in der Programmfolge – immer wieder zum Geburtstag des Führers, bei Horst-Wessel-Gedenkkonzerten oder Sonderkonzerte bei anderen Gelegenheiten wie an „Tagen besonderen Gedenkens“, so z. B. bei der Ein-

---

[21] An der Parochialkirche war es häufig geübte Praxis, Glockenkonzerte mit Posaunenmusik – von Bläsern vom Turm geblasen – zu umrahmen. Konzertprogramme von 1934–1940 verweisen in diesem Zusammenhang auch auf den Komponisten Johannes Kuhlo (1856-1941), ein Bielefelder Pfarrer in den Bodelschwinghschen Anstalten in Bethel, Schwiegersohn von Friedrich von Bodelschwingh, der zusammen mit seinem Vater Eduard Kuhlo als Gründer der evangelischen Posaunenchorbewegung in Deutschland gilt. Später wurde der „Posaunengeneral“ Führer dieser Bewegung und Ehrenpräsident des „Verbandes evangelischer Posaunenchöre Deutschland“ in der Reichsmusikkammer. Kuhlo war Angehöriger der neupietistischen Erweckungsbewegung. Bereits 1899/1900 mobilisierte er für vier Kaiserhuldigungen in Westfalen Tausende von Sängern und Bläsern (zuvor schon hatte zur Einweihung des Hermannsdenkmal in Detmold im Jahre 1875 sein Vater Eduard Kuhlo 19.000 Posaunen aufgeboten!). Nach Kuhlos Klangideal sollten die Posaunenchöre möglichst genau einen Vokalchor imitieren; hier traf er auf die musikalische Welt von Wilhelm Bender. In der Musik Kuhlos spielte das „Horst-Wessel-Lied“ eine gewichtige Rolle; in seinen Notensammlungen (im Anhang von Band I seines „Posaunenbuchs“) nahm Kuhlo eine Posaunenfassung des „Horst-Wessel-Liedes“ im vierstimmigen Satz auf. Kuhlo war Antisemit, konservativer Monarchist und bereits 1932 Mitglied der NSDAP geworden. Er besuchte Hitler im Juli 1933 auf dem Obersalzberg, den er bereits 1932 anlässlich der Reichspräsidentenwahl in Erweckungskreisen hoffähig gemacht hatte. Vor dem Führer blies er sogar auf dem Obersalzberg Choräle. Hitler, dies hat Kuhlo verbreitet, sei ein frommer Christ.

weihung des Lößnitzer Glockenspiels im Erzgebirge mit ausdrücklicher Unterstützung des dortigen Pfarrers und des Gemeindekirchenrats.

Die Glockenkonzerte erreichten nach heutigen Maßstäben „Kultcharakter“. Mit „seinen Glocken“ eroberte Wilhelm Bender das Berliner Publikum. Er wurde zu einer Berliner Institution und nicht nur in der Parochialgemeinde ein „gefühlter“ Mittelpunkt des Berliner (Kirchen-)Musiklebens. Ihm schien es zu gefallen. Er ließ es zu, dass im „Völkischen Beobachter“, dem publizistisches Organ der NSDAP, ein längerer Artikel erschien, in dem man u. a. lesen konnte, wie gerne er als Musikreferent der Hitlerjugend die Lieder der SA und der HJ auf dem Glockenspiel über Berlin ertönen lasse[22]. Das Glockenspiel war ihm in den Jahren 1937–1940 zum Schwerpunkt seines beruflichen Denkens und Handelns geworden. Hervorragendes hat er dabei zusätzlich mit seinen Glockenkompositionen bewirkt; seine dominante Aufführungspräsenz tat ein Übriges.

Wilhelm Bender gelang es schnell, mit der Wirkung seines Glockenspiels – ungleich schneller als mit seinen Kirchenkonzerten – die Parochialkirche ins öffentliche Interesse zu rücken. Er löste geradezu eine „Glockenspiel-Bewegung“ aus. Bereits zur Berliner Olympiade im August 1936 mit 49 teilnehmenden Nationen hatte sich Wilhelm Bender mit der Technik des Parochial-Glockenspiels perfekt vertraut gemacht. Während dieser olympischen Tage fand die Parochialkirche laut damaligen Presseberichten sowohl bei auswärtigen Besuchern als auch bei den Berlinern stärkste Beachtung. Unter der Überschrift „Unsere Veranstaltungen zur Olympiade“ berichten die „Parochialglocken“: „Wir können mit Freude feststellen, daß unsere Kirche während der ereignisreichen Wochen vom 1. bis 16. August von Auswärtigen und Berlinern stärkste Beobachtung gefunden hat. Während der täglichen Öffnungszeiten haben allein 3.500 Personen die Kirche besichtigt. Zu den abendlichen Glockenspielen hatten sich stets etwa 100–200 Personen eingefunden... Auch die Abendfeier am 14. August hatte 250 Besucher. So dürfen wir hoffen, daß durch die Veranstaltungen unserer Kirche viele neue Freunde erstanden sind und daß die Besucher aus dem Reiche und dem Auslande die Überzeugung mit nach Hause genommen haben, daß hier im alten Berlin christliches Leben vorhanden ist und der alte Glaube noch gepflegt wird“[23]. Sehr bald war sowohl in den Veröffentlichungen der Parochialgemeinde als auch in den großen Zeitungsblättern die Rede vom „weltberühmten Glockenspiel der Berliner Parochialkirche“. Unter den Zuhörern eines Glockenkonzerts Wilhelm Benders soll auch einmal Hitler gewesen sein – für den Künstler am Glockenspiel damals eine Auszeichnung.

Dass sich der Profilierungserfolg der Parochialkirche mit ihrem Glockenspiel so schnell einstellte, lag nicht nur am glockenmusikalischen Konzertangebot der Parochialkirche, sondern auch an der aktuellen „Nachfrage“: Die Nationalsozialisten benutzten zu Propagandazwecken unter anderem die Glockenmusik. So wurden z. B. die ersten Takte von „Üb’ immer Treu’ und Redlichken“ zum Pausenzeichen des Deutschlandsenders und des Deutschen Kurzwellensenders (zum Leidwesen der Parochialgemeinde) auf dem Potsdamer Carillon gespielt. Carillons spielten sogar in den Plänen Hitlers bei der Neugestaltung der Reichshauptstadt Berlin eine große Rolle. Der Generalbauinspektor Albert Speer sollte ein neues, monumentales Rathaus mit

---

[22] Vgl. „Heimatlieder in der Klosterstraße. Der Glockenmeister erzählt“. In: Tägliches Beiblatt des Völkischen Beobachters Nr. 177 vom 26.6.1937.

[23] Vgl. Parochialglocken Nr. 6 vom September 1936, Seite 38.

zwei etwa 140 Meter hohen Glockentürmen bauen[24]. Neu gegossene deutsche Glocken mit Hakenkreuz-Schmuck würden dann durch ihr Läuten und Spielen die Ideologie des Regimes verbreiten.

Die vielen Berichte im Rundfunk, in den Tageszeitungen und in den Wochenschauen über die Glockenkonzerte der Parochialkirche (und auch – weniger häufig – über das Carillon in Potsdam) und über die Begabung Wilhelm Benders mit seiner künstlerischen Wirkung über die Parochialkirche hinaus entfachten auch überregional ein beachtliches öffentliches Interesse an dem Instrument „Glockenspiel“. Berlin war (zusammen mit Potsdam) zum Zentrum der deutschen Carillonkunst geworden. In Deutschland interessierten sich immer mehr Städte für dieses Instrument. In Verbindung mit dem wirtschaftlichen Aufschwung jener Jahre konnte sich manche Stadt nun auch die Anschaffung eines Carillons leisten. Auch die Nationalsozialisten hatten die Parochialkirche (wie von den Verantwortlichen geplant) als eines ihrer Propagandaforen entdeckt (z. B. durch zahlreiche Rundfunkübertragungen von Glockenkonzerten oder durch eine intensive und regelmäßige Berichterstattung mit Fotos im „Völkischen Beobachter“ oder im „NS-Kurier“), um das Parochial-Glockenspiel weit über die Grenzen Deutschlands hinaus bekannt zu machen. Bis zum Ende des Kirchenkampfs machte es sich aus Sicht der Nationalsozialisten gut, sich von der Kirche nicht zu distanzieren, sondern sich zumindest mit den von den Deutschen Christen dominierten Kirchen äußerlich zu verbinden und sich zusätzlich auch noch der Carillons und der Glockenmusik zur Propagierung ihrer Ideologie zu versichern.

Als der vielleicht bekannteste deutsche Glockenspieler seiner Zeit setzte sich Wilhelm Bender auch in seiner Eigenschaft als Carillonneur der Parochialkirche vehement für die Pläne kirchlicher und nationalsozialistischer Kreise ein, die Zahl großer Glockenspiele im Deutschen Reich deutlich zu erhöhen. Zur Verwirklichung entsprechender Absichten ging er eine Kooperation mit der Glockengießerei Franz Schilling Söhne in Apolda ein, die den Guss und Bau neuer Glockenspiele mit Erfolg betrieb und dabei – was Wilhelm Bender eminent wichtig war – keine Glockenspiele errichtete, denen nicht auch ein Spieltisch für das Handspiel beigegeben war. Beide Geschäftspartner versprachen sich nicht nur ideellen Zugewinn: Schilling würde die großen Carillons mit Spieltisch liefern, was schließlich der kommerzielle Geschäftszweck dieses Unternehmens war, Wilhelm Bender war für das Einrichten und Einspielen vorgesehen – auch nicht als Ehrenamt gedacht. Die Zusammenarbeit zwischen Wilhelm Bender und Schilling sollte die Blüte der Carillon-Kultur in Deutschland fördern und die weiterführende Basis einer kulturellen und wirtschaftlichen Expansion sein. Es gab sogar gemeinsame Pläne für die Aufbauarbeit nach dem Krieg. Neue Glockenspiele (möglichst viele aus der Glockengießerei Schilling) sollten künftig von zahlreichen Kirchen herab und bald auch in den Ordensburgen[25] ertönen, hier für Gemeindemitglieder und

[24] Vgl. Jeffery Bossin: Die Carillons in Deutschland. Teil II: Die deutsche Carillonkultur im 20. Jahrhundert: Blüte und Vernichtung, Wiederaufbau und Wiedervereinigung. In: Jahrbuch für Glockenkunde, 5-6, Band 1993/94, Seite 135.

[25] Gemeint waren die drei NSDAP-Ordensburgen der Deutschen Arbeitsfront Vogelsang in der Eifel, in Sonthofen und Krössingen, in denen Ausbildungsstätten für künftiges Führungspersonal der NSDAP errichtet wurden (Unterrichtsfächer waren u. a. „Rassische Philosophie der neuen Ordnung“, „charakterliche Bildung“, „Verwaltungs- und Militäraufgaben sowie Diplomatie“). Eine vierte Ausbildungsstätte war in der mittelalterlichen Ordensburg Marienburg bei Danzig geplant, die jedoch nicht mehr verwirklicht wurde. Nach Himmlers Plänen sollte die SS-Burg Wewelsburg bei Paderborn, eine einzigartige dreiflüglige Anlage, Hauptquartier des neuen deutschen Ordens werden. Sie wurde unter Heinrich Himmler zur „Reichsführerschule SS“ umgebaut, an der Grundlagenforschung im Dienste der NS-Ideologie betrieben werden

Freunde des Glockenspiels, dort für das nationalsozialistische Führungspersonal. Wegen einiger zusätzlicher Carillon-Projekte standen die Nationalsozialisten bereits mit der Glockengießerei Franz Schilling in Verbindung, die bald Aufträge für den Bau neuer Instrumente erhielt, die wiederum zu einer intensiveren Zusammenarbeit mit Wilhelm Bender als Glocken-Sachverständigen führten. Durch diese Kooperation hatte Schilling bereits in kurzer Zeit fünf neue Glockenspiele in Deutschland verkauft (in den 43 Jahren zuvor waren es insgesamt lediglich zwei Instrumente!).

Wilhelm Bender konnte u. a. die neuen Glockenspiele in Frankfurt am Main an der Nikolaikirche und in Lößnitz an der St. Johanniskirche sowie in Hamburg-Ottensen an der Christianskirche einrichten und einweihen. Die Carillon-Partner Bender-Schilling berauschten sich nach ersten Erfolgen an noch weitergehenden Visionen. Der Drang zur Internationalität veranlasste die Firma Schilling zu zusätzlichen Verkaufsbemühungen in Nord- und Südamerika. Ein Agent, Herr Vogelmann aus Apolda, arbeitete entsprechende Budgets aus. Und wieder war Wilhelm Bender eingebunden: Ein erster Auftrag aus Südamerika für ein Carillon im Rathaus kam aus Buenos Aires. Es wurde vor seiner Auslieferung in Apolda von Wilhelm Bender eingespielt und abgenommen. Nur der Krieg verhinderte die Umsetzung großer künftiger Pläne; das für die Glocken benötigte Metall wurde bald für die Herstellung von Kriegswaffen gebraucht.

Auch in persönlichen Gesprächen und in kleineren Veröffentlichungen trat Wilhelm Bender im Rahmen seiner Geschäftsverbindung mit Schilling werbend für Glockenspiele an die Öffentlichkeit (da er als Carillonneur der Parochialkirche bekannt war und auch als solcher auftrat, waren alle seine Auftritte notwendigerweise auch eine Werbung für die Parochialkirche mit ihrem Glockenspiel). Die auch kommerziellen zusätzlichen Aktivitäten Wilhelm Benders über sein musikalisches Engagement bei der Parochialkirche hinaus wurden von der Parochialkirche gerne gesehen und durchaus gefördert, waren sie doch Teil der Maßnahmen zur Profilierung der Parochialkirche mit Hilfe des Glockenspiels.

Vorteilhaft für den gezielten Einsatz des Parochial-Glockenspiels zur Imageförderung war, dass im weiten Berliner Umfeld die Potsdamer Garnisonkirche die einzige „konkurrierende“ Institution mit einem Glockenspiel war. Zwar verfügte man dort sogar über 40 Glocken (und nicht nur über 37 Glocken wie beim fünfzig Jahre älteren Glockenspiel der Parochialkirche, die allerdings noch mit vier zusätzlichen Läuteglocken ausgestattet war), aber die tiefen Glocken der Garnisonkirche wurden wegen fehlender Läuteglocken auch zum Läuten eingesetzt, was aufgrund der permanenten Überbeanspruchung zu schweren Schäden und einem insgesamt unreinen Geläute führte – seitens der Parochialkirche vermerkte man dies nicht ohne eine gewisse Schadenfreude (erst im Mai 1939 erhielt die Potsdamer Garnisonkirche vier neue Läuteglocken). Unter Fachleuten wurde auch kritisiert, dass die Glockenspiel-Automatik der Potsdamer Garnisonkirche von 1797 bis zur Zerstörung des Turms im Jahr 1945 immer nur „Lobe den Herren“ und „Üb´ immer Treu und Redlichkeit“ spielte, während die „Automatik-Programme“ der Parochialkirche äußerst abwechslungsreich gestaltet wurden.

---

sollte. Die auszubildenden „Ordensjunker“ – im Alter zwischen 25 und 30 Jahren – sollten im Rahmen der parteilichen Ausbildung alle Ordensburgen nacheinander durchlaufen. Burgen schienen das geeignete Architektursymbol, das für die Ideologie des Regimes instrumentalisiert werden konnte. Hier sollten Kaderschmieden als „Festungen des Glaubens“ für den politischen Nachwuchs in der Tradition der Burgen des Deutschen Ordens entstehen.

Von Vorteil für den Wettbewerb um die „Berliner Kirchenvorherrschaft" war für die Parochialkirche ferner, dass der Glockenist der Garnisonkirche, Professor Otto Becker, wesentlich älter als Wilhelm Bender war, das Carillon-Spiel erst spät erlernte und es nie zu der Meisterschaft eines Wilhelm Bender gebracht hat. Auch war er kein Komponist originärer Carillon-Kompositionen, sondern schuf lediglich eigene Bearbeitungen. Vor allem aber war er kein Freund der Nationalsozialisten und hat diese gerne provoziert, indem er immer wieder Werke jüdischer Komponisten auf der Orgel und dem Carillon spielte. Auch diese Tatsache lenkte den propagandistischen Blick der Nationalsozialisten eher auf die Parochialkirche mit ihrer angepassten Einstellung zum Nationalsozialismus.

Die gewachsene Bedeutung des Glockenspiels für die Parochialkirche lässt sich auch am Umfang der Pressenotizen ablesen. Ab 1937 wird regional und überregional außerordentlich häufig über die Glockenkonzerte Wilhelm Benders geschrieben – seien es seine sommerlichen Musiken, ein Konzert zum Andenken an den Soldatenkönig, der einst der Parochialkirche das Glockenspiel schenkte, seine Glockenspielkonzerte zu Weihnachten und Neujahr, zu nationalen Feiertagen oder einfach nur z. B. zur Einweihung des neuen Gemeinschaftsraums der Ateliergemeinschaft Klosterstraße, dem Zufluchtsort schaffender Künstler. Man ließ ungern eine Gelegenheit aus, sich in der Öffentlichkeit mit dem Glockenspiel in Szene zu setzen. Schon alleine die Steuerung der deutschlandweiten Presse- und Rundfunkarbeit muss die Verantwortlichen erhebliche Zeit gekostet haben.

Am Heiligen Abend 1936 sandte Wilhelm Bender Glockengrüße vom Parochial-Kirchturm über den Deutschlandsender an die Deutschen in aller Welt – ein Beweis für sein Können, für seine bereits erlangte Reputation und ein weiterer Schritt zur größeren Bekanntheit der Parochialkirche als einem großen Zentrum der Glockenspielkunst. Häufig bezeichnete man in der Parochialgemeinde jetzt das Glockenspiel als „kostbarstes Gut". Folgerichtig weist die Parochialkirche nach 1936 in ihren Drucksachen bei ihrer „Firmierung" regelmäßig auf ihr Glockenspiel hin: „Die evangelische Parochialkirche in der Klosterstraße mit dem historischen Glockenspiel".

Die Erfolge der Carillon-Konzerte mit Wilhelm Bender als Glockenisten erreichten in den Jahren 1937–1939 ihren Höhepunkt. Wilhelm Bender spielte regelmäßig im Rahmen der von ihm ins Leben gerufenen „Glockenmusiken" und glänzte dann vornehmlich mit seinen Improvisationen. Ferner gab er Sonderkonzerte an hohen Festtagen und zu besonderen weltlichen Anlässen. Seine Abendkonzerte, seine „Kleinen Nachtmusiken" hatte der Rundfunk direkt übertragen[26]. Die Glockenkonzerte wurden immer populärer: In der Presse wurde sogar der Spieltisch des Glockenspiels ausführlich beschrieben, die Zahl und Qualität der Glocken, die handwerklichen Fähigkeiten Wilhelm Benders, die Klangentfernungen, die die Glocken überwinden, die Geschichte und Technik des Spiels – alles, so könnte man denken, was einen Laien gewöhnlich nicht im geringsten interessiert. Die Bevölkerung reagierte dennoch mit großem Interesse auf die intensive Öffentlichkeitsarbeit, die sie mit den Eigenarten dieses sonderbaren Freiluft-Instruments der Parochialkirche bekanntmachte. Auch in Son-

---

[26] Trotz intensiver Suche konnten Mitschnitte von Glockenkonzerten der Parochialkirche weder in Rundfunk- noch in Privatarchiven gefunden werden. Die historischen Aufnahmen wurden entweder im Krieg vernichtet oder von den Rundfunkanstalten nach dem Krieg aus Materialmangel gelöscht. Auch im Percival-Price-Archiv in Ottawa, wo Tonbänder und Schallplatten auch von deutschen Glockenspielkonzerten aufbewahrt werden, lässt sich kein Tondokument von Wilhelm Benders Glockenkonzerten finden.

derdrucken der „Parochialglocken“, die an Presse, Schulen, Büros, Institute usw. verteilt wurden und die Beiträge über Konzertankündigungen und -kritiken sowie Übersichten über die freien Spiele und Stundenspiele enthielten, wurde ab 1936 systematisch für das Glockenspiel geworben.

Das Glockenspiel der Parochialkirche gewann dadurch immer mehr Freunde. Monat für Monat wuchsen die Auflagen der gedruckten monatlichen Spielpläne, die an die Gemeinde und die umliegenden Haushalte, an Touristenbüros und an die Presse verteilt wurden. Zeitung, Film und Rundfunk vermehrten ständig den Freundeskreis bis an die Grenzen Deutschlands. Kein Film über Berlin, der nicht auch den Turm der Parochialkirche und ihr Glockenspiel einbezog. Mehr und mehr wurden Postkarten mit dem künftigen Konzertprogramm an Ehrengäste, Presse und ausgewählte potentielle Besucher verschickt. Diese professionellen Bemühungen führten dazu, dass die intensive Werbung für das Glockenspiel noch bis Kriegsbeginn auch in englischer und französischer Sprache veröffentlicht wurden, z. B. vom Berliner- und französischen Verkehrsverein im Organ „Die Reichshauptstadt“, ergänzt mit Artikeln über „The Berlin-Chimes“ und „Carillon des Berlin“. Ein Aufsatz Wilhelm Benders in den „Parochialglocken“ über das Glockenspiel („Das Jahr des Glockenspiels“) wurde Ende 1938 von der Deutschen Allgemeinen Zeitung übernommen und erschien anschließend dreisprachig als kostenlose Werbung in der Zeitschrift des Berliner Verkehrsvereins „Die Reichshauptstadt“[27].

Den Glockenkonzerten Wilhelm Benders oder seinen Auftritten im Rundfunk und in den Wochenschauen wurden regelmäßig in den „Parochialglocken“ ganzseitige Ankündigungen in auffälliger Aufmachung gewidmet. Auch dies zeigt, welche Bedeutung man dem Glockenspiel in der Außenwirkung der Parochialkirche beimaß. Erstmals enthielten die Konzert-Programmankündigungen mit Wilhelm Bender am Carillon einen Hinweis auf den ausführenden Künstler; zuvor wurden die Namen der konzertierenden Glockenspieler nur ausnahmsweise – beispielsweise von Gastsolisten – genannt.

Nachdem mit Wilhelm Bender der rechte Künstler gefunden worden war, konnte man daran gehen, die Rahmenbedingungen für dessen öffentliche Auftritte zu verbessern. Dazu wurde zusammen mit Wilhelm Bender eine überzeugende Strategie entwickelt: Um den Künstler Wilhelm Bender herum kam es an der Parochialkirche zu einer Reihe flankierender und unterstützender Maßnahmen, die wie ein eigenständiges „Profit-Center“ innerhalb des Gemeindelebens wirkte. In seiner Position trat Wilhelm Bender gleichsam in doppelter Funktion auf, einmal als Kirchenmusiker nach innen für die Kirchengemeinde, liturgisch-introvertiert und konzertant, und zum anderen als Glockenspieler nach außen mit einer eher öffentlichkeitswirksam-extrovertierten Wirkung für die Stadtbevölkerung.

Um das öffentliche (und politische) Interesse verstärkt auf die Parochialkirche zu lenken, wurde schon 1935 eine Lichtanlage zur Erleuchtung des Kirchenturms und zur Turm-Innenbeleuchtung angeschafft. Regelmäßig erstrahlte der Parochialturm nun im Licht der neuen Beleuchtungsanlage, wodurch Abendkonzerte bei beleuchtetem Turm besonders stimmungsvoll waren. An Heiligabend 1935 wurde die Beleuchtung zum ersten Mal eingeschaltet.

---

[27] Vgl. Parochialglocken Nr. 11 vom Februar 1938, Seite 68.

Ab 1936 investierte man in einen umfassenden Aus- und Umbau des Kirchturms. Der repräsentative Ausbau des Turminneren war eine Entscheidung des Gemeindekirchenrats. Vorschläge zur Ausgestaltung des Spielkabinetts und für das Glockenspiel kamen von Wilhelm Bender. Im ersten Stock entstand ein repräsentatives Turmzimmer mit Vorzimmer, das den „Charakter einer Ehrenhalle" besaß und sich als vorzüglicher Kammermusikraum bewährte. Bei Kerzenschein erklang auf historischen Instrumenten Musik, vornehmlich von Wilhelm Bender selbst gespielt oder kammermusikalisch geleitet. Wilhelm Bender hatte in seiner Eigenschaft als musikwissenschaftlicher Berater des Staatlichen Instituts für Deutsche Musikforschung Zugang zu dessen historischer Instrumentensammlung[28]. Das Turmzimmer diente jetzt auch dem Gemeindekirchenrat als Versammlungsraum.

Die Räume über dem Turmzimmer wurden 1939 als Kirchenmuseum ausgebaut und dort die Historische Sammlung untergebracht, ein Museum mit einer Sammlung alter Baupläne, Kirchengut und Taufgeräten, alten Kruzifixen, Bibeln, mit Altarleuchtern, Gesangbüchern, Kollektenbüchern, Stiftungs- und Schenkungsurkunden, alten Medaillen und Kupferstichen vergangener Jahrhunderte. Diese historische Sammlung berichtete von der Geschichte Alt-Berlins und von der Entwicklung der Parochialkirche. Das Museum sollte als Frequenzbringer der Parochialkirche „zahlende Gäste aus dem Reich und aus dem Ausland bringen und den Besuchern Einblicke in das althistorische Glockenspiel und die historischen Sammlungen geben" – so in einem Rückblick der „Berliner Börsenzeitung" (!) vom 4. Juli 1939.

Im Gemeindebüro wurden Bücher und vor allem Schallplatten mit Mitschnitten der Konzerte Wilhelm Benders auf dem Parochial-Glockenspiel, Andenken und heute noch erhaltene Ansichtskarten verkauft, z. B. mit einem zwischen den Glocken hindurch fotografierten Blick vom Parochial-Glockenturm zum Berliner Dom mit Weihnachts- oder Neujahrsgrüßen. Dieses Motiv zierte auch zahlreiche Zeitungsfotos. Das Kirchenmuseum war Berlins höchstes Museum, als Museum jedoch keineswegs erfolgreich; die wenigen Besucher – von Juli bis September 1939 insgesamt nur 886[29] – kamen in der Regel nur wegen des freien Blicks von einer eigens installierten Aussichtsplattform auf Alt-Berlin. Anfang 1940 wurde das Museum darum wieder geschlossen.

Oberhalb des Museums (und ein Stockwerk unter den Glocken) lag der wohl schönste Raum des Turms, das Spielkabinett mit dem Spieltisch für das Glockenspiel, das mit bunten holländischen Kacheln ausgelegt war (stilgerecht zum Herkunftsland des Glockenspiels). Die Namen aller 14 hauptamtlichen Glockenmeister vor Wilhelm Bender und die Zeiten ihres Wirkens waren in der Manier der Delfter Kachelmalerei auf Wandtafeln im Spielkabinett verewigt – vom Niederländer Carssebohm über Grell bis zu drei Generationen Thiele. Auch eine Tafel mit einem Gedicht zu Ehren des Glockenspiels war gut sichtbar angebracht:

---

[28] Im Deutschen Rundfunkarchiv sind mehrere Originalaufnahmen mit Wilhelm Bender als Solisten u. a. am sogenannten originalen Bach-Cembalo erhalten.

[29] In den „Parochialglocken" (Nr. 5/6 vom August/September 1939, Seite 26) wird berichtet, dass alleine im Juli rund 500 Besucher das Museum besucht hätten.

Wie lieb' ich die alten Klänge,
Die als Kind mich schon ernster gestimmt.
Wenn der Altstadt lärmend Gedränge
Die stille Sammlung mir nimmt.

Ihr singt ja, ihr heiligen Lieder,
Des eigenen Herzens Choral.
Gott grüß euch, hör ich euch wieder,
Ihr Glocken von Parochial[30].

Im Spielkabinett konnten Interessierte, deren Besuche in Zeitungsanzeigen nachdrücklich umworben wurden, das Glockenspiel aus nächster Nähe erleben. Wilhelm Bender gab vor Konzerten am Spieltisch oft Erläuterungen, was die Attraktivität seiner Auftritte abermals steigerte.

Durch den Umbau des Turminneren wurden Besichtigungen ermöglicht, so dass jetzt auch die Öffentlichkeit Zugang zum Glockenspiel und zur geschichtlichen Sammlung hatte. Der Parochial-Kirchturm, der „König der Klosterstraße", sollte mit seinen drei Einzigartigkeiten „Turmzimmer, Museum und Glockenspiel mit magnetischer Kraft eine Unmenge Besucher in die Innenstadt locken". An den Wochentagen fanden regelmäßig zu festen Zeiten Besichtigungen mit Führungen vom eigens eingerichteten Führungsdienst des Studentenwerks Berlin statt. Die Deutsche Arbeitsfront „NS–Gemeinschaft Kraft durch Freude" holte sich sogar von der Kirchenleitung der Parochialkirche die Genehmigung zur regelmäßigen Durchführung von „Kraft durch Freude-Führungen". Bei Schulausflügen umlagerten Kinder die Parochialkirche und „starrten mit offenem Mund zum sagenumwobenen Glockenspiel hinauf"[31].

Ein aus damaliger Sicht moderner Schritt war die vertragliche Einbindung von Reiseunternehmen, um Touristen mit ihren Bussen bei Stadtrundfahrten „kurz vor Halb und Voll" vor dem Parochialturm anhalten zu lassen, um dem Glockenspiel zu lauschen. Mit der Firma „Käses Autorundfahrten" und „Elite Autofahrt GmbH" wurden entsprechende Verträge geschlossen: Bei deren Berliner Stadtrundfahrten legten sie Stopps bei der Parochialkirche ein, um das Glockenspiel zu hören und Turmführungen durchzuführen. Mit der Mitropa, mit dem Berliner Verkehrsverein und der Reichsbahn gab es entsprechende Vereinbarungen, um auf die schmucke Parochialkirche aufmerksam zu machen[32].

Auch privat bezahlte Touren wurden von der Parochialkirche organisiert. Vereine, Parteien oder Einzelpersonen konnten kostenpflichtigen Privatkonzerte in Auftrag geben und ihre Orgel- und Glockenspiel-Feierstunden in der Parochialkirche gegen Entgelt abhalten, was der Kirche zusätzliche Einnahmen und kulturellen Imagegewinn

---

[30] Vgl. Hans Siepert: Das Berliner Glockenspiel. In: Daheim, Heft Nr. 15/16, 1934, Seite 14. Dieses Gedicht stammt vom Pfarrer der Parochialkirche Paul Heldt, der es 1924 geschrieben hatte.

[31] Oberhalb der Glocken trugen vier metallene Löwen die hohe Spitze des Parochial-Kirchturms. Nach einer Legende waren diese Löwen von einem Uhrmacher mit dem Spielwerk verbunden worden und gaben stündlich durch lautes Brüllen die Uhrzeit an. Der Hohe Rat von Berlin wollte verhindern, dass sich eine andere Stadt mit einem vergleichbaren Wunderwerk schmücken würde und ließ den Schöpfer des Werkes blenden. Der nun blinde Uhrmacher stieg noch einmal auf den Turm der Parochialkirche und entfernte am Spielwerk eine Schraube und ein kleines Kästchen. Daraufhin verstummten die Löwen für immer. Keinem noch so fähigen Uhrmacher gelang es, die Löwen jemals wieder zum Brüllen zu bringen (vgl. Christian Hammer, Peter Teicher: Die Parochialkirche zu Berlin, Berlin–München 2009, Seiten 41–44).

[32] Vgl. Evangelisches Landeskirchliches Archiv in Berlin ELAB, Bestand 7, Akte 134.

bescherte. Ausgefeilte Programme ließen die Besichtigung der Parochialkirche durch interessierte Kreise zu einem „Event" werden. Mit Pferdedroschken fuhren Gäste – im Mai 1936 z. B. 200 ausländische, in Berlin ansässige Dozenten aus 25 Nationen – durch Alt-Berlin; bei einem Halt vor der Parochialkirche wurde dann das Glockenspiel „zu Ehren der Gäste gespielt und im Glockenturm eine Atmosphäre des allgemeinen Wohlbehagens und der Zufriedenheit geschaffen". Im Oktober 1936 kam die „Fachschaft für Heimatpflege im Verband Märkischer Wandervereine e.V." in die Parochialkirche. Pfarrer Kitscha sprach ein Grußwort, referiert über die Historie der Parochialkirche und leitete die Führung durch die Parochialkirche. Wilhelm Bender konzertierte auf der Orgel und schloss die Vorführung mit einer Glockenfeierstunde. Im März 1939 hielt die Traditionsgemeinschaft der Jäger und Schützen im NS-Reichskriegsverbund eine Heldenehrung ab – mit Orgel- und Glockenspiel (Wilhelm Bender als Solist) und Auftritt der Kantorei (Leitung Wilhelm Bender).

Das Interesse der Bevölkerung am Glockenspiel wurde auch durch das automatische Spiel der Walzen, d. h. durch eine weitere regelmäßige musikalische Präsenz wach gehalten. Das mechanische Spiel war in der Parochialkirche lange Zeit ausschließlich dem Choral vorbehalten, im Laufe der Jahre hörte man dann verstärkt auch die Lieder der NS-Bewegung. Zwar wird das Glockenspiel erst durch das Handspiel zu einem lebendigen Instrument, also nur bei Konzerten des Glockenisten. Die automatische Walze kann jedoch das Glockenspiel rund um die Uhr betreiben[33]. Für das Glockenspiel komponierte Wilhelm Bender Monat für Monat Choralsätze für die volle und halbe Stunde, errechnete ihre Übertragung auf die Walze des Uhrwerks und nahm auch die mühevolle technische Einrichtung, d. h. die monatliche Umsetzung der Stifte des Walzwerks selbst vor, das dann zu festgesetzten Zeiten die Glocken bewegte. Verstummten die Glocken einmal nachts – so ein Zeitzeuge – dann wachten die Anwohner durch die ungewohnte Ruhe auf. Allerdings fand das automatische Glockenspiel nicht jedermanns Wohlwollen: Nachdem ein an nervösen Schlafstörungen leidender Anwohner vergeblich den Antrag gestellt hatte, das automatische Stundenspiel nachts abzustellen – die Technik ließ eine entsprechende variable Schaltung aber offenbar nicht zu – schossen „Unbekannte" wegen der andauernden Lärmbelästigung nachts auf das Spielkabinett.

Der Turm der Parochialkirche galt bald als Wahrzeichen der Reichshauptstadt. Der Glockenturm und das Glockenspiel der Parochialkirche wurden immer intensiver als das originellste Stück Alt-Berlin angesehen. Die Parochialkirche war zu einem Brennpunkt städtischer Identität geworden. Insoweit war es bei dem kommerziellen Streben der Parochialkirche durchaus konsequent, auch unter ihrer Federführung Anstrengungen zur Wiederbelebung der Innenstadt durch eine „Arbeitsgemeinschaft zur Förderung der Berliner Innenstadt" aufzunehmen, um die Berliner wieder der Mitte Berlins zuzuführen, die unter der Bevorzugung der im Westen gelegener Vergnügungsstätten massiv gelitten hatte. Zu dieser Initiative gehörte, dass die „würdige Parochialkirche" von ihrem Glockenturm aus nun an jedem Freitagabend ein aus zehn deutschen Volksliedern bestehendes Konzert sandte. Während des dreiviertelstündigen Programms wurde wie bei allen Abendkonzerten das historische Gebäude von Scheinwerfern angestrahlt[34].

---

[33] Vgl. Kapitel 12, Fußnote 24.

[34] Ein modernes „Glocken-Marketing" ist – wenn es die künftigen finanziellen Mittel dann erlauben – an der Gustav-Adolf-Stabkirche in Hahnenklee (Goslar) geplant: Die Automatik des Glockenspiels soll später

Die Geschäftstüchtigkeit der Verantwortlichen der Parochialkirche streifte manchmal die Grenzen des guten Geschmacks. Grundsätzlich wollte man so wenige Gelegenheiten wie möglich auslassen, sich publikumswirksam in Szene zu setzen. Man diskutierte darum ernsthaft, die Krypta der Kirche mit ihren Toten für Touristenbesuche zu aktivieren. Voraussetzungen waren schon mit einer großangelegten Säuberung und Wiederherstellung der Krypta geschaffen. In der „Beschreibung der Königlichen Residenzstädte Berlin und Potsdam" von Friedrich Nicolai aus dem Jahre 1786 heißt es: „Unter der Kirche sind die Katakomben zu Beysetzungen der Leichen wegen ihrer besonderen guten und luftigen Anlage sehenswürdig. Man behauptet, daß, dieser Anlage wegen, auch hier die Todten nicht verwesen, sondern nur vertrocknen" (tatsächlich ist mehr als ein Drittel der Toten vollständig mumifiziert). Die Zurschaustellung von „vertrockneten" Mumien hätte aber das Öffnen zumindest des einen oder anderen Sarges zur Voraussetzung gehabt; durch Intervention u. a. von Wilhelm Bender unterblieben diese Pläne glücklicherweise (entsprechende Phänomene locken heute Touristen an vergleichbare Orte, z. B. in manche Kirchen der Mark Brandenburg, in die Krypta des Bremer Doms St. Petri oder – viel publikumswirksamer und ziemlich geschmacklos – in die Gruft des Ritters Kahlbutz in Kampehl in der Mark Brandenburg). Auch eine interne Diskussion, die Mitteilungen aus der Parochialgemeinde, die „Parochialglocken", Dritten (z. B. Reiseveranstaltern) für bezahlte Werbung zu öffnen, wurde wieder eingestellt. Letztlich hatte man zusätzliche Einnahmen auch nicht immer unbedingt nötig.

Derartige kommerzielle Diskussionen wurden eher mit der wachsenden Begeisterung der Verantwortlichen an ihrem eigenen Bekanntheitsgrad geführt, die „berauscht" vom außerordentlichen unternehmerischen Erfolg das neue „Kirchengeschäft" fast kommerziell betrieben. Damit konnten sie sich in der Gemeinde – unabhängig von sonstigen beruflichen und ehrenamtlichen Verdiensten – zusätzlich profilieren.

Notwendigerweise brachten alle Maßnahmen um das Glockenspiel herum finanzielle Belastungen mit sich, die vermutlich mit der Unterstützung Dritter, u. a. wohl auch der Nationalsozialisten, geschultert werden konnten. Insoweit rechneten sich alle Kosten im Sinne der Strategie der Parochialgemeinde; schließlich fand das Glockenspiel bei den Berlinern selbst und vielleicht noch mehr bei den Touristen größte Beachtung und wurde auch über die Grenzen Berlins hinaus berühmt. Immer wieder mussten Mängel am Glockenturm, am Spielkabinett und am Glockenspiel behoben und für das Handspiel Erleichterungen geschaffen werden, um alle Unregelmäßigkeiten des Spiels an diesem Instrument zu beseitigen und um es zu perfektionieren. Die technischen Verbesserungen am Glockenspiel gestatteten Wilhelm Bender „immer höher nach den Sternen der Glockenmusik zu greifen".

In den „Parochialglocken" wurde gerne darauf hingewiesen, dass bei Kirchenkonzerten (nicht zu Gottesdiensten) die Kirche endlich wieder einmal bis auf den letzten Platz gefüllt war. Dennoch hatten alle Image-Bemühungen keinen messbaren quantitativen Einfluss auf die Zahl der Gemeindemitglieder, die letztlich weiter stagnierte. Die Bemühungen hatten aber wohl Eindruck bei den Nationalsozialisten hinterlassen,

---

einmal – gebührenpflichtig – per Handy für ausgewählte Musikstücke (einschl. einer Komposition Wilhelm Benders) in Gang gesetzt werden können; die Gebühren würden über die Telefonrechnung der Handy-Nutzer an die Kirche weitergeleitet. Gäbe es das Parochial-Carillon noch und eine geschäftstüchtige Kirchenleitung, dann hätten sich die Verantwortlichen vermutlich selbst an die Spitze einer solch modernen Vermarktungstechnik gesetzt.

die vermutlich – seien es Parteiorganisationen oder Regierungsstellen – an der Finanzierung der Parochial-Investitionen mitgewirkt haben. Diese Vermutung lässt sich allerdings anhand von Akten nicht belegen; auf die „systematischen Lücken einer befohlenen Vernichtung“ im Archiv der Parochialkirche wurde bereits an anderer Stelle hingewiesen. Die historischen Berührungspunkte zwischen der Parochialkirche und den Nationalsozialisten – mindestens bis zum Ende des Kirchenkampfs, als die Nationalsozialisten das Interesse an den Kirchen verloren - drängen diese Zusammenhänge geradezu auf. Das Buhlen um die Aufmerksamkeit des braunen Regimes insbesondere durch die Deutschen Christen der Parochialkirche hätte ansonsten wenig Sinn gemacht. Bei einem gesicherten Spendenaufkommen konnte man in der Parochialkirche auch leicht immer wieder einmal z. B. auf Einkünfte aus Eintrittspreisen für Kirchenkonzerte verzichten. Denn wichtiger war, zum „Nulltarif“ Publikum anzuziehen, um die Kirche für Dritte attraktiver zu machen und im Ringen um die äußere Wirkung die repräsentative Stellung und Bedeutung der Parochialkirche zu festigen und auszubauen, und zwar mindestens in Berlin, wenn nicht auch in Brandenburg oder sogar darüber hinaus.

Auch wenn – besonders mit dem Glockenspiel – die entsprechenden musikalischen Bemühungen der Parochialgemeinde um Außenwirkung, Prestige und Spenden für eine Kirchenorganisation eher „weltlich“ wirkten, so fußten sie auf hohem Niveau doch vornehmlich auf den überzeugenden künstlerischen Leistungen des Kantor-Glockenisten Wilhelm Bender. Die künstlerisch herausgehobene Stellung des Parochial-Glockenspiels wird an einem musikalischen Ereignis anlässlich der Berliner Kunstwochen 1938 besonders deutlich: Jedes Jahr, wenn die offiziellen Spielzeiten in Berlin endeten, sollten sich vor Beginn der Urlaubs- und Reisezeit noch einmal alle Kräfte zu festlich-kulturellen Veranstaltungen in Berlin zusammenfinden. Darum wurden 1935 die Berliner Kunstwochen als Musikfestspiele der Reichshauptstadt ins Leben gerufen, 1935 Johann Sebastian Bach und Georg Friedrich Händel gewidmet. 1936, im Jahr der Olympischen Spiele, wurde das „Deutsche Beethoven-Fest“ gegeben. 1937 ehrte Berlin die deutschen Romantiker. Im Mittelpunkt der Musikfestspiele 1938 stand u.a. das Deutsche Reger-Fest der Max-Reger-Gesellschaft, ergänzt durch andere festliche Konzerte auch alter Musik.

Es waren insgesamt 40 Konzerte, die in der Zeit vom 16. Mai bis 30. Juni 1938 in Berlin stattfanden, weitere acht in Potsdam – mit so renommierten Pianisten wie Claudio Arrau, Eduardo del Pueyo, Wilhelm Backhaus, Elly Ney, Edwin Fischer, dem Geiger Georg Kuhlenkampf, den Dirigenten Hans von Benda, Wilhelm Furtwängler, Carl Schuricht, dem Thomaskantor Günther Ramin, Fritz Zaun und weltbekannten Orchestern. Auch der damals über Berlin hinaus bekannte „Orgelkünstler“ Fritz Heitmann[35] gab in Berlin während dieser Festspiele ein Orgelkonzert im Berliner Dom.

Für den 20. Juni 1938 nennt das umfangreiche Programm der Berliner Kunstwochen eine „Glockenmusik von Georg Friedrich Händel mit Wilhelm Bender am Werk der Parochialkirche“. Die Parochialkirche und ihr Glockenmeister waren nach nur zwei Jahren gemeinsamer Arbeit schon so bekannt, dass eine „Glockenfestmusik“ in die Reihe der großen Konzerte mit den bekanntesten Künstlern und Orchestern jener Zeit gleichwertig im Programm der Festwochen stand. Unzählige Werbeschriften ver-

[35] Vgl. Kapitel 8.

breiteten in allen Städten der Welt – wie die „Parochialglocken“ schrieben – auch den Ruhm des Glockenspiels der Parochialkirche.

Dazu schrieb Wilhelm Bender im Konzertprogramm: „Als der Leiter des Archivs für deutsche Musikforschung[36], Prof. Dr. Dr. M. Seiffert, mir vor einiger Zeit die Photokopien originaler Glockenmusiken von Georg Friedrich Händel zur Uraufführung überließ, regte Herr Winter[37] an, die Leitung der Berliner Kunstwochen davon zu verständigen und die Aufnahme einer Glockenfestmusik in die Reihe der großen Konzerte zu beantragen. Unser Vorschlag wurde – unterstützt von einigen Berliner Gelehrten, die zu den Freunden des Glockenspiels zählen – freudig aufgegriffen. So hat das Glockenspiel am 20. Juni einen geschichtlichen Tag: In der Reihe erlesener Konzerte, die von weltberühmten Solisten und Orchestern veranstaltet werden, darf es Werke des großen Händel erklingen lassen, die auf einem deutschen Glockenspiel noch nie musiziert worden sind. Schon künden unzählige Werbeschriften in allen Stadien der Welt von den Berliner Kunstwochen 1938. Unter der Fülle der Konzerte entdeckt der Leser ein viel versprechendes Neues: Werke von Händel auf dem Glockenspiel der Parochialkirche“. Am 20. Juni 1938 wurden von Wilhelm Bender Händels Glockenmusiken für eine Spieluhr, einige der wenigen historischen Originalkompositionen für Glockenspiel außerhalb Englands, mit überschwänglichem Erfolg und großem Presseecho in Berlin uraufgeführt.

Durch den stärkeren Einsatz des Glockenspiels mit einer betont profanen Programm-Auswahl nationalsozialistischer Lieder im Rahmen der Glockenkonzerte verließ Wilhelm Bender der genannten „Wettbewerbsgründe“ wegen den sakralen Rahmen der Kirchenmusik. Musik ohne religiösen Auftrag wurde dargeboten – sozusagen als weltliches Nebenamt. Zwar wurden auch Choräle gespielt, aber die vielen Programmaufzeichnungen der Spielfolgen zeigen ein deutliches Übergewicht der „weltlichen“ Musik auf dem Glockenspiel. Es kann bei der Strategie der Parochialkirche nicht überraschen, dass die „Weisen der Bewegung“ im Laufe der Jahre einen immer größeren Aufführungsanteil einnahmen. Es war ein klares kirchenpolitisches Ziel, auch Melodien zum Erklingen zu bringen, die mit einem religiösen Auftrag nur sehr indirekt zu tun hatten – ein durchaus ehrgeiziges weltliches Ansinnen, das nicht nur dem Renommee der Parochialkirche diente, sondern auch den handelnden Personen – vom Kantor bis zum Pfarrer und Gemeinderatsmitgliedern, ohne dass dadurch die eigentlichen kirchlichen Aufgaben vernachlässigt wurden.

Zwar wurden am Sonntag die Choräle des vorangegangenen Gottesdienstes auf dem Carillon gespielt. Mittwochs erklang ein Liederkreis meist aus Volksliedern, dessen wechselnde Inhalte den Jahresablauf oder Feste und Feiern begleitete und oft unter einem Leitgedanken zusammengefasst waren. Das Übergewicht zeitgenössischer weltlicher Musik auf dem Glockenspiel blieb jedoch überdeutlich. Es war Wilhelm Benders Ziel, zeitgenössische Spielstücke, unter Einschluss eigener Kompositionen, aufzuführen, um die zeitgenössische Sprache der Musik auch glockengerecht sprechen zu lassen. Hinzu kamen „gemischte Programme“ mit einer Liederauswahl nationalsozialistischer Prägung, mit den neuen Liedern der NS-Bewegung und mit Liedern der Wehrmacht oder freie Ausschmückungen von Melodien z. B. von Friedrich dem Großen.

---

[36] Gemeint ist das Staatliche Institut für Deutsche Musikforschung in Berlin. Vgl. Kapitel 8.
[37] Hans Winter war Kirchenältester der Parochialgemeinde.

Die stärkere Hinwendung zur weltlichen Musik rief einen der Kirchenältesten auf den Plan[38]: In einem Beitrag in den „Parochialglocken“ beschäftigt sich Hans Winter (zustimmend) mit der Frage, ob der Gemeindekirchenrat seine Aufgaben und Kontrollpflichten auch im Hinblick auf die Pflege der kirchlichen Kunst, vor allem der geistlichen Musik in Kirche und Haus, ausreichend wahrgenommen habe[39] – und zwar auch „mit der ganz besonderen Aufgabe, die der Parochialkirche durch das Vorhandensein des Glockenspiels auferlegt sei“. Dabei hat es offenbar auch in der Folge nicht gestört, dass auf dem ursprünglich der geistlichen, in keinem Fall der politisch engagierten Musik verpflichteten Glockenspiel – um nur ein Beispiel von vielen zu nennen – am 20. April 1939 zum Geburtstag des Führers auch Lieder der Bewegung gespielt wurden (z. B. die HJ-Weise „Erde schafft das Neue"). Dieses Glockenkonzert wurde vom Reichssender Berlin übertragen, zusammen mit einem Gespräch mit Wilhelm Bender über die Bedeutung des Glockenspiels. Nichts zeigt die Überein- und Zustimmung des Kirchenrats mit der herrschenden Politik besser als diese Ereignisse. Ergebnis der Selbstbefragung war die selbstsichere Erkenntnis, dass die Parochialkirche im Vergleich zu ihrem weltlichen Musikanteil offenbar einen (ausreichenden) Teil zur Verkündigung des (gesungenen) Gotteswortes beitrug.

Wilhelm Benders letztes reguläres Sommerabendkonzert auf dem Glockenspiel fand mit dem Thema „Lieder der Völker“ am 6. September 1939 statt: Der Beginn des Zweiten Weltkrieg bedeutete für Wilhelm Bender das Ende seiner Tätigkeit am Glockenspiel der Parochialkirche nach rund vier Jahren höchst erfolgreicher Arbeit. Allerdings kehrte er im Dezember 1942 noch einmal während eines kurzen Urlaubs an „sein“ Glockenspiel nach Berlin zurück und spielte ein Weihnachtskonzert. Die Berliner Morgenpost widmete ihm, dem Glockenspiel der Parochialkirche und dessen wechselvoller Geschichte am 25. Dezember 1942 eine ganze Seite. Mit Wilhelm Benders Konzert “...lebte für eine halbe Stunde Altberliner Romantik auf, die viele Zuhörer in ihren Bann schlug. Im Lautbereich der Glocken hemmten Passanten ihre Schritte, und besinnliche Andacht versammelte besonders vor der Kirche eine größere Gemeinde“.

---

[38] Schon Friedrich der Große hatte im Jahre 1769 verfügt, während seiner Anwesenheit in Berlin die üblichen Psalmen und geistlichen Lieder durch (weltliche) Präludien und Arien zu ersetzen, sogar bei Bestattungen auf (geistliche) Trauerlieder zu verzichten. Vgl. Christian Hammer und Peter Teicher: Die Parochialkirche zu Berlin, Berlin-München 2009, Seite 41.

[39] Vgl. Parochialglocken Nr. 10 vom Januar 1939, Seite 5.

8 Studium und Beruf im nationalsozialistischen Milieu

Im Kirchenkampf der evangelischen Kirche, der im Dritten Reich in Berlin besonders heftig tobte, sahen sich die evangelischen Berliner Kirchenmusiker einem beruflichen Dilemma ausgesetzt: Ganz gleich, für welche evangelische Glaubensbewegung sie sich entschieden hatten, für die Deutschen Christen oder die Bekennende Kirche, Berührungen mit der Ideologie der Nationalsozialisten ergaben sich – in unterschiedlicher Intensität allerdings – bei ihrer Berufsausübung in jedem Fall. Eine (kirchen-) politische Neutralität war kaum möglich, weil der Kirchendienst über eine der konkurrierenden Parteien des Kirchenkampfs immer – wenn auch in unterschiedlicher Intensität – auch in Richtung Nationalsozialismus führte. Eine irgendwie geartete Parteinahme musste sich darum zwangsläufig ergeben. Nicht alle gläubigen Kirchenmusiker schienen unter dieser Situation gelitten zu haben. Man fragt sich, ob und wie diese Generation ihren Beruf (und damit die ihnen unterstellte Berufung) im nationalsozialistischen Klima überhaupt mit Anstand ausüben konnte und wie viele aus dieser Kirchenmusiker-Generation in den „unchristlichen" Jahren nach 1933 von der neuen Situation vielleicht sogar profitierten.

In diesem für einen Kirchenmusiker problematischen Milieu erhielt der Student Wilhelm Bender seine berufliche Ausbildung vornehmlich in Berlin, hier an der Akademie für Kirchen- und Schulmusik, gegründet 1822 als Institut für Kirchen- und Schulmusik. So war er in die allgemeinen politischen wie auch in die kirchenpolitischen Auseinandersetzungen mit ihren nationalsozialistischen Reibungsflächen dieser Zeit involviert.

Als Wilhelm Bender im Sommer 1931 im formbaren Alter von 20 Jahren zum Studium nach Berlin kam, wurde er u. a. von Dozenten unterrichtet, die dem Nationalsozialismus sehr nahe standen. In diesen Jahren wurden ihm nicht nur Musik, politische Tendenzen und Meinungen vermittelt, sondern es wurden ihm auch für die damalige Zeit offenbar erstrebenswerte Lebensentwürfe Einzelner vorgelebt, die aus heutiger Sicht zwar anfechtbar sind, denen sich aber ein noch unpolitischer junger Mann damals nicht entziehen konnte. Als „normaler" Deutscher lernte Wilhelm Bender dort von seinen Professoren eben auch, den allgemein bedrückenden politischen Zwängen von Fall zu Fall als Schulter zuckender Mitläufer leidenschaftslos und selbst weitgehend unpolitisch auszuweichen, um nicht persönlich in Bedrängnis zu geraten und um seine musikalischen Ziele erreichen zu können. In diesem Umfeld ist Wilhelm Bender bis auf relativ unbedeutende musikalische Zugeständnisse weitgehend unpolitisch – aber offenbar gegenüber einzelnen Berufskollegen auch mitleidlos – geblieben. So unterließ er es, sich zu Wort zu melden, als seine Lehrer aus Berlin vertrieben wurden, weil er von seinen Vorbildern schnell gelernt hatte, sich zugunsten seiner Musikausübung dem Unrechtsregime ohne erkennbares Unrechtsbewusstsein unterzuordnen. Insoweit wurde er dadurch bis an sein Lebensende von der damaligen allgemeinen politischen Willensbildung beeinflusst. Der Verzicht auf Stellungnahmen und auf Willensäußerungen war ja auch eine Entscheidung, eben die, es weiter geschehen zu lassen, wie es gerade lief.

Während der Kirchenkampf im Akademieunterricht für Wilhelm Bender keine allzu große Rolle zu spielen schien, fiel das Ende des intensiven Berliner Kirchenkampfs in die Anfangsjahre der Berliner Berufstätigkeit Wilhelm Benders. Besonders während seiner Anstellung an der Parochialkirche wurde er in die kirchenpolitischen Auseinandersetzungen insbesondere innerhalb des Gemeindekirchenrats hineingezogen. Zur

Vermischung deutschchristlich-nationalsozialistischer Ideen und Ziele mit dem Evangelium hat er sich – abgesehen von seinen Beiträgen zur (kirchenmusikalischen) Liturgiereform – weder kritisch noch konstruktiv geäußert, sondern sie im Ganzen schweigend, aber offenbar auch gleichgültig gebilligt. Wie viele Kirchenmusiker hielt er sich aufgrund seines Selbstverständnisses und aufgrund seines Schweigens für durchaus unpolitisch. Immerhin hat er sich im (allerdings engen und relativ geschützten) Rahmen der kirchlichen Erneuerungsbewegung mit eigenständigen Denkanstößen von deutschchristlich-kirchenpolitischen Positionen abgesetzt und überzeugt und überzeugend gegen den deutschchristlichen kirchenmusikalischen Trend argumentiert. Besonders gefährlich war diese Haltung allerdings nicht. Einige der führenden deutschen Kirchenmusiker (z. B. Wolfgang Reimann, Lehrer Wilhelm Benders), die sogar Nationalsozialisten waren oder dem Regime nahestanden, setzten sich in dieser aktuellen kirchenmusikalischen Diskussion ebenso deutlich (und ihn damit schützend) von der von den Deutschen Christen vertretenen Position in Fragen der Kirchenmusik so lange ab, bis das Regime schließlich einlenkte[1].

Wilhelm Bender bekannte sich in seinem Kirchenamt weder zu den Deutschen Christen noch zur Bekennenden Kirche. Seine Tätigkeit als „Musikus" zuvor in der Hitlerjugend war pädagogisch-musikalisch angelegt und konnte auch bei völliger politischer Gleichgültigkeit erfolgreich ausgeübt werden. Vielleicht bestand seine eigenständigste Leistung als Kirchenmusiker vornehmlich darin, dass er als Mann der Kirche im Rahmen seiner begrenzten kirchenmusikalischen Möglichkeiten den Nationalsozialismus ganz gezielt – zumindest so weit es eben ging – aus dem Gottesdienst der Parochialkirche herausgehalten hat, und er durch sein extrovertiertes „weltliches" Engagement am Parochial-Glockenspiel die geschuldete nationalsozialistische Musik nur „extern" auf dem Glockenspiel darbot – was andererseits für seine persönliche Karriere als Carillonneur durchaus auch vorteilhaft und damit sehr willkommen war. Seine künstlerische Handlungsweise mag man durchaus in diesem Sinne zu seinem Vorteil auslegen. Aus den bekannten Fakten seiner Vita lassen sich solche Motive jedoch kaum belegen.

Wenngleich nicht alle Berliner Lehrer Wilhelm Benders parteikonforme Nationalsozialisten waren – Nationalisten aber, die durch die völkischen Ideen eines Großdeutschlands untereinander verbunden waren und die sich besonders eine Revision des Versailler Vertrags wünschten, waren sie fast ausnahmslos. Manche gaben auch lediglich ein Lippenbekenntnis zur neuen Ideologie ab, um die eigene Karriere zu fördern oder um eine attraktive berufliche Stelle zu ergattern. Letztlich aber war der Großteil der akademischen Umgebung Wilhelm Benders „völkisch" orientiert, „völkisch" nicht mehr wie im Kaiserreich nur im deutschnationalen Sinn, also „lediglich" antidemokratisch und vom Antijudaismus geprägt. „Völkisch" wurde nun in der Weimarer Republik und insbesondere im Dritten Reich ideologisch durch die (arische) „Rasse" definiert. Das Weltbild der völkischen Bewegung ging davon aus, dass das deutscharische Volk dazu berufen war, das Gute in die Welt zu tragen: Man gehörte im deutschen Volk zu den „Guten" und kämpfte tapfer und rein gegen das Böse. Diese rassistischen Ideen gewannen besonders an Bedeutung, als nach 1918 ein verunsichertes Volk auf der Suche nach den Ursachen und Auswirkungen der Katastrophe des Ersten Weltkriegs war – und auf der Suche nach Auswegen aus den Folgen des Versailler Vertrags (immerhin sollten ursprünglich Reparationsforderungen in Höhe von 210 Milliarden

[1] Vgl. Kapitel 14.

Goldmark geleistet werden; diese Summe wurde 1921 in London auf 132 Milliarden Goldmark reduziert). Ohnehin konnte niemand die Gründe für die Kriegsniederlage verstehen: Kurz vor Kriegsende hatte Deutschland noch beachtliche Siege errungen, deutsche Truppen standen am Tag des Waffenstillstands bis zu Hunderten von Kilometern im Feindesland, kein fremder Soldat befand sich auf deutschem Boden. Wie konnte der Krieg dann verloren gehen? Und wie konnte man Deutschland mit dem Versailler Vertrag derart demütigen? Hinzu kam die unheilvolle Annahme einer jüdischen Weltverschwörung, die Ursache des Weltkriegs gewesen und vornehmlich gegen das deutsche Volk gerichtet sein sollte.

Die „arische Rasse" sehnte sich seit dem Ende des Kaiserreichs nach einem starken Mann und Führer. Dieser starke Mann schien mit Hitler gefunden, dessen große persönliche Wirkung und Faszination grundsätzlich beeindruckte. In seinem Essay mit dem Titel „Bruder Hitler" schrieb Thomas Mann 1939: „Der Bursche ist eine Katastrophe; das ist kein Grund, ihn als Charakter und Schicksal nicht interessant zu finden"[2] – zumal Hitler als Persönlichkeit ein einzigartiges Vertrauen in der deutschen Bevölkerung genoss, vor allem als er den demütigenden Versailler Vertrag aufkündigte[3].

Noch größere Anerkennung gewann Hitler mit seinen Konjunkturprogrammen: Der Erfolg der nationalsozialistischen Konjunkturpolitik beruhte auf dem großen Volumen der Konjunkturprogramme und auf der expansiven Kreditschöpfung in Verbindung mit der Rüstungspolitik. Was Keynes erst 1936 mit „deficit spending" in seiner „The General Theory of Employment, Interest and Money" („Allgemeine Theorie der Beschäftigung des Zinses und des Geldes") theoretisch beschrieb, war in Deutschland zuvor schon praktisch umgesetzt worden. Die staatlichen Investitionsprogramme kehrten die hohe Arbeitslosigkeit mit rund sechs Millionen Erwerbslosen in Vollbeschäftigung um. Bereits 1936 erreichte Deutschland Vollbeschäftigung, während andere Staaten, die ebenfalls gegen die Folgen der weltwirtschaftlichen Depression kämpften, weniger erfolgreich blieben. In den USA z. B. betrug die Arbeitslosenquote bis 1939 rund 24 %. Durch den wirtschaftlichen Erfolg auf dem Weg von der Massenarbeitslosigkeit zur Vollbeschäftigung wuchs der Nimbus Hitlers als heilbringender Erlöser in der deutschen Bevölkerung geradezu ins Unermessliche, die das Gespenst der Arbeitslosigkeit der zurückliegenden Jahre noch vor Augen hatte[4].

Aber auch in der Vorkriegszeit und noch während des Zweiten Weltkriegs war die Sympathie großer Bevölkerungsteile für Hitler ungebrochen, weil er die große Mehrheit der Deutschen mit einer Mischung aus sozialpolitischen Wohltaten, mit guter Versorgung und kleinen Steuergeschenken ruhigstellte – und zwar durch Raub- und Rassenkrieg auf Kosten Dritter. Der Krieg sollte den Krieg ernähren! Erkauft mit einer leichtfertigen, verantwortungslosen Staatsverschuldung, einem Wechsel auf die Ar-

---

[2] Vgl. Thomas Mann: Bruder Hitler. In: „Esquire", Chicago März 1939. Zuerst erschienen unter „That man is my brother".

[3] In seinem kalifornischen Tagebuch beschrieb Thomas Mann am 17. Juli 1944 zwischen Abscheu und Anerkennung auch das durchaus Faszinierende des Nationalsozialismus: „Man soll nicht vergessen,... daß der Nationalsozialismus eine enthusiastische, funkensprühende Revolution, eine deutsche Volksbewegung mit einer umgehenden Investierung von Glauben und Begeisterung war". Auch in der späten Nachkriegsgeschichtsschreibung wird immer wieder auf die charismatische Herrschaft Hitlers hingewiesen (vgl. z. B. Hans-Ulrich Wehler: Deutsche Gesellschaftsgeschichte. Vierter Band. Vom Beginn des Ersten Weltkriegs bis zur Gründung der beiden deutschen Staaten 1914-1949. München 2003, Seite 600 ff.).

[4] Vgl. Hans-Ulrich Wehler, a.a.O., Seite 642 ff.

beitskraft von Millionen Zwangsarbeitern aus den noch zu unterwerfenden Ländern und auf das „arisierte“ Eigentum vertriebener und ermordeter Juden. Gegen diese Raubzüge, von denen viele Deutsche profitierten, entwickelte sich in der Bevölkerung nur marginaler Widerstand[5]. Die NSDAP versprach den Deutschen durch eine aufgezwungene Homogenisierung der Bevölkerung und damit durch einen geringeren Konkurrenzdruck mehr Chancengleichheit als die damaligen Deutschen u. a. wegen der Juden im Kaiserreich und während der Weimarer Republik haben konnten. Die NS-Herrschaft hatte es damit verstanden, der Mehrheitsbevölkerung bezüglich dieser Raubzüge ein ruhiges Gewissen zu verschaffen.

Der gut organisierte Verwaltungsapparat, der schon im Kaiserreich und in der Weimarer Republik effizient funktioniert hatte, war der aktuellen Obrigkeit bestens zu Diensten. In der Bürokratie setzte man Initiativen frei, Arbeitsfreude und nicht selten vorauseilendes Mitdenken. Man fragte sich permanent, wie man die allgemeine Zufriedenheit der Deutschen noch verbessern oder zumindest sicherstellen konnte. Die Verwaltung erleichterte dem neuen Regime die Gleichschaltung auf allen Gebieten (mit Gleichschaltung wurde die praktische Umsetzung nationalsozialistischer Ideen bezeichnet; die Eigenständigkeit bestehender Einrichtungen, Institutionen und Verbände schaffte man durch Druck oder durch freiwilliges Entgegenkommen ab und wandelte deren innere Struktur im nationalsozialistischen Sinne um, wodurch Disziplinierung und Einordnung in die NS-Organisationen erreicht wurden).

Die allgemeine Gleichschaltung schloss die Gleichschaltung der Kunst, damit auch der Musik, im „Dritten Reich“ ein, die die Kunst zu höheren Leistungen anspornen und der Vermittlung von Staatszielen dienen sollte. Die nationalsozialistische Kunstpolitik war von Anfang an als wesentlicher Eckpfeiler der neuen Politik angelegt. Der Begeisterung über Hitlers Machtübernahme konnte sich auch die Mehrheit der deutschen Musiker nicht entziehen, bei denen sie ein hohes Maß an Optimismus erweckte. Gerade aufstrebende Berufsmusiker waren zumindest anfänglich auch von der Musikbesessenheit der Nationalsozialisten fasziniert. Für Musiker wurde der „Einstieg in den Nationalsozialismus“ durch deren Kulturanspruch und deren Kulturanmaßung geradezu erleichtert: Wer – wie die Nationalsozialisten – aus der „weltweiten Vormachtstellung der deutschen Musik in den letzten Jahrhunderten“ und aus der „Überlegenheit der deutschen Kultur“ über die gesamte, insbesondere über die westliche Zivilisation die „generelle und natürliche Vormachtstellung Deutschlands in der Welt“ und eine deutsche „welthistorische Mission“ ableitete, der hatte auch die Sympathie großer Teile der deutschen Musiker auf seiner Seite[6]. In der Ableitung der politischen Macht u. a. aus der deutschen Musik über Jahrhunderte spiegelte sich die Kulturanmaßung der Nationalsozialisten trefflich wider[7] – eine mörderische Rhetorik von der „deutschen Überlegenheit“ und der „jüdischen Bedrohung“[8].

---

[5] Vgl. Götz Aly: Hitlers Volksstaat. Raub, Rassenkrieg und nationaler Sozialismus. Frankfurt am Main 2005.

[6] Vgl. Kapitel 9.

[7] Diese deutsche Überheblichkeit, die aus der Kunst einen Machtanspruch herleitete, war mit Kriegsende keineswegs überwunden. Jetzt sollten Kunst und Kultur zum Korrektiv einer fehlgeleiteten Politik gemacht werden. Erneut wurden die Wirkungen der Kunst überschätzt: In seinem Buch „Die deutsche Katastrophe“ forderte der Historiker Friedrich Meinecke nach dem Zweiten Weltkrieg die Deutschen auf, überall in Deutschland Goethe-Gemeinden zu gründen, die Klassiker zu lesen und die Musik der großen deutschen Komponisten zu hören – dies würde die Deutschen auf den Weg zur moralischen Gesundung und politischer Anständigkeit zurück führen! Er beschrieb die Fortsetzung der ewig deutschen Illusion, dass deut-

Mit der darauf aufbauenden Lüge vom „auserwählten Volk" als Kern des Nationalsozialismus wurden nicht nur die deutschen Musiker eingefangen. In seiner Eröffnungsrede zu den Hamburger Reichstheatertagen der Hitlerjugend betonte Reichsjugendführer Baldur von Schirach, dass „...keine Musik denkbar ist ohne uns Deutsche, und wir Deutschen nicht denkbar sind ohne unsere Musik" und beschrieb damit in knappster Form das nationalsozialistische Musikverständnis[9].

Das Klima, das deutsche Musiker nach der Machtübernahme vorfanden, aber durch ihre eigene Gesinnung auch selbst mit formten, führte zu einer Kombination aus beruflichem Opportunismus und politischem Glauben an die Überlegenheit der deutschen Kultur, speziell der deutschen Musik. Leitbild wurde Hitlers Musikverständnis, es galt als vorbildlich. Ihn begeisterten vor allem die Opern Richard Wagners und die Sinfonien Anton Bruckners (weniger bekannt wurde, dass Hitler auch ein großer Operettenfreund war). Vor allem die Musikdramen Richard Wagners hatten Hitlers Aufmerksamkeit wieder auf das Germanentum gelenkt. Hitler nannte Wagner, der im Gesamtkunstwerk alle Künste in einem rituellen Ausdruck zusammenführte, seinen wichtigsten intellektuellen Einflussgeber. Gerade durch ihre Begeisterung, durch ihre große Liebe zur romantischen Musik gewannen die Nationalsozialisten – an der Spitze Adolf Hitler – die Sympathie eines großen Teils der Musiker. Auch der „typische Deutsche" fühlte sich mit der Neigung der Nationalsozialisten zur Romantik wesensverwandt: Das Rauschhafte, Begeisternde, die Übersteigerung einer Idee stellen das Wesen der Romantik, aber auch das Wesen des Nationalsozialismus dar. Die Romantik lebt von der momentanen Zerstörung der Vernunft (zumindest von ihrer vorübergehenden Ausschaltung) zugunsten der Kunst und der Gefühle, bis hin zu einer übersteigerten Sehnsucht nach Erlösung. Mit ihrer Betonung des Irrationalen wollte die Romantik einen deutlichen Gegenpol zur Geisteshaltung der Aufklärung setzen, um so über die Welt des rational Erkennbaren hinauszugelangen. Sie bevorzugte die Sinnerfahrung durch die Künste statt des Erkenntnisstrebens durch den Geist. All dies übertrug sich folgerichtig auf den Nationalsozialismus, indem er die real veränderte politische Situation mit einer über das Gewöhnliche hinausgehenden Bedeutung ausstattete. Letztlich endete die Romantik damit im nationalsozialistischen Irrationalismus[10].

---

sche Ideologie, Kunst und Kultur zugleich Basis und Kompensation der Politik sein könnten. Vgl. Friedrich Meinecke: Die deutsche Katastrophe, Betrachtungen und Erinnerungen. 2. Auflage, Mannheim 1946.

[8] Die vermeintliche Überlegenheit des deutschen Volkes sollte verteidigt werden – nach außen durch eine militaristische, auf „Neugewinnung von Lebensraum" angelegte Außenpolitik, nach innen durch eine geistig-kulturelle Erneuerung und Reinigung von allen „volksfremden Elementen" durch eine insbesondere antisemitische Rassentheorie. Vgl. „Blut und Geist. Bach, Mendelssohn und ihre Kritik im Dritten Reich." Ausstellungskatalog des Bachhauses Eisenach, Eisenach 2009, Seite 6.

[9] Die Kulturanmaßung der Nationalsozialisten zeigte sich nicht nur ideologisch, sondern wurde auch praktiziert: Deutsche Frauen wurden nach der Besetzung Polens als Aktivistinnen für eine „Eindeutschungspolitik" eingesetzt, um das „Kulturgefälle" von West nach Ost aufzuarbeiten – als zivilisatorische Mission deutscher Kultur gegenüber dem Osten und um gleichzeitig eine Ausgrenzung der jüdischen und slawischen Kultur herbeizuführen. Vgl. Elizabeth Harvey: „Der Osten braucht Dich!" Frauen und nationalsozialistische Germanisierungspolitik. Hamburg 2010. Gleichzeitig wird mit dieser Untersuchung bewiesen, dass Frauen nicht nur Opfer und Leidtragende des „Dritten Reichs" gewesen sind; es gab verantwortlich handelnde Frauen, die aktiv in die deutsche Expansions- und Vernichtungspolitik eingebunden waren.

[10] Safranski ist der Meinung, dass durch Irrationalisierung, also durch Verlust der Vernunft, ein direkter Weg von der Romantik zum Nationalsozialismus führt, dass dieser Weg allerdings kein Deutscher Sonderweg war, weil Nationalbewusstsein in Europa im 19. Jahrhundert in vielen Ländern anzutreffen war. Vgl. Rüdiger Safranski: Romantik. Eine deutsche Affäre, München 2007, Seite 348 ff.

Für Musiker war außerdem die Tatsache verlockend, dass insbesondere die von der Hitlerjugend organisierte systematische Musikausbildung im Vergleich zu der der öffentlichen Schulen ungleich bedeutender war. Es schien den Musikern am ehesten in den Spielscharen der Hitlerjugend möglich, nach 1933 z. B. das hohe Musikniveau der musikalischen Jugendarbeit aus der Weimarer Republik fortzusetzen. Viele junge Menschen (auch wenn sie ein gewisser Widerwillen gegen die „nationalsozialistische Romantik" und eine am Barock geschulte musikalische Fortschrittlichkeit verband) widmeten sich darum mit Begeisterung der Musikarbeit in der Hitlerjugend. In der Hitlerjugend Musik zu unterrichten, war für einen ambitionierten Musikpädagogen zweifellos attraktiver und niveauvoller als an einer öffentlichen Schule. Die Ausbildung in der Hitlerjugend (einschließlich im dazugehörigen Bund Deutscher Mädchen BDM) war bereits in den ersten Jahren des nationalsozialistischen Regimes die bevorzugte Alternative zur Erziehung in den öffentlichen Schulen[11], allerdings mit der verordneten Pflege einer „fanatischen Nationalbegeisterung" als erzieherischem Mittelpunkt.

In die Musikeinheiten der Hitlerjugend strebten eher künstlerisch veranlagte Jungen und Mädchen, die aufgrund ihrer Sensibilität kein großes Interesse an physischen Aktivitäten hatten. Diese Musikkader der Hitlerjugend waren meist Rundfunksendern angeschlossen („HJ-Rundfunk-Spielscharen") und sorgten dort z. B. für die Umrahmung anderer Sendungen (etwa politischer Live-Sendungen) oder für die musikalische Erziehung (wie z. B. Wilhelm Bender als „Musikus" am Berliner Rundfunk). Die entsprechenden Chöre und kleinen Orchesterensembles traten ferner bei öffentlichen Konzertveranstaltungen auf und wurden von der HJ-Führung bei Schulungen, Drillübungen, regionalen Zeltlagern, bei NSDAP-Kundgebungen u. a. eingesetzt[12].

In der Hitlerjugend genoss die Musikerziehung einen hohen Stellenwert, weil die überwältigende Kraft der Musik das Volk mit den Ideen des Nationalsozialismus vertraut machen sollte. Das ideologische und Charakter formende Potential der Musik nutzte die HJ-Führung zuerst einmal in den eigenen Musikschulen und Konservatorien. Parallel dazu wurden die bestehenden Musikinstitutionen mit großem Geschick infiltriert, indem man dort HJ-Repräsentanten mit nationalsozialistischer Gesinnung einschleuste, um die dortigen musikerzieherischen Standards im Sinne des HJ-Bedarfs zu manipulieren[13]. Akademien und Hochschulen verloren dadurch schnell ihren Ruf und Status als Orte von Wahrheit und Freiheit. Die HJ-Führung, die sich der Musik ausschließlich für ideologische Zwecke bediente, unterhielt auch eigene Musikhochschulen und Lehrstühle an Universitäten, von denen sie sich Hilfe bei der Ausbildung politisierter, der nationalsozialistischen Idee dienender Musiker versprach. Waren dann die entsprechenden Musikerzieher z. B. für den Schul- und Kirchendienst ausgebildet, so wurden sie in den NS-Schulen und Organisationen der Hitlerjugend sowie in den dem Nationalsozialismus angepassten deutschchristlichen Kirchen tätig.

Die mit atemberaubender Schnelligkeit der Machtergreifung folgende absichernde Macht-Stabilisierung des NS-Regimes u. a. bei der Umwandlung der Kulturlandschaft war nur möglich, weil bereits vor der Machtergreifung und damit vor Beginn des „Tausendjährigen Reichs" die grundlegenden Pläne ausgearbeitet worden waren. Die neue Organisation bot allen, die sich den neuen Machthabern unterordneten, gute

---

[11] Vgl. Michael H. Kater: HITLERJUGEND, Darmstadt 2005, Seite 33 ff.

[12] Vgl. Michael H. Kater: HITLERJUGEND, a.a.O., Seite 33.

[13] Vgl. Michael H. Kater: Die missbrauchte Muse. Musiker im Dritten Reich, München-Zürich 2000, Seite 260 ff.

Aufstiegschancen und besonders jüngeren Menschen die Möglichkeit, die Beschränkungen durch ihre soziale Herkunft zu überwinden. Gerade junge Menschen ließen sich von der schwungvollen, dynamischen Machtübernahme nationalsozialistischer Protagonisten mitreißen. Es waren schließlich jugendliche „Revolutionäre", die das Ruder übernahmen: 1933 war Goebbels 35 Jahre alt, Albert Speer 27, Reinhard Heydrich 28, Adolf Eichmann 26, Josef Mengele 21, Heinrich Himmler 32 (Hermann Göring und Adolf Hitler allerdings schon 40 bzw. 44 Jahre alt). Für viele junge Deutsche bedeutete der Nationalsozialismus nicht Diktatur, Redeverbot, Unterdrückung, sondern Freiheit und Abenteuer – eine Verlängerung der Jugendbewegung, ein körperliches und geistiges Anti-Aging-Programm[14].

In der deutschen Gesellschaft kam es bald zu grundsätzlichen Wandlungen und zu einer Vermischung traditioneller Eliten mit sozialen Aufsteigern, insbesondere aus der unteren Mittelschicht. Diesem Sog wollte sich natürlich auch Wilhelm Bender nicht entziehen, weshalb er noch als Student vor seinem Examen im Januar 1934 in die Hitlerjugend eintrat – von der Akademie für Kirchen- und Schulmusik halb gedrängt, halb von den zu erwartenden beruflichen Vorteilen verführt. Beruflicher und materieller Erfolg schienen im neuen Regime garantiert. Unter den Musikern gab es nach 1931 – auch bedingt durch das Aufkommen des Tonfilms, durch den Tausende Kino-Musiker ihre Arbeit verloren – immerhin eine Arbeitslosenquote von fast 50%. Der Aufschwung des Musikschaffens durch die Nationalsozialisten kam dem Bedürfnis der Musiker nach Sicherheit und Anerkennung entgegen. Auch die Musikinstitutionen lagen als Folge der Wirtschaftskrise ernsthaft danieder. Der Eingriff des Staates mit dem Versprechen der Förderung der gesamten Kultur war darum willkommen, nicht nur bei den Musikern, sondern auch in weiten Teilen der deutschen Bevölkerung, in der ein tatsächlicher „Hunger auf Bildung" bestand. Ideelles und Materielles ließen darum eine Hinwendung zu den Nationalsozialisten angeraten sein. Außerdem ließ sich nur schwer ohne „Konjunkturhaltung" unter der NS-Herrschaft im nationalsozialistischen Milieu, abseits von politischen Anforderungen, eine künstlerische Existenz aufbauen und führen. In einer politischen Abgeschiedenheit hätte man auf größere öffentliche Wirksamkeit und herausragenden Publikumserfolg sowie auf entsprechende materielle Einkünfte verzichten müssen. Jede überdurchschnittliche Musikerkarriere konnte unter den Nationalsozialisten nur in Verbindung mit politischer Nützlichkeit zugunsten des Regimes gelingen. Die Musikgeschichte ist allerdings auch umgekehrt voller Lebensschicksale einer Generation, die dem Reiz oder Zwang des Mitmachens nicht unterlagen und die dadurch in ihren produktivsten Lebensjahren in der stickigen Luft der Diktatur um ihren künstlerischen Erfolg betrogen wurde.

Mit der Ernennung Hitlers zum Reichskanzler durch den Reichspräsidenten Hindenburg verbanden also auch die Musiker in einer Aufbruchseuphorie die Hoffnung auf eine Verbesserung ihrer Lebenssituation, ohne jedoch die verheerenden Folgen der „Machtergreifung" schon absehen zu können. Die deutsche Bevölkerung war durch die traumatische Erfahrung des Ersten Weltkriegs, seine wirtschaftlichen und sozialen Folgen erst einmal für jegliche Verbesserungspläne offen. Der wirtschaftliche Aufschwung jener Jahre und die Chancen eines beruflichen Aufstiegs verstellten noch den Blick auf die düsteren politischen Entwicklungen im Nazi-Deutschland. Nach den Erfahrungen des Ersten Weltkriegs waren die meisten Menschen für erfolgreich

---

[14] Vgl. Götz Aly: Hitlers Volksstaat. Raub, Rassenkrieg und nationaler Sozialismus. Frankfurt am Main 2005, Seite 12.

scheinende Lösungsversprechen weitgehend kritiklos offen. Dies alles erklärt vielleicht ansatzweise, warum Musiker, eben auch Kirchenmusiker, für die Ideen des Nationalsozialismus anfällig waren. Dennoch ist es für Außenstehende bis heute unverständlich, dass ein Kirchenmusiker Nationalsozialist, vielleicht sogar Parteimitglied sein konnte, legte es das NS-Regime doch deutlich und früh erkennbar darauf an, die christlichen Kirchen und die traditionellen Werte, die sie verkörperten, zu beseitigen. Die Parteiphilosophie sah keinerlei institutionalisiertes Christentum wie die beiden Hauptkirchen vor. 1937 brüstete sich der Reichsjugendführer Baldur von Schirach in einer öffentlichen Rede, es gebe künftig weder Protestanten noch Katholiken, sondern nur noch Anhänger des Nationalsozialismus.

Trotz der nationalen und prosperierenden Grundstimmung hätte man die reale Welt des NS-Staates, dieses antisemitische und rassenideologisch fixierte Gewaltsystem, rasch durchschauen können, die Zerstörung des Rechtsstaats durch Willkürjustiz, Willkürstaat, Demokratiefeindlichkeit, Verletzung der Menschen- und Bürgerrechte, so z. B. die öffentlichen Bücherverbrennungen, erkennen können, später die Pflicht zum Tragen des Judensterns, also offener Rassismus und Antisemitismus, die Nürnberger (Rassen-)Gesetze (mit dem Blutschutzgesetz) von 1935, die frühe Proklamation der Eroberung neuen Lebensraums im Osten. Es gab ferner den militanten Antisemitismus (gegenüber der rund halben Million in Deutschland lebenden Juden – weniger als 1% der Bevölkerung), dessen Auswirkungen im Straßenbild in Form körperlicher Gewalt gegen Juden unübersehbar waren[15]. Schon Hitlers militärische Hilfeleistungen 1936 im spanischen Bürgerkrieg gegenüber Franco hätten über die wahre Gesinnung und die wahren Absichten des Regimes zu denken geben können. Und nach 1937 wusste man, dass Hitler den „totalen Krieg“ wollte. Es war zu erkennen, dass der Nationalsozialismus eine verbrecherische Bewegung war, die auf einer schrecklichen Ideologie und Moral beruhte.

Die Reichspogromnacht am 9. November 1938 war ein besonderes Fanal. Diese so genannte „Reichskristallnacht“ war als Terroraktion auch dafür erdacht, Juden zur Flucht zu bewegen und „Reichsfluchtsteuer“ zahlen zu lassen. Es konnte in der Bevölkerung nicht unbemerkt bleiben, dass in jener Nacht etwa 400 jüdische Deutsche ermordet und rund 30.000 Personen in Konzentrationslagern eingesperrt wurden, dass 1.406 Synagogen in Brand gesetzt und tausend jüdische Geschäfte zerstört wurden (alleine der Sachschaden soll 225 Millionen Reichsmark betragen haben). Zugleich machte diese Aktion der jüdischen Bevölkerung in ihrer Gesamtheit überdeutlich, dass sie von der NS-Führung nicht als Teil des deutschen Volkes gesehen wurde. Als die Nationalsozialisten (bereits ab 1933) zum Boykott jüdischer Geschäfte aufriefen, brachten sie judenfeindliche Plakate nicht nur in deutscher Sprache an, sondern auch auf Englisch, um die Weltmeinung bei diesem Vorgehen zu testen. Alles in allem negierte auch das Ausland diese Geschehnisse im Großen und Ganzen und tat sie als „innere Angelegenheiten“ ab, in die man sich nicht einmischte. Die noch nicht gefestigte Terrormacht hat anfänglich auf diese Weise die Reaktionen des deutschen Volkes und des Auslands auf das von ihr inszenierte Grauen durchaus ge-

[15] Die „geschichtliche Schuld“ des Christentums an der Entwicklung des Antisemitismus (insbesondere seit den Kreuzzügen und verstärkt für die evangelische Kirche seit Luthers Schriften) ist mehrfach untersucht worden. Vgl. zum Beispiel Jules Isaac: Genesis des Antisemitismus. Wien, Frankfurt, Zürich, 1968. Zitiert nach Marlis G. Steinert: Hitlers Krieg und die Deutschen. Stimmung und Haltung der deutschen Bevölkerung im Zweiten Weltkrieg. Düsseldorf-Wien 1970, Seite 72.

testet. Nachdem fast alle stumm geblieben waren und weggesehen hatten, konnte man bedenkenlos auf dem beschrittenen Weg fortfahren. Das nationalsozialistische Deutschland hatte sich aus dem Kontext der Zivilisation verabschiedet.

In den vielen Erinnerungsberichten des Jahres 2008 zu „70 Jahre Reichspogromnacht“ kamen u. a. Zeitzeugen zu Wort, die übereinstimmend von den offenbar unbeteiligt wirkenden, gleichgültigen Zuschauern der Ereignisse berichteten: Keine „klamm-heimliche Freude“, aber auch kein Abscheu sei zu erkennen gewesen. Ein entscheidendes allgemeines Wachwerden war nicht zu entdecken. In dem besonderen Klima des Dritten Reichs wurden die meisten Menschen zu willigen Werkzeugen, obwohl sie als Zeitzeugen die unheilvollen Ereignisse mit eigenen Augen beobachten konnten. Sie führten wohl ein inneres Doppelleben zwischen Gewusst-Haben und gewollter Wahrnehmungsblockade. Man akzeptierte das Geschehen mit einer Mischung aus partieller Zustimmung, moralischer Indifferenz und zunehmender Angst vor Terrormaßnahmen. Das Argument des Nicht-Gewusst-Habens ist darum unglaubhaft[16]. Zumindest wusste und ahnte man so viel, um auf keinen Fall weiter präzise zu fragen[17]. Es wird den Deutschen des totalitär-kontrollierten Staats immerhin angerechnet, dass sie nicht wie die Bürger z. B. in Polen und Russland von sich aus an Pogromen teilnahmen; im Nazi-Deutschland waren die Verfolgungen im Unterschied zum Ausland staatlich organisiert. Wohl gab es von jeher Antisemitismus auch in der deutschen Bevölkerung[18], aber nur die organisierten Nazis brachten es fertig, die Juden massenhaft zu vertreiben und zu ermorden[19].

Die Entfernung der Juden aus öffentlichen Ämtern und ihre spätere Vernichtung durch die Nationalsozialisten wären bei Lektüre von Hitlers „Mein Kampf“ vorhersehbar gewesen. Wer es gelesen hatte, glaubte aber wohl nicht daran, dass Hitler wahr machen würde, was er programmatisch in „Mein Kampf“ angekündigt hatte: „... dieser Planet zog schon Jahrmillionen durch den Äther ohne Menschen und er kann einst wieder so dahin ziehen, wenn die Menschen vergessen, dass sie ihr höheres Dasein nicht den Ideen einiger verrückter Ideologen, sondern der Erkenntnis und rücksichtlosen An-

---

[16] Vgl. z. B. „Die Katastrophe vor der Katastrophe“. In: Frankfurter Allgemeine Zeitung Nr. 252 vom 8. November 2008, Beilage „Bilder und Zeiten“, Seite Z 1 ff.

[17] Vgl. „Man riecht bei vielen Blut“. In: Der Spiegel, Heft Nr. 4/2010, Seiten 42-44. Es geht in diesem Beitrag um das Wissen z. B. deutscher Soldaten um den Holocaust. Abhörprotokolle, die von Briten und Amerikanern verfasst wurden, beweisen, dass deutsche Kriegsgefangene sehr wohl bis ins Detail über die Judenvernichtungen Bescheid wussten. Diese Protokolle belegen auch, dass Teile der deutschen Wehrmacht durchaus „willige Vollstrecker“ waren: Den Männern machte es offenbar Spaß, etwas tun zu können, was sie unter gewöhnlichen Umständen niemals hätten tun dürfen – das Gefühl, straflos zu töten, totale Macht auszuüben. Sie erlebten die allmähliche Gewöhnung an Gewaltausübung und fühlten Lustgewinn beim Töten; so mordeten Soldaten z. B. Juden und waren dabei nicht einmal Antisemiten. Vgl. Frankfurter Allgemeine Sonntagszeitung vom 10. April 2011, Seite 24 und Sönke Neitzel/ Harald Welter: Soldaten. Protokolle vom Kämpfen, Töten und Sterben. Frankfurt am Main 2011. Die historische For-schung hat inzwischen den Nachweis erbracht, dass auch weite Teile der deutschen Gesellschaft um den antisemitischen Ausrottungsfeldzug gegen jüdische Männer, Frauen und Kinder wussten. Vgl. „Angekündigte Ausrottung“. In: Frankfurter Allgemeine Zeitung Nr. 91 vom 18. April 2011, Seite 7.

[18] Aufschlüsse über die Ursachen dieses Antisemitismus liefert Götz Aly mit seinen Hinweisen auf das unterschiedliche Tempo des wirtschaftlichen und sozialen Aufstiegs von jüdischer Minderheit und christlicher Mehrheit. Vgl. Aly, Götz: Warum die Deutschen? Warum die Juden? Gleichheit, Neid und Rassenhass. Frankfurt 2011.

[19] Die sich in Deutschland verändernde Atmosphäre, das schleimige, egoistische Milieu, das dem Nationalsozialismus den unmittelbaren Nährboden bereitete, beschreibt Lion Feuchtwanger kenntnisreich und stimmungsvoll in seinem Sittengemälde des provinziellen Bayern „Erfolg. Drei Jahre Geschichte einer Provinz“, Berlin 1930.

wendung eherner Naturgesetze verdanken... Im ewigen Kampf ist die Menschheit groß geworden – im ewigen Frieden geht sie unter“. Im mörderischen Daseinskampf würden die Gesetze der Selbsterhaltung und der Selektion der Schwachen durch die Stärkeren gelten. Die stärkste Rasse, die arische, sei – so Hitler in „Mein Kampf“ – bedroht von rassischer Verunreinigung. Ihr arischer Selbstbehauptungskampf aber laufe Gefahr, durch die Juden verhindert zu werden, die mit ihrem mosaischen Tötungsverbot im fünften Gebot den Ariern künstliche moralische Hürden aufbauten und so ein schlechtes Gewissen bereiteten. Das Gewissen sei – so Hitler – eine jüdische Erfindung und die jüdischen Erfinder dieser dem arischen Volk im Wege stehenden Ethik müssten darum ausgelöscht werden.

Die jahrelange Verhetzung durch Partei, Presse und Rundfunk blieb notwendigerweise nicht ohne Wirkung. In einer Atmosphäre von Hass, Rassendünkel sowie Vergötzung des eigenen Volkes war die Wahrscheinlichkeit groß, dass auch Menschen mit überdurchschnittlich guten charakterlichen Anlagen verdorben würden und zum „nationalsozialistischen Menschen“ mutierten. Die meisten taten etwas, was sie eigentlich nicht tun wollten[20]. Die Frage nach dem „Warum“ ist insoweit berechtigt – warum in einem Land mit höchstem kulturellen Niveau eine solche niederträchtige Barbarei überhaupt ausbrechen konnte, in einem überdurchschnittlich entwickelten, geistig hoch stehenden Land, zu dessen Entwicklung auch Musiker, Maler, Philosophen, Wissenschaftler und Politiker jüdischer Herkunft beigetragen hatten.

Man hat Hitler die „Machtergreifung“ leicht gemacht: Die demokratischen Koalitionsparteien der Weimarer Republik räumten wegen nebensächlicher Streitfragen freiwillig das Feld, gaben die parlamentarische Demokratie auf und machten so Platz für Hitler mit seiner Notverordnungsdiktatur – weswegen manche Historiker von einer „Machtübergabe“ statt von einer Machtergreifung sprechen. Es fehlte in der Weimarer Republik die Zeit, um aus noch obrigkeitsgewohnten Untertanen mit ihrer Vorstellung, dass der Staat alles richte, freiheitsliebende Demokraten reifen zu lassen. Es fehlte wohl auch an großen historischen Figuren, die die Weimarer Republik hätten stützen können oder wollen. Die Weimarer Republik war eine Demokratie ohne ausreichend Demokraten!

Die unheilvollen Veränderungen zur Jahrhundertkatastrophe vollzogen sich für die Durchschnittsdeutschen erst einmal verdeckt – das normale Leben schien vorerst nicht betroffen, die Gesellschaft „funktionierte“ weitestgehend wie bisher, und so blieb man unbeeindruckt. Die schleichenden Prozesse führten zur reaktionslosen Gewöhnung und zur Anpassung und zu einem unbegreiflichen „Wegducken“ und zur „passiven Loyalität“. Unmittelbar nach der Machtergreifung hätte es vielleicht manche Möglichkeiten gegeben, Hitler politisch zu stoppen. Aber die vorsichtige Gegenwehr begann bestenfalls unsicher, sie hätte der Unterstützung bedurft. Durch die passive Loyalität der meisten Deutschen, durch ihr Mitläufertum, vereinsamte die ohnehin geringe Opposition mehr und mehr und wurde noch machtloser. Die Mitläufer waren sicher keine Täter, aber willige Vollstrecker und haben die Opposition geschwächt und das Regime ermutigt, so dass selbst der restliche Widerstand weitgehend erlahm-

---

[20] Im Jahre 1965 mit seiner Haltung gegenüber dem Nationalsozialismus konfrontiert schrieb einer der deutschen Intellektuellen, Professor Hans Galinsky: „Mein damaliges Versagen ist daraus zu verstehen, nicht zu entschuldigen: Ich habe vor Menschen mehr Furcht gehabt als vor Gott“. Vgl. Braune Universität. Deutsche Hochschullehrer gestern und heute. Dokumentenreihe in 5 Heften. Hrsg. Rolf Seliger. Dokumentenreihe Heft 3, München 1965, Seite 61.

te. Auch das „nur Dabeisein“ – Teilnahme an Versammlungen, Hitlergruß usw. – half, das nationalsozialistische Klima zu verbreiten. Irgendwann war das Überwachungssystem perfektioniert, dessen Einschüchterung breiter Bevölkerungskreise bereitete stimmungsmäßig die späteren „legalen“ Aktionen vor. Man wird akzeptieren müssen, dass nach Errichtung der Diktatur eine Verweigerung in Deutschland für viele später unmöglich und es zu einem wirksamen Widerstand zu spät war[21].

Es hätte Heldentaten erfordert, aber die wenigsten Menschen sind Helden. Darum stieß man nach dem Krieg auch als Mitläufer unter „Nicht-Helden“ auf bequemes Verständnis, weil der Einzelne nichts gegen das Regime ausrichten konnte und „man ja immer nur seine Pflicht getan habe“[22]. So gewinnt man leicht den Eindruck, das deutsche Volk sei gegen seinen eigenen Willen – passiv und wie gelähmt – in sein Verhängnis hineingeraten. Allerdings hatte nach den Standard-Begründungen der Spruchkammern im Rahmen der Nachkriegs-Entnazifizierungsverfahren jeder, der seinen Namen und seine Tätigkeiten dem Nationalsozialismus – wenn auch nur passiv als Mitläufer – zur Verfügung gestellt hatte, „Schuld auf sich geladen“. Tatsächlich aber stößt man allerorten auf aktive Zutaten zum Funktionieren des Regimes wie z. B. Eva Sternheims Aufarbeitung des „alltäglichen“ Nationalismus zeigt[23]. Sie verknüpft das Zeittypische mit dem persönlichen Erleben, die Erinnerungen, Erlebnisse und Gedanken einer Heranwachsenden mit der nationalsozialistischen Geschichte von 1933- 1945. Sebastian Haffner hat die Situation später so beurteilt: „Man begann mitzumachen, zunächst aus Furcht. Nachdem man aber einmal mitmachte, wollte man es nicht mehr aus Furcht tun – das wäre ja gemein und verächtlich gewesen. So lieferte man die zugehörige Gesinnung nach“[24]. Widersprüche bargen die Gefahr eines Außenseiterdaseins. Je mehr Kollegen und Rivalen sich bereits im Sinne der neuen Ideologie geäußert hatten, desto mehr zahlte es sich aus, noch etwas radikalere Ansichten zu vertreten. Als die neue Ideologie dann in die Praxis umgesetzt wurde (z. B. in den Nürnberger Gesetzen, den Berufsverboten, der Enteignung jüdischen Besitzes, in den Vertreibungen und Deportationen usw.), war man durch das eigene, vorange-

[21] Widerstand zu verhindern oder zu brechen, war auch Aufgabe der Polizei, die nicht nur maßgeblich am Mord europäischer Juden beteiligt war, sondern auch an der Verfolgung von Widerstandsgruppen und der Verschleppung von Zivilisten zur Zwangsarbeit für die deutsche Kriegswirtschaft. In der Öffentlichkeit wurden die Verbrechen der Polizei im NS-Staat meist mit der Gestapo in Verbindung gebracht. Neuere Forschungsergebnisse belegen aber, dass nicht nur die Gestapo, sondern auch alle Sparten der regulären Ordnungs- und Kriminalpolizeien zuerst im Deutschen Reich, nach Kriegsbeginn 1939 auch an der Zivilbevölkerung in den von der Wehrmacht eroberten Gebieten maßgeblich in Terror und NS-Verbrechen gegen politische und weltanschauliche Gegner des NS-Staats involviert waren. Nur wenige mussten sich nach Kriegsende für die verübten Verbrechen vor Gericht verantworten und konnten in der BRD ihre Karriere im Polizeidienst fortsetzen. Vgl.: Ordnung und Verstrickung. Die Polizei im NS-Staat. Katalog zur Ausstellung im Deutschen Historischen Museum in Berlin. Dresden 2011.

[22] Am Beispiel eines Dorfpolizisten, der glaubt, ohne Rücksicht auf Elternliebe, Freundschaft und Individualität „seine Pflicht tun zu müssen“, prangert Siegfried Lenz in seinem Roman „Deutschstunde“ beispielhaft die unreflektierte Autoritätsgläubigkeit eines Mitläufers im Dritten Reich an. Vgl. Siegfried Lenz: Deutschstunde, Hamburg 1968 (Erstausgabe).

[23] Wie systematisch bereits Kinder und Jugendliche in den Nationalsozialismus getrieben wurden, beschreibt Eva Sternheim-Peters: Habe ich denn allein gejubelt? Eine Jugend im Nationalsozialismus, Köln 2000.

[24] Vgl. „Triumph des Wahns“. In: Der Spiegel, Nr. 3 vom 14.01.2008, Seite 42.

gangene Bekenntnis zur neuen Ideologie bereits gebunden und eine (selbst noch gefahrlose) wirksame Kritik ohne Selbstwiderspruch unmöglich[25].

Der Nazi-Terror schüchterte offenbar nicht nur ein – er erhielt auch Zustimmung. Vor der Machtergreifung gab es 849.000 NSDAP-Parteimitglieder, Anfang Mai 1933 waren bereits 2.145.758 Parteimitglieder aufgenommen worden, Ende Mai waren es schon rund 3.431.000. Weitere wollten in die Partei eintreten. Da die NSDAP aber erkannte, dass es sich vielfach um Personen handelte, die sich von ihrer Mitgliedschaft persönliche Vorteile oder vielleicht auch Schutz vor Übergriffen verschaffen wollten, erließ die Parteiführung im April 1933 eine jahrelange Eintrittssperre (die z.B. nicht für HJ, BDM- und Stahlhelm-Mitglieder galt, letzteres ein demokratiefeindlicher, paramilitärischer Reserve-Wehrverband der Sturmabteilung SA). Erst 1937 wurde die Aufnahmesperre wieder gelockert, wodurch die Mitgliederzahl bis 1944 auf etwa 10 Millionen stieg (Wilhelm Bender erhielt im März 1940 die Mitgliedsnummer 7.547.723, als er der NSDAP beitrat; der Zuwachs an Parteigenossen war also in den Kriegsjahren nur noch relativ gering). Je früher man Parteigenosse wurde, desto eifriger war man vermutlich Anhänger Hitlers oder Opportunist. Nach Kriegsbeginn waren neue Parteimitglieder, wenn sie nicht aus der Hitlerjugend oder dem BDM kamen, wahrscheinlich nur noch Opportunisten.

Letztlich gab es aber „nur“ rund 10 Millionen Parteimitglieder. Bei einer Erwachsenenzahl (älter als 21 Jahre) von ca. 55 Millionen im Deutschen Reich, die einen Parteieintritt hätten beantragen können, lag der Anteil der Parteimitglieder somit nur bei rund 18 %, weniger als ein Fünftel der erwachsenen Deutschen[26]. Offenbar erwartete eine deutliche Mehrheit in der Bevölkerung – keine Konsequenzen befürchtend – auch ohne eine demonstrative NS-Mitgliedschaft von Druck und Repressalien des Regimes verschont zu bleiben. Ein Parteibuch schien nicht unbedingt notwendig, um sich mit dem Regime zu arrangieren, ein vorauseilender politischer Gehorsam durch ein erkennbares Bekenntnis zum Nationalsozialismus nicht unbedingt geboten.

Selbst in der deutschen Nachkriegsbevölkerung zeigte sich ein gewisses wohlwollendes Verständnis gegenüber den NS-Belasteten. Zum Beispiel berichtete Erika Mann, die Tochter von Thomas Mann, für die New York Herold Tribune über das erste Furtwängler-Konzert im Mai 1947 nach dessen Entnazifizierung (Furtwänglers lasche, aber erfolgreiche Verteidigung im Rahmen der Entnazifizierung nach dem Krieg: „...Kunst hat nichts mit Politik zu tun... Wenn ich daher als überpolitischer Künstler in Deutschland blieb, so habe ich schon dadurch aktive Politik gegen den Nationalsozia-

---

[25] Vgl. „Blut und Geist. Bach, Mendelssohn und ihre Kritik im Dritten Reich.“ Ausstellungskatalog des Bachhauses Eisenach, Eisenach 2009, Seite 4.

[26] Da vom NS-Regime eine stimm- oder wahlberechtigte Bevölkerung politisch nicht mehr benötigt und nicht mehr erwünscht wurde, liegen nach 1936 auch keine entsprechenden verlässlichen Statistiken vor. Darum wurde überschlägig die folgende Rechnung aufgemacht: Der Anteil der stimmberechtigten Bevölkerung an der Wohnbevölkerung betrug zur Reichtagswahl am 29. März 1936 lt. Statistik des Deutschen Reichs, Band 497, Seite 5, rund 70 %. Überträgt man diesen Prozentsatz hilfsweise auf die Wohnbevölkerung des Jahres 1939 (spätere verbindliche Statistiken wurden während des Kriegs nicht erstellt), so ergibt sich eine Zahl von rund 55 Millionen erwachsenen „Stimmberechtigten“ in 1939. Bei rund 10 Millionen Parteimitgliedern bedeutet dies einen rechnerischen Anteil von etwa 18 %. Tatsächlich erfährt dieser geringe Anteil eine stärkere gesellschaftliche Gewichtung, wenn man bedenkt, dass man nach dem damaligen politischen Verständnis bestenfalls als Haushaltungsvorstand und kaum als „unpoltische Hausfrau“ Parteimitglied wurde. Ferner waren gesellschaftliche Randgruppen (Hilfsarbeiter, Erntehelfer, Schwerkranke und andere) als Parteimitglieder nicht erwünscht. Außerdem wurden von 1933-1937 nur wenige Personen als Mitglieder in die NSDAP aufgenommen.

lismus getrieben... Die Sorge, vom Nationalsozialismus für seine Propaganda missbraucht zu werden, musste für sich zurücktreten vor der größeren Sorge, die deutsche Musik, soweit es ging, in ihrem Bestand zu erhalten..."): Dieses Dirigat vom Mai 1947 sei – so Erika Mann – ein Triumphzug für Furtwängler gewesen, dem das Berliner Konzertpublikum stehende Ovationen darbrachte. In dieser Begeisterung der Berliner Bevölkerung sah Erika Mann zugleich einen Protest gegen die Entnazifizierungsverfahren und den Wunsch, die Ereignisse zwischen 1933 und 1945 vergeben und vergessen zu machen[27].

Aus Personalmangel und aus Not – es war noch nicht die Zeit für eine Aufarbeitung des Geschehens, vielmehr standen Wiederaufbau und Existenzsicherung im Vordergrund - sind nach Kriegsende oft genug einflussreiche Posten an diejenigen zurückgegeben worden, die sie schon im nationalsozialistischen Regime ausübten, und nicht – wie man hätte erwarten können – an die, die von den Nationalsozialisten verfolgt wurden. Die Zugehörigkeit zur NSDAP schien für viele betroffene Deutsche und für die alliierten Besatzer nicht immer ein Problem für den beruflichen Wiedereinstieg zu sein. Mit Widerstandsgeschichten und Lebenslügen haben sich zahlreiche Personen erfolg-reich in eine Zukunft nach dem Krieg gemogelt. Der aus Kriegsgefangenschaft zurückgekehrte Pfarrer Kitscha, nach wie vor bei der Parochialkirche als Beamter auf Lebenszeit angestellt, hielt als ehemaliger Deutscher Christ und überzeugter NS-Parteigänger anlässlich der Zweihundertfünfzig-Jahrfeier der Parochialkirche, die nun im sozialistischen Ost-Berlin lag, im Jahre 1953 immerhin die Festpredigt[28]: Kitscha beklagte einerseits, dass die Gottesdienste von der (DDR-)Obrigkeit nicht mehr mit der alten Sympathie aufgenommen und mitgetragen würden. Andererseits zeigte er wieder einmal Verständnis für das aktuelle Regime, für die „offizielle Welt", der er nicht „verargte", dass die Kirche wieder in einem „spannungsvollen Gegenüber zur Welt" stehe. Rückblickend bewertete Kitscha die Repressalien des NS-Regimes gegenüber der Kirche als „Einbruch fremder Gewalten in die Kirchen".

Erinnert sei auch an die Hochschullehrer, die sich nach 1945 den neuen politischen Verhältnissen wendig angepasst haben[29]. Aber auch die Musiker hatten im Dritten Reich kaum eine vorbildliche Haltung bewiesen. Dennoch waren sie nicht derart verstummt, dass sie nicht bei der kulturellen Regeneration Deutschlands ihren Platz wieder hätten einnehmen können[30]. Selbst bekannte Kirchenvertreter (z. B. Friedrich von Bodelschwingh[31], der allerdings bereits 1946 starb) standen dem nationalsozialisti-

---

[27] Zitiert nach Christine Fischer-Defoy: Kunst, im Aufbau ein Stein. Die Westberliner Kunst- und Musikhochschulen im Spannungsfeld der Nachkriegszeit. Berlin 2001, Seite 253.

[28] Vgl. Sonderdruck der Parochialkirche: "1703-1953. Zweihundertfünfzig Jahre Evangelische Parochialkirche". Festgottesdienst zum zweihundertfünfzigjährigen Bestehen der Ev. Parochialkirche am 8. Juli 1953. Druckfassung Berlin 1953. Der Festgottesdienst fand in der überdachten Parochialkirchen-Ruine statt.

[29] Vgl. Fußnote 20 und Kapitel 2, Fußnote 7.

[30] Vgl. Michael H. Kater: Die missbrauchte Muse. Musiker im Dritten Reich, München-Zürich 2000, Seite 422 ff.

[31] Friedrich von Bodelschwingh der Jüngere (1877-1946) übernahm 1910 von seinem Vater Friedrich von Bodelschwingh (dem Älteren) die Leitung der von Bodelschwinghschen Anstalten Bethel und teilte auch dessen antisemitische Ansichten. Im Dritten Reich verschließt sich Bodelschwingh nicht dem Gedankengut der „Rassehygiene"; Sterilisation zur Abwendung der „Bedrohung durch Minderwertige" lehnt er nicht grundsätzlich ab – jedoch Euthanasie. In Bethel rettet er im Rahmen der sogenannten „Euthanasie-Aktion T4" durch die SS (benannt nach der Berliner Euthanasie-Bürozentrale in der Tiergartenstraße 4) vielen Behinderten das Leben, allerdings um den Preis, dass er schwerstbehinderte Heimbewohner an die Tötungsanstalten der T4-Aktion auslieferte. Noch 1938 leistete er als Anhänger der Bekennenden Kirche

schen Gedankengut lange Zeit keineswegs ablehnend gegenüber und trugen damit zumindest anfänglich zum nationalsozialistischen Klima in Deutschland bei, was aber nach dem Krieg einem beruflichen „Wiedereinstieg“ nicht unbedingt im Wege stand.

Im politischen Umfeld des Dritten Reichs übersiedelte Wilhelm Bender nach Berlin. Da er Kirchen- und Schulmusiker werden wollte, begann er im Jahre 1931 – einer von 48 Studenten – sein Studium an der renommierten Berliner Akademie für Kirchen- und Schulmusik, das er im Frühsommer 1934 mit Auszeichnung abschloss. Der Beruf des Kirchenmusikers war eng mit dem des Lehrers verbunden. Beide Studien ließen sich – wie der Name schon zeigte – an der politisch früh angepassten Akademie für Kirchen- und Schulmusik bestens miteinander verbinden. Diese Fächerkombination war den Nationalsozialisten durchaus recht, da sie auch in der Lehrerschaft schnell Anhänger finden wollten und somit ihre Ideologie bei einer Parallelbeschäftigung in der Kirche und der Schule schneller verbreiten konnten (1938 standen 17.400 evangelische Kirchenmusiker im Dienst der evangelischen Kirche, davon waren 12.800 gleichzeitig Lehrer und von diesen wiederum 12.400 Mitglieder des NSLB, des Nationalsozialistischen Lehrerbunds).

Die Berliner Akademie für Kirchen- und Schulmusik wurde 1935 in „Staatliche Hochschule für Musikerziehung und Kirchenmusik (HfMEuK)“ umbenannt[32]. Nach dem Krieg verlor diese Hochschule ihre Selbständigkeit und ging als musikpädagogische Abteilung in der Berliner Hochschule für Musik auf[33]. Dort wurden nach dem Krieg ehemalige NSDAP-Mitglieder zwar entlassen, aber ganz pragmatisch – zumindest befristet – wieder eingestellt, soweit sie für dringende Aufgaben unersetzlich schienen. Im Juni 1946 wurden diese Einstellungskriterien auf alle ausgedehnt, die „nur nominell“ Mitglieder der NSDAP waren und nun ihren Willen bekundeten, „am Aufbau des demokratischen Deutschlands tätig mitzuarbeiten“. Die Alliierte Kommandantur erweiterte diese Ausnahmebestimmungen wenig später auf all diejenigen, die zwar aktives Mitglied der NSDAP, aber nur in untergeordneten Bereichen tätig waren[34]. Statt z. B. fehlende Noten und Instrumente – so ein Vorschlag des Direktors Bennedik der wiedereröffneten Hochschule für Musik – bei ehemaligen NSDAP-Mitgliedern zu beschlagnahmen, stellte man ehemalige Parteigenossen als Hochschullehrer wieder ein! Andererseits gab es für Studenten strenge Nicht-Zulassungskriterien, z. B. für solche

---

(und nicht etwa als Deutscher Christ) Hitler freiwillig den Treueeid. Massive Kritik am Verhalten der Familien Bodelschwingh findet sich bei Lübeck, Johannes: Vier Generationen Bodelschwingh (unveröffentlichtes Manuskript), Bünde 2011.

[32] In einem Diagramm zeigt Fischer-Defoy das Zusammenwachsen der verschieden Berliner Kunst- und Musikhochschulen von 1696 bis 1975 auf. Vgl. Christine Fischer-Defoy: Kunst, Macht, Politik. Die Nazifizierung der Kunst- und Musikhochschulen in Berlin. Berlin 1987, Seite 14.

[33] Diese Staatliche Hochschule für Musikerziehung und Kirchenmusik (HfMEuK) hatte ihre Selbstständigkeit aus verwaltungstechnischen Gründen an die Berliner Hochschule für Musik verloren (die wiederum 1975 in der Gesamt-Kunst-Hochschule für Künste HdK aufging, seit 2001 Universität der Künste genannt; vgl. Christine Fischer-Defoy: Kunst, im Aufbau ein Stein. Die Westberliner Kunst- und Musikhochschulen im Spannungsfeld der Nachkriegszeit. Berlin 2001, Seite 380). Man hätte sich gut vorstellen können, dass die Staatliche Akademie für Kirchen- und Schulmusik bzw. die ab 1935 so genannte Staatliche Hochschule für Musikerziehung und Kirchenmusik nach dem Krieg ihre Selbständigkeit wegen ihrer allzu großen Nähe zur Ideologie der Nationalsozialisten verloren hatte. Vermutlich aber waren „nur“ (verwaltungstechnische) Rationalisierungsgründe ausschlaggebend, nicht Moral und Schuld. Wenn selbst bekennende nationalsozialistische Hochschullehrer nach dem Krieg ihre Hochschultätigkeit zügig wieder aufnehmen durften – warum sollte dann ein Institution durch Auflösung „abgestraft“ werden.

[34] Vgl. Christine Fischer-Defoy: Kunst, im Aufbau ein Stein. Die Westberliner Kunst- und Musikhochschulen im Spannungsfeld der Nachkriegszeit. Berlin 2001, Seite 251.

mit ehemaliger NSDAP-, SA- oder SS-Mitgliedschaft oder mit früherer aktiver BDM- oder HJ-Mitgliedschaft[35].

Wilhelm Benders Berliner Studentenzeit und Schaffensjahre, also die Jahre 1931–1944, fallen ziemlich genau mit der Regierungszeit der Nationalsozialisten in Deutschland zusammen. Diese Jahre bildeten das ideologische und politische Umfeld Wilhelm Benders, mit dem er sich als Mensch und Kirchenmusiker auseinander zu setzen hatte – eine kurze geschichtliche Epoche nur, für ihn aber die einzig prägend und auch verführende[36]. Wilhelm Bender war in diesen dreizehn Jahren von 1931 bis 1944, also im Alter von 20 Jahren bis zu seinem frühen Tod, von Personen und Institutionen des Dritten Reichs geradezu „umzingelt". Insoweit scheint es zweckmäßig, sein Studium, sein Berufsleben und sein musikalisches Werk auch im Umfeld des nationalprotestantischen Ausbildungsmilieus und im Rahmen des nationalsozialistischen Kultureinflusses zu untersuchen.

Die Akademie für Kirchen- und Schulmusik war schon zeitig unter den Einfluss der Hitlerjugend geraten und gehörte bald zu einer der drei Vorzeige-Institutionen für HJ-Musik; sie fiel früh durch ihre reibungslose Selbst-Gleichschaltung im Berliner Lehrbetrieb auf. Die Berliner Akademie für Kirchen- und Schulmusik ist nicht nur ein würdeloses Beispiel dafür, wie schnell die Nationalsozialisten in öffentlichen Institutionen Einfluss gewinnen konnten, sondern auch, wie ihnen aus der Akademie heraus vorauseilend zugearbeitet wurde[37]. Die inhaltlichen und personellen Veränderungen waren am allerwenigsten eine von außen aufgezwungene Gleichschaltung (auch durch diese freiwillige aktive Begeisterungen entstand ein gerüttelt Maß an nationalsozialistischem Zeitgeist). Die stillschweigende Allianz zwischen dem Nationalsozialismus und Teilen des protestantischen Christentums auch im Zusammenhang mit der Kirchen-(und Schul-)Musik hatte in diesem Beherrschungsprozess signifikante Auswirkungen u.a. auf Personal und Ausbildung an der Berliner Akademie. Von 50 Dozenten waren 1933 rund 20% Mitglieder der NSDAP, z. B. Direktor Eugen Bieder (er war auch Referent der Fachgruppe Musik in Rosenbergs „NS-Kampfbund für Deutsche Kultur") oder Max Seiffert. Als Wilhelm Bender 1934 an der Akademie sein Examen ablegte, wurden weitere Nazi-Musiker dort zu Professoren berufen – z. B. Armin Knab[38]. Andere waren zwar nicht NSDAP-Mitglieder, aber verherrlichten den NS-Staat, z. B. Heinrich Spitta in seinen Kantaten.

Auch die „Säuberungen" der Universitäten, Akademien und Hochschulen von jüdischen Kollegen, die Verfemung „entarteter" Musik oder die Vertreibung der unab-

---

[35] Vgl. Christine Fischer-Defoy, a.a.O., Seite 244.

[36] Menschliche und künstlerische Parallelen ergeben sich zu Biographie und Werk des bekannteren Kirchenmusikers Hugo Distler (1908–1942), der auch nur 34 Jahre alt wurde. Vgl. Kapitel 14 und Winfried Lüdemann: Hugo Distler. Eine musikalische Biographie, Augsburg 2002.

[37] Die Selbstmobilisierung im vorauseilendem Gehorsam betraf allerdings fast alle gesellschaftlichen Bereiche; sie reichte bis zu den unterschiedlichsten Vereinen hinunter, z. B. bis zu den Schützenvereinen: Viele eigneten sich nationalsozialistische Ziele an, kooperierten mit der NSDAP. Manche versperrten bereits Anfang 1933 jüdischen Bürgern den Zutritt in die Vereine und schlossen später ihre jüdischen Mitglieder ganz aus. Damit halfen sie mindestens mit, die NS-Herrschaft zu stabilisieren (vgl. Henning Borggräfe: Schützenvereine im Nationasozialismus. Pflege der „Volksgemeinschaft" und Vorbereitung auf den Krieg 1933-1945. Forum Regionalgeschichte Band 16, Münster 2010).

[38] Armin Knab war zwar nicht Parteimitglied, wohl aber Mitglied des Nationalsozialistischen Deutschen Reichswahrerbundes NSRB, was mit einer Parteimitgliedschaft gleichbedeutend war (vgl. Michael H. Kater: The Nazi Party: A Social Profile of Members and Leaders, 1919-1945. Cambridge, Mass. 1983, Seite 112).

hängigen wissenschaftlichen Forschung und Lehre entsprachen häufig eher einer Selbstgleichschaltung als einer politisch verordneten Zwangsgleichschaltung. Die angebliche übermäßige jüdische Präsenz auf deutschen Konzertbühnen, in den Konzertagenturen, in der Presse und in den Bildungseinrichtungen sowie die angebliche „antideutsche Musik-Verschwörung“ führten zu Vertreibungen und Berufsverboten und schufen eine erkennbare Vakanz bei Musikerstellen. Aber auch missliebige nichtjüdische Lehrer wurden von der Akademie für Kirchen- und Schulmusik vertrieben, im Juni 1933 z. B. Fritz Jöde, einer der führenden Köpfe der Jugendmusikbewegung, Lehrer Wilhelm Benders. An der Akademie für Kirchen- und Schulmusik wurden wie an der Berliner Hochschule für Musik und an der Preußischen Akademie der Künste mit der Machtergreifung alle jüdischen Musiklehrer „entfernt“: Erwin Bodky z. B., Lehrer für Klavier, Cembalo und Musikwissenschaft, Schüler von Richard Strauss und Ferruccio Busoni, durfte nicht an der Akademie für Kirchen- und Schulmusik bleiben. Er emigrierte 1933 nach New York, wurde dort u. a. Namensgeber des späteren renommierten Bostoner Instituts „Erwin Bodky Competition for Early Music Soloists“. Wilhelm Bender war insbesondere von Bodkys Lehre von der Wiederbelebung des Spiels auf alten Instrumenten angetan, die dieser noch in Berlin u. a. in seinem Werk „Der Vortrag alter Klaviermusik“ niederlegte (das 1960 in Cambridge erschienen Lehrbuch seines verehrten Lehrers „Execution of Bach's Keyboard Works on the Piano“ hat Wilhelm Bender nicht mehr kennengelernen können).

Es gab bei „arischen“ wie jüdischen Musikern gewisse Äußerungen von Unzufriedenheit über die aktuellen „Missstände“, die aber weniger Ausdruck einer konsequent ablehnenden politischen Haltung waren oder sogar Widerstandscharakter gehabt hätten[39]. Insgesamt war der politische Widerstand von Künstlern außerordentlich gering. An den Berliner Hochschulen fand sich engagierter Widerstand gegen das NS-Regime - wenn überhaupt - eher unter bildenden Künstlern als unter Musikern. In den Musikhochschulen war der Politisierungsgrad geringer, der zu einem Widerstand hätte führen können: Die musikalische Tätigkeit ist – vom Komponieren abgesehen – in stärkerem Maße reproduktiv, d. h. sie setzt sich mit den aktuellen Realitäten weniger auseinander. Ferner waren offenbar die Entlassungen von zumeist jüdischen Hochschullehrern an den Musikhochschulen aufgrund der Wirkung des „Berufsbeamtentumsgesetzes“ (also des „Arierparagraphen“) häufiger und zügiger umgesetzt worden, weshalb ein größeres „schwelendes“ Unruhepotential von den Musikhochschulen ferngehalten wurde. Die Entlassungen bedeuteten im Übrigen für die Bleibenden eine deutliche Mahnung zum Wohlverhalten, um ihre Existenz nicht zu gefährden.

Letztlich zeigte sich oppositionelles Engagement vorwiegend bei denen, deren berufliche Existenz bereits zerstört war und die nichts mehr zu verlieren hatten[40]. Exemplarisch für ein oppositionelles Engagement ist der Komponist Karl Amadeus Hartmann zu nennen, der sich zu einer passiven Widerstandsform gegen das Dritte Reich entschloss, indem er sich und seine Musik dem deutschen Publikum verweigerte. Die Frage, wie man seine Kunst, die sich gegen die Diktatur wenden sollte, ausüben könne, ohne in Dachau zu landen, beantwortete er mit Verzicht auf Öffentlichkeit und auf berufliche Karriere in Deutschland – was nur gelang, weil ihn sein großzügiger

[39] Vgl. Michael H. Kater: Die Muse. Musiker im Dritten Reich, München-Zürich, Seite 422 ff.

[40] Vgl. Christine Fischer-Defoy: Kunst, Macht, Politik. Die Nazifizierung der Kunst- und Musikhochschulen in Berlin, Berlin 1987, Seite 175 ff.

Schwiegervater materiell unterstützte[41]. Seine Abneigung gegen das Regime „verpackte“ er einfallsreich in Text und Melodien seiner Kompositionen und bemühte sich um Aufführungen im Ausland – z. B. mit „Des Simplicius Simplicissimus Jugend“, die Geschichte eines Bauernjungen, eines Antihelden, dem Gegenteil von Hitlers Ideal eines „stählernen“ deutschen Jungen (Hartmann begann 1934 mit der Komposition dieses Bühnenwerks). Aber zu einem Image als Widerständler im In- und Ausland haben diese Bemühungen Hartmanns nicht geführt, so vorbildlich, mutig und entbehrungsreich sie auch gewesen sein mögen[42].

Wilhelm Bender scheint die Verhältnisse an der Akademie offenbar ohne erkennbare äußere Reaktionen kritiklos, widerspruchs- und leidenschaftslos hingenommen zu haben – wie später auch das Emigrantenschicksal seines Lehrers Hindemith an der Berliner Hochschule für Musik (wenngleich er noch einen Kompositions-Meisterkurs bei Hindemith belegte, als dessen Musik bereits zuvor mit einem Aufführungsverbot belegt wurde). Unter den obwaltenden Umständen schien er nicht wirklich gelitten zu haben. Wilhelm Bensder hatte offenbar bereits gelernt, sich im nationalsozialistischen Milieu zurechtzufinden. Mit einigen seiner im nationalsozialistischen Klima erfolgreichen Lehrern in Berlin (Reimann, Heitmann, Seiffert, Stumme u. a.), in Heidelberg (Fortner und Besseler) und mit späteren Kollegen in Frankfurt (z. B. Reutter, Höffer, Frommel, Höller, Hessenberg, von Knorr) konnte er sich darum bis zu seinem frühen Tod ein von politischen Ereignissen unberührtes Netzwerk enger Kontakte aufbauen, in dem er sich beruflich erfolgreich bewegte. Eine gleichgültige Schonhaltung gegenüber den politischen Ereignissen war bei vielen zu erkennen, dem deutschen Volk seit Jahrhunderten „antrainiert“. Eine heimliche „geistige Impfung“ vergiftete die Gesinnung von Generationen: Die Juden waren meist die Sündenböcke bei Unglücken und Katastrophen, kurz aufflammende Pogrome keine Seltenheit. Die Juden erschienen schon immer fremd, heimatlos, „passten nicht dazu“, vermutlich weil sie den Anspruch des Gottesvolks erhoben. Die Kirche stand fern, griff nicht schützend ein. Selbst Luther hatte sich zu einer schändlichen antisemitischen Schrift hinreißen lassen. Eine Ideologie, die sich mit den denkbar höchsten Werten schmückte, war seit langem tief auch in die Gemüter der Deutschen eingerammt. So wurde in der deutschen Bevölkerung nach 1933 die Wirklichkeit systematisch ausgelöscht, zuerst im „jüdischen Krieg“, dann im „großen Krieg“[43].

An der Akademie für Kirchen- und Schulmusik gab es unter der Leitung von Fritz Jöde ein Seminar für Volks- und Jugendmusikpflege, das 1933 von der Hitlerjugend in eine HJ-Musikausbildungsstätte umgewandelt wurde. Ab Anfang 1934 leitete Wolfgang Stumme[44], gleichzeitig „oberster Musikreferent“ im Kulturamt der Reichsjugendführung, eine wöchentliche Arbeitsgemeinschaft über die „Musikarbeit in der Hitlerjugend“, „um den Blick auf die volksmusikalische Arbeit zu weiten“ (1935 folgten dann einjährige Akademie-Lehrgänge für Jugend- und Volksmusikleiter, geleitet von Hein-

---

[41] Vgl. Michael H. Kater: Die missbrauchte Muse. Musiker im Dritten Reich, München-Zürich, Seite 445.

[42] Hartmann war auch Autor der Musikzeitschrift „Melos“, in der nach 1945 die unter den Nationalsozialisten unterdrückte „entartete“ Musik aufgearbeitet wurde. Durch die Nachwirkungen der unliebsame Musik unterdrückenden Hitlerdiktatur blieben Hartmanns Kompositionen auch noch nach dem Krieg der Öffentlichkeit lange unbekannt.

[43] Vgl. „Warum hat keiner laut geschrien?“ Vortrag aus Anlass des 50. Jahrestages der Pogromacht am 9. November 1938. In: Glaube und Lernen – Zeitschrift für theologische Urteilsbildung, 5. Jahrgang, Heft 1/1990, Seite 20-37, besonders Seiten 24-29.

[44] Vgl. Kapitel 3, Fußnote 5.

rich Spitta, um sie für den Einsatz in der Hitlerjugend vorzubereiten). Bereits im vorbereitenden Klima dieser Seminar- und Lehrgangsangebote wurden Akademiestudenten zum Eintritt in die Hitlerjugend gedrängt. Auch Wilhelm Bender wurde im Januar 1934 noch vor seinem Examen Mitglied der Hitlerjugend, halb von der Akademie überredet, halb auch freiwillig wegen der größeren Chancen auf eine anspruchsvolle Tätigkeit und weil er von der Qualität der HJ-Musikausbildung in der Jugendmusikarbeit überzeugt war. Er wurde nebenberuflicher Bann-Musikreferent und Singscharleiter einer Rundfunkspielschar in der Reichsjugendführung. Wegen seiner Zugehörigkeit zur Rundfunkspielschar übernahm er weniger typische Aufgaben eines Musikreferenten; vielmehr durfte er von 1934 bis 1936 regelmäßig als „Musikus" im Kinderfunk des Deutschlandsenders in Berlin im Rahmen der HJ-Musikerziehung in der Sendung „Kunterbunt" auftreten, einem speziellen Vormittagsprogramm für Kinder im Alter von drei bis fünf Jahren mit deutlicher Tendenz zur (unpolitischen) musikalischen Früherziehung. Für diese pädagogisch-musikalische Tätigkeit benötigte er keine auffallende politische Überzeugung. Er schrieb darum auch nur einige wenige politisch motivierte Kompositionen, u. a. Liedsätze für das Liederbuch der Kriegsmarine, und beteiligte sich mit eigenen Liedkompositionen an der Erstellung eines Liederbuchs der Nationalsozialistischen Gemeinschaft „Kraft durch Freude"[45].

Durch die Hitlerjugend[46] sollte die gesamte deutsche Jugend ab einem Alter von 10 Jahren in die nationalsozialistische und damit auch antisemitische Weltanschauung eingeführt, die Jungen zusätzlich auf den Dienst in der Wehrmacht vorbereitet werden. Die politische Realität, die hinter der Aufforderung der Hitlerjugend zu Gefolgschaft und Treue für Führer und Volk stand, war von der betroffenen Jugend natürlich noch nicht zu erkennen. Die HJ-Führung kannte die Bedeutung der Musik für ihre Ideologie, weswegen der sich allmählich manifestierende politische HJ-Auftrag bei raschem Anwachsen der Hitlerjugend zu einer Massen-Jugendbewegung neues Liedgut, also geeignete Lieder, erforderte, um durch Singen zum gewünschten Gruppenerlebnis und zur geplanten Organisationsstruktur zu kommen. Neue Liederbücher wurden zusammengestellt, es entstanden ideologisch aufgeladene Marsch-, Kampf- und Feierlieder (Gelöbnislieder). Tatsächlich waren die meisten Lieder, die die Hitlerjugend nach Art marschierender Soldaten singen sollte, eindeutig kriegerischer Art und handelten von Vaterland, Pflicht, Ehre, Blut und Boden sowie insbesondere von Kampf und Tod[47].

Die mit dem Soldatentum eng verbundenen Lieder sollten die soldatische Gesinnung stärken – das Lied als Ausdruck von Siegeswillen und Kampfbereitschaft, eine „Quelle männlicher frohgemuter Wehrkraft". Damals war – wie Goebbels es formulierte – „die Kunst eben kein Zeitvertreib für den Frieden, sondern auch eine scharfe geistige Waffe für den Krieg". Alle großen Gefühle, deren die Jugend fähig ist, wurden „professionell" wachgerufen und aus heutiger Sicht missbraucht. Manche (auch nach dem Krieg

[45] Vgl. Kapitel 3, Fußnote 8.

[46] Die Hitlerjugend gliederte sich in das Deutsche Jungvolk DJ (Jungen von 10-14 Jahren), in die eigentliche Hitlerjugend (Jungen von 14-18 Jahren), in die Jungmädchen JM (Mädchen von 10-14 Jahren) und in den Bund Deutscher Mädchen BDM (Mädel von 14-21 Jahren). Hitlerjungen wurden nach Vollendung des 18. Lebensjahrs und die Mädchen des BDM nach Vollendung des 21. Lebensjahrs meist automatisch auf dem Dienstweg über die Ortsgruppen in die NSDAP aufgenommen – bei einwandfreier Führung und bei mindestens vier Jahren ununterbrochener Zugehörigkeit zur Hitlerjugend bzw. zum BDM (vgl. Organisationsbuch der NSDAP. Hrsg.: Die Reichsorganisationsleiter der NSDAP. München 1937, Seite 438).

[47] Vgl. Michael H. Kater: HITLERJUGEND, Darmstadt 2005, Seite 33.

geachtete) deutsche Komponisten wie Heinrich Spitta oder Wolfgang Fortner stellten ihre Talente den Zielen der Hitlerjugend zur Verfügung. Carl Orff wollte 1933 sogar ein ganzes Liederbuch für den Massenkonsum der Hitlerjugend gestalten[48]. Mit einer Tätigkeit in der Hitlerjugend war notwendigerweise eine Mitarbeit am kulturellen Aufbau der nationalsozialistischen Bewegung verbunden. Bei völliger politischer Gleichgültigkeit war dieser Einsatz vermutlich nicht zu leisten. Auch Wilhelm Bender war mit seiner Arbeit für die Hitlerjugend – als HJ-Singscharleiter bildete er künftige HJ-Singwarte aus – notwendigerweise in deren weltanschauliche Erziehung eingebunden.

Die Tonkunst und die Musiker waren eindeutig Helfer der Regierung bei der Lenkung des Volkes. Es gibt im Dritten Reich eine klare Mittäterschaft der Kunst, eben auch der Musik – wobei die „weltliche“ Aufgabe der Musik schon damals nicht neu war. Seit je hat Musik der Stabilisierung von Herrschaft gedient und leistet den Staaten diesen willkommenen Dienst. Es sei nur an die Bedeutung der Nationalhymnen erinnert[49] oder an die politischen (weltlichen) Kantaten des Barockzeitalters („Staatskantaten“) mit ihrer Verherrlichung der irdischen Herrschaft – ein Pendant zur Verherrlichung der himmlischen Herrschaft in der geistlichen Kantate[50].

Wilhelm Bender spielte in der Hitlerjugend nur eine geringe Rolle als Propagandist. Dennoch war es für ihn selbstverständlich, dass er seine Zugehörigkeit zur Hitlerjugend in seinen späteren Bewerbungen als Referenz nutzen würde und sie nicht leugnete. Mit seinen wenigen politisch inspirierten Kompositionen hat er sich im Rahmen notwendiger Konzessionen dem Regime nicht verweigert, sondern es mit seiner Musik – wenn auch nur in geringem Umfang – unterstützt. Seine Haupttätigkeit als „Musikus“ am Rundfunk (und nur dort war er vor seiner Tätigkeit an der Parochialkirche als Künstler ein „Vorzeigemensch“) war dagegen völlig unpolitisch, was auch seine Kinderlieder zeigen, die ganz der musikalischen Früherziehung gewidmet waren. In seiner späteren Tätigkeit z. B. als Glockenspieler an der Parochialkirche hat er sich bestenfalls durch seine musikalische Programmauswahl der von ihm gespielten Lieder „schuldig“ gemacht, weil er damit zumindest begrenzt mithalf, die Sicht auf den wahren Charakter des Regimes zu verstellen. Auch war die Namensgebung des 1938 von Wilhelm Bender gegründeten „Volksdeutschen Singkreises“, der ihm für seine zusätzliche Präsenz im Konzertleben und somit für seine musikalische Karriere eminent wichtig war, zweifellos auch eine Referenz an den politischen Zeitgeist. Eine Verweigerung solcher musikalischen Beiträge hätte unweigerlich eine Bremse für seine Karriere bedeutet. Letztlich sind auch Geist und Sprache seiner Assessorenarbeiten nicht frei vom HJ-Bildungsauftrag, spiegeln die übliche politische Loyalität wider[51].

Den Vorwurf, an der patriotischen Wirkung des Nationalsozialismus – wenn auch nur am Rande – pädagogisch mitgewirkt zu haben, wird man ihm nicht ersparen können. So zählte er zu den vielen Menschen im NS-Staat, die nicht Schuldige sind, wohl aber

[48] Vgl. Michael H. Kater, HITLERJUGEND, a.a.O, Seite 33.

[49] In Japan gibt es die älteste Nationalhymne; sie wurde im 12. Jahrhundert geschaffen.

[50] Vgl. Hans Hattenhauer: Johann Sebastian Bach und die Politik – Zur Kantate „Schleicht, spielende Wellen“ (BWV 206). In: Bürgerliche Freiheit und Christliche Verantwortung. Festschrift für Christoph Link zum 70. Geburtstag. Herausgegeben von Heinrich de Wall und Michael Germann, Tübingen 2003, Seiten 613-635.

[51] Vgl. Kapitel 3.

schuldig wurden[52]. Im nationalsozialistischen System war er gleichzeitig Täter und Opfer, zuerst nur beeinflusst, dann selbst beeinflussend. Seine Mitgliedschaften in der Hitlerjugend, später in der NSDAP und in der Reichsmusikkammer, lassen sich am Naheliegendsten im Rahmen seiner beruflichen Vorteilsnahme erklären. Es war ein reines Zweckbündnis mit dem politischen Zeitgeist. Insoweit ist auch eine kleine Komposition Wilhelm Benders zwar für seine eigentliche Einstellung aufschlussreich, aber nicht – selbst höchst wohlwollend interpretiert – ein Hinweis auf eine irgendwie geartete oppositionelle Haltung (so wie es auch keine oppositionelle politische Willensäußerung war, demonstrativ auf seinem Widerwillen gegenüber den von den Nationalsozialisten bevorzugten spätromantischen Musikströmungen in zeitgenössischen weltlichen und geistlichen Kompositionen zu bestehen und damit auch in der kirchenmusikalischen Erneuerungsbewegung – Gesangbuch- und Orgelreform – eine andere Auffassung als die der von den Nationalsozialisten geförderten Deutschen Christen öffentlich zu vertreten): 1935 vertonte Wilhelm Bender ein Gedicht Theodor Storms. „Der eine fragt: Was kommt danach, der andere fragt nur: Ist es recht? Und also unterscheidet sich der Freie von dem Knecht“[53]. Durch die Art der Notensetzung gibt Wilhelm Bender zu erkennen, dass er sich für den „Freien“, entscheidet, der sich nicht absichernd fragt, ob er im Sinne eines Dritten etwas richtig macht, sondern der sich unabgestimmt aufgrund seiner eigenen persönlichen Willensbildung für das „Danach“, für die Folgen seiner Handlung, eigenverantwortlich entscheidet. Wer fragt, ob er es recht macht, überlässt die Bewertung seines Tuns und die Meinungsbildung anderen, dem Gericht, der Obrigkeit, dem gerade aktuellen Recht. Wer aber die künftigen Folgen seiner Handlung für sich bedenkt und für sich bewertet, nicht am aktuellen, beugsamen und veränderlichen Recht orientiert, sondern unabhängig davon agiert und in zeitlosen moralischen Kategorien spricht und denkt, der handelt in freier, individueller Selbstbestimmung, legt die Maximen seines Handelns nicht in fremde Hände, sondern agiert in Eigenverantwortung. Wilhelm Bender entscheidet sich in seinem Lied für die freie Selbstbestimmung, erkennbar, weil sein Melodiebogen sowohl bei „(da)nach“ als auch bei „(der) Freie“ jeweils zum „f“ führt, er also beide Begriffe in einem Ton zusammenführt, und bei „recht“ und „Knecht“ zum gemeinsamen „d“.

Andererseits steht eine solche verdeckte oder unbewusste Willensäußerung im Widerspruch zur eigentlichen Absicht dieser Komposition, denn Wilhelm Bender komponierte dieses Lied mit dem Ziel, mit ihm das besondere „Deutsche im Lied“ beispielhaft aufzuzeigen, indem er es (wie schon in seiner Examensarbeit) mit dem rus-

---

[52] Der Musikwissenschaftler Michael H. Kater kommt zu einem strengen Urteil, wenn er schreibt, dass jeder, der in der Hitlerjugend arbeitete, als Nazi betrachtet werden müsse (vgl. Michael H. Kater: Die missbrauchte Muse. Musiker im Dritten Reich, München–Zürich 2000, Seite 295). Um zu klären, ob die Hitlerjugend vielleicht mitgeholfen habe, einen Angriffskrieg vorzubereiten, konfrontierte der Ankläger im Rahmen des Nürnberger Prozesses (im Mai 1946 gegen die deutschen Hauptkriegsverbrecher) den ehemaligen Reichsjugendführer Baldur von Schirach mit dem Hitlerjugend-Lied „Es zittern die morschen Knochen der Welt vor dem roten/großen Krieg“ und warf ihm vor, hier wären imperialistische Gedanken verbreitet worden („..heute gehört uns Deutschland und morgen die ganze Welt“). Schirach konnte sich damit verteidigen, dass auch gesungen wurde „heute hört uns Deutschland...“ Vgl. Wolfgang Herbst: Das Lied von den „morschen Knochen“ und sein theologischer Ziehvater Anton Stonner. In: Kirchliche Zeitgeschichte, 19. Jahrgang, Heft 2, 2006, Seite 469.

[53] Vgl. Liederbuch „Wir wandern und singen“ der Nationalsozialistischen Gemeinschaft "Kraft durch Freude". Hrsg.: Reichsamt Reisen, Wandern und Urlaub, Zentralverlag der NSDAP, Franz Eher Nachf., Berlin 1937.

sischen „Lied der Wolgatreidler“[54] verglich und dieses dem politischen Zeitgeist entsprechend herablassend analysierte („Der slawische Mensch verfügt über ein ausgeprägtes Rassegefühl, aber dabei ist er Einflüssen und Stimmungen besonders unterworfen“). In seiner Analyse führte er scharfe Angriffe auf das nichtdeutsche Vergleichslied und beschrieb, wie er den musikalischen Geschmack von HJ- und Jungvolkführern am Beispiel des „deutschen Lieds“ im Vergleich mit „negerischem Jazz“ bis zum populären Schlagerlied schulte.

Wilhelm Bender stammt aus keiner politischen Familie. Insoweit gab es auch keine entsprechende Einflussnahme seitens seines Elternhauses. Die Eltern waren völlig unpolitisch. Der Vater, Verwaltungsinspektor im Gartenamt der Stadt Frankfurt am Main, war seit Gründung Mitglied im Reichsbund der Beamten RDB und Mitglied der Nationalsozialistischen Volkswohlfahrt NSV, der Trägerin der Wohlfahrtspolitik zur Stärkung der Volksgemeinschaft, nach der Deutschen Arbeitsfront DAF zwar die zweitgrößte Massenorganisation des NS-Regimes, politisch aber eher bedeutungslos. Seine Brüder Erich und Heinz waren politisch ebenfalls desinteressiert, gingen aber – anders als Wilhelm Bender – sehr früh durch Parteieintritte Zweckbündnisse mit den Nationalsozialisten ein. Sein jüngster Bruder Heinz, Hitlerjungen-Führer, strebte ins Lehramt und trat noch als Student 1937 der NSDAP und 1941 als Schul-Amtsanwärter („Sch.A.Anw.“) dem NS-Lehrerbund bei. Eine Parteizugehörigkeit schien ihm für den Berufseinstieg unbedingt von Vorteil. Ein reger Gedankenaustausch zwischen Wilhelm und Heinz Bender und eine damit verbundene gegenseitige Beeinflussung waren wegen der weit voneinander entfernten Wohnorte und der unterschiedlichen beruflichen Interessen nicht gegeben.

Engeren Kontakt hatte Wilhelm Bender zu seinem Bruder Erich. Dieser war eine starke Persönlichkeit, zielstrebig, karrierebewusst; er trat im April 1933 als Student freiwillig in die SS ein, nach Heinrich Himmlers Konzept ein „Orden“ mit einer rassistischen Neureligion in Ritualen und Mentalität[55] (SS-Mitglieder, die sich als „politische Kämpfer“ verstanden, standen in unbedingter Treue zu Hitler und zum nationalsozialistischen Programm), aus der er im Oktober 1934 wieder austrat, um dann im Mai 1937 NSDAP-Parteimitglied zu werden. Es ist zu erwarten, dass Wilhelm und Erich Bender in den gemeinsamen Berliner Jahren nicht nur miteinander musizierten, sondern sich auch politisch austauschten. Die politischen Argumente seines Bruders konnten Wilhelm Bender aber keineswegs beeindruckten. Es reichte ihm, durch seinen Eintritt in die Hitlerjugend die von ihm bevorzugte Musik machen zu können und mit den entsprechenden HJ-Referenzen seine Karriere aufzubauen; der NSDAP trat Wilhelm Bender erst so spät wie möglich bei.

Außermusikalische Beeinflussungen kamen vielmehr von Familienfremden, vornehmlich aus dem Kreis seiner Lehrer. Von einem privaten Freundeskreis ist so gut wie

---

[54] In seiner Assessorenarbeit hatte Wilhelm Bender bereits eine Gegenüberstellung vom deutschen und russischen Lied zugunsten der „deutschen Weise“ erarbeitet: “Fröhlich-schwermütig, entschlossen-wankend, Optimist-Pessi-mist, Dur-Moll, aufsteigend-absteigend, Entwicklung-Stillstand, dreiklangbezogener (Einzel-)Tonmittelpunkt, weitgeschwungen-kleiner Umfang (vgl. Wilhelm Bender: Das artgemäße Lied. Ein Beitrag zur Geschmacksbildung, Seiten 17-20. Archiv der Bibliothek für Bildungsgeschichtliche Forschung des Deutschen Instituts für Internationale Pädagogische Forschung in Berlin, Signatur GUT ASS 72).

[55] Vgl. Wolf-Dieter Hauschild: Lehrbuch der Kirchen- und Dogmengeschichte, Band 2, Reformation und Neuzeit, Gütersloh 1999, Seite 896.

nichts mehr bekannt – nur von einer regen Freundschaft mit einem Angehörigen der Berliner Schultheiss-Bierdynastie.

Seine wichtigsten Lehrer an der Berliner Akademie für Kirchen- und Schulmusik, denen Wilhelm Bender besonders verbunden war, und mit denen er auch in den folgenden Jahren regen Kontakt pflegte (u. a. durch gemeinsame Konzerte), waren Wolfgang Reimann, Fritz Heitmann, Max Seiffert, Fritz Jöde und Wolfgang Stumme. Diese herausragenden Lehrer waren dem bewundernden, lernbegierigen Schüler nicht nur musikalische Vorbilder, hatten nicht nur großen musikalischen Einfluss auf Wilhelm Bender, sondern waren auch Vorbild mit ihren persönlichen Lebensentwürfen und Einstellungen und waren ihm Orientierung in Zeiten des großen Umbruchs im politisch aufgeheizten Klima. Sie vermittelten – außer Hindemith – dem jungen Studenten und späteren Berufsanfänger neben dem eigentlichen Lehrstoff die Fähigkeit, sich den Nationalsozialisten anzupassen, sich „durchzumogeln", auch ohne tiefe politische Überzeugung mitzumachen und dennoch den politisch Verantwortlichen angenehm aufzufallen. Man war wirtschaftlich komfortabel eingerichtet, manche von großer Gleichgültigkeit gegenüber dem Nationalsozialismus, aber immer dann von wachem opportunistischen Interesse, wenn Vorteile für die eigene Person oder zumindest für das Musikschaffen herauszuholen waren.

Sie akzeptierten sogar – wie die Beispiele der „Entfernung" missliebiger Lehrer an der Akademie für Kirchen- und Schulmusik zeigen – um der eigenen Ruhe und Gemütsverfassung willen, dass einem Menschen durchaus „zu Recht" Unrecht geschehen könne, wenn sich eine neue Macht den Weg bahnt, und dass diese neue Macht, wenn sie von Erfolg begleitet wird, wie selbstverständlich neues Recht schafft. Eine Auflehnung gegen die politisierte Justiz, die aus dem alten Recht, einer Schutzvorrichtung für jedermann, ein System aus Fallen und Verstrickungen machte, war in diesen Kreisen nicht zu erkennen. Auch durch ihr wandlungsfähiges Rechtsempfinden hatten seine Lehrer prägenden Einfluss auf Wilhelm Benders Weltanschauung und verschafften ihm eine bewegliche politisch-weltliche Gesinnung, nichts angreifbar Festes. Er blieb mit dem Strom der „unpolitischen Lemminge" ebenfalls politisch gleichgültig, solange es gelang, eigene Vorteile wahrzunehmen oder persönliche Nachteile zu verhindern. Wilhelm Bender fühlte sich in diesem politischen Zwielicht vielleicht nicht wohl, doch schien es ihm nicht unangenehm.

Ein wichtiger Lehrer für Wilhelm Bender war Wolfgang Reimann (1887–1971), Schüler des Thomaskantors Karl Straube am Leipziger Konservatorium. Er war Orgelbauberater, lehrte ab 1923 an der Staatlichen Akademie für Kirchen- und Schulmusik (erst 1935 wurde er dort zum Professor berufen) Orgel- sowie Partiturspiel, außerdem evangelische Liturgik und liturgisches Orgelspiel – für diese Fächer Lehrer von Wilhelm Bender. Seit 1943 leitete er als Nachfolger Hugo Distlers den renommierten Staats- und Domchor in Berlin. Zusammen mit Christhard Mahrenholz und Günther Ramin gab er die Zeitschrift „Musik und Kirche" heraus. Neben seiner eigentlichen Musikertätigkeit war er seit 1926 als Musik-Fachberater des Evangelischen Oberkirchenrats in Berlin tätig, nach 1933 Referent für Kirchenmusik im „Kampfbund für deutsche Kultur", ab 1934 Mitglied im Führerrat des Kirchenchor-Verbandes, ferner Mitglied im Beirat des Reichsverbandes der gemischten Chöre und im Fachverband für Chorwesen und Volksmusik der Reichsmusikkammer sowie ab 1940 stellvertretender Reichsobmann des Kirchenchor-Verbandes und Mitglied im Gesangbuchausschuss der Evangelischen Kirche der Altpreußischen Union – der Prototyp eines „Musikfunktionärs auf Parteilinie". Das hinderte ihn nicht daran, nach dem Krieg die Leitung der

Abteilung Kirchenmusik an der Staatlichen Hochschule für Musik in Berlin und die Leitung der Zentralstelle für Orgelbau beim Konsistorium der Mark Brandenburg anzunehmen. Bereits 1946 wurde Reimann Kantor an St. Marien in Berlin[56], von 1945-1949 war er Vorsitzender der Neuen Bachgesellschaft.

Der Orgelexperte Fritz Heitmann (1891-1953), Schüler von Max Reger und Karl Straube, war seit 1923 Dozent (ab 1925 Professor) für Orgel und Tonsatz an der Akademie für Kirchen- und Schulmusik und unterrichtete Wilhelm Bender. Als Domorganist (von 1932 bis zu seinem Tod) am Berliner Dom erlangte er Weltgeltung. In den Jahren 1932 und 1933 leitete er zusätzlich die Abteilung Kirchenmusik in Alfred Rosenbergs „Kampfbund für deutsche Kultur", von dem er sich – wie auch Wolfgang Reimann – eine Förderung der Kirchenmusik versprach. Heitmann war nach Straube der bedeutendste deutsche Organist seiner Generation und hat großen Einfluss auf die Stellung der Orgelmusik im Musikleben seiner Zeit ausgeübt. Er war überzeugter Nationalsozialist der ersten Stunde[57].

Anders als Wolfgang Reimann und Wilhelm Bender, die die Orgelbewegung innerhalb der kirchenmusikalischen Erneuerungsbewegung aktiv unterstützten, trat Heitmann dafür ein, dass die Orgel – ganz auf Parteilinie – bei großen kultischen Feiern „als Dolmetscher" für musikalische Gemeinschaftsempfindungen aufzutreten hätte. Er begrüßte ausdrücklich, dass sich die Hitlerjugend der Orgel als „ihr" Instrument bediente[58]. Nach 1945 konnte Heitmann seine Tätigkeit als Domorganist in Berlin und als Professor an der wiedereröffneten Berliner Hochschule für Musik fortsetzen, in der die Berliner Schul- und Kirchenmusikausbildung nach dem Krieg als eigene musikpädagogische Abteilung eingegliedert wurde.

Wie Reimann war auch Heitmann Gutachter beim Bewerbungsverfahren Wilhelm Benders an der Parochialkirche.

Nach der nationalsozialistischen Machtergreifung setzte für wissenschaftliche Institutionen die Zentralisation, Gleichschaltung und Subordination mit politischer Lenkung zulasten ihres ursprünglich immer angestrebten Status als Ort von Wahrheit und wissenschaftlicher Unabhängigkeit ein. Auch die Isolierung der internationalen Musikforschung nahm – verbunden mit der Deutsch- und Rassenideologie – ihren Lauf. Dies betraf in Berlin besonders das Staatliche Institut für Deutsche Musikforschung, durch das die NSDAP die bislang dezentrale und unabhängige akademische Musikforschung zentralisieren und steuern wollte. Zu den Aufgaben des Staatlichen Instituts für Deutsche Musikforschung, ein von den Nationalsozialisten materiell bestens ausgestattetes Reichsinstitut, gehörte die Betreuung des Editionsunternehmens „Erbe deutscher Musik". Das Institut sollte im nationalsozialistischen Interesse die Einmaligkeit deutscher Musik erforschen und nachweisen[59]. Versucht wurde z. B., den Choral auf germanischen Einfluss zurückzuführen, also die Tatsache umzudeuten, dass der

---

[56] Im Jahre 2003 fusionierte die Parochialgemeinde mit der Gemeinde der St. Marienkirche, nachdem diese sich zuvor mit der St. Nikolai-Kirchengemeinde verbunden hatte. Vgl. Kapitel 4, Fußnote 31.

[57] Vgl. Michael H. Kater: Die mißbrauchte Muse. Musiker im Dritten Reich, München-Zürich 2000, Seite 313.

[58] Fritz Heitmann: „Die Orgel – das Instrument unserer Zeit". In: Jahrbuch der deutschen Musik 1943, Berlin 1942, Seite 159.

[59] Das „Staatliche Institut für deutsche Musikforschung" entstand 1935 aus einem von Max Seiffert geleiteten fürstlichen außeruniversitären Institut in Bückeburg, einem finanziell angeschlagenen Relikt adligen Mäzenatentums, das nach wirtschaftlichen Schwierigkeiten mit nationalsozialistischer Protektion von Bückeburg nach Berlin verlegt wurde.

frühe Choral auf den Gregorianischen Gesang, auf eine Sammlung römischer Gesänge, zurückgeht. Die vom Institut damals u. a. betriebene Volksliedforschung, die im Sinne der Deutschtums-Ideologie forciert wurde, war als Fachbereich nach 1945 intellektuell derart ruiniert, dass sie sich lange Zeit von diesem ideologischen Erbe kaum erholte[60].

Die Leitung des Staatlichen Instituts für Deutsche Musikforschung wurde Max Seiffert angetragen (1868-1948), der in Berlin sowohl an der Hochschule für Musik als auch an der Akademie für Kirchen- und Schulmusik, dort Lehrer Wilhelm Benders, „Ältere Musik" unterrichtete. Unter seiner Leitung wurde das Institut mit Unterstützung der Nationalsozialisten großzügig ausgebaut. Seiffert gab sich dieser nationalsozialistischen Protektion ganz anheim.

Für seine musikwissenschaftlichen Seminare zur „Einrichtung älterer Musik" benötigte Seiffert entsprechende Musikinstrumente. Aufgrund seiner guten Verbindungen zur NSDAP und aufgrund seines hervorragenden wissenschaftlichen Rufs wurde eine seit 1893 bestehende umfangreiche Sammlung alter Musikinstrumente der Berliner Hochschule für Musik im Jahre 1936 in der Rechtsform eines Staatlichen Instrumentenmuseums dem Staatlichen Institut für Deutsche Musikforschung angeschlossen und in das Palais Kreutz in der Berliner Klosterstraße verlegt, wo das Institut selbst untergebracht war – in unmittelbarer Nähe zur Parochialkirche und zur Dienstwohnung Wilhelm Benders. Der musikalische, ästhetische und atmosphärische Reiz der Sammlung muss auch für Wilhelm Bender groß gewesen sein, der 1936 musikwissenschaftlicher Berater für diese Sammlung historischer Instrumente wurde. In dieser Eigenschaft erschloss er der Musikinstrumenten-Sammlung eine breite Öffentlichkeit durch Konzerte auf den historischen Instrumenten: Bis 1939 trat er häufig als Pianist, Cembalist und Organist am Deutschlandsender mit Instrumenten der historischen Sammlung auf und gab Konzerte im historischen Turmzimmer der Parochialkirche, wohin die entsprechenden Instrumente vorübergehend transportiert wurden. Aufnahmen ausgewählter Konzerte wurden für (heute verschollene) Schallplatten und für Rundfunkaufnahmen mitgeschnitten[61]. Ferner engagierte Seiffert in seiner Funktion als Leiter des Staatlichen Instituts für Deutsche Musikforschung Wilhelm Bender auch für andere wissenschaftliche Aufgaben als Berater und Solisten, z. B. anlässlich der Wiederentdeckung und Wiederaufführung von Händels Glockenspielmusik oder für Forschungen nach verschollenem Liedgut alter Meister.

Fritz Jöde (1887–1970) war seit 1923 einflussreicher Professor für „Musikerziehung, Methodik der Schulmusik und praktische Unterrichtsübungen" an der Akademie für Kirchen- und Schulmusik[62]. Dort gründete er ebenfalls 1923 die (erste deutsche) „Jugendmusikschule Charlottenburg der Akademie für Kirchen- und Schulmusik", die Basis der heutigen Musikschulen, deren Direktor er wurde. 1930 übertrug ihm die Akademie zusätzlich die Leitung des neu gegründeten jugendbewegten Seminars für Volks- und Jugendmusikpflege, das nach 1933 mit Zustimmung Jödes zu einer Aus-

---

[60] In jüngster Zeit ist wieder eine Renaissance des belasteten Kulturguts „Volkslied" zu entdecken. Fachleute sprechen sogar von einer neuen Singe-Bewegung. Vgl. Christiane Tewinkel: „Horch, was kommt von draußen rein!" In: Frankfurter Allgemeine Zeitung Nr. 235 vom 9. Oktober 2010, Seite 37. Eine Außenstelle des Staatlichen Institus für Deutsche Musikforschung, die Stuttgarter Arbeitsstelle für deutsche Musik im Ausland, beschäftigte sich sogar mit einem Spezialgebiet der Volksliedforschung, dem Liedgut der im Ausland lebenden Deutschen.

[61] Vgl. Kapitel 3, Fußnote 9.

[62] Vgl. Kapitel 14.

bildungsstätte für HJ-Musik umgewandelt wurde. Der Übergangsprozess von der deutschen Jugend- und Wandervogelbewegung zur HJ-Jugendmusikbewegung wurde von Fritz Jöde maßgeblich vorangetrieben. Die Ziele der Jugendmusikbewegung, die Neubelebung der Laienmusik und die Schaffung einer neuen musikalischen Volkskunst sowie der von der Jugendbewegung geprägte Gemeinschaftsgedanke lebten in diesem Seminar fort und führten zu vielfältigen sozialen Aufgaben: Musikpflege sollte auch zur Sozialarbeit werden und z. B. auf eine frühkindliche (vorschulische) Musikerziehung in Kindergärten vorbereiten[63]. Insoweit verdankt die musikalische Früherziehung ihren Ursprung der Jugendmusikbewegung und dem Wirken Fritz Jödes.

Jöde, eine der führenden Persönlichkeiten der HJ-Musikszene, war der entscheidende Impulsgeber auf dem Gebiet der schulischen Musikpädagogik und der außerschulischen Musikvermittlung. Jödes Ziel war die Schaffung eines „singendes Volkes“ und einer „singenden Jugend“. Sein Credo: Selbst musizieren ist besser als Musik hören. Die Tendenzen der deutschen Jugendbewegung wollte er in jedem Falle theoretisch und praktisch weiterentwickeln, aber nur auf professionellem Niveau. Er arbeitete daran, den „Dilettantismus der fahrenden Scholaren mit Volkstänzen, Kniehosen und Lauten“ in eine „wirkliche Musikkultur“ zu überführen. Die wünschenswerte Überlebenschance der Jugendmusikbewegung auf hohem musikalischen Niveau sah Jöde außerhalb der Laienbewegung und aufgrund ihrer besonderen Qualität ausschließlich in der erzieherischen HJ-Jugendmusikarbeit. Konsequent und kontinuierlich weitete er darum in der Jugendmusikbewegung den musikerzieherischen Ansatz aus, organisierte innerhalb der Jugendmusikarbeit die „Neudeutsche Musikergilde“, später „Musikantengilde“ genannt, die dann in die musikerzieherischen Institutionen hineinwirkte.

Jöde drängte seine Schüler und Studenten in die Spielscharen der Hitlerjugend, um dort die jugendbewegte Musikarbeit theoretisch und praktisch fortzusetzen – aufgrund seiner nationalsozialistischen Neigungen durchaus aus politischen Gründen, aber auch ganz pragmatisch, weil er die in der Hitlerjugend geförderte Musikertätigkeit als die damals am besten qualifizierte und professionellste überhaupt ansah.

Jöde war für Wilhelm Benders Vokal-Schaffen der einflussreichste Lehrer (so wie Paul Hindemith und Paul Höffer für seine Instrumentalmusik). Mit seinen Vorlesungen und Seminaren, HJ-Liederbüchern sowie mit seinen Lehrbüchern – z. B. „Musikschulen für Jugend und Volk“ (1924), „Das schaffende Kind in der Musik“ (1928), „Kind und Musik“ (1930) – hat er Wilhelm Bender zu seiner großen Leidenschaft, dem Volkssingen angeregt, also neben seinen Kinderlieder-Kompositionen zu seinen Examensarbeiten „Volkssingen und Schulgemeinde“ und „Das artgemäße Lied. Ein Beitrag zur Geschmacksbildung“.

Von Jöde (und auch von seinen Vorbildern Hindemith und von Knorr) beeinflusst wandte sich Wilhelm Bender in seiner knappen Freizeit mit missionarischem Eifer der außerschulischen Musikvermittlung zu. Seine Vorlesungen „Deutsche Volksliedkunde“ an der Volkshochschule Groß-Berlin seit 1937 und die 1938 erfolgte Gründung seines „Volksdeutschen Singkreises“, mit denen er manchen die Teilhabe am aktiven Musikgeschehen ermöglichte, das ihnen ansonsten verschlossen geblieben wäre, belegen

---

[63] Darüber hinaus wurde zur Sozialarbeit in Horten, Fürsorgeeinrichtungen und Gefängnissen sowie zur Erwachsenenbildung angeregt. Vgl. Christine Fischer-Defoy: Kunst, Macht, Politik. Die Nazifizierung der Kunst- und Musikhochschulen in Berlin. Berlin 1987, Seite 47.

dies. In Frankfurt, wo Wilhelm Bender 1942 als Dozent am Aufbau der Schulmusik in der Musikhochschule beteiligt war, profitierte er von Jödes Neuerungen in der Lehrerausbildung, die er in dessen Vorlesungen kennengelernt hatte.

Geradezu entscheidenden Einfluss hatte Jöde auf die Entstehung der erfolgreichen, noch heute beliebten Kinderlied-Kompositionen Wilhelm Benders. Jöde regte zum Minimalismus im künstlerischen Ausdruck an und distanzierte sich von einer Überfrachtung durch die Musik der Spätromantik, die sich am besten durch den Einsatz der natürlichen menschlichen Stimme beim gemeinsamen Singen vermeiden ließe. Jöde forderte seinen Schüler Wilhelm Bender auf, statt des „süßlichen kindertümmelnden Lieds“ neue, zeitgemäße Kinderlieder zu schaffen, um Kinder zum eigenschöpferischen Umgang mit Musik hinzuführen – ein natürliches, ungekünsteltes gemeinsames Singen, bestenfalls mit Blockflötenuntermalung, möglichst mit Improvisationseinlagen, die den „neuen Menschen“ durch eine Betonung der Körperlichkeit in der Musik zu Grenzüberschreitungen bei gleichzeitigem Singen und Tanzen anregen würde. Jöde dachte sich in die Musikbedürfnisse von Kindern und Jugendlichen hinein, anstatt sie den Vorstellungen der Erwachsenen anzupassen. Diese Anregungen trafen das tiefe Musikempfinden Wilhelm Benders. Auch er fühlte, dass neue Kompositionen frei von Überfrachtungen zu den schlichten Wurzeln der Kreativität zurückkehren müssten, zum natürlichen Singen. Die Abkehr von beladener romantischer Musik brachte Wilhelm Bender nicht nur in seine Kinderlieder, sondern auch konsequent in seine Vorstellungen von einer kirchenmusikalischen Erneuerung ein[64].

1935 fiel Jöde bei den Nationalsozialisten in Ungnade. Sie verdächtigten ihn, Marxist und „Judengünstling“ zu sein, weil ihn 1923 Leo Kestenberg[65], ein einflussreicher jüdischer Musikreferent im preußischen Kultusministerium, Initiator der deutschen kommunalen Volksmusikschulen, nach Berlin an die Akademie geholt hatte. Es wurde ein Disziplinarverfahren gegen ihn eingeleitet. Man wollte zwischenzeitlich auch herausgefunden haben, dass Jöde sexuelle Annäherungsversuche bei sechzehn „schutzbedürftigen“ Mädchen seiner Umgebung unternommen hatte[66]. Um einer Anklage zu entgehen, rückte Jöde durch systemkonforme Äußerungen opportunistisch noch näher an die NSDAP heran, was ihn aber eher verdächtiger machte und auch nichts mehr nutzte: Zuerst wurde er vom Dienst beurlaubt und 1937 wegen sexueller Verfehlungen entlassen. Erst 1938 beantragte er die Parteimitgliedschaft. Nachdem man sie 1940 genehmigt hatte, wurde er „Musikbeauftragter der Hitlerjugend für den Gau Salzburg“ im Salzburger Mozarteum. Nach dem Krieg leitete er das Amt für Jugend-

---

[64] Vgl. Kapitel 14.

[65] Leo Kestenberg (1882-1962), Sohn eines jüdischen Kantors, wechselte als erfolgreicher Pianist in die Politik. 1918 wurde er Musikreferent im preußischen Kultusministerium. Sein Amt nutzte er zielstrebig für bahnbrechende Reformen. Von den Nationalsozialisten entlassen ging er noch 1933 über Prag nach Palästina und machte sich um den Aufbau des Musikwesens in Israel verdient. Kestenberg initiierte u. a. 1923 in Berlin die Gründung der ersten Musikschule auf der Basis der Ideale und der Grundeinstellungen der Jugendmusikbewegung als Einrichtung der Breitenbildung. Sie wurde von Fritz Jöde, der zentralen Persönlichkeit der Jugendmusikbewegung, geleitet. Weitere Schwerpunkte von Kestenbergs Arbeit bildeten die Reformierung der Berliner Hochschule für Musik (u.a. durch Berufungen renommierter und progressiver Dozenten sowie – damals revolutionär – zahlreicher innovativer Musikpädagoginnen) und die Erweiterung der Berliner Akademie für Kirchenmusik zu einer Akademie sowohl für Kirchen- als auch für Schulmusik (mit dem Studiengang „Schulmusik“ und dem Abschluss des „Musik-Studienrats“), der Ausbildungsstätte Wilhelm Benders.

[66] Vgl. Michael H. Kater: Die mißbrauchte Muse. Musiker im Dritten Reich, München-Zürich 2000, Seite 287.

und Schulmusik in Hamburg und nach 1951 lehrte er das Fach Musikpädagogik an der Hamburger Musikhochschule, danach wurde er Direktor des Internationalen Instituts für Jugend- und Volksmusik – was nach seinem tiefen Fall an der Berliner Akademie durchaus als zweite Karriere anzusehen ist[67].

Parallel zur Beurlaubung Jödes wurden an der Berliner Akademie für Kirchen- und Schulmusik unter der Leitung von Heinrich Spitta (1902–1972) im Februar 1935 einjährige Akademie-Lehrgänge für Jugend- und Volksmusikleiter eingerichtet, um sie für den Einsatz in der Hitlerjugend vorzubereiten. Wilhelm Bender hatte zwar nach seinem ersten Examen bei Spitta keinen Unterricht mehr, konnte aber als Assessor in Berlin die wachsende Bedeutung der Volks- und Jugendmusik an der Akademie im Rahmen der HJ-Jugendmusikbewegung verfolgen – eine weitere Bestätigung seiner Interessen und Aktivitäten. Spitta war nicht NSDAP-Mitglied, pries den NS-Staat aber z. B. in seinen Kantaten überschwänglich. Er war extrem nationalistisch eingestellt und zeigte dadurch unverblümte Vorlieben für Faschismus und Hitler. Spitta wurde nach Jödes Entlassung Nachfolger seines Vorbilds an der Akademie für Kirchen- und Schulmusik, wo er von nun an mit einem anderen verwandten Geist, dem HJ-Musikchef Wolfgang Stumme, zusammenarbeiten konnte. Spitta erwies sich gleichermaßen als Kirchenmusiker wie auch als Lehrer in der Hitlerjugend befähigt. Es gelang ihm, einer der populärsten Komponisten der Hitlerjugend zu werden. Ihm ist es mit zu verdanken, dass die „Moll-Kunstlieder“ der Hitlerjugend wie alte Kirchenlieder klangen[68]. Spitta profitierte nach der Verdrängung Jödes von der Berliner Akademie später auch noch von der Emigration Hindemiths.

1934 baute die Akademie für Kirchen- und Schulmusik das Fach „Musik für die Hitlerjugend“ in ihren Unterrichtsplan ein, für das Wolfgang Stumme (1910-1994), Referent in der Reichsjugendführung, eingestellt wurde und dort bis 1945 lehrte. Die Ziele seines Fachs wurden in einem Arbeitsplan niedergelegt, der letztlich der Philosophie Jödes entsprang und von der Nähe zwischen der HJ-Musikbewegung und deren Vorläufern auf musikalischem Gebiet, der Jugendbewegung, zeugte: „Besonders berücksichtigt wird der Durchbruch der völkischen Musik, der sich im Wandervogel zuerst zeigte, der ausgeprägte Formen in der späteren Jugendmusikbewegung erhielt, und der seine endgültigen Ziele und Wege für das Musikleben unseres Volkes heute noch erkennt“[69]. Stumme war mit Wilhelm Bender fast gleichaltrig, legte auch 1934 sein Examen an der Akademie für Kirchen- und Schulmusik ab und wurde im gleichen Jahr Musikreferent in der Hitlerjugend. Wilhelm Bender stand an der Akademie mit seinem Kommilitonen Stumme in engem persönlichen Kontakt.

Stumme war Bannführer, oberster Musikreferent der Reichsjugendführung sowie Herausgeber der massenhaft verbreiteten HJ-Liederblätter, 118 Folgen in den Jahren 1935-1943. In diesen Liederblättern veröffentlichte Stumme unter dem Pseudonym Hans Helmut u. a. seinen größten Kinderliedererfolg „Bald nun ist Weihnachtszeit“ (Text: Karola Wilcke). Im Stile der nationalsozialistischen Zeit ist in diesem wie in an-

---

[67] Vgl. Rika Schütte: Das Menschenbild Fritz Jödes und seine Bestrebungen zur außerschulischen Musikvermittlung im Zusammenhang mit der Jugendmusikbewegung. Magisterarbeit im Fach Musik. Studiengang Angewandte Kulturwissenschaften. Universität Lüneburg 2004.

[68] Vgl. Michael H. Kater: Die mißbrauchte Muse. Musiker im Dritten Reich, München-Zürich 2000, Seiten 321-322.

[69] Vgl. Arbeitsplan für das WS 1934/35. Zitiert nach Christine Fischer-Defoy: Kunst, Macht, Politik. Die Nazifizierung der Kunst- und Musikhochschulen in Berlin. Berlin 1987, Seite 98.

deren neuen Weihnachts-(Kinder-)Liedern jener Jahre vom Christkind keine Rede mehr. Meist griff man in den aktuellen Weihnachtsliedern auf die schneebedeckte Natur oder auf das germanische Ritual zurück, das Fest der winterlichen Sonnenwende zu feiern, also das unchristliche Lichterfest, eine Praxis, die nach 1949 vom atheistischen DDR-Regime übernommen wurde. Stumme hatte insbesondere mit seinem Weihnachtslied seinem komponierenden Kollegen Wilhelm Bender ganz im Sinne des NS-Regimes eine herausragende Vorlage geliefert, wie man Neuschöpfungen in der Art vertrauter christlicher Lieder auch ohne christliche Inhalte erfolgreich schreiben und vermarkten konnte. Seine Botschaft fiel bei Wilhelm Bender auf fruchtbaren Boden, denn auch in seinen Weihnachtsliedern („Nikolaus“, „Der Schnee ist leis gesunken“, „Weihnacht der Soldaten“) ist von christlichen Motiven nichts mehr zu finden. Stattdessen dichtete er z. B. „...schütt uns auf die Erde Soldaten hoch zu Pferde...“ oder „... Du vierte Kerze halt die Wacht...“, „...im vierten Jahr des großen Krieges“.

Stumme war von 1964 bis zu seiner Pensionierung im Jahr 1975 Dozent für Musikerziehung an der Folkwang Hochschule in Essen. Er hielt sich wegen seiner Rolle als Musikerzieher und wegen seines Engagements im „Dritten Reich“ selbst für schuldig. Er war einer der wenigen aktiven Musikerzieher im „Dritten Reich“, die nach dem Krieg offen und offensiv ihre Mitverantwortung und Mitschuld für ihr damaliges Engagement und für ihre damalige Überzeugung eingestanden. Seine pädagogische und künstlerische Arbeit hat Stumme nach dem Krieg „unter der Kontrolle der Öffentlichkeit“ ausgeübt und erst nach 20 Jahren eine Tätigkeit an der Hochschule in Essen, an die er berufen wurde, nach Klärung „aller die Vergangenheit berührender Fragen“ aufgenommen.

Die Ausbildung an der Akademie für Kirchen- und Schulmusik war im Vergleich zur Berliner Hochschule für Musik eher konservativ. Die musikalische Avantgarde lehrte nicht an der Berliner Akademie, sondern in Berlin an der Hochschule für Musik oder an der Preußischen Akademie der Künste (wo z. B. Arnold Schönberg und Hans Pfitzner Kompositionslehrer waren). Möglichkeiten für die Pflege der zeitgenössischen Musik bestanden also auch während der NS-Zeit in Berlin, trotz des Fanatismus der „ideologischen Säuberer“, zumindest bis zum Kriegsbeginn. Natürlich verstand man unter „neuer Musik" nicht die Atonalität und die Zwölftontechnik der sogenannten zweiten Wiener Schule. Aber man wollte in Berlin immerhin die neuen musikalischen Entwicklungen nicht verpassen, auch nicht die im Ausland. Die Hochschule für Musik strebte anfänglich danach, „vom Rhythmus des neuen Werdens besonders stark berührt und in den Aufbau der neuen deutschen Musikpflege tätig hineingestellt zu werden“. Man richtete Ende der zwanziger Jahre dort z. B. eine “Rundfunkversuchsstelle“ ein, um mit den zeitgemäßen Anforderungen an die Musik zu experimentieren – beispielsweise mit Jazz oder Elektromusik. Kurz vor Kriegsbeginn waren dann allerdings neue und experimentelle Musik auch an der Hochschule verpönt.

Paul Hindemith (1895–1963) war einer der Vorkämpfer der modernen Musik, ein Musik-Modernisierer an der Berliner Hochschule für Musik. Er unterrichtete dort als Kompositionslehrer u.a. das neue und moderne Fach „Filmmusik“, und war der erste Komponist, der für das neue elektronische Musikinstrument „Trautonium“, dem Vorläufer des heutigen Synthesizers, komponierte (z. B. 1930 „Des kleinen Elektromusikers Lieblinge“). Hindemith stand aber auch in engem Kontakt zur Jugendmusikbewegung und zu Fritz Jöde[70]. Die traditionell eher rückwärtsgewandte Jugendmusikbewegung erfuhr durch die moderne Kunstmusik Hindemiths völlig neue Impulse. Hindemith wollte Kunst- und Volksmusik wieder miteinander verbinden und Einfluss auf die moderne Laienmusik nehmen. Er, der Führer der musikalischen Avantgarde, schrieb Lieder für die Jugendmusikbewegung, bemüht, die technischen Anforderungen seiner Musik eher gering zu halten. Hindemith verband damit den didaktischen Wunsch, die künstlerische Weiterentwicklung der Musik auch den Laien nahe zu bringen. Seine freie Tonalität und die instrumentale Stimmführung waren dennoch ungewohnt und nicht immer leicht singbar. Diese Vorstellungen Hindemiths stießen darum in der Jugendmusikbewegung nicht nur auf Zustimmung und führten zur Beendigung der gemeinsamen Aktivitäten. Die Jugendmusikbewegung vermisste in Hindemiths Musik „etwas von der wirklichen Bindung an Volk und Heimat".

Vielen Anhängern der Jugendmusikbewegung waren im Übrigen didaktische Erneuerungen und musikalische Weiterentwicklungen völlig gleichgültig. Sie suchten nach dem I. Weltkrieg und in wirtschaftlich harten Zeiten das Zusammengehörigkeitsgefühl in der Gemeinschaft und deren Sicherheit. Dennoch befasste sich Hindemith weiter intensiv mit der Laienmusik – mit entsprechenden Kompositionen und z. B. kostenlosem Musikunterricht an Musikschulen. Er baute nach 1925 auf der Basis der ersten Deutschen Jugendmusikschule von Fritz Jöde in Berlin zusammen mit Ernst Lothar von Knorr eine Volks- und Jugendmusikschule auf.

Im kulturellen Gedächtnis der Nachkriegsgeneration ist Hindemith meist als einer der „entarteten Musiker" im Dritten Reich eingegangen[71]. Dieser Status wird ihm einerseits gerecht, entspricht andererseits aber nicht der ganzen Wahrheit: Im Rahmen der künstlerischen „Säuberungsaktionen", die mit dem Begriff „entartete Musik" eng einhergingen, wurde vom Nazi-Regime nach einer „Lichtgestalt zeitgenössischer deutscher Musik" gesucht, nach dem „Goldjungen der zeitgenössischen Musik", wie es Goebbels ausdrückte. Hindemith war zwar einer der führenden Neutöner bei den künstlerischen Experimenten der Weimarer Republik, hatte jedoch bereits vor 1933 seinen frühen Stil so weit gemäßigt, dass er viele Nationalsozialisten nicht mehr verunsicherte[72]. Ferner hatte er enge Kontakte zur Jugendmusikbewegung, die inzwischen staatlich vereinnahmt, also gleichgeschaltet war. So war er am Anfang des Regimes der wahrscheinlichste Kandidat für die Rolle des am besten geeigneten Vorbilds zur Erneuerung der deutschen Musik[73]. Einige Monate lang sahen einflussreiche Nationalsozialisten in ihm den kulturellen Standartenträger im Hinblick auf eine gemäßigt revolutionäre, musikalische Veränderung gemäß nationalsozialistischer Vorstellung einer „arischen Moderne". Verschiedene neue Kompositionen von Hindemith wurden im ganzen Land aufgeführt und wohlwollende Kritiker priesen ihn als Führer der jüngeren, zeitgenössischen Moderne. Ein Vorgeschmack auf eine anscheinend verheißungsvolle Karriere bot seine sinfonische Version von „Mathis der Maler". Als

[70] Vgl. Kapitel 13.
[71] Vgl. Kapitel 9.
[72] Hindemith, mit der Halbjüdin Gertrud Rottenberg verheiratet, war allerdings bereits im Juli 1929 mit einer Aufführung von „Lehrstück" (Text: Berthold Brecht) in die Kritik geraten: Mit diesem „lackierten Dreck", „bolschewistischen Schwindel" und „seiner Lumperei" habe sich Hindemith kompromittiert. Vgl. Hans Severus Ziegler: ENTARTETE MUSIK. Eine Abrechnung. Broschüre zur Ausstellung „Entartete Musik". Berlin 1939, Seite 48.
[73] Vgl. Michael H. Kater: Die mißbrauchte Muse. Musiker im Dritten Reich, München-Zürich 2000, Seite 342 ff.

Wilhelm Furtwängler die Uraufführung im März 1934 in Berlin dirigierte, wurde das Ereignis im ganzen Land und sogar von NS-Kritikern wohlwollend beklatscht.

Hindemith hatte an der ihm zugedachten Vorbildfunktion als „Messias deutscher Musik" durchaus Interesse. Er ging davon aus, dass der Nationalsozialismus nur ein kurzlebiges Phänomen sei, das man durch umsichtiges und angepasstes Verhalten leicht ertragen und überleben könne. Darum arrangierte er sich früh mit den Nationalsozialisten und arbeitete mit Vertretern der Hitlerjugend, der Deutschen Arbeitsfront und dem Kampfbund für deutsche Kultur eng zusammen. Immerhin prägte Hindemiths musikalischer Einfluss auch wesentliche Teile der HJ-Musik. Ab Februar 1934 fungierte er als Mitglied des „Führerrates“ (später „Präsidialrat“) der Komponisten-Sektion in der Reichsmusikkammer. Er sollte sogar mit der Leitung der gesamten deutschen Musikszene und ihrer Reorganisation betraut werden. „Ich bin zur Mitarbeit aufgefordert worden und habe nicht abgelehnt“, schrieb Hindemith im September 1933 an seinen Komponistenkollegen Ernst Toch, der sich bereits im Londoner Exil befand.

Dennoch sank der Stern Hindemiths schnell, als er in die persönliche Kritik Hitlers wegen seiner Oper „Neues vom Tage“ geriet[74]. Geschickt hatte sich Hindemith daraufhin an seiner Hochschule beurlauben lassen, um damit rechtlich seine Position als Hochschullehrer zu behalten. Durch kulturpolitisch genehme Reisen in die Türkei, wo er in Ankara das musikalische Leben organisierte, stimmte er die politische Führung wieder milder, weshalb er seine Arbeit an der Berliner Hochschule für Musik im Wintersemester 1935/36 vorübergehend wieder aufnehmen durfte. Im Januar 1936 unterzog er sich freiwillig der Zwangsvereidigung auf Adolf Hitler, obwohl er kein Nationalsozialist war. Er war aber bemüht, sich mit dem politischen System seiner weiteren Karriere wegen erneut zu arrangieren. Nachdem sich Furtwängler in einem Streit mit Goebbels vergeblich auch für seine Oper „Mathis der Maler“ eingesetzt hatte und Ende 1936 die Aufführung seiner Musik verboten worden war, verließ Hindemith als „entarteter Komponist“ 1938 Deutschland endgültig, emigrierte in die Schweiz und 1940 in die USA, wo er in Boston und an der Yale University unterrichtete. Erst Anfang der 50er Jahre kehrte er nach Deutschland zurück.

Weil er auch den Blick auf die Moderne im Auge hatte und seinen musikalischen Horizont in Richtung Orchesterwerk und Instrumentalisierung erweitern wollte, belegte Wilhelm Bender im Dezember 1936 an der Hochschule für Musik einen Kompositions-Meisterkurs („Orchester- und Kammermusikkomposition“) bei dem „altmeisterlichen" Paul Hindemith, obwohl dessen Musik wenige Wochen zuvor mit einem Aufführungsverbot belegt worden war. Hindemith war Vertreter der Neuen Sachlichkeit, der unter Auslassung der Musik des 19. Jahrhunderts, d.h. ohne die „ausufernde Gestik und Formlosigkeit der Spätromantik“, auf die von Wilhelm Bender so geschätzte Barockzeit zurückgriff. Hindemith verstand es, Tradition in Innovation umzuwandeln, indem er seine Schüler eine am Barock geschulte musikalische Fortschrittlichkeit lehrte. Er vertrat wie Jöde die Meinung, dass die neue Musik mit aller musikalischen Konsequenz auch auf dem Volkslied aufbauen solle, was Wilhelm Benders musikalische Gesinnung voll traf. Die Grundhaltung Hindemiths zur Laienmusik war es, die Wilhelm Bender die Nähe Hindemiths suchen ließ, nachdem Jöde Berlin verlassen musste. Bei ihm erhoffte er sich Anregungen zur Weiterentwicklung seiner eigenen kompositorischen Arbeit. Allerdings hat Wilhelm Bender von seinen bei Hindemith erworbenen

[74] Vgl. Kapitel 9.

Kenntnissen im Rahmen von Orchesterwerken vorerst keinen Gebrauch machen wollen; später war es zu solchen Kompositionen nicht mehr gekommen. Wohl aber ist der Einfluss Hindemiths in Wilhelm Benders Klavierkompositionen und in seiner Kammermusik deutlich zu spüren. Außer bei seinen Glockenkompositionen war er in seinem sonstigen Schaffen zwar fortschrittswillig, aber noch kein musikalischer Neuerer, sondern „lernwilliger Meisterschüler“ gewesen. Aber man konnte die Ansätze eines eigenen Stils schon vorausschauend erkennen, weswegen sich namhafte Komponistenkollegen auch aufgrund der zu erwartenden musikalischen Leistungen für seinen Verbleib in Frankfurt eingesetzt hatten.

Wilhelm Benders Interesse an der Entwicklung der neuen Musik war nach seinen Studien bei Hindemith keineswegs gestillt. Nach dem Rückzug Hindemiths aus Berlin suchte Wilhelm Bender den Kontakt zu Paul Höffer (1895-1949), seit 1933 wie Hindemith Professor an der Berliner Musikhochschule. Er unterrichtete Klavier sowie Komposition und Musiktheorie. Bei ihm konnte sich Wilhelm Bender im Fach „Neue Musik“ weiterbilden. Als Komponist war Höffer von Hindemith stark beeinflusst. Bei den Olympischen Sommerspielen 1936 in Berlin erhielt Höffer die Goldmedaille für seine Komposition „Olympischer Schwur“, obwohl ihn das „Amt Rosenberg“[75] als „atonalen Komponisten“ bezeichnete. Höffer wurde allerdings von Goebbels protegiert, wohl auch wegen seiner politischen Konzessionen mit Musikstücken für die Armee und für die Luftwaffe sowie für seine musikalischen Loblieder auf Hitlers Volksgemeinschaft. Nach Nazi-Maßstäben war er einer der führenden modernen Komponisten. Seine Kompositionen umfassen Oper, Oratorium, Konzert, Orchester- und Kammermusik, Chöre und Lieder. Höffer war nach Hindemith einer der ersten Komponisten, der 1932 mit seiner „Kleinen Kammermusik“ für das neue elektronische Musikinstrument Trautonium komponierte.

Höffer schätzte Wilhelm Bender, verfolgte wohlwollend dessen Komponistentätigkeit und setzte sich im Krieg (vergeblich) dafür ein, dass Wilhelm Bender vom Wehrdienst befreit würde. Hitler nahm in der Endphase des Zweiten Weltkriegs Höffer in die Gottbegnadeten-Liste der wichtigsten Komponisten auf, was ihn vor einem Kriegseinsatz bewahrte. 1948 wurde Höffer Direktor der wiedereröffneten Berliner Hochschule für Musik, starb aber bereits im Jahr darauf. Eine Gedenktafel befindet sich am Olympiastadion in Berlin.

Auch an seiner letztlich einzigen Berliner beruflichen Wirkungsstätte, an der Parochialkirche, stand Wilhelm Bender in enger Berührung mit Nationalsozialisten der ersten Stunde, und zwar mit seinem Pfarrer Kitscha und mit den Wortführern unter den Kirchenältesten. Von einer direkten politischen Beeinflussung Wilhelm Benders an der Parochialkirche kann man jedoch nicht mehr ausgehen, da er seine persönlichen Karrierepläne bereits klar vor Augen hatte. Von einem „verführten“ Verhalten konnte an der Parochialkirche keine Rede mehr sein. Wilhelm Bender wusste genau, mit wem er sich einließ und warum. Es war ein intensives und deutlich abgestimmtes Miteinander und gemeinsames Wirken u. a. im Rahmen der kirchlichen Erneuerungsbewegung und des kulturellen und kircheninternen Berliner Wettbewerbs[76], den die Parochialkirchengemeinde gemeinsam und einvernehmlich mit Wilhelm Bender bestritt, ein Wett-

---

[75] Das „Amt Rosenberg“, die Berliner Dienststelle für Kulturpolitik und Überwachung der gesamten geistigen und weltanschaulichen Schulung und Erziehung der NSDAP, existierte seit 1934 und war aus dem „Kampfbund für deutsche Kultur“ hervorgegangen.

[76] Vgl. Kapitel 7 und 14.

bewerb um die größtmögliche kirchliche Außenwirkung, um Anerkennung als Berliner national-protestantische Kirchen-Bastion, aber auch um persönliche Anerkennung als gefeierter Künstler. Mit seinem Pfarrer Kitscha verstand sich Wilhelm Bender bestens. Die beiden jungen Männer – der Altersunterschied betrug lediglich fünf Jahre – wollten gemeinsam und voller Elan Bewegung in die Parochialgemeinde bringen, um sie „wettbewerbsfähig“ zu machen.

Pfarrer Herbert Kitscha (1906-1991) wirkte nach seiner Ordination im Jahre 1930 und einer Pfarrstelle in Ueckermünde mit seinem interimistischen Eintritt seit April 1934 an der Parochialkirche. Er wurde am 6. Januar 1935 als junger Pfarrer der Deutschen Christen in die zweite Pfarrstelle der Parochialkirche eingeführt, dort als einziger Geistlicher. Kitscha war ein Verehrer der „großen Deutschen“ und des Reformators Martin Luther. Bereits am 1. Mai 1933 wurde er Mitglied der NSDAP und ebenfalls 1933 Mitglied der Deutschen Christen, die sich nach dem Sportpalastskandal im November 1933 gespalten hatten, u. a. in die (gemäßigte) reichsweite Nachfolgeorganisation „Reichsbewegung Deutscher Christen“, der sich Kitscha 1934 anschloss[77]. Mit 28 Jahren war er für das Amt in der ehrwürdigen Parochialkirche noch sehr jung; ohne seine Mitgliedschaften in der NSDAP und bei den Deutschen Christen wäre dieser Start kaum möglich geworden.

Kitscha wollte sein Pfarramt in der großen Tradition der evangelischen Kirche führen, ohne dabei die Fragen und Strömungen der Gegenwart zu vernachlässigen. Im Rahmen der Einführungshandlung in sein neues Amt gelobte Kitscha, „als Deutscher zu den Deutschen zu sprechen“[78]. Insgesamt gibt es wenige Berichte und Veröffentlichungen über Kitscha; tatsächlich waren weder er noch die Deutschen Christen in der Parochialkirche politisch übermäßig aktiv.

Im Juni 1940 wurde Kitscha zum Heeresdienst einberufen. Die „Parochialglocken“ vermerken in einer Notiz einen außerordentlich starken Besuch im Gottesdienst, in dem er zum letzten Mal predigte: „Er konnte in dem Bewusstsein scheiden, dass seine Gemeinde in Treue zu ihm steht“. Im Juli 1941 wurde er Kriegspfarrer-Anwärter und später Kriegspfarrer. Während des Kriegs geriet er in Gefangenschaft. Obwohl sein starkes Bekenntnis zu den Deutschen Christen und seine nationalsozialistische Vergangenheit bekannt waren[79], konnte Kitscha im Dezember 1949, da nach wie vor bei der Parochialkirche als Beamter auf Lebenszeit eingestellt[80], als Pfarrer wieder an

---

[77] Vgl. Kapitel 5.

[78] Vgl. Berliner Lokal-Anzeiger: „Ein neuer Pfarrer der Parochialkirche“. Beiblatt Nr. 6 A, Seite 7, Januar 1935 und Parochialglocken Nr. 11 vom Februar 1935, Seite 2 ff.

[79] Der in Berlin lebende Sohn Horst-Dietrich Kitscha berichtete in Telefonaten mit dem Verfasser u. a. von versiegelten Umschlägen, die ihm sein Vater hinterlassen habe, die er aber Dritten nicht zur Einsicht überlassen wolle. Aus den Aufzeichnungen seines Vaters wusste er offenbar – dies teilte er andeutungsweise mit, ohne dass der Wahrheitsgehalt anhand der Unterlagen nachgeprüft werden konnte -, dass sein Vater trotz Zugehörigkeit zur NSDAP und zu den Deutschen Christen einem Juden während des Dritten Reichs zur Flucht verholfen habe. Offenbar lagen die fraglichen Dokumente bereit, um ihn im Falle einer Nachkriegsanklage zu entlasten. Kenner der Geschichte des Dritten Reichs weisen auf die häufig geübte Praxis hin, dass Regimeanhänger für die Zeit nach dem verlorenen Krieg sehr oft „einen Juden in petto hatten".

[80] Kitscha hatte dazu gelernt: In seiner Predigt zum 250. Bestehen der Parochialkirche charakterisierte er den Nationalsozialismus als „Einbruch fremder Gewalten“. Von seiner Begeisterung für diese Bewegung hatte er offenbar öffentlich abgeschworen. Vgl. Sonderdruck der Parochialkirche: “1703-1953. Zweihunderfünfzig Jahre Evangelische Parochialkirche“. Festgottesdienst zum zweihunderfünfzigjährigen Bestehen der Ev. Parochialkirche am 8. Juli 1953. Druckfassung Berlin 1953, Seite 14.

die Parochialkirche zurückkehren. 1959 ging Kitscha als Seelsorger vorübergehend in die USA. Nach seiner Rückkehr nach Westberlin fand er keine neue Anstellung als Pfarrer und wurde Seelsorger an drei Berliner Krankenhäusern. Bis zu seinem Tod 1991 hat er die Parochialgemeinde nie mehr besucht.

Die Wortführer im Gemeindekirchenrat mit Pfarrer Kitscha als Vorsitzendem waren Rechtsanwalt Dr. Wilhelm Kunz, am Volksgerichtshof zugelassen, ein persönlicher Freund des Außenministers Gustav Stresemann, stellvertretender Vorsitzender im Gemeindekirchenrat und einer der „schärfsten" unter den Deutschen Christen in Berlin, sowie die Kirchenältesten Winter, Süß, Groß und Arthur Hippel, dieser auch zuständig für das Parochial-Kirchenarchiv. Diese Parteigenossen und Deutschen Christen rühmten sich in einem Schreiben an den Reichs- und Preußischen Minister des Inneren vom 1. April 1938, dass „der Gemeindekirchenrat der Parochialkirche zum größeren Teil aus Parteigenossen besteht, die durch 5-jährige Arbeit den Nationalsozialismus als gemeinsame Grundlage für das Handeln der gesamten Körperschaft durchgesetzt haben. Er hat damit erreicht, dass die Parochialgemeinde von allen zersetzenden Begleiterscheinungen des Kirchenstreits bis heute unberührt geblieben ist und in voller Einmütigkeit und Einsatzbereitschaft zu dem Werk des Führers steht"[81]. Dr. Kunz, der nach dem Krieg Selbstmord beging, hatte sich 1934 besonders hervorgetan und die Gemeindestatuten ändern lassen, damit die Pfarrerwahl künftig nicht mehr durch die Gemeindemitglieder, sondern durch die Körperschaften der Parochialgemeinde durchgeführt wurden[82] .

Die meisten Kirchenältesten des Presbyteriums der Parochialkirche zur Zeit Wilhelm Benders waren auch nach dem Krieg noch an der Parochialkirche im Amt und verhinderten keineswegs die Rückkehr des Nationalsozialisten Kitschas als Pfarrer[83]. Im Dezember 1945 wählte der Gemeindekirchenrat Hans Winter, ehemals Gemeindegruppenleiter der Deutschen Christen, zu ihrem stellvertretenden Vorsitzenden. Ihm wurde gleichzeitig die Führung der Amtsgeschäfte während der Abwesenheit des Pfarrers Kitscha übertragen. Bezeichnend für die innere und offenbar bis nach dem Krieg fortdauernde unbelehrbare Einstellung der Handelnden ist z. B. auch ein Datumsvermerk vom Oktober 1945 im Protokollbuch zur ersten Sitzung des Gemeindekirchenrats: „Nach dem Russeneinfall".

Zum nationalsozialistischen Berliner Umfeld, in dem sich Wilhelm Bender freiwillig und ohne Zwang bewegte, gehörte auch die Volkshochschule Groß-Berlin. Hier unterrichtete Wilhelm Bender interessierte Erwachsene und musikalische Laien von 1937–1940 in Deutscher Volksliedkunde. Geleitet wurde die Volkshochschule von Konrad Kosmehl, einem antisemitisch orientierten Parteimitglied. Das Volkshochschulprogramm enthielt durch einige Kurse nationalsozialistischer Ideologie gewisse politische Tendenzen („Drama und Rasse", „Ahnenforschung als Wissenschaft"). An der Volkshochschule Groß-Berlin intensivierte Wilhelm Bender seine Bekanntschaft mit Ernst

---

[81] Vgl. Evangelisches Landeskirchliches Archiv in Berlin ELAB, Bestand 11, Signatur 1550.
[82] Vgl. Kapitel 6.
[83] Überhaupt scheint es Auseinandersetzungen wegen des regimetreuen Verhaltens des Gemeindekirchenrats nach Kriegsende offenbar nicht gegeben zu haben. Auch die Landeskirche hielt sich offenbar mit einer Aufarbeitung der nazifreundlichen Aktivitäten von Amtsträgern der Kirche zurück. Bis zum Frühjahr 1947 wurden bei einer Pfarrerzahl von etwa 1.300 in Berlin-Brandenburg lediglich 19 Disziplinarmaßnahmen ausgesprochen, sieben Amtsenthebungen, neun Versetzungen und drei Pensionierungen.

Lothar von Knorr, der ihm später in Frankfurt eine kurze wissenschaftliche Karriere ermöglichte.

Wilhelm Bender beteiligte sich an der Parochialkirche im Rahmen der kirchlichen Erneuerungsbewegung intensiv auch an der Liturgiereform. Zu seinen Gesprächspartnern für seine individuellen liturgischen Reformansätze gehörte neben Pfarrer Kitscha der Heidelberger Wolfgang Fortner (1907-1987), seit 1931 Dozent für Musiktheorie und Komposition am Evangelischen Kirchenmusikalischen Institut Heidelberg. Fortner hatte seine Examensarbeit über die Kammermusik Hindemiths geschrieben und stand vor dessen Emigration immer wieder mit Hindemith in Berlin in Kontakt, später auch mit Arnold Schönberg. Fortner und Wilhelm Bender hatten sich in Berlin kennengelernt. Fortner war erst spät Parteimitglied geworden (Partei-Mitgliedsnummer 7.818.245), wurde aber wegen seiner Aktivitäten als Dirigent in der Hitlerjugend von der regionalen NS-Behörde als „politisch zuverlässig und einwandfrei" eingestuft[84], obwohl NS-Kritiker ihm vorhielten, er habe sich „an der Atonalität schuldig gemacht". Fortner verstand sich als Musiker der Bekennenden Kirche (1939 war z. B. seine „Eine deutsche Liedmesse" entstanden, um die Gemeinden der Bekennenden Kirche zusammenzuhalten), der nach außen hin voll im Einklang mit den Zielen des faschistischen Staats stand und der in verschiedene NS-Institutionen eng eingebunden war. Teile der heutigen Musikszene sehen seinen zynischen Spagat zwischen Kirche und Politik – vergleichbar mit dem Schaffen Heinrich Spittas – äußerst kritisch: Einerseits z. B. seine Schuloper „Cress ertrinkt", die die Opferbereitschaft des einzelnen für die größere Gemeinschaft beschwor oder seine Beiträge zu zahlreichen Liederbüchern der Hitlerjugend, die als musikalische Durchhalteparolen in erster Linie junge Menschen ermutigen sollten, für Hitler zu kämpfen. Andererseits seine kirchenmusikalischen Kompositionen, um womöglich die Opfer zu feiern, die vielleicht genau dieselben Hitlerjungen waren. Gleichermaßen charakterlos waren seine Schmähungen gegen Schönbergs Werken als „äußerstes Zeugnis einer Entwurzeltheit", um dann nach dem Krieg selbst Musik in Reihentechnik zu schreiben.

Die kritische Haltung gegenüber Fortner wurde aber offenbar nicht durchgängig geteilt: Zu Fortners Schülern gehörten nach dem Krieg auch Männer, die sich zu den bekanntesten zeitgenössischen Komponisten entwickeln konnten. Häufig hört man aus den Kreisen, die Fortners Haltung im Nationalsozialismus verteidigen, dass manche politische Unterwürfigkeit Fortners lediglich der Ablenkung von seiner Homosexualität diente. Dieser sorgfältig verborgene Makel war im Dritten Reich ein KZ-würdiges Verbrechen. Jedenfalls war Fortner einer der viel versprechendsten Musiker im Dritten Reich, ein ebenso geschickter Komponist von NS-genehmer Musik wie Schöpfer religiös inspirierter Musik. Seine (kirchen-)politischen und kompositorischen Aktivitäten waren umfangreich und schlossen die Leitung des berühmten Collegium Musicum und später die Gründung des Heidelberger Kammerorchesters mit ein.

Wilhelm Bender nahm – politisch gleichgültig – Fortners heimtückischen Balanceakt zwischen Kirche und Diktatur höchstwahrscheinlich nicht einmal wahr oder übersah ihn bewusst. Es gab zwischen beiden eine große Übereinstimmung in den die zeitgenössische Kirchenmusik betreffenden Auffassungen. Noch bevor Wilhelm Bender nach Frankfurt ging, gab es, als er sich an der Parochialkirche seiner Arbeit an der Liturgiereform widmete, zwischen ihm und Fortner regen gedanklichen Austausch.

---

[84] Vgl. Michael H. Kater: Die mißbrauchte Muse. Musiker im Dritten Reich, München-Zürich 2000, Seite 326 ff.

Wilhelm Bender und Fortner schätzten sich als gleich gesinnte Kirchenmusiker, als Verfechter der „Zurück zur Bach-Bewegung“ mit ihren Vorlieben für Kirchentonarten, Pentatonik sowie die von Fortner bevorzugte sparsame Instrumentierung und lineare Stimmführung als „Gegengift“ gegen die ausufernde Gestik und Formlosigkeit der Spätromantik und gegen musikalische Großspurigkeit und Virtuosität. Fortner und Wilhelm Bender hatten zuvor bereits Kontakt und Sympathien füreinander durch ihre Engagements in der Hitlerjugend entdeckt. Fortner bot Wilhelm Bender sogar eine Dozentenstelle an seinem Evangelischen Kirchenmusikalischem Institut in Heidelberg an, der aber die Arbeit als Kantor an der Parochialkirche vorzog.

Nach Kriegsende wurde Fortner bei der Entnazifizierung als Mitläufer eingestuft und nicht mit einem Berufsverbot belegt, sodass er bald als Hochschullehrer in Detmold und Freiburg tätig werden konnte. Er zählte bald zu den bedeutendsten Köpfen der Neuen Musik im Nachkriegsdeutschland.1977 erhielt er das Große Bundesverdienstkreuz und wurde mit den Ehrendoktorwürden der Universitäten Freiburg und Heidelberg geehrt.

1941 ging Wilhelm Bender nach kurzem Wehrmachtseinsatz nach Frankfurt am Main. Hier war er – unterbrochen durch weitere Militärdienste – für kurze Zeit als Leiter und Dozent an der Abteilung für Schulmusik an der Staatlichen Hochschule für Musik tätig und stand als Doktorand in regem Kontakt zur Heidelberger Universität. In diesen Monaten bewegte er sich besonders intensiv in seinem Frankfurter und Heidelberger Netzwerk im Kreis damals bekannter und bedeutender Musiker. Sie setzten sich in individuellen Briefen dafür ein, Wilhelm Bender 1942 vom Wehrdienst zu befreien[85].

In seiner neuen beruflichen Umgebung an der Frankfurter Staatlichen Hochschule für Musik machte Wilhelm Bender ganz neue Erfahrungen: Hier operierte ein Kreis kompetenter Fachleute mit geringeren ideologischen Neigungen als in Berlin, dafür aber mit hohem Interesse an den Entwicklungstendenzen der Neueren Musik. Der Vorläufer der Frankfurter Hochschule, das Dr. Hochsche Konservatorium, gehörte schon um die Jahrhundertwende zu den damals berühmtesten Musikerziehungsstätten in aller Welt. Nach 1936 wurde der Lehrkörper der Hochschule systematisch von seinem Direktor Hermann Reutter ausgebaut; ältere Kräfte wurden durch jugendliche, „den Ansprüchen der Gegenwart gewachsene Musiker“ ersetzt. Man wollte mit einer auf höchstem Niveau ausgerichteten Dozenten- und Studentenschaft wieder an den hervorragenden Ruf im In- und Ausland vor dem Ersten Weltkrieg anknüpfen. Eine Reihe der namhaftesten jungen deutschen Komponisten wurde in den Lehrkörper der Musikhochschule berufen, die zu einem Zentrum für zeitgenössisches Musikschaffen wurde und die Aufmerksamkeit der Musikwelt auf Frankfurt lenkte.

Die relative Gleichgültigkeit vieler Dozenten der Hochschule gegenüber der nationalsozialistischen Politik vollzog sich im Rahmen eines raschen Gleichschaltungsprozesses, der weniger vom Lehrkörper selbst ausging. Die Stadt Frankfurt besaß im Kuratorium, dem Leitungsgremium der Hochschule, bereits feste Positionen, die in 1933 sofort mit NS-Vertretern besetzt wurden. Bereits Anfang April 1933 legte man in einer Liste fest, welche nichtarischen und ausländischen Mitglieder des Lehrkörpers zu entfernen waren. Insgesamt waren es außer dem Direktor, dem Vorgänger Reutters, dreizehn weitere Lehrer.

---

[85] Vgl. Kapitel 3.

Ein Beispiel für politisches Desinteresse- und dennoch mit einer führenden Position bedacht – war Hermann Reutter (1900-1985), seit 1936 neuer hauptamtlicher Direktor der Frankfurt Musikhochschule, dessen Oper „Dr. Johannes Faust“ kurz vor seiner Berufung uraufgeführt wurde, allerdings auf das Missfallen der Nationalsozialisten stieß. Sie entsprach angeblich nicht den Vorstellungen von völkisch-deutscher Kunst. Reutter stand sogar einmal auf der Liste der Komponisten entarteter Musik. In Fachkreisen galt er jedoch als einer der führenden „reinen Tonsetzer unserer Zeit“. Er pflegte als renommierter Liedbegleiter und bedeutender Sänger eine intensive Beziehung zum Lied. Er gab unzählige Meisterklassen in Amerika, Japan und Europa für Liedkomposition und -interpretation. Reutter war, nachdem er im Völkischen Beobachter des „Kulturbolschewismus“ verdächtigt wurde, rasch in die NSDAP eingetreten und machte relativ gleichgültig seinen Frieden mit dem Regime. Er wurde immer wieder dafür kritisiert, dass er zwar formell Mitglied sei, aber keine Anzeichen besonderer politischer Beflissenheit zeige, auf Zusammenarbeit keinen Wert lege, und dass seine Hochschule „noch kein positives Verhältnis zur NS-Weltanschauung und zu völkischer Lebenshaltung" zeige.

Ausbau und Modernisierung der Frankfurter Musikhochschule reizten Reutter. Er erarbeitete Lehrpläne für eine Gegenwartsmusik, die "Klarheit, Einfachheit und Monumentalität" verlangte, und die das Leistungsprinzip und die künstlerische und pädagogische Befähigung des Lehrpersonals betonten. Diese Vorstellungen stießen auf fachliches Gefallen und brachten Reutter den Staatspreis ein. Nach dem Krieg lehrte Reutter als Professor in Stuttgart und München. 1950 komponierte er eine deutsche Nationalhymne, die sich aber nicht durchsetzen konnte. Der mit dem Großen Bundesverdienstkreuz geehrte Komponist hinterließ etwa 200 Lieder.

In dem Frankfurt-Heidelberg-Netzwerk Wilhelm Benders ist an erster Stelle Ernst Lothar von Knorr (1896-1973) zu nennen, Geiger, Chorerzieher, Musikpädagoge und Komponist. Nach Kriegsbeginn nutzte von Knorr seine starke Position in der Wehrmacht, um über Listen „unabkömmlicher Kulturschaffender“ Musiker vor dem Frontdienst zu bewahren. Er empfahl Wilhelm Bender an die Frankfurter Musikhochschule. Aus Dankbarkeit widmete ihm Wilhelm Bender sein „Tanzreihe Acht Stücke für Klavier“. In der von Reutter vorangetriebenen Umbruchphase der Musikhochschule kam 1941 Ernst Lothar von Knorr von Berlin nach Frankfurt, wurde dort stellvertretender Direktor, leitete parallel den Kammerchor der Hochschule und die über Hessen hinaus bekannte Frankfurter Singakademie und war mit zusätzlichen organisatorischen Aufgaben befasst. Hierzu zählte auch der Aufbau der Abteilung für Schulmusik, den er zusammen mit Wilhelm Bender in Angriff nahm.

Von Knorr verstand sich als Erzieher; in diesem Sinn nahm er auch seine Organisationsaufgaben wahr, so den erfolgreichen Aufbau von Heeresmusikschulen in der Wehrmacht. Sein Schaffen ist gekennzeichnet durch die Verknüpfung von kompositorischer und erzieherischer Begabung. In Veröffentlichungen nahm er zu Fragen der Rolle der Musik in Wehrmacht und Staat Stellung; ihm war bewusst, dass Wehrmachtskonzerte von großer wehrpropagandistischer und politischer Bedeutung waren[86]. Von Knorr und Wilhelm Bender kannten sich aus Berlin. Die Begegnung mit der

---

[86] Vgl. Ernst-Lothar von Knorr: „Musik im Heer“. In: Musik im Volk. Grundfragen der Musikerziehung. Hrsg. Wolfgang Stumme, Leiter der Musikabteilung im Hauptkulturamt der Reichsjugendführung. Berlin 1939 sowie Ernst-Lothar von Knorr: „Wehrmachtsmusik und Jugend“. In: Deutsche Musikkultur 4, 1939/40.

Jugendmusikbewegung um Jöde bestimmte auch das Schaffen von von Knorr. Zusammen mit Hindemith hatte von Knorr 1925 in Berlin die Volks- und Jugendmusikschule aufgebaut, die von den Idealen der Jugendmusikbewegung, dem gemeinsamen Musikerleben zur Festigung des Gemeinschaftsgefühls, geprägt war. Seit 1925 war er Lehrer an der Städtischen Volks- und Jugendmusikschule Berlin-Süd, die er ab 1927 leitete. 1937 wurde von Knorr trotz Kritik der NSDAP an seiner Musik im Rang eines Majors Musikreferent der Wehrmacht (mit einem „unzeitgemäßen" concerto grosso stieß von Knorr auf das Missfallen der Nationalsozialisten, nicht aber auf das der Wehrmacht). Von 1937 bis 1941 war er Lehrer für Militärmusik an der Berliner Hochschule für Musik und Ausbilder der Musikmeisteranwärter, 1940 dort zum Professor ernannt, an der zur gleichen Zeit auch Paul Hindemith eine Professur innehatte.

Von Knorr veröffentlichte Liederbücher für die Wehrmacht („Kameradschaft im Lied" und „Chorliederbuch für die Wehrmacht"; Lieder von Wilhelm Bender sind darin nicht enthalten) und verweigerte sich auch politisch motivierten Kompositionen nicht (z. B. „Festliche Kantate am Tage der politischen Leiter" zum Reichsparteitag 1939, der wegen des Kriegsbeginns allerdings nicht stattfand). Von Knorr erhielt 1911 den Joachim-Preis und war Mitglied des Kreises um Stefan George. Nach dem Krieg war von Knorr in Trossingen, Hannover und Heidelberg in führender Position bis 1969 als Musikerzieher tätig. 1961 wurde er mit dem Großen Bundesverdienstkreuz ausgezeichnet.

Zu den Frankfurter Förderern Wilhelm Benders zählte auch Gerhard Frommel (1906-1984), zu dessen „Arbeitskreis für neue Musik" Wilhelm Bender Zugang hatte. In diesem Arbeitskreis setzte sich Frommel mutig auch für „unerwünschte Komponisten" ein – z. B. für Béla Bartók oder Igor Strawinsky. Überhaupt war Frommel, Schüler Pfitzners, ein Verehrer des Neoklassizismus Strawinskys, den er als den „klassischen" Meister der Gegenwart bezeichnete. Als er auch noch den Jazz Duke Ellingtons für sich entdeckte, machte er sich in der nationalsozialistischen Kulturszene verdächtig, obwohl er aus dem Stefan-Georg-Kreis stammend in der Anfangsphase des Dritten Reiches eine gewisse Sympathie für die NS-Ideologie gezeigt hatte und schon 1933 der NSDAP beigetreten war. Der NS-Dozentenbund misstraute Frommel, bezweifelte die Aufrichtigkeit seiner nationalsozialistischen Gesinnung, hielt ihn für einen „lauen Mitläufer" und für einen „Theoretiker der Atonalität". Zur „Abwehr" schrieb Frommel für die NS-Machthaber eine „Deutsche Kantate" und 1936 anlässlich der Olympischen Spiele die Komposition „Olympischer Kampfgesang".

Frommel war 1933 Kompositionslehrer am Dr. Hochschen Konservatorium geworden, ab 1938 in die Frankfurter Musikhochschule umgewandelt, und ab 1942 Dozent an der Heeresmusikschule in Frankfurt. 1944 nahm ihn Hitler in die „Gottbegnadeten-Liste" der wichtigsten Komponisten auf, wodurch er vom Kriegsdienst befreit war. Nach dem Krieg kehrte Frommel nach verschiedenen Zwischenstationen im Jahre 1960 als Professor an die Frankfurter Hochschule für Musik zurück.

Kurt Hessenberg (1908–1994) wurde 1933 als Theorielehrer an das Dr. Hochsche Konservatorium in Frankfurt berufen, wurde aber schon 1936 in den wenig beliebten Bereich des Elementarunterrichts und der musikalischen Vorschule abgedrängt, bezog dadurch nur ein kümmerliches Gehalt. Erst nach 1940 besserten sich seine Verhältnisse, nachdem er einen einmaligen Staatszuschuss in Höhe von 4.000 Reichsmark und für seine „lineare Polyphonie" den Nationalen Musikpreis für Komponisten erhielt, ein von Goebbels gestiftete, nur ein einziges Mal vergebener (dreigeteilter) Preis[87]. Hessenberg wurde ferner als Staatspreisträger ausgezeichnet und zum beamteten Dozenten befördert, wodurch sich seine regulären Bezüge verdoppelten. Er gehörte zu den wichtigsten Vertretern der evangelischen Kirchenmusik im 20. Jahrhundert, was Wilhelm Bender – obwohl seit 1939 nicht mehr Kirchenmusiker – besonders interessierte. Hessenberg war wie Wilhelm Bender Teilnehmer im „Arbeitskreis für neue Musik" Frommels und stand auch auf Hitlers Gottbegnadeten-Liste der wichtigsten Komponisten.

Hessenberg, zwar nicht zu Konzessionen neigend, sympathisierte oberflächlich mit der Sache der Nazis und war durchaus bemüht, den deutschen Machthabern gefällig zu sein. Furtwängler setzte sich für ihn ein, weil er Hessenberg zu den Hoffnungen der jüngeren deutschen Musik zählte. Hessenberg hat nach eigenem Zeugnis in allen seinen Kompositionen am melodischen Einfall, an der geschlossenen Form und „an der wenn auch oft frei behandelten Tonalität" festgehalten. Er betonte des Öfteren, dass er die Möglichkeiten der Tonalität noch nicht für erschöpft hielt. Hessenberg bemühte sich, eine eigenständige neue Musik zu schreiben, legte aber in diesem Zusammenhang immer Wert darauf, das Wort „neu" nicht über zu betonen. Die programmatische, ideologische Kategorie der neuen Musik war ihm nicht wichtig genug. Er war ein Meister der kleinen wie der großen Form.

Auch Karl Höller (1907-1987) setzte sich für Wilhelm Bender ein. Er lehrte an der Frankfurter Hochschule für Musik Dirigieren und Orgelspiel und hatte als Komponist harmonischer Musik bald einen bekannten Namen. Seine Musik wurde von der Musik des Neobarock geprägt; auch der französische Impressionismus und das Werk Anton Bruckners beeinflussten ihn. Höller schrieb hauptsächlich Chor- und Orchesterwerke, Konzerte und Kammermusik. Er war Hitler durch angeblich atonale Kompositionen unliebsam aufgefallen. Goebbels konnte diesen Eindruck aber korrigieren. Nach seinem Beitritt in die NSDAP wurde Höller 1942 außerordentlicher Professor und erhielt den Nationalen Musikpreis für Kompositionen. Als Staatspreisträger wurde sein Name auf die „Gottbegnadeten-Liste" der wichtigsten Komponisten gesetzt. Nach dem Krieg setzte Höller seine Karriere an der Musikhochschule in München fort.

Parallel zu seiner Lehrtätigkeit in Frankfurt schrieb sich Wilhelm Bender als Doktorand an der Heidelberger Universität ein. Mit der Wahl seines Doktorvaters, Professor Heinrich Besseler (1900-1969), bekannter Musikwissenschaftler seiner Zeit mit breiten musikalischen Interessen, ließ sich Wilhelm Bender mit einem bekennenden Nationalsozialisten ein. Besseler erhielt, im Umgang mit Dritten wohl nicht immer angenehm, bereits mit 28 Jahren einen Ruf als Professor an die Ruprechts-Karl-Universität Heidelberg. Er schrieb ein Grundlagenwerk über die Musik des Mittelalters. In einer Rede bei den Musiktagen der Hitlerjugend in Erfurt 1935 betonte er, dass die Musikpflege der Universität vom Geist des neuen HJ-Lieds durchdrungen sein müsse[88].

Besseler war von einer „angewandten Deutschtümelei" in der Musik durchaus angetan. Was das Singen in der Hitlerjugend anging, waren Wilhelm Bender und Besseler wesensverwandt. Sie kannten sich aus Berlin durch Max Seiffert und dessen Staatlichem Institut für deutsche Musikforschung, wo Wilhelm Bender u. a. die Musik-

---

[87] Preisträger waren ferner der Wagnerianer Max Trapp und Karl Höller als Vertreter eines „prokatholisch gebundenen Frankentums". Hessenbergs Anteil an der Preissumme betrug 5.000 RM.
[88] Vgl. Fred K. Prieberg: Musik im NS-Staat. Frankfurt am Main, 1982, Seite 255.

instrumenten-Sammlung des Instituts betreute und Heinrich Besseler Mitherausgeber der Institutszeitschrift „Archiv für Musikforschung" war (vormals „Zeitschrift für Musikwissenschaft"; Besseler war auch Herausgeber einer umfangreichen Festschrift für Max Seiffer anlässlich dessen 70. Geburtstags im Jahre 1938). So bot es sich auch aus der räumlichen Nähe „Frankfurt-Heidelberg" durchaus an, Besseler zum Doktorvater zu wählen. Das Thema der Dissertation war politisch völlig unverfänglich („Europäische Glockenspiele").

Besselers politisches Urteil blieb hinter seinen musikwissenschaftlichen Leistungen deutlich zurück: Im Dritten Reich sympathisierte er mit den Nationalsozialisten (seine Vorlesungen hielt er stets in Uniform, Veröffentlichungen jüdischer Autoren ließ er in seinem Institut entsprechend kennzeichnen). Nach dem Krieg marschierte er im DDR-Sozialismus erneut hinter der falschen Fahne her[89]. Er wurde nach 1948 Ordinarius für Musikwissenschaft an der Universität in Jena, danach in Leipzig und sogar Nationalpreisträger der DDR.

Um als noch unbekannter Komponist für seine Kompositionen Musikverlage zu finden, die ihm einen gewissen Bekanntheitsgrad und zusätzliches Einkommen verschaffen sollten, war Wilhelm Bender bei den deutschen Verlagen anfänglich auf entsprechende politische Referenzen angewiesen, die er durch seine Zugehörigkeit zur Hitlerjugend leicht erbringen konnte. Die erfolgreichen Verlage jener Jahre, die ihn seinen Zielen näher brachten, hatten sich mehr oder minder freiwillig dem neuen Musikgeschmack, der neuen Musikliteratur und damit den neuen politischen Verhältnissen angepasst. Sie hatten ihr Verlagsprogramm umgestellt oder erweitert und suchten den Schulterschluss zu den neuen Musikverantwortlichen des NS-Regimes.

Deutschland war nach 1900 das internationale Zentrum für das Musikverlagswesen. Es gab 1933 insgesamt 221 Musikverlage mit 857 Mitarbeitern[90]. Durch die NS-Politik verlor Deutschland diese Position an die Exilländer der unerwünschten und verfolgten Komponisten, vor allem an Großbritannien und an die USA. Was für die Musiker galt, galt in Dritten Reich auch sinngemäß für Musikverlage: Sie waren nach 1933 Angriffsziel der nationalsozialistischen Politik und der Beruf des Musikverlegers wurde durch die Reichskulturkammergesetzgebung genehmigungspflichtig. Infolge der „Arisierung" einzelner Musikverlage, durch Zensurgesetzgebung und durch die Vertreibung jüdischer Musikverleger und Komponisten kam es nicht nur zu erheblichen Veränderungen in den Eigentumsverhältnissen, sondern es veränderten sich auch die Verlagsprogramme und passten sich mehr oder weniger den Forderungen nach NS-Ideologie gemäßen Produktionen an.

Zwar wurde nur ein kleiner Teil der Kompositionen Wilhelm Benders gedruckt (seine Glockenspielmusik, die neben den Kinderliedern seinen kompositorischen Ruf überhaupt erst begründeten, wurden zu seiner Zeit nie verlegt, sondern erst 2007). Die Verlage, mit denen er anfänglich zusammenarbeitete, wären zum großen Teil nach dem Krieg durchaus keine Referenz gewesen (keiner dieser Musikverlage war nach 1933 einer politischen Verfolgung ausgesetzt). Dies gilt insbesondere für den Verlag Franz Eher Nachf., München (Hauptwerk Hitlers „Mein Kampf"), dessen Rechtsnachfolge der Bayerische Staat nach dem Krieg übernahm und Eher 1952 liquidierte.

---

[89] Vgl. Martin Geck: „So kann es gewesen sein... so muß es gewesen sein... Zum 25. Todestag des Musikforschers Heinrich Besseler". In: Musica, Band 48, 1994, Heft 4, Seite 245.

[90] Vgl. Sophie Fetthauer: Musikverlage im „Dritten Reich" und im Exil. Band 10 der Schriftenreihe „Musik im Dritten Reich und im Exil". Hamburg 2004, Seite 61.

Franz Eher Nachf. führte in seinem Musiksortiment insbesondere Liederbücher für die NSDAP und für einzelne Parteigliederungen. Die NSDAP kaufte den Franz Eher-Verlag 1920, ein Jahr nach ihrer Gründung, und baute ihn 1933 zu einem beherrschenden Verlagskonzern aus. Dieser Zentralverlag der NSDAP kontrollierte durch mehrere Hundert direkter und indirekter Beteiligungen an Verlagen und Druckereien über 80% des deutschen Pressemarktes und damit eine Gesamtauflage von rund 16 Millionen Druckexemplaren[91]. Der Eher-Verlag verlegte Kammer-, Chormusik und Lieder von Wilhelm Bender.

Der Voggenreiter-Verlag in Potsdam, ursprünglich Buchverlag für Jugendschrifttum und schöne Literatur, schloss sich bereits 1933 dem Nationalsozialismus voll an, verlegte neben Liederbüchern für die Hitlerjugend militärische Titel und verdiente gut an der Vermarktung des „Horst-Wessel-Lieds". Wilhelm Bender veröffentlichte dort u. a. einige seiner Kinderlieder. Andere Kinderlieder Wilhelm Benders und Teile seiner Kammermusik übernahmen der Verlag Chr. Fr. Vieweg GmbH in Berlin, heute Teil des Thomi-Berg-Verlags. Vieweg war einer der Verlage, die 1936 als „anonyme Kapitalform" von einer Gesellschaft mit beschränkter Haftung in eine Kommanditgesellschaft umgewandelt werden mussten, „um die Eigenverantwortung des Unternehmers zu erleichtern", im NS-Staat letztlich eine größere persönliche Verantwortung und Haftung des Unternehmers bei erhöhtem politischen Risiko. Auch der Rühle-Diebner-Verlag, der nach dem Krieg in den Verlag für Deutsche Musik Robert Rühle umgewidmet und inzwischen vom Verlag Chapelli & Co. (Hamburg und München) übernommen wurde, verlegte Kinderlieder und Kammermusik Wilhelm Benders. Robert Rühle war Vorstandsmitglied im gleichgeschalteten Deutschen Musikalien-Verleger-Verein DMVV.

Der Verlag P.J. Tonger in Köln pflegte freundschaftliche Kontakte zur Reichsjugendführung und veröffentlichte Militärlieder von Wilhelm Bender. Im Deutschen Verlag für Musik in Berlin erschienen die Liederbücher „Kraft durch Freude". Dieser Verlag machte sich einen Namen mit Militärmusik und übernahm Militärmusik-Kompositionen Wilhelm Benders. Andere Verlage, die kleinere Kompositionen Wilhelm Benders herausbrachten, waren der Verlag Georg Kallmeyer, Wolfenbüttel-Berlin, bei dem u. a. die Reichsjugendführung der NSDAP und die NS-Gemeinschaft „Kraft durch Freude" Herausgeber waren, der z. B. die Liedersammlung „Das Lied der Front" des Großdeutschen Rundfunks veröffentlichte (und nach 1945 als Möseler-Verlag firmierte, weil er keine neue Lizenz erhielt; der Möseler-Verlag ist heute mit dem Voggenreiter-Verlag vereinigt) bzw. der Leipziger Verlag Oskar Brandstetter, nach dem ersten Weltkrieg noch einer der führenden Notendruckereien, mit seinem Mitwirken an den Liederbüchern der Kriegsmarine.

Nach 1940 waren Wilhelm Bender und seine musikalische Kompetenz in Fachkreisen deutlich bekannter, so dass er nun in den Jahren 1942 und 1943 in einem der renommiertesten und vermutlich auch weniger politisierten Verlage veröffentlichen konnte, im Schott-Verlag, Mainz, der Teile seiner Kammermusik und seines Liederschaffens, vor allem seine wichtige Klaviermusik verlegte. Die Verbindungen zum Nationalsozialismus schienen bei Schott nicht derart eng gewesen zu sein wie die der hier genannten anderen Musikverlage. Immerhin veränderte der Machtantritt der Nationalsozialisten den Musik-Vermittlungsprozess bei Schott nicht in dem Maße wie bei

---

[91] Vgl. Sophie Fetthauer: Musikverlage im „Dritten Reich" und im Exil, a.a.O., Seite 286.

anderen Musikverlagen. Schott brachte, auch nachdem Hindemith Deutschland verlassen hatte, Hindemiths Werke weiterhin heraus, und war auch Verleger von Komponisten „entarteter" Musik, hatte allerdings nur vergleichsweise wenige Komponisten jüdischer Herkunft im Programm; auch die Verbindung zur politischen Linken war nicht so stark ausgeprägt[92] wie beim großen Wiener Konkurrenten, der Universal Edition, die Schott 1940 im Rahmen der „Arisierung" gerne gekauft hätte. Auch Schott wurde zeitweise politisch angegriffen, obwohl die Eigentümer des Schott-Verlags insgesamt in einem durchaus positiven Verhältnis zum NS-Regime standen und kaum eine kritische Meinung einnahmen und einer der Verlagsinhaber wahrscheinlich NSDAP-Mitglied war (und den Komponisten Hermann Reutter veranlasste, Mitglied der NSDAP zu werden[93]).

Schott, einer der traditionsreichsten Verlage und einer der größten Klassiker-Editoren überhaupt mit zahlreichen europäischen Dependancen, wurde 1770 im Geburtsjahr Beethovens in Mainz gegründet. Von Anbeginn setzte sich Schott für zeitgenössische Musik ein. Schott verlegte z. B. die Erstausgabe von Mozarts „Don Giovanni" und „Die Entführung aus dem Serail", Beethovens 9. Sinfonie und die „Missa Solemnis", Wagners „Ring des Nibelungen" und „Die Meistersinger von Nürnberg". Die klassische Moderne des 20. Jahrhunderts begann mit der Inverlagnahme von Werken Strawinskys, Hindemiths, Orffs, Korngolds, Reutters, Fortners, Tochs u. a. Schott war auch Herausgeber von „Riemanns Musiklexikon" und der Zeitschrift „Melos", die sich den Problemen zeitgenössischer Musik widmete. Ein Tochterunternehmen in London, die Schott & Co. Ltd., spezialisierte sich auf die Entdeckung und Verbreitung von Barockmusik (vor allem von Purcell und Telemann).

Dass Wilhelm Bender nun auch im Schott-Verlag veröffentlichen konnte, verdankte er seinem neuen Bekanntheitsgrad und seinem Netzwerk: Fast alle bekannten Musiker, vor allem aus Frankfurt, mit denen er persönlich und fachlich Kontakt hielt, arbeiteten mit Schott zusammen. Nach seiner Berufung an die Frankfurter Hochschule für Musik waren die Schott-Veröffentlichungen wie ein zweiter Ritterschlag für Wilhelm Bender.

---

[92] Vgl. Erik Levi: "Music in the Third Reich", London 1994, Seite 160.

[93] Vgl. Sophie Fetthauer: Musikverlage im „Dritten Reich" und im Exil. Band 10 der Schriftenreihe „Musik im Dritten Reich und im Exil". Hamburg 2004, Seite 275.

9 „Entartete Musik“

Zahlreiche Gedenktage zum Kriegsende 1945 lenkten in den letzten Jahren das öffentliche Interesse im In- und Ausland immer wieder auch auf sehr spezielle Aspekte des „Dritten Reichs“. Entsprechende Bücher, Filme, Aufsätze und Kommentare erinnerten an die Folgen des braunen Unrechts. Wenig las und hörte man in solchen Veröffentlichungen über die Verbrechen jener Tage an der Kunst und am allerwenigsten zum Thema Musik, zur so genannten „entarteten Musik“, obwohl von den Nationalsozialisten mit ihrem Musikverbot eine irreparable Schneise in die Musiklandschaft geschlagen wurde. Darum hatten die deutschen Musikliebhaber nach dem Krieg ein gewaltiges Defizit aufzuarbeiten, war an ihnen die Entwicklung der abendländischen Musik in den Jahren 1933 bis 1945 doch völlig vorbeigegangen. Hindemith, Hartmann, Schönberg, Strawinsky – um nur einige wenige zu nennen – waren erst einmal so gut wie vergessen.

Der Begriff „Entartete Musik“ ist ein Schlagwort der nationalsozialistischen Kulturpropaganda analog zur „Entarteten Kunst“. Er bezeichnete während der Zeit des Dritten Reichs zuerst Musik jüdischer Komponisten, später auch die gesamte musikalische Moderne, die der Ideologie der Nazis widersprach und deren Aufführungen darum verboten waren – moderne Musik, die nicht heilige Andacht verströmte, sondern eine kritische Wirkung ausstrahlte.

Auch in früheren Jahrhunderten stieß man verschiedentlich auf verbotene Musik oder auf Musik, die der Zensur unterlag. Prominentestes Beispiel für ein frühes politisches Musikverbot ist Haydns Melodie „Gott erhalte Franz, den Kaiser“, die spätere deutsche Nationalhymne, die während des preußisch-österreichischen Kriegs auf den Index gesetzt wurde. Musik wurde auch in der DDR, ebenso in der Sowjetunion unter Stalin verboten, unter dessen Zensur z. B. Schostakowitsch und Prokofiew massiv zu leiden hatten. Aber nie wurde Musik so gründlich, systematisch, konsequent, brutal und folgenreich unterdrückt wie unter Hitler, und nie gab es in der Folge einen musikalischen Verlust vergleichbaren Ausmaßes.

Ausgangspunkt der Hitler-Kampagne war die „Entjudung“ des Musikrepertoires mit dem Ziel der „Rassenreinheit“ auch in der deutschen Musik. Der Bannstrahl traf die „undeutschen“ Werke lebender wie toter jüdischer Komponisten. Der Vorwurf der Zersetzung und des Musik-Bolschewismus richtete sich erst recht gegen lebende jüdische Komponisten wie Eisler, Weill, Krenek, Schulhoff, Ullmann und Schönberg, der an der Spitze der vom NS-Regime verfemten Künstler stand und mit ihm die verhasste Zwölftonmusik[1].

[1] Im Mai 1938 wurde im Düsseldorfer Kunstpalast während der Reichsmusiktage die Ausstellung „Entartete Musik“ eröffnet. Sie zeigte Partituren jüdischer Komponisten und Schriften von Schönberg und Hindemith, z. B. dessen im selben Jahr erschienene „Unterweisung im Tonsatz“, die auf den Versuchen innerhalb der Rundfunkversuchsstelle der Berliner Hochschule für Musik basierte. In telefonzellenartigen Boxen erklangen Kompositionen von Hindemith neben Werken von Weill, Schönberg und Toch (aus Solidarität mit den „Verfemten“ protestierte Bela Bartók dagegen, dass seine Musik nicht in die Ausstellung „Entartete Musik“ aufgenommen wurde!). Nachhaltiger als diese Ausstellung blieben im öffentlichen Bewusstsein die Bücherverbrennungen des Jahres 1933 und die Ausstellung „Entartete Kunst“ im Jahre 1937. Die als Pendant gedachte Ausstellung „Entartete Musik“ hingegen war bis in die zweite Hälfte der 80er Jahre praktisch vergessen. Die Ausstellung war schon 1938 beim Publikum kein Erfolg und schloss vorzeitig.

Wegen ihrer dissonanten Musik, die als individualistisch[2] galt und dem Streben der Nationalsozialisten nach Harmonie und Volksgemeinschaft entgegen stand, gerieten später auch „artfremde arische“ Vertreter ins Fadenkreuz der Verunglimpfung. Im Krieg wurden dann sogar noch die Werke der Komponisten feindlicher Länder auf die schwarze Liste gesetzt: Chopin, Tschaikowsky, Bizet, Ravel, Debussy – immer unter dem Deckmantel der notwendigen Aussonderung entarteter Musik. Atonale, dissonante Musik galt als bloß konstruiert und nicht gefühlt. Gefühlsferne moderne Musik war wildeste Anarchie und damit das letzte, was das neue Regime brauchte. Die Nationalsozialisten erklärten die Musik zur Domäne des Gefühls und erstrebten die Ausschaltung des Verstandes beim Musikpublikum. Von Musik bewegt zu werden, galt als Zeichen von Musikalität – und damit von wirklichem Ariertum. Gelänge die Verbreitung einer „verstandfreien“ Musik, so könnten die entsprechenden Erfahrungen auch eine Übertragung auf andere „verstandfreie“ Lebensbereiche ermöglichen.

Die Verfemung der Musik schloss aber nicht nur Verbote ein, sondern auch Vernichtung, veranlasst von Alfred Rosenberg, dem führenden Ideologen der nationalsozialistischen Kulturarbeit, Leiter des "Kampfbunds für deutsche Kultur" und Herausgeber des „Völkischen Beobachters“[3]. Es gab systematische Beutezüge durch den so genannten „Einsatzstab Rosenberg“, durch den massenweise Noten, Instrumente und Manuskripte aus jüdischem Privatbesitz beschlagnahmt und geraubt wurden[4]. Viele Musiksammlungen sind bis heute verschollen. Die ungeheuerlichen Dimensionen dieser Plünderungen lassen sich nur erahnen.

Allerdings ging man bei der Rassenfrage durchaus willkürlich und gewollt inkonsequent vor. So notierte Joseph Goebbels, Minister für Volksaufklärung und Propaganda, in sein Tagebuch: „Ein Oberschlauberger hat herausgefunden, dass (der Walzerkönig) Johann Strauß ein Achteljude ist. Ich verbiete, dies an die Öffentlichkeit zu bringen. Ich habe keine Lust, den ganzen deutschen Kulturbesitz so nach und nach unterbuttern zu lassen. Am Ende bleiben nur noch Widukind, Heinrich der Löwe und Rosenberg übrig“. Für die unverzichtbaren Walzer eines Johann Strauß beging man darum Urkundenfälschung, um dessen jüdische Herkunft unkenntlich zu machen. Vergleichbares ist von Franz Lehár zu berichten, dessen Frau Jüdin war. Da Hitler ein großer Operettenfreund war und u. a. Lehárs „Lustigen Witwe“ sehr schätzte, brachte Goebbels auch diese Akte des Führerlieblings durch Korrekturen in Ordnung.

Ausnahmen wurden auch bei „unabkömmlichen“ Sängern und Dirigenten gemacht, die – z. B. in Bayreuth – engagiert werden durften, was ansonsten bei strikter Anwendung der Rassegesetze niemals geduldet worden wäre – so z. B. der Heldentenor Max Lorenz, ein praktizierender Bisexueller, der mit einer Jüdin verheiratet war und der bei den Bayreuther Festspielen für einige Schlüsselrollen unabkömmlich schien.

---

[2] Als individualistisch galt auch der den Nationalsozialisten verhasste Jazz. Er stand in direktem Widerspruch zur Nazi-Ideologie, weil er – insbesondere durch seine dominanten Solos – auf Individualität basiert und er ursprünglich musikalisch die Gefühle der Unterdrückten und Entmachteten ausdrückte.

[3] Vgl. z.B. Ernst Piper: Alfred Rosenber. Hitlers Chefideologe. München 2005.

[4] Für die Erneuerung der Musik waren auf Regierungsseite Joseph Goebbels und auf Parteiseite Alfred Rosenberg zuständig. Rosenberg war Chefideologe der Partei und „Beauftragter des Führers für die Überwachung der gesamten geistigen und weltanschaulichen Schulung und Erziehung der NSDAP“. Er hatte schon 1928 den „Kampfbund für deutsche Kultur KfdK“ mit dem Ziel gegründet, die „Verbastierung und Vernegerung der deutschen Kultur“ zu beenden. Sein „Amt für Musik“ überwachte die politische Gesinnung von Musikern und Musikwissenschaftlern. Goebbels unterstand die Reichskulturkammer RKK mit ihren Untergliederungen Schrifttum, Film, Musik, Theater, Presse, Rundfunk und Bildende Kunst.

Ein anderes Beispiel war Franz von Hoesslin, Dirigent mit jüdischen Verbindungen durch Herkunft und Heirat, den andere deutsche Opernhäuser in der Nazizeit mieden, der aber regelmäßig in Bayreuth auftrat[5].

Die Opern Mozarts wurden als „völkisch" akzeptiert - trotz des jüdischen Librettisten Da Ponte, während Richard Strauss sein Amt in der Reichsmusikkammer verlor, weil er sich für seine jüdischen Librettisten Stefan Zweig und Hugo von Hofmannsthal einsetzte. Schumanns Lieder schließlich waren wegen der Heine-Texte verboten[6]. Verboten wurden auch die Händelschen Oratorien mit ihren alttestamentarischen Texten. Sein Oratorium „Judas Maccabäus" z. B. durfte erst wieder aufgeführt werden, nachdem es in „Der Feldherr" umbenannt wurde. Der Eingangschor „Klagt, Judas Söhne" hieß nun „Klagt, ihr gebeugten Kinder". Auch der Text des Bachschen Weihnachtsoratoriums wurde z. B. von „das jüdische Land" in „der Väter Länder" oder von „Held aus Davids Stamm" in „Held aus hohem Stamm" umgewandelt.

Kurios war die Tatsache, dass bis zum Ende des Dritten Reichs eine Felix Mendelssohn-Bartholdy-Stiftung fortbestand, deren Vermögen unangetastet blieb; bis 1936 hatte diese Stiftung in Verbindung mit dem Felix-Mendelssohn-Bartholdy-Preis sogar ein Stipendium vergeben. Andererseits wurde ein erzkonservativer romantischer Musiker wie Max Bruch, der sich zeitlebens gegen jegliche musikalische Neuerungen wandte, als „musikalischer Sozialdemokrat" und als Jude beschimpft, obwohl Arier, nur weil er 1880 das jüdische Gebet „Kol nidrei" vertont hatte. Nachdem die Werke Bruchs aus den öffentlichen Konzerten verbannt wurden, gerieten seine Kompositionen im deutschsprachigen Raum lange Zeit in Vergessenheit.

Das ungeheuerlichste Beispiel für Willkür bei der Verunglimpfung eines Komponisten als entartet und verfemt ist der Fall Hindemith: Der NS-Boykott gegen Hindemith ging letztlich nur auf die Prüderie Hitlers zurück, den eine Nacktszene in einer Hindemith-Oper abstieß. Hitler beanspruchte für sich, auch ein maßgeblicher Opern- und Konzertkenner zu sein. Was ihn begeisterte, sollte das ganze deutsche Volk begeistern. Was ihn aber verunsicherte oder abstieß, sollte dem ganzen Volke vorenthalten bleiben, so beispielsweise eine Nackt-Badeszene in einer Badewanne in Hindemiths Oper „Neues vom Tage". Diese harmlose und humorige Oper stellte als sogenannte Zeitoper die aktuellen Lebensumstände und Themen der Gegenwart musikalisch in ihren Mittelpunkt. Statt großem Opernpathos bot man nüchterne Geschäftsprosa. Witzig wurde aus damaliger Zeit empfunden, wie Hindemith in seiner Oper die Vorzüge der neuen Warmwasserversorgung behandelt und so unromantische Worte wie Gasbadeofen oder Gerichtskosten in Musik setzt. Die Zeitoper zog die Klein- und Normalbürger den heldenhaften Germanen und dem Germanenkult vor, den Nymphen die Tippfräulein, der Leidenschaft die Geschichte einer Scheidung in „Neues vom Tage". Scheidung aber war kein Thema für den Nationalsozialismus. Die gewünschten ewigen und natürlichen Gefühlswerte konnte man nicht in solchen Zeitgeschichten finden, sondern in der germanischen Vorzeit, wo – so glaubte man – der „deutsche Rasseninstinkt" noch perfekt funktioniert hatte.

---

[5] Vgl. Jonathan Carr: Der Wagner Clan, Geschichte einer deutschen Familie. Hamburg 2008, Seite 258.

[6] Eine völlig andersgeartete Ausnahmebehandlung wurde dem jüdischen Armenarzt Eduard Bloch durch Hitler zuteil, der in Linz Hausarzt von Hitlers Mutter war. Hitler sorgte dafür, dass „sein Edeljude" Bloch – unter dem besonderen Schutz Hitlers – später von der Linzer Gestapo verschont wurde: Vgl. Brigitte Hamann: Hitlers Edeljude. Das Leben des Armenarztes Eduard Bloch. München-Zürich 2008.

Hitlers Verdikt führte dazu, dass Hindemith und seine Werke in Deutschland – anders als im Ausland – kaum mehr Anerkennung erfahren durften. Eine harmlose Opernszene, am wenigsten ihrer Musik wegen, brachte einen der bedeutendsten Komponisten des 20. Jahrhunderts um seinen Erfolg. Schließlich wurde Hindemith auch noch wegen seiner Oper „Mathis der Maler" (gemeint ist der Maler Matthias Grünewald, Schöpfer des Isenheimer Altars) politisch verfolgt. In seiner Oper forderte er die Einmischung des Künstlers in die politischen Wirren seiner Zeit; die Kunst dürfe nicht unpolitisch bleiben. Dies empfanden die Nazis als Provokation, für Hindemith war es der der Beginn einer schrittweisen Emigration.

Durch die Etikettierung von Teilen der Musik als „entartet", als „Unkunst", erfand die nationalsozialistische Musikpolitik einen Hebel, Unliebsames aus dem Kulturbetrieb zu verbannen. Infolge des Arier-Nachweises gab es im Dritten Reich einen relativ geordneten und eindeutigen Rahmen für persönliche rassistische Ausgrenzungen; eine solche Eindeutigkeit fehlte bei der Bewertung der zeitgenössischen Kompositionen. Eine subjektive Grauzone wurde – abhängig vom aktuellen politischen Machtgefüge innerhalb der nicht immer gradlinigen nationalsozialistischen Ideologie – entweder von der generell modernitätsfeindlichen Fraktion beherrscht oder von denjenigen, die auf der Suche nach einer genuin faschistischen Musik waren, die auf dieser Basis „zeitgenössisch modern" sein sollte.

Goebbels plädierte für eine „arische Musik" zur Durchsetzung der Rassenreinheit. Nur eine Musik, die aus dem Volkstum selbst schöpfte, könne am Ende gut sein und dem Volk, für das sie geschaffen würde, etwas bedeuten. Gut müsse die Kunst sein; darüber hinaus aber auch verantwortungsbewusst, gekonnt, volksnahe und kämpferisch. Der Dirigent Wilhelm Furtwängler aber veröffentlichte bereits am 11. April 1933 in der „Deutschen Allgemeinen Zeitung" einen Artikel in Form eines offenen Briefes, in dem er sich weigerte, einen Unterschied zwischen jüdischer und nichtjüdischer Musik anzuerkennen; seine Unterscheidungskriterien waren ausschließlich gute und schlechte Kunst.

Die Musikpolitik der Nationalsozialisten tat sich zwar mit der organisatorischen Gleichschaltung des Musikbetriebs leicht. Es gab aber andauernde Probleme, die gewünschte artgemäße Musikrichtung von der entarteten auch inhaltlich abzugrenzen. Die vorgegebene einfache Unterscheidung von arischer und jüdischer Musik besaß für die Nationalsozialisten den großen Vorzug, dass wegen fehlender objektiver Ordnungskriterien jeglicher Raum für subjektive Willkür blieb. Kein Experte war fähig, arische oder nichtarische Musik stilkritisch und ästhetisch einigermaßen praktikabel zu definieren. Damit konnte immer wieder leicht der Nährboden für eine Atmosphäre persönlicher Denunziationen nach Gutdünken geschaffen werden und es konnte – wie der Fall Hindemith zeigt – auch ein hoher musikalischer Repräsentant, der eigentlich zum führenden „deutschen" Musiker aufgebaut werden sollte, erstaunlich leicht ins musikalische Abseits gedrängt werden[7].

Dennoch beschäftigte man sich vermehrt mit der Suche nach Kriterien, wie denn überhaupt eine „deutsche Tonkunst" entstehen könne – was in der Vergangenheit wenig interessiert hatte. Als Referenz bemühte man Platon, der schon vor weit über 2000 Jahren Tonleiter-Wertungen vorgenommen und einige Tonleitern als verderblich

[7] Vgl. Kapitel 8.

und verweichlichend für die drei „Seelenvermögen" des Vernünftigen, des Muthaften und des Begehrlichen aus seinem „Idealstaat" ausgeschlossen hatte[8].

Es sei nötig, so Adolf Hitler in seiner Kulturrede auf dem Reichsparteitag am 7. September 1937, „die allgemeinen Gesetze für die Entwicklung und Führung unseres nationalen Lebens auch auf dem Gebiete der Musik zur Anwendung zu bringen, das heißt nicht in technisch gekonntem Wirrwarr von Tönen das Staunen der verblüfften Zuhörer zu erregen, sondern in der erahnten und erfühlten Schönheit der Klänge ihre Herzen zu bezwingen". Und Goebbels sagte voraus, „dass die deutsche Kunst, die zum Volke zurückkehrt, den schönsten Lohn dadurch empfangen wird, daß das Volk wieder zu ihr zurückkehrt"[9]. Vordergründig ästhetisch bedeutete dies, dass die Musik eine direkte Spiegelung der deutschen Seele sein sollte. Politisch aber führte dies dazu, dass Musik sowohl Sedativum zur Beschwichtigung der Bevölkerung war als auch Befeuerung zur Stärkung der Wehrmacht-Kampfmoral – eine grobe Vereinfachung des musikalischen Schaffens in einer von lebendiger Kunst und Kultur überquellenden Nation. Der Auftrag an die schaffenden Komponisten lautete, eine zeitgemäße Musik zu schaffen, die Dienerin des Vaterlandes sei und dem politischen Leitbild entspreche, gebunden an die Tonalität der Nation, die das Zusammengehen von Kunst und Nation und die Einheit von Musikschaffen und Weltanschauung fördere, an die Gefühle appelliere, erhaben, heilig, ewig, einfach, vital, gemäßigt, nicht radikal und von elementarer Wirkung sei, Symbol der Herrlichkeit des Staates, Sieg-, Kampf- und Erlösungsmusik!

Die Musik sollte Helferin der Regierung zur Lenkung des Volkes werden, gleichzeitig wollte man die Musiker durch überprüfbare Aufgaben disziplinieren. Gefordert wurde eine Musik für das ganze Volk, womit notwendigerweise auch ihre Reduzierung auf das schlichteste Musikverständnis des einfachsten Volksgenossen einherging. Es war für den Staat billiger, einigen tausend Musikern beizubringen, was sie zu tun hätten, als die Masse der Deutschen zum Verständnis absoluter Tonkunst pädagogisch auszubilden. Die Menschen brauchten nur „mitzugehen", wenn man ihnen Märsche, Kampflieder, Hitlerkantaten und dergleichen vorspielte – reflexartig und nicht durch musikalische Vorbildung, die vielleicht Skepsis an der technischen Vollendung dieser Reklamemusik geweckt hätte[10]. Vorbild und Wegweiser des politischen Nationalsozialismus sollte die Musik zwar sein, aber sie sollte auch eine sozialistische Musik sein, „die jedes fähige und gutwillige Ohr in unserem Volke auch ohne Schulung und Bildung, ohne Rücksicht auf Alter, Stand und Geschlecht, auch rein gefühlsmäßig aufnehmen kann" – eine gesteuerte aurale Libidostillung der Zuhörer[11].

In der deutschen Musik wurde das „Inhaltliche" gesucht, die Gefühlsverdichtung. Aber auch dem Soldatischen war nachzuspüren: Nicht die zermürbende Schlaffheit war erwünscht, sondern der fast soldatisch anmutende Rhythmus, die stählerne Romantik, „...eine Romantik, die sich nicht vor der Härte des Daseins versteckt..., die den Mut

---

[8] Vgl. auch Johann Mattheson: „Neuntes Haupt-Stück. Von den Ton-Arten". In: Der vollkommene Capellmeister. Neusatz des Textes und der Noten. Kassel, Basel, London, New York, Prag 1999, Seiten 126-136.

[9] Vgl. Joseph Goebbels: „Die deutsche Kultur vor neuen Aufgaben. Signale der neuen Zeit". München 1934, Seite 335-336.

[10] Vgl Fred K. Prieberg: Musik im NS-Staat. Frankfurt am Main 1982, Seite 115.

[11] Vgl. Richard Münnich: Die nationale Revolution der Musik. In: „Zeitschrift für Schulmusik",ZfSch VII/5, Mai 1934, Seite 60.

hat, den Problemen gegenüberzutreten und ihnen fest und ohne Zucken in die mitleidslosen Augen zu schauen“[12].

Parallele Entwicklungen zur Beeinflussung der weltlichen Musik zeigten sich auch in der Kirchenmusik, wo es zur Ablehnung „einer nicht bodenständigen, kosmopolitischen Kirchenmusik“ durch führende Kirchenmusiker kam[13].

Mit politischen Stimmungsbildern als Kompositionsvorgaben war in der musikalischen Praxis wenig anzufangen. Darum musste die ideale politische Musikvorgabe immer wieder den aktuellen musikalischen Werken korrigierend angepasst werden. Letztlich gelang die „Eliminierung des Undeutschen“ aus der Musik mit Hilfe solcher Kriterien aber nicht, sondern nur über den Umweg, Musik nichtarischer Künstler als „undeutsch“ zu benennen. „Deutsche Musik“ entstand damit ausschließlich über die nationale und rassische Zugehörigkeit der Komponisten, d. h. deutsche Musik war eben Musik arischer Deutscher. Deutsche Musik war als solche auch leicht zu definieren, wenn sie mit deutschen Texten verbunden war, die bevorzugt entweder – so die Empfehlungen – dem deutschen Sagenschatz entstammten, zu großen geschichtlichen Umwälzungen einen Bezug hätten oder „heutiges Geschehen humorvoll behandelten“, wobei die Musik möglichst vom deutschen Volkslied inspiriert und voll sinniger und anmutiger Melodien sein möge.

Die schwammig-idealisierten, politisch verordneten Ordnungskriterien für zeitgenössische Musik, die jeden kompositorischen Spielraum offen ließen, inspirierten auch eine Vielzahl von Nicht-Könnern, die sich insbesondere in neuen Liederbüchern für Volk, Schule und SA ungebremst austobten. Diese Liederbuch-Inflation war selbst den Nationalsozialisten zuwider: „Hemmungsloser Geschäftsgeist, fachliches Unvermögen und geschmacklose Unkultur reichen sich in diesen Erzeugnissen oft die Hand zu einem Bund, dem an Minderwertigkeit kaum etwas zur Seite gestellt werden kann“[14]. Dieser nationale Kitsch geriet ebenfalls bald auf die Liste unerwünschter Musik und wurde nicht selten mit dem inflationär benutzten Attribut „Musik-Bolschewismus“ bedacht.

Allerdings waren einige Komponisten mit dem bevormundenden Vorgehen nicht einverstanden und gaben zu verstehen, dass Maßstab der Kunst kein außerkünstlerisches, politisches Leitbild sein könne. Der Künstler schaffe aus einer inneren Not, aus einem individuellen Bedürfnis heraus; sein Schaffen bedeute ihm Erlösung und Befreiung, Gefühlsentladung. Vorgaben jeder Art seien bei diesem Prozess kontraproduktiv. Durchschlagenden Erfolg auf die offizielle Musikpolitik hatten diese Appelle jedoch nicht.

Durch die Eliminierung „degenerierter und jüdisch beherrschter“ Musik wuchs die Fülle der von den Nationalsozialisten verbotenen Werke ins Gigantische und schlug eine gewaltige Lücke in die Musikliteratur. Diese wurde nun professionell mit einem neuen Typus zweckdienlicher Musik ausgefüllt, die unabgelenkt von qualitativ besseren Kompositionen der braunen Ideologie zu folgen hatte.

---

[12] Vgl. Feierliche Eröffnung der Reichskulturkammer. In: “Signale für die musikalische Welt” (SmW), Jahrgang XCI Nr. 47 vom 22. November 1933, Seite 780.
[13] Vgl. Kapitel 14.
[14] Vgl. Reinhold Zimmermann: Nationalsozialistische Liederbücher. In: „Deutsche Kultur-Wacht“ DKW II/1933, Heft 18, November 1933, Seite 13.

Es wurden neue Volksopern mit Nazi-Texten und über zwanzigtausend romantisch-völkische Chorwerke komponiert, Marschlieder, Volkslieder, Siegeskantaten, Hitler-Hymnen, Oratorien, Militär- und Kampfgesänge und andere patriotische Kompositionen, kreiert von Tausenden deutscher Komponisten. Kinder sangen diese Werke in der Schule, die Hitlerjugend sang sie, Studentenverbindungen, die SA, die Wehrmacht, Chorvereinigungen wie der Deutsche Sängerbund mit seinen 800.000 Mitgliedern und Eltern in ihren Familien und in der Erholungsorganisation „Kraft durch Freude“, auf Sonnenwendfeiern, auf Betriebsfesten, Parteitagen und sonstigen Veranstaltungen. Dieses gemeinsame Singen und Musizieren „geeigneter arischer Musik“ führte wie eine Droge zu einem rauschhaften Gefühl der Zusammengehörigkeit, zu einem verbindenden Stimmungsbad und zu einer gemeinsamen Identität – eine Basis, die mit wirklich anspruchsvoll-moderner Musik nicht zu schaffen gewesen wäre. Manche Kompositionen wurden sogar für besondere Anlässe reserviert: So durfte der „Nibelungenmarsch“ seit 1936 nur noch auf Reichsparteitagen, der „Badenweiler Marsch“ nur in Hitlers Anwesenheit gespielt werden.

Es gibt keinen Zweifel, dass in dieser gefühlsmäßigen Gemeinsamkeit das verführte, singende deutsche Volk das nationalsozialistische Gedankengut unbewusst wirksam und nachhaltig verbreitete und der Antisemitismus im Volke dadurch geschürt wurde – wirksamer als Film, Theater, Zeitungen und sonstige Propaganda die öffentliche Meinung hätte manipulieren können. In der Folge wurde die anfänglich schmale Zustimmungsbasis der Nationalsozialisten[15] auch oder gerade mit Hilfe der Musik gefestigt. Das „Dritte Reich“ ist nicht nur erkämpft, sondern auch ersungen worden! Die Musik war damit das unverdächtig-hinterhältigste Mittel zur Erziehung zum Nationalsozialismus. Die Hitler-Bewegung wusste sehr genau, dass Gefühle gleichermaßen mächtig und gefährlich sind. Mit Gefühlen konnten Volksmassen gelenkt werden, weshalb sie besonders streng gesteuert werden mussten.

Musik, so könnte man denken, eine Materie der „reinen Innerlichkeit“, die keinen begrifflichen Stoff besitzt, scheint von allen Künsten am weitesten von der Politik entfernt. Gerade sie erwies sich im „Dritten Reich“ jedoch als außerordentlich nützliches Instrument.

Rasch verschwand nicht nur die „degenerierte und jüdisch beherrschte Musik“, sondern jede Form unliebsamer Musik. Das Regime revanchierte sich für die Dienste des musikalischen Establishments und für den linientreuen Einsatz mit öffentlicher Förderung der Musiker und Vollbeschäftigung in diesem Kulturbereich – was problemlos gelang, da die Schöpfer geächteter Musik Aufführungs- und Berufsverbot erhielten oder sogar vertrieben wurden, was neben dem neuen Musikvakuum auch zu einer großen Vakanz unter den Musikern führte. Bald drohte in den Orchestern und in den Musikkapellen der Wehrmacht, SS, Reichsarbeiterdienst usw. ein Mangel an qualifizierten arischen Musikern. Diese wussten, dass Parteimitglieder bevorzugt angestellt und schneller befördert wurden, weshalb immer mehr Musiker nationale Gesinnung

---

[15] Die Reichstagswahlen im November 1932 zeigten einen Rückgang der Wählerstimmen für die NSDAP. Die Ergebnisse der schon nicht mehr freien Wahlen am 5. März 1933 offenbarten, dass Hitler nicht die Mehrheit der Wähler hinter sich hatte. In der Reichstagswahl im März 1933 konnte Hitler trotz des aufwendigsten Wahlkampfs in der Geschichte Deutschlands und trotz eines bereits von den Nationalsozialisten organisierten Straßenterrors lediglich 43,9 % der Stimmen gewinnen. Dies entsprach rund 17,3 Millionen Wählerstimmen, nur 5,5 Millionen Stimmen mehr als bei der letzten Wahl. Weniger als die Hälfte der deutschen Wähler gab also Hitler ihre Stimme. Nur mit den Stimmen der Deutschnationalen Volkspartei DNVP konnte eine Regierungsmehrheit von 51,9 % erzielt werden.

demonstrierten, der NSDAP beitraten, die gewünschte Musik produzierten, Kollegen denunzierten und sich dann um die freigewordenen Stellen bewarben. Schon im Juli 1934 gab es einen Erlass des Reichsministers für Volksaufklärung und Propaganda, dass bei Neueinstellungen unbedingt Parteigenossen zu bevorzugen seien. Damit waren die Berufsmusiker besonders leicht zu verführen.

Durch diesen Prozess ging von der „entarteten Musik“ eine zusätzliche verheerende, indirekte Wirkung aus. Gemeint ist die Musik, die nicht nur verboten war, sondern die erst gar nicht geschrieben wurde, weil sie von den geächteten und vertriebenen Komponisten[16] nicht geschrieben werden durfte und sie somit das musikalische Vakuum noch vergrößerte. Was der musikalischen Entwicklung dadurch entgangen ist, mag mit allem Vorbehalt ein Vergleich aus der Literatur zeigen; die musikalische Verarmung in Deutschland wird durch diesen Vergleich vielleicht griffiger: Die internationale Kritik war einhellig der Meinung, dass nach 1920 mit „Ulysses“ von James Joyce jeder weitere Roman seine Berechtigung verloren habe. Was aber wäre der Literatur-Kultur entgangen, wenn sich die Romanautoren in den Folgejahren dieser Interpretation angeschlossen hätten oder ihnen sogar – wie bei der Musik – jedes weitere Romanschreiben verboten worden wäre – alleine die nach 1920 entstandenen deutschen Romane von Kafka, Musil, Döblin, Joseph Roth, Feuchtwanger, Grass, Thomas Mann u. a. belegen, dass mit „Ulysses“ der Roman als solcher noch keineswegs zu einem Ende gebracht wurde. So auch in der Musik – nur mit dem Unterschied, dass es keine überragenden deutschen Komponisten mehr gab, die den „Roman“ hätten fortschreiben können.

Man darf nicht glauben, dass alles, was damals komponiert und verboten wurde, meisterwerkverdächtig gewesen wäre. Es entstanden viele erinnerungswürdige Schöpfungen, aber nicht weniges entlarvt sich im Nachhinein als oberflächlicher Hang zum Neuen und damit zur Modernität um jeden Preis. Die „ewige Tonkunst“ war nicht in Sicht.

Dennoch hätte schon alleine die bloße Musik-Quantität eine bestimmende Wirkungsgeschichte auf die nachfolgende Musikentwicklung gehabt. Das kontinuierliche Musikschaffen ist immer auch in seiner Gesamtheit und in seinen Auseinandersetzungen mit sich selbst ein Motor des Fortschritts und besitzt seine eigenen musikalischen Werte – und sei es nur als ein vorübergehendes Durchgangsstadium, als Übergang zu neuen künstlerischen Formen und Techniken. Wer vermag zu sagen, welches zusätzliche Musikrepertoire heute ohne diesen Bruch in einer kontinuierlichen Musikentwicklung zur Verfügung stünde. Der Verlust für die Musik, der aus dem Holocaust entstand, wird immer eine in ihren Ausmaßen unbekannte Katastrophe bleiben.

Ein weiterer tief greifender Substanzverlust im Zusammenhang mit entarteter Musik war die Politisierung der Musikerausbildung und die Vertreibung der systematischen Musikwissenschaften sowie deren Gleichschaltung, d. h. Zentralisierung und Lenkung, wodurch nach 1933 die Rassenideologie auch in der Musikausbildung und -forschung um sich griff. Die massenhafte Vernichtung unliebsamer Musik, die Vertreibung von Musikern und die Pervertierung der Musikwissenschaften waren nur möglich, weil nach der Machtergreifung das gesamte Musikleben im Dritten Reich zentral

---

[16] Zum Exodus deutscher Musiker nach 1933 vgl. Reinhold Brinkmann, Christoph Wolff (Hrsg.): Driven into Paradise. The Musical Migration from Nazi Germany to the Unites States. Berkeley, Los Angeles, London 1999.

organisiert wurde. Bereits im September 1933 übernahm die Reichskulturkammer die Organisation über das deutsche Kulturleben und die Reichsmusikkammer über die deutsche Musik. Die Mitgliedschaft war Pflicht für alle Berufsmusiker.

Goebbels sah sich am Ziel, als er auf den Reichsmusikfesttagen in Düsseldorf am 28.5.1938 Bilanz zog: „...So können wir es uns kaum noch vorstellen, daß das Gebiet der deutschen Volksmusik... fast ausschließlich von jüdischen Elementen beherrscht war. Daß das deutsche Volkslied eine empörende Trivialisierung erfuhr... Daß unsere deutschen Klassiker verkitscht und verjazzt wurden. Daß an die Stelle klarer Linienführung und zu Herzen gehender Melodien die blasse Konstruktion um das jüdische Experiment trat. Daß Musikfeste der Systemzeit eine Generalschau undeutscher und artfremder Musik darzustellen pflegten, bei der sich ein kleiner Kreis von Nichtkönnern mit der jüdisch bestimmten sogenannten Kritik traf, um hohnlachend über die Proteste deutschgesinnter Musikkreise zur Tagesordnung überzugehen..." Und nachdem er über die Intrigen der jüdischen Verleger und einer jüdischen Dirigentenclique hergefallen war, wusste er, Bilanz zu ziehen: „...So wie die Musik sich dem Volke entfremdete, so hat sich das Volk dann auch der Musik entfremdet. Hier hat der Nationalsozialismus Wandel geschaffen... Die Macht des Judentums ist jetzt auch auf dem Gebiet der deutschen Musik gebrochen. Das deutsche musikalische Leben ist von den letzten Spuren jüdischer Anmaßung und Vorherrschaft endgültig gesäubert..."[17]

Es sind im „Dritten Reich" bei der Politisierung der Kunst im Musikbetrieb moralische und musikalische Verarmung, Missbrauch und die aktive Rolle der Musik und der Musiker bei der Ausbreitung einer niederträchtigen Gesinnung zu beklagen. Die Muse Musik wurde als Vehikel für den Nationalsozialismus mit fatalen Folgen missbraucht. Die unermesslichen Verbrechen führten das deutsche Volk in eine Sonderstellung abseits der zivilisierten Menschheit. Musik war nur noch dekorative Legitimation der Macht. Es bleibt die Erkenntnis, dass das deutsche Volk, von dem großes Unrecht ausgegangen ist, auch kulturell nicht straflos davongekommen ist. Aber eine andauernde Musikerneuerung hat die Kunstdiktatur im Dritten Reich glücklicherweise dennoch nicht geschafft. Das Ende des Regimes bedeutete somit auch eine Befreiung für die Musik.

---

[17] Vgl. auch Hans Severus Ziegler: ENTARTETE MUSIK. Eine Abrechnung. Broschüre zur Ausstellung „Entartete Musik". Berlin 1939, Seite 31.

10 Wilhelm Bender, Komponist und Doktorand

Wilhelm Benders kompositorisches Schaffen spielte sich innerhalb musikalischer Extreme ab: Er komponierte für das zarteste „Instrument", für die Kinderstimme, und für das größte, gewaltigste und „höchste" Instrument, für das Glockenspiel. Eine größere instrumentale Bandbreite ist kaum vorstellbar. Die Vielseitigkeit des jungen Wilhelm Benders bleibt verblüffend. Er beherrschte sein Metier auch in dieser Breite und Vielseitigkeit perfekt. Die Qualität der Musik sowie die große Anzahl der unterschiedlichsten Kompositionsarten und der vielen musiktheoretischen Texte überraschen, insbesondere wenn man die nur wenigen Schaffensjahre bedenkt, die ihm gegeben waren. Diese Leistungen wurden bereits zu seinen Lebzeiten honoriert; von 1935 bis 1944 gab es mehrere Hundert Veröffentlichungen über Wilhelm Bender, über seine Konzerte und seine Kompositionen. Auch dadurch wurde er neben seinem eigentlichen Musikschaffen über die Berliner Musikszene und über die Parochialgemeinde hinaus in jenen Jahren zu einem „gefühlten Mittelpunkt" des Berliner Musiklebens. Er wurde auch nach seinem Tod nicht vergessen, sondern wird nach wie vor u. a. in manchem Musiklexikon geführt[1].

Man kann die Jahre 1936 bis 1939 und die Jahre 1942 und 1943 als die entscheidenden Schaffensjahre des Komponisten Wilhelm Bender ansehen. In diesen Jahren entstanden die meisten und auch bedeutendsten seiner Kompositionen. 1936 bis 1939 sind darüber hinaus die Jahre seiner zusätzlichen Beanspruchung als Dozent, Gutachter, Referent, Wissenschaftler, Solist und „Musikus" – es müssen die Jahre eines besonders fruchtbaren Schaffensrauschs gewesen sein. Sie zeugen von seinen vielfältigen musikalischen Begabungen und von seinem Organisationstalent.

Die Kompositionstätigkeit Wilhelm Benders beginnt 1935/36 parallel und im Zusammenhang mit seinen beruflichen Tätigkeiten. Bis zu seiner künstlerischen Prüfung an der Musikakademie war Wilhelm Bender ein eher reproduzierender Künstler. Danach erst folgt – insbesondere nach seiner Teilnahme an dem Hindemith-Kompositionskurs – die produzierende Phase. Fast alle seiner Kompositionen wurden zuerst für den eigenen Gebrauch geschaffen; Auftragswerke Dritter hat er bis auf einige wenige Hörspielmusiken für den Rundfunk[2] nicht erhalten, anders als einige seiner damaligen Musikerkollegen. Einfache Gelegenheitsmusiken schrieb er in seiner Eigenschaft als Kirchenchorleiter, z. B. kleinere Chorwerke, für eigene Aufführungen im Gottesdienst. Parallel setzte die Entstehungsphase der Kinderlieder ein, die er für seine Arbeit als „Musikus" im Rundfunk benötigte. Entsprechendes galt für den Carillonneur mit Glockenkompositionen für seine Glockenkonzerte oder mit seiner Militärmusik für die Arbeit als Singleiter in der Hitlerjugend und in der Wehrmacht oder mit anderen Kompositionen zu gelegentlichen, von ihm für sich selbst oder für Ehefrau, Bruder und Schwägerin organisierte Konzertaufführungen. Nur der Zyklus seiner Klaviermusik scheint nach 1942 „zweckfrei" geschrieben zu sein. Besonders diese Musik war sein (bezogen auf sein sonstiges Musikschaffen atypischer) Beitrag zur zeitgenössischen Musik, um sich auch als Komponist moderner Musik zu profilieren und weiter zu entwickeln.

---

[1] Vgl. Lexikon des Chorwesens, Verlag Deutsche Sängerzeitung, Mönchengladbach 1954, sowie Kurzgefasstes Tonkünstler-Lexikon, Band 1: A-K, 15. Auflage, Wilhelmshaven 1971, oder Handbuch Deutsche Musiker 1933-1945, Hrsg. Fred K. Prieberg, Version PDF-Format, Auprès des Zombry 2004.

[2] Sämtliche Hörspielmusiken gingen offensichtlich im Krieg verloren.

In der Zeit von 1935–1940 schrieb Wilhelm Bender „perfekte“ Kinderlieder und „perfekte“ Glockenmusik (beiden Kompositionsgattungen sind im Folgenden eigene Kapitel gewidmet). Es scheint nicht übertrieben, wenn man behauptet, dass Wilhelm Bender bei beiden Gattungen auf Anhieb den jeweiligen musikalischen Stil seines Lebens gefunden hatte. Danach brach das Interesse an den Kinderlied- und Glockenspielkompositionen allerdings gänzlich ab. 1942 wendete er sich dann ganz der Komposition seiner Klaviermusik zu, die wiederum aus dem Stand heraus auf der Höhe des damaligen Klavierstils mit eindeutig individueller Tendenz war. Für diese neuerliche Perfektion waren die kompositorischen Vorstufen mit Kinderlied und Glockenmusik keine Voraussetzung; die Kompositionsreihenfolgen hätten genauso gut auch umgekehrt verlaufen können. Ein kompositorischer Aufbau, wonach ein Werk die fortführende Entwicklung des nächsten bedingt, ist im Gesamtwerk Wilhelm Benders kaum vorhanden – glücklicherweise, denn für lange musikalische Reifeprozesse wäre sein Leben zu kurz gewesen. Die rasante breite künstlerische Entwicklung – jeweils wie aus dem Stand heraus – war die eines Hochbegabten. Seine Kunst war ein schnelles, aufeinander folgendes Aufblühen. Es gab keine musikalischen Jugendsünden, aber auch keine kompositorische „Alterssturheit“. Seine Musik benötigte keine Anläufe, sie war immer gleich ganz präsent. Als Komponist stand er zwar noch am Anfang, aber alles Neue gelang ihm aus dem Stand heraus.

In den Jahren 1940 und 1941 erlebte Wilhelm Bender in seinem kompositorischen Schaffen einen kaum überraschenden Einbruch: Er schrieb nur noch wenig, Ausdruck seiner ungeliebten und bedrückenden Tätigkeit in der Wehrmacht. In diesen Jahren verlor die bisherige „kreative Produktion“ Wilhelm Benders an Schwung. Die lähmende Wirkung des Kriegs, seine gefährlichen Reisetätigkeiten und die Sorge um seine Familie machten diesem sensiblen Musiker zu schaffen. Hinzu kam, dass er in dieser inneren Erschöpfungsphase keine Instrumente um sich herum hatte, die ihn anregen konnten, auf ihnen und mit ihnen neue Musik zu erfinden. Aus den Jahren 1940 und 1941 sind Kompositionen Wilhelm Benders kaum bekannt. Er schrieb zwar noch einige wenige politisch motivierte Militär-Kompositionen, auch für das Glockenspiel. Wie seine frühen Beiträge für die Liederbücher der Kriegsmarine und der Nationalsozialistischen Gemeinschaft „Kraft durch Freude“ fallen sie als „musikalische Fingerübungen“ unter die Kategorie „Gebrauchsmusik“ und sind durch fehlende Neigung zur Materie weniger beachtlich und erwähnenswert, aus heutiger Sicht kaum mehr erinnerungswürdig. Auch seine unveröffentlichten Analysen ausgewählter Lieder, denen er ihre Eignung als Marschlied nachwies, waren dem Musikreferenten in der Hitlerjugend geschuldet. Es schrieb in jenen Jahren zwar Text und Musik zu dem Märchen „Das Lied der Amsel“ und drei Bearbeitungen eigener Lieder. Aber u. a. wegen der fehlenden Nähe zu seinen Musikinstrumenten hat er sich mehr dem Schreiben von Aufsätzen und einer Doktorarbeit über das Glockenspiel gewidmet. Ferner verfasste er Konzertkritiken, Beiträge für Kameradschaftsabende in einer heute befremdlich wirkenden überhöhten Sprache des damaligen Regimes. Es entstand ferner eine längere Abhandlung über „Musikpflege in der Wehrmacht“, eine Anleitung für Singleiterlehrgänge, u. a. mit Anweisungen für Kameradschaftsabende, die der Motivation der Soldaten dienen sollten – ein Dokument, dessen Entstehung nur im Rahmen des damaligen Umfelds zu verstehen ist und bestenfalls noch historische Bedeutung hat.

Aus Frankreich schickte er im Januar 1941 seine „Turmskizzen, ein Stimmungsbericht“ zur Veröffentlichung in den „Parochialglocken“: Auf Wache hörte er in der Ferne ein Glockenspiel, gerührt legte er Helm und Gewehr zur Seite. Heimweh und

Trost zugleich überkamen ihn. Von der Front schickt er an seine Gemeinde immer wieder kleine Berichte und Erzählungen, die in den „Parochialglocken" abgedruckt wurden. Sie weisen Wilhelm Bender auch als hervorragenden Erzähler aus, der nicht nur in seinen Liedern, sondern auch in seinen Geschichten gekonnt die gewünschten besinnlichen Stimmungen hervorruft („Heimweh und Trost zugleich überkommen mich"). In seinen Konzertkritiken z. B. zum Stabsmusikkorps, einer Einheit der Waffen-SS, kann er allerdings mit treffsicheren Worten eine ganz andere Wirkung hervorrufen, fast propagandistisch („Ist es das herrliche Bild der spielenden Männer, ist es der Marsch selbst, seine gesunde musikalische Kraft, oder schürt seine heimliche Eigenschaft, Geschehendes, Geschichtliches in sich hinein zu saugen und Erinnerungen daran zu wecken, unsere Begeisterung?"). Seine grundsätzliche Begeisterung für Musik machte auch vor der Militärmusik der Waffen-SS nicht halt.

Erst in der Zeit einer vorübergehenden inneren Ruhe als Dozent an der Frankfurter Musikhochschule, also um 1942, wendet er sich kurzfristig, aber mit großem Erfolg erneut seiner Kompositionstätigkeit zu, und zwar – nahezu übergangslos – der Komposition von Klaviermusik. Sein bekanntestes Klavierwerk ist die „Tanzreihe: Acht Stücke für Klavier", komponiert Ende 1942. Diese Tanzreihe für Klavier zeichnet sich durch großes handwerkliches Können und durch eine strenge, klare Haltung aus, die den tonalen Raum wahrt. Die Tanzreihe mit ihrer Originalität und Treffsicherheit ist eine der profiliertesten Kompositionen Wilhelm Bender. Fast hat es den Eindruck, diese reife Klavierkomposition sei ein künstlerisches Gegengewicht zu den schlichten und dünnen Militär-Gebrauchsmusiken, die er hin und wieder dem Regime andienen musste. Vielleicht sind sie darum besonders gehaltvoll und zeitlos. Einzelne komponierende Kollegen und Kompositionsprofessoren aus Frankfurt und Heidelberg rühmen in Gutachten und Beurteilungen diese lebendigen Klavierstücke „der stärksten schöpferischen Nachwuchsbegabung unter den jungen deutschen Komponisten, der sein Wesentlichstes noch nicht gesagt hat" (Gutachten Kurt Hessenbergs, Professor für Kompositionslehre in Frankfurt). „Die Klavierstücke beweisen eine einfallsreiche und schlagkräftige Rhythmik sowie die Fähigkeit zur plastischen formalen Gestaltung auf dem Boden einer eigenwüchsigen Harmonik und der persönlichen Fantasie der Handschrift" (Gutachten Hermann Reutters, Direktor der Staatlichen Hochschule für Musik in Frankfurt)[3]. Seine Klavierkompositionen erschienen bei B. Schott's Söhne, Mainz, in der Edition „Neue Klavier-Musik", zusammen mit den bekanntesten zeitgenössischen deutschen Komponisten wie Fortner, Frommel, Haas, Hessenberg, Hindemith, Höffer, Knab, Pepping, Reutter u. a.

Die Klaviermusik Wilhelm Benders bewegt sich noch im Fahrwasser des damaligen Stils der Zeit, war noch eng an „seine" Epoche gebunden. Seine Klaviermusik trägt moderne, zeitstilistische Züge, steht unzweifelhaft in der stilistischen Nähe Hindemiths, einem seiner Kompositionslehrer, der auf Wilhelm Benders Klaviermusik stilbildend wirkte. Besonders an der Musik Hindemiths hat sich Wilhelm Bender geschult und sich weiter entwickelt: Die deutsche Musik ist durch eine aufeinander folgende Tradition charakterisiert, ist über die Jahrhunderte von einer schrittweisen Entwicklung von Generation zu Generation geprägt. Deutsche Komponisten bauten in der Regel auf der Musik ihrer Vorgänger auf (anders als z. B. in der französischen Musikentwick-

[3] Die hier zitierten Beurteilungen stammen aus Briefen der genannten Musiker, die im Juni und Juli 1943 geschrieben wurden. Sie befinden sich im Evangelischen Landeskirchlichen Archiv in Berlin ELAB, Bestand 7. Vgl. auch Kapitel 3.

lung, die eher „sprunghaft“ von genialen Einzelerscheinungen ohne Tradition wie Rameau, Berlioz, Debussy und anderen bestimmt wurde), lernten daraus und entwickelten dann – wenn sie gut waren – allmählich ihren eigenen Stil. In diesem Sinn hat auch Wilhelm Bender von Vorgängern und Kollegen gelernt, um dann seinen eigenen, nicht mehr vollendeten stilistischen Weg vorzubereiten. Besonders in seiner Klaviermusik war er aktuellen Einflüssen gegenüber aufgeschlossen, hat sich das Neue angeeignet. Mit zunehmender Intensität versuchte er dann, das Neue – wie auch seine Skizzenbücher zeigen – individuell umzusetzen, um die zeitgebundene Tonsprache zu verlassen.

Das Klavierwerk Wilhelm Benders ist stark von Hindemiths „Tanzstücken“ op. 19 (komponiert 1920) inspiriert, ohne allerdings schon über dessen gewaltigen Temperament-Überschuss zu verfügen. Erste individuelle Stil-Charakteristika sind bei Wilhelm Bender aber bereits deutlich erkennbar. In seiner Klaviermusik war er – anders als in den meisten seiner sonstigen Kompositionen – ein durchaus vorwärtsstrebender Modernist, der schon mit den Besten seiner Zeit mithalten wollte und wohl auch schon konnte. Gerade bei seiner Klaviermusik hat man Wilhelm Bender ein großes Entwicklungspotential bescheinigt. Seine Klaviermusik war ihm über den Konzertsaal hinaus besonders wichtig, weil er sich im Wesentlichen mit ihr an der stilistischen Weiterentwicklung der zeitgenössischen Musik beteiligen wollte.

Erstaunlicherweise hat der Kantor Wilhelm Bender nur wenig Kirchenmusik geschrieben, kaum Chormusik, lediglich sieben ein- oder dreistimmige geistliche Lieder, weniger noch als die Zahl seiner Militärlieder, überhaupt keine Musik für Orgel. Er improvisierte im Gottesdienst und in Kirchenkonzerten sehr häufig auf der Orgel und schuf damit seine (flüchtigen) „individuellen“ Orgel-Kompositionen. Dabei spielten Kirchenlieder mit Texten von Paul Gerhardt und Melodien von Johann Crüger eine erkennbare Rolle. Die Tonträger der Rundfunkanstalten, die seine Improvisationen damals in Konzertmitschnitten festhielten, wurden im Krieg vernichtet oder nach dem Krieg gelöscht, um neuen Aufnahmen Platz zu machen[4]. Noten für Orgelmusik hinterließ Wilhelm Bender nicht. Das Notieren von Orgelkompositionen ist bekanntermaßen eine mühsame und zeitraubende Arbeit, Zeit, die er erst einmal für anderes nutzen wollte.

Das Schwergewicht seiner sakral-musikalischen Arbeiten lag während seiner Kantorenarbeit an der Parochialkirche eher auf dem Felde der Lied-Bearbeitungen, und zwar eindeutig beim Glockenspiel, seinem Lieblingsinstrument. In seinen Bearbeitungen für die automatische Walze des Glockenspiels hat er u. a. eine Fülle von bekannten Kirchenliedern bearbeitet, auch kreativ, aber eben nichts selbst Komponiertes. Man hätte von dem gläubigen Kantor Wilhelm Bender erwarten können, dass seine musikalische Vielseitigkeit eine feste Mitte gehabt hätte, nämlich die schöpferische Erschaffung von Kirchenmusik. Stattdessen findet man bei ihm ein deutliches Übergewicht an weltlichen Musikkompositionen. Selbst die meisten seiner Glockenspielmusiken sind nicht sakraler Natur. Wilhelm Benders Religiosität jedenfalls hatte für sein kompositorisches Schaffen keine große Bedeutung. Dies ist verwunderlich, weil Wilhelm Bender als Kantor auch die Entwicklung der modernen Kirchenmusik in-

[4] Mitschnitte konnten beim Deutschen Rundfunkarchiv DRA in Wiesbaden nicht mehr gefunden werden; im DRA befinden sich alle Aufnahmen der Sender der Reichs-Rundfunk-Gesellschaft RRG aus den Jahren 1929-1945, soweit sie die Zeitläufte überdauert haben. Das Deutsche Rundfunkarchiv erinnerte im Übrigen in seinen „Jahrestage 2011“ („www.dra.de“) an Wilhelm Benders Geburtstag am 10. Februar 1911.

tensiv mit verfolgt hat, also die Musik von Distler, Pepping, Spitta, Höffer, Hessenberg, Fortner, Ramin, Thomas u. a., die sich in den dreißiger Jahren ebenso rasant vorwärts entwickelt hatte wie die weltliche Musik. Diese Komponisten hatten Wilhelm Bender nicht zu besonderen geistlichen Werken angeregt. Als musikalisch-stilistischer Erneuerer sah er sich vornehmlich in seiner weltlichen Klaviermusik, nachdem er aus seiner Sicht erst einmal musikalische Meilensteine in seinen Kompositionen von Kinderliedern und Glockenmusik abschließend und Zeit überdauernd gesetzt hatte.

Da sich Wilhelm Bender von Hindemiths (in seiner „Unterweisung im Tonsatz“[5] vertretenen) Auffassung besonders angesprochen fühlte, dass die Musik stets in einem geheimnisvollen Zusammenhang mit der gesamten Schöpfung stünde[6], hat er möglicherweise aus diesem Verständnis heraus sein gesamtes (auch weltliches) musikalisches Schaffen als seinen Beitrag zur musica sacra verstanden. Allerdings floss seine kompositorisch-gedankliche Beschäftigung mit der Kirchenmusik in gewissem Umfang auch in seine weltlichen Kompositionen mit ein, indem er seinen individuellen Kompositionsstil u. a. über den Einsatz von Kirchentonarten suchte. Der Blick Wilhelm Benders und anderer zeitgenössischer Komponisten wurde verstärkt auf eine Beschäftigung mit Kirchentonarten gelenkt, als zwischen Deutschen Christen und Bekennender Kirche im Rahmen des Kirchenkampfs erbittert auch um die „richtige“ Kirchenmusik gestritten wurde[7]. In dieser kirchenmusikalischen und kirchenpolitischen Auseinandersetzung ging es um die Wiederbelebung der reformatorischen und postreformatorischen Kirchenmusik und damit um eine Wiederbelebung der Kirchentonarten in den aktuellen Kompositionen, deren Einsatz in den musikalischen Werken der Klassik und der Romantik – sowohl in den sakralen als auch in den profanen Kompositionen – so gut wie nicht mehr vorgekommen war.

Beliebt waren Wilhelm Benders Glockenspiel-Improvisationen. 1937 führte er in seinen Glockenkonzerten an der Parochialkirche das „Freie Spiel“ ein. Er wurde schnell für seine Improvisationskünste u. a. auf dem Glockenspiel bekannt, was in Presseartikeln immer wieder lobend hervorgehoben wurde. Über welche unterschiedlichen Themen Wilhelm Bender improvisierte, erfahren wir aus den damaligen Konzertprogrammen. Jedenfalls war seinem „Freien Spiel“ ein großer Erfolg beschieden. Oft kamen Hunderte von Zuhörern, um sich auf dem Kirchhof, in der Kirche und auf der Straße schweigend dem Zauber dieses Glockenspiels hinzugeben. Die Deutsche Allgemeine Zeitung schreibt 1938: „Durch die Tätigkeit Wilhelm Benders ist das kostbare Glockenspiel der Parochialkirche wieder in ungeahnter Weise zu einem künstlerischen Mittelpunkt geworden... Er vermehrt seine Verdienste als wirklicher Künstler um ein weiteres, indem er das Glockenspiel vom Geiste und im Geiste eines Großmeis-

---

[5] Hindemith komponierte nach Grundzügen des Tonsatzes, wie er sich aus der natürlichen Beschaffenheit der (Ober-)Töne ergibt und für die er eine Wertskala aufstellte, „die allezeit Gültigkeit hat“ – eine neue tonale Ordnung, die Hindemith aus der Naturlehre der Klangwelt ableitete, eine behutsame Öffnung der Dur-Moll-Tonalität. Vgl. Paul Hindemith: Unterweisung im Tonsatz, I. Theoretischer Teil, Mainz 1937, hier zitiert nach der neuen, erweiterten Ausgabe aus dem Jahre 1940, Seite 23.

[6] Die gleiche These vertritt Hugo Distler, einer der führenden Komponisten der kirchlichen Erneuerungsbewegung, in seiner „Harmonielehre“, die drei Jahre nach Hindemiths „Unterweisung im Tonsatz“ erschien. Mit Hugo Distler hat sich Wilhelm Bender einmal künstlerisch gemessen, und zwar mit der Bearbeitung von „Morgen marschieren wir“, ein Lied aus der Liller Kriegszeitung von 1916 mit einer Weise von Hans Heeren. Distlers Bearbeitung erschien 1940 im Chorbuch für die Wehrmacht, herausgegeben u. a. von Ernst-Lothar von Knorr (Verlag Peters, Leipzig). Wilhelm Benders Bearbeitung erschien 1941 als Einzelblattausgabe im Potsdamer Voggenreiter-Verlag.

[7] Vgl. Kapitel 5.

ters klingen lässt". Da die improvisatorische Praxis in der Regel keine Noten-Aufzeichnungen erfährt und damit notwendigerweise keine historischen Überlieferungen vorliegen, bleiben auch diese offenbar vollkommenen Glockenspiel-Improvisationen für immer vergessen. Dies ist besonders bedauerlich ist, weil sich in ihnen die urmusikalischen Fähigkeiten Wilhelm Benders offenbar am deutlichsten manifestierten.

Die musikalischen Eindrücke, die Wilhelm Bender auf seine Zeitgenossen gemacht hatte, wurden im Jahr 1944 in dem Trauergottesdienst der Parochialkirche zu seinen Ehren zusammengefasst[8]: „Versucht man seiner musikalischen Persönlichkeit von außen näherzukommen, so war es zunächst die ungewöhnliche Vielseitigkeit seiner Gaben und Interessen, die in die Augen fielen: der Glockenmusiker und der Kantor, der Organist und der Komponist, der produzierende und reproduzierende Musiker einer hohen Chorkunst und der unbeschwert fröhlich musizierende Leiter von Soldatensinggemeinschaften, der kluge Redner und glänzende Stilist, dem auch die Gabe dichterischer Gestaltung zu Gebote stand, der Veranstalter hochwertiger Kirchenkonzerte und der ganz aus und in der Liturgie gestaltende Kirchenmusiker, der vorbildliche Interpret alter Musik und der leidenschaftliche Vorkämpfer für die zeitgenössische Musik, der praktische Musiker und der gediegene Theoretiker und Hochschullehrer, der Kirchenmusiker mit Leib und Seele und der feinsinnige Komponist und Deuter weltlicher Musik – alle diese verschiedenen Seiten seines Wesens banden sich bei Wilhelm Bender mühelos zur Einheit zusammen. Dabei war seine Vielseitigkeit nirgendwo mit dem Risiko des vielleicht genialen Dilettierens belastet. Denn sie war in jedem Einzelzug getragen von der absoluten Gediegenheit, die zu den hervorragendsten Merkmalen seines Wesens gehörte. Er beherrschte diese vielen Kunst- und Wissenszweige tatsächlich, und es war kein Zufall, wenn er in Gesprächen nicht müde wurde, auf die unerlässlichen handwerklichen Grundlagen jeder Kunst hinzuweisen."

Eine ganz genaue zeitliche Reihenfolge der Entstehung von manchen Werken Wilhelm Benders ist kaum möglich, weil einige – selbst Gedrucktes – ohne Datierung blieben. Sogar auf seinen handschriftlichen Noten-Manuskripten finden sich selten Angaben zum Entstehungsjahr. Letztlich ist dies für die Beurteilung des Gesamtwerks aber von keiner allzu großen Bedeutung, weil sein kompositorisches Schaffen auf nur ganz wenige Jahre konzentriert ist. Es gibt insoweit auch keine der sonst bei Anfängern üblichen „Experimentierjahre", so dass sich schon rein zeitlich keine wesentliche musikalisch reifende Entwicklung abzeichnen konnte. Insoweit gleicht eine Bewertung des kompositorischen Gesamtwerks Wilhelm Benders einer eher statischen Betrachtung.

Die Kinderlieder Wilhelm Benders wurden erst nach 1938 gedruckt, entstanden aber früher in Verbindung mit seiner Tätigkeit als „Musikus" am Berliner Rundfunk. Seine einzigartige „Suite für Glockenspiel" wurde lt. Konzertprogramm erstmals 1938 gespielt. Die anderen Glockenspielmusiken komponierte Wilhelm Bender zwischen 1936 und 1940 während seiner Tätigkeit als Carillonneur an der Parochialkirche. Lediglich seinen Klavierkompositionen hat Wilhelm Bender exakte Datierungen beigegeben, so als wolle hier eine lange Werkreihe begründen und anhand der zeitlichen Zuordnung Entwicklungen und Wirkungsgeschichte später exakt nachverfolgen. Seine Klavier-

[8] Vgl. "Wilhelm Bender zum Gedächtnis". Trauergottesdienst in der Parochialkirche in Berlin am Sonntag Jubilate, 30. April 1944, Gedenkansprache des Oberkonsistorialrats Dr. Söhngen, Seite 10 ff. Archiviert im Evangelischen Landeskirchlichen Archivi n Berlin ELAB, Bestand 7.

musik war ihm besonders wichtig, weil er hier für sich – ermutigt durch Dritte – ein großes Stück Entwicklungs- und Karrierepotential für sich voraussah.

Seine „Tanzreihe: Acht Stücke für Klavier“ wurde Ende 1942 vollendet und kurz darauf im Schott-Verlag veröffentlicht. Die entsprechenden Verträge sind noch im Schott-Archiv in Mainz zu finden. Bei der „Kleinen Klaviermusik in sechs Stücken“, ebenfalls bei Schott verlegt, hat Wilhelm Bender eigenhändig als Datum der Komposition (eine Ausnahme!) das Jahr 1943 vermerkt. Es ist ein Stück mit originellen und ungewöhnlichen Tonarten- und Taktwechseln, Zwei-, Drei-, Vier-, Fünf- und Sechsviertel-Takte in spannendem Wechsel innerhalb kürzester Abstände. Eine „Fuge für Klavier in F“ wurde im gleichen Zeitraum säuberlich auf Notenpapier der Marke „Beethoven“ geschrieben, das lt. Druckvermerk erst im Jahr 1942 hergestellt wurde. „Der Jahrmarkt: 10 Klavierstücke“, im Jahr 1943 entstanden, besteht aus zehn einzelnen Klavierstücken voller vitalem Elan und einer unendlichen Fülle melodischer Einfälle. „2 Fugen für Klavier im 6/8- und 4/4-Takt“ entstanden zur gleichen Zeit.

Wilhelm Bender hat sich fest mit dem Gedanken getragen, später auch einmal Instrumentalwerke für Orchester zu komponieren, Kammermusik und Orchestermusik, eventuell auch ein Klavierkonzert. Unter anderem darum hatte er sich bei Hindemith zum Studium der „Orchester- und Kammermusikkomposition“ entschlossen[9]. Allerdings wurden diese Pläne durch seinen frühen Tod verhindert. Immerhin aber hat er sich im Rahmen der geplanten Erweiterung seines Kompositionsspektrums über Lieder, Klavier- und Glockenspielmusik hinaus – wenn auch nur zögerlich – der Kammermusik geöffnet. 1938 schrieb er u. a. die erfolgreiche „Sonate für Altblockflöte in f und Klavier“, die lt. aktuellen GEMA-Aufzeichnungen neben den Kinderliedern und der „Suite für Glockenspiel“ von allen seinen Werken heute am häufigsten aufgeführt wird, und 1943 seinen Lierzyklus „Trinkt, o Augen“ für Sopran und Klavier nach vier Gedichten Gottfried Kellers.

Wilhelm Benders zahlreiche Kompositionen wurden zu seinen Lebzeiten weder katalogisiert noch zentral gesammelt. Ein eigenes – vielleicht sogar nummeriertes – Werkverzeichnis lag von ihm oder Dritten nicht vor. Hätte man die kompositorische Fülle Wilhelm Benders z. B. anhand eines Werkverzeichnisses bereits vor 60 Jahren gekannt, so wäre er vermutlich schon alleine durch die ganze Vielfalt seines kompositorischen Schaffens als Künstler stärker in Erinnerung geblieben. Wilhelm Bender selbst kümmerte sich wenig um die Verbreitung seiner Werke. Nur weniges liegt gedruckt vor, obwohl der Wunsch nach Aufführungen seiner Musik bei ihm deutlich erkennbar war; immer wieder hat er auch die eigenen Kompositionen in seinen öffentlichen Konzerten vorgetragen. Erst jetzt ist mit der vorliegenden Arbeit ein vollständiges Werkverzeichnis Wilhelm Benders entstanden, das die ungewöhnliche Vielseitigkeit und musikalische Tiefe eines kurzen Musikerlebens aufzeigt. Es sind Lieder, Chormusken, Klavier- und Flötenmusiken, andere Kammermusiken, Glockenspielkompositionen – über 140 Werke.

Im Rahmen dieser Schrift wurden alle derzeit erreichbaren Quellen zu seinem Leben und seinem Werk systematisch erforscht; allzu viele Unterlagen sind allerdings nicht mehr vorhanden. Im Juni 1944 brannte die Berliner Wohnung Wilhelm Benders mit

---

[9] Wilhelm Bender belegte im Dezember 1936/37 einen Platz in der Kompositionsklasse von Paul Hindemith als Gasthörer. Vgl. Hospitanten-Antrag vom 1.12.1936 im Archiv der Universität der Künste, Signaturen 1-1250 und 1-1311.

Möbeln, vielen Büchern, Noten und Manuskripten aus. Bei der Flucht aus Berlin hatte Lisa Bender, Wilhelm Benders Ehefrau, nur wenige Manuskripte und Noten retten können. Die Bewältigung der täglichen Not in der Nachkriegszeit ließ Lisa Bender mit ihren zwei kleinen Kindern damals keinen Raum für ein rasches und aktuelles Zusammentragen weit verstreuter Kompositionen ihres Mannes. Aufgrund ihrer Notlage trug sie sich 1947 sogar intensiv mit dem Gedanken, mit ihren Töchtern nach Kanada auszuwandern (was dann aber doch unterblieb) und informierte sich ausführlich über ihre Chancen als Konzertsängerin in Kanada. Der Wunsch, Manuskripte und Noten gelegentlich einmal zusammenzuführen, verlor sich später. Vielleicht hat sie auch geglaubt, das (unsortiert) wichtigste beisammen zu haben, nachdem ihr aus dem Archiv der Parochialkirche manches verloren geglaubte noch später übergeben worden war.

So gibt es neben den o. g. Kompositionen nur einen vergleichsweise schmalen zusätzlichen Materialfundus aus der Hinterlassenschaft Lisa Benders. In ihm befinden sich u. a. 20 Notenhefte Wilhelm Benders mit Skizzen begonnener, vollendeter und verworfener Musikstücke, eine wahre Fundgrube an Ideen. Es sind fertige Skizzen von Klavier- und Glockenmusiken, Kinderliedern, Instrumentierungsvorschlägen, Druckvorlagen sowie unfertige Kompositionen für Klavier, Blockflöte, Glockenspiel usw. Fast alle Noten sind mit Bleistift geschrieben, manche als flüchtige Skizze „hingeworfen", manches sorgfältig „ausformuliert"; fast immer ohne Datum, nur manchmal ein Hinweis wie „im Zug Erfurt-Berlin am 22.6.1938". Es gibt in diesen Skizzenheften erste Ausarbeitungen des Spielhefts „Weiße Blum – Rote Blum", vom „Jahresreigen", von seinem offenbar sehr geliebten Seemannslied „Auf grüner Jung", das er immer wieder neu gesetzt und instrumentiert hat, erste unvollständige Notierungen der „Sonate für Altblockflöte und Klavier" und vor allem von seinen Klavierstücken. Er entwarf Musik zu Bibeltexten (aus Lukas 24, Psalm 150, aus dem zweiten Korintherbrief), begann eine Cembalo-Musik „Tanz der Kinder" und schrieb einen unvollendeten Klaviersatz zum Eichendorff-Gedicht „Der Abend" („Schweigt der Menschen laute Lust").

Keine der Musikstücke und Melodien aus den Skizzenheften wurden in das Werkverzeichnis dieser Schrift aufgenommen. Es wurde auch nicht überprüft, inwieweit die Druckvorlagen oder fertigen Entwürfe aus den Skizzenheften mit den fertigen Druckausgaben übereinstimmen. So könnte es eine reizvolle Aufgabe sein, die vorliegenden Skizzen und Entwürfe auf ihre Verwendbarkeit in der Spielpraxis zu überprüfen und sie gegebenenfalls auch zu vervollständigen. Mit dem vorhandenen Material könnte sich insbesondere die Sammlung der Klaviermusik Wilhelm Benders um einige Kompositionen erweitern lassen. Fast fertige Klavierstücke aus den Skizzenbüchern wie „Töne", „Kanon", „Passacaglia", „Rondo", „Fuge" ließen sich relativ mühelos integrieren.

Teilen des kompositorischen Werks Wilhelm Benders ist eine Rezeption zu wünschen, so wie es inzwischen seinen Glockenmusiken beschieden ist. Nicht alles aus seinem Schaffen wird Bestand für nachfolgende Zuhörer und Musiker haben. Eine weitere Sichtung des Gesamtwerks im Hinblick auf Spielbarkeit und Bedeutung wird zeigen, welche Kompositionen künftig noch oder wieder zu hören sein werden. Allerdings könnten die meisten seiner Klavierstücke in einem Sammelband, einer „Klavier-Gesamtausgabe Wilhelm Bender" zusammengefasst veröffentlicht werden (bislang wurden lediglich die „Tanzreihe für Klavier" und die „Kleine Klaviermusik" publiziert). Neben dem individuellen musikalischen Aspekt würden sie auch didaktisch einiges über den von Hindemith geprägten Klavier-Kompositionsstil seiner Berliner Schule aussagen können. Ferner ist eine forcierte Neuauflage der Kinderlieder-Sammlungen wünschenswert, sicherlich auch des Liederzyklus „Trinkt, o Augen" und der Flötenmusiken („Sonate für Altblockflöte in f und Klavier", die Flöten-Liedkantate „Jahresreigen", „Die Jägerei" für 2 Blockflöten). Vielleicht trägt die vorliegende Schrift dazu bei, das Verlagsinteresse an Wilhelm Bender und seinen Kompositionen wieder zu wecken.

Wilhelm Bender war als Komponist ein Vertreter der „neuen musikalischen Sachlichkeit", ein Purist. Er fühlte sich dem Neoklassizismus mit seinem Minimalismus im künstlerischen Ausdruck, mit seiner Nüchternheit und Objektivität verpflichtet – eine Stilrichtung, die z. B. auch die Bauhaus-Bewegung augenfällig prägte, damals aber kulturpolitisch ins Abseits geriet. In seinem Klavierwerk komponierte Wilhelm Bender an einer an Hindemith geschulten Fortschrittlichkeit im Sinne des Neoklassizismus, der sich weg von der subjektiven Gefühlswelt einer einfachen Musiksprache zuwandte, mit dem klassischen Ideal von Klarheit und ausgewogenen Proportionen, verwandt mit den schlichten Volksliedern und den protestantischen Chorälen, die beim nationalsozialistischen Regime weniger auf Ablehnung stießen. Er bevorzugte Ordnung und Rationalität im Rahmen einer exakten Musikwissenschaft. Wie viele aus seiner Musikergeneration zeigte Wilhelm Bender eine gewisse Distanz und Nüchternheit gegenüber der (Spät-)Romantik, deren Ausdruckskunst weniger von formalem und rationalem Kalkül, sondern von einer ungefilterten Emotionalität getragen wird. Der Romantik-Überschwang erschien auch ihm – trotz aller Tendenzen der Nationalsozialisten zur Romantik – nicht mehr zeitgemäß. Wilhelm Bender hatte dagegen eine ausgeprägte Vorliebe für die eher intellektuell-puristische Vorklassik und für demütige Reformationsweisen[10]. Außerdem wollte diese (nicht uneitle) Künstlergeneration auch nicht dem „untüchtig-romantischen" Künstlerklischee vom Genie entsprechen, das als verkannter und einsamer Weltschmerz-Wanderer an einer bornierten Gesellschaft scheitert[11]. Die zeitgemäße Musik sollte aus der Sicht Wilhelm Benders darum weniger selbstgenießerisch, keine romantische Gefühlsbeschreibung sein, die wie in der romantischen Musik den Blick ins Innere des Menschen lenkt. Wilhelm Bender suchte lieber nach einem anderen Klang in seiner Musik, nach einem zeitgemäßen (neoklassischen) musikalischen Ausdruck für die realen – und bei aller anfänglich populären Kriegsbegeisterung - eher unromantischen Empfindungen der (Vor-)Kriegszeit.

Musikalisch behutsam brach sich der Aufbruch Wilhelm Benders in neue individuelle klangliche Wendungen bereits in seiner 1938 komponierten „Sonate für Altblockflöte und Klavier" Bahn. Neu für seine Musik waren nun die über dem musikalisch-kompositorischen Einfall liegende „durchgearbeitete" prägende Gelehrsamkeit, eine rationale Beweglichkeit – letztlich mehr Verstand als Gefühl. Die unverbrauchte ursprüngliche musikalische Selbstverständlichkeit seiner Kinderlieder und Glockenmusik findet sich in seiner Flötenmusik nicht mehr. Man glaubt, auch den gelehrsam-reformierten Protestantismus zu spüren, der aufgrund grundsätzlicher Überzeugung immer gerne Empfindungen in Verstand verwandelt. Wilhelm Bender war zwar auch ein Mann der Intuition, aber auch der Reflektion (der intellektuell-frömmelnde Arbeitsdrang mancher

[10] Diese Vorliebe teilte er mit vielen komponierenden Zeitgenossen, deren Musik zwar auch auf den „trockenen-puristischen" vorklassischen Vorlagen fußten, die aber nicht auf eine üppigere (mit einem Hang zur romantisierenden) Instrumentierung verzichten wollten – so z. B. Ottorino Respighi mit seiner 3. Suite („Antiche Danze ed Arie", basierend auf alten Lautentabulatoren z. T. unbekannter Meister) oder Igor Strawinsky mit seiner Pulcinella-Suite (mit Vorlagen von Giovanni Pergolesi und Wilhelm von Waasemaer).

[11] Vgl. auch Alfred Einstein: Die Romantik in der Musik. Stuttgart-Weimar 1992, Seite 39 ff.

evangelisch-gewissenhafter Verstandesmenschen war ihm jedoch fremd). Diese sich entwickelnde musikalische Distanz Wilhelm Benders zur melodischen Einfachheit hatte jedoch nichts mit einer gefühllosen Oberflächlichkeit zu tun, wohl aber mit einer durchaus anstrengenden, formalen und gefühlsfernen Strenge, die für ihn eine stilistische Zäsur war, noch dem Zeitgeist verpflichtet, aber bereits auf dem Wege zum eigenständig Neuem – einer Gratwanderung zwischen Tradition und neuer Musik. In seinen späteren Werken, insbesondere in seiner Klaviermusik und in seinem Liederzyklus "Trinkt, o Augen", die während des Krieges entstanden, hat er sich intellektuell noch deutlicher mitgeteilt.

Seine Kinderlieder waren von ihm weniger zeittypisch angelegt, sind weniger authentischer Ausdruck ihrer Zeit. Insoweit repräsentieren sie nicht die Epoche ihres Entstehens, sondern besitzen zeitlos-musikalischen Bestand. Dies gilt auch für seine Glockenkompositionen, die als arteigen und als das eigenständigste in der bisherigen Glockenmusikliteratur gerühmt werden. Wilhelm Benders Glockenmusik ist im zeitlosen neoklassizistischen Stil komponiert. Die Neoklassik mit ihrer puristischen Schlichtheit galt auch ihm als zeitgemäßes musikalisches Stilmittel, um wie ein „Gegengift" gegen die „großspurige" Romantik zu wirken. In diesem Sinne wollte Wilhelm Bender „die zeitgenössische Sprache der Musik auch glockengerecht sprechen lassen".

Wilhelm Benders Flötensonate ist formal gesehen noch ein traditionell angelegtes Musikstück. Der erste Satz – dem Titel gemäß – ist ein klassischer Sonatenhauptsatz mit Exposition, Durchführung und Reprise, der zweite Satz eine Liedform (A–B–A), der letzte Satz ein Rondo. Insgesamt merkt man der Flötensonate durchaus den Geist der „jugendmusikbewegten Zeit" an, in der sie entstanden ist: Einfache Form, klare Struktur, Verzicht auf virtuose Elemente und eine auf das Wesentliche reduzierte, streng am Thema orientierte Musik. Man spürt das Handwerk des Kirchenmusikers durch den engen Bezug zur Polyphonie und genießt die reine Spielfreude im reizvollen Wechselspiel beider Instrumente. Manche Begleitfiguren im ersten und zweiten Satz lassen Assoziationen an den Generalbass der Zeit Händels oder Telemanns aufkommen. Besonders der zweite Satz erinnert mit dem streng dreistimmigen Klaviersatz und dem dominierenden Soloinstrument an einen langsamen Teil aus einem Instrumentalkonzert des frühen 18. Jahrhunderts.

Wilhelm Bender hat in seinen Kompositionen – anders als viele komponierende Zeitgenossen in einer sie umgebenden und beeinflussenden Atonalität – in keinem seiner Werke mit der Tonalität gebrochen, hielt in zeitgemäßer Ausdrucksweise stets an ihr fest, weil er in ihr ein Urprinzip der Musik sah und nicht eine endliche historische Erscheinung. Er kam mit den Dur- und Moll-Tonarten grundsätzlich aus, um das auszudrücken, was er empfand. Die Möglichkeiten der Tonalität waren für ihn noch lange nicht erschöpft. Dennoch arbeitete er wie viele andere Komponisten im ersten Drittel des 20. Jahrhunderts an einer individuellen Erweiterung der Tonalität, deren Fortentwicklung aber nicht zu Lasten der Tonalität ging[12]. Die Entwicklung einer „neuen

[12] Die Suche nach Erweiterung der Tonalität war auch international ein zentrales Thema. Bekanntestes nicht-deutsches Beispiel dürfte Béla Bartók gewesen sein, dessen musiktheoretische Ideen auch Wilhelm Bender vertraut waren: Zum einen kannte er Bartóks 1924 erschienenes Werk „Das ungarische Volkslied". Ferner wurde ihm Bartóks Tonsprache durch Hindemith vermittelt, der Bartók persönlich kannte und schätzte (u. a. von persönlichen Treffen in Berlin und von einem gemeinsamen Kongress 1932 in Kairo über Musik-Ethnologie). Außerdem war Hindemith als versierter Bratscher u. a. als Quartettspieler mit der Kammermusik Bartóks bestens vertraut; in seinem Nachlass befinden sich Noten fast der gesamten Kammermusik Bartóks.

Tonalität" beschäftigte viele Musiker und war in jenen Jahren nichts Ungewöhnliches. Schlagworte wie Aleatorik, spektrale Musik, serielle Musik, konkrete Musik, Folklorismus, Mikrotonalität, Polytonalität, Neoklassizismus, stochastische Musik, Zwölftontechnik, freie Atonalität usw. werfen ein Licht auf die Experimentierfreude innovativer Tonschöpfer im Rahmen ihrer Kompositionstechniken in der Kunstmusik des 20. Jahrhunderts.

An der sich damals besonders profilierend entwickelnden Zwölftonmusik, die die Atonalität zähmen und ihr Regeln und eine systematische Ordnung verschaffen wollte, war Wilhelm Bender nicht interessiert. Seiner Meinung nach käme eine „systematische Musik nicht aus dem Herzen". Würde Wilhelm Bender Neigungen zur Atonalität im Rahmen seiner Kompositionen verspürt haben, so wäre er in Berlin nicht bei Paul Hindemith, sondern eher bei Arnold Schönberg in dessen Kompositionskurs eingetreten, der die Zwölftontechnik damals im Wesentlichen entwickelt hatte. Hindemith galt in Berlin um 1930 zwar als vorherrschender Repräsentant der jungen Musikergeneration, der sich aber Zeit seines Lebens – trotz gewaltiger Gegenströme, die den damaligen Zeitgeist bestimmten – der Tonalität verpflichtet fühlte. Der Zwölftontechnik konnte auch Wilhelm Bender für seine eigenen Kompositionen nichts abgewinnen, die sich im Übrigen auch nicht mit seinem traditionellen Verständnis von Kirchenmusik vertragen hätte. Als Kirchenmusiker erreichte Wilhelm Bender sein tonales Ziel jenseits der Zwölftonmusik durch die zusätzliche Verwendung von modalen, d. h. auf den Kirchentonarten basierenden Strukturen und Klängen, die er chromatisch anreicherte – sparsam mit pentatonischen Nuancen[13] ergänzt, um die ihm vorschwebenden tonalen Spannungen herauszuarbeiten. Wilhelm Bender leitete damit eine ganz persönliche Wandlung seines Tonmaterials ein, eine Regression der harmonischen Tonleiter auf eine Tonreihe, die Kirchentonarten, Chromatik und Pentatonik einschloss. Typisch sind seine Quart- und Quintklänge. Die Terz als Bezugspunkt zur Dur-Moll-Tonalität, die im Akkord Farbe und Charakter in die Tonleiter bringt, verliert bei ihm an Bedeutung und spielt – harmonisch gesehen – eine nur noch untergeordnete Rolle; durch ihren Verzicht wird der eigentlich tonale Klang relativiert, die Tonalität zugunsten leiterfremder Töne verwischt („schwebende Tonalität"[14]). In anderen Takten überrascht er durch ungewohnte Hörerlebnisse, indem er durch unkonventionelle Akkordfortschreibungen („Mediantik") den gewohnten Klangbereich verlässt und sich der Atonalität näherte. Besonders in der Einbindung der „alten" (Kirchen-)Tonarten und der für die originale Volksmusik typischen Pentatonik in sein Kompositionsgerüst sah Wilhelm Bender seinen persönlichen innovativen Ansatz in Richtung einer eigenen, individuellen Musiksprache über die Dur-Moll-Diatonik hinaus – ein Entwicklungsprozess mit noch ungewissem Ausgang, beendet wenig später durch seinen Tod.

---

[13] Unter Pentatonik versteht man die Verwendung einer halbtonlosen fünftönigen Tonleiter, die nur fünf Töne umfasst („Fünftonmusik"). Ihr fehlt die Leitton-Eigenschaft, weil sie keine Halbtonschritte kennt. Sie kommt in der Musik vieler (Natur-)Völker der Südsee, in Ostasien und Afrika aber auch in europäischen Kinderliedern vor. Viele einfache Kinderlieder basieren auf der Pentatonik, so z. B. „Backe, backe Kuchen, der Bäcker hat gerufen". Die Pentatonik ist ebenso z. B. im Blues und in der Rockmusik zuhause. Auch Franz Liszts Melodram „Der traurige Mönch" (nach einem Text von Nikolaus Lenau) ist fast ganz auf Ganztönen aufgebaut.

[14] Der Begriff „schwebende Tonalität" wurde von Arnold Schönberg in die Musikwissenschaft eingeführt. Besonders in der Harmonik der Romantik diente die „schwebende Tonalität" durch eine unklare (vom Komponisten bewusst verschleierte) Tonalität dazu, neue „reizvoll-farbige" Klänge zu erzeugen, die funktional nur schwer einzuordnen sind.

Wilhelm Benders Absicht zur individuellen Fortentwicklung der Tonalität lässt sich überzeugend anhand seiner bekanntesten Klavierkomposition zeigen, seiner „Tanzreihe: Acht Stücke für Klavier", komponiert 1942, sowie in seinem Liederzyklus „Trinkt, o Augen", komponiert 1943. Diese Kompositionen waren – in Verbindung mit einem gewissen Nützlichkeitsstreben – sein experimentierfreudiger Beitrag zur zeitgenössischen Musik, um sich auch als Komponist moderner Musik zu profilieren und weiter zu entwickeln. Sie zeigen die Richtung, die Wilhelm Bender kompositorisch weitergegangen wäre, wenn er ein längeres Leben hätte leben dürfen. Sein musikalisches Ziel war, wollte man es in einem Satz zusammenfassen, seiner Kreativität und seinen melodischen Einfällen einen modalen Charakter bei gleichzeitiger tonaler Fixierung zu geben. In seinem Ringen nach zeitgemäßer individueller Ausdrucksweise baute er zwar auf der musikalischen Vergangenheit auf. Zur musikalischen Formulierung einer Idee aber taugte ihm der überkommene Formenkanon meist weniger; seine Ideen benötigten häufig eine ureigenste Gestalt.

Wilhelm Bender hatte als komponierender musikalischer Erneuer, der er durchaus werden wollte, bereits sehr früh klare Vorstellungen von seinem künftigen eigenen musikalischen Stil. Speziell mit seiner Klaviermusik wollte er sich individuell musikalisch-fortschrittlich weiterentwickeln, später – so war es vorgesehen – auch mit Kammer- und Orchestermusik. Kinderlieder und Glockenmusik schienen ihm für solche Ziele ungeeignet. Über den Stil seiner bisherigen Klaviermusik wollte er rasch hinauswachsen, der durchaus noch zeittypisch, überspitzt formuliert nervös war, in einer unausgeglichenen Gefühlswelt und irgendwie überspannt, impulsiv, mit tänzerischem Temperament – wie der moderne Stadtmensch in ständiger Bewegung, oft mit verblüffenden harmonischen Wendungen (in gewisser Weise war Wilhelm Bender auch schon als reproduzierender Künstler z. B. in seinen Orgelkonzerten modern; in einem Zeitungsartikel werden Orgel-Registrierungen z. B. bei seinen Bach-Interpretationen „modern" genannt: „...er bedient sich mancher Klangfarben, die der Bachorgel fehlten; aber doch so, dass das Klangliche nicht Selbstzweck bleibt"). Was sich Wilhelm Bender bis zu seinem Tod stilistisch erarbeitet hatte, war noch kein „Stil", sondern eine vorläufige ästhetische Episode – so wie die gesamte Epoche zwischen Ersten und Zweiten Weltkrieg im eigentlichen Sinn keinen einheitlichen musikalischen Stil – vergleichbar vorangegangener musikalischer Epochen – entwickelt hat. Dazu fehlte ihr eine einheitliche Konzeption, in den nationalsozialistischen Jahren vielfach auch geistige Tiefe und Reife. Ihr Reiz liegt im Rahmen einer „neuen musikalischen Sachlichkeit" wohl eher in der Vielfältigkeit ihrer Nuancen.

In den acht Klavierstücken seiner Tanzreihe beweist Wilhelm Bender Mut zum Experimentieren, spürbarer noch als in seiner Flötensonate. Auch wenn Harmonik, thematische Arbeit und satztechnische Struktur durchaus vergleichbar erscheinen, ist die emotionale und intellektuelle Bandbreite dieser Klavier-Miniaturen wesentlich größer als in der Sonate. Das erste Stück, eine feierliche Intrada, kommt mit gewichtigen Schritten im punktierten Rhythmus daher. Dieses erste Thema des Stücks, in der Basslage vorgetragen, wird ausbalanciert durch ein zweites, eher gesangliches Thema im Diskant. Im zweiten Stück, „Lustig" überschrieben, dominiert reine Spielfreude. Über einer Dreiklangbegleitung in Sechzehnteln hüpft eine fröhliche kleine Melodie einher. Die heitere Grundstimmung des Stückes wird jeweils nur kurz durch einige Überraschungsakkorde eingetrübt. „Ruhig singend" ist die Spielanweisung für das dritte Stück. Dabei hat der gar nicht so konservative Wilhelm Bender auch leichte Anklänge an den Jazz nicht gescheut, der auf viele Komponisten seiner Zeit eine große

Faszination ausübte[15]. Im Zentrum des Zyklus stehen – nicht nur der Position nach – das vierte und das fünfte Stück. In Nummer vier, „Lebhaft“, werden Kontrastwirkungen durch große dynamische Gegensätze, aber auch durch polarisierende Auslegung des thematischen Materials erreicht. Das Stück beginnt mit einem sprunghaften, mit großen Akkordbrechungen gestützten Gedanken, der immer weiter zusammen schrumpft und schließlich in einem mehrfach wiederholten Halbtonschritt mündet. Aus diesem Anfangsgedanken werden im Verlauf des Stückes einzelne Elemente herausgelöst, die sich verselbständigen und kompositorisch verdichten. Das fünfte Stück ist zweigeteilt; Spannung und Dramatik entstehen hier durch eine dringlich insistierende Wiederholung. Der erste Teil beginnt mit einem klagenden, im Piano vorgetragenen Rezitativ, das zunehmend farbiger gestaltet wird, um am Ende in einer dreifachen Oktavierung im Forte die höchste Steigerung zu erreichen. Der zweite Teil beginnt wieder im Piano mit einer ruhig fließenden, akkordisch begleiteten Melodie. Auch hier ist wie bereits im dritten Stück des Zyklus eine gewisse Nähe zu Harmonik des Jazz[16] unverkennbar. Dieser Anfangsgedanke wird wiederum rhythmisch und dynamisch komprimiert und am Ende noch einmal im Fortissimo in einem reinen Dur-Akkord geführt. Die beiden letzten Takte des Stückes werden im Pianissimo wiederholt, wobei durch den Verzicht auf die Dur-Terz im Schlussakkord alles Vorherige in Frage gestellt zu sein scheint. Das sechste Stück, „Keck“, macht der Spielanweisung alle Ehre. Eine Erholung gegenüber der Spannung der beiden vorangegangenen Stücke! Während im A-Teil dieser kleinen dreiteiligen A-B–A-Form ein reizvolles Wechselspiel zwischen 3/4- und 6/8-Takt das Geschehen bestimmt, wendet der B-Teil das thematische Material des A-Teils ins Lyrische. Nummer sieben ist ein ruhiges Stück, das im ersten Teil durch die synkopierende Begleitfigur einen merkwürdig schwebenden Charakter gewinnt. Nach einem nur wenige Takte langen Ausflug in eine eher dissonante und clusterhafte Gestaltung zu Beginn des zweiten Teils endet das Stück mit einer Wiederholung des Anfangsteils. Eine kleine Überraschung bietet der Schlussakkord: Nachdem im gesamten Stück (mit Ausnahme der Dissonanzen-Episode) ausschließlich Quint- und Quartklänge verwendet wurden, findet sich jetzt ein reines C-Dur. Im letzten Stück dominiert ein 6/8-Takt mit verschobenen rhythmischen Tritonus-Akzenten. Geradezu martialisch wirken die begleitenden Quinten im Bass. Das Ganze im Fortissimo! Es wird schnell klar, dass hier Kraft und Rhythmus im Vordergrund stehen. Kleinere lyrisch-melodische Abschnitte geraten neben diesem „Powerplay“ schnell wieder in Vergessenheit. Eine etwas längere, leicht nervöse Sechzehntel-Passage etwa in der Mitte des Stücks kann sich kurz behaupten, wird jedoch anschließend von dem sich immer mehr steigernden Anfangsgedanken in Grund und Boden gestampft. Dreifaches Forte![17]

Wilhelm Bender komponierte 1943 (erst nach seinem Tod 1944 im Schott-Verlag veröffentlicht) einen Liederkreis nach vier Gedichten des Schweizer Dichters Gottfried Keller (1819-1890). Dieser Liederkreis stellte Wilhelm Benders deutlichste Veränderung seines kompositorischen Arbeitsmaterials dar. Seinen Liedern gab er den Namen „Trinkt, o Augen“ („...was die Wimper hält, von dem goldnen Überfluß der Welt“) mit den vier Vertonungen der symbolistisch anmutenden Gedichte „Winter-

[15] Vgl. Kapitel 9, Fußnote 2.

[16] In seiner Assessorenarbeit zum „artgemäßen Lied“ greift Wilhelm Bender den „negerischen Jazz“ noch scharf an.

[17] Vgl. Thomas Peter-Horas: Einführung zu einem Gedenkkonzert für Wilhelm Bender im Frankfurter Petri Haus am 20. Juni 2009.

nacht", „Schifferliedchen", „Waldlied", „Abendlied". Den Titel des Liedzyklus wählte er aus dem Text des „Abendlieds". Auch diese anspruchsvollen Lieder sind wieder Beispiele für Wilhelm Benders Suche nach einer erweiterten Tonalität, die er hier durch Dissonanzen und reizvoll kontrastierende Reibungen zwischen den fast voneinander unabhängig verlaufenden Haupt- und Begleitstimmen schafft[18]. Die funktionale Dur-Moll-Tonalität ist überwunden, klassische Dominante-Tonika-Wendungen fehlen ganz. Dafür ist die modale Harmonik vorherrschend, d. h. unter Verwendung der alten Kirchentonarten entstehen die Harmonien und Dissonanzen aus der Bewegung der Haupt- und Begleitstimmen zueinander. Dies führt zu einem reizvollen Kontrast von Quint-Quart-Klängen mit vielen Sekundreibungen. Durch zusätzliche Quart-Schichtungen und den Grundtönen zugefügte „Farbtöne" wie Sexten und Nonen plus der für die Volksmusik typischen Pentatonik entsteht eine charakteristisch-schwebende, (fast) impressionistische Klangfarbe. Auffallend ist der nervöse, wiegende Rhythmus der Lieder durch häufig wechselnde Taktarten (z. B. 2/8, 3/8, 5/8, 6/8, 9/8 oder 2/4, 3/4, 4/4). Der abwechslungsreiche Rhythmus weist auf Vorbilder aus der Renaissance und aus dem Barock hin, ist aber freier und lebendiger. Aus der Kombination metrisch und rhythmisch gegensätzlicher Einzelstimmen ergibt sich manchmal eine abwechslungsreiche polyphone und polyrhythmische Melodienfolge. Wilhelm Benders Musik klingt modern, ohne atonal zu sein. Solche modernen Zusammenklänge lernte Wilhelm Bender u. a. in der Musik Hugo Distlers kennen, dem bedeutendsten Vertreter der Kirchenmusikalischen Erneuerungsbewegung[19].

Der innere Zusammenhang der Lieder wird durch die Begriffe „Mythos" (Lied 1), „Liebe" (Lied 2), „Natur" (Lied 3) und „Tod" (Lied 4) verdeutlicht (im Vorwort des im Schott-Verlag noch vorhandenen Autographen schreibt Wilhelm Bender, dass seine vier Lieder zyklisch geordnet seien, empfiehlt jedoch, sie auch einzeln zu singen). Dieser Liederzyklus weckt auch Erinnerungen an die Musik Béla Bartóks, der seinen Kompositionen – z. B. in seinem Wilhelm Bender bestens bekannten „Mikrokosmos" – auch durch Volkslied-Konstruktionsprinzipien vergleichbare Klangfarben und Klangvisionen gegeben hat[20].

Aus Rücksicht auf die Aufführbarkeit und Verbreitung seiner Musik hat Wilhelm Bender im wesentlichen Laienmusik, eine „gehobene" Hausmusik, komponiert, Musik von nur kurzer Aufführungsdauer, von geringen technischen Anforderungen, mit unkompliziertem Satzaufbau, dazu noch sparsam instrumentiert, der menschlichen Stimme ähnlich – und damit auch nicht professionellen Künstlern zugänglich. Selbst seine Glockenspielmusik ist einfach gehalten, obwohl Laien kaum Zugang zu diesem Instrument haben und professionelle Carillonneure mit größeren technischen Anforderungen durchaus zurecht kämen. Im Ziel, Laienmusik zu komponieren, wurde Wilhelm Bender von seinem Lehrer Paul Hindemith bestärkt, der sich der (Jugend-)Laien-Musikbewegung Zeit seines Lebens zugewandt hatte. Als exzellenter Musiker hat

[18] Diese nur scheinbar getrennt und unabhängig nebeneinander herlaufenden Melodie- und Begleitstimmen, die nicht immer zwingend in derselben Tonart stehen, hat nach 1976 der estnische Komponist Arvo Pärt zu seinem individuellen Stilmittel ausgeformt (er nennt diesen Musikstil „Tintinnabuli", d. h. Klingeln der Glocken): Meist Dreiklänge in der Begleitung und darüber in überlagernden Tonleitern einfache Melodien.

[19] Vgl. Kapitel 14.

[20] Vgl. auch das aus dem Quintenzirkel abgeleiteten „Achsensystem" als Gestaltungsprinzip der Bartók-Kompoitionen. Vgl. Ernó Lendvai: Béla Bartók. An analysis of his music, London 1971 (zitiert aus der 2. Auflage, erschienen London, New York 1991).

Wilhelm Bender aber offenbar völlig unterschätzt, was ein Musiker Besonderes leisten muss, um seine Musik angemessen aufzuführen. Seine Klaviermusik, seine Flötensonate und insbesondere sein Liederzyklus „Trinkt, o Augen“ sind für Laien von den mittelschweren technischen Anforderungen aus gesehen eher weniger geeignet.

Während seiner Militärzeit lernte Wilhelm Bender in Holland, Belgien und Frankreich zahlreiche Glockenspiele kennen und gab dort selbst Glockenkonzerte (z. B. 1939 und 1940 in Amsterdam; die Konzerte wurden vom Deutschen Rundfunk übertragen und zusätzlich auf Schallplatte veröffentlicht). Angeregt durch seine Reisen als Soldat schrieb Wilhelm Bender einen Aufsatz über das holländische Glockenspiel (den er erst später auf Kreta fertig gestellt hat). In diesem Artikel träumt er bereits seine „Glocken-Vision“: „Deutschland, das aus der großen Zeit der niederländischen Glockenkunst einige kostbare Werke besitzt, richtet seit einigen Jahren erneut sein Augenmerk auf dieses Instrument. In der Zeit weiträumiger Aufmärsche, großer Versammlungen, gewaltiger Feste und Feiern, von Tausenden unter freiem Himmel begangen, erhält das Glockeninstrument, dessen Stimme des Lautsprechers nicht bedarf, eine neue Bedeutung. Deutsche Glockengießer ringen erfolgreich um die Kunst. Eine Reihe großer fertiger Werke wartet schon im Hof einer Gießerei. Nach Beendigung dieses Krieges werden deutsche Glockenspiele an vielen Orten aufklingen“[21].

Damals reifte bereits die Idee, über sein Lieblingsinstrument, dem Glockenspiel, eine wissenschaftliche Arbeit zu verfassen – eine Doktorarbeit, die er aber wegen seiner Beanspruchung im Krieg und aufgrund seines frühen Tods nach ersten entsprechenden Recherchen nur beginnen, nicht aber beenden konnte. Es wurde lediglich ein Kapitel seines Manuskripts vollendet („Das königliche Geschenk“), der Typograph ist erhalten geblieben. Notizen auf manchen Seiten lassen erkennen, dass dieses Kapitel in einen breiteren Zusammenhang gestellt werden sollte. Der Arbeitstitel seiner Dissertation lautete „Europäische Glockenspiele“. Ausgangspunkt seiner Arbeit ist die entsprechende Darstellung des Parochial-Glockenspiels durch einen seiner Vorgänger als Glockenspieler an der Parochialkirche, Eugen Thiele. Es handelt sich um eine Gedenkschrift zum 200-jährigen Jubiläum des Glockenspiels der Parochialkirche im Jahr 1915. Die geschmackvoll bebilderte Broschüre ist mit handschriftlichen Anmerkungen und orthographischen Korrekturen Wilhelm Benders übersäht[22]. Zur Vorbereitung diente ihm ferner sein Artikel „Das Jahr des Glockenspiels“, den er schon 1938 in den „Parochialglocken“ veröffentlichte[23].

Aus verschiedenen Briefen Wilhelm und Lisa Benders ist zu erkennen, dass Wilhelm Bender in seiner Dissertation das Glockenspielthema weit fassen wollte. Er plante, als „Aufhänger“ zwar über das Glockenspiel der Parochialkirche zu schreiben, wollte aber darüber hinaus auch das Ziel verfolgen, ein umfassendes wissenschaftliches Grundlagenwerk über Glockenspiele schlechthin zu schaffen[24]. So sollte z. B. das Glocken-

---

[21] Vgl. Wilhelm Bender: „Holländische Glockenspiele“. Maschinengeschriebenes Manuskript von Juni 1940. Erstmalig veröffentlicht in „Forum Glockenspiel“, Mitteilung 41 der Deutschen Glockenspielvereinigung e.V., Juli 2008, Seiten 4-9.

[22] Vgl. Das Glockenspiel der Parochialkirche zu Berlin. Gedenkschrift zum zweihundertjährigen Jubiläum des Glockenspiels, nebst einem Anhange über das Glockengeläut. Im Auftrag des Gemeindekirchenrats verfasst von Eugen Thiele, Berlin 1915.

[23] Vgl. „Das Jahr des Glockenspiels“. In: Parochialglocken Nr. 10 von Januar 1938, Seite 63.

[24] Percival Price beschreibt Wilhelm Benders Manuskript als „unfinished treatise on the carillon, beeing prepared for a doctorate“. Vgl. Frank Percival Price, Campanology, Europe 1945-47, The University of Michigan Press, Ann Arbor 1948, Seite 80. Price, University Carillonneur und Professor für Komposition

spiel der Parochialkirche mit den Glockenspielen vergleichen werden, die er auf seinen Reisen in Deutschland, Holland, Belgien und Frankreich kennengelernt hatte und eine Typisierung entwerfen. Es findet sich in den Notizen Wilhelm Benders ferner ein Hinweis, dass er sich im Rahmen seiner Arbeit mit dem englischen Wechselläuten, dem „Change ringing“, auseinandersetzen würde, das ihm von der englischen Kirche in Frankfurt zumindest vom Hörensagen bekannt war: Die Kunst des Change ringing ist ein spezieller englischer Brauch, der in der restlichen Welt damals wie heute weitgehend fremd ist. Bei dieser Technik des Wechselläutens spielen die Glöckner keine Melodien, sondern Permutationen, komplizierte mathematische Muster, bei denen sich die Reihenfolge der Stimmen mit jedem Wechsel („change“) verändert, also die Reihenfolge, bei dem alle Glocken einmal geläutet werden – die exzentrischste und mathematisch ausgefeilteste Art, Glocken zu läuten. Drei bis zwölf, manchmal über 16 Glocken werden reihum geläutet, wobei bei jedem Wechsel die Reihenfolge der Glocken so variiert wird, dass keine Tonfolge doppelt auftaucht und jede Glocke bei jedem Wechsel nur einmal geläutet werden darf[25]. Der englische Glockenspieler ist weniger am Läuten einer Melodie interessiert; für ihn dienen die Glocken der Aufführung von mathematischen Spielereien und Kombinationen in mathematischer und mechanischer Vollkommenheit – fast ein religiöser Ritus. Acht Personen z. B. ziehen die Seile eines vollständigen Satzes von acht Glocken. Alleine die unterschiedliche Art und Weise, wie die Glocken in England und auf dem Kontinent „bedient“ werden, mussten einen stets neugierigen Carillonneur wie Wilhelm Bender außerordentlich interessieren. Da Wilhelm Bender in Bezug auf die Mechanik von Glockenspielen durchaus als „technikverliebt“ galt, wandte er seine Aufmerksamkeit auch dem technischen Aufbau von Glockenspielen zu: Die Kunstform des Wechselläutens setzt im Glockenstuhl im Vergleich zu den Glockenspielen, die er kannte, eine völlig andere mechanische Aufhängung der Glocken voraus. Wo die „normalen“ (kontinentalen) Glocken nicht pendeln, sondern sich nur der Klöppel bewegt, drehen sich die englischen Glocken voll im Kreis.

In seiner Dissertation wollte Wilhelm Bender auch auf die Bedeutungen von Glocken in der Literatur und in Liedern und Konzertstücken verweisen, in denen Glocken von inhaltlicher Bedeutung sind oder in denen Glockenläuten nachgeahmt wird (z. B. in der Literatur mit Schillers „Lied von der Glocke“ – einschl. der entsprechenden Oratoriumsvertonung von Max Bruch – und Goethes „Die wandelnde Glocke“, in der Musik z. B. Mussorgskijs „Bilder einer Ausstellung“ in der Orchesterfassung von Ravel oder „The Liberty Bell March“ von Sousa; ferner sei an die imitierten Glockenklänge in der Musik von Bach und Händel erinnert, an die Musik von Liszt („La campanella“), an die „Gralsglocken“ in Wagners Parsifal, an Mahler, Pfitzner und Orff[26], dessen musikalisches Schulwerk Wilhelm Bender bekannt war. Angeregt wurde er von Franz Schil-

---

an der University of Michigan, USA, nennt Wilhelm Bender in diesem Buch „den fähigsten Carillonneur östlich der Niederlande“.

[25] Die Zahl der möglichen Durchgänge hängt von der Anzahl der Glocken ab: Bei drei Glocken z. B. kommen sechs Wechsel zustande (n! = 3 x 2 x 1). Der klassische Major mit 8 Glocken bietet 40.320 Wechsel (n! = 8 x 7 x 6 x 5 x 4 x 3 x 2 x 1) – was zu einem „Langstreckenläuten“ über mehrere Stunden führt, wenn alle Permutationen in einem „extent“ geläutet werden, wodurch ein anders geartetes kompositorisches Gesamtkunstwerk entsteht. England zählt heute mehr als 5.000 Kirchtürme, die zum Wechselläuten geeignet sind. Einen tiefen Einblick in das Geheimnis des Wechselläutens bietet im Rahmen eines Kriminalromans von Dorothy L. Sayers „Der Glockenschlag“ (The nine Tailors) aus 1934.

[26] Vgl. Eva Christine Huck: „Die Glocke in der Musikliteratur“. In: Frankfurter Glockenbuch, Hrsg. Konrad Bund, Frankfurt/Main 1986, Seite 146 ff.

ling, Glockengießer in Apolda, dessen Vorfahren 1799 Friedrich Schiller praktischen Anschauungsunterricht für sein „Lied von der Glocke“ erteilt hatten. Vielleicht wäre Wilhelm Bender im Laufe seiner Forschungen auch der Wirkung von Glockentönen auf das menschliche Gemüt nachgegangen, dem physikalischen Aufbau der Glocken („Innenharmonie“) und der Kunst des Glockengießens[27], die ihm durch die Zusammenarbeit mit der Glockengießerei Schilling in Apolda vertraut war. Er hätte vielleicht auch – allerdings durch nichts belegt – über die unterschiedlichen Glockentechniken geschrieben[28].

Sein Dissertationsmanuskript wurde nicht einmal ansatzweise abgeschlossen. Wilhelm Bender, der immer wieder von seinem frühen Tod gesprochen, ihn geradezu erwartet hatte (seine Witwe berichtete in Briefen darüber), wollte auch für den Fall seines frühen Todes sein Glockenspiel-Vermächtnis der Nachwelt unbedingt hinterlassen. Es sei der Wunsch ihres Mannes, so schrieb Lisa Bender in ihrem Brief vom 9. März 1947 an den Archivar der Parochialkirche Arthur Hippel, dafür Sorge zu tragen, dass „eine berufene Hand“ die Arbeit ihres Mannes vollende, falls Wilhelm Bender nicht aus dem Krieg zurückkehrte. Er habe ihr dies geradezu befohlen. Bis diese „berufene Hand eines vertrauensvollen Mannes“ gefunden sei, der ihr alles zusammentrüge, ermahnte sie Hippel ausdrücklich, „keine der bei Parochial eventuell befindlichen Arbeiten meines Mannes aus der Hand zu geben“ (diesen „Wunsch“ bestätigte sie nochmals zwei Tage später in einem Telegramm). Das begonnene Manuskript war zusammen mit Sekundärliteratur und anderen Materialien im Archiv der Parochialkirche im vor Flugzeugangriffen geschützten Gruftgewölbe der Kirche in einer Kiste verstaut.

In dem Kanadier Percival Price, der Wilhelm Bender noch vor dem Krieg bei dem Glockengießer Schilling in Apolda kennengelernt hatte, sah Lisa Bender den richtigen Mann für diese Arbeit. Percival Price, Carillonneur aus Michigan, Professor of Campanology der University of Michigan in Ann Arbor, USA, war nach dem Krieg als Besatzungsoffizier nach Deutschland zurückgekehrt, und hatte den Kontakt zu Lisa Bender gesucht. Price galt schon vor 1933 als Kenner der europäischen Glockenspielszene. 1933 schrieb er sein umfassendes Werk „The Carillon“, veröffentlicht in London. Lebendig beschreibt Price auf 230 Seiten nicht nur die technischen Seiten der Carillons, ergänzt auch Biografien früherer Glockenspieler, berichtet über die Kunst des Glockengießens und beschreibt den sozialen Charakter des Glockenspiels („das Glockenspiel gibt den Armen der Bevölkerung die Chance, in den Genuss der Konzerte der Reichen zu kommen“).

In ihrem Schreiben vom 23.3.1947 warb Lisa Bender bei Percival Price um die Fertigstellung des Manuskripts Wilhelm Benders. Allerdings hat Percival Price das unvollständige Manuskript niemals erhalten. In seinem umfangreichen Nachlass-Archiv der National Library of Canada in der State University in Ottawa – immerhin lagern dort 17 Meter Noten, Manuskripte, Korrespondenzen, Bücher usw., die Percival Price zum Thema Glockenspiel zusammengetragen hat - finden sich zu diesem Thema lediglich

---

[27] Vgl. Gerhard Wagner: „Die Glocke als Musikinstrument“. In: Frankfurter Glockenbuch, Hrsg. Konrad Bund, Frankfurt/Main 1986, Seite 12 ff.

[28] Vgl. „Der Klöppel darf die Glocke nur küssen“. In: Frankfurter Allgemeine Sonntagszeitung vom 12. April 2009, Nr. 15, Seite V 14. Besonders hätte sich Wilhelm Bender vermutlich für die in diesem Artikel u. a. erwähnte Gründung des „Europäischen Kompetenzzentrums für Glocken – ProBell“ in Kempten interessiert.

Korrespondenzen zwischen Lisa Bender und Percival Price. In diesem umfangreichen Briefwechsel wird der Titel der Doktorarbeit bestätigt: „Europäische Glockenspiele". Lisa Bender hatte (vergeblich) erhofft, in den für sie besonders schwierigen Nachkriegs-Notzeiten für das Manuskript ihres Mannes und für die Sekundärliteratur eine materielle Gegenleistung mindestens in Form von Tantiemen zu erzielen. Price sah dafür keine Basis und lehnte eine Fertigstellung des Manuskripts ab. Price wollte selbst noch ein „großes" Buch über Glocken schreiben und nicht die Arbeit eines Dritten in dessen Namen vollenden[29]. Das von Wilhelm Bender gesammelte Sekundärmaterial hätte er lieber für seine eigenen Arbeiten verwendet. Zwar bot Price an, das einzig wirklich vollendete Kapitel Wilhelm Benders, „Das königliche Geschenk", übersetzen zu lassen und in Amerika zu veröffentlichen. Da die Aussicht auf eine materielle Gegenleistung aber ebenfalls unsicher war, wurde die Weitergabe der fraglichen Unterlagen an Percival Price von Lisa Bender nicht weiter verfolgt. So verloren sich bis auf ein Kapitel die Spuren und Gedanken Wilhelm Benders zu „seinem" Instrument, dem Glockenspiel, wohl für immer, in dessen Charakter und Eigentümlichkeiten er wie kein anderer zuvor eingedrungen war.

Percival Price hat sich durch das Aufbewahren der Kopien von Wilhelm Benders Glockenspielmusiken um den Erhalt dieser Glockenspiel-Kompositionen höchst verdient gemacht, deren Originale während des Kriegs zum Teil verloren gingen. Auch als Besatzungsoffizier und als Verbindungsmann zu den englischen Militärinstanzen und deutschen Behörden hat Price durch seinen großen Einfluss maßgeblich dazu beigetragen, dass manche Kirche schon nach 1947 ihre für Kriegszwecke beschlagnahmten Glocken wiederbekam[30]. Im Gästebuch des Glockenspiels der Christianskirche zu Altona-Ottensen, Hamburg, findet sich (in Englisch) ein handschriftlicher Eintrag von Percival Price vom 7. März 1949. Vier Jahre nach Kriegsende schrieb er versöhnlich: „...lasst die Glocken sprechen von Deutschland – in der Sprache der Musik, die alle Menschen verstehen. Lasst sie sagen, dass Deutschland begonnen hat, der Welt wieder Schönheit zu geben!"

Aufgrund seiner persönlichen Kontakte wäre es für Wilhelm Bender am Naheliegendsten und Praktischsten gewesen, an der Berliner Akademie für Kirchen- und Schulmusik (ab 1935: Staatliche Hochschule für Musikerziehung und Kirchenmusik) zu promovieren, deren Professoren Wilhelm Bender bestens bekannt waren und von denen ihn mancher unterrichtet hatte; entsprechendes galt für die Berliner Musikhochschule. Eine Promotion war aber an beiden Institutionen damals noch nicht möglich. Die einzige wissenschaftliche Institution, die vor 1945 in Berlin Dissertationen annehmen und Promotionen durchführen konnte, war die Friedrich-Wilhelms-Universität, die heutige Humboldt-Universität, zu deren Professoren Wilhelm Bender aber keinen Kontakt hatte.

---

[29] Dieses Buch veröffentlichte Price 1983: Vgl. Percival Price: Bells and man. Oxford-New York, Toronto, Melbourne 1983.

[30] Im Zweiten Weltkrieg wurden über 150.000 Glocken (auch von in- und ausländischen Glockenspielen) zur Herstellung von Kriegsmaterial eingeschmolzen. In vielen Glocken, zu deren Einschmelzung es im Krieg nicht mehr gekommen war (alleine im Hamburger Hafen lagerten zum Kriegsende über 5.000 Glocken) und man den entsprechenden Kirchen wieder zuführen wollte, war jedoch das Hakenkreuz eingegossen, weshalb diese Glocken dann letztlich doch noch eingeschmolzen wurden. Nach dem Krieg hat man einen Ausschuss für die Rückführung von Glocken ARG gegründet, deren Vorsitzender Christhard Mahrenholz wurde; vgl. Kapitel 14, Fußnote 18.

Leichter wäre aufgrund seiner Verbindungen eine Promotion an der Frankfurter Hochschule für Musik gewesen, an der Wilhelm Bender nach 1942 lehrte. Die Frankfurter Hochschule besaß aber erst seit 1988 Promotionsrecht. Eine Promotion in Frankfurt war damals ausschließlich an der Johann-Wolfgang-von-Goethe-Universität möglich. Das vorgesehene Glockenspiel-Thema hätte dort letztlich nur Prof. Wilhelm Stauder interessiert, der aber als Doktorvater nicht infrage kam, weil er zwischen 1940 und 1949 im Kriegsdienst bzw. in Gefangenschaft war.

Auf seiner Suche nach einem Doktorvater kamen Wilhelm Bender seine Kontakte nach Heidelberg zugute. Schon 1936 verbreitete Wolfgang Fortner den Ruf Wilhelm Benders als überaus befähigter Musiker von Berlin aus nach Heidelberg. Fortner und Wilhelm Bender hatten sich in Berlin kennengelernt. Fortner stand damals in Berlin in Kontakt mit Arnold Schönberg und Paul Hindemith, über dessen Kammermusik er seine Examensarbeit geschrieben hatte. Wie Wilhelm Bender widmete sich auch Fortner anfänglich der Musikarbeit in der Hitlerjugend. Später tauschten sie sich im Rahmen der kirchlichen Erneuerungsbewegung in Fragen zeitgenössischer Kirchenmusik aus, einig in der „Zurück-zur-Bach-Bewegung“. Fortner war seit 1931 Dozent für Komposition und Musiktheorie am Evangelischen Kirchenmusikalischen Institut in Heidelberg, der heutigen Hochschule für Kirchenmusik. Noch während des Bewerbungsverfahrens an der Parochialkirche hatte Fortner Wilhelm Bender eine Dozentenstelle an seinem Evangelischen Kirchenmusikalischen Institut angeboten und fast zeitgleich Professor Heinrich Besseler, Direktor des Musikwissenschaftlichen Seminars der Heidelberger Ruprecht-Karls-Universität, eine Assistentenstelle an seinem Lehrstuhl. Heinrich Besseler und Wilhelm Bender kannten sich aus dem Berliner Staatlichen Institut für deutsche Musikforschung, wo Besseler Mitherausgeber der Institutszeitschrift war und Wilhelm Bender die Musikinstrumentensammlung betreute. Beide Angebote waren damals für Wilhelm Bender zu sehr mit Risiken verbunden, da Teile der nationalsozialistischen Studentenschaft an den Universitäten und an anderen wissenschaftlichen Institutionen eine Verbindung zur Kirchenmusik als belastend empfanden und ihnen entsprechende Lehrer unzumutbar erschienen. Wilhelm Bender zog 1936 auch aus diesem Grund das Amt des Kirchenmusikers an der Parochialkirche einer wissenschaftlichen Karriere vor.

Fortner war am Evangelischen Kirchenmusikalischen Institut kein Professor, hatte darum auch keine Möglichkeit, persönlich eine Doktorarbeit an Wilhelm Bender zu vergeben (er wurde erst 1954 Professor für Komposition an der Nordwestdeutschen Musikakademie in Detmold). Aber Heinrich Besseler entsann sich Wilhelm Benders und nahm ihn als Doktoranden an. Wilhelm Bender hat seine Dissertation nicht beenden können; darum befinden sich im Heidelberger Universitätsarchiv, das nur fertige Dissertationsmanuskripte enthält (und das im Übrigen unter Kriegsschäden stark gelitten hat) auch keine Hinweise auf Wilhelm Bender oder auf ein entsprechendes Manuskript.

11 Zahlensymbolik in der Musik Wilhelm Benders

Ein Spezialgebiet der Musikwissenschaft beschäftigt sich mit der Suche nach versteckten Bedeutungen und Botschaften in Kompositionen, die sich nur dann erschließen, wenn man gezielt z. B. eventuell vorhandene Verknüpfungen zwischen Noten und ihren Zahlensymbolen aufspürt. Grundlage dieser Suche ist die Überzeugung, dass Zahlen und deren Kombinationen in der Musik außer ihrer rechnerischen Funktion eine weitere Bedeutung zukommt: Mit „numerischen Zusätzen“ versehenes Notenmaterial dient den Komponisten in der Regel zur Schärfung von Form und Aussage eines Musikstücks; sie führen in ihre Kompositionen eine hintergründige Sprache in Form außermusikalischer Elemente ein, die sich erst durch den „Numerus“, also durch Zahlen als zusätzliche Bedeutungsträger, im Cantus offenbart.

Analysiert man z. B. die Aufbausystematik bestimmter Kompositionen nach numerischen Gesichtspunkten (z. B. die Proportionen eines Satzes, die sich aus der Anzahl der Takte oder aus der vollständigen Anzahl der Töne oder Noten dieses Satzes ergeben), so stößt man u. a. auf das Ordnungsprinzip „Goldener Schnitt“. Proportionen nach dem Goldenen Schnitt entsprechen unserem Schönheitssinn; Form und Inhalt verschmelzen zu einer bruchlosen, vollkommenen Einheit[1].

Der Goldene Schnitt findet sich z. B. auch in der Architektur (die Cheops-Pyramide ist nach den Proportionen des Goldenen Schnitts erbaut, ebenso die Akropolis oder die Walhalla bei Regensburg), Da Vinci und Raffael malten nach diesen Proportionen. Der Goldene Schnitt wird auch auf Gliederungen von Kompositionen angewendet, also auf die Architektur eines Musikstücks, beispielsweise im Rahmen der klassischen Sonate, hier bevorzugt in ihrem ersten Satz, der aus zwei Teilen besteht, und zwar aus der Exposition, in der das Thema vorgestellt wird, und der Durchführung mit Reprise. 16 Klaviersonaten Mozarts zu zwei Händen in Sonatensatzform z. B. sind in ihrem ersten Satz nach dem Goldenen Schnitt aufgebaut. Das Verhältnis aus der Zahl der Takte in der Durchführung plus Reprise steht zur Taktzahl der Exposition im Verhältnis 1,618 : 1. Damit hat Mozart die allgemeine Idealvorstellung von gegliederten Musikabfolgen berührt.

Es gibt eine Reihe weiterer Beispiele – nicht nur bei Mozart. In der modernen Musik gilt als Paradebeispiel für einen organischen Kompositionsaufbau nach dem Goldenen Schnitt Béla Bartóks Fächerfuge des ersten Satzes der „Musik für Saiteninstrumente, Schlagzeug und Celesta“, deren 89 Takte durch den musikalischen Wendepunkt vom Crescendo zum Decrescendo im Verhältnis 55 : 34 (also 1,618 : 1) zweigeteilt ist, so wie der erste Teil des Satzes beim vorgeschriebenen Entfernen der Saiten-Dämpfer im Verhältnis 34 : 21, also wiederum 1,618 : 1, gegliedert ist; auch das Ver-

---

[1] Teilt man eine beliebige Strecke in eine längere und eine kürzere Teilstrecke und entspricht deren Größenverhältnis der Relation 1,618 : 1, so spricht man vom Goldenen Schnitt oder von der Goldenen Proportion. Dann entspricht auch das Verhältnis aus der Gesamtlänge beider Teilstrecken zur längeren Teilstrecke der Relation 1,618 : 1 (diese Maßzahl wird Phi genannt). Der Goldene Schnitt lässt sich auch in natürlichen Zahlen darstellen, und zwar durch die so genannte Fibunacci-Reihe. Charakteristisch für sie ist, dass jede Zahl dieser Reihe so groß ist wie die Summe aus den beiden vorangegangenen Zahlen, also (1), 2, 3, 5, 8, 13, 21, 34, 55, 89, 144 usw. und das Verhältnis der aufeinander fogenden Zahlen zueinander 1 : 1,618 beträgt (z. B. 89 : 144 usw.).

hältnis der Gesamttaktzahl zum musikalischen Wendepunkt entspricht dem Verhältnis 1,618 : 1 aus 89 : 55.

Die Schönheit von Musik lässt sich mit dem Goldenen Schnitt nicht beschreiben, wohl aber sind Hinweise auf sein Vorhandensein Erklärungsbausteine für das Schöne in der Musik.

Ob Mozart oder andere Komponisten nach der „Schönheitsproportion" bewusst oder unbewusst Musikwerke schufen, ist nicht bekannt. Unzweifelhaft aber haben Musiker ganz bewusst mit Hilfe numerischer Anspielungen und symbolhafter Verschlüsselungen zusätzliche Botschaften in ihre Kompositionen eingearbeitet und durch diese numerisch-musikalischen Geheimschriften eine ergänzende Sinngebung geliefert. Numerisch besonders geordnete Noten- oder Taktfolgen ergeben unterschiedliche Auslegungsabsichten, manchmal erkennt man Namenshinweise des Komponisten auf sich selbst („Signaturen") bzw. Fingerzeige auf Texte der lateinischen Liturgie oder Botschaften aus dem Alten und Neuen Testament.

Neuere musikwissenschaftliche Ergebnisse lassen ahnen, dass das, was man von einer Komposition hörend wahrnimmt, oft nur ein Teil der Ideen, Absichten und Botschaften ist, die eine Komposition enthält. Manchmal will der Komponist eine zusätzliche Bedeutungsebene vermitteln, wobei – absichtsvoll – diese vielgestaltigen kompositorischen Bausteine nicht zu hören sind. Sie besitzen jedoch in hohem Maße exegetischen Rang, dienen der weiteren Sinnerschließung eines Werkes und eröffnen, wenn man sie erst einmal entdeckt hat, tiefere Einsichten in das Wesen des Werkes und in eine weitere Dimension im Denken und Wollen des Komponisten.

Solchen heimlichen Botschaften haftet häufig eine lediglich spielerische Absicht an: Im Barock waren lustvolle Rätselspiele und versteckte Botschaften mit codierten Zahlen – besonders in der Musik – weit verbreitet. Insbesondere versteckte Hinweise auf den Komponisten, Textdichter oder auf den, dem das Werk gewidmet war, kann man finden.

Aber es gab auch tiefer liegende Beweggründe für die beabsichtigten Botschaften: Vor Jahrhunderten schrieb man Erkenntnisse nicht nur in Bücher, um sie zu bewahren und zu übermitteln; man versteckte sein Wissen oder theologische Botschaften auch gerne in Kunstwerken, z. B. in Gemälden oder in Musik. Darum findet man in zahlreichen Kompositionen – über die Jahrhunderte verstreut – häufig versteckte Zahlensymbole. Die musikwissenschaftliche Forschung hat insbesondere in den Kompositionen J. S. Bachs und Mozarts zahlreiche verschlüsselte Hinweise gefunden, etwa auf ihre eigenen Namen. Spezialisten haben sich in den letzten Jahren intensiv mit der Erforschung solcher Zusammenhänge beschäftigt, die viele Jahrzehnte einer breiten Öffentlichkeit unbekannt blieben.

In Kompositionen, in die der Komponist den Numerus mit einbezogen hat, lassen sich entsprechende Symbole mit Hilfe der Technik der Gematrie (Zahlenlehre) entdecken. Die Gematrie ist ein Verfahren, Buchstaben des Alphabets in Zahlen umzusetzen, die dann der alphabetischen Ordnung entsprechen. A = 1, B = 2, C = 3, D = 4, E = 5, I/J = 9, U/V = 20, Z = 24. Werden ausgewählte Noten- und Taktfolgen z. B. addiert, so können die so ermittelte Zahlen durch die ihnen zugewiesenen Buchstaben in Worte zurück übersetzt werden[2]. Es können aber auch aus den einzelnen Noten selbst Texte direkt abgeleitet werden: Für die Ton-Bezeichnungen in der Musik werden die Buchstaben des Alphabets verwendet; somit können auch alle Noten durch das Gematrie-Verfahren in Zahlenwerte übertragen werden (A = 1, B = 2, C = 3, D = 4 ... G = 7, H = 8); die durch chromatische Versetzung entstehenden Tonbezeichnungen erhalten den Wert der Buchstaben, aus denen sie zusammengesetzt sind: z. B. fis = 33 als Summe aus F = 6 + I = 9 + S = 18). Auch die aus dem Notenalphabet gewonnenen Zahlen und Zahlenkombinationen ergeben dann entsprechende Wortbedeutungen.

Zur Ermittlung des gematrischen Ergebnisses einer Melodie müssen also einzelne Noten oder eine Anzahl bestimmter Takt-, Noten- oder Ton-Folgen in die entsprechenden Zahlen gemäß ihrer Stellung im Alphabet übertragen und zu einer gematrischen Summe addiert werden. Um diesen Zahlen dann eine sinnvolle Wortbedeutung zuzuordnen, ist neben vielem Fachwissen auch Fantasie, Intuition und Spürsinn gefragt. Oft führen bloße Vermutungen zu ersten Anhaltspunkten für weitere Analyseversuche.

Zuerst wurden Komponistennamen mit Hilfe der Gematrie nachgewiesen, als man entsprechende versteckte Zahlensymbole in Musikstücken entdeckte. Mozart z. B. arbeitete innerhalb seiner überirdisch schönen Musik mit solchen Verschlüsselungstechniken (Mozarts Neigung zu dieser Technik geht auf seine Beschäftigung mit Bach zurück, den wiederum seine profunden Bibelkenntnisse zur Zahlensymbolik geführt haben[3]). Beiden großen Komponisten ist bei der „Zwei-Bedeutungsebenen-Kompositionstechnik“ eigen, dass sich durch die symbolhaften Verschlüsselungen keine Beeinträchtigung der musikalischen Schönheit ergibt; deren musikalische Kunstfertigkeit wurde mit der gematrischen Kunstfertigkeit kongenial kombiniert. Hierzu ein Beispiel:

Der Autograph der Mozart-Oper Zauberflöte enthält auf dem Titelblatt nur das Wort „Ouvertüre“ – ansonsten sind weder Titel noch Komponist oder Librettist vermerkt. Die fehlenden Hinweise aber sind in den ersten 17 Takten des Vorspiels der Ouvertüre verschlüsselt zu finden. Zählt man nämlich die Noten der ersten Violine und des Basses zusammen, also jener Außenstimmen der Partitur, die Mozart als erste niederzuschreiben pflegte, so enthält Violine I = 129 Töne und der Bass = 87 Töne. Nach dem Zahlenalphabet entspricht die Summe der Buchstaben des Wortes „Zauberfloete“ der Zahl 129, also der Notenzahl der ersten Violine, und die Summe des Wortes „Mozart“ der Zahl 87, also der Notenzahl des Basses. Weitere Stimmführungen ergeben entschlüsselt den gesamten Text „Zauberfloete, Neues Singspiel in zwey Aufzügen, Poeten Ludwig Giesek, Emmanuel Schikaneder der Jüngere, Compositeur Wolfgang

---

[2] Die Gematrie-Methode beruht historisch darauf, dass weder die klassisch-griechische noch die hebräische Schrift spezielle Zahlenzeichen hatten, sondern nur Buchstaben verwendeten; der erste Buchstabe des Alphabets steht für die 1, der zweite für die 2 usw. Infolgedessen kann jedes Wort dieser Sprachen auch in einer Zahl ausgedrückt werden, wenn man die einzelnen Buchstabenwerte addiert.

[3] Das Arbeiten mit Zahlensymbolen war Bestandteil einer eigenständigen literarischen Kunstform biblischer Schriftsteller und ein gebräuchliches Stilmittel religiöser Dichtung, besonders im hebräisch-religiösen Schrifttum. Die zahlensymbolischen Konstruktionen in der Bibel waren Johann Sebastian Bach bestens bekannt. Er wusste, dass sich hinter den Zahlen der Bibel zusätzliche Wahrheiten verbergen. Altes und Neues Testament sind insoweit auch formal große Kunstwerke, verfasst von tiefgläubigen Schriftstellern, die diese Schriften so geordnet und gestaltet haben, dass durch diese literarische Kunstform mit Hilfe ergänzender Zahlensymbole eine zusätzliche Ehrfurcht ausdrückt wurde. Neben dem intellektuellen Spiel entstanden für das nachschaffende Auge Ergänzungen zur Exegese, da die Zahlensymbole den Sinn der Texte verstärkten.

Amadé Mozart, Kapellmeister in wirklichen k.k. Diensten“[4]. Die Musik weist über sich hinaus[5].

Ein Meister von mit Ausdeutungen und Symbolen aufgeladener Notenfolgen war Johann Sebastian Bach. Numerische Bedeutungszusätze finden sich in reichem Maße z. B. in seinen „Sechs Sonaten und Partiten für Solo-Violine“, hier insbesondere in den drei im Stil der italienischen Sonata da chiesa komponierten Sonaten[6]. Der Autograph dieser Solo-Sonaten besteht aus 41 mit Noten beschriebenen Seiten. 41 entspricht dem numerischen Wert für J. S. Bach = 41 (9 für J + 18 für S + 14 für Bach (d. h. 2 + 1 + 3 + 8)[7]. Eine weitere gematrische Namenszahl Bachs ist die 158, die für Johann (= 58) Sebastian (= 86) Bach (= 14) steht (58 + 86 + 14 = 158). Der Einleitungssatz der Partita d-moll („Allemanda“) aus den o. g. sechs Sonaten und Partiten enthält im zweiten Takt diese aus den Ton-Buchstabenwerten gewonnene Namenszahl 158. Gleich im ersten Takt der Allemanda stellt Bach auch noch den Ton-Buchstabenwert 81 voran, die Namenszahlen seiner ersten Frau Maria (= 40) Barbara (= 41)[8].

Mit ein wenig Fantasie lassen sich Symbolzahlen auch in der Musik Wilhelm Benders finden. Ob sie allerdings nach Wilhelm Benders Beschäftigung mit Bach gewollt waren, darf zumindest mit einem Fragezeichen versehen werden. Wilhelm Bender, der Bachkenner und Bachverehrer wusste um Johann Sebastian Bachs Vorliebe für Zahlensymbole aus den Bach-Deutungen Albert Schweitzers, wenngleich die Bach-Forschung – allemal auf diesem Gebiet – längst noch nicht den derzeitigen Stand erreicht hatte. Als sechzehnjähriger Schüler hatte Wilhelm Bender 1927 die Verleihung des Goethepreises der Stadt Frankfurt an Albert Schweitzer in Frankfurt bewusst miterlebt und interessierte sich fortan für dessen Grundlagenwerk über Bach[9].

Solche Symbolzahlen lassen sich in der „Tanzreihe: Acht Stücke für Klavier“ Wilhelm Benders finden. Diese Komposition besteht aus 414 Takten (einschl. aller Wiederholungen). Setzt man den verkürzten Titel des Stückes (Tanzreihe ... für Klavier) in sei-

---

[4] Vgl. Hans-Josef Irmen: Mozart - Mitglied geheimer Gesellschaften, Essen 1988, Seite 281 ff.

[5] Mozart und andere Komponisten verfügten über ein ausgeklügeltes Mustersystem an Abbreviaturen: Wiederholungszeichen anstelle des nochmaligen Ausschreibens z. B. ganzer Taktgruppen, Zeichen für die Wiederholung eines einzelnen Takts („Faulenzer“ genannt), Zeichen für Tonrepetition („Trommelfiguren“) usw. Man nutzt sie, um den Schreibaufwand zu begrenzen. Sie stellen jedoch auch ein variables System dar, um - jedenfalls in Grenzen - gewünschte (Noten- oder Takt-)Zahl darzustellen, ohne auch nur einen einzigen substantiellen Ton der Kompositionen zu ändern (vgl. Irmen, a.a.O., S. 284).

[6] Bach begriff seine Musik auch als musikalisch-mathematische Proportionskunst auf hohem wissenschaftlichem Niveau, die die göttliche Ordnung wiederspiegeln sollte. Seine wissenschaftlichen Erkenntnisse lässt Bach in zahlreiche Werke einfließen – z. B. auch in seine „h-moll-Messe“ BWV 232. Einige wenige Beispiele mögen dies verdeutlichen: Das Gloria beginnt mit einem 24taktigen Vorspiel; die Zahl 24 steht für die Stunden des Tages und dafür, dass alle Zeit in den Händen Gottes liegt. Oder: Der gesamte erste Teil des Gloria umfasst 100 Takte – 100 ist die Zahl für Vollkommenheit, hier die Vollkommenheit Gottes. Oder: Im Credo wird der fünfstimmige Chor durch zwei Violinstimmen zu einem siebenstimmigen polyphonen Satz ergänzt; die Zahl sieben repräsentiert die Schöpfungstage und damit die Schöpfung selbst. Oder: Eine Bariton-Arie im Credo besteht aus 144 Takten, ein Hinweis auf die 144.000 Auserwählten aus Johannes, Kap. 14.3 usw.

[7] Vgl. Helga Thoene: Johann Sebastian Bach. SONATA A-MOLL. Eine wortlose Passion. Analytische Studie, Oschersleben 2005, Seite 26.

[8] Vgl. Helga Thoene: Johann Sebastian Bach. CIACCONA. Tanz oder Tambeau. Eine analytische Studie, Oschersleben 2003, Seite 93. In einer weiteren Veröffentlichung erforschte Thoene entsprechende numerische Bedeutungszusätze in Bachs Sonata C-dur. Vgl. Helga Thoene: Johann Sebastian Bach, SONATA C-DUR BWV 1005 „Lob sey Gott dem Heiligen Geist“. Analytische Studie, Oschersleben 2008.

[9] Albert Schweitzer: J.S. Bach, Leipzig 1907.

nen Zahlenwert um, so ergibt sich die Zahl 223. Der Zahlenwert für den Namen „Ernst von Knorr“ dem diese Komposition gewidmet ist, ergibt 191. Die Addition von 223 + 191 = 414 entspricht der Summe der Taktzahlen der gesamten Komposition[10].

Diese o. g. Hinweise auf Technik und Ergebnisse der Gematrie sollen Interessierte dazu anregen, sich mit der Musik Wilhelm Benders (und natürlich anderer Komponisten) auch bezüglich (noch) verborgener Symbolzahlen zu beschäftigen.

Man wird viele versteckte Ideen der Künstler wieder entdecken, wenn man lernt, ihre Kunstwerke tiefer gehend zu entschlüsseln. Erforscht man die Bestandteile einer Komposition unabhängig von geläufigen Zusammenhängen aus neuen Perspektiven, so entdeckt man in der Musik manche bislang unerkannte, aufregende Details – Parallelfelder aus kodierten Botschaften, die eine bedeutungsvolle und verborgene Sprache sprechen. Wer mehr weiß, erlebt und genießt auch sehr viel mehr; das gilt auch für die Musik. Derzeit ist in der Musikwissenschaft eine verstärkte Neigung zur Entdeckung geheimer Botschaften zu spüren, so dass man davon ausgehen kann, dass sich weitere Geheimnisse „entziffern“ lassen Um diesen Zusammenhängen nachzuspüren, war die Musik seit es denkende und forschende Manschen gibt auch niemals nur „Kunst“, sondern auch Forschungsgegenstand der Wissenschaften; so galt die „musica“ Jahrhunderte lang neben Geometrie und Arithmetik als Teilgebiet der Mathematik.

Der Vollständigkeit halber seien noch zwei andere anregende Gematrie-Beispiele bei Mozart und Bach erwähnt, die der Bekräftigung von Aussagen der jeweiligen Texte in der Komposition dienen und sozusagen eine zusätzliche nonverbale Begründung liefern[11].

---

[10] Die Wahrscheinlichkeit, dass sich verblüffende Ergebnisse aus Verknüpfungen von Zahlen mit bestimmten Bedeutungen auch zufällig ergeben, wächst notwendigerweise mit der Länge eines Musikstücks, d. h. alleine mit der quantitativen Basis der Analyse, so dass aus jeder beliebigen, großen Zahl Bemerkenswertes zusammentragen werden kann. Man muss sich darum vor „Nonsense-Korrelationen“ hüten.

[11] Zur Schärfung von Stimmungen dient z. B. die Wahl einer bestimmten Tonart. Dadurch sollen nach Absicht der Komponisten z. B. die Protagonisten etwa in der Oper oder im Oratorium zusätzlich charakterisiert und weitere Handlungshinweise gegeben werden – z. B. zur inneren Befindlichkeit der Akteure oder zu deren veränderten Gefühlslagen. Solche „Tonarten-Absichten" gibt es in Hülle und Fülle etwa in den Opern Richard Wagners: Die „Hoffnungstonart" B-dur für Parsifal (B-dur schildert nach Vogler die Einsamkeit, ist der Sonne zugeeignet, dient dem Hinsehen nach einer besseren Welt), h-moll als „dämonische Tonart" für Klingsor (h-moll ist nach Berlioz wild, herb, finster, brutal, aber auch einsam und traurig) usw. Man findet verbindende Tonarten, die auf Parallelen von einzelnen Opernfiguren verweisen: Des-dur als „Schöpfertonart" als Verweis auf Titurel, den Schöpfer des Grals, und auf Wotan, den Schöpfer der Götterburg (Des-dur eignet sich nach Schubert für das Gefühl des Selbstvertrauens, der keck vorschreitenden Gravität, zur Darstellung de Prächtigen); Es-dur als „Helden-Tonart" für die beiden Helden Siegfried und Parsifal (Es-dur ist nach Berlioz majestätisch, grausam und roh, beschreibt wütende, verwegene und angreifende Gemütsbewegungen); G-dur als „Verführungstonart“ für Kundry gegenüber Parsifal und Gudrun gegenüber Siegfried (G-dur ist nach Rousseau für das Zärtliche, für die befriedigte Leidenschaft geeignet) usw. Selbst die Wahl von A-dur als „Tonart der Mittagszeit" – jeder der zwölf Dur-Tonarten repräsentiert auch zwei unterschiedliche Stunden der 24 Tages- und Nachtzeiten; A-dur beschreibt nach Vogler „helle Gegenden“, klärt damit, um welche Zeit sich Parsifal und Gurnemanz auf den Weg zum Gral begaben („Hoch steht die Sonne…„). Quellen: Jean Rousseau: Méthode claire, certaine et facile pour apprendre à chanter la Musique, Paris 1691 sowie Georg Joseph Vogler: „Ausdruck (musikalischer)“. In: Deutsche Encyclopaedie oder Allgemeines Real-Woerterbuch aller Kuenste und Wissenschaften, Band 2, Frankfurt/Main 1779 ferner Louis Hector Berlioz: Grand Traté d'Instrumentation et d'Orchestration modernes, Paris 1856 und Christian Friedrich David Schubart: Ideen zu einer Ästhetik der Tonkunst, Wien 1806.

Das bekannte Zauberflöten-Duett von Pamina/Papageno „Bei Männern, welche Liebe fühlen“ hätte den vom Duett ausgeschlossenen Tamino eifersüchtig machen können. Mozart weist „unhörbar“ in einer zweiten Bedeutungsebene auf eine grundlose Eifersucht hin, indem er zu Beginn des Duetts an markanter Stelle die Begleitung durch Klarinetten und Hörner aussetzt. Es sind 124 Töne, die er nicht notierte. Diese Null-Töne bilden in der Zahlensprache das Wort EYFERSUCHT. Kann man eine unbegründete Eifersucht besser ad absurdum führen als durch Nichtvorhandensein, durch Weglassen?[12]

Bei Bach wird die Zahl 37 zum wichtigsten Baustein für die Architektur seiner drei o. g. Violin-Solo-Sonaten[13]. Diese Sonaten sind eine wundervolle Musik; ihre musikalische Wirkung sollte eigentlich vollkommen ausreichen, um zu verstehen, weshalb Bach sie niederschrieb. In einer weiteren Botschaft tritt eine neue ungeahnte Dimension dieser Musik hervor: Die 37, die über herausragende mathematische Besonderheiten verfügt, wird in diesen Kompositionen zum Sinn und Aufbau gebenden Symbol. Sie erscheint entweder als Grundzahl oder als ihre Dreieckszahl, in Verzehnfachungen, Quersummen und Umkehrungen und repräsentiert z. B. die gemeinsame Anzahl der komponierten Töne der drei Fugensätze oder die begleitenden Töne von Choral-Zitaten, die damit bedeutungsvoll herausgehoben werden[14].

Die 37 hat hohen symbolischen Wert: Sie ist als gematrischer Wert die Summe aus 22 (= X) und 15 (= P), dem Zahlenwert aus dem Christus-Monogramm XP – die lateinische Adaption des griechischen Chi und Rho, den Anfangsbuchstaben des griechischen ChRistos. Bach weist damit seiner bislang als typisch weltlich interpretierten Komposition eine hohe religiöse Bedeutung zu[15].

Selbst in der zeitgenössischen Musik werden Zahlensymbole zur Verstärkung der musikalischen Aussagen fallweise herangezogen. Der Amerikaner George Crumb (*1929) z. B. präsentiert in „Black Angels: 13 Bilder aus dem dunklen Land“ als musikalische Reaktion auf den Vietnam Krieg ein Werk der Zahlenmagie über die gefallenen Engel mit den Zahlen 7 und 13 als numerische Grundidee.

Ein besonderes reizvolles Beispiel für versteckte Botschaften bietet Alban Bergs „Lyrische Suite“ für Streichquartett aus den Jahren 1925/26: In dem Ehemann Alban Berg entflammte eine große Leidenschaft für die ebenfalls verheiratete Hanna Fuchs-Robettin. Diese geheim gehaltene Beziehung veranlasste Berg zu einer versteckten intimen Botschaft in seiner „Lyrischen Suite“ mit thematischen Anspielungen auf die

---

[12] Vgl. Hans-Josef Irmen: Mozart - Mitglied geheimer Gesellschaften, Essen 1988, Seite 319 ff.

[13] Eine andere Zahl, die 33, gilt als heilige Zahl und symbolisiert göttliche Wahrheit. Sie findet sich als Botschaft z. B. in Albrecht Dürers Holzschnitt „Melancholie I“ von 1514. Die 33 ist in ein magisches Quadrat mit 16 Ziffern eingearbeitet, deren Additionen nach Spalten, Zeilen, aber auch in den vier Teilquadraten und im mittleren Quadrat stets die Summe 33 ergeben. In der letzten Zeile ist auch noch das Jahr 1514 als Entstehungsjahr des Bildes eingearbeitet (solchen magischen Quadraten wurden in den alten Geheimwissenschaften Zauberkräfte zugeschrieben). „Melancholie I“ ist das erste europäische Kunstwerk, in dem ein magisches Quadrat dargestellt wird. Die Botschaft Dürers lautet: Die alten mystischen Geheimwissenschaften Ägyptens und Indiens sind in Europa angekommen!

[14] Vgl. Helga Thoene: Johann Sebastian Bach. CIACCONA. Tanz oder Tombeau. Eine analytische Studie, Oschersleben 2003, Seite 48 ff.

[15] In manchen Kompositionen Bachs – so in den o. g. „Sechs Sonaten und Partiten für Violine Solo“ – tritt noch eine weitere Sprache hervor, die Sprache der wortlosen Choral-Zitate. In der Sonate II z. B. bildet der (versteckte, nicht als socher sofort hörbare) Cantus firmus, also das melodische Gerüst der Sonate, die Melodie zu den ersten vier Zeilen des Paul-Gerhardt-Passionslieds „O Haupt voll Blut und Wunden“. Vgl. Thoene, CIACCONA, a.a.O., S. 62 ff; dort finden sich auch noch andere Choral-Beispiele.

Initialen „H“ und „F“ sowie „A“ und „B“ – in Verbindung mit dem Tristan-Akkord im letzten Satz der Suite als Hinweis auf einen ersehnten (aber nicht realisierten) gemeinsamen Liebestod.

Auch bekannte Romane arbeiten mit mehr oder minder versteckten Zusatzebenen: In seinem Roman „Doktor Faustus“ lässt Thomas Mann seinen Romanhelden, den Tonsetzer Adrian Leverkühn, die Zwölftonmusik begründen (nachdem Theodor W. Adorno den musikbesessenen Thomas Mann in die entsprechenden musiktheoretischen Grundlagen eingewiesen hatte). Thomas Mann hat daraufhin seinem Roman auch eine formale dodekaphonische Struktur gegeben, und zwar in 12 x 4 = 48 Kapiteln: Nachdem Thomas Mann in den ersten 12 Kapiteln (12 als Basis der Zwölftonmusik) alle Motive als thematische Grundgestalt des Romans abhandelt, die er im „Doktor Faustus“ anschließend variiert, werden diese Motive – wie in der Dodekaphonie üblich – in den Kapiteln 13-24 in der Umkehrung, also der Spiegelung, verarbeitet, dann in den Kapiteln 25–36 in Form des sogenannten Krebs und anschließend in den Kapiteln 37–48 in der Umkehrung des Krebs[16].

[16] Vgl. Harald Wehrmann „Der Roman praktiziert die Musik, von der er handelt“. Über den Versuch Thomas Manns, seinem Roman „Doktor Faustus“ eine dodekaphonische Struktur zu geben. In: Die Musikforschung, Heft 1, Kassel 1993, Seiten 5-16.

12 Wilhelm Bender, Glockenspieler an der Parochialkirche und Komponist von Glockenspielmusik

Die größte eigenständige musikalische Lebensleistung Wilhelm Benders liegt vermutlich in seiner Glockenspielmusik (während er die größte musikalische Wärme in seinen Kinderliedern verströmte). Das Glockenspiel schien Wilhelm Bender von allen Musikinstrumenten am stärksten am Herzen zu liegen; am Glockenspiel leistete er Überdurchschnittliches und Zeitloses: Er trat sowohl als herausragender Glockenspieler als auch als bedeutender Komponist einer arteigenen Glockenspielmusik in Erscheinung. Mit seinen Glockenspiel-Kompositionen (und seinen Kinderliedern) ist er heutigen Musikfreunden am nachhaltigsten in Erinnerung geblieben.

Die beiden wichtigsten musikalischen Werkgruppen seines Schaffens könnten gegensätzlicher kaum sein: Im Kinderlied die Erfindung von Melodien für die Stimme als dem natürlichsten und einfachsten „Instrument", meist als Hausmusik im kleinen Kreis zuhause oder im Kindergarten gesungen, dort Melodien für das Glockenspiel, dem „Exoten" unter den Musikinstrumenten auf einem eher abseitigen Gebiet der musikalischen Praxis, dem – wenn nicht von einem wirklichen Künstler gespielt – kaum nuancenreiche Melodie-Instrument, das gerade nicht im geschlossenen Raum, sondern nur im Freien weit vom Turm herab erklingt.

Selbst eine intensive Beschäftigung mit dem Komponisten Wilhelm Bender und seinen einzelnen Werken hat nicht zu einem eindeutigen Urteil geführt, welchem „Instrument" er wirklich den Vorzug gab; möglicherweise neigt sich die Waage aufgrund der ungleich höheren Anzahl seiner Glockenmusiken zu Gunsten des Carillons[1].

Als Wilhelm Bender an der Berliner Parochialkirche das Amt des 15. Glockenspielers seit Errichtung des Glockenspiels übernahm, gab es nur sehr vereinzelt eigenständige (und aufgezeichnete) Literatur für das Carillon; ansonsten spielte man vorwiegend reine Bearbeitungen bekannter Melodien. Zu den wenigen wirklichen und bekannten Originalkompositionen für Glockenspiele gehörten z. B. Händels Glockenmusiken für eine Spieluhr von Charles Clay, die Max Seiffert vom Staatlichen Institut für deutsche Musikforschung wieder entdeckt hatte und die Wilhelm Bender 1938 bei den Berliner Musikfestspielen zum ersten Male außerhalb Englands spielte. Händel komponierte auch andere kleinere Werke für das Glockenspiel, die er in seine größeren Kompositionen – z. B. in die Oratorien „L´Allegro" und „Saul" – integrierte.

Der Grund für das lange Fehlen wirklich eigenständiger Glockenmusik bis in die dreißiger Jahre des vorigen Jahrhunderts war historisch durch die ursprüngliche dominante Funktion des Glockenspiels als Vorab-Signal („Vorschlag") für den Stundenschlag der Läuteglocken begründet: Die Zuhörer sollten den Beginn des Zählens der Schläge nicht verpassen. Aus dem schlichten, vorgeschalteten Läuten entwickelten sich nur sehr allmählich kleine Melodien, zuerst per Handspiel, dann mechanisch auf besonde-

[1] Ein Carillon ist ein großes Turm-Glockenspiel. Der Name Carillon ist von „quatrillionem" abgeleitet, dem rhythmischen Anschlag von vier Glocken, wie er im 14. Jahrhundert vom Turmwächter praktiziert wurde. Die World Carillon Federation (WCF) verlangt von einem Carillon, dass es mindestens über 23 Glocken in chromatischer Reihe über zwei Oktaven verfügt und die Glocken von einem Spieltisch aus angeschlagen werden können. Ein Konzert-Carillon besteht aus mindestens 48 Glocken und einen Spieltisch mit einem Tonumfang von vier Oktaven. Ein Grand Carillon besitzt mindestens 53 Glocken und einen Spieltisch mit einem Tonumfang von viereinhalb Oktaven.

ren automatischen Walzen, für deren Ausgestaltung man zusätzliche, aufeinander harmonisch abgestimmte Glocken benötigte – der Weg zu immer größeren Glockenspielen für das „repräsentative Glockenläuten“ in Kirchen, Rathäusern und Schlössern war vergleichsweise spät vorgezeichnet.

Mit der von Wilhelm Bender komponierten „Suite für Glockenspiel“ entstand eine der bekanntesten und arteigensten[2] Kompositionen für Glockenspiel überhaupt, d. h. sie gingen einfühlsam und instrumententypisch auf den besonderen Charakter des Glockenspiels ein. Auf keinem anderen Instrument würden diese Melodien so typisch und perfekt klingen. Mit seiner „Suite für Glockenspiel“ gelang Wilhelm Bender nicht nur ein bedeutender musikalischer Wurf; ihr kam auch historische Bedeutung als erstes großes eigenständiges Werk deutscher Glockenmusik zu, die seitdem bei vielen Gelegenheiten zum Vortrag kommt. Nur wenigen europäischen Komponisten von Glockenmusiken, z. B. Matthias van den Gheyn, Carillonneur in Louvain (1745-1785), dessen elf Präludien heute zum Standard-Repertoire eines Carillonneurs gehören, war zuvor Vergleichbares gelungen. Wilhelm Bender besaß die Meisterschaft, eigene Kompositionen dem Glockenspiel anzupassen und sie vollendet vorzutragen. Jeffery Bossin, Glockenspieler am Carillon des „Haus der Kulturen der Welt“ in Berlin-Tiergarten, schreibt u. a. über Wilhelm Benders „Suite für Glockenspiel“: „Es sind vier kurze melodische Stücke im neoklassizistischen Stil. Die musikalische Sprache der schlichten Sätze bleibt tonal und verwendet einfache Harmonien. Von Benders Werken ist die (von Bossin so genannte „Kleine“) Suite als wichtigstes zu nennen. Sie besteht aus einem Allegro molto G-dur in Form eines Präludiums, einem pentatonisch angelegten Allegretto, einem lyrischen Lento im äolischen Modus und einem aphoristischen Vivace im Stil einer Giga“[3].

Ergänzend zu der damals bekannten vornehmlich liedgebundenen Glockenmusik anderer Musiker schrieb Wilhelm Bender mehrere neuartige Spielstücke in der Absicht, die zeitgenössische Sprache der Musik auch glockengerecht sprechen zu lassen“[4]. Diese „zeitgenössische Sprache“ war im Stile des musikalischen Neoklassizismus mit seiner puristischen Schlichtheit und Klarheit gehalten. Wilhelm Bender schrieb seine Glockenspielwerke bevorzugt für seine eigenen Konzerte und für die automatische Spielvorrichtung des Parochial-Glockenspiels.

Anlässlich des 250. Geburtstages von König Friedrich Wilhelm I., dem Stifter der Parochialglocken, veranstaltete Wilhelm Bender im August 1938 ein „Glocken-Festspiel“, in das er eine wichtige Neuerung in den Mittelpunkt seiner Aufführungen stellte: ein Originalwerk für Carillon aus Deutschland. Schon im voran gegangenen Sommer hatte er als erster Berliner Carillonneur eigene Carillon-Kompositionen uraufgeführt. Nun erklangen neben seinen „Fünf Tänzen für Glockenspiel“ und seinen Variationen

---

[2] Wilhelm Bender konnte sich seine „arteigenen“ Glockenmelodien nur auf dem Carillon gespielt vorstellen. Spielte man sie mit anderen Klangfarben auf einem anderen Instrument, so würden sie ihren typischen glockengerechten Charakter verlieren. Was typisch und „arteigen“ ist, mag das folgende Musikbeispiel zeigen: Beethoven schrieb zu seinem bedeutenden Violinkonzert D-dur (opus 61) eine Transkription für Klavier (opus 61a, ein Gelegenheitswerk, Julie von Breuning gewidmet), in dem jede Note des Klavierparts eher untypisch und ungeeignet klingt, also für Klavier allemal „artfremd“. Die Original-Violinfassung wirkt dagegen „arteigen“ und authentisch.

[3] Vgl. Jeffery Bossin: Die Carillons von Berlin und Potsdam: Fünf Jahrhunderte Turmglockenspiel in der Alten und Neuen Welt. Berlin 1991, Seite 97.

[4] Seine Programmpläne beschrieb Wilhelm Bender in einem Aufsatz „Das Jahr des Glockenspiels“ in den Parochialglocken Nr. 10, von Januar 1937/38, Seite 63.

über ein eigenes Lied „Nichts kann uns rauben Liebe und Glauben zu diesem Land" auch ein „Fanfarenstück für Glocken", ein „Ostinato", die „Suite für Glockenspiel", Vorspiel und Variationen über den Choral „Nun danket alle Gott" und „Lied des Türmers" für Carillon und Bläserquartett, „Kanon", „2 Glockenspiele" und sein „Glockenspiel 700 Jahre Berlin" für sein großes Berliner Konzert im August 1937. Es sind kurze melodische Stücke im neoklassizistischen Stil. Die musikalische Sprache der schlichten Sätze bleibt tonal und verwendet einfache Harmonien wie die der Volkslieder oder der protestantischen Choräle. Rhythmische Variationen mit Taktwechseln lockern Melodik und Harmonik auf und sorgen für musikalische Abwechslung. Die Melodien haben keine Note zu viel, es gibt keine „demonstrative" Spieltechnik, keine monströse Darstellung, es gibt einfach nur Notwendigstes für perfekten Klang.

Im Nachlass Wilhelm Benders befinden sich noch einige Skizzen für bislang unbekannte eigenständige Glockenmusiken und weitere Bearbeitungen bekannter Melodien, darunter ein nicht vollendeter Entwurf über ein Thema von Hindemith in dessen Handschrift: „Entwurf zum Glockenspiel" (vermutlich 1936 entstanden, als Wilhelm Bender bei Hindemith eine Kompositionsklasse belegte). Das motivische Material dieses Blattes mit dem Titel „Hindemiths Entwurf zum Glockenspiel" fanden Eingang in beide Fassungen von Wilhelm Benders „2 Glockenspiele", die von Paul Hindemith angeregt wurden.

Wilhelm Bender komponierte auch einige wenige Militär-Musikstücke für das Glockenspiel, die aber durch fehlende Neigung zur Materie weniger beachtlich sind.

Die musikalische Wirkung der Glockenspielkompositionen Wilhelm Benders beruht u. a. auf einigen Besonderheiten der Glocken-Akustik, die in seinen Glockenspielwerken optimal zusammenwirken: Ein harmonischer Zusammenklang entsteht beim Glockenspiel meist nur durch einstimmige Melodieführungen. Sparsam verwendete Bassnoten am Anfang oder Ende einer Phrase bilden das harmonische Grundgerüst. Komplizierte, raffinierte Harmonien erklingen höchst selten im Zusammenklang, eine durchgängige Zwei- oder Dreistimmigkeit findet man – außer in den Glockenkompositionen Wilhelm Benders (wegen des „unreinen" Nachklingens der Glocken) anderswo so gut wie nicht. Dieser Nachklang beruht auf der fehlenden Dämpfung der Glocken, so dass vor allem die tiefen Glocken lange nachklingen und damit die kleinere Glocken übertönen. Sobald eine Glocke angeschlagen wurde, lässt sich der Klang bis zum Ausklingen nicht mehr beeinflussen. Insoweit erfordert das Carillonspiel eine stark wechselnde, ausgleichende Dynamik, die durch die Anschlagtechnik des Carillonneurs reguliert werden muss.

Dieses gefühlvolle Anschlagen der Glocken macht erst das wirkliche Können eines Carillonneurs aus. Beherrscht er es nicht, so stellt sich eine Wirkung ein, wie sie Thomas Mann in den ersten Sätzen seines Romans „Der Erwählte" kritisch beschreibt: „Glockenschall, Glockenschwall supra urbem, über der ganzen Stadt, in ihren von Klang überfüllten Lüften! Glocken, Glocken, sie schwingen und schaukeln, wogen und wiegen ausholend an ihren Balken, in ihren Stühlen, hundertstimmig, in babylonischem Durcheinander. Schwer und geschwind, brummend und bimmelnd – da ist nicht Zeitmaß noch Einklang, sie reden auf einmal und alle einander ins Wort, ins Wort auch sich selber: andröhnen die Klöppel und lassen nicht Zeit, dem erregten Metall, daß es ausdröhne, da dröhnen sie pendelnd an am anderen Rande, ins eigene Gedröhne, also daß, wenn's noch hallt »In te Domine speravi«, so hallt es auch schon »Beati, quorum tecta sunt peccata«, hinein aber klingelt es hell von kleineren Stätten, als rühre der Meßbub das Wandlungsglöcklein".

Einen vorzüglichen Überblick über Wesen und (Spiel-)Technik des Carillons, über die internationale Glockenspielmusik des 17. Jahrhunderts bis zur modernen Entwicklung einer eigenständigen Carillonmusik, wie sie sich bis in die Gegenwart nach den Kompositionen Wilhelm Benders entwickelt hatte, aber auch über Methoden zur Herstellung von Glocken usw. liefert Jeffery Bossin[5]: Für die Entwicklung der Glockenspielmusik war entscheidend, dass die Spieltechnik des Carillons verbessert wurde. Die Klöppel der Glocken moderner Carillons werden längst nicht mehr über einfache Seile mit der Hand bedient; komplizierte Mechanismen und Systeme aus Seilzügen entstanden, die mit den Glockenklöppeln verbunden sind, so dass über die Tastenstöcke und Pedale der Spieltische die Glocken auch in der Tonstärke differenziert zum Klingen gebracht werden können. Die Instrumente waren damit perfektioniert, eine eigenständige, aufgezeichnete Notenliteratur aber vom Umfang her nach wie vor bescheiden. Auch die bewundernswertesten Improvisationen des Glocken-Handspiels erfuhren keine Aufzeichnungen und somit keine historischen Überlieferungen.

Der (neben seinen Kinderliedern) sicherlich eigenständigste kompositorische Schatz Wilhelm Benders, seine arteigene und originelle Glockenspielmusik, war nach seinem Tod in Deutschland größten Teils verschollen und schien verloren. Gedruckt lag davon zu seinen Lebzeiten ohnehin nichts vor und die wichtigsten Originalhandschriften waren bei Luftangriffen in Berlin verbrannt. Seine einzigartige „Suite für Glockenspiel" stammt aus dem Jahre 1938. Die Handschrift überdauerte als eine der wenigen deutschen und als einzige der Carillon-Kompositionen Wilhelm Benders den Zweiten Weltkrieg, während seine anderen Werke für das Glockenspiel scheinbar verloren gingen. In seinem Vorwort zur Neuausgabe der gesammelten Glockenspielwerke Wilhelm Benders im Jahre 2006 schreibt Wilhelm Ritter, Diplom-Glockenspieler und ehemaliger Geschäftsführer der Deutschen Glockenspielvereinigung: Jahrzehntelang beschränkte sich das Glockenspielrepertoire von Wilhelm Bender auf ein einziges Stück, die „Suite für Glockenspiel", Dauer ca. acht Minuten. Dieses Stück gelangte durch eine Ausgabe von Percival Price über den ehemaligen Direktor der niederländischen Glockenspielschule in Amersfoort Leent Hart zu Dr. Karl Friedrich Waack. Eine „abgegriffene" Fassung, die Kopie einer kopierten Kopie, wurde von Georg Köppl aus München notdürftig restauriert. Neben der „Suite für Glockenspiel" wusste man von kleinen Stücken, die aber „nicht so gut sein sollten"! Abschriften solle es geben – aber wo? Bei Nachforschungen des Neffen Ulrich Bender stellte sich heraus, dass in der Universitätsbibliothek Ottawa der musikalische Nachlass von Percival Price aufbewahrt wird. Dort gab es zum Glück Abschriften des Glockenspieler-kollegen Percival Price in Kanada[6].

Die Wiederentdeckung von Teilen der Glockenspielkompositionen Wilhelm Benders ist einem Glücksfall zu verdanken und mit dem Namen Frank Percival Price eng verbunden. Im Rahmen der Recherchen zu dieser Arbeit fand sich im Evangelischen Landeskirchlichen Archiv Berlin ELAB ein Hinweis auf Percival Price und seine zwischenzeitlich vergessenen Kontakte zu Wilhelm Bender sowie Hinweise auf seine in

[5] Vgl. Vgl. Jeffery Bossin: Die Carillons von Berlin und Potsdam: Fünf Jahrhunderte Turmglockenspiel in der Alten und Neuen Welt. Berlin 1991.

[6] Vgl. Wilhelm Ritter: Die Glockenspielwerke von Wilhelm Bender 1911-1944. Vorwort zur „Wilhelm Bender Edition: Kompositionen für Carillon", 2006, Heft 1, Seite III.

den USA lebende Tochter, Daphne McCree. Price hatte sein umfangreiches Privatarchiv nach seinem Tod der National Library of Canada in Ottawa, Kanada, vermacht. McCree verfügte noch über ein Verzeichnis aller im Percival Price-Archiv vorhandenen Abschriften von Kompositionen Wilhelm Benders. Fast die gesamte verloren geglaubte Glockenmusik Wilhelm Benders konnten so wieder entdeckt und dem Gesamtwerk an Glockenspielmusiken beigegeben werden. Percival Price hat sich durch das Aufbewahren der Kopien von Wilhelm Benders Glockenspielmusiken um den Erhalt dieser Glockenspiel-Kompositionen höchst verdient gemacht.

Price war ein kanadischer Glockenspieler (1901-1985), der vor dem Krieg einige Male Europa bereiste, um dort Carillon-Konzerte zu geben und um neue Glockenmusik kennenzulernen, die er in Amerika aufführen wollte. Price war der erste professionelle Carillonneur Nord Amerikas und der erste nichteuropäische Absolvent der bekannten „Beiaardschool of carillonneur" von Mechelen in Belgien (außer in Mechelen studierte Price in Toronto, Wien und Basel). Price war jeweils viele Jahre lang Glockenspieler in Toronto, New York, Ottawa und in den USA an der University of Michigan, Ann Arbor, dort auch Professor für campanology. Er komponierte erfolgreich (z. B. „The St. Lawrence Symphony" von 1932/33 oder das „Concerto for carillon, brass and percussion") und bearbeitete viele Hunderte Glockenspielmusiken. Für Glockenspiele galt er als internationale Autorität, er entwarf und richtete eine Reihe von Carillons ein und gab weltweit auf über 100 unterschiedlichen Carillons Konzerte. Price war schon vor 1933 Kenner der europäischen Glockenspielszene. Er kam 1932 zum ersten Mal an die Berliner Parochialkirche, an der er virtuose Konzerte gab, spielte dann 1934 auch auf dem Carillon der Potsdamer Garnisonkirche.

Wilhelm Bender und der zehn Jahre ältere Percival Price lernten sich bei der Glockengießer-Familie Schilling in Apolda kennen und schlossen spontan Freundschaft (aber nicht nur aus Freundschaft bezeichnete Percival Price den jungen Wilhelm Bender „als den fähigsten Carillonneur östlich der Niederlande"). Beide hatten vor dem Krieg am Parochial-Glockenspiel gemeinsam öffentlich konzertiert (worüber in der damaligen Presse allerdings keinerlei Hinweise oder Kritiken zu finden sind). Price lud Wilhelm Bender (wegen des ausbrechenden Kriegs vergeblich) zu einem Konzert in die neue Welt ein. Price konnte mit Zustimmung Wilhelm Benders Abschriften seiner Glockenmusiken anfertigen, um – was auch im Interesse des Komponisten lag – diese Werke in Amerika in Konzerten und als Glockenspiel-Professor in seinen Seminaren bekannt zu machen. Anlässlich seines Europa-Aufenthalts nach dem Krieg – jetzt als Besatzungsoffizier – hatte Percival Price 1948 den Kontakt zu Lisa Bender gesucht und bei ihr in Düsseldorf weitere Kopien von Wilhelm Benders Kompositionen anfertigen können und in Amerika aufgeführt.

Nachdem sich 1962 eine Tagung der Guild of Carillonneurs in Ann Arbor, Florida, mit den Glockenkompositionen Wilhelm Benders intensiv beschäftigt hatte, gab es auf Anregung von Percival Price Pläne, dass die Guild of Carillonneurs die Glocken-Kompositionen Wilhelm Benders für Nord Amerika verlegen würde. Lisa Bender, die Witwe Wilhelm Benders, stimmte grundsätzlich zu. Aus nicht mehr bekannten Gründen (vermutlich wegen höherer Lizenzgebühr-Erwartungen Lisa Benders) kam es aber nie zu der entsprechenden Veröffentlichung. Auch eine Anregung aus Glockenspielerkreisen, nach dem Krieg die Werke Wilhelm Benders im Leipziger Musikverlag Peters drucken zu lassen, der durchaus interessiert schien, weil er bereits andere (z. B. holländische) Glockenmusiken in seinem Sortiment führte, wurde von Lisa Bender nicht weiter verfolgt. Erstaunlich war ferner, dass die Glockenkompositionen Wilhelm Benders nicht schon wie andere Werke von ihm zu seinen Lebzeiten bei Schott verlegt wurden: Schott hatte sich bereits 1895 mit Glockenmusiken befasst und – weil damals das Interesse an Glockenmusik in Deutschland noch eher verhalten war – vornehmlich ausländische Glocken-Kompositionen (die vornehmlich reine Bearbeitungen bekannter Melodien für das Glockenspiel waren) für das Klavierspiel herausgebracht.

Im Dezember 2006 hat die Deutsche Glockenspielvereinigung in Kassel das gesamte Glockenspielwerk Wilhelm Benders bearbeitet und verlegt und auch der Weltföderation der Carillonvereinigung zur Verfügung gestellt[7]. Dabei flossen auch Korrekturen in die Percival Price-Abschriften ein. Zwar sind diese Abschriften sehr gut zu lesen, sind aber in ihrer Übersichtlichkeit stark durch enge und unübersichtliche Schreibweise gekennzeichnet. Offensichtliche Schreibfehler von Price, besonders bei den Chorälen, konnten durch die auf einem alten Filmnegativ im Nachlass Lisa Benders gefundenen „Steckpläne für die Walze“ verbessert werden[8]. Bei der Neuausgabe der Glockenspielmusiken Wilhelm Benders durch die Deutsche Glockenspielvereinigung wurden die eingezeichneten Ausführungsvorschläge in der Ausgabe von Percival Price für die „Suite für Glockenspiel" weggelassen, der Hand- und Fuß-Satz bei allen Werken nur z. T. übernommen[9].

Durch die Neuausgabe des gesamten Glockenspielwerks Wilhelm Benders ist eine schnelle und erfolgreiche neuerliche Verbreitung der Glockenmusiken Wilhelm Benders sichergestellt, die dem Komponisten Wilhelm Bender, dem unermüdlichen Protagonisten des Glockenspiels, zu neuem Ansehen verhilft. Immerhin gibt es heute weltweit ca. 500 Carillonneure und Carillons. Alleine rd. 250 dieser im Vergleich zu anderen Instrumenten seltenen und eher unbekannten Musikinstrumente befinden sich in Holland und Belgien, rd. 150 in den USA und Kanada, in Deutschland nur 41 (die bedeutendsten Glockenspiele in Deutschland sind in Aschaffenburg, Berlin, Kassel, Kiel, Erfurt, Frankfurt am Main, Halle, Hahnenklee/Goslar und in Hannover zu finden – das größte seit 1993 in Halle/Saale mit 76 Glocken; dort, wo es keine Glockentürme gibt, muss man dennoch auf den entsprechenden Klang nicht verzichten, da ein Rostocker Glockenspieler Konzerte mit einem auf einen Lastwagen montierten Glockenspiel anbietet).

In Ermangelung anderer Kompositionen wurden vor Wilhelm Benders arteigener Kompositionstätigkeit auch an der Parochialkirche vornehmlich Bearbeitungen von eher „profanen“ Melodien auf dem Carillon gespielt. Die Glockenmusik diente also nicht nur der musica sacra, sondern durchaus auch dem „weltlichen Musizieren“. Dies wurde an der Parochialkirche nach 1933 besonders deutlich, als man Pfarrer Kitscha eingestellt hatte, Mitglied der Deutschen Christen und der NSDAP[10]. Kitscha forderte mit Nachdruck von den Kantoren und Glockenspielern Wilhelm Bender und seinem Vorgänger Hans Siepert, dass sie den veränderten politischen Verhältnisse auch auf dem Glockenspiel musikalisch Ausdruck geben sollten (was auch durchaus in deren

---

[7] Wilhelm Bender Edition: Heft 1 (2006) „Kompositionen für Carillon“, Heft 2 (2006) „Choralsätze für die Walze“, Heft 3 (2007) „Liedbearbeitungen für Carillon“. Herausgegeben im Verlag der Deutschen Glockenspielvereinigung e.V., Kassel.

[8] Wilhelm Bender komponierte einen fast vollständigen Bearbeitungsjahrgang für die Walzenautomatik des Glockenspiels der Parochialkirche, der im Nachlass Lisa Benders gefunden wurde.

[9] Vgl. Wilhelm Ritter: Die Glockenspielwerke von Wilhelm Bender 1911-1944. Vorwort zur „Wilhelm Bender Edition: Kompositionen für Carillon“, 2006, Heft 1, Seite III.

[10] Vgl. Kapitel 8.

Interesse lag). Folglich standen seit 1933 immer wieder „Lieder der Partei", „Lieder des neuen Deutschlands" und ähnliches auf den Programmen der beiden Carillonneure.

Gelegenheiten zur Aufführung „politischer Musik" gab es reichlich: Wilhelm Bender spielte regelmäßig mittwochs und sonntags auf dem Glockenspiel. Sonntags wurden immer um 12.30 Uhr Lieder und Choräle des vorangegangenen Gottesdienstes gespielt. Aber in den Mittwochskonzerten, jeweils um 13 Uhr, die sich großer Beliebtheit erfreuten, war in den einzelnen Konzertfolgen Raum für musikalische Themen-Schwerpunkte, u. a. für Partei- und Soldatenlieder (z. B. „Glocken singen von Soldaten: Deutsche Soldatenlieder aus vier Jahrhunderten") oder für Programme, die ausschließlich Hitlers Vorbild Friedrich dem Großen gewidmet waren, aber auch für Themen wie „Maria und Joseph", „Ruprecht und das Christkind", „Wanderschaft", „Auferstehung", „Frühlingsanfang", „Glocken im Volkslied" usw. Die Programmfolgen wurden rechtzeitig in den „Parochialglocken" angekündigt. Das Repertoire des „besonderen Kenners und Meisters des Glockenspiels" reichte also weit: Von Hitler-Huldigungen bis zu Weihnachtsglocken-Klängen, die Wilhelm Bender mit kunstvollen Stegreifsätzen hören ließ.

Umfang und Rahmen der von Wilhelm Bender gespielten Berliner Glockenspielkonzerte waren groß, ihr Echo in der Bevölkerung überwältigend: „Die Carillonklänge, die eine halbe Stunde vor der Jahreswende in der Silvesternacht über den Dächern der Stadt ertönten, stammten von Wilhelm Bender... Sonntags waren wie bisher Choräle nach dem Gottesdienst zu hören. Mittwochs bot Bender stets acht Lieder, die von einem Präludium (dem Glockeneinklang) und einem Postludium (dem Glockenausklang) umrahmt waren... Sonderkonzerte fanden am Heilige Abend, zu den Weihnachtsfeiertagen, Silvester, Neujahr und vor den fünf abendlichen Passionsgottesdiensten statt. Bereits beim ersten Neujahrskonzert (1936/37, der Verfasser) spielte Bender ein Programm mit Carillon- und Blasmusik. Er gab außerdem in jedem Jahr zwei spezielle Abendkonzerte. 1937 war es am 15. Juni die Abendmusik mit deutschen Chorälen, Volksweisen und Vaterlandsliedern und am 16. August anläßlich der 700-Jahr-Feier der Stadtgründung die ‚Alt-Berliner-Musik'. In der ersten von zwei aufwendigen Sonderveranstaltungen von 1938 konzertierte Bender mit einem Bläserquartett"[11].

Auch in diesen Konzerten konnte Wilhelm Bender, „der erfolgreich für die Belebung des Glockenspiels wirkt, die Möglichkeiten seines Instruments zeigen, auf dem er im einfachen Melodiespiel und in kunstvoller Akkord- und Stimmenführung unter anderem die choralartigen Weisen alter Landsknechtlieder, den Hohenfriedberger, Soldatengesänge aus der Zeit der Freiheitskriege, Lieder der Frontsoldaten, der Soldaten der Bewegung und der jungen Wehrmacht zu Gehör brachte" – so der Völkische Beobachter vom 21.06.1939. Aber auch das „echte Volkslied" rückte Wilhelm Bender in den Vordergrund seiner Vorträge und nahm dafür das „volkstümelnde Kitschlied" aus seinen Spielfolgen. Allgemein wurde gelobt, „wie der Glockenton vom Turm der Parochialkirche unter der kundigen Hand des Glockenmeisters zum Künder alten und ewig neuen Soldatentums im Lied wurde".

[11] Vgl. Jeffery Bossin: Die Carillons von Berlin und Potsdam: Fünf Jahrhunderte Turmglockenspiel in der Alten und Neuen Welt. Berlin 1991, Seite 96.

Es war Wilhelm Benders häufig geübte Praxis, Glockenkonzerte mit ausgewählter Posaunenmusik[12] – als Turmkonzerte von Bläsern vom Kirchturm geblasen – zu umrahmen (Konzerte zusammen mit Blechbläsern, „Berliner Turmmusik“ genannt, waren zuvor bereits im Jahre 1922 von Hans Siepert eingeführt worden). Zu diesen Turmmusiken, die durch ihn ein immer höheres Konzertniveau erreichten, hatte sich auch Wilhelm Bender von dem Komponisten Johannes Kuhlo anregen lassen, einem Bielefelder Pfarrer in den Bodelschwinghschen Anstalten in Bethel, Schwiegersohn von Friedrich von Bodelschwingh, der zusammen mit seinem Vater Eduard Kuhlo als Gründer der evangelischen Posaunenchorbewegung in Deutschland gilt. Später wurde der „Posaunengeneral“ Führer dieser Bewegung und Ehrenpräsident des „Verbandes evangelischer Posaunenchöre Deutschland“ in der Reichsmusikammer. Nach Kuhlos Klangideal sollten die Posaunenchöre möglichst genau einen Vokalchor imitieren, womit er die musikalische Welt Wilhelm Benders exakt berührte[13].

Mit seinen „weltlichen“ Konzerten auf dem Glockenspiel begeisterte Wilhelm Bender die Berliner Massen, insbesondere mit seinen politisch motivierten Glockenkonzerten der Jahre 1938 und 1939, so z. B. mit seinen Programmen von Februar 1938 und von Februar 1939 mit einem Potpourri aus NS-Liedgut (u. a. mit Liedern von Horst Wessel zum Gedenken an dessen Todestag am 23. Februar 1930) oder am 20. April 1939 zu Hitlers Geburtstag mit einem Sonderkonzert „Lieder der Hitlerjugend“, „Der Führer hat gerufen“, „Singend wollen wir marschieren“ usw. Im Juni 1939 gab Wilhelm Bender ein Glockenkonzert, in dem deutsche Soldatenlieder aus vier Jahrhunderten aus der Zeit um 1525 bis zur Gegenwart zu Gehör gebracht wurden. „Der Glockenmeister Wilhelm Bender ließ vier Jahrhunderte kriegerische Lyrik vorüberziehen: Landsknechtsweisen aus der großen Liedzeit des 16. Jahrhunderts, Lieder der friderizianischen Zeit, Lieder der Freiheitskriege und der jungen Romantik sowie Melodien des Ersten Weltkriegs und endlich die klaren, gradlinigen Gesänge der Bewegung und der Wehrmacht“ – so die Kritik der Abend-Ausgabe der Deutschen Allgemeinen Zeitung vom 15.6.1939. Sie fährt bewundernd fort, „...wie der ausgezeichnete Musiker Wilhelm Bender zu jeder der zeitlich so verschiedenartigen Melodien eine angemessene, musikalisch fesselnde Satzform erfindet, eine schlichte Zwei- und Dreistimmigkeit von Nachahmungen und Gegenlinien über und unter der Liedweise, die den herrlichen Klang des alten Glockenspiels in seinem ganzen Umfang ausschwingen lässt“.

Die Programmwahl lässt erkennen, wie präsent zu diesem späten Zeitpunkt noch der deutschchristliche NS-Geist in der Parochialkirche war, zeigt aber auch, dass sich Wilhelm Bender zum erkennbaren Kriegsbeginn – vergeblich – bemühte, durch sich steigernde musikalische Gefälligkeiten dem Regime gegenüber einer Wehrmachtseinberufung zu entgehen. Auch sein letztes Sommerabendkonzert am 6. September 1939 fand – mit der persönlichen Hoffnung auf seine Nicht-Einberufung – kurz nach Kriegsbeginn mit dem Thema „Lieder der Völker“ statt (unmittelbar vor dem Konzert empfing Wilhelm Bender interessierte Zuhörer im Turmzimmer der Parochialkirche und erläuterte die auf dem Programm stehenden Weisen aus Deutschland, Finnland, Italien, Schweden, Spanien und Ungarn und sang sie vor). Nach einem Glockeneingang von drei deutschen Volksliedern erklangen je drei Lieder aus Italien, Spanien, Ungarn, Finnland, Irland und Schweden. Jede Liedgruppe wurde durch ein Trompetensignal eingeleitet. Doch mit dem nun beginnenden Zweiten Weltkrieg war dieses

---

[12] Nach 1933 wurden die Turmmusiken auch fallweise von einem NS-Musikzug gespielt.

[13] Vgl. Kapitel 7, Fußnote 21.

Konzert wegen seiner Einberufung zum Wehrdienst für Wilhelm Bender das Ende seiner Tätigkeit am Glockenspiel der Parochialkirche nach rund vier Jahren höchst erfolgreicher Arbeit. Er kehrte nur noch einmal an „sein“ Carillon zurück: Weihnachten 1942 verbrachte Wilhelm Bender seinen Militärurlaub in Berlin. Mit einem traditionellen Glockenkonzert konnte er seine Berliner Zuhörer noch einmal u. a. mit seiner Improvisationskunst erfreuen.

Der Nachfolger Wilhelm Benders am Carillon der Parochialkirche, der junge Vikar Eberhard Wendeler, wurde auch bald Soldat und war daher nur wenige Monate an der Parochialkirche tätig. Er baute in seine Spielprogramme auch die Kinderlieder Wilhelm Benders ein.

Im Januar 1940 wurde Wilhelm Bender zum Militärdienst eingezogen. Von 1936 bis Ende 1939 blieben ihm somit nur rund vier Jahre für sein geliebtes Glockenspiel an der Berliner Parochialkirche. Wann immer er konnte, spielte er bei jeder sich bietenden Gelegenheit auf Glockenspielen und Orgeln (vor allem in seiner Eigenschaft als „Krad-Organist“) in den Ländern, in denen er als Soldat eingesetzt war, besonders in Holland. Dort fand man zu jener Zeit weltweit mit insgesamt 806 den größten Bestand an Glockenspielen, davon 158 Carillons mit mindestens 23 Glocken (im Vergleich dazu waren es in Deutschland nur 41 Glockenspiele).

In Amsterdam gab Wilhelm Bender am 11. Juni 1941 auf dem Carillon des Königlichen Palais ein großes Konzert mit dem Titel „Glocken singen für Soldaten“ mit Turmmusik für Bläser. Dieses aufwändige Konzert fand unter Mitwirkung des zweiten Singleiterlehrgangs des Luftfahrtkommandos Holland und einem Musikkorps der Luftwaffe statt. Das Konzert wurde im Rundfunk nicht nur nach Deutschland übertragen – deutsche Auswanderer berichteten Wilhelm Bender, dass dieses Konzert sogar in Afrika gehört werden konnte – und wurde auf einer Schallplatte aufgezeichnet (die bislang nicht wiedergefunden werden konnte). Das Konzert „Glocken singen für Soldaten“ überzeugte laut „Deutsche Zeitung in den Niederlanden“ durch seinen „eindrucksvollen Charakter. Die große Zuhörerschar auf dem Dam lauschte mit Andacht und besonders die Holländer mit Staunen..., dass deutsche Soldaten mitten aus ihrer gewaltigen und kriegerischen Anstrengung heraus Zeit und Sinn für die Ausbildung ihrer musikalischen Kraft... wach rufen. Dieses Konzert und damit speziell die Glockenspielkunst als lange Zeit in Vergessenheit geratene Form der Musikausübung dienten der Musikerziehung als Volkserziehung“. Aber auch der Kritiker des „Avonblad“ lobte dieses Konzert des „Berlijnsche beiaardier“ (des Berliner Glockenspielers) Wilhelm Bender in het Duitsche Rijk“ und seine Originalkomposition „Glockentänze“.

Ein zweites Amsterdam-Glockenkonzert Wilhelm Benders fand ein Jahr später auf dem Glockenspiel der „Oude Kerk“ statt (gemeint ist die St. Nicholaskirche). In zwei Briefen an die Parochial-Gemeindemitglieder Hippel und Winter berichtete Wilhelm Bender von diesem neuerlichen Konzert, wies auf die fehlerhafte Konzert-Vorankündigung der Tageszeitung „Telegraaf“ hin, beschrieb die erstaunliche Begeisterung der Holländer (immerhin war Holland von Deutschland besetzt!) und kündigte den Versand von Kritiken und Fotos an die Parochialgemeinde an. Ferner erwähnte er seine Vorbereitungen für ein nächstes Glockenspielkonzert in Den Haag.

Die Attraktivität der Glockenkonzerte Wilhelm Benders ergab sich nicht nur durch seine „politisch-musikalischen“ Programme. Wilhelm Bender hat z. B. viele seiner Konzerte, so schrieb seine Witwe später an Percival Price, auch außerordentlich erfolgreich auf Improvisationsbasis gestaltet; Improvisationen – seien sie auf dem Klavier, der Orgel oder dem Glockenspiel – waren seine große Leidenschaft und Ergebnis seiner überragenden Könnerschaft. Als Kirchenmusiker hatte Wilhelm Bender im Rahmen seiner Improvisationsvorträge ein besonders großes Interesse an Melodien auf Paul-Gerhardt-Texte. 1937 wurde in der evangelischen Kirche der 330. Geburtstag von Paul Gerhardt gefeiert. Zu diesem Anlass gab Wilhelm Bender einige Gedenkkonzerte auf der Orgel und auf dem Glockenspiel. Bachs Choräle auf Texte Gerhardts z. B. spielte er im Gottesdienst und improvisierte anschließend auf dem Glockenspiel über diese Choräle. In seinen Briefen erwähnte Wilhelm Bender immer wieder seine Verehrung für Paul Gerhardt, dessen Texte es ihm besonders angetan hatten und dessen protestantisches Glaubensverständnis ihn tief bewegte. Seine Beschäftigung mit dem Wirken Paul Gerhardts[14] und dessen Auswirkungen auf die Gesangbuchreformen der Aufklärung hatten Einfluss auf die auch von Wilhelm Bender angestoßene Liturgiereform[15].

In Berlin erreichten die Erfolge der Carillonkonzerte an der Parochialkirche mit Wilhelm Bender als Glockenisten in den Jahren 1937–1939 ihren Höhepunkt. Wilhelm Bender spielte regelmäßig im Rahmen der von ihm ins Leben gerufenen „Glockenmusiken" und trug dann vornehmlich sein Freies Spiel vor, bei dem er mit seinen Improvisationen glänzte. Ferner gab er Sonderkonzerte an den hohen Festtagen und zu besonderen weltlichen Anlässen. Er nutzte sein „Freiluftinstrument" in seinen Konzerten durch seine Programmauswahl zur Ansprache aller Volksschichten, d. h. nicht nur gegenüber dem „geübten und gebildeten Konzertbesucher", sondern auch für „Konzerte des Kleinen Mannes" – was zu einer großen Popularisierung seines und des Glockenspiels generell führte. Zu den Abendkonzerten Wilhelm Benders am Glockenspiel kamen bis zu 2.000 Besucher. Sie saßen auf den Bänken des Kirchhofs der Parochialkirche, standen dicht gedrängt auf der Straße und hörten gebannt zu. „Zwischen hundertjährigen Kreuzen und Efeu überwucherten Gräbern sind Bänke in langen Reihen für die Zuhörer aufgestellt" schreibt die Deutsche Allgemeine Zeitung im August 1937 in einem stimmungsvollen Bericht zu den abendlichen Glockenmusiken.

Seine Glockenkonzerte in Berlin und in anderen Teilen Deutschlands machten Wilhelm Bender – neben seiner Rundfunktätigkeit als „Musikus" in Kindersendungen – einer breiten Öffentlichkeit bekannt. Mancher Artikel Wilhelm Benders in den „Parochialglocken" wurde von anderen Publikationen übernommen – was seinen Bekanntheitsgrad zusätzlich steigerte. Konzerteinladungen an den gefeierten Carillonneur blieben nicht aus: Im Mai 1939 weihte Wilhelm Bender ein neues Carillon des Glockengießers Schilling in Lößnitz im Erzgebirge ein (Konzert mit „Liedern des großdeutschen Reichs") und im Dezember 1939 in der Frankfurter Nikolakirche auf dem

---

[14] Zu seinen 139 überlieferten Texten hatte Paul Gerhardt (1607-1676) keine einzige Note geschrieben; anders als Martin Luther z. B. war er bei dem, was ein Lied ausmacht, „nur" am Text beteiligt, nicht an dessen Melodie. Glücklicherweise traf der Kirchendichter in seiner aktiven Zeit auf zwei kongeniale Partner, die Kantoren Johann Crüger und Johann Georg Ebeling, die seine barocken Gedichte vertonten oder mit bereits bekannten Weisen (durch „Lehnmelodien") unterlegten, sodass die Texte und Melodien bis heute zu einer unverwechselbaren und unauflösbaren Einheit verschmolzen. Spätere Komponisten „der ersten Reihe" wie z. B. Johann Sebastian Bach und Georg Philipp Telemann leisteten Vergleichbares mit Gerhardt-Texten.

[15] Vgl. Kapitel 14.

Römerberg (mit „Liedern vom Reich“, deutschen Handwerksliedern und „Neue Glockenmusik“ von ihm selbst)[16].

1938 berichtet die Deutsche Allgemeine Zeitung von einem Glockenkonzert, das zur Wiederbelebung der traditionellen „Altberliner Glockenmusik“ gedacht war. „Draußen auf der Straße haben sich Hunderte versammelt... Hoch oben im Glockenturm befindet sich die Walze, die das mechanische Spiel bewegt, das jede halbe Stunde einen Choral spielt. Höher aber am Himmel sitzt der Glockenspieler in einem abgeschlossenen Raum. Alte Holzgriffe[17], noch im ursprünglichen Zustand, drückt er herab und bewirkt damit das Ausschlagen der Glocken. Eine große Kunst – die nur der Glockenspieler Wilhelm Bender versteht“[18].

Seinen größten – auch internationalen – Konzerttriumph am Carillon der Parochialkirche feierte Wilhelm Bender anlässlich der Berliner Kunstwochen am 20. Juni 1938 mit einer deutschen (Ur-)Aufführung von Glockenmusik Georg Friedrich Händels[19]. Max Seiffert, der Direktor des Staatlichen Instituts für Deutsche Musikforschung, mit dem Wilhelm Bender in dessen Institut zusammenarbeitete, machte ihn auf diese Musik aufmerksam und besorgte Fotokopien der Noten. Die Händel-Musiken erklangen dann 1938 zum ersten Mal auf einem deutschen Glockenspiel (abwechselnd mit Turmmusiken der „Stadtpfeifer“ aus dem 17. Jahrhundert).

Im Programmheft zu seinem Konzert mit der Händelschen Glockenmusik schrieb Wilhelm Bender einen kleinen Aufsatz über „Händel und das Glockenspiel“ und über die Geschichte der Wiederentdeckung dieser Händel-Musik im Jahre 1918 in Deutschland, den die Deutsche Allgemeine Zeitung übernahm. Ferner hielt er in Berlin Vorträge zu diesem Thema. Er schilderte, wie 1918 in alten Notenbänden einige unveröffentlichte Werke Händels entdeckt wurden, darunter zwei bisher unbekannte Gruppen Händelscher Stücke für das Glockenspiel. Händel komponierte diese Stücke für den Erbauer einer Spieluhr, Charles Clay, für einen Uhrmacher, der 1736 der englischen königlichen Familie seine neue, patentierte mechanische Glockenuhr vorführte[20].

---

[16] Zur Programmfolge vgl. Studien zur Frankfurter Geschichte, Band 32 (Hrsg. Werner Becher und Roman Fischer): „Die Alte Nikolaikirche am Römerberg“. Studien zur Stadt- und Kirchengeschichte, Frankfurt am Main 1992, Seite 406. Vgl. auch Fußnote 26.

[17] Tatsächlich handelte es sich um Messingstäbe.

[18] Es gab allerdings auch Kritiker des Carillon-Spiels Wilhelm Benders: Wilhelm Heinrich Simmermacher, Organist an der Kirche St. Nikolai in Frankfurt, ein Carillon-Schüler Wilhelm Benders, bemängelt z. B. in seinem Schreiben von Februar 1940 an den Hersteller des Nikolai-Glockenspiels, Schilling in Apolda, die „Kunst des Berliner Kollegen Bender: Seine Stücke klingen in Berlin sicher besser als in Frankfurt, sein Spiel ist eine herbe Enttäuschung. Seine in der modernen Technik geschulten Kompositionen – auch die Glockensuite – sind für das Frankfurter Glockenspiel ungeeignet“. Allerdings scheint Simmermacher ein subjektiver, auch ein wenig eifersüchtiger Kritiker zu sein, hatte Wilhelm Bender doch an Stelle des in Frankfurt fest angestellten Simmermacher den Auftrag erhalten, das Frankfurter Nikolai-Glockenspiel einzurichten und einzuweihen.

[19] Vgl. hierzu auch Kapitel 7.

[20] Es gibt einen in den USA erschienenen Artikel von Percival Price, dem der Aufsatz Wilhelm Benders „Händel und das Glockenspiel“ zugrunde liegt, wodurch die Händelsche Musik für das Glockenspiel auch in Nordamerika Verbreitung fand. Percival Price hat später zur Glockenmusik Händels noch in einem anderen, ausführlichen Artikel Stellung genommen (vgl. Percival Price: Mr. Handel and his carillon. In: Bulletin of the Guild of Carillonneurs in North America, vol. XX, May 1969, Seiten 20-31). Percival Price untersuchte diese Werke Händels, inwieweit sie auch für das Spielen auf „Turm-Glockenspielen“ praktikabel seien. Er kommt zu dem Schluss, dass nur wenige dieser Stücke tatsächlich für das Carillon geeignet, sondern entweder für die Orgel oder aber für ein „Indoor“-Glocken-spiel geschrieben seien. In seinem (in recht gutem deutsch gehaltenen) Brief von Mai 1939 an den Glockengießer Franz Schilling in Apolda

Händel lernte dieses Glockenspiel während seiner Zeit als Hofkomponist Georgs I. kennen und bearbeitete Melodien seiner bereits vorhandenen Kompositionen für dieses neue Instrument, fügte aber auch neue Originalstücke hinzu.

Die Uraufführung während der Berliner Kunstwochen am 20. Juni 1938 war ein großer Erfolg. Das Händel-Konzert fand bei den Berlinern größte Beachtung. In und um die Parochialkirche gedrängt hörten sie mit einer Hingabe zu, wie sie im Konzertsaal nicht größer sein kann. Zur deutschen Premiere der Händel-Glockenmusik hatten sich namhafte Vertreter der deutschen Musikwissenschaft sowie des Rundfunks, des Films, der Presse und des Berliner Musiklebens eingefunden, die dem Glockenisten Wilhelm Bender mit Spannung zuhörten, unter ihnen auch Professor Fritz Heitmann, Berliner Domorganist, Professor Max Seiffert, Direktor des Instituts für deutsche Musikforschung oder Professor Wilhelm Reimann, alle drei ehemalige Lehrer Wilhelm Benders. Dieses Händel-Konzert auf dem Glockenspiel wurde vom Deutschlandsender aufgezeichnet und im ganzen Reich übertragen. Die Tobis-Wochenschau und die UFA stellten Tonfilm-Aufnahmen her (keine der Aufnahmen konnte bislang gefunden werden).

In zahlreichen kleineren Veröffentlichungen wirbt Wilhelm Bender für die Zukunft des Glockenspiels, dieses „einzigartigen Freiluftinstruments", aber nicht für das „putzigstolpernde Spieluhrengeklingel in alten Städten", auch weniger für das mechanische Spiel der Glockenspiel-Automatik mit ihrer „rührenden Art, in der ein alter Mechanismus bald aufgeregt luftschnappend, bald lustig hoppelnd die Weisen abhaspelt", sondern für das Handspiel des Glockenmeisters. „Bald wird eine gegenwartsnahe glockengerechte Musik von den Türmen herabdringen. Nicht von einem starren Automat, sondern von Menschenhand gespielt, wird sie am unmittelbarsten von den Menschen vernommen"[21]. Und er ist vernarrt „in die liebliche und kräftige Sprache, in den milden und herben Klang – erst der Verbindung dieser Klänge wohnt jene erschütternde Kraft des Glockentons inne. Mehr noch als ein Geläut vermag das Glockenspiel den Menschen in der Tiefe zu packen. Zunächst im Bann eines unnennbaren Heimwehgefühls öffnet er seine Seele für große Gedanken. Die Glockenharmonie ruft ihn in einer Sprache an, die unmittelbarer verständlich ist als das treffendste Wort".

Wilhelm Bender verfügte an der Parochialkirche über ein ausgezeichnetes Glockenspiel[22]: Der Tonumfang der 37 chromatisch gestimmten Glocken umspannte drei Oktaven – vom c zum dreigestrichenen d´´´. Wie bei Glockenspielen oft üblich stimmten auch beim Parochial-Glockenspiel die Notenbezeichnungen auf der Spieluhr-Tastatur nicht mit den Tönen der Glocken überein; die Glocken der Parochialkirche klangen jeweils einen Ton höher als auf der Spieltisch-Klaviatur angeschlagen. Diese Merkwürdigkeit hatte historische Gründe: Die tiefste Glocke des 1713 vom preußi-

---

erwähnt Percival Price, dass er den entscheidenden Hinweis zu Händels Glockenmusik von Wilhelm Bender erhalten hatte.

[21] Vgl. Wilhelm Bender: Das Glockenspiel in unserer Zeit. In: Parochialglocken Nr. 5/6 vom August/September 1938, Seite 27 und Wilhelm Bender: „Holländische Glockenspiele". Maschinengeschriebenes Manuskript von Juni 1940. Erstmalig veröffentlicht in „Forum Glockenspiel", Mitteilung 41 der Deutschen Glockenspielvereinigung e.V., Juli 2008, Seiten 4-9.

[22] In einer Gedenkschrift der Parochialkirche aus dem Jahre 1915 wurde das Glockenspiel ausführlich beschrieben. Vgl. Das Glockenspiel der Parochialkirche zu Berlin. Gedenkschrift zum zweihunderjährigen Jubiläum des Glockenspiels, nebst einem Anhange über das Glockengeläut. Im Auftrag des Gemeindekirchenrats verfasst von Eugen Thiele, Berlin 1915.

schen König geschenkten Glockenspiels der Parochialkirche erklang in d´. Pedal und Manual des Spieltischs aber waren analog zur üblichen Klaviatur z. B. für Orgel gebaut wurden. Dennoch kombinierte man diese Standard-Klaviatur, dessen tiefster Ton des Pedals das c war, um auch in C-dur spielen zu können, mit der vorhandenen tiefsten Glocke – beim Parochial-Glockenspiel also das C-Pedal mit der am tiefsten klingenden Glocke in d´ usw.[23] – ein Albtraum für Carillonneure mit absolutem Gehör! Es gibt andere Beispiele für derartige Tondifferenzen an anderen Kirchen, wenn z. B. bereits vorhandene Läuteglocken nach und nach durch einzelne Glockenzukäufe zu einem kompletten Glockenspiel erweitert wurden, deren Glockentöne später dann nicht mit den entsprechenden Tastenstäben des Standard-Spieltischs übereinstimmten.

An der Parochialkirche konnten die Glocken nicht nur manuell vom Spieltisch aus gespielt werden, sondern auch durch eine automatische Spielvorrichtung, die durch Stiftwalzen gesteuert wurde (Länge und Anordnung der auswechselbaren Stifte, die auf die mannshohe, sich drehende Spielwalze gesteckt wurden, bestimmten Tonhöhe und Zeitpunkt der Anschläge[24]). Diese Spielautomatik war mit den tieferen 32 der gesamten 37 Glocken, dem so genannten Glockenchor, durch eigene, an den Glocken außen angebrachte Anschlaghämmer verbunden (also nicht mit den Glockenklöppeln). Die Glocken des Carillons waren im Glockenturm fest montiert, schwangen also im Gegensatz zu Läuteglocken nicht hin und her.

Kompositionen und Bearbeitungen für diese Automatik, die in so genannten „Versteckbüchern“[25] zusammengefasst werden, gehörten ebenfalls zu den Obliegenheiten Wilhelm Benders. Er schuf alleine 22 Bearbeitungen von Choralmelodien und Volksliedern, die für den Stunden- bzw. Halbstundenschlag der Parochialkirche für die Zeit von Februar bis Dezember 1937 vorgesehen waren (auf einem alten Filmnegativ wurde die gesamte Spielfolge dieses fast vollständigen Bearbeitungsjahrgangs für die automatische Walze des Parochial-Glockenspiels im Nachlass Wilhelm Benders wieder entdeckt)[26].

---

[23] Vgl. Jefery Bossin: Die Carillons von Berlin und Potsdam: Fünf Jahrhunderte Turmglockenspiel in der Alten und Neuen Welt. Berlin 1991, Seite 180.

[24] Ein umfassender Einblick in die Technik der Spielautomatik – einschließlich informativer Fotos – findet sich in: Das Glockenspiel der Parochialkirche zu Berlin. Gedenkschrift zum zweihunderjährigen Jubiläum des Glockenspiels, nebst einem Anhange über das Glockengeläut. Im Auftrag des Gemeindekirchenrats verfasst von Eugen Thiele, Berlin 19, Seite 53ff.

[25] Dieser Begriff leitet sich von „auf-stecken“ ab, nicht von „verstecken/verbergen“.

[26] Wilhelm Bender hatte im Jahre 1939 auch das Glockenspiel der Nikolaikirche in Frankfurt auf dem Römerberg eingerichtet und Bearbeitungen für die Walzen des automatischen Spiels dieses Carillons komponiert, die allerdings verloren gingen (Notensätz zu „Ade, nun zur guten Nacht“, „Wach auf, meines Herzens Schöne“, „Es, es, es und es, es ist ein harter Schluß, daß ich aus Frankfurt muß“, „Die güldne Sonne“, „Üb immer Treu und Redlichkeit“, „Der Mond ist aufgegangen“; vgl.: Die Alte Nikolaikirche am Römerberg. Studien zur Stadt- und Kirchengeschichte. Nr. 32. Hrsg. Werner Becker und Roman Fischer, Frankfurt am Main 1992, Seite 406). Von diesen sechs Bearbeitungen werden gemäß Magistratsbeschluss aus dem Jahre 1957 immer noch drei Titel – allerdings im veränderten Notensatz – gespielt, drei Titel wurden neu aufgenommen: Morgens werden derzeit „Die güldne Sonne“ und „Der Wächter auf dem Türmlein saß“, mittags „Lobe den Herren“ und Es,es, es und es“ und abends „Der Mond ist aufgegangen“ und „Wer nur den lieben Gott lässt walten“ gespielt. 1941 wurde das von Wilhelm Bender eingerichtete Glockenspiel abgebaut, die Glocken kamen auf den zentralen Hamburger „Glockenfriedhof“, um für die Rüstungsindus-trie eingeschmolzen zu werden. 1956 wurden die wiedergefundenen und einige neu gegossene Glocken im Turm der Nikolaikirche installiert und die mechanische Stiftwalzen-Automatik von 1939 gegen ein Bandspielgerät ausgetauscht, durch das jetzt ein vorgestanztes Kartonband zur Steue-

Die mit der Glockenspielautomatik verbundene Turmuhr der Parochialkirche schlug alle Viertelstunde (ein Schlag für das erste Viertel, zwei Schläge für das zweite Viertel usw., bis sich dann vier Anschläge jeweils zur vollen Stunde zu einem Akkord vereinigten). Da die Glockenspiel-Automatik mit dem Uhrwerk gekoppelt war, war es möglich, zusätzlich zu den Viertelstunden-Schlägen Melodien folgen zu lassen. Die automatische Spielvorrichtung der Parochialkirche war dabei so eingestellt, dass sie die vollen Stunden mit je einem längeren Choral mit Vor- und Nachspiel verkündete[27], manchmal mit zwei Strophen, die Halbstunden-Schläge wurden durch einen kurzen Choral ergänzt. Dabei war der Cantus Firmus häufig einstimmig oder wurde als Unter- oder Oberstimme in einem zweistimmigen Satz geführt – eine interessante arteigene Satzführung, die vom „Klavierdenken" abwich, Wert auf Durchgangsnoten legte und dabei auch konventionelle Regelverletzung nicht scheute.

Um „ein und drei Viertel nach Voll“ ertönte je ein kurzer, älterer Musiksatz, ersterer seit 1717 in Moll, letzterer seit 1823 in Dur – mit einem zusätzlichen „Voraus-Warnschlag“ der Turmuhr als Hinweis auf die kommende Viertelstunde. Die Melodien wechselten je nach Jahreszeiten und Feiertagsanlässen bis zu zwanzigmal im Jahr. Zur Achtelstunde, d. h. alle siebeneinhalb Minuten, ertönten ein bis vier zusätzliche Glockentöne, „Warnung“ genannt[28].

Nach 1937 wurden für das volle Stundenspiel der Glockenspiel-Automatik auf Wunsch Wilhelm Benders überdurchschnittlich oft Choralmelodien auf Texte von Paul Gerhardt gespielt, z. B. „Sollt ich meinen Gott nicht singen“ und besonders häufig „O Haupt voll Blut und Wunden“. Wo immer er konnte, hatte Wilhelm Bender, der innige Paul-Gerhardt-Bewunderer, diesen Choral, immerhin der Hauptchoral der Matthäuspassion von Johann Sebastian Bach, bevorzugt – sei es auf dem Glockenspiel oder auf der Orgel[29].

---

rung der Melodien lief. Damit waren die Liedbearbeitungen Wilhelm Benders und seine Steckpläne für die Walze obsolet, die neuen Bearbeitungen schuf Leent Hart, der Leiter der Niederländischen Glockenspielschule in Delft im Auftrag der errichtenden holländischen Firma Eijsbouts. Die alten Steckpläne Wilhelm Benders wurden damals vernichtet. Die Nikolaikirche erhielt 1958 als Besonderheit zwei Spieltische, einen für das mechanische Handspiel mit Stock-Klaviatur und den üblichen Seilverbindungen und einen elektro-pneumatischen Spieltisch für die neue Automatik mit einer echten Klaviatur und mechanischer Hebeltraktur, der die Impulse zum Anschlagen der Klöppel über Kippventile auf pneumatischem Weg übertrug (über diese Klaviatur konnte der Glockenspieler seine Bearbeitungen direkt und bequem auf die Kartonbänder stanzen). Das neue Glockenspiel klang außerordentlich schlecht und konnte lange Zeit kaum genutzt werden. Erst nach 1989 – die Nikolaikirche wurde zum 700. Geburtstag gründlich renoviert, eine neue Orgel angeschafft – spendierte man der Nikolaikirche zur musikalischen Verfeinerung und Bereicherung fünf zusätzliche Glocken und eine Generalüberholung des Glockenspiels. Der technische Fortschritt innerhalb von 50 Jahren zeigte sich am Beispiel des automatischen Spiels: Von der mechanischen Stiftwalzen-Steuerung aus 1939 über die Lochkartensteuerung bis hin zur Digitalisierung nach 1989.

[27] Vgl. Jeffery Bossin: The Berlin Carillon – 1706 to 1944. In: Bulletin of the Guild of Carillonneurs in North America, Vol. XXXIII, January, 1984, Seite 30.

[28] Vgl. Das Glockenspiel der Parochialkirche zu Berlin. Gedenkschrift zum zweihunderjährigen Jubiläum des Glockenspiels, nebst einem Anhange über das Glockengeläut. Im Auftrag des Gemeindekirchenrats verfasst von Eugen Thiele, Berlin 19, Seite75ff.

[29] „O Haupt voll Blut und Wunden“ ist das bekannteste deutschsprachige Passionslied und hat heute über alle Konfessionsgrenzen hinweg einen festen Platz in den Gesangbüchern der Kirche (vgl. Ansgar Franz: „O Haupt voll Blut und Wunden“. In: Geistliches Wunderhorn. Große deutsche Kirchenlieder. Hrsg. Becker, Franz, Henkys, München 2001, Seiten 275–290). Dieser Choral erscheint alleine achtmal in der Bachschen Matthäuspassion (und zweimal im Bachschen Weichnachtsoratorium, z. B. „Wie soll ich Dich empfangen“ oder in der Bachkantate BWV 161 „Komm, du süße Todesstunde“), und zwar auf unter-

Die Unterhaltung des Glockenspiels war für die Parochialkirche mit großem Kostenaufwand verbunden (eine Akte über den Zustand des Glockenspiels gibt darüber Auskunft; alle fünf Jahre musste ab 1918 der Glockenmeister einen Zustandsbericht an den Gemeindekirchenrat übergeben). Man hatte zeitweise Probleme, die Mittel zum Weiterbetrieb des Glockenspiels aufzubringen (dennoch stand das Glockenspiel lediglich einmal für nur sieben Wochen während der Inflationszeit still). Dies war u. a. nur durch (z. T. auch anonyme) Spenden möglich – sogar aus den USA und vermutlich von den Nationalsozialisten kam Geld. Alleine die Stromkosten für das Glockenspiel überstiegen manches Mal die finanziellen Möglichkeiten der Parochialkirche. Weitere Beträge erforderte die Anschaffung eines modernen Elektromotors, der neben der automatischen Spielvorrichtung des Glockenspiels auch die Turmuhr betrieb (die Uhr des Parochialturms mit dem zentnerschweren Uhrpendel wurde bis 1914 noch mit der Hand aufgezogen, dann erfolgte dies halbstündlich durch einen Motor der Firma Rochlitz). Die verzinkten Drähte für die Zugleitungen des Glockenspiels rosteten schnell und mussten alle zwei bis drei Jahre ausgetauscht werden. 1929 wurden sie dann endgültig durch (in der fraglichen Reparaturrechnung so bezeichnete) Bronzeseile ersetzt. Probleme gab es immer wieder mit den Steckstiften für die Walzenautomatik, die teilweise bis zur Unbrauchbarkeit abgenutzt waren und erst 1933 total ersetzt wurden. Beinahe hätte ein Kurzschluss im Jahr 1926 – Ursache waren alte Stromkabel – den Kirchturm in Brand gesetzt. Nur ein starker Regen verhinderte ein Feuer nach einem Schwelbrand. 1938 erfolgte eine umfangreiche Reparatur des Glockenspiels und die Behebung aller aktuellen Mängel nach Anweisungen Wilhelm Benders[30].

Zur Ausbildung des Kirchenmusikers Wilhelm Bender gehörte zwar das Erlernen des Orgelspiels, nicht jedoch das Erlernen des Glockenspiels. Erste Erfahrungen mit diesem Instrument machte Wilhelm Bender als Schüler und Student in Frankfurt am Glockenspiel der „Englischen Kirche“, an einem Klangstab-Instrument[31] – allerdings nicht vergleichbar mit dem historischen Glockenspiel im barocken Turm der Parochialkirche, dem sich Wilhelm Bender mit großer Neugierde näherte und sich daraufhin aus Begeisterung den Weg zur Meisterschaft an diesem Instrument selbst ebnete. Niemand machte Wilhelm Bender mit der ungewohnten Mechanik vertraut, mit den vielen Drähten, Stangen und Ketten, den Walzen und Stiften der Automatik. Instinktiv erspürte er die Zusammenhänge, drang tief nicht nur in das Wesen des Glockenspiels ein, sondern auch in die Zusammenhänge der Mechanik[32]. Als Vollblutmusiker erkannte er intuitiv das Wesen dieses seltenen Instruments und erlernte sein meister-

---

schiedliche Texte, in unterschiedlichen Tonarten, Harmonien, Instrumentierungen und in Dur und Moll. Die Choralmelodie stammt weder von Johann Sebastian Bach noch (wie fälschlicherweise oft behauptet wird) vom Kantor Johann Crüger, sondern von Hans Leo Hassler (1564–1612). Er erfand diese Melodie zu dem Liebeslied „Mein Gemüt ist mir verwirret, das macht eine Jungfer zart“. In seinen 137 überlieferten Texten hat Paul Gerhardt keine einzige Note geschrieben. Glücklicherweise traf der Kirchendichter in seiner aktiven Zeit auf zwei kongeniale Partner, Johann Crüger und Johann Georg Ebeling, die seine barocken Gedichte vertonten oder mit bereits bekannten Weisen unterlegten, durch die Texte und Melodien bis heute zu einer unverwechselbaren und unauflösbaren Einheit verschmolzen. Spätere Komponisten „der ersten Reihe“ wie z. B. J.S. Bach und Georg Philipp Telemann leisteten Vergleichbares mit Paul-Gerhard-Texten.

[30] Entsprechende Korrespondenzen, Listen und Rechnungen sind noch im Landeskirchlichen Archiv in Berlin ELAB, Bestand 7, vorhanden.

[31] Vgl. Kapitel 7, Fußnote 16.

[32] Vgl. Paula Knüpffer: „Der Glockenspieler aus Frankfurt. Berliner Erinnerungen“. In: Frankfurter Neue Presse vom 31.12.1949, Seite 22.

haftes Glockenspiel ganz aus sich selbst heraus. Vielleicht war dies der Schlüssel, Einmaliges auf diesem Instrument zu schaffen.

Bereits am Heiligen Abend 1936 sandte Wilhelm Bender Glockengrüße vom Parochial-Kirchturm über den Deutschlandsender an die Deutschen in aller Welt – ein Beweis seiner rasch erworbenen Fähigkeiten auf dem Carillon. Aufgrund seines außerordentlichen Könnens war er nicht nur ein geschätzter Kantor, sondern wurde auch zum überragenden Glockenmeister und zum geschätzten Glockenspiel-Sachverständiger in Westeuropa.

Grundsätzlich war das Erlernen des Glockenspiels für ihn nichts wesentlich Neues; handwerklich war er durch sein Klavier- und Orgelspiel darauf bestens vorbereitet: Schließlich ist die „Klaviatur“ des Spieltischs eines Carillons der Tastenordnung eines Klaviers oder einer Orgel vergleichbar. Statt Tasten wie beim Klavier oder einer Orgel waren am Parochial-Glockenspiel Stäbe („Tastenstäbe“ aus Messing) an der so genannten Stock-Klaviatur („Stock-Spieltisch“) angebracht, dem chromatischen Aufbau anderer Tasteninstruments also ähnlich[33]. Für den Anschlag der tiefen Glocken diente das Pedal wie bei der Orgel. Der Spieltisch hatte zwei Reihen von Tastenstöcken, eine obere mit kurzen, die den schwarzen Tasten des Klaviers, und eine untere mit langen Stöcken, die den weißen Tasten entsprachen. Die (Eichen-)Pedale waren an die entsprechenden Tastenstöcke gekoppelt, so dass die tieferen Töne des Glockenspiels sowohl mit den Händen als auch mit den Füßen gespielt werden konnten. Die Messingstäbe des Spieltischs werden – damals wie heute – mit den Händen heruntergeschlagen; dazu spielen die Füße ein gekoppeltes Pedal, das den Pedalen der Orgel nachgebaut ist. Manche Glockenisten drücken die Tastenstöcke, indem sie die Handtasten zwischen Zeigefinger und Daumen nehmen. Andere schlagen die Stäbe mit geballter Faust. Wilhelm Bender fasste nach der so genannten flämischen Art die Tastenstöcke des Glockenspiels mit der ganzen Hand und drückte sie nieder. Bei dieser körperlich anstrengenden Tätigkeit trug er weiche Lederhandschuhe, um seine Hände zu schützen (in einem Brief an die Parochial-Kirchenvorstand forderte Wilhelm Bender u. a. zusätzliche Einnahmen, um sich diese bislang selbst bezahlten Handschuhe künftig von der Kirche ersetzen zu lassen[34]). Welche Technik auch immer: Die wahre Meisterschaft am Glockenspiel entsteht nur, wenn jeder Tastenstock individuell beherrscht werden kann. Nur so lässt die Spielmechanik Schattierungen des Anschlags vom leisesten bis zum kraftvollsten Glockenton zu.

Glockenspiele wurden zur Zeit Wilhelm Benders immer beliebter: Es gab z. B. eine Gesellschaft „Carillon" für zeitgenössische Kammermusik in Genf. Karl Amadeus Hartmann nannte sein 1936 uraufgeführtes Streichquartett Nr. 1 „Carillon" – zwar auch in Anlehnung an die o. a. Gesellschaft; man findet aber im 2. Satz („Abschnitt") auch ein prägnantes Violin-Thema mit Anklängen an den Charakter eines Glockenspiels.

Derzeit ist eine auch internationale Renaissance des Glockenspiels zu beobachten. Glockenkonzerte locken wie in den dreißiger Jahren des letzten Jahrhunderts große Menschenmengen an, die der Musik lauschen, „die vom Himmel kommt“. 1987 wurde z. B. ein neues Carillon an der Berliner Kongresshalle im Berliner Tiergarten den Bür-

---

[33] Es gibt allerdings sehr vereinzelt Spieltische mit überdimensionierten Klaviertasten anstelle der Stäbe, die die Stockspieltische ersetzen sollten; diese starre Mechanik hat sich aber kaum durchgesetzt, weil sie wenig Kontrolle über die Lautstärke der angeschlagenen Töne erlaubte.

[34] Vgl. Kapitel 3.

gern Berlins zum Stadtjubiläum übergeben (anlässlich der Einweihung und im ersten Glockenspielkonzert am 19. November 1989 nach dem Fall der Berliner Mauer spielte Jeffery Bossin, Glockenspieler an diesem Carillon, u. a. aus der „Suite für Glockenspiel“ von Wilhelm Bender, eine Hommage an den Glockenspieler und Komponisten Wilhelm Bender). Auch auf anderen Kontinenten, z. B. in Canberra, Australien, wurde erst 1970 ein Grand Carillon mit 55 Glocken gebaut. Im Juli 2007 spielte die dortige Glockenspielerin Lyn Fuller vier Choralsätze Wilhelm Benders auf diesem „National Carillon“. Zunehmender Beliebtheit erfreuen sich auch Bearbeitungen bekannter Melodien für Handglocken (z. B. vom „Arsis handbell Ensemble“ oder vom Handglocken-Chor der Gemeinde Bottrop-Altstadt).

13 Der Einfluss der Jugendmusikbewegung auf Wilhelm Benders Kinderlieder

Um 1890 gründete der Berliner Student Hermann Hoffmann Wandergruppen, die sich nach 1900 „Wandervogel“ nannten. Nach dem romantisierend verklärten Vorbild mittelalterlicher Scholaren und reisender Handwerksburschen wanderten Jugendliche und junge Erwachsene vornehmlich aus dem Bildungsbürgertum in die Natur und übernachteten im Freien. Sie waren von den Idealen der Romantik angeregt und flüchteten gleichzeitig vor dem autoritären Druck der Gesellschaft, um ohne erwachsene Aufsichtspersonen nach eigenen Überzeugungen zu leben. Im Vordergrund stand das Bemühen um ein bewusstes, eigenverantwortliches Gestalten persönlicher, als wahrhaftig empfundener Lebensformen. Die Ideale der Wandervogelbewegung waren Natürlichkeit, Einfachheit, Wahrhaftigkeit, Selbstverantwortung, Echtheit, Selbstbestimmung und jugendlicher Lebensstil in der Gemeinschaft (statt der subjektiv empfundenen drohenden Anonymität und Kälte in den modernen Städten und der industriellen Arbeitswelt); diese Ideale waren gleichzeitig als Gegenpol gegen die Zivilisationsskepsis der jungen Leute gedacht. Die mit jugendlich-revolutionärem Elan vorgetragenen Wünsche kollidierten nach dem Ersten Weltkrieg in einer als Erniedrigung und Knechtschaft empfundenen Phase mit dem Autoritätsdenken der Weimarer Republik, die hinter der neuen Jugendkultur einen Aufstand gegen die alte bürgerliche Welt vermutete (schon die als Bürgerschreck empfundene bürgerlich-unordentliche Kleidung der Jugendlichen provozierte die Autoritäten).

Der „Wandervogel“ war der Beginn einer neuen deutschen Jugendbewegung, die wenig später durch die Vermischung u. a. mit der Pfadfinderbewegung in die Sammelbewegung „Bündische Jugend“ überging[1]. Neben lebensreformerischen sowie national orientierten Idealen fielen in dieser Bewegung auch antisemitische Tendenzen auf fruchtbaren Boden. Ferner stieß die chauvinistische Verkündigung von der Überlegenheit deutscher Kultur über alle anderen Völker auf große Akzeptanz.

Zur neuen Jugendkultur gehörte auch eine weitere tief empfundene Gesinnung, die sich im Singen und Musizieren zeigte. Besonders das gemeinsame Singen – vornehmlich alter deutscher Volkslieder – spielte von Anfang an eine wichtige gemein-

---

[1] Die „Bündische Jugend“ und später auch die Jugendmusikbewegung bestanden aus unterschiedlichen Flügeln, von denen der wichtigste, die „Musikantengilde“ um Fritz Jöde, an den „Wandervogel" anknüpfte. Ein anderer, weniger repräsentative Flügel, die „Freideutschen" („freideutsche Jugend“), die der Weimarer Republik eher positiv gegenüberstanden, setzte sich für die Reform der Sozialarbeit und Pädagogik ein und engagierte sich teilweise in sozialistischen Parteien und in der Arbeiterbewegung. Nach 1945 fanden sich die „Freideutschen“ als Freundeskreis im „Freideutschen Kreis“ wieder zusammen. Hier entstand eine Fortsetzung der historischen Jugendbewegung mit „Aufarbeitungstendenzen ihrer Mitglieder zu den Verstrickungen im Nationalsozialismus“. Auf die Gründung eines Jugendbunds für Mitgliedernachwuchs hatte man bewusst verzichtet und damit die Befristung und Vergänglichkeit dieses Kreises bejaht (vgl. Heinrich Ulrich Seidel: Aufbruch und Erinnerung. Der Freideutsche Kreis als Generationseinheit im 20. Jahrhundert. Archiv der deutschen Jugendbewegung auf Burg Ludwigstein, Band 9, Witzenhausen 1996). Auch der „Bund Neudeutschland“, eine nach dem ersten Weltkrieg gegründete katholische Jugendbewegung, gehörte zur Sammelbewegung „Bündische Jugend“. Er wurde während der Nazi-Diktatur verfolgt; manche seiner Untergruppen arrangierten sich mit der Hitlerjugend. Ferner gab es den „Finkensteiner Bund“ um Walther Hensel, der z. B. im Vergleich zur „Musikantengilde“ ohne größeren Einfluss auf die Jugendkultur blieb (zum „Finkensteiner Bund“ vgl. Cornelia Kück: Kirchenlied im Nationalsozialismus. Die Gesangbuchreform unter dem Einfluss von Christhard Mahrenholz und Oskar Söhngen, Leipzig 2003, Seite 50ff.).

schaftsstiftende Rolle[2]. Darum bildeten sich innerhalb der Jugendbewegung eine Chor- und eine Singbewegung mit Organisationen von Musikgruppen, aus denen bald nach Ende des 1. Weltkriegs die sogenannte Jugendmusikbewegung entstand (die Begriffe Chor- und Singbewegung werden oft auch synonym für die gesamte Jugendmusikbewegung benutzt). Die soziale Bewegung entwickelte sich damit auch zu einer kulturellen Bewegung. Die Jugendmusikbewegung[3] war allerdings im Gegensatz zu der von Jugendlichen selbst organisierten Jugendbewegung eine größtenteils von Erwachsenen geführte (und damit lenkbare) Jugendorganisation mit vorrangig pädagogischem Anspruch[4]. Erklärtes Ziel der Jugendmusikbewegung war die Neubelebung der Laienmusik und die Schaffung einer neuen Volksmusik u. a. für Wanderungen und Märsche. Dahinter steckte auch die Überzeugung, dass sich in der Musik eine Quelle befand, aus der heilsame und erneuernde Kräfte die geschwächte industrialisierte Gesellschaft stärken könne. Ihr Liedgut „zur Regeneration des jugendlichen Lebensgefühls aus dem Geist der Musik heraus" hielten die Organisatoren in der Liedersammlung „Zupfgeigenhansl" fest.

Von der Jugendmusikbewegung ging eine starke (auch pädagogische) Erneuerung des deutschen (Volks-)Musiklebens aus. Anregungen führten nach 1928 darüber hinaus z. B. über Kirchengesangvereine zu ersten Berührungen zwischen der Jugendmusikbewegung und der evangelischen Kirche. Das natürliche und ungekünstelt-reine Volksliedverständnis der Jugendmusikbewegung fand u. a. Eingang in die Ideale der Gesangbuchreform und der Orgelbewegung der evangelischen Kirche[5] und eröffnete der aktuellen Kirchenmusik neue musikalische Ansätze[6]. Vor allem aber beeinflusste die Jugendmusikbewegung die schulische Musikerziehung und auch die entsprechende Schulmusik-Gesetzgebung der zwanziger Jahre, die auf der so genannten „Kestenberg-Reform"[7] basierte. Kestenbergs Reform der Musikerziehung war ganz-

---

[2] Vgl. Michael H. Kater: „Bürgerliche Jugendbewegung und Hitlerjugend in Deutschland von 1926-1939". In: Archiv für Sozialgeschichte, Jahrgang 17, 1977, Seite 127-174.

[3] Die Jugendmusikbewegung wird gewöhnlich in eine vokale und eine instrumentale Phase unterteilt, wobei der Gesang eine durchgehend zentrale Rolle einnahm. Die Grundidee der Jugendbewegung, eine gelebte Entfremdung von der industrialisierten Welt, wurde von der Jugendmusikbewegung auch auf den Umgang mit Musikinstrumenten übertragen: Zwischen Spieler und erzeugter Musik sollte sich möglichst wenig Technik stellen. Laieninstrumente standen gegen Virtuosen- und Konzertinstrumente. Die Musikinstrumente wurden in organische (wie Horn, Geige und Flöte) und in (abzulehnende) mechanische unterteilt (wie Klavier, Saxophon und Bandoneon). Die Geige z. B. erklärte man zum Laieninstrument und wurde fast nur als Melodie-Instrument eingesetzt, das Klavier lehnte man wegen seiner Bedeutung als Statussymbol für das Bürgertum ab – es galt wegen seines industriellen Fertigungsprozesses und vor allem wegen seines Status als Konzertinstrument als für den Laien ungeeignet.

[4] Adorno kritisiert die gesellschaftliche Situation der Musik und den gesellschaftlichen Umgang mit Musik in einer verwalteten Welt (u. a. die organisierte und verordnete musikalische Jugendbewegung) „unter Bedingungen planender, organisierender Erfassung, die der künstlerischen Freiheit und Spontaneität die gesellschaftliche Basis entziehen". Vgl. Theodor W. Adorno: Dissonanzen, Musik in der verwalteten Welt. Gesammelte Schriften, Band 14, Frankfurt a.M., 7. Auflage, 1991, Seite 5. Entsprechende Beiträge Adornos sind „Die gegängelte Musik", „Kritik der Musikannten" und „Zur Musikpädagogik".

[5] Vgl. Kapitel 14.

[6] In der Jugendmusikbewegung nahm die „Musikantengilde" um Jöde (es handelte sich um Musiziergruppen, die zuerst unter dem Namen „Laute" – benannt nach einer Zeitschrift -, dann unter („Neudeutsche") „Musikergilde" und endlich unter „Musikantengilde" auftraten) im Vergleich zu einem anderen Flügel der Jugendmusikbewegung, dem „Finkensteiner Bund" um Hensel, einen größeren Einfluss auf die Gesangbuchreform, obwohl sich der „Finkensteiner Bund" massiv um eine dominantere Einwirkung bemühte.

[7] Leo Kestenberg (1882-1962), Sohn eines jüdischen Kantors, wechselte als erfolgreicher Pianist in die Politik. 1918 wurde er Musikreferent im preußischen Kultusministerium. Sein Amt nutzte er zielstrebig für bahnbrechende Reformen. Von den Nationalsozialisten entlassen ging er noch 1933 über Prag nach Pa-

heitlich ausgerichtet und von den reformpädagogischen Ideen der Jugendmusikbewegung inspiriert. Sie umfasste die ganze Breite der Musikpädagogik vom Kindergarten über die Volksmusikschule bis zur Hochschule und Lehrerausbildung. Ziel war eine „Menschenbildung durch die Stärkung des allgemeinen musikalischen Empfindens und Ausdrucks". Musik sollte generell zum Schöpferischen erziehen, sollte „zum umfassenderen Wesen vordringen, zum rein Geistigen, und alle sensorischen und sinnlichen Wahrnehmungen potenzieren". Aufgrund der Vorstellung, dass Musizieren der „Menschbildung" förderlich sei, galt es, den „individuell und gesellschaftlich besseren Menschen" durch Musik zu schaffen, für jedermann erreichbar, also unabhängig von sozialen Voraussetzungen; die musikalische Förderung sollte auch in sozial benachteiligte, bildungsferne Familien hineingetragen werden.

Der wichtigste Führer der Jugendmusikbewegung war Fritz Jöde[8], seit 1931 Lehrer und Mentor Wilhelm Benders. Jöde beeinflusste persönlich den Übergangsprozess von der Jugend- und Wandervogelbewegung zur Jugendmusikbewegung. Im Mittelpunkt seines pädagogischen Ansatzes stand – ähnlich bei Kestenberg – der so genannte „neue Mensch", der sich all seiner Anlagen und Fähigkeiten bewusst ist, sie ausbildet und anwendet und damit zum vollkommenen geistigen Einzelmenschen innerhalb der Gemeinschaft wird. Jöde war überzeugt, dass in der Musik eine Quelle steckt, aus der heilsame, erneuernde Kräfte in die von der Säkularisierung betroffene, industrialisierte Gesellschaft fließen. So würde der Mensch als Individuum durch die in der Musik innewohnende, schöpferische Energie wieder in die Gemeinschaft des unberührten, göttlichen Ursprungs eingebunden. Jöde wies der Musik auch eine politische Aufgabe zu, sollte sie damals doch zu einer „neuen Verinnerlichung und Wiedervereinigung unseres so unsagbar zersplitterten und veräußerlichten Volkes beitragen". Im Jahre 1923 gründete Jöde auf Initiative Kestenbergs in Berlin die erste Volks- und Jugendmusikschule, die richtungsweisende „Jugendmusikschule Charlottenburg", aus denen sich die heutigen Musikschulen entwickelten.

Jödes musikpädagogisches Ideal war die Gebrauchs-(Haus-)Musik, an der alle teilnehmen sollten. Die Hausmusik wollte er auf breiter Fläche fördern. Musik müsse wieder Volksgut werden, anstatt die Menschen in aktive ausführende Spezialisten und in passive Musikkonsumenten zu trennen. Jöde lehnte das überkommene Virtuosentum des 19. Jahrhunderts und den Personenkult um die Virtuosen sowie den übersteigerten Professionalismus des Musikbetriebs ab, weil sie den Laien vom eigenen Musizieren abhielten oder ihn sogar ausschlossen – schließlich könnten sie den artistischen Ansprüchen doch nicht genügen. Gegen große Orchester und Virtuosentum setzte Jöde das kleine (Laien-)Ensemble, bevorzugte die menschliche Stimme und ein gemeinsames, gleichberechtigtes Musizieren. Der vorhandene bürgerliche Konzertbetrieb galt ihm dagegen als industrielle Produktion von Massenartikeln. Musik sei zur Ware geworden, die für ein anonymes, lediglich konsumierendes Publikum herge-

---

lästina und machte sich um den Aufbau des Musikwesens in Israel verdient. Kestenberg initiierte u. a. im Jahr 1923 in Berlin die Gründung der ersten Volks- und Jugendmusikschule auf der Basis der Ideale und Grundeinstellung der Jugendmusikbewegung als Einrichtung der Breitenbildung. Weitere Schwerpunkte seiner Arbeit bildeten die Reform der Berliner Hochschule für Musik (u. a. durch Berufungen renommierter und progressiver Dozenten sowie – damals revolutionär – zahlreicher innovativer Musikpädagoginnen) und die Erweiterung der Berliner Akademie für Kirchenmusik zu einer Akademie für Kirchen- und Schulmusik (mit dem Studiengang „Schulmusik" und dem Abschluss des „Musik-Studienrats"), der Ausbildungsstätte Wilhelm Benders.

[8] Vgl. Kapitel 8.

stellt würde. Den „Dilettantismus der fahrenden Scholaren mit Volkstänzen, Kniehosen und Lauten“ wollte Jöde pädagogisch kultivieren, „in eine Kultur überführen“. Konsequent und kontinuierlich weitete er in der Jugendmusikbewegung den musikerzieherischen Ansatz aus, organisierte innerhalb der Jugendmusikbewegung die („Neudeutsche“) „Musikergilde“, später „Musikantengilde“ genannt, die massiv bis in die musikerzieherischen Institutionen hineinwirkte.

Jöde sah eine Gefahr darin, dass sich die Jugendmusikbewegung zu einseitig an einer rückwärts gewandten Musikpflege orientierte und sich von der musikalischen Weiterentwicklung abkoppelte. Er war darum an der Zusammenarbeit mit einem modernen Komponisten interessiert, um sowohl die Jugendmusikbewegung als auch die musikalische Avantgarde von ihrer jeweiligen Isolation zu befreien. Er wollte sich einer den eigenen Idealen entsprechenden neueren Musik öffnen; Volkmusik und moderne Kunstmusik sollten miteinander verbunden werden. So erwuchs ein zeitweilig enger Kontakt Jödes zu Paul Hindemith, der damals noch der anerkannte Führer der musikalischen Avantgarde war. Auch Hindemith ging es um eine künstlerische Weiterentwicklung der Musik, jedoch nach seinen eigenen Vorstellungen. Dies konnte er verstärkt tun, als ihm Kestenberg 1926 eine Professur an der Berliner Staatlichen Akademischen Hochschule für Musik anbot. Hindemith wollte persönlich Einfluss auch auf die moderne Laienmusik nehmen, die er – durchaus im Sinne der Jugendmusikbewegung – Kindern und Laien nahe bringen wollte. Er bemühte sich darum, die technischen Anforderungen seiner Musik an Spieler oder Sänger trotz hoher künstlerischer Kriterien möglichst zu reduzieren, so z. B. in seinen „Lieder für Singkreise" (op. 43) für die Jugendmusikbewegung aus dem Jahre 1927. Allerdings waren seine oft freie Tonalität und die instrumentale Stimmführung für viele Laien ungewohnt. Hindemiths Vorstellungen stießen in der Jugendmusikbewegung nicht nur auf Zustimmung und führten darum zu einer Beendigung der Zusammenarbeit[9]. Man vermisste trotz aller seiner Impulse in seiner Musik „die wirkliche Bindung an Volk und Heimat“.

Künstlerisch-pädagogische Bestrebungen waren in den dreißiger Jahren nicht neu. Sie gingen mit zunehmender Tendenz im beginnenden 20. Jahrhundert in das Kunstschaffen ein, als sich das Selbstverständnis mancher Künstler deutlich in Richtung „Weltverbesserung“ entwickelte. Besonders deutlich war diese Tendenz in Deutschland z. B. in einem der Musik eher fremden Fach erkennbar, beim Bauhaus in Weimar und Dessau für Architektur und Innenarchitektur. Der erhobene Zeigefinger, sich den „richtigen“ Wohntrend zu Eigen zu machen, ist in den Schriften von Walter Gropius und seinen Dozentenkollegen unübersehbar.

Mit der „Kunstproduktion“ waren unverhohlen und keineswegs versteckt pädagogische Absichten verbunden. Im musikalischen Bereich setzte sich im Rahmen dieser „Erziehung durch Kunst“ zuerst die als Hilfestellung für Laien gedachte Absicht durch, Musik im Sinne eines Gesamtkunstwerks auch abstrakt erfahrbar zu machen, und zwar nicht nur durch Töne und Klänge, sondern auch durch Farbskalen, Malerei, Düfte, Tänze, Lichtspiele und durch den „Klang“ der Worte[10].

Die Jugendmusikbewegung entdeckte neben den erwachsenen Laien auch das Kind und seine frühkindlich-musikalischen Bedürfnisse als Zielgruppe. Man erkannte, dass

---

[9] Vgl. Kapitel 8.

[10] So z. B. bei Skrjabins „Farbenklavier“, Kandinskys und Schönbergs „Synästhesie“ zwischen Malerei und Musik. Vgl. „Die innere Notwendigkeit. Gedanken zur Musik, Malerei und Bühne bei Schönberg, Kandinsky und anderen“, herausgegeben von Beate Reifenscheid, Koblenz 2000.

im Leben von Vorschulkindern Musik eine bedeutende Rolle spielt und Singen, Tanzen und Spielen für die Kinder dieser Altersstufe Grundbedürfnisse sind. Neben der eigenen musikalischen Betätigung schätzen Vorschulkinder besonders vorgesungene Lieder oder vorgespielte Musikstücke. Wichtigster Bestandteil der musikalischen Erziehung ist darum das Kinderlied mit Melodie und Text. Dabei werden Lieder im pentatonischen Raum oder Mischformen aus Pentatonik mit Dur-Teilen bevorzugt. Die entsprechende Musik steigert die Lebensfreude des Kindes, fördert die Entwicklung der körperlichen und geistigen Fähigkeiten und bereichert sein Gefühlsleben.

Um dieses Schaffen anzuregen und zu fördern, bedurfte es einer durchdachten Musikpädagogik, einer Professionalisierung der Berufe von Musiklehrern bis zur musikalischen Ausbildung von Kindergärtnern. Tatsächlich erließ Kestenberg 1922 eine „Prüfungsordnung für das künstlerische Lehramt an höheren Schulen in Preußen"; danach erhielten Musiklehrer eine gleichwertige akademische Ausbildung wie Lehrer anderer Fächer, konnten jetzt „Musikstudienrat" werden, was zu einem qualifizierteren Musikunterricht führte. Als Jöde 1923 von Kestenberg zum Professor für Chorleitung und Volksmusikerziehung an der Berliner Akademie für Kirchen- und Schulmusik ernannt wurde, wuchs Jödes Einfluss auch auf die Lehrerausbildung. So fand die Jugendmusikbewegung ihren Weg in die Schulmusik.

Jöde stellte sich auch an die Spitze der Bemühungen um die musikalische Ausbildung von Kindern. Seine pädagogischen Ziele und sein Musikverständnis, seine didaktisch-pädagogischen Vorstellungen sowie seine praktischen Vorschläge und die sich daraus ergebenden pädagogischen Notwendigkeiten beschrieb er 1928 in seinem Buch „Das schaffende Kind in der Musik – Eine Anweisung für Lehrer und Freunde der Jugend" mit einem Theorie- und einem Praxisteil. Im Mittelpunkt dieser Arbeit steht die Dringlichkeit des eigenen musikalischen Schaffens von Kindern.

Jödes Erkenntnisse stießen auch bei Wilhelm Bender auf großes Interesse – wie alles, was die Entwicklung der schöpferischen Fantasie des Kindes betraf. Durch die vorübergehende Zusammenarbeit Jödes mit Hindemith lernte Wilhelm Bender noch während seines Studiums auch Hindemiths Vorstellungen von einer modernen Musikpädagogik kennen (Hindemiths Ideen zur modernen Musikpädagogik und seine herausragenden kompositorischen Fähigkeiten erweckten in Wilhelm Bender schon bald den Wunsch, später einen Kompositionskurs bei Hindemith zu belegen). Ferner lernte er durch diese Kontakte seinen späteren Förderer Ernst Lothar von Knorr kennen, der 1925 zusammen mit Hindemith auf der Basis der ersten von Jöde gegründeten Deutschen Jugendmusikschule in Berlin eine Volks- und Jugendmusikschule aufbaute und dort im Rahmen kostenlosen Musikunterrichts eine Neubelebung von Volkslied, Volkstanz und alten Liedsätzen zur Förderung sozialer Lernprozesse anregte.

Weniger abstrakt und deutlich praxisnäher setzte Carl Orff (1895-1982) in den dreißiger Jahren vergleichbare Ideen mit dem „Orff´schen Schulwerk" um und wies den nachfolgenden erziehenden Musikern einen von der Jugendmusikbewegung abweichenden alternativen Weg. Kurz zuvor hatte bereits der ungarische Komponist Zoltán Kodály (1882-1967) mit seiner Chorschule eine vergleichbare Anleitung verfasst. Beide, Orff wie Kodály, wollten an die Urform der Musik heranführen, beide erkannten, dass das bekannte Volks- und Kinderliedgut dieser Urform am ehesten entspricht. Kodály suchte die natürlichen musikalischen Grundformen und fand sie im Volkslied („instinktgemäße Ausdrucksform"). Darauf baute er seine Musikerziehung auf – nicht nur für den werdenden Musiker, sondern auch für Kinder und Jugendliche. Kodály regte als Kompositionslehrer seine Schüler immer wieder an, für Kinder- und Schulchöre zu komponieren (in der Folge gab es an den ungarischen Schulen ein bislang nicht gekanntes Maß an Chorgesang und Musikerziehung). Der komponierende argentinische Musik-Avantgardist Mauricio Raul Kagel (1931-2008) nahm sich der musikalischen Früherziehung von Kindern im Vorschulalter mit besonderen Methoden an und entwickelt spezielle stabile "Spiel"-Instrumente in Form von Gebrauchs- bzw. Wegwerfgegenständen, um den Kindern beim ungehemmten Ausprobieren und gemeinsamen Experimentieren die Schwellenangst vor traditionellen Instrumenten zu nehmen.

Viele Musikpädagogen des 20. Jahrhunderts betraten musikalisches Neuland. Nachdem man herausgefunden hatte, dass der frühe Einfluss der Musik auf Kinder prägend für deren späteres soziales Verhalten ist, wurden seit 1950 zusätzlich benachbarte Wissenschaftszweige – besonders die Psychologie und Soziologie – in die Neuorientierung der musikalischen Früherziehung einbezogen. Wissenschaftler haben Kinder mit und ohne Instrumentenausbildung verglichen und gesichert herausgefunden, dass Musizieren das räumliche Vorstellungsvermögen, Konzentrationsfähigkeit, Ausdauer und Selbstbewusstsein sowie mathematische und verbale Fähigkeiten stärkt – von einem besseren sozialen Verhalten ganz abgesehen. Musik ist eben nicht nur ein Wert an sich. Auch frühes Singen ist offenbar wichtig: Heute haben die meisten Kinder kürzere Stimmbänder. Die Erklärung ist simpel: Weder zu Hause noch im Kindergarten wird mit ihnen gesungen. Ihre Stimmfrequenz reicht bestenfalls noch für den schmalen Tonumfang einfacher Schlager. Außerdem: Menschen, die viel singen, wirken oft befreiter; in ihren melodischeren Stimmen finden sich Kraft und Lebendigkeit auch beim gewöhnlichen Sprechen[11].

Die Musik spielt ferner als „Reparaturbetrieb der Seele" für Erwachsene eine gewichtige Rolle. Man muss darum über die heutige Gesellschaft staunen, die vor dem Hintergrund wissenschaftlicher Erkenntnisse nicht zumindest rudimentäre Bedingungen einer einigermaßen umfassenden musikalischen Erziehung auf breiter Basis anzubieten bereit wäre. Die Forschung wurde vor wenigen Jahren um den sogenannten „Mozart-Effekt" bereichert: In einem Experiment hat man die Beziehungen zwischen dem Hören von Musik und dem räumlichen Denken untersucht. Dabei wurde entdeckt, dass Versuchspersonen, die zuvor 10 Minuten lang Mozarts Musik gehört hatten – bevorzugt die Sonate D-dur für zwei Klaviere (KV 448) –, sich beim Lösen von räumlich-zeitlichen Aufgaben stark verbessert hatten. In weiteren Tests wurde nachgewiesen, dass das Anhören von Mozartwerken die Intelligenz insgesamt steigere. Inzwischen gibt es in den USA einen ganzen Industriezweig, der Dutzende von CDs anbietet und behauptet, dass Mozarts Musik lebenslange Effekte auf Gesundheit, Lernen und Verhalten habe, das Gedächtnis stimuliere und die Hör- und Konzentrationsfähigkeit verbessere. Es gibt entsprechende CDs für Kinder, Teens und Eltern mit Babys. Die Popularisierung des Mozart-Effekts geht so weit, dass in Tennessee und Georgia alle Neugeborene von der Regierung Mozart-CDs erhalten.

Viele moderne Erkenntnisse der musikalischen Früherziehung lassen sich auf die Basisarbeit der Jugendmusikbewegung zurückführen, die als Teil der deutschen Jugendkultur einer der Kontinuitätsstränge zwischen der Weimarer Republik und dem „Dritten Reich" war. Es gab durchaus Ähnlichkeiten zwischen der Weimarer Jugend-

[11] Vgl. Helmut Melzer: Warum können Kinder (und Erwachsene) kaum noch Volkslieder singen? Manuskript eines Vortrags, gehalten am 11.07.2002 im Rotary-Club Kronberg-Oberursel.

bewegung und der nationalsozialistischen Hitlerjugend aufgrund der Kontinuität von Ideen und Einstellungen, von nationalistischen und antisemitischen Elementen, von Vorlieben für die freie Natur, aufgrund von Elitedenken und -ansprüchen sowie von einem erkennbaren Mangel an Respekt vor Autoritäten (auch das Antibürgerliche und der Ausbruch aus der Spießigkeit der Familie waren durchaus mit entscheidend für die Mobilisierung der Jugend in der NS-Gesellschaft). Diese Deckungsgleichheit von Teilen der Gesinnung führte dazu, dass in einem schleichenden, aber höchst wirkungsvollen Prozess alle Jugendverbände aufgelöst und von den neuen Machthabern aufgesogen werden konnten. Das neue Regime war an diesem zügigen Prozess stark interessiert; es wusste insbesondere um den zentralen Stellenwert der Musik und ihren Einfluss auf den Menschen, erkannte die Möglichkeiten der frühen politischen Manipulierbarkeit und Einflussnahme. Auch die Nationalsozialisten glaubten an die großen Möglichkeiten der Erziehung des Menschen durch Musik. Ihr Ziel war der „bessere Deutsche", der sich verantwortungsbewusst gegenüber der nationalsozialistischen Gemeinschaft verhielt. Durch eine systematische Musikerziehung sollten das ideologische und Charakter formende Potential der Musik ausgenutzt werden, um „bessere Deutsche" großzuziehen, aber auch, um das bestehende Musik-Establishment zu infiltrieren: Gut ausgebildete nationalsozialistische Musiker wurden in die Musikinstitutionen eingeschleust, um die damaligen Standards im Sinne des revolutionären Bedarfs zu manipulieren. Musikunterricht und außerschulische Musikpflege waren fortan noch fester in staatlicher Hand als im Kaiserreich und in der Weimarer Republik[12].

Im Jahre 1933 verbot Reichsjugendführer Baldur von Schirach die Jugendbewegung, Schwung und Naivität der Bündischen Jugen. Ihre Ideale und Vorbilder – von der Kleidung bis zur Freizeitgestaltung – trug man in die Hitlerjugend hinein. Die jugendmusikalischen Organisationen wurden – sofern sie sich nicht selbst auflösten – zu nationalsozialistischen Organisationen gleichgeschaltet und meist in die Hitlerjugend integriert, die man als Monopol der Charakterformung der nationalsozialistischen Jugend und zur Erschaffung des nationalsozialistischen Menschen vom herrschenden Regime innerhalb der Parteiinstitutionen geschaffen hatte[13]. Durch die Hitlerjugend sollte die gesamte deutsche Jugend ab einem Alter von 10 Jahren in die nationalsozialistische Weltanschauung eingeführt werden. In der Hitlerjugend mit all ihren Gruppierungen wollte man den Jugendlichen eine „fanatische Nationalbegeisterung" beibringen sowie Führerglauben und Loyalität gegenüber dem Nationalsozialismus und „Drittem Reich", die noch vor der Bindung an Eltern, Schule und Kirche rangierte. Hier setzte die Hitlerjugend mit ihrer praktischen Erziehungsarbeit an. Widerstand gab es wenig.

Die durchorganisierten Strukturen der Jugendmusikbewegung sowie ihre gefolgschaftstreuen, uniformen Aktiven erleichterten die Übernahme der Jugendmusik-

---

[12] Vgl. Michael H. Kater: Die mißbrauchte Muse. Musiker im Dritten Reich, München–Zürich 2000, Seite 281.

[13] Die Hitlerjugend gliederte sich in das Deutsche Jungvolk DJ (Jungen von 10-14 Jahren), die eigentliche Hitlerjugend (Jungen von 14-18 Jahren), in die Jungmädel JM (Mädchen von 10-14 Jahren) und dem Bund Deutscher Mädel BDM (Mädchen von 14-21 Jahren). Hitlerjungen wurden nach Vollendung des 18. Lebensjahrs und die Mädchen des BDM nach Vollendung des 21. Lebensjahrs automatisch auf dem Dienstweg über die Ortsgruppen in die NSDAP aufgenommen – bei einwandfreier Führung und bei mindestens vier Jahren ununterbrochener Zugehörigkeit zur HJ bzw. zum BDM. Vgl. Organisationsbuch der NSDAP. Hrsg.: Die Reichsorganisationsleiter der NSDAP. München 1937, Seite 438.

bewegung durch die Nationalsozialisten erheblich. Der bündische Gedanke, dass die Jugend von der Jugend geführt wird, wurde von der Hitlerjugend für die „Staatsjugend“ übernommen. Der Übergang in die Organisation der Nationalsozialisten vollzog sich auch deswegen weitgehend bruchlos, weil viele Führer der Jugendmusikbewegung in den Kulturapparat des NS-Staats Posten und Aufstiegschancen erhielten. Wenig hilfreich war dabei, dass sich Jöde, der „Übervater der Jugendmusikbewegung“, als unpolitisch verstand und sich politisch neutral verhielt. Seine musikphilosophischen Schriften waren in ihren Zielen ohnehin oft verschwommen und unbestimmt – und damit weitgehend für Interpretationen offen und letztlich lenkbar. In der bestehenden politischen Umruchphase wurde eine solche indifferente Haltung konsequent zu politischen Zwecken missbraucht. Jöde bemühte sich zwar, selbst unter nationalsozialistischer Herrschaft zumindest Teile seiner Arbeit fortzuführen, um seine musikpädagogischen Ideen zu retten und die bisherige Jugendmusik innerhalb der einzig verbliebenen Jugendorganisation zu bewahren – um den Preis, dass aus diesem naiven Engagement für die nationalsozialistische Jugendarbeit innerhalb der HJ-Aktivitäten eine unheilvolle schleichende Verquickung von Musik und Politik entstand. Jöde übersah dabei, dass er durch seine Haltung das herrschende System letztlich unterstützte, weshalb man ihm in den fünfziger und sechziger Jahren vorwarf, der nationalsozialistischen Herrschaft den Weg mit geebnet zu haben.

Auch die Unbestimmtheit und Vieldeutigkeit zahlreicher Texte von Marsch- und Feierliedern der Jugendbewegung kamen der neuen Führung sehr gelegen. Da Marschieren und Singen bei der nationalorientierten Jugendbewegung zwar Ausdruck einer Lebenshaltung waren, das Marschziel aber ebenso wenig wie der Grund des Marschierens eine Rolle spielten, konnten diese im Grunde genommen unbestimmten Ideen jetzt leicht in die gewünschte politische Richtung kanalisiert werden. Die einprägsamsten Melodien und Texte sollten die Mädchen im Bund Deutscher Mädchen BDM außer auf die politische Ideologie auch auf die Mutterschaft vorbereiten, in der Hitlerjugend die kultische Verehrung der männlichen Jugend von Fahne und Heldentod fördern. Damit konnte die Hitlerjugend den inneren und äußeren Übergang zwischen Zivilleben und Militärdienst deutlich verkürzen.

Bereits 1935 war fast die Hälfte der deutschen Jugendlichen in der Hitlerjugend organisiert, obwohl der Eintritt nicht obligatorisch war (ab 1939 wurde die Mitgliedschaft für Zehn- bis Achtzehnjährige – bei Mädchen bis zwanzig – zur Pflicht).

Um das durch Singen zu vermittelnde Gruppenerlebnis innerhalb der neuen Massen-Jugendbewegung (im Krieg dann in den militärischen Kampfeinheiten) zu erreichen, brauchte das neue Regime entsprechendes Liedgut. Zuerst brachte man das gesamte Liedgut der „Bündischen Jugend“ ein (der „Zupfgeigenhansl“ wurde für die HJ-Liederbücher geplündert), dann eine Fülle alter Volkslieder, die auch im Mittelpunkt der Musikerziehung der Hitlerjugend stand, aber auch Gesänge aus dem Bereich der Kunst- und Kirchenmusik (die durch die neuen HJ-Liederbücher damit zumindest erhalten blieben). Diese Liederbücher unterschieden sich zunächst kaum von den früheren Liedersammlungen der Wandervogelbewegung. Der sich manifestierende politische Auftrag der Hitlerjugend erforderte jedoch auch zusätzliche Inhalte im Gesangsrepertoire, um die neue Organisationsstruktur ideologisch zu stützen. Nach 1933 trat das nationalsozialistische Lied hinzu, Anti-Kriegslieder wurden dagegen aussortiert. Aus den früheren Liedersammlungen wurde nun das herausgesucht, was in die neue politische Gegenwart passte. Zudem stand die musikwissenschaftliche Volksliedforschung zur Untermauerung nationalsozialistischen Gedankenguts hoch im Kurs[14]. Die Deutsche Gesellschaft für Musikwissenschaft stellte Forschungsgelder bereit, um nachzuweisen, dass die überragende deutsche Musikkultur auf einer germanischen Musikkultur basiere – worüber die wenigen überlieferten schriftlichen Dokumente fast nichts oder nichts Schmeichelhaftes berichteten. Überreste ausgegrabener Blasinstrumente (z. B. die Bronze-Luren) weckten die Hoffnung, die Musikgeschichte der Germanen aus vorrömischer Zeit ließe sich vielleicht doch erhalten. Passende Musik konnte jedoch nirgendwo entdeckt werden. Auch versuchte man, auf rassenkundlicher Basis Musikgeschichte-Epochen übergreifend darzustellen. Jede Rasse habe ihren auf Erbanlagen bestehenden spezifischen Stil, der sich in stets vom gleichen Geist belebten Formen offenbare. In der nordischen Rasse, die an höchster Stelle der naturgegebenen Rassen-Rangordnung stünde, sah man die Schöpferin einer im Nationalsozialismus lebendigen Musik. Der Gefahr einer „Ent-Nordung“ der europäischen, speziell der deutschen Kunstmusik, vornehmlich durch jüdische Komponisten, könne man z. B. durch verstärktes Einbeziehen neuer Musik deutsch-arischer Komponisten entgegen wirken, und zwar durch „Auf-Nordung“ in Verbindung mit einer Rückbesinnung auf „Kraftquellen nordischen Musikgeistes, insbesondere die Volkslieder der Vergangenheit[15]. Die Gesundung der Tonkunst sei daher primär eine biologische, erst dann eine künstlerische Angelegenheit[16]. Es entstanden Marsch-, Kampf-, Gelöbnis- und Feierlieder, die den Zielsetzungen des Nationalsozialismus entsprachen. Die Lieder der Bewegung galten nun als die neuen Volkslieder. Gemeint war das Liedgut, „das in Zeiten rassischer Gesundheit von der schöpferischen Kraft eines Volkes in großer Fülle hervorgebracht wird und in ihm lebt“[17]. Das in „Blut und Boden“ verwurzelte Volkslied galt als treuester Bewahrer des germanischen Erbes[18].

Bisher hatte jeder gesungen, was ihm gefiel und was seiner Gemütslage entsprach. Jetzt erhielt das Singen in der Hitlerjugend eine andere Bedeutung als das Singen in der Jugendmusikbewegung. Alle großen Gefühle, deren die Jugend fähig ist, wurden „professionell“ wachgerufen[19]. Nie wurde die Begeisterung einer singfreudigen Jugend

[14] Vgl. Kapitel 9.

[15] Vgl. Richard Eichenauer: Musik und Rasse, München 1932, Seite 277.

[16] Vgl. Eichenauer, a.a.O., Seite 316.

[17] Vgl. Adolf Seifert. Volkslied und Rasse. Ein Beitrag zur Rassenkunde – Reichenberg und Berlin-Lichterfelde 1940, Seite 10. Seifert war Mitarbeiter des „Rassepolitischen Gauamts Württemberg-Hohenzollern“.

[18] Vgl. Josef Müller-Blattau: Germanisches Erbe in deutscher Tonkunst, Berlin-Lichterfelde 1938, Seite 17. Bei der Analyse traditioneller deutscher Lieder glaubte Müller-Blattau sogar, im Horst-Wessel-Lied frühzeitliche musikalische Wendungen zu entdecken.

[19] Die HJ-Führung wusste um die Bedeutung der Musik für die Ideologie. Sie unterhielt darum Musikhochschulen und Lehrstühle an Universitäten, die Musiker auszubilden hatten, die später in ihrem Beruf nationalsozialistische Ideen verbreiten sollten. Zahlreiche – auch nach dem Krieg noch geachtete – Komponisten wie Heinrich Spitta und Wolfgang Fortner stellten dafür ihr Talent zur Verfügung. Carl Orff wollte 1933 sogar ein Liederbuch für den Massenkonsum der Hitlerjugend gestalten. Insbesondere die von der Hitlerjugend organisierte Musikausbildung war im Vergleich zu den öffentlichen Schulen bedeutend besser. In der Hitlerjugend zu unterrichten, war für einen ambitionierten Pädagogen zweifellos niveauvolller als an einer öffentlichen Schule. Die Hitlerjugend war die größte Musikbewegung aller Zeiten – ein (auch qualitatives) Monopol, so dass es so gut wie keine Möglichkeiten gab, sich organisiert anderswo musikalisch zu beschäftigen. Die Hitlerjugend stand – nicht nur in der Musikerziehung – als Ausbildungsstätte in permanenter Konkurrenz zur öffentlichen Schule. In Musikschulen und Konservatorien der Hitlerjugend wirkten als Erzieher und Jugendführer bereits auch künftige Berufsmusiker. Für engagierte Volksliedinteressierte (und für schwärmerische Gemüter, die aus dem Geist des Volkslieds heraus die Welt verbessern wollten)

derart missbraucht. Die politische Verführung durch die Hitlerjugend zu Gefolgschaft und Treue zu Führer und Volk konnte von der Jugend – anders als von den Musikreferenten und den Herausgebern entsprechender Liederbücher, die aktiv zu den Gesinnungsänderungen beigetragen haben – kaum erkannt werden. Fast unbemerkt wurde das Gedankengut früherer geistiger Strömungen annektiert. So steht z. B. das bekannte Lied „Die Gedanken sind frei“ seit 1937 im offiziellen Liederbuch „Frisch gesungen!“, ein bezeichnendes Beispiel für den rücksichtslosen Zugriff und für die propagandistische Umdeutung von Worten, Begriffen und Werten durch die Nationalsozialisten.

Betrachtet man die Veränderungen in dem wohl repräsentativsten Schulmusik-Liederbuch jener Jahre „Frisch gesungen!“, so lassen sich die Veränderungen in den Liedbeiträgen zur Stützung des Regimes und zur Förderung der Wehrkraft deutlich nachzeichnen[20]. „Frisch gesungen“ erlebten von 1927-1941 alleine 60 Auflagen (mit Liedern z. B. von Paul Höffer, Ernst Lothar von Knorr, Paul Hindemith, also von Personen aus dem persönlichen Umfeld Wilhelm Benders)[21]. Eine weitere Ausgabe erschien mit Ausbruch des Kriegs. Angesichts der Kriegsplanungen hatte es Hitler für angebracht gehalten, die Hitlerjugend auf den Wehrmachtsdienst vorzubereiten. Das neue Lehrwerk war darum wesentlich militanter. Die effektivste „Waffe", das wirkungsvollstes Propagandamittel, um die Bevölkerung für sich zu gewinnen, waren neben ihrer wirklichen Bewaffnung das Sieg verheißende Kampflied – ein schlagkräftiges Symbol für das neue Erwachen. Auf Reden konnte man notfalls verzichten, nicht aber auf das emotional viel stärker wirkende Gemeinschaftslied. Viele der ideologisch aufgeladenen neuen Lieder besangen nun die Verherrlichung des Soldatentums, des Soldatentods und des Kriegs, waren eindeutig kriegerischer Art und handelten von Vaterland, Pflicht, Ehre, Blut und Boden sowie insbesondere von Kampf und Tod[22]. Auch die antisemitische Propaganda wirkte sich auf dieses Liederbuch aus. Es wurden nicht nur die Werke jüdischer Komponisten aus den Liederbüchern verbannt, sondern vereinzelt sogar antisemitische Spottlieder aufgenommen.

In Ermangelung neuer Liederbücher benutzte man in den Westzonen im Musikunterricht nach 1945 die vorhandenen Exemplare von „Frisch gesungen!“ aus dem Dritten Reich weiter, wobei sie – wo möglich – notdürftig entnazifiziert wurden. Der federführende Herausgeber war bereits im Sommer 1945 nach dem verlorenen Krieg mit einer „entnazifizierenden Bereinigung" des Liedguts beschäftigt und fühlte sich – zeittypisch – für die vorangegangene Liedauswahl mit offener nationalsozialistischer Ideologie nicht verantwortlich, hatte nichts gewusst und war schon früher immer kritisch gegenüber dem Regime eingestellt: „Damit war für mich eine Zeit abgeschlossen, die sich kennzeichnete durch absolute Zwangsherrschaft, Niederhaltung aller freien Meinungsäußerung, durch lügenhafte Propaganda und lautes Geschrei"[23]. Auch Jöde leistete

---

bot sich durch Mitarbeit in der Hitlerjugend ein lohnendes Betätigungsfeld – so wie bei den Herausgebern von Liederbüchern kommerzielle Aspekte und öffentliche Beifallskundgebungen nicht außer Acht blieben; sie brachten sich ein, wo es sich für sie lohnte. Vgl. Michael H. Kater: HITLERJUGEND, Darmstadt 2005, Seite 33.

[20] Vgl. Matthias Kruse „Frisch gesungen!“ Studien zur Geschichte des Schulmusikbuchs in der ersten Hälfte des 20. Jahrhunderts. Teil 2. Münster, Hamburg 1992, Seite 296 ff.

[21] Vgl. Kapitel 8.

[22] Vgl. Michael H. Kater: HITLERJUGEND, Darmstadt 2005, Seite 33.

[23] Zitiert nach Matthias Kruse „Frisch gesungen!" Studien zur Geschichte des Schulmusikbuchs in der ersten Hälfte des 20. Jahrhunderts. Teil 1. Münster, Hamburg 1992, Seite 43.

seinen Nachkriegsbeitrag, indem er 1952 sein Liederbuch „Der Musikant. Lieder für die Schule" herausgab, in dem er auch ein Kinderlied Wilhelm Benders berücksichtigte.

Wilhelm Bender war den Gedanken der Jugendmusikbewegung gegenüber seit seiner Jugend aufgeschlossen. Bereits als Schüler fühlte er sich der Jugendmusikbewegung aktiv verbunden. Auch während seines Studiums lernte er die pädagogischen Ziele der Jugendmusikbewegung intensiv kennen. Schließlich blieben die persönlichen Kontakte zu Hindemith, von Knorr und besonders zu Jöde[24] nicht ohne Auswirkungen auf sein theoretisches und praktisches Schaffen. Es ist ferner anzunehmen, dass Wilhelm Bender auch die entsprechenden Arbeiten von Orff und Kodály durch sein Studium gekannt und ihre musikalischen Botschaften verstanden hatte. Wilhelm Bender strebte aufgrund seines Wissens und seines Musikempfindens eine reformierte (auch außerschulische) Musikvermittlung an; sie sollte anders sein als die alte „Drillschule" des Kaiserreichs oder der Weimarer Republik. Seine Liedersammlungen und seine kleinen Musikstücke entsprachen damals und entsprechen heute den Bildungs- und Erziehungsvorstellungen der Jugendmusikbewegung mit dem Ziel des ungekünstelten gemeinsamen Singens. Jöde forderte von Wilhelm Bender, statt des „süßlichen kindertümmelnden Lieds" neue, zeitgemäße Kinderlieder zu schaffen, um Kinder zum eigenschöpferischen Umgang mit Musik hinzuführen. Die Kinder sollten durch neue Lieder zu einem natürlichen gemeinsamen Singen angeregt werden, bestenfalls mit Blockflötenbegleitung und möglichst mit Improvisationseinlagen. Wie Jöde dachte sich Wilhelm Bender in die Musikbedürfnisse von Kindern, anstatt sie den Vorstellungen der Erwachsenen anzupassen. Natürliches Singen und möglichst gleichzeitiges Tanzen sollten die Kinder zu den schlichten Wurzeln der Kreativität führen. Im Vorwort seines Liederbuchs „Der Brunnen" schreibt der sich als Musikpädagoge verstehende Wilhelm Bender: „Liebe Kinder! Zu euren alten Liedern gesellen sich ein par neue. Faßt die Hände zum Kreis, fangt an zu singen. Ihr Mütter und Väter, ihr Kindergärtnerinnen und Lehrer, singt alle mit. Begleitet den Gesang auf dem Klavier. Auch ihr Kinder werdet den Satz bald bezwingen, weil er für kleine Finger geschrieben ist. Geigt und flötet, zupft und klopft dazu, wenn ihr könnt; vergesst mir aber nicht zu singen!" Und in seinem Vorwort zu „Neue Lieder für kleine Kinder" fordert er: „Liebe Kinder! Singt diese neuen Lieder so, wie ihr die alten singt. Schließt einen Kreis, du und deine Geschwister und deine Mutter, ihr im Kindergarten, im Hort, ihr Schulkinder, ihr Pimpfe und Jungmädel. Wer will Bäcker sein, wer Maurer, wer will Schaffner, wer Lokomotive, wer Kohlenwagen sein? Wenn ihr die Lieder erst könnt, spielt ein Großer von euch Klavier dazu. Man kann sie auch in der Klavierstunde spielen. Oder so: Ihr singt, du flötest die Weise und du spielst die linke Hand auf dem Klavier, du klingelst auf dem Triangel, und wo ein Cello ist, da streicht und zupfst es dazu. Den Klaviersatz kann auch die Laute gut übernehmen. Und nun singt und spielt! Aber das Singen ist das Wichtigste." Auch Wilhelm Bender hatte mit seinen Kinderliedern zu einem frühen Zeitpunkt einen Beitrag zur Etablierung und Ausbreitung der musikalischen Früherziehung geleistet.

Wilhelm Bender griff in seinen Kinderliedern den besonders von Jöde vermittelten Aspekt des schöpferischen Musizierens auf, die Idee vom gemeinsamen Musizieren, von der Verbindung aus Musik und Bewegung. Als „Musikus" im Kinderfunk konnte Wil-

---

[24] Jöde hatte entscheidenden Einfluss auf die Entstehung der erfolgreichen, noch heute beliebten Kinderlied-Kompositionen Wilhelm Benders. Vgl. Kapitel 8.

helm Bender seine Ideen in der praktischen Arbeit mit Kindern anwenden und weiterentwickeln. Er wirkte von 1934 bis 1936 nebenberuflich als „Musikus“ im Kinderfunk, in einem speziellen Nachmittagsprogramm mit Tendenz zur musikalischen Früherziehung für Kinder. So wurden die meisten seiner Kinderlieder einem größeren Kreis durch „die Kunterbunt, Paula Knüpffer, und ihre Kinderschar“ im Deutschlandsender bekannt – auch über Berlin hinaus[25]. Diese Sendungen waren ihm, dem „Musikus des Kinderfunks“, Anstoß für seine Kinderlieder-Kompositionen. Durch seine praktische Arbeit mit den Kindern konnte er feststellen, dass die vorhandenen Kinderlieder seinen pädagogischen Zielen im Kinderfunk alleine nicht genügten[26]. Darum schuf er sich – vertraut mit dem deutschen Liedgut – eigene Kinderlieder, einfache Melodien und Texte, mit denen er seine pädagogischen Absichten vermitteln konnte (in seinen anderen „Liedkompositionen für Erwachsene“ sind solche Absichten nicht zu erkennen). Hinter dem kindlichen Singen stand zumindest das Teilziel einer elementarmusikalischen Betätigung im Vor- und Grundschulalter. Er fand treffsicher und eingängig die ungeübten Ohren der Kinder, auch durch die Verwendung von Liedpassagen im pentatonischen Stil, der einem bestimmten Entwicklungsstadium des Kindes entspricht[27]. Wilhelm Bender verstand etwas vom Kinderleben und spiegelte sein Verständnis in Text und Noten. Die Kinder können in seinen Liedern immer wieder neue Geschichten erkennen – so als wären sie geradezu erst wieder geschehen, Geschichten, die sie mit den Ohren und den Herzen schnell begreifen.

Als Mitglied der Hitlerjugend war für den „Musikus“ Wilhelm Bender immer auch ein poltischer Auftrag verbunden, der allerdings an seinen Kinderlieder-Kompositionen meist spurlos vorüber ging – nicht jedoch in seinen Assessorarbeiten „Volkssingen und Schulgemeinde“ und „Das artgemäße Lied. Ein Beitrag zur Geschmacksbildung“. Diese Arbeiten sind nicht frei vom Geist des von der Hitlerjugend beeinflussten Auftrags[28]. Die Wortwahl der Arbeiten demonstriert in der Befangenheit der Zeit ein gewisses Maß an politischer Loyalität. Das reine musikalische Anliegen der Arbeiten übertrifft aber bei weitem den ideologischen Ansatz. Wilhelm Bender spannt in seinen beiden Schriften den Bogen vom methodisch-theoretischen Wegweiser für Singleiter und Spielscharführer einer Singschar bis zur Wiedergabe seiner schulpraktischen Erfahrungen als Referendar im Musikunterricht. Seine hohen pädagogischen Ansprüche reichen bis zur Anleitung der Schüler zum Komponieren eigener Melodien. Gleichzeitig entwickelt Wilhelm Bender in seinen Arbeiten eine Ästhetik des Volksliedsingens und Volksliedkomponierens, die geistige Untermauerung seines eigenen (Kinderlied-)

---

[25] Mitschnitte der Sendereihe „Kunterbunt“ konnten beim Deutschen Rundfunkarchiv DRA in Wiesbaden nicht gefunden werden. Im DRA befinden sich alle Aufnahmen der Sender der Reichs-Rundfunk-Gesellschaft RRG aus den Jahren 1929–1945, soweit sie die Zeitläufte überdauert haben.

[26] In der Verlagswerbung zu „Der Brunnen“ heißt es: „Wer je vom Deutschlandsender die fröhlichen Lieder der Kunterbunt und ihrer Kinderschar vernommen hat, wird seine besondere Freude an der Klavierbegleitung gehabt haben, die sich dem Singen der Kleinen so natürlich anzupassen versteht. Daraus entstand dieses Heft, in dem es singt und klingt von allem, was Kinder erleben: vom Kätzchen, vom Milchmann und vom Bäcker, von Regen und Sonne, von den Jahreszeiten, vom Wehweh und vielem anderen mehr. Ilse Fischer zeichnete liebenswürdige Bilder dazu. Diese Lieder, so ganz aus der Seele des Kindes empfunden, werden in den Kinderstuben, Kindergärten und Schulen mit Begeisterung gesungen werden, und Mütter wie Lehrer werden ihre Kinder diese durchweg leichten Stückchen gern auch selbst spielen lehren.“

[27] Bei der Pentatonik fehlen der zugrunde liegenden Tonart die Halbtonschritte - anders also als im Dur- und Mollsystem oder in den Kirchentonarten; Europäern ist das pentatonische Tonsystem vor allem durch die chinesische, japanische oder afrikanische Musik vertraut. Vgl. Kapitel 10, Fußnote 13.

[28] Vgl. Kapitel 3.

Schaffens. Ferner wurde Wilhelm Bender zu seiner Tätigkeit als Dozent an der Volkshochschule Groß Berlin angeregt, wo er sich mit dem Fach „Deutsche Volksliedkunde“ auseinander setzte. Von der akademischen Trockenheit seiner Assessorarbeiten oder von einem nationalsozialistischen Gedankengut ist in seinen Kinderliedern nichts zu spüren.

In den gängigen Liederbüchern für die musikalische Früherziehung, die Wilhelm Bender während seines Studiums kennengelernt hatte, wirkten die dort veröffentlichten Liedersammlungen oft akademisch-gekünstelt, z. T. sogar unfreiwillig komisch, verfallen in einen unangemessenen kindischen Jargon. Sie lassen eine gewisse Leichtigkeit vermissen, eine Wärme und Herzlichkeit, die dagegen die meisten Kinderlieder Wilhelm Benders auszeichnen, die einfühlsam in die Kinderseele eingehen. Wilhelm Bender schrieb anmutige Kinderlieder und auch – dichterisch begabt – meist seine eigenen Texte. Allerdings hat er sich nicht gescheut, Liedtexte Dritter zu übernehmen und hat statt der bereits bekannten Melodie eigene neue Noten komponiert, weil ihm diese Melodien für Kinder geeigneter erschienen, z. B. für den (wie Wilhelm Bender schreibt) bekannten „Volksreim“ „Ein Kuckuck auf dem Baume saß, es regnet sehr und er ward naß“[29]. Um Kindern das Singen (und Tanzen) zu erleichtern, schrieb er ferner für bekannte Volkslieder zweistimmige Sätze für Einzelstimmen, Chor und/oder Melodie-Instrumente[30]. „Wer immer unisono singt, wird nicht richtig intonieren können. Nur im zweistimmigen Singen lernt man, auch einstimmig zu singen. Die Stimmen stellen sich auf einander ein und finden von selbst ihr Gleichgewicht“[31]. Kinderlieder und Lied-Bearbeitungen Wilhelm Benders enthalten Beispiele zum Erfassen einfacher musikalischer Zusammenhänge und solche, die ein erstes inhaltliches Verstehen der Musik anbahnen.

Dem Pädagogen Wilhelm Bender, der gerne Kinder unterweisen wollte, war es ein großes Anliegen, Kinderlieder zu komponieren, erst recht als er bei seinem Amtsantritt an der Lazaruskirche vertraglich (und später an der Parochialkirche aus Zeitgründen) alle Lehramts-Ambitionen aufgeben musste. Für einen ambitionierten Pädagogen wie ihn wäre eine musikorientierte pädagogische parallele Lehrtätigkeit zweifellos reizvoll gewesen.

In seinen Kinderliedern fördert Wilhelm Bender die musikalischen Anlagen der Kinder durch das praktische musikalische Betätigen: Singen und die Beschäftigung mit einfachen Instrumenten, die Integration klanglicher, sprachlicher und tänzerischer Elemente. Seine Lieder sollen sowohl musiziert als auch gespielt werden. In seinen Kinderliedern wird die Stimme als das natürlichste und einfachste „Instrument“ eingesetzt und meist als Hausmusik im kleinen Kreis zuhause oder im Kindergarten gesungen. Ausgangspunkt seiner didaktischen Bemühungen ist die menschliche Stimme als das am besten geeignete musikalische Erziehungsmittel; der gesungene Ton ist für jeden Menschen – anders als der Ton eines Instruments – sofort und jederzeit abrufbar. Wilhelm Bender wollte durch die Einheit von Musik und Sprache, mit Tanz verbunden, die eigenschöpferische Entfaltung und die kreativen Entdeckungsreisen der Kinder früh fördern. „Singt und spielt“ fordert er von den Kindern in den Vorworten seiner Lie-

---

[29] Text und Melodie dieses Lieds wurden bereits 1856 veröffentlicht. Vgl. Ludwig Erk „Deutscher Liederhort. Auswahl der vorzüglichsten Deutschen Volkslieder“. Umgearbeitet und fortgesetzt von Franz M. Böhme, Neudruck Hildesheim–Zürich–New York 1963 und 1988.

[30] Zum Beispiel „Jahresreigen“, Verlag Chr. Friedrich Vieweg, veröffentlicht erst 1942.

[31] Textstelle aus einem privaten Brief Wilhelm Benders aus dem Jahre 1939 an seinen Bruder Erich.

der – in einer heute merkwürdig anmutenden deutschtümmlerischen Sprache, die von seinem sonstigen Schreibstil abweicht.

Eine von Lied zu Lied aufbauende Methodik und pädagogische Systematik in Melodie und Text (fast alle Kinderlieder-Texte stammen von ihm selbst) sind bei Wilhelm Bender nicht zu erkennen. Seine Botschaft gegenüber seinen Adressaten, den Kindern, ist von großer Herzlichkeit geprägt. Er erfand in einfachen Worten immer neue von Herzen kommende, „so ganz aus der Seele des Kindes empfundene“, auch naiv-anmutige Melodien. Alles ist natürlich und schlicht, wodurch die erstrebte didaktische Wirkung wie von selbst eintrifft:

Steh auf!

Steh auf, steh auf, zum Wasserchen lauf!
Wasch dir behend Füßchen und Händ,
steh auf, steh auf, zum Wasserchen lauf!

Steh auf, steh auf, zum Spiegelein lauf!
Kämme dich fein, lache hinein,
steh auf, steh auf, zum Spiegelein lauf!

Steh auf, steh auf, zum Tischlein lauf!
Ist schon gedeckt, hei, wie das schmeckt,
steh auf, steh auf, zum Tischlein lauf!

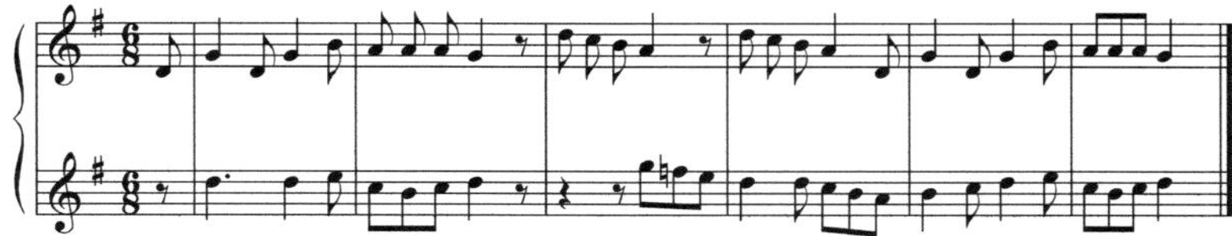

Der Stimmumfang der Kinderlieder Wilhelm Benders ist nicht groß. Die Lieder „wurzeln unmittelbar im Volklichen des Kinderlandes und stellen sich der köstlichen Fülle unseres reichen Volksliedes würdig zur Seite“ (zitiert aus einer Verlagswerbung zu „Neue Lieder für kleine Kinder“). Die Kinderlieder sind selten nur einstimmig, meist zweistimmig oder als Singstimme mit Begleitung komponiert (wobei Wilhelm Bender in unterschiedlichen Ausgaben seine Liedbegleitungen auch schon einmal änderte), häufig mit der auch von Kindern beherrschten Blockflöte oder mit einfachen Klaviersätzen, die dem kindlichen Können entsprechen.

Seine Kinderlieder handeln von Jahreszeiten, von der Natur, sie regen zu nachspielbaren Szenen und Tänzen an. Sie singen und klingen von allem, was Kinder erleben oder erlebten: vom Kätzchen, vom Milchmann, vom Bäcker, von Regen und Sonne, von den Jahreszeiten, vom „Wehweh“ und vielem anderen mehr.

Der „Klassiker“ unter Wilhelm Benders Kinderliedern ist bis auf den heutigen Tag das Lied „Unsre Katz heißt Mohrle“ (aus der gleichnamigen Kinderlieder-Sammlung):

Unsre Katz heißt Mohrle,
hat ein schwarzes Ohrle,
hat ein schwarzes Fell.
Und wenn es was zu schlecken gibt,
dann ist sie gleich zur Stell.

Unsre Katz heißt Mohrle,
hat ein schwarzes Ohrle,
Augen, die sind grün,
und abends wenn es dunkel wird,
da fangn sie an zu glühen.

Unsre Katz heißt Mohrle,
hat ein schwarzes Ohrle,
Pfötchen, die sind weich.
Und wenn mein Kind im Schlafe liegt,
dann schnurrt sie durch ihr Reich.

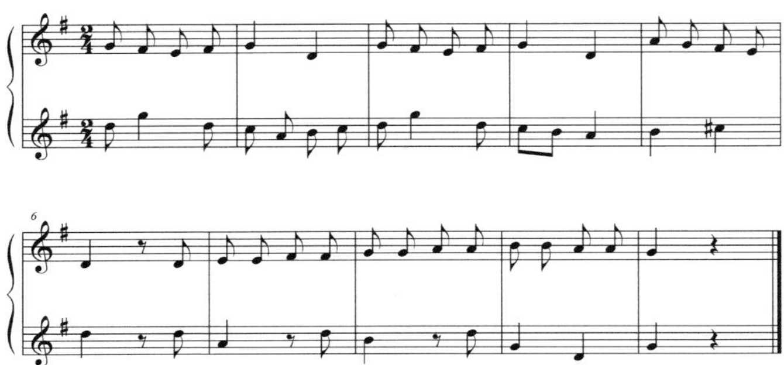

Dieses und andere Kinderlieder Wilhelm Benders haben inzwischen Volksliedcharakter erreicht und werden auch wissenschaftlich als Volkslieder geführt. Gemäß Definition wird die Melodie eines Gebrauchslieds, also z. B. ein komponiertes Kinderlied oder ein Kunstlied, zum Volkslied, wenn es „zer-sungen" wird. Dies bedeutet, dass sich Dritte eine Melodie aneignen, sie für den eigenen Gebrauch abändern (z. B. für einen Kinder-Auszählreim) und auch Textvarianten schaffen. Entsprechende Lied-Varianten müssen nachweislich in der Bevölkerung gesungen werden. Im Deutschen Volkslied-Archiv DVA an der Universität Freiburg befinden sich z. B. zu „Mohrle" zwei Varianten aus Süddeutschland aus den Jahren 1963 – 1977: „Unsre Katz heißt Mohrle, hat e schwarzes Ohrle und en weiße Fleck – und Du bist weg!" und „Unsre Katz heißt Mohrle, hat zwei schwarze Ohrle. Fing eine Maus und du bist drauß!". Entsprechendes gilt für „Der Schaffner hebt den Stab". Im DVA gibt es ferner Belege mit Textabweichungen vom Original, die 1969 und 1971 in Bonn und Freiburg bei Kindern gesammelt wurden. Auch im größten Liederverzeichnis mit über 20.000 deutschen und 9.000 ausländischen Liedern z. B. werden „Unsre Katz heißt Mohrle" bzw. „Der Schaffner hebt den Stab" als Volkslieder geführt[32].

Insgesamt können über 50 Kinderlied-Kompositionen von Wilhelm Bender gezählt und nachgewiesen werden – meist gedruckt, aber auch in Form unveröffentlichter Manuskripte. Es wurden in seinem Nachlass ferner Texte von Wilhelm Bender gefunden, die noch auf seine Vertonung warteten. Seine Kinderlieder fasste er in eigenen Heften

[32] Vgl. z. B. im Internet: „ www.ingeb.erg/VolksUne.htm".

ohne Lieder Dritter zusammen. In „Frisch gesungen!“ oder anderen repräsentativen Schul- oder Liederbüchern seiner Zeit hat er seine Kinderlieder nicht veröffentlichen wollen. Seine fünf Kinderliedersammlungen mit je zwölf Liedern wurden in der Zeit zwischen 1938 und 1942 verlegt, komponiert hat sie Wilhelm Bender – bis auf den „Jahresreigen“ - vermutlich vor 1936. Die ersten beiden Spielhefte „Neue Lieder für kleine Leute“ und „Der Brunnen“ wurden 1938 gedruckt. „Der Brunnen“ ist der Ehefrau Lisa Bender gewidmet, die zweite Auflage der ältesten Tochter Linde. Die Liedersammlung „Unsre Katz heißt Mohrle“ entstand 1939; „Weiße Blum – Rote Blum“ wurde 1940 der Tochter Gerte gewidmet, der „Jahresreigen“ wurde im Oktober 1942 gedruckt und ist wohl erst kurz zuvor entstanden.

Wilhelm Bender wollte mit seinen Kinderliedern auch finanziellen Erfolg erzielen. Sein Kinderlied „Guten Morgen, Herr Bäcker, Ihr Brot, das ist lecker, es duftet vom Tisch und ist immer frisch. Guten Morgen Herr Bäcker“ (aus der Liedersammlung „Neue Lieder für kleine Kinder“; Text von Max Barthel) bot er für Werbezwecke der Berliner Bäckerinnung an; Honorare lassen sich aber nicht nachweisen. Mehr Nutzen konnte er mit einem anderen Lied erzielen: Die Liedersammlung „Weiße Blum – Rote Blum“ enthält das Lied „Brief an den Vater im Feld“, das so erfolgreich war, dass der Vieweg-Verlag dieses „feine Kinderliedchen“ verkaufswirksam auch als Postkarte herausbrachte („zweifarbig bedruckt, bei Abnahme von 100 Stück mit ermäßigten Partiepreisen“), damit für Wilhelm Bender und den Verlag auch ein wirtschaftlicher Erfolg[33].

Angeregt von dem Kinder-Weihnachtslied „Bald nun ist Weihnachtszeit“ seines Kommilitonen Wolfgang Stumme erkannte Wilhelm Bender, dass man auch ehemals christlicher Lieder ohne christliche Inhalte erfolgreich schreiben und vermarkten konnte. Im nationalsozialistischen Stile ist in dem von Stumme als Vorbild komponierten Weihnachts-(Kinder-)Lied keine Rede mehr vom Christuskind. Er und andere Komponisten griffen in den aktuellen Weihnachtsliedern auf die schneebedeckte Natur oder auf das germanische Ritual zurück, auf das Fest der winterlichen Sonnenwende, auf das unchristliche Lichterfest. Stummes politisch-kommerzielle Botschaft fiel bei Wilhelm Bender auf fruchtbaren Boden, denn auch in seinen Weihnachtsliedern („Nikolaus“, „Der Schnee ist leis gesunken“, „Weihnacht der Soldaten“) ist von christlichen Motiven nichts mehr zu finden. Stattdessen textet er z. B. „...schütt uns auf die Erde Soldaten hoch zu Pferde...“ oder „...Du vierte Kerze halt die Wacht...“, „...im vierten Jahr des großen Krieges“.

Viele der Kinderlieder Wilhelm Benders sind nach dem Krieg immer wieder neu veröffentlicht worden. Auch heute werden einzelne Kinderlieder in Kindergärten gesungen, nachgedruckt und im Rundfunk gesendet und von der GEMA in Berlin erfasst. In aktuellen Sammlungen alter und neuer Kinderlieder sind seine Lieder manchmal noch zu finden (meistens das Lied „Unsre Katz heißt Mohrle“), so z. B. 2002 im „Liederbär“ bei Bärenreiter in Kassel und in einer „Querflötenschule für den frühen Anfang“ (Bärenreiter 1990). Drei seiner Kinderlieder finden sich im „Liederbuch für die Vorschul-

[33] In einer Neuauflage von „Weiße Blum – Rote Blum“ von 1943 spricht Wilhem Bender die seine Lieder singenden Kinder „im vierten Jahr des großen Krieges“ im Vorwort an: „Seit ich euch aus Frankreich den ´Brunnen´ schickte, bin ich als Soldat durch manches fremde Land gekommen. Wie ich auch darauf horchte, weder in Frankreich, noch in Holland, weder in Norwegen, noch in Griechenland oder gar auf Kreta singen die Kinder soviel wie bei uns daheim. Nirgends auch haben sie so schöne Lieder. Darum hegt sie, pflegt sie, die alten und die neuen“.

erziehung 1952". Es gibt ferner lange Sendelisten seiner Kinderlieder ab dem Jahre 1944 bis heute aus Hörfunkwiedergaben, besonders vom NDR[34].

Die nach wie vor große Beliebtheit der Kinderlieder Wilhelm Benders zeigt die folgende (nicht vollständige) Auswahl an Kinderliederbüchern, die nach dem Krieg erschienen sind und in denen Kinderlieder Wilhelm Benders enthalten sind: z. B. im 1. Heft (1949) und 2. Heft (1952) von „Der Musikant. Lieder für die Schule" (herausgegeben von Fritz Jöde). In 1952 griff man z. B. im „Liederbuch für die Vorschulerziehung" der DDR auf Kinderlieder Wilhelm Benders zurück, so „Bleib ein Weilchen unterstehen" und „Unsre Katz heißt Mohrle" bzw. „Hör doch in den Stuben"[35]. Wilhelm Benders Kinderlieder finden sich ferner in „Kinderlieder" (o.J.) im Rich. Kaun Verlag, Berlin, „Brücke zum Lied" (1958), „Das kleine Liederbuch für Kindergarten und Haus" von Ose und Schinon (1967), das Kindergarten-Liederbuch „Willkommen, lieber Tag. Spiele und Lieder für den Kindergarten" von Richard Rudolf Klein (1987), „Die Flötenmaus" (eine Flötenschule aus 1990), „Das Apfelmännchen" (1991), „Max und der Schnuller" (1995), „Meine ersten Kinderlieder" (1996), „Das 99. Schaf" (2002), „Der Liederbär" (2002), „Pelles neue Kleider" (2005), „Wer fährt mit ans Meer" (2006), „Sing mit Heidi" (2006; auf Knopfdruck können die Kinder beim Singen die im Liederbuch gespeicherten Begleitmelodien mithören).

Neueste Liederbücher berücksichtigen nur noch fallweise Kinderlieder Wilhelm Benders. Keine der bekannten Einführungen in die musikalische Früherziehung beziehen noch Kinderlieder Wilhelm Benders in ihre aktuellen Unterrichtsprogramme ein, außer seinen Liedbeiträgen in dem bereits erwähnten „Liederbuch für die Vorschulerziehung" aus 1952, in dem drei unterschiedlich schwierige Lieder von Wilhelm Bender Kindern jüngsten und mittleren Alters sowie einer älteren Kindergruppe zum Nachsingen und Nachspielen empfohlen werden.

Als Kinderliederkomponist ist Wilhelm Bender vielfach noch bei Eltern und Kindern in bester Erinnerung. Insoweit ging Wilhelm Benders Wunsch in Erfüllung, dass ihn seine Kinderlieder überleben sollten. Tatsächlich haben einige seiner Kinderlieder – wie er es sich immer gewünscht hat – „alle Aussicht, in die Überzeitlichkeit des echten Volks- und Kinderliedes einzugehen" (Zitat aus einer Verlagswerbung zu Wilhelm Benders Liedersammlung „Der Brunnen"). Es wäre zu wünschen, dass Wilhelm Benders Kinderlieder von Pädagogen daraufhin überprüft würden, ob seine Kinderlieder noch den heutigen Erziehungsmaßstäben gerecht werden, um sie daraufhin der musikalischen Früherziehung erneut zuzuführen.

---

[34] Vgl. das beiliegende Tonträgerverzeichnis im Kapitel 17.

[35] Vgl. „Liederbuch für die Vorschulerziehung", Berlin 1952: Für die "mittlere" Altersgruppe der für die Vorschulerziehung gedachten Kinder wurde Wilhelm Benders Lied „Bleib ein Weilchen unterstehen" ausgewählt (Seite 28), für die ältere Gruppe „Unsere Katz heißt Mohrle" (Seite 68) und weiterführend mit (Instrumental-)Begleitsatz „Hör doch in den Stuben" (Seite 80).

14 Der Beitrag des Kirchenmusikers Wilhelm Bender im Rahmen der liturgisch-kirchenmusikalischen Erneuerungsbewegung

Wilhelm Bender war fromm, froh, zukunftsfreudig, fühlte sich den Menschen und der Musik verpflichtet. Er stand in seiner Glaubenshaltung fest zu Martin Luther, als Kirchenmusiker zu Heinrich Schütz und mehr noch zu Johann Sebastian Bach. Wilhelm Bender bewunderte Bachs Kreativität, die mit einer zutiefst ehrlichen und uneitlen Glaubenshaltung gekoppelt war, und Bachs vollkommene Beherrschung einer für sich genommen zeitgebundenen Tonsprache mit größter Prägekraft, die in ihrer Bedeutung aber weit über die Sphäre des Musikalischen hinausweist[1]. Wann und wodurch der Glaubensfunke auf ihn übergesprungen war, ist nicht bekannt. Die Wurzeln seiner Frömmigkeit lagen – so scheint es – wohl am ehesten in der Kirchenmusik; ihre reiche Tradition gab ihm Orientierung. Dem Kirchenmusiker Wilhelm Bender ging es aber um mehr als nur um das Ausleben seiner Neigungen zur Kirchenmusik, die manchmal lediglich ein Gefühl für Frömmigkeit vermittelt und zu deren Ausführung man im kirchlichen Sinne nicht notwendigerweise fromm sein muss. Als Kirchenmusiker war er der Verkündigung des Evangeliums genauso hingegeben wie der Musik. Religiös prägende Impulse aus dem Elternhaus zu seiner Frömmigkeit sind – bei aller Förderung, die er durch seine Eltern ansonsten erfahren hat – unwahrscheinlich: Seine Eltern waren eher „institutionell" evangelisch; die Kirchengemeinde und die damit verbundene „fromme Geselligkeit" schienen oft bedeutungsvoller als die eigentliche Gottgläubigkeit, ohne dass sich ihr Glaube deswegen oberflächlich nennen ließe. Insoweit drängt sich aus der Gesamtschau Wilhelm Benders der Eindruck auf, als wäre Theologie für ihn doch stets und vordringlich eine Musikdisziplin gewesen, weniger suchende Glaubensspekulationen oder gar religiöse Mystik.

Obwohl Wilhelm Bender den Schwerpunkt seiner Kompositionsarbeit auf die weltliche Musik gelegt hat, hat er durch sein öffentliches Musizieren und durch sein großes liturgisches Verständnis die musica sacra in der Parochialkirche in nur kurzer Wirkungszeit zu neuer Höhe geführt. In seiner Todesanzeige, die die Parochialkirche veröffentlichte[2], heißt es: „Seit 1936 hat er in unserer Gemeinde gewirkt und in den wenigen Jahren bis zu seiner Einberufung die Parochialkirche zu einer Stätte der Kirchenmusik gemacht, die weit über unsere Gemeinde hinaus Würdigung und Anerkennung gefunden hat. Sein Name ist eng verbunden mit der deutschen Kirchenmusik. Wir haben ihn als strebenden Menschen verehrt und als Freund geachtet und geliebt. Sein Andenken wird in der Geschichte der Gemeinde und in unseren Herzen fortleben"[3]. Bereits sein Pfarrer an der Lazaruskirche rühmte u. a. die liturgische Einfühlung seines Spiels: „Nicht nur, dass er die Kirchenmusik beherrscht und aus den Schätzen der Vergangenheit Wundervolles zu Gehör zu bringen weiß, er hat auch im eigenen

---

[1] Vgl. Michael Wersin: Bach hören. Eine Anleitung. Stuttgart 2010, Seite 10.

[2] Vgl. Evangelisches Landeskirchliches Archiv in Berlin ELAB, Bestand 7.

[3] Allerdings findet Wilhelm Bender selbst in den Abschnitten „Glockenspiel" und „Musiker" der Festschrift „300 Jahre Parochialkirche. Beiträge zur Geschichte" (Hrsg. Gemeindekirchenrat der Evangelischen Kirchengemeinde St. Marien, Berlin 2003) keine namentliche Erwähnung mehr. Lediglich in dem Gemeindebrief der Parochialgemeinde, den „Parochialglocken", wurde 1984 in einem Beitrag des 40.Todestages Wilhelm Benders durch den ehemaligen Parochial-Pfarrer Dr. Müller-Zetzsche gedacht sowie aktuell in „Wie mit vollen Chören". 500 Jahre Kirchenmusik in Berlins historischer Mitte. Hrsg. Ingeborg Allihn und Wilhelm Poeschel, Berlin 2010, Seite 51.

Schaffen Erfreuliches geleistet[4], und im Improvisieren versteht er nicht nur zu packen, sondern wird sich stets in den kirchlich liturgischen Stil einfügen“[5].

Heute wird der evangelische Kirchenmusiker Wilhelm Bender innerhalb seines Gesamtschaffens am wenigsten als solcher wahrgenommen, weil er kirchenmusikalisch wenig Bleibendes hinterlassen hat, obwohl er – zwar gedrängt, aber letztlich nicht ungern – das Lehramt an Höheren Schulen zugunsten seiner (kirchen-)musikalischen Kreativität und zugunsten seiner Tätigkeit als Kirchenmusiker aufgegeben hatte. Wilhelm Bender hat kaum Kirchenmusik komponiert, kaum Chormusik, lediglich sieben ein- bzw. dreistimmige geistliche Lieder geschrieben. „Klingende Predigten“ wollte Wilhelm Bender zumindest vorerst nicht schreiben, keinen biblischen Texten mit musikalischen Mitteln aktuelle Akzente verleihen. Sogar für die Orgel hat er nichts komponiert, obwohl er ein gefeierter Meister auch auf diesem Instrument war. Im Nachhinein verblassen sein theoretischer und praktischer Einsatz als Kirchenmusiker im Vergleich zu seinen Leistungen als Carillonneur und als Komponist weltlicher Werke. Allerdings hatte er sich als herausragende musikalische Persönlichkeit aufgrund seines Einsatzes für die Kirchenmusik bereits zu seinen Lebzeiten ein so hohes Maß an Anerkennung erworben, dass die oberste Kirchenbehörde ihm Chancen auf ein führendes kirchenmusikalisches Amt in der altpreußischen Kirche eingeräumt hat[6].

Wenn es nicht auch eine Zeiterscheinung gewesen wäre, „Material“ aus den Kirchentonarten zur (modalen) Erweiterung der aktuellen Tonsprache zu verwenden, so könnte man vermuten, Wilhelm Bender hätte bei der Suche nach einem eigenen Kompositionsstil durch den häufigen Einsatz u. a. von Kirchentonarten deutlich erkennen lassen, dass bei seinen Kompositionen auch ein Kirchenmusiker am Werke war. Vielleicht war Wilhelm Bender sogar selbst der Meinung, zumindest indirekt bei der Kreierung einer fortschrittlichen individuellen Tonalität immer wieder auch gleichsam Kirchenmusik zu komponieren, wenn er modale, d. h. auf Kirchentonarten basierende Klänge, einsetzte[7]. Kaum denkbar, dass er es wegen des tragischen Schicksals des bedeutendsten evangelischen Kirchenmusikers jener Jahre, Hugo Distler (1908-1942), unterließ, „direkt“ sakrale Musik zu komponieren. Distlers polyrhythmischer Stilistik war in Wilhelm Benders individuelle Tonalität durchaus mit eingeflossen. In Distlers Musik war der Klassizismus Strawinskys ebenso erkennbar wie Bartóks Polyrhythmik; auch Distler empfand die Atonalität als „naturwidrig“. Sein vom Wortduktus hergeleiteter rhythmisch-melodischer Stil galt unter Kennern als die modernste Musikalisierung der deutschen Sprache. Distler war seit 1933 Mitglied der NSDAP und in bedeutenden Positionen als Professor für Chorleitung, Tonsatz, Komposition und Orgelspiel an der Berliner Staatlichen Hochschule für Musik und Leiter des Berliner Staats- und Domchors beschäftigt. Distler schien sich durchaus systemkonform zu verhalten, sowohl in seinen Kompositionen als auch in seinen Schriften. 1935 z. B. pries er unüberhörbar „die Größe der vaterländischen Ereignisse der vergangenen Jahre“, komponierte Kirchenmusik und schrieb Tonsätze auch für Kriegslieder (z. B. wie Wilhelm Bender „Morgen marschieren wir in Feindesland“) und Lieder für das „Chorliederbuch der Wehrmacht“. Dennoch geriet er immer wieder ins Visier der Hitlerjugend und der SS, die seine Arbeiten sabotierten – für ihn unverständlich, schrieb

---

[4] Gemeint sind seine Kinderlieder.

[5] Vgl. Evangelisches Landeskirchliches Archiv in Berlin ELAB, Bestand 7.

[6] Vgl. Kapitel 15, Exkurs IV.

[7] Vgl. Kapitel 10.

er doch „ganz in der Linie, was man heute will“[8]. Häufig kritisierte die NS-Presse seine Kirchenmusik, weil er der Kirchenmusik als bedeutendster Erneuerer im Sinne der Bekennenden Kirche dem Nationalsozialismus offenbar eine nicht genehme Richtung und Orientierung für Dritte gab. Vermutlich wurde ihm vom Regime auch seine führende vokalkompositorische Rolle auf dem „Fest der Deutschen Evangelischen Kirchenmusik“ im Oktober 1937 verübelt. Möglicherweise davon entnervt nahm sich Distler schließlich mit 34 Jahren das Leben[9]; wahrscheinlicher aber ist, dass er wegen seiner bevorstehenden Einberufung zur Wehrmacht Selbstmord beging.

War neue Musik dem NS-Regime nicht genehm, dann war man offenbar auch beim Komponieren richtungsweisender neuer evangelischer Kirchenmusik vor vernichtender NS-Kritik nicht sicher. Wie das Schicksal Distlers zeigte, schien ein Ausweichen auf andere Werkgruppen politisch-taktisch klüger und Erfolg versprechender zu sein. Dennoch ist zu vermuten, dass Wilhelm Benders Neigung, Kirchenmusik vorwiegend „indirekt“ zu komponieren, eher an den übermächtigen, bereits profilierten und erfolgreichen Komponisten des zeitgemäßen neuen evangelischen Kirchenlieds lag, die durch ihre Erfolge mit einer neuen deutschen evangelischen Kirchenmusik selbst ambitionierte Dritte entmutigten und aktuell wenig Raum für weitere wirklich innovative Kirchenmusik ließen: Neben Distler z. B. David[10] oder Pepping[11], die professionell und anspruchsvoll für eine Wiederbelebung der protestantischen Kirchenmusik sorgten, ohne – wie Distler - bei den Nationalsozialisten anzuecken. Als zeitgenössische Vertreter der Neopolyphonie trafen sie die offiziellen Vorstellungen von moderner deutscher Kirchenmusik im Dritten Reich besser: Herkömmliche Tonalität mit Bezug zu Dreiklang-Harmonien und zu diatonischen und modalen Tonarten. David und Pepping galten durchaus als nazinahe Komponisten, die ihren Frieden mit dem NS-Regime gemacht hatten, und eine enge Beziehung zu den Nationalsozialisten oder zur Hitlerjugend pflegten[12]. Sie standen dem Regime – auch durch Kompositionen von Kriegsmusik – berechnend nahe, um mit Lehraufträgen ihren Unterhalt zu verdienen. Sie setzten sich dafür ein, dass die Musikerziehung den nationalsozialistischen Idealen angepasst werden müsse, und sahen willkommene Parallelen sowohl in der politi-

---

[8] Zitiert nach Fred K. Prieberg: Handbuch Deutsche Musiker 1933-1945, Version PDF-Format, Auprès des Zombry 2004, Seiten 1187-1196.

[9] Behauptungen nach dem Zweiten Weltkrieg, dass Distlers Musik von den Nationalsozialisten diffamiert wurde, können offenbar von Michael H. Kater widerlegt werden. Kater scheint es vielmehr möglich, dass sich Distler umbrachte, weil er zwischen den Forderungen des NS-Staats und der Treue zu seinem protestantischen Glauben zerrieben wurde – beiden konnte er wohl nicht dienen. Vgl. Michael H. Kater: Die missbrauchte Muse, München 2000 Seite 315.

[10] Johann Nepomuk David (1895-1977), in Österreich geboren, war Professor an der (seit 1941 so genannten) Hochschule für Musik in Leipzig und u. a. Mitglied der Akademie der Künste in Berlin. Er machte sich beim Regime durch Hitler-Huldigungen beliebt (in den Nachkriegsmonografien zu seiner Person fehlen allerdings Hinweise auf diese Kompositionen; vgl. Fred K. Prieberg: Musik im NS-Staat, Frankfurt 1982, Seite 10). Er galt als einer der Streiter für die „Wiedergeburt der Polyphonie“. David stand auf der Gottbegnadeten-Liste, die ihn vom Kriegsdienst befreite.

[11] Ernst Pepping (1901-1981) schrieb vornehmlich sakrale Vokalmusik und Orgelwerke. Neben Distler gilt er als einer der bedeutenden Erneuerer der evangelischen Kirchenmusik. Er war wie Distler Professor an der Berliner Staatlichen Hochschule für Musik. Die Gottbegnadeten-Liste befreite ihn vom Kriegsdienst. Durch seine gemäßigte Tonalität – bei seiner Kirchenmusik orientierte er sich am Choral und an den Kirchentonarten – war er im Nationalsozialismus durchaus angesehen. Pepping war Mitglied der Berliner Akademie der Künste und der Bayerischen Akademie der Schönen Künste. Pepping, „neopolyphoner Komponist“, sah den Ausweg aus der postromantischen Tonalität in den einfachen, strengen Strukturen der Barockmusik.

[12] Vgl. Michael H. Kater: Die missbrauchte Muse, München 2000, Seite 313.

schen als auch in der kirchenmusikalischen Erneuerung: Kirche wie Nationalsozialismus wollten „zerstreute Gesinnungen“ sammeln und einer neuen Gemeinschaft zuführen. Die Weltanschauung der Nationalsozialisten wurde insoweit als Ergänzung der Ideale und der Ästhetik der evangelischen Kirchenmusik gesehen, wodurch auch mit ihrer Hilfe eine unerfreuliche Allianz zwischen der evangelischen Kirche und dem Nationalsozialismus entstand.

An und für sich scheute Wilhelm Bender die „musikalische Konkurrenz“ nicht. Sicherlich hätte er später noch vorgehabt, dann auch Kirchenmusik in größerem Umfang zu schreiben, wenn er seinen eigenen Kompositionsstil gefunden hatte. Erst einmal entschied er sich dafür, im Rahmen der kirchenmusikalischen Erneuerungsbewegung lediglich theoretisch für die Verlebendigung der Kirchenmusik zu werben und einzutreten. Für seine entsprechenden Überlegungen und Anregungen zur kirchenmusikalischen Erneuerung hat er sich dann auch große Verdienste erworben[13].

Als protestantische Liturgiereform, meist liturgische Erneuerungsbewegung genannt, bezeichnet man einmal die Restauration der liturgischen Handlungen im Gottesdienst, deren Elemente sich über Jahrhunderte zu einem wahren Gesamtkunstwerk gefügt haben (dieses Kunstwerk ist durchaus variabel; je nach Festtagen oder Kirchenjahreszeit können z. B. um einen festen liturgischen Bestand herum einzelne Elemente entfallen oder besonders herausgehoben werden). Die Liturgiereform schließt ferner die Erneuerung der liturgischen Kirchenmusik ein, deren Veränderungen die Kirchenlieder (im Rahmen der Gesangbuchreform) und die Orgelmusik für den Gottesdienst (im Rahmen der Orgelreform) betreffen. In diesen Erneuerungsbewegungen spiegelte sich das neue liturgische Reformbewusstsein eines Großteils der evangelischen Kirche (vornehmlich aus dem Lager der Bekennenden Kirche) wider, als Gegenentwurf zu den sich damals entwickelnden liturgischen Vorstellungen der Deutschen Christen gedacht[14]. Allerdings war der Begriff „liturgische Erneuerungsbewegung“ für das, was sich wirklich dahinter verbarg, ein zu großes Wort. Letztlich betraf die liturgische Erneuerungsbewegung von der Gesamtheit der gottesdienstlichen Abläufe und Inhalte in der evangelischen Kirche so gut wie ausschließlich die Erneuerung der Kirchenmusik, speziell des Kirchenlieds, und eine sich daraus fast zwangsläufig ergebende Aufwertung des Standes der Kirchenmusiker. Insoweit sollte man – abgesehen von einer nur geringen Zahl veränderter liturgischen Handlungen, die ohnehin nur einige wenige Kirchen betrafen – besser nur von einer (liturgischen) kirchenmusikalischen Erneuerungsbewegung sprechen, die sich in den Gesangbuch- und Orgelreformen niederschlug. Diese Bewertung stellt ganz und gar keine Geringschätzung der liturgischen Erneuerungsbewegung dar, hat sie doch der damaligen Kirchenmusik einen seit langem vermissten Aufschwung und den Kirchenmusikern neues Ansehen beschert.

Den Erneuerern innerhalb der evangelischen Kirche lag nach dem Ersten Weltkrieg mit seinen Umbrüchen in Staat und Kirche und in einer sich wandelnden gesellschaftlichen Gefühlshaltung an einer neuen „wirklich evangelischen“ Kirchenmusik:

---

[13] Die Lutherische Liturgische Konferenz legte 1974 eine Denkschrift „Versammelte Gemeinde, Struktur und Elemente des Gottesdienstes. Zur Reform des Gottesdienstes und der Agende“ vor. In dieser Denkschrift sind noch Reste der von Wilhelm Bender angestoßenen kirchenmusikalischen Liturgiereform zu erkennen. Vgl. ferner Fußnote 59.

[14] Obwohl man auch die aktuellen liturgischen Vorstellungen der Deutschen Christen als „Reform“ hätte bezeichnen können, wurde der Reformbegriff lediglich mit den kirchenmusikalischen Vorstellungen der Bekennenden Kirche in Zusammenhang gebracht.

Aufgrund der veränderten Weltanschauung und Gesinnung der Gläubigen und einem neu erwachten Verlangen nach Religiosität in den politischen und sozialen Veränderungen nach 1918 und 1933 müsse sich das liturgische Klangbild wieder einmal dem aktuellen Zeitgeist anpassen, müsse den ansprechenden Rahmen für eine zeitgemäße evangelische Kirchenmusik aus dem Glauben an Jesus Christus suchen. Die überkommene evangelische Liturgie, besonders Art und Auswahl der Kirchenlieder, müsse wieder einmal auf den Prüfstand gestellt werden. Schließlich sei die evangelische Kirchenmusik – anders als die katholische – niemals endgültig, sondern geradezu veränderlich definiert; selbst die Reformatoren hatten keine einheitlichen Vorstellungen von der Funktion der Kirchenmusik. So konnte die evangelische Kirchenmusik im 18. Jahrhundert z. B. von der Aufklärung pädagogisch vereinnahmt werden, im 19. Jahrhundert erwuchs ihr Konkurrenz im Konzertsaal, die ihre monopolistische, liturgische Bedeutung schmälerte. Aber schließlich konnte man die fehlende Starre auch vorteilhaft dazu nutzen, durch den Zeitumständen angepasste liturgisch-lebendige Erscheinungsformen und durch aktuelle Botschaften einer immer wieder auftretenden Gottesdienstmüdigkeit der Gläubigen – nicht etwa deren Verlangen nach Religiosität – wirksam zu begegnen[15].

Der eigentliche Anstoß zur liturgisch-musikalischen Erneuerung der späten zwanziger Jahre des 20. Jahrhunderts entstammte anfänglich allerdings weniger einer theologischen Bekenntnisbewegung. Er wurde vielmehr von der Jugendmusikbewegung initiiert. Durch das bündisch-altdeutsche Liedgut der Jugendmusikbewegung kam es über die Kirchengesangvereine zu ersten Berührungen mit der evangelischen Kirche, in deren Singbedürfnis das Liedverständnis der Jugendmusikbewegung einfloss. Die Jugendmusikbewegung schuf sich als dynamische gesellschaftliche Singbewegung im Rahmen des allgemeinen Zeitgeists ihr Potential auch in den Kirchen weitestgehend selbst, indem sie in den Gemeinden ein Verlangen nach einer veränderten Kirchenmusik und nach einem neuen Gemeindegesang erzeugte. Die führenden kirchenmusikalischen Vertreter jener Zeit hatten keinerlei Interesse daran, sich der von der volkstümlichen Singbewegung ausgehenden Neu-Orientierung und der kirchenmusikalisch belebenden Neu-Gesinnung der Kirchengemeinden entgegenzustellen; Widerstand oder ein Umlenken in eine andere Richtung hätte – wenn es denn überhaupt erwünscht gewesen wäre – von ihnen weitaus größere Anstrengungen als eine Anpassung erfordert. Letztlich bereitete die aktuelle gesangliche Neubelebung nach der durch die letzte Liturgiereform[16] verordneten Gesangspassivität der Kirchengemeinden zugunsten eines liturgischen Chors den Boden für einen neuen Gottesdienstzugang in den Gemeinden.

Die Singbewegung innerhalb der Jugendmusikbewegung[17] griff griff wie selbstverständlich auf das Gemeindesingen über. Das Bewusstsein wurde dafür sensibilisiert,

---

[15] Kirchenlieder verändern – anders als z. B. Goethelieder – ihre Gestalt im Lauf der Zeit, sind fließende Gebilde. Oft gibt es kein Original, sondern nur Fassungen von ihnen, denen nacheinander die Reformation, die Gegenreformation, die Restauration, der Faschismus oder die Liberalität ihren Stempel aufgedrückt haben; das Kirchenlied ist darum ein ideales Feld für rezeptionsgeschichtliche und rezeptionsästhetische Studien. Die wechselnden Fassungen der Kirchenlieder bilden die wechselnde Glaubensgeschichte ab, zumindest aber die Interessengeschichte der Veränderer. Vgl. Hermann Kurzke: „Erhalt uns, Herr, die Obrigkeit" singt heute keiner mehr. In: Frankfurter Allgemeine Zeitung Nr. 93 vom 20. April 2011, Seite 4.

[16] Diese Liturgiereform war vom König Friedrich Wilhelm III. (1797-1840) nach 1816 veranlasst worden, u. a. um die uneinheitlichen gemeindlichen Gottesdienstordnungen zu reformieren.

[17] Vgl. Kapitel 13.

dass sich die evangelischen Kirchenlieder, die inhaltlich das ganze (Kirchen-)Jahr begleiten, mit den jahreszeitlich geprägten Volksliedmelodien erheblich überschneiden. Der Kirchengesang öffnete sich daraufhin noch bereitwilliger dem Volkslied und vereinnahmte, was für Kirchenlied und Kirchengesang zusätzlich geeignet und für die forcierte gemeindliche Singarbeit vorteilhaft erschien. Die Kirchenführer erkannten, dass durch diese Liturgiebelebung mit Hilfe „musikalischer Singeinlagen" die gewünschte Aktivierung der Gottesdienstbesuche über die liturgische Beteiligung der Gläubigen erreicht werden könnte: Die Gemeinde wollte nicht nur mitsingen, mit Pfarrer, Gemeindechor oder mit Orgelbegleitung, sondern wieder selbst und auch alleine singen, wodurch sie wieder zur aktiven Trägerin der Liturgie würde. Diese aktiv gestaltende Rolle mussten sich die bislang passiven Gemeinden erst mühsam und allmählich zurückerobern, nachdem rund 100 Jahre zuvor die preußische Liturgiereform unter König Friedrich Wilhelm III. im Gottesdienst statt der singenden Gemeinde oder anstelle gemischter Kirchenchöre Soldatenchöre oder bestenfalls Männerchöre verbindlich vorgeschrieben hatte. Die singende Gemeinde wurde jetzt zur Basis einer neuen Kirchenmusik. Auch der Gemeindechor als „Musikausschuss der Gemeinde" wurde verstärkt zum Mitträger des Gottesdienstes, wobei er in einer musikalisch anspruchsvolleren Form singen sollte als es den Fähigkeiten der Gemeinden üblicherweise möglich war. Die Kirchenmusik trat im evangelischen Gottesdienst nun wieder als Gemeindegesang, Chor- und Sologesang, als Altargesang und als Instrumentalspiel (besonders als Orgelspiel) auf. Diese Veränderungen mussten von den Pfarrern und Kantoren in den Gemeinden jetzt nur noch organisiert werden, nachdem der ideelle Funke zu diesen Veränderungen durch die Jugendmusikbewegung fast ohne eigenes Zutun von außen in die Kirchen hinein getragen worden war. Dieses Organisieren setzte bei der Auswahl dessen ein, was künftig gesungen und gespielt werden sollte[18].

Die Kirche selbst war also nicht der Initiator der Liturgiereform, sie fußte vielmehr auf einer allgemeinen kulturellen Bewegung. Führende Kirchenmusiker, später die Vertreter der Bekennenden Kirche, hatten diese Stimmung also lediglich aufgegriffen und zur Basis einer neuen liturgischen Vorstellungen gemacht. Dabei griffen sie auf „die gute alte, reine Zeit" zurück, auf das „gesunde" musikalische Material der alten Meister, gingen zurück bis zu den unverfälschten geistigen Quellen der Reformation. Deren traditionelle Werte schienen am ehesten als wirksame Waffen gegen das aufkommende, ausufernde Verlangen nach „schwülstig-neuheitlichen Sinnreizen" und gegen eine „Rauschkultur" auch im Gottesdienst zu sein.

Überarbeitete Gesangbücher, von der singenden Gemeinde als kirchenmusikalischer Kompass benötigt, erhielten damit einen neuen bedeutenden Stellenwert. Jetzt fanden z. B. Choralsingen und das natürliche Volksliedverständnis der Singbewegung Eingang in die Gesangbuchreform der evangelischen Kirche[19] und ein verändertes

[18] Führender Kopf dieses hymnologisch-liturgischen Bereichs war Konrad Andreas Christian Reinhard (genannt Christhard) Mahrenholz (1900-1980), Pastor, Musikwissenschaftler und Dotor der Philosophie, ab 1933 Reichsobmann der Fachschaft für evangelische Kirchenchöre und Posaunenchöre in der Reichsmusikkammer, nach 1946 Honorarprofessor für Kirchenmusik an der Universität Göttingen. Er wurde nach dem Krieg ferner zum Vorsitzenden des Ausschusses für die Rückführung von Glocken (ARG) bestellt, war ab 1960 Abt des Klosters Amelungsborn, dessen evangelische Bruderschaft sich der Pflege der lutherischen Liturgietradition verpflichtet fühlt. Zwischen 1949 und 1975 ernannte die Neue Bachgesellschaft Mahrenholz zum Vorsitzenden in der Nachfolge von Karl Straube.

[19] Vgl. Fußnote 6.

Orgelverständnis Eingang in eine Orgelreform und eröffneten der aktuellen Kirchenmusik neue musikalische Ansätze. Die Singbewegung hatte den Anstoß für eine Gesangbuch- und Orgelreform gegeben[20].

Im Rahmen dieser liturgischen Reformen vollzogen sich die größten Veränderungen innerhalb der hymnologischen Bewegung[21], die zeitlich zum größten Teil in die Jahre des Kirchenkampfs fielen[22]. Nachdem die Ideen der Singbewegung in den Kirchengemeinden für eine neue Einstellung gegenüber der Kirchenmusik gesorgt hatten, gingen im Rahmen der kirchenpolitischen Auseinandersetzungen zwischen den Deutschen Christen und der Bekennenden Kirche die kirchenmusikalischen Vertreter der Bekennenden Kirche daran, die Kriterien einer veränderten Kirchenmusik zu definieren und auszuwählen, was zum neuen Kanon einer „richtigen" Kirchenmusik gehören sollte. Geist, Gesinnung und ideelle Reinheit der neuen Bewegung verlangten nach Meinung der Vertreter der Bekennenden Kirche eine Wiederentdeckung traditioneller Werte insbesondere für die Kirchenlieder, verlangten geradezu nach dem Singen alter reformatorischer und nachreformatorischer Choräle eines Schütz, Buxtehudes, Pachelbels, Telemanns und Bachs mit ihrer Schlichtheit und puristischen Klarheit. Aktuell sollten sie ergänzt werden durch die Schöpfung neopostreformatorischer Werke durch junge deutsche Komponisten, sofern sie in einer festen Beziehung zu den Archetypen der Reformation standen. Die musikalische Ausdeutung des Wortes, dem nichts gleichkäme und durch das Gott zu den Menschen spräche, ihre Ziele und Ideale sollten in der Kirchenmusik, besonders in den Kirchenliedern, klar und deutlich zum Ausdruck kommen. Man bemühte sich mithin im Rahmen dieser Überarbeitung des evangelischen Gesangbuchs konsequent um eine Renaissance der lutherischen Kirchenmusik, die sich einer schlichten Frömmigkeit unterzuordnen hätte: Zwischen Gott und die Gläubigen dürfe keine „gespreizte Kunst" treten; dies wäre anstößiger Paganismus. Kirchenmusik habe nicht Kunst zu sein, sondern „demütiger Gottesdienst", Kunst dürfe Religion auch nicht ansatzweise verdrängen, Töne dürften das Wort nicht beherrschen. Die Vertreter der Bekennenden Kirche, die sich für die aktuelle Gesangbuchreform einsetzten, wollten das ursprüngliche liturgische Klangbild der Sakralmusik wieder zu der Reinheit zurückbringen, wie sie in der nachreformatorischen Zeit der oben genannten Komponisten bestanden hatte. Auch im Singen von Volksliedern, die der „volkhaften Grundlage" der Kirchenmusik entsprächen, sah man – ganz im Sinne der Jugendmusikbewegung – eine (im Volkslied verborgene) Rückbesinnung auf das Ursprüngliche, das in eine Welt der Ordnung führe. Eine gottesdienstlich ausgerichtete „organische" Kirchenmusik müsse als textgebundene Musik radikal auf die Aufgabe der Wort-Verkündigung eingeengt werden. Die Schönheit der Musik dürfe vom liturgischen Geschehen nicht ablenken und das Gottesdienstpublikum nicht in ein Kunstpublikum verwandeln.

Die orthodoxen Ideen der Gesangbuchreformer fußten allerding nicht nur auf rein theologischen Überlegungen und Überzeugungen. Immerhin wurde die Liturgiereform als Teil des Kirchenkampfs massiv in die kirchenpolitischen Auseinandersetzungen

---

[20] Zu früheren Gesangbuchreformen vgl. Christian Brunners: Kirchenmusik und „Liederfrühling" in schweren Zeiten: das 17. Jahrhundert. In: Wie mit vollen Chören. 500 Jahre Kirchenmusik in Berlins historischer Mitte. Hrsg. Ingeborg Allihn und Wilhelm Poeschel, Berlin 2010, Seiten 74-93.

[21] Forschungsgegenstand der Hymnologie ist das Kirchenlied mit seinen Textdichtern und Komponisten bzw. das Gesangbuch. Als theologisches Lehrfach ist die Hymnologie eine Teildisziplin der Praktischen Theologie.

[22] Vgl. Kapitel 5.

zwischen Deutschen Christen und Bekennender Kirche hineingezogen. Insoweit war die Gesangbuchreform (wie auch die Orgelreform) als Teil des Kirchenkampfs ebenfalls kirchenpolitisches Kalkül, um eine schützende Gegenposition zu den „romantisch-verfälschenden" Standpunkten und Einstellungen der Deutschen Christen zur weiteren Entwicklung der Kirchenmusik im Rahmen eines neuen religiös-politischen Kults aufzubauen.

Beide große Volkskirchen wollten die (von ihren kirchenmusikalischen Vertretern so empfundene) Verfallsgeschichte der Kirchenmusik korrigieren. In der ersten Hälfte des 20. Jahrhunderts zog die protestantische kirchenmusikalische Liturgiereform gegen den Einfluss der Romantik auf die Kirchenmusik zu Felde. Zuvor hatte bereits Mitte des 19. Jahrhunderts die katholische Kirche eine kirchenmusikalische Restaurationsbewegung in Gang gesetzt, in der sie sich gegen den Einfluss der „Theatermusik stemmte". Aus der Kirche sei die Musik ins Theater gewandert und von dort als Unterhaltungs- und Opernmusik mit oberflächlichem Prunk in die Kirche zurückgekehrt. Die nach der Heiligen Cäcilia, Patronin der Kirchenmusik, benannte Reformbewegung („Cäcilianismus") wollte das Eindringen weltlicher Musik (besonders der Wiener Klassik)[23] in den liturgischen Bereich korrigieren und künftig verhindern. Die „eklige Süßlichkeit" dieser Entwicklung sei nicht zu akzeptieren; ohne Rührseligkeit und Schmuck, ohne künstliche Verzierungen und ohne Streben nach äußerer Wirkung müsse sich die Kirchenmusik präsentieren, frei von Künstelei, ernst, stilrein, auf Devotion gerichtet, einfach, würdevoll, echt christlich, im anspruchslosen, schlichten Stil, ohne eine „kalt berechnende Kunstgelehrsamkeit" eitler Komponisten, nur zum Schöpferlob. Die Verweichlichung der neuen Melodien, die romantischen Übergänge und die kleinen Effekt heischenden Zwischennoten würden in den weithallenden Kirchengebäuden die Kraft des Gesangs brechen. Außer der Orgel waren jetzt andere Instrumente in der Kirche unerwünscht. Der 1868 gegründete Cäcilienverein sollte künftig darauf achten, dass sich eine solche Verweltlichung nicht mehr wiederholte.

Ihr Ideal und Korrektiv fanden beide Kirchen in der Reinheit der vorreformatorischen Musik, in der Rückbesinnung auf den reinen Stil althergebrachter Werke im Einklang mit einem sittlich strengen Lebenswandel zur moralischen Erneuerung der Gläubigen. Die Folge war eine intensive Rückbesinnung auf die Einfachheit und Größe der a-capella-Renaissance-Werke des Niederländers Orlando di Lasso (1532-1594) sowie auf die Ausdrucksformen der (italienischen) Vokalmusik des 16. und 17. Jahrhunderts,

---

[23] Einer der ersten, der diese kirchenmusikalische Entwicklung beklagte und eine Umkehr forderte, war E.T.A. Hoffmann (vgl. E.T.A. Hoffmann: Alte und neue Kirchenmusik. In: Allgemeine Musikalische Zeitung Nr. 35 vom 31. August 1814, Spalten 577-584, Nr. 36 vom 7. September 1814, Spalten 593-603 und Nr. 37 vom 14. September 1814, Spalten 611-619. Dietlind Buchwald weist in seiner Dissertation „Die Ästhetisierung des Religiösen. Untersuchungen zum literarischen und musikalischen Geschmackswandel zwischen 1750 und 1830 am Beispiel des Passionsoratoriums", Erlangen-Nürnberg 2009, auf Seite 34 nach, dass der in diesem Artikel nicht explizit genannte Verfasser E.T.A. Hoffmann sei). Hoffmann beklagte den Verfall der Kirchenmusik, die Abkehr von der alten kirchenmusikalischen Wahrhaftigkeit und Kraft hin zur modernen Geziertheit und Weichlichkeit (Spalte 594). Hoffmann nannte Händel als Vorbild einer zeitgemäßen Kirchenmusik, in dessen Musik der Geist der Frömmigkeit und Wahrhaftigkeit lebe, und kritisierte, „dass selbst der in seiner Art so große, unsterbliche Joseph Haydn, selbst der gewaltige Mozart, sich nicht rein erhielten von der ansteckenden Seuche des weltlichen, prunkenden Leichtsinns" (Spalte 612); Mozarts Messen seien wohl seine schwächsten Werke. Und Franz Liszt beklagte 1885 in einem Brief an seinen Freund Ödön Michalovich, dass ihm die katholische Kirche vorwerfe, „er habe den Venusberg in die Kirche gebracht", also die selbgenießerische, berauschend-klangerotische Musik Richard Wagners z. B. aus dessen „Tannhäuser". Vgl. auch Sungil Yu: Die Orchesterwerke von Friedrich Ernst Fesca. Dissertation, Paderborn 2011, Seite 131.

insbesondere die des Italieners Giovanni da Palestrina[24]. Die evangelische kirchenmusikalische Erneuerung hat später zahlreiche Argumente und Formulierungen vom Cäcilianismus übernommen. In den Phasen der Unsicherheit und des Korrekturbedarfs, in denen Orientierung gefragt war, gingen die Kirchenmusiker zu den kirchenmusikalischen Ursprüngen zurück, um von dort aus neue Gesinnungs- und Handlungssicherheit zu gewinnen.

Der neue kirchenmusikalische Kanon für den Gottesdienst und gelungene qualifizierte Aufführungen der Kirchenmusik z. B. durch Gemeinde und Kirchenchor oder durch den Organisten verhalfen den Kirchenmusikern zu einer Aufwertung ihres Berufsstandes. Der Kirchenmusiker hatte nun auch außerhalb des Gottesdienstes verstärkt einen Auftrag: Die Kirchgänger zur chorischen Arbeit „in einer neuen lebendigen Gemeinde" zu sammeln und die Musik für qualifizierte Aufführungen in einem lebendigen Gottesdienst auszuwählen. Als Folge der Reformation war zu Beginn des 16. Jahrhunderts in den protestantischen Kirchen an die Stelle des gregorianischen Chorals erstmals der Gemeindegesang getreten, dessen Stellenwert sich allerdings immer wieder relativierte. Durch die singende Gemeinde wurde ein gewisser Qualitätsverlust sowohl in der Aufführungspraxis als auch im Niveau der Kompositionen in Kauf genommen; es entstand und entsteht notwendigerweise immer dann ein Leistungsgefälle, wenn gelegentlich zusammentretende gutwillige, aber überforderte Laien statt professioneller Musiker die Aufführenden sind[25]. Da Kirchenbesucher und selbst Kirchenchöre das gewünschte musikalische Niveau der gesanglichen Darbietungen von Berufsmusikern während des Gottesdienstes in der Regel kaum auch nur annähernd erreichten und künftig wohl auch kaum erreichen werden, mussten sich die Kirchenmusiker schon während der Gesangbuchreform verstärkt mit der Sangeskunde beschäftigen. Die Zusammenstellung und Bearbeitung des Liedguts für die Gemeinde und das ernsthaftes Bemühen um die Singerziehung der Gemeindemitglieder verschafften dem Kirchenmusiker und seinem „Handwerk" eine deutlich stärkere Stellung als zuvor. Eine Profilierung als Kirchenmusiker war Anfang des 20. Jahrhunderts noch sehr schwer. Deren Selbstbewusstsein litt darunter, dass seit der Mitte des 18. Jahrhunderts Bedeutung und Niveau der Kirchenmusik zugunsten der weltlichen Musik verfielen, da die evangelische Kirchenmusik keine vergleichbaren Exponenten wie Heinrich Schütz oder Johann Sebastian Bach hervorgebracht hatte. Damit war auch das Ansehen der tätigen Kirchenmusiker zurückgegangen (zwar gab es aktuell noch evangelische Komponisten von Bedeutung, die für die Kirche komponierten, aber sie standen nicht im Dienste der Kirche). Für sein neues Kirchenmusikeramt forderte der Kantor nun einen gleichen Teil des geistlichen Amts und im gesellschaftlichen Bereich mehr Anerkennung im Rahmen seiner Bemühung um die Erhaltung und Pflege eines Teils der deutschen Kultur. Eingebettet in einen gewandelten kirchenmusikalischen Berufsstand wurden die Kirchenmusiker schon alleine aus persönlichem Interesse Teil der treibenden Kraft der kirchenmusikalischen Erneuerung. Der Kirchenmusiker war nicht länger nur noch Künstler, sondern durch die Kirchenmusik als Trägerin der Liturgie aufgrund der Gleichberechtigung von musikalischer und textlicher Liturgie nun auch Inhaber eines (neben dem Pfarrer gleichberechtigten) gottesdienstlichen Amts.

---

[24] Palestrina lebte von 1525– 1594. Viele sahen in ihm den Retter der Kirchenmusik. Der Palestrina-Stil galt als Ideal der kontrapunktischen Satzkunst. Palestrina schrieb „andachtsvolle Musik" mit einem Maximum an Textverdeutlichung. Vgl. Fußnote 37.

[25] Anregungen zu diesem Thema gibt ein Vortrag Paul Hindemiths „Johann Sebastian Bach. Ein verpflichtendes Erbe". Insel-Bücherei Nr. 575, Frankfurt am Main 1953.

Viele der rund 17.400 Kirchenmusiker, die 1938 im Dienst der evangelischen Kirche standen, verfolgten darum begeistert den Aufbau dieser neuen Musikkultur.

Wilhelm Bender z. B. rief in der Parochialgemeinde in seiner wachsenden Kantorei zu regelmäßigen Singstunden auf. Er war der festen Überzeugung, dass sich im Singen der Gemeinde alle Kirchenmusik wieder finde und die Choralpflege das Kernstück der musikalischen Gemeindearbeit sei. Sein Ziel war die Schaffung einer Parochialkantorei, die in einem Auslese-Chor gipfelte. Er gab seinen Führungskräften im Chor Einzelunterricht in Stimmbildung. Seinen Laien bot er ein künstlerisches Umfeld, in dem sie ambitioniert Musik machen und erleben konnten. Fördern und fordern war seine Devise. Auf Sangeskunde und Volkssingen hatte sich Wilhelm Bender bereits seit seinem Studium, also vor Dienstantritt an der Parochialkirche, theoretisch und praktisch bestens vorbereitet (mit den Ideen der Jugendmusikbewegung war er, wie u. a. seine Kinderlieder zeigen, bestens vertraut). 1936 konnte er die Parochialkantorei neu formieren, weil er deutlicher als viele andere Kantoren die große Bedeutung der Sangeskunde für die Gemeindearbeit rechtzeitig erkannte – vor allem die Bedeutung des Gemeindesingens im Rahmen der Liturgie. Singen sei die wundersamste Form gemeinschaftlichen Sagens, des Bekennens, Betens und Lobens! Erst im gemeinsamen Singen erfülle sich der gottesdienstliche Sinn. Ziel sollte sein, die Gemeinde auch ohne Orgelbegleitung singen zu lassen und die Orgel wieder selbständigen Aufgaben zuzuführen (z. B. das Spielen von Orgelchorälen als selbständige liturgische Stücke).

Die Gesangskunst von Parochialgemeinde und Parochialkantorei waren aber noch verbesserungsbedürftig. Die liturgische Bewegung in der Parochialkirche war in ihren theoretischen Erkenntnissen weiter als in ihrem praktischen Handlungsspielraum, Bedarf an musikalischer Fortentwicklung war reichlich vorhanden. 1938 beschreibt Wilhelm Bender in zwei Aufsätzen in den „Parochialglocken" die Schwerpunkte seiner musikalischen Arbeit als Kantor: Er wollte nicht nur seine Pflicht tun, „sondern sich Arbeit suchen, die Gemeinde rufend und zusammenführend im Gesang". In seinen späteren Berichten erwähnt Wilhelm Bender dann auch die Fortschritte der Kantorei beim Gemeindesingen, die jetzt „in der Pflege der alten Musik genügsam ausgerichtet sei; jetzt soll sie sich der Pflege zeitgenössischer Musik besonders angelegen sein lassen“[26]. Diese erkennbaren Fortschritte führten u. a. zu einer Einladung des Reichsbundes für evangelische Kirchenmusik an die Parochialkantorei zur Gestaltung einer Musik-Vesper. Die Gemeinde singe jetzt wieder „mit lutherischer Zunge“, die neue Liturgie sei heller und klarer. Die an die „Vokalität“ der Gemeinde gebundene Musik rühre nicht, erzeuge nicht erbauliche Stimmung, sondern „sie bewege wieder“[27].

Generell ergab sich durch die praktizierte Singerziehung eine allgemeine Hebung des Ausbildungsniveaus der Kirchenmusiker, die bis zur Gegenwart positiv nachwirkt. Unterschiedliche Anforderungen von haupt- und nebenberuflichen Kantoren und Kantorinnen bedingten nun auch differenzierte Ausbildungen. Die Anstellungsfähigkeit der Kirchenmusiker wurde bald auch durch Urkunden bestätigt, die von der Kirche nach einer Prüfung auf die künstlerische und kirchliche Befähigung verliehen wurde. Erstmalig in der Geschichte dieses Berufstands wurden Chorleitung und Orgelspiel in eine Hand gelegt. Auch eine unübersehbare stillschweigende Allianz zwischen dem Nationalsozialismus und Teilen des protestantischen Christentums über das Medium der Kirchenmusik hatte signifikante Auswirkungen auf die Ausbildung auf Hochschul-

---

[26] Vgl. Parochialglocken Nr. 9 vom Dezember 1937, Seite 4.
[27] Vgl. Parochialglocken Nr. 4 vom Juli 1939, Seite 19.

ebene und sickerte von dort in die Schulen und – noch entscheidender, weil effizienter – bis in die in hohem Grad beeinflussbare Hitlerjugend hinunter. An ihren Hochschulen bildeten Musiker wie z. B. David, Peppping, Spitta, Knab, Fortner, Distler u. a. künftige Lehrer und protestantische Kantoren aus, die später in den nationalsozialistisch angepassten Kirchen, NS-Schulen und HJ-Organisationen der Hitlerjugend tätig werden sollten.

Aus der Erkenntnis, dass sich die evangelische kirchenmusikalische Liturgie ständig anpassen und damit erneuern müsse, weil der Gottesdienst für das sich wandelnde Leben stehe – Reformen entzünden sich stets an den Strömungen des aktuellen Zeitgeistes –, wurden für die aktuelle Musikanschauung in den Teilprotestantismen unterschiedliche Schlüsse gezogen[28]: Die nationalkirchlichen Deutschen Christen strebten im Vergleich zur Bekennende Kirche nach der Machtübernahme 1933 in den deutschchristlich dominierten (den später so genannten „zerstörten“) Kirchen eine völlig andere liturgische Erneuerung an. Ihre Ziele waren die Verdeutschung der traditionellen Liturgie und eine Trennung der Kirchenmusik von ihrer Basis, dem Evangelium. All dies geschah zunächst in speziellen Fest- und Gedenkgottesdiensten, z. B. zum Tag der Machtübernahme, im März als Kriegsgefallenen- und NS-Märtyrer-Ehrung, zum Hitlergeburtstag im April oder zum 1. Mai als „Tag der nationalen Arbeit". Diese „liturgische Praxis“ drang bald auch als vorbildliches Muster in die gewöhnlichen Gottesdienstfeiern ein[29]. Mehr und mehr verdrängten Ritualerlebnis und Symbolpropaganda das gesprochene Wort. In diesen Zeremonien mischten sich traditionelle evangelischkirchliche Rituale mit einem neuen religiös-politischen Kult und den politisch-weltanschaulichen Symbolen des Nationalsozialismus, wobei auch das „Horst-Wessel-Lied“ zum liturgischen Bestandteil kirchlicher Veranstaltungen wurde. Eine neue Liturgie, eher ein neuheitlicher Kult, sollte nach Vorstellung der Deutschen Christen auch den nationalsozialistischen Kult, das „Horst-Wessel-Lied“ und den Führergruß einbinden. Unter den deutschen Christen gab es etliche, die die Reichsfahne, das Deutschlandlied oder auch das „Horst-Wessel-Lied“ für gottesdienstlich verwendbare Symbole hielten. Ein neues deutsch-christliches Selbstverständnis ergab sich besonders aus erlebnisstarken Zeremonien und Ritualen, u. a. Massentrauungen und Massentaufen. Auch stecke im evangelischen Kirchenlied so viel völkische Symbolik, dass man glaubte, auch nach Choralweisen marschieren zu können. Gemeinsames Singen wurde nach dem deutschchristlichen Liturgieverständnis unversehens zu einem faschistischen Grunderlebnis und zum Tummelplatz nationalsozialistischer Ideologen. Der Gottesdienst wurde durch die „Feier“ verdrängt.

Der Glaube – so die Deutschen Christen – lebe auch von der sinnlichen Darstellung, von der entsprechenden Kirchenmusik bis zur Kirchenbaukunst mit Bildern und Plasti-

---

[28] Die liturgische Erneuerungsbewegung hat die Liturgiewissenschaft vor eine Fülle neuer Aufgaben gestellt. Nach dem Krieg fehlte der wissenschaftlichen Liturgieforschung allerdings ein eigenes Organ für die Veröffentlichung ihrer Forschungsergebnisse. 1955 erschien zum ersten Mal das „Jahrbuch für Liturgik und Hymnologie“, mittlerweile liegen 46 Jahrgänge vor. Jedoch werden seit Erscheinen jene Themen vermisst, die sich kritisch speziell mit der Liturgiereform im „Dritten Reich“ beschäftigen. Eine wissenschaftliche Bewertung der Liturgiereform im „Dritten Reich“ im Rahmen ihres kirchenpolitischen Klimas ist – vermutlich wegen der letzten noch lebenden und immer noch einflussreichen Kirchenpolitiker – bisher noch nicht erfolgt, selbst nicht in dem renommierten „Jahrbuch für Liturgik und Hymnologie“.

[29] Vorbild der Gottesdienste wurden Reichsparteitage mit ihrer Verklärung aus Religion und Anbetung, mit dem Messias Hitler als Heilsverkünder. Auf ausländische Beobachter wirkten die tosenden, hysterisch-angespannten Zuhörer wie Irre oder wie Menschen in Todesverzweiflung. Vgl. „Ein Messias im Sportpalast“. In: Frankfurter Allgemeine Zeitung Nr. 255 vom 2. Oktober 2007, Seite 43.

ken[30]. Die alten (von der Bekennenden Kirche favorisierten) Kirchenlieder, die süßliche Sprache der Jesus-Lieder und die Verwendung jüdischer Metaphern – so wurde kritisiert – seien nicht mehr zeitgemäß: Der Mensch werde in ihnen als erlösungs- und der Gnade Gottes bedürftig dargestellt, schuldig, erbarmungswürdig, schwach, notleidend, von Gott abhängig, was einer Abwertung des Menschen gleichkäme. Die Deutschen Christen warfen der Erneuerungsbewegung der kirchenmusikalischen Vertreter der Bekennenden Kirche reaktionäre Vergangenheitssucherei vor und verspotteten sie wegen ihrer gefühlsseligen „Beffchenlyrik“. Gerade die alten Kirchenlieder seien zum großen Teil nicht mehr zeitgemäß, deren Inhalte den Lebenssituationen der Menschen nicht mehr angemessen. Diese Einstellung repräsentierte eine unverkennbare deutschchristliche Position in einer Zeit, die lebenswertes von lebensunwertem Leben unterschied, und erbarmungswürdigen, kranken Menschen nicht allzu viel Achtung entgegenbrachte.

Im deutschchristlichen Bemühen um eine eigene Gesangbuchreform gab es von den regimekonformen Deutschen Christen trotz vollmundiger Absichtserklärungen lediglich einige voneinander unabhängig entstandene hymnologische Veröffentlichungen mit volksmissionarischen Ambitionen (z. B. das Gesangbuch „Großer Gott, wir loben Dich“[31]), vornehmlich mit zeitgenössischen Liedtexten „im Geiste eines lebensbejahenden heldischen Christentums, wie es der Wesensgrundlage unserer nordischbetonten Rasse entspricht“[32]. Die Gesangbuchentwicklung aus deutsch-christlicher Sicht forderte eine Gesangbuchergänzung durch Lieder, die die Verbindung zwischen völkischer Bewegung und Kirche herstellten, die von allen alttestamentlichen Spuren gereinigt waren und dem neuen vaterländischen Empfinden dienten[33]. Darum wurde auch immer wieder traditionelles Kirchenliedgut im Sinne christlicher Kampflieder gedeutet – Themen also, die nicht nur die Kirchengemeinde erreichen sollten, sondern darüber hinaus auch eine zusätzliche volksmissionarische Funktion erhielten. Es wurde darum von den Deutschen Christen gerne gesehen, wenn Kirchenmusiker ihren

---

[30] Alle Veränderungen liturgischer Handlungen führten seit der Reformation auch zu einem veränderten Zustand von Sakralbauten. Als Beispiel seien die Entfernung der Lettner infolge der Bedürfnisse der Laiengemeinde als Nutzerin der Kirchen genannt oder Abbruch bzw. Umwidmung der funktionslos gewordenen Klausuren.

[31] Das deutschchristliche Gesangbuch „Großer Gott wir loben Dich“ wurde allerdings zu einem ungeahnten Erfolg. Die Erstauflage betrug 50.000 Exemplare, weitere Auflagen scheiterten lediglich an der Papier-Beschaffung. Dieses „rigoros entjudete“ Gesangbuch wurde 1941 unter maßgeblicher Beteiligung des Eisenacher Instituts zur Erforschung und Beseitigung des jüdischen Lebens auf das deutsche kirchliche Leben in Zusammen mit den Nationalchristlichen Deutschen Christen (NDC) erstellt. Neben Abschnitten mit Liedern für den Gottesdienst fanden sich auch Gebetsteile mit „Liedern der Kameradschaft“ oder – wie 1939/1940 in den Militärgesangbüchern – Zitate berühmter Persönlichkeiten. „Großer Gott wir loben dich“ gab sich als perfekte Synthese von Nationalsozialismus und Christentum und spiegelte die von den Deutschen Christen vertretene Ideologie wider. Vgl. Kapitel 5 und Oliver Arnhold: Der kirchliche Antisemitismus während der Zeit des Nationalsozialismus, untersucht an der Arbeit des Eisenacher Instituts zur Erforschung und Beseitigung des jüdischen Einflusses auf das deutsche kirchliche Leben 1939-1945. Paderborn 1994.

[32] Vgl. Vorwort von Albert Protz zum Gesangbuch „So singen deutsche Christen“, Berlin 1934.

[33] Die Nationalbewegung fasste die alten evangelischen Kirchenlieder, von denen man überzeugt war, dass sie die schönsten der Welt seien, als kerndeutsche Zeugnisse einer musikalischen Innerlichkeit und Gemütstiefe auf, die man allen anderen Völkern absprach; in der Tat war das deutsche evangelische Kirchenlied über Jahrhunderte ein Exportschlager. Vgl. Hermann Kurzke: „Erhalt uns, Herr, die Obrigkeit“ singt heute keiner mehr. In: Frankfurter Allgemeine Zeitung Nr. 93 vom 20. April 2011, Seite 4.

Aufgaben nicht nur in der Gemeindearbeit nachkamen, sondern auch in der „Volksmission“, insbesondere in der Jugendarbeit, tätig wurden[34].

Die Kirchenmusiker der Bekennenden Kirche protestierten dagegen, wie die Deutschen Christen die Kirchenmusik behandelten und vereinnahmten. Die Kirchenmusikalische Gegenposition war eindeutig: Erneuerung hieß für die Bekennende Kirche Abschied von schwülstiger Musik und Prunk, Rückkehr zu einfachen linearen und polyphonen Strukturen in den Kompositionen mit der Ausstrahlung von innerer Ruhe, Hinwendung zu einer sachlichen, objektivierenden, neobarocken Musik, die gegen die Kunst des 19. Jahrhunderts gerichtet war[35]. Es war ein an Deutlichkeit nicht zu überbietender programmatischer Gegenentwurf der Bekennenden Kirche zur kirchlichen „Aufführungspraxis“ der Deutschen Christen: Warum sollte den Gläubigen im Gottesdienst Vergleichbares geboten werden, was auch außerhalb der Kirche z. B. auf Parteiveranstaltungen oder in Konzerten gehört werden konnte[36].

Aus der Sicht der Bekennenden Kirche führte die (falsche) Alternative der Deutschen Christen zu einer „romantischen, zuchtlosen Musik“ für ein nach Sinnreizen gierendes Publikum, die über keine wirkliche kirchliche Bindung verfügte, sondern der Befriedigung selbstgenießerischer, subjektiver Gefühle eines „selbstischen Ichs des Individualismus“ diente. Durch die (katholische) Überbetonung des Kultischen mit seinen vermeintlich faszinierenden Nazi-Ritualen würde ferner das Wort Gottes falsch interpretiert oder sogar verdeckt. Die „römische Messe mit ihrer kultischen Pracht, die nur auf Schau und Schönheit ausgerichtet war“, überdecke den urchristlichen Sinn für die Gewalt des Wortes, das keinen Eindruck mehr hinterließ. Es galt Luthers Forderung, „audire verbum“ sei besser als „audire missam“. Die Reformer forderten eine Rückbesinnung auf Luthers reformatorische Liturgie, die „Deutsche Messe und Ordnung des Gottesdiensts“ von 1526, mit ihrer wohltuenden Klarheit und Einfachheit, aus der alle Bestandteile der römischen Messen eliminiert wurden (womit unausgesprochen auch alle nationalsozialistischen Rituale in der Kirche verworfen wurden). Die Ablösung von gottesdienstfremden Teilen zu Gunsten der reformatorischen Gesänge sollte Verpflichtung für jede bewusste Gemeinde sein. Auch musikalisch hoch gesteigertes Virtuosentum, ob es nun Organisten oder Chorleiter betraf, sollte um jeden Preis vermieden werden (wobei stillschweigend unterstellt wurde, dass Virtuosentum zulasten des musikalischen Tiefgangs ginge). Indem sie die Nüchternheit der Choräle des 16. und 17. Jahrhunderts gegen den romantischen Gefühlsrausch stellten, sahen sich die Reformer als Retter der protestantischen Kirchenmusik[37]; ihre Choräle seien anti-

---

[34] Vgl. Ernst Sommer: Christliche Kampflieder der Deutschen. In: Musik und Kirche, Heft 5, 1933, Seite 297-304.

[35] Vgl. Peter Rummenhöller: Romantik in der Musik („Die Kirchenmusik – und also die Musik überhaupt“), Kassel 1989, Seiten 27ff.

[36] Diese radikale Absage an die deutsche Musik des 19. Jahrhunderts mit ihrer vermeintlichen Verweichlichung formulierte Oskar Söhngen 1952 noch einmal in dem Festbuch zum 29. Deutschen Bachfest in Lübeck: „Zu den wesentlichen Merkmalen der ‚Stilwende der Musik‘ (Ernst Pepping) gehört, daß die Musik von der Bindung an das sinngefällige, aber auch an das menschliche Gefühlsleben losstrebt; sie will weder Ereignisse oder Zustände schildern noch Ausdruck irgendwelcher seelischen Erlebnisse sein.“ Zitiert nach „100 Jahre Neue Bachgesellschaft. Beiträge zu ihrer Geschichte“. Leipzig 2001, Seite 31.

[37] Eine vergleichbare Rettung der (katholischen) Kirchenmusik wird Giovanni Pierluiga da Palestrina (1525-1594) nachgesagt: Auf dem Tridentischen Konzil der Jahre 1545-1563 drohte ein Verbot der mehrstimmigen Kirchenmusik durch den Papst Marcelli, da diese polyphone Musik eine der Liturgie unangemessene Kunst sei. Die damaligen selbsternannten „Reformer“ kritisierten die mangelnde Textverständlichkeit der Polyphonie durch die rhythmische Selbständigkeit jeder einzelnen Stimme und – nicht minderwichtig – die weltlich-lasziven Vorlagen der Kirchenmusik aus französischen Chansons und aus italie-

romantisch, anti-emotional, seien heller und klarer, sprächen Luthers Sprache, „rührten nicht, aber bewegten". Sie erzeugten keine erbaulichen Stimmungen, seien frisch, echt, kernig. Die neue Kirchenmusik sollte die alten Formen vor allem des Frühbarocks durch eine antiromantische Herbheit wieder beleben, gegen die deutsch-christliche zügellose (als „romantisch" bezeichnete) Rauschkultur zur Ausschaltung des Verstandes durch Gefühle.

Indem sie sich von der allgemeinen Fortentwicklung der Musik deutlich abkoppelte – bis hin zum altprotestantischen a-capella-Ideal, das im Prinzip sogar noch hinter dem „instrumentalen" Bach zurückblieb (Bach behandelte nach Meinung der Reformer die menschliche Stimme doch allzu sehr als Instrument; darum war deren Vorbild die reine Vokaltechnik Palestrinas) –, war die kirchenmusikalische Erneuerung damit eine deutliche Rückwärtsbewegung der Kirchenmusik. In der Geschichte der evangelischen Kirchenmusik mit Wiederentdeckung traditioneller Werte im Rahmen der Schütz-Renaissance und durch Rückgriff auf frühere schlichte Kompositionsweisen schien in der kirchenmusikalischen Erneuerungsbewegung damit spätestens bei Johann Sebastian Bach nicht nur die musikalische Erfüllung erreicht zu sein; sie hatte auch bereits ihr vorläufiges Ende gefunden[38].

Die kirchenmusikalischen Reformer (gleich ob produzierende oder reproduzierende Künstler) wehrten sich mit ihrer bewusst gewählten Distanz zur dominanten „sinnlichen" Kirchenmusik, die den Hörer völlig vereinnahmt und neben sich nichts duldet, vermutlich auch dagegen, dass ihre eigenen Leistungen im Zusammenhang mit romantischer Musik weniger gewürdigt würden: „Musik machen" war harte Arbeit; hinter dem schöpferischen Akt stand schließlich immer auch eine intellektuelle subjektive Leistung, auf deren Anerkennung man um des Applauses willen nicht gerne verzichtete. Die Erneuerer spürten, dass ihnen eine solche Anerkennung vom „Musikkonsumenten" immer dann versagt bliebe, wenn beim Musikhören die eigene künstlerische Leistung in einem überbordenden romantischen Gefühlsrausch im „dunklen, deutschen Klang" unterginge – besonders beim Genuss der von den Puristen tief verachteten extremen „Klangerotik" (diese egoistische Abwehrhaltung gegenüber der Kirchenmusikromantik galt im Übrigen auch für die Macher weltlicher Musik). Ferner war die „schwebende Tonalität"[39] in der Musik der Romantik, also Modulationen ohne eindeutig feste (vom Komponisten bewusst verschleierte) Tonartenzuordnung, den evangelisch-gewissenhaften Verstandesmenschen unter den Reformern suspekt. Sie bevorzugten vielmehr die klaren und sauber hörbaren Tonartenwechsel in den alten reformatorischen und nachreformatorischen Chorälen und Reformationsweisen. Im Übrigen sollte auch für den Kirchgänger das Musikhören eher Arbeit und mit gewissen Anstrengungen verbunden sein; schließlich war die Kirche kein Platz für ein genussvolles Fallenlassen in einen realitätsfremden Gefühlsrausch.

Die Vorstellungen der Liturgiereformer der Bekennenden Kirche manifestierten sich am deutlichsten in der Reform zahlreicher Liederbücher und Chorsammlungen. Die

---

nischen Madrigalen. Palestrina komponierte eigens für das Konzil seine sechsstimmige Messe „Missa Papae Marcelli", die die Polyphonie-Kritiker wegen ihrer großen Textverständlichkeit und struktureller Durchsichtigkeit beeindruckte und das drohende Polyphonie-Verbot abwendete.

[38] Diese Gesinnung gegenüber der Kirchenmusik prägte nicht nur die Kirchenmusiker, sondern auch Teile der Schulmusiker. Oft genug konzentrierte sich der Musikunterricht an den öffentlichen Schulen auch noch Jahrzehnte nach dem Krieg auf die Musik des Barock und endete mit der Wiener Klassik. Die Romantik mit ihrer „vergifteten Schönheit" z. B. war für Lehrer und Schüler im Musikunterricht kaum existent.

[39] Vgl. Kapitel 10, Fußnote 14.

Bekennende Kirche hielt in Wort und Geist an den (von der Singbewegung aufgewerteten) „altprotestantischen Liedgut-Klassikern“ fest, nahm aber auch Lieder aus den Erfahrungen des Kirchenkampfs mit einer neuen modernen (neopostreformatorischer) Kirchenmusik auf, in der das Wort im Mittelpunkt stand, und mit denen die „liturgische Romantik“ überwunden werden sollte[40] – ein Gegenentwurf für die Gemeinden zur vermeintlichen Faszination der Nazi-Rituale[41]. Kennzeichen des auszuwählenden Kirchenliedguts sollten u. a. Merkmale der deutschen Sprache sein bei gleichzeitiger Eliminierung „unkirchlichen, unevangelischen Liedguts weichlich-sentimentaler Frömmigkeit mit nur subjektiv-lyrischem Stimmungswert“. Ziel war die Vereinheitlichung des evangelischen Gemeindegesangs zu einem Reichsgesangbuch, d. h. zu einem im gesamten Gebiet der Deutschen Evangelischen Kirche gültigen Liedkanon. Die Gesangbuch-Arbeitsgemeinschaft arbeitete dazu an einem Stamm an Kirchenliedern (z. B. geistliche Morgen- und Abendlieder, Weihnachtslieder, Lieder für den Tages- und Jahresablauf, aber auch Kirchenlieder mit liturgischen Ansätzen zur Kirchenjahresordnung) und an Auswahlkriterien für zeitgenössische Gesangbücher sowie für die Lieder in den Anhängen der landeskirchlichen Gesangbücher. Als die großen, übergeordneten Ziele zu scheitern drohten, plante man wenigstens einen verbindlichen landeskirchlichen Liedkanon für die einzelnen Landeskirchen. Streit gab es, inwieweit auch regionale Lieder in das neue Gesangbuch aufgenommen werden sollten[42].

Die Arbeiten an einem einheitlichen Gesangbuch für die Deutsche Evangelische Kirche waren letztlich erst im Herbst 1941 abgeschlossen. Verzögerungen ergaben sich immer wieder durch unterschiedliche kirchengeschichtliche Voraussetzungen und durch widerstreitende Interessen von unterschiedlichen Gesangbuchausschüssen, Arbeitsgemeinschaften, (Melodie-)Kommissionen und Gremien der verschiedenen Verbände oder Landeskirchen. Als nach 1939 ein neuer Gesangbuchausschuss aus den Reihen des Kirchenchorverbandes die unterschiedlichen Interessen wieder einfing, machte kriegsbedingter Papiermangel für den Druck alle bisherigen hymnologischen Bemühungen erst einmal wertlos[43].

Weitere Hindernisse ergaben sich durch mangelnde Akzeptanz der Reformen in den Kirchengemeinden: Es sollten im vereinheitlichten Gesangbuch z. B. auch Paul Gerhardt-Lieder „modernisiert“ werden[44]. Es war für alle Beteiligten lehrreich, dass es Staats- und Kirchenleitung nicht gelang, gegen die Basis der Gläubigen, die sich zumindest Teile des traditionellen Liedschatzes nicht nehmen lassen wollten, ein obrig-

---

[40] Die entsprechende Auswahl der Kirchenlieder für ein neues Gesangbuch erfolgte bereits nach 1926 durch die „Deutsche Arbeitsgemeinschaft für Gesangbuchreform“, die die evangelische Kirchenmusik nach den Maßstäben der Singbewegung, also nach den natürlichen musikalischen Kriterien des Volkslieds, gestalten wollte. Die Aufgabe bestand darum zu allererst in der Zusammenstellung von Liedern der Singbewegung für einen überregionalen Fundus an Kirchenliedern.

[41] Vgl. Peter Cornehl: „Evangelischer Gottesdienst von der Reformation bis zur Gegenwart“. In: Theologische Realenzyklopädie TRE, Band XIV, 1985, Seite 54-85.

[42] 1933 löste sich die „Deutsche Arbeitsgemeinschaft für Gesangbuchreform“ wegen Befürchtungen, unter den Einfluss der Deutschen Christen zu gelangen, selbst auf; ihre Arbeit wurde von einem Ausschuss in der kirchenmusikalischen Spitzenorganisation „Reichsbund für evangelische Kirchenmusik“ fortgesetzt.

[43] Letztlich flossen die hymnologischen Bemühungen erst nach dem Krieg in zwei Standardwerken von Oskar Söhngen (1949: „Die Zukunft des Gesangbuches“) und Christhard Mahrenholz (1950: „Das Evangelische Kirchengesangbuch“) zur hymnologischen Entwicklung von 1926 bis 1950 ein. Vgl. Cornelia Kück: Kirchenlied im Nationalsozialismus. Die Gesangbuchreform unter dem Einfluß von Christhard Mahrenholz und Oskar Söhngen, Leipzig 2003.

[44] Vgl. Kapitel 12, Fußnote 29.

keitliches Gesangbuch im Kirchenvolk durchzusetzen. Die Archive sind voll von Berichten (auch bereits im Rahmen der Gesangbuchreformen zu Zeiten der Aufklärung), wie die alten Texte und Melodien, die man über Generationen gesungen hatte, weitgehend ungeschoren blieben[45]. Kirchenlieder können Menschen beseligen, erschüttern und verwandeln; wenn die Kontexte aber nicht stimmen, scheitern Kirche (und Staat) mit ihren liturgischen Reformen, weil sie kein Monopol aufs Kirchenlied haben[46].

Die kirchenmusikalische Erneuerungsbewegung war zwar auch von künstlerisch-liturgischen Maßstäben und von der Ästhetik der Kirchenmusik geprägt, hatte aber auch einen eindeutig politischen Hintergrund: Im (kirchenmusikalischen) Kirchenkampf wollte die Bekennende Kirche die geistliche Musik in einer Art von Bewältigungsstrategie gleichzeitig vor dem Eingriff der nationalsozialistischen Glaubensbewegung „Deutsche Christen" schützen. Die Deutschen Christen versuchten nach der Machtübernahme, u. a. bei der Gestaltung und der Organisation der deutschen evangelischen Kirchenmusik die Oberhand zu gewinnen und die Handlungsfreiheit der evangelischen Kirche zu beschränken. Um sich von der ideologischen Verfremdung der Deutschen Christen abzugrenzen und „wahrhaftig" zu überleben, ohne den eigentlichen Kirchenauftrag preiszugeben, schien der Bekennenden Kirche als schützende Abwehrstrategie erst einmal eine Konzentration auf das „geistliche Kerngeschäft" am ehesten geeignet. Dieser „Rückzug in die Sakristei" bestand neben der liturgischen Schönheit aus geistlicher Kreativität, theologischer Wachheit, sozialer Sensibilität und einer überzeugenden Amtshandlung. Zur Umsetzung wollte man sich darum nicht nur vom aktuellen Zeitgeist befreien, sondern uno actu auch von der gesamten „seit 1700 verfälschenden Liturgie-Entwicklung" durch Rückkehr zur reinen Lehre der Reformatoren. Würde die Liturgie einschließlich der Kirchenmusik wieder rein und vom jeweiligen politischen Zeitgeist unverfälscht dem Wort Gottes unterstellt, so würde sich – das war die Einschätzung der Bekennenden Kirche – die evangelische Kirche gegenüber dem totalen Anspruch des politischen und theologischen Faschismus mit ihrer originären Aufgabe eine Alleinstellung verschaffen und sich – weil eben völlig unpolitisch – politisch unangreifbar machen. Es war ein Konzept, auch die evangelische Kirchenmusik in die vermeintlich schützende Kirchenorganisation zu integrieren.

Letztlich zwang eine von der Jugendmusikbewegung ausgehende neue Begeisterung der Kirchengemeinden für das gemeinsame Singen im Gottesdienst der evangelischen Kirche eine kontroverse Stellungnahme in Fragen der Kirchenmusik auf. In dieser Situation wandten sich im Mai 1933 – schon ganz im Geiste der erst ein Jahr später gegründeten Bekennenden Kirche – fast alle führenden Kirchenmusiker mit dem Leipziger Thomaskantor Karl Straube[47] an der Spitze gegen das kirchenmusikalische

---

[45] Bereits 1780 scheiterte ein ähnlicher Versuch Friedrichs II., ein von Pfarrer Johann Samuel Diertrich herausgegebenes „Gesangbuch zum gottesdienstlichen Gebrauch in den Königlich Preussischen Landen" (nach dem Verleger „Mylius" genannt) in allen Gemeinden Berlins und in der Kur- und Neumark verbindlich einzuführen. Wegen dieses von der Aufklärung geprägten Gesangbuchs kam es zu massiven Protesten – bis hin zum Singestreik – in den Gemeinden. Der „Mylius" konnte sich daraufhin niemals richtig durchsetzen (vgl. Christian Brunners: Kirchenmusik und „Liederfrühling" in schweren Zeiten: das 17. Jahrhundert. In: Wie mit vollen Chören. 500 Jahre Kirchenmusik in Berlins historischer Mitte. Hrsg. Ingeborg Allihn und Wilhelm Poeschel, Berlin 2010, Seiten 91-92).

[46] Vgl. Hermann Kurzke: „Erhalt uns, Herr, die Obrigkeit" singt heute keiner mehr. In: Frankfurter Allgemeine Zeitung Nr. 93 vom 20. April 2011, Seite 4.

[47] Montgomery Rufus Karl Siegfried Straube (1873-1950) war ein bekannter deutscher Orgelvirtuose, Professor am Königlichen Konservatorium der Musik in Leipzig und dort Thomaskantor. Straube war be-

Konzept der Deutschen Christen. Unter ihnen waren auch Wolfgang Reimann[48], Professor für Orgel in Berlin, Lehrer Wilhelm Benders, Christhard Mahrenholz[49] und Günther Ramin[50], Organist in Leipzig. Sie verfassten die gemeinsame Erklärung „Kirchenmusik im dritten Reich“[51]:

„Die nationale Erneuerung hat die Kirche wieder in den Blickpunkt des ganzen Volkes gerückt. Wir, die wir seit langem an der Erneuerung der Kirchenmusik und des Orgelwesens arbeiten, erleben es heute mit tiefer Freude, dass sich das Verlangen breitester Schichten unseres Volkes wieder auf die Kirchenmusik richtet. Wir verhehlen uns nicht, dass damit auf diejenigen, die heute in maßgeblicher Stellung an der Erneuerung der Kirche und des kulturellen Lebens im Staate arbeiten, eine besonders ernste Verantwortung fällt. Diese Verantwortung wird umso größer, als wir gegenwärtig schwere Gefahren für die Ausrichtung des Dienstes, den die Kirchenmusik unserer Kirche und damit dem deutschen Volke leisten soll, heraufziehen sehen. Darum fühlen wir uns zu folgender Erklärung verpflichtet:

1. Wir bekennen uns zu der kultischen Verwurzelung aller Kirchenmusik. Ihre evangelische Aufgabe ist Verkündigung, Bekenntnis, Anbetung und Lobpreis. In ihrem Mittelpunkt steht der Choral. Wir lehnen es ab, dass unserem Volk eine Kunst als Kirchenmusik dargeboten wird, die im Konzertsaal beheimatet ist. Die Orgel darf nicht zum Schauplatz virtuoser Eitelkeit werden. Die Musik im Gottesdienst ist nicht Selbstzweck, sondern Dienst an der Verkündigung.

2. Wir bekennen uns zu der gemeinschaftsgebundenen Kraft aller Kirchenmusik, wie wir sie vor allem in der Musik unserer evangelischen Kirche von Luther über Schütz bis Bach und an den Meisterorgeln dieser Zeit erlebt haben. Unsere Bewegung ist nicht zuletzt im Kampfe gegen zersetzende Kräfte des Liberalismus und Individualismus entstanden. Wir lehnen es ab, dass unserem Volk eine bürgerlich-liberale Kunst als Kirchenmusik dargeboten wird, die nicht aus der Gemeinschaft heraus geboren ist. Eine zuchtlose, selbstgenießerische Musik, die den einzelnen nicht über sich selbst hinaus in die Gemeinde hineinstellt, hat in der Kirche kein Heimatrecht und hat auch mit dem künstlerischen Wollen des jungen Deutschland nichts gemein.

3. Wir bekennen uns zur volkhaften Grundlage aller Kirchenmusik. Darum hat unsere Arbeit seit ihren ersten Anfängen bewusst bei der Tradition unserer großen deutschen Meister angeknüpft. Wir lehnen es ab, dass unserem Volk eine nichtbodenständige, kosmopolitische Kunst als deutsche evangelische Kirchenmusik dar-

---

reits 1926 Mitglied der NSDAP geworden und mit den Zielen der NS-Ästhetik durchaus einverstanden. 1933 wurde er Ehrenvorstand des Reichsamts für Kirchenmusik der Evangelischen Kirche. Im Rahmen der Reichsmusiktage der Hitlerjugend in Stuttgart überführte Straube 1937 den Thomanerchor in die Hitlerjugend, der jetzt in HJ-Uniform auftrat. Straube war der erste Thomaskantor, der nicht mehr selbst komponierte.

[48] Vgl. Kapitel 8.

[49] Vgl. Fußnote 18.

[50] Günther Ramin (1898-1056), Orgelvirtuose, Gewandhausorganist und Organist an der Thomaskirche in Leipzig, Schüler von Karl Straube. Seit 1939 dort Thomaskantor, der bedeutendste Posten, den die deutsche Kirchenmusik zu vergeben hat. Er engagierte sich auch in der deutschen Orgelbewegung. 1936 weihte er die große Walcker-Orgel auf dem Reichsparteitag in Nürnberg ein. Er stand auf der Gottbegnadeten-Liste, die ihn vor dem Kriegsdienst schützte. Ramin war kein Parteimitglied, dem NS-Regime aber der eigenen Karriere wegen gefällig. Nach dem Krieg gehörte er zu den Nationalpreisträgern der DDR.

[51] Vgl. Zeitschrift „Die Musik“ XXV/11, Berlin, August 1933, Seite 869.

geboten wird. Wir lehnen es weiter ab, dass die auf dem Grunde der besonderen Eigenart des deutschen Volkstums in einer einzigartigen reichen Geschichte erwachsene eigenständige deutsche Orgelbaukunst durch unnatürliche Angleichung an fremdländische Erzeugnisse und Kunstanschauungen verfälscht wird.

4. Wir bekennen uns zu einer gegenwartsgemäßen Kirchenmusik auf der Grundlage der vorstehenden Sätze. Wir glauben, dass Gott, wenn es ihm gefällt, unserer Zeit das neue Lied schenken wird, auf das wir warten. Wir lehnen es ab, dass unserem Volk eine geistig-reaktionäre Kunst als Kirchenmusik dargeboten wird, die keine lebenserzeugende Kraft besitzt, sondern sich als Kind einer vergangenen geistigen Epoche erweist. Wir werten die Gegenwartsnähe der Kirchenmusik nicht in der Art des Historismus nach ihrer zeitlichen Entstehung, sondern nach der Kraft, mit der sie unmittelbar zum Geschlecht unserer Tage zu sprechen weiß. Es ist ein Irrweg, wenn man aus der Haltung eines geistig überwundenen, rein technisch orientierten Zeitalters heraus die Orgel nicht als Organismus, sondern in erster Linie als technisches Erzeugnis betrachtet."

Durch ihre Erklärung grenzte sich die kirchenmusikalische Erneuerungsbewegung deutlich von der Meinung der Deutschen Christen ab. Dennoch war dieses Manifest auch ein Anbiedern beim Regime, weil die Unterzeichner in ihrer Erklärung geschickt die NS-Sprache benutzten. Sie wollten nicht den geringsten Anschein von Kritik am Nationalsozialismus erwecken, identifizierten sich doch große Teile der evangelischen Kirchenmusiker durchaus mit den Zielen der NS-Ästhetik („Wir lehnen es ab, dass unserem Volk eine nichtbodenständige, kosmopolitische Kunst als deutsche evangelische Kirchenmusik dargeboten wird... Wir bekennen uns zur volkhaften Grundlage aller Kirchenmusik..."). Die Kirchenmusik hätte an die Gemeinde gebunden zu sein, die nun in Analogie zur völkischen Gemeinschaft der Nationalsozialisten gesehen wurde. Auch dem nationalsozialistischen Sprachgebrauch schlossen sich Teile der evangelischen Kirchenmusiker an und forderten, „im Singen und Beten den Ansatz von Muttersprache und Mutterlaut, alle Regungen des Glaubens zur letzten Bewusstheit zu vertiefen". Nicht „Jehowah" oder „Jahwe" sollte es heißen, sondern z. B. statt „Kyrie eleison" nun „Ehre sei dir, o Herr" – „die Sprache einer deutschen evangelischen Gemeinde".

Um gemeinsam Stärke zu demonstrieren, organisierten sich die kirchenmusikalischen Erneuerer im „Reichsbund für evangelische Kirchenmusik", der sich mit seinen Werten und Vorstellungen gegen den deutschchristlichen „Reichsverband evangelischer Kirchenmusiker" durchsetzten konnte[52]. Der neue Reichsbund wurde von den Kulturpolitikern des NS-Regimes wegen seiner größeren Kompetenzen der handelnden Personen wie auch von der evangelischen Kirche als alleinige Vertretung der Kirchenmusiker anerkannt[53]. Die kirchenmusikalischen Erneuerer der Bekennenden Kirche hatten früh ihren Machtkampf gegen die Deutschen Christen gewonnen, eine Richtungsentscheidung innerhalb der evangelischen Kirche war gefallen. Die Bekennende Kirche hatte sich im Kirchenkampf auch auf dem kirchenmusikalischen Schauplatz durchgesetzt. Da die Wortführer der kirchenmusikalischen Erneuerung auch künftig vor der deutschchristlichen Konkurrenz sicher sein wollten, suchten sie den Schutz durch die staatlichen Organe – nach den Vorbereitungen der inhaltlichen Reformen durch kirchenmusikalische Veränderungen eine parallele organisatorische Re-

[52] Vgl. Kapitel 3, Fußnote 33.
[53] Vgl. Kapitel 3, Fußnote 34.

form. Bereitwillig und in vorauseilendem Gehorsam gliederte sich der Reichsbund als Fachschaft darum in die Reichsmusikkammer ein, wurde damit aber zum Bestandteil des nationalsozialistischen Kultursystems.

Das neu gewonnene Selbstbewusstsein der kirchenmusikalischen Erneuerungsbewegung zeigte sich auf dem vom nationalsozialistischen Regime subventionierten „Fest der Deutschen Evangelischen Kirchenmusik“ im Oktober 1937 in der Potsdamer Garnisonkirche, organisiert von der Bekennenden Kirche, an der Spitze mit dem an der Berliner Akademie für Kirchen- und Schulmusik lehrenden Theologen und Kirchenmusik-Wissenschaftler Oskar Söhngen[54]. Nach der Gründung des „Reichsbunds für evangelische Kirchenmusik“ war dieses Fest eine Demonstration der kirchenmusikalischen Eigenständigkeit der Bekennenden Kirche und ihrer Vorstellung von („judenreiner“) evangelischer Kirchenmusik gegenüber der staatlichen Musikpolitik, soweit sie von den Deutschen Christen repräsentiert wurde. Zeitzeugen berichten, dass sogar eine gewisse Genugtuung darin lag, mit staatlichen Förderungsmitteln gegen die Staatsideologie aufgestanden zu sein[55].

Söhngen unterstrich in Presseveröffentlichungen und begleitenden Publikationen die Verwandtschaft zwischen der neu erstandenen Kirchenmusik und der Hitlerjugend und wies auf die Ähnlichkeit zwischen dem politischen Erwachen und dem Aufbruch der Kirchenmusik hin. Insgesamt aber feierten sich Kirchenmusik und Kirchenmusiker auf diesem Fest mit zahlreichen nicht nationalsozialistisch beeinflussten Vorträgen in einer von jeglicher politischen Ideologie freien Atmosphäre vor allem selbst, nicht etwa

---

[54] Der Pfarrer und Oberkonsistorialrat Oskar Söhngen (1900-1983), seit 1935 Dozent für Liturgik an der Staatlichen Hochschule für Musikerziehung und Kirchenmusik in Berlin (so hieß ab 1935 die Berliner Akademie für Kirchen- und Schulmusik nach ihrer Umbenennung; Wilhelm Bender, der 1934 die Akademie verlassen hatte, hat Söhngen dort nicht mehr als Lehrer kennen gelernt), hatte sich zum Chefideologen der evangelischen Kirchenmusik entwickelt. Er war der Meinung, dass die Wiedergeburt der Kirchenmusik und der Aufbruch der Nation unter Hitler miteinander verwandt seien. Nach dem Krieg machte er erneut Karriere in der evangelischen Kirche und als Hochschullehrer. Im Rückblick verklärte Söhngen die evangelische Kirchenmusik, die tapfer gegen Hitler gekämpft hätte (vgl. Oskar Söhngen: Wandel und Beharrung. Vorträge und Abhandlungen über Kirchenmusik und Liturgie. Berlin 1965, Seite 145), er selbst sah sich gar als antifaschistischen Widerstandskämpfer, der "dem Dritten Reich den Fehdehandschuh hingeworfen" hatte. Er vergaß aber, dass er 1937 auf dem Fest der deutschen Kirchenmusik selbst noch zur Hitlertreue aufgerufen hatte, vergaß auch das seinerzeitige Buhlen um die Gunst des NS-Staates, vergaß auch, dass er in seiner einflussreichen Stellung persönlich dafür gesorgt hatte, dass getaufte evangelische Kirchenmusiker, die aus jüdischen Familien stammten, aus dem Dienst entfernt wurden und ihre Existenz verloren, wie Julio Goslar, der Kantor der Lutherkirche in Köln-Nippes oder der Kantor Evaristos Glassner von der Lutherkirche Berlin-Neukölln, weil er den Nationalsozialisten eine judenfreie Kirchenmusik präsentieren wollte („Im ganzen ist das Ergebnis hocherfreulich, beweist es doch eindeutig, wie judenrein sich die Kirchenmusik gehalten hat. Hätten sich die anderen Gebiete der Musikpflege auch nur annähernd in demselben Maße von jüdischen Einflüssen freigehalten, wäre es niemals zu einem solchen Niedergang unseres öffentlichen Musiklebens gekommen!" (zitiert nach Wolfgang Herbst: „Evangelische Kirchenmusik im Nationalsozialismus. Hoffnung – Anpassung – Verdrängung“. Vortrag in der Alten Nikolaikirche in Frankfurt am Main, 6. März 2005, Manuskript Seite 5). Nach dem Berufsverbot von Glassner z. B. zeigte sich Söhngen jedoch auch von seiner menschlichen Seite und gewährte Glassner finanzielle Unterstützung. Nach dem Krieg passte sich Söhngen wendig an: Das neue Deutschland Adolf Hitlers, für das Oskar Söhngen 1937 noch in gutem Glauben geworben hatte, wurde jetzt zur „Tragödie des Dritten Reiches". Die Geschichtsfälschung Söhngens hatte ihm eine ganze Generation von Kirchenmusikern nach 1945 gerne geglaubt, diente sie doch in vielen Fällen der eigenen Entlastung. Vgl. auch Kapitel 15, Exkurs IV: „Wilhelm Bender zum Gedächtnis“.

[55] Vgl. Dietrich Schuberth: Der Berufsstand des Kirchenmusikers. In: Der Kirchenmusiker, Heft 6, 1986, Seite 205.

Adolf Hitler und das Regime. Auf der Veranstaltung wurden die führenden Männer der Kirchenmusik und ihre Werke herausgestellt, die der kirchenmusikalischen Erneuerungsbewegung Ziel und Richtung gegeben hatten, der „unbekannte Kirchenkomponist“ sollte dort nicht entdeckt werden[56]. Fast alle auf dem „Fest der Deutschen Evangelischen Kirchenmusik“ aufgeführten Werke waren erst in den letzten fünf Jahren entstanden. Insoweit war die Kirchenmusik mit der Komponisten-Avantgarde[57] jener Jahre vertreten, die neopostreformatorische Werke in enger geistiger Verwandtschaft zur völkischen Gemeinschaft und zum Nationalsozialismus geschaffen hatte, Werke, die „im deutschen Boden wurzelten“. Ferner sollte in Potsdam die „Benachteiligung der Kirchenkomponisten ... beseitigt werden, die sich daraus ergab, dass ihre Werke infolge der Eigenart des kirchlichen Musizierens nur selten in öffentlichen Konzerten aufgeführt werden“[58].

Auf dem Fest der Kirchenmusik wurde die Anfälligkeit der Kirchenmusiker für die Ideologie der Nationalsozialistendeutlich erkennbar; auch die Kirchenmusiker hatten im „Dritten Reich“ keine vorbildliche Haltung bewiesen. Führende Kirchenmusiker betonten damals immer wieder, wie eng die Verbindung zwischen den musikalischen Vorstellungen der Kirchenmusik und denen des NS-Staates sei. Söhngen z. B. unterstrich 1937 auf dem „Fest der Deutschen Evangelischen Kirchenmusik“ die ästhetischen Gemeinsamkeiten zwischen Volks- und Kirchengemeinschaft, predigte den gleichen Willen von Politik und Kirchenmusik, zerstreute Bevölkerungsteile zu neuen Gemeinschaften zusammenzuführen, und forderte, dass in der zeitgenössischen Kirchenmusik und in der Hitlerjugend aus einer verwandten Gesinnung und stilistischen Haltung heraus musiziert werden sollte (weswegen hartnäckig für die Mitarbeit des Kirchenmusikers in der Hitlerjugend geworben wurde). Eine Absage an den Nationalsozialismus gab es nicht. Eine (selbständige) Existenz der Kirchenmusik innerhalb des nationalsozialistischen Staates war kein Widerspruch. Das autoritäre Nazi-Regime wurde von der Bekennenden Kirche sogar als Helfer begrüßt, um sich gegen die Deutschen Christen zu verbinden. In großen Teilen war die evangelische Kirche mit den nationalistischen Kräften in Deutschland durchaus einig. Der völkische Aufbruch unter Hitler erfüllte offensichtlich auch einige Zukunftshoffnungen der evangelischen Kirche, die spürte, dass die „nationale Wiedergeburt“ durch Hitler jenen Schwung und jene Kraft hatte, die der Kirche noch fehlte. Namhafte Kirchenmusiker, darunter Straube, Ramin, Reimann, Mahrenholz und andere, zeigten sich mit den Zielen der NS-Ästhetik durchaus einverstanden. Die Kirchenmusiker blieben also keinesfalls von politischen und ideologischen Anfechtungen bewahrt, auch wenn sie sich in ihrem Selbstverständnis (besonders noch nach dem Krieg) unpolitisch gesehen hatten. Ihre reformierte Kirchenmusik war insoweit kein Ausdruck des Widerstands gegen den NS-Staat. Was nach 1945 zu einem „heldenhaften Kampf“ der kirchenmusikalischen Erneuerer gegen die Nazi-Diktatur umgedeutet wurde, war in Wirklichkeit eine liturgische, ästhetische und musikpraktische Auseinandersetzung über die Frage,

---

[56] Wilhelm Bender hat insoweit auch keine Einladung erhalten. Am „Fest der Deutschen Evangelischen Kirchenmusik“ vom 7-13. Oktober 1937 in Berlin nahm Wilhelm Bender darum nicht teil – weder aktiv noch passiv. Die Teilnehmer sind in einem Protokoll festgehalten. Vgl. „Fest der Deutschen Evangelischen Kirchenmusik. Werke unserer Zeit“. Hrsg. Reichsbund für evangelische Kirchenmusik, Berlin 1937.

[57] In Potsdam wurde überwiegend zeitgenössische Kirchenmusik aufgeführt. Die wichtigsten dort vertretenen Komponisten waren Johann Nepomuk David, Hugo Distler, Fritz Heitmann, Wolfgang Fortner und Ernst Pepping.

[58] Vgl. Fest der Deutschen Evangelischen Kirchenmusik. Werke unserer Zeit. Hrsg. Reichsbund für evangelische Kirchenmusik, Berlin 1937, Seite 14.

welche Art von Kirchenmusik dem neuen nationalsozialistischen Staat angemessen sei – vor dem Hintergrund eines Machtkampfs zwischen der kirchenmusikalischen Erneuerungsbewegung, die ihre Kraft und Fantasie vornehmlich aus der alten Musik schöpfte und einer Romantik-Ausrichtung am 19. Jahrhundert, auf die sich die Deutschen Christen festgelegt hatten. Gleichzeitig führte die gottesdienstliche Einengung der geistlichen Musik als Wort-Begleitung konsequent zu einem Rückzug in eine (inhaltliche und organisatorisch gewollte) kirchliche Abhängigkeit – ein schöner und willkommener Nebeneffekt, weil sie dadurch vor dem Eingriff der nationalsozialistischen Partei und ihrer ideologischen Verfremdung besser geschützt schien (was den Kirchenmusikern unter den Deutschen Christen allerdings weniger gefallen konnte). Immerhin gelang es der Bekennenden Kirche damit auch auf dem Gebiet der Kirchenmusik, der staatlichen Vereinnahmung zu entgehen.

Die anfängliche Unterstützung der kirchenmusikalischen Erneuerungsbewegung durch das NS-Regime schlug bald in massive Behinderungen um. Symptomatisch für die einsetzende Unterdrückung der Kirchen war z. B. die nationalsozialistische Einflussnahme auf die evangelische Kirchenmusik durch eine gewollte Entkonfessionalisierung der Musik außerhalb der Kirche. Die Kirchenmusik wurde aus der Öffentlichkeit verbannt (im Rundfunk wurde z. B. choralgebundene Orgelmusik verboten), Berichterstattungen über Kirchenkonzerte waren unerwünscht, subventionierte städtische Orchester durften in Kirchen nicht mehr spielen, Kirchenchöre keine weltlichen Lieder singen. Spitzenchöre der Kirche mit entsprechendem Repertoire aber, die für die Propaganda unerlässlich schienen, wie der Leipziger Thomaner-Chor oder der Dresdner Kreuzchor, wurden ohne Skrupel in die Hitlerjugend überführt. Auf Druck der Nationalsozialisten („Staatsdienst und Zugehörigkeit zur Partei vertragen sich nicht mit einer prokirchlichen Haltung") legten Lehrer staatlicher Schulen ihre kirchenmusikalische Nebenämter nieder, was z. B. zu einem empfindlichen Mangel an Organisten führte. Diese Behinderungen verhinderten, dass die kirchenmusikalische Erneuerungsbewegung eine durchgreifende überregionale Reform in Gang setzen konnte. Zwar war die Sehnsucht nach einer einheitlichen deutschen Liturgie groß, doch fehlten offenbar Wille und Kraft zur Einheitlichkeit einer deutschen Reform.

Das (kirchen-)politische Umfeld ließ aber Raum für kraftvolle und mutige Reformen innerhalb der einzelnen Kirchen selbst. Es war damals durchaus üblich, dass sich eine protestantische Gemeinde zumindest ansatzweise eine eigene neue Liturgie schuf. Insoweit war die liturgische Bewegung in den dreißiger Jahren des 20. Jahrhunderts eine dezentrale Ansammlung zahlloser Entwürfe und Beiträge von unterschiedlicher Bedeutung. Gleichzeitig brachte die Erneuerungsbewegung mit ihrer Konzentration auf die Musik wieder Schwung in das musikalische Kirchenleben. In den Gemeinden, deutlich erkennbar z. B. in der Parochialkirche, war ein starkes Verlangen nach Wiederbelebung der Kirchenmusik spürbar.

Als erste Berliner Kirche hatte die Parochialkirche konsequenter und entschlossener als andere Gemeinden „ihre" Liturgiereform vollzogen und sie werbend auch anderen Kirchen vorgestellt, für die sie oft zum liturgischen Vorbild wurde. Teile dieser Parochial-Reform haben sich sogar bis in die fünfziger Jahre gehalten[59]. Auch in der Parochialkirche bestand die Neugestaltung des evangelischen Gottesdienstes vornehmlich

---

[59] In der kleinen Festschrift „300 Jahre Parochialkirche. Beiträge zur Geschichte" (Hrsg. Gemeindekirchenrat der Evangelischen Kirchengemeinde St. Marien, Berlin 2003), wird auf Seite 49 ausdrücklich erwähnt, dass diese neue Liturgie „in etwa der entspricht, die wir heute noch feiern".

aus einer Neuausrichtung der Kirchenmusik – gesanglich wie instrumental. Vereinzelt gab es auch im liturgischen Text kleinere formale Änderungen, ebenso im liturgischen Ablauf. Ferner enthielt auch die äußere Form der Liturgie Neuerungen: Den liturgischen Weisen aus dem 16. Jahrhundert wurden choralische Texte zugefügt, statt nur einer Bibellesung nun zwei, „um das Wort" zu unterstreichen, dazwischen der Gemeindegesang mit dem „Hauptlied". Anders als in der alten preußischen Liturgie folgte die Predigt nun unmittelbar auf das gesprochene und gesungene Glaubensbekenntnis. Auch inhaltlich wurde die Liturgie „evangelisch durchleuchtet" und auf ihren biblisch-reformatorischen Gehalt hin überprüft. Dieser Überprüfung der Parochialkirche fiel fallweise manche „kultische Pracht" zum Opfer, aus der das Wort nur noch als schüchternes, unverstandenes Beiwerk hier und da hervorlugte. Die von ihnen reformierte Ordnung stellte nach Meinung ihrer Schöpfer, Pfarrer Kitscha und Kantor Wilhelm Bender, den ursprünglichen Sinn der Liturgie als fließendes Ganzes aus frommem Singen (mit Orgelbegleitung), Beten, Musizieren und Hören wieder her[60].

Die liturgischen Anregungen der Parochialkirche standen in vollem Einklang mit dem o. g. Manifest „Kirchenmusik im dritten Reich" aus dem Jahre 1933, einschließlich der fremdenfeindlichen Aspekte („Wir lehnen es ab, dass unserem Volk eine nicht bodenständige, kosmopolitische Kunst als deutsche evangelische Kirchenmusik dargeboten wird"). Die Liturgiekritik der Parochialkirche entzündete sich in diesem Zusammenhang u.a. an der Reform der preußischen Liturgie der Jahre 1816-1829, veranlasst vom König Friedrich Wilhelm III., von einem kirchlich überaus interessierten Monarchen. Königliche Liturgiereformen waren an und für sich nichts Neues: Seit der Reformation wurden die gottesdienstlichen Formen und die gottesdienstliche Musik häufig durch die jeweiligen Landesherren bestimmt – allerdings nicht immer derart intensiv wie durch König Friedrich Wilhelm III.[61] Friedrich Wilhelm III. führte nach 1816 für das gesamte Preußen eine neue Liturgie („Agende") ein, um die seinerzeit uneinheitlichen gemeindlichen Gottesdienstordnungen zu uniformieren[62]. Insbesondere lag ihm an der Reform des liturgischen Gesangs im Rahmen seiner neuen königlichen Gottesdienstpraxis, weil er einerseits mit den Liedschöpfungen, die während der Aufklärung entstanden oder umgeformt wurden, unzufrieden war, aber andererseits auch mit der Liturgiereform seines Großvaters Friedrich Wilhelm I., dem Soldatenkönig, mit dessen notorischem Hang zu Nüchternheit und Sparsamkeit. Allerdings diente seine Regulierung der Gottesdienste auch politischen Interessen, um vermeintlich bedrohliche konfessionelle Gegensätze von der Gesellschaft abzuwenden. Friedrich Wilhelm III. glaubte, mit Hilfe seiner Reform „den religiösen Sinn des Volkes neu zu beleben".

Seine Reform galt im Rahmen seiner unierten „Kirchen-Agenda für die Hof- und Domkirche in Berlin" im ersten Schritt lediglich für die Garnisonskirchen in Berlin und Potsdam und für die Berliner Hof- und Domkirche, dann aber für alle preußischen Landeskirchen („Agende für die evangelische Kirche in dem Königlich Preussischen Lande"), womit der Monarch die 1817 gegründete „Kirche der Altpreußische Union" aus Luthe-

---

[60] Vgl. Kapitel 15, Exkurs I: „Eine neue Liturgie – weshalb?"

[61] Die erste evangelische Gottesdienstordnung wurde im Jahre 1539 – mit Zustimmung Luthers – geschaffen. Vgl. Lars Klingberg: Kirchenordnungen im 16. und 17. Jahrhundert. In: Wie mit vollen Chören. 500 Jahre Kirchenmusik in Berlins historischer Mitte. Hrsg. Ingeborg Allihn und Wilhelm Poeschel, Berlin 2010, Seiten 96-97.

[62] In der katholischen Kirche wurden bereits seit dem Konzil von Triest (1545-1563) die katholische Liturgie und ihre Riten als verbindliche Teile der von der katholischen Kirche gesetzten Rechtsordnung vereinheitlicht.

ranern und Reformierten weiter vorantreiben und festigen wollte. Diese Union schien ihm überfällig und konsensfähig, war seiner Meinung nach das Lebensgefühl der Protestanten ohnehin „evangelisch", nicht spezifisch lutherisch oder reformiert[63].

Sein Wunsch war es ferner, Kirche und Militär noch enger zu verbinden (am preußischen Hof sangen im Gottesdienst Soldatenchöre; wo das nicht möglich war, nicht mehr wie nach Luthers Reformation meist gesanglich überforderte Gemeindechöre, sondern „professionellere" reine Männerchöre). Der König, der mit Zar Alexander I. befreundet war, suchte nach einer vergleichbaren liturgischen Musik für die protestantische Liturgie, die vom Empfinden her dem entsprach, was er in Russland kennen gelernt hatte. Der Militärmusik-Reformer Wieprecht führte Dimitri Stepanowitsch Bortnjansky (1751-1825) als „Liturgie-Melodien-Komponisten" am preußischen Hofe ein. Bortnjansky, Dirigent und ukrainischer Komponist von a-capella-Sätzen, Opern, Chorwerken und Kammermusik, der vornehmlich in Russland arbeitete (er war seit 1779 kaiserlicher Kapellmeister in Petersburg und leitete dort auch den berühmten Hofkirchenchor), nahm dort großen Einfluss auch auf die Entwicklung der deutschen evangelischen Kirchenmusik des 19. Jahrhunderts. Bortnjansky, der zehn Jahre in Italien lebte, dort ein gefeierter Opernkomponist war, verband in seinem umfangreichen kirchenmusikalischen Werk russische und (italienisch-)westliche Stilelemente zu Melodienfolgen, die auf die Zuhörer stark emotional wirkten. Seine Musik hatte insbesondere König Friedrich Wilhelm III. stark beeindruckt. Er beauftragte Bortnjansky darum, liturgische Musik für die preußische Agende zu schreiben – Werke eines griechisch-orthodoxen Katholiken, der seine liturgische Begabung zugunsten der russischen Kirche eingesetzt hatte! Weitere Werke Bortnjansky gehörten zum Standard-Repertoire des Berliner Domchors sowie von bürgerlichen Kirchenchören und Gesangvereinen. Noch heute ist eine Melodie Bortnjanskys Ausklang des „Großen Zapfenstreichs" der Bundeswehr (Melodie zu „Ich bete an die Macht der Liebe"), die auch als inoffizielle Hymne Russlands gespielt wird.

Von Anfang an wurde die preußische Agende von vielen Protestanten als prinzipieller Missgriff angesehen. Im so genannten Agendenstreit protestierte eine nicht geringe Anzahl von Pfarrern gegen die neue Gottesdienstordnung, in der sie „manches Katholische" sahen. Kritik gab es auch, weil der Fahneneid „gewissermaßen zu den agendarischen Stücken" gehörte und „im liturgischen Teil seinen guten Platz" haben müsse. Neben der undemokratischen Einführung (schließlich stünde das „ius liturgicum" nicht dem Landesherrn, sondern den Synoden und Gemeinden zu; besonders nach 1933 wollte man nicht mehr akzeptieren, dass ein König die Liturgiereform in seine Hand genommen hatte) war Hauptkritikpunkt, dass der Gemeindegesang von den Soldaten- und Männerchören verdrängt worden war. Die Passivität der Gemeinde zugunsten eines liturgischen Chors wollte man nicht hinnehmen. So gab es heftige Auseinandersetzungen zwischen den königlichen Institutionen und den Kirchen[64]. Am widerständigsten – u. a. in Form einer Gegenvorstellung – scheint die Parochialge-

---

[63] Vgl. Bernhard Schmidt: Musik im Gottesdienst. Gottesdienstordnungen von 1713-1829. In: Wie mit vollen Chören. 500 Jahre Kirchenmusik in Berlins historischer Mitte. Hrsg. Ingeborg Allihn und Wilhelm Poeschel, Berlin 2010, Seiten 102-116.

[64] Vgl. Bernhard Schmidt: Musik im Gottesdienst. Gottesdienstordnungen von 1713-1829. In: Wie mit vollen Chören. 500 Jahre Kirchenmusik in Berlins historischer Mitte. Hrsg. Ingeborg Allihn und Wilhelm Poeschel, Berlin 2010, Seite 112.

meinde mit ihren Predigern Ludwig Heinrich Jablonski und Friedrich Philipp Wilmsen gewesen zu sein[65].

Unter der Führung Wilhelm Benders formte sich im Rahmen der Parochial-Liturgiereform massiver Widerstand gegen die Musik Bortnjanskys. Dessen „weichliche Musik" schien offenbar nicht mehr geeignet, die Welt des evangelischen Glaubens zu charakterisieren. Die reformatorischen Ohren wollten die „Weihe, mystisch-müder Musik des orthodoxen Slaventums" nicht mehr mit der kräftigen Luthersprache miteinander verbunden sehen[66]. Bortnjanskys Musikvorstellungen genügten den reformatorischen Anforderungen einer auf sich selbst besinnenden evangelischen Kirche nicht mehr. Die fragliche Musik stamme nicht einmal aus einer evangelischen Werkstatt, sie war nicht einmal deutsch! „Kosmopolitische Kunst", die nicht im deutschen Boden wurzelte, konnte nie und nimmer als protestantische Kirchenmusik dienen. Wilhelm Bender beklagte den Wust von „zerdehnten, romantisch-weltfremden Kirchenliedern", der von und um Bortnjansky entstanden war, die aus falsch verstandener Pietät mitgeschleppt wurden, obwohl diese Kirchenlieder nur stümperhafte Reimereien vergangener Jahrhunderte seien. Die Deutschen singen „das Wort nicht in den lallenden Brocken einer Fremdsprache, sondern in der melodischen und rhythmischen Sprache lutherischer Übersetzung"[67]. Nur in den alten reformatorischen Weisen ströme eine kraftvolle, selbständige Melodie, während die Bortnjansky-Weisen durch melodische Belanglosigkeiten ermüden und lähmen. Wilhelm Bender stellt in einer Synopse die charakteristischen Unterschiede der reformatorischen und der Bortnjansky-Weisen gegeneinander: Hier hymnisch, textentsprechend, schlicht, kräftig, ausgewogen, ehrlich, ganze Melodiestücke, dort nichtssagend, neutral müde, unentschlossen, ungeschickt, irrlichternd, falsch pathetisch![68] So kommt er zu dem Schluss, „dass jene von einem Russen geschriebenen und im Zeitstil frisierten Melodien keineswegs neben den edlen deutschen Reformationsweisen bestehen können". Insoweit erübrigten sich die unzeitgemäßen Bortnjansky-Weisen mit ihrer „Terzenseligkeit" in der Kirche.

Wilhelm Bender und Pfarrer Kitscha führten partnerschaftlich eine neue Liturgie (im zögerlichen Einklang mit der Gemeinde) behutsam und stufenweise in ihren Gottesdienst ein[69]. Der mit den Ideen der Jugendmusikbewegung und der Singbewegung bestens vertraute Wilhelm Bender, der u. a. Liturgik studiert hatte, nahm sich der kirchenmusikalischen Erneuerungsbewegung besonders gerne an, die er mit Pfarrer Kitscha in Berlin und darüber hinaus für die preußische Landeskirche sehr nachhaltig veränderte[70]. In mehreren Veröffentlichungen der Jahre 1936-1938 nahmen Pfarrer Kitscha und sein Kantor Wilhelm Bender in den „Parochialglocken" zur neuen Gestal-

---

[65] Geschichte der Evangelischen Parochialkirche zu Berlin von 1703–1903. Festschrift zum Zweihundertjährigen Jubiläum des Bestehens der Kirche im Auftrage der Gemeindekörperschaften, verfaßt von H. Naatz, Erstem Geistlichen der Gemeinde. Berlin 1903, Seite 67.

[66] Vgl. Sonderdruck der Parochialkirche: „1703-1953. Zweihundertfünfzig Jahre Evangelische Parochialkirche.". Festgottesdienst zum zweihundertfünfzigjährigen Bestehen der Ev. Parochialkirche am 8. Juli 1953". Druckfassung Berlin 1953, Seite 16.

[67] Vgl. Eine neue Liturgie – weshalb. In: Parochialglocken Nr. 11 vom Februar 1939, Seite 61.

[68] Vgl. Die gottesdienstlichen Antwortgesänge. In: Parochialglocken Nr. 11, Februar 1939, Seite 63.

[69] Zum Gottesdienst im 18. Jahrhundert in der reformierten Parochialkirche vgl. Bernhard Schmid: Musik im Gottesdienst. Gottesdienstordnungen von 1713-1829. In: Wie mit vollen Chören. 500 Jahre Kirchenmusik in Berlins historischer Mitte. Hrsg. Ingeborg Allihn und Wilhelm Poeschel, Berlin 2010, Seite 110ff.

[70] Bereits 1926 wurden liturgische Gottesdienste in der Parochialkirche eingeführt, in denen in der Liturgie auch gesungen wurde.

tung der „Parochial-Liturgie“ und zum gottesdienstlichen Musizieren Stellung[71]. Sie scheuten dabei auch Experimente nicht: So wurde im liturgischen Abendgebet, der Vesper, der strenge historische Ablauf aufgrund praktisch-formaler Überlegungen wesentlich vereinfacht und vorübergehend eine neue Ordnung als Gemeindegottesdienst angeboten, um praktische Erfahrungen für eine spätere Vesper zu finden[72].

Wilhelm Bender versuchte, in Aufsätzen und Vorträgen seine Vorstellungen vom gottesdienstlichen Musizieren und seine Neuauswahl ihm geeignet erscheinender Kirchenlieder sowohl den Gemeindemitgliedern als auch externen Fachleuten nahe zu bringen[73], gab Empfehlungen zur Gestaltung der liturgisch-musikalischen Gottesdienstordnung durch die darin verwendbaren alten und neuen Chor- und Orgelwerke. Am Beispiel des Sonntagsgottesdienstes zeigte er exemplarisch, welche besseren kirchenmusikalischen Möglichkeiten sich für den Kantor und Organisten im Vergleich zum Status quo ergeben könnten.

Auf der Danziger Kirchenmusiker-Tagung zur Erarbeitung von Reformplänen zur Liturgie hielt Wilhelm Bender im Dezember 1938 das Hauptreferat mit dem Titel „Gottesdienstliches Musizieren". Darin nahm er zu den zeitgemäßen Aufgaben des Kantors im Rahmen der damaligen Kirchenmusik Stellung[74]. Er forderte seine Kollegen auf, sich an der Prüfung der neu errungenen Sicht zu beteiligen, wettert gegen den „nichtskönnerischen Schlendrian gewisser Organisten" und entwickelte Reformvorschläge: „Aus der blickschärfenden Erforschung der reformatorischen Anfänge... ist manches bisher Gültige zu verwerfen...“. Seine Analysen führen ihn u. a. zu der Notwendigkeit, das Gemeindesingen zu erneuern und darum verstärkt Singstunden einzurichten. Ferner erhebt er die Forderung, dass die Orgel im Gottesdienst „mitsingen müsse" und bricht eine Lanze für die „selten beobachte“ Kunst des Improvisierens auf der Orgel als „notwendige musikalische Stegreifäußerung" und als Ergänzung zur (von ihm geforderten) freien Rede auf der Kanzel[75]. Die Orgel müsse „mit dem Wesen ihrer zweiten Kanzel“ der Gemeinde wieder näher gebracht werden[76]. Den wieder entdeckten reformatorischen Choral ergänzt er durch eine Auswahl „gleichberechtigter“ Kirchenlieder. Durch eine neue Ordnung der gottesdienstlichen Gesänge leistete er Schrittmacherdienste für die damalige preußische Landeskirche.

---

[71] Vgl. z. B. Parochialglocken Nr. 5 vom August 1936, Seiten 26-28, Parochialglocken Nr. 6 vom September 1936, Seiten 34-36, Parochialglocken Nr. 9 vom Dezember 1938, Seiten 45-49, Parochialglocken Nr. 11 vom Februar 1939, Seiten 59-63.

[72] Meist betreffen liturgische Erneuerungen die Hauptgottesdienste, weniger Wochengottesdienste, Vesper u. a.

[73] Vgl. z. B. „Luthers erstes Lied“. In: Parochialglocken, Nr. 6 vom September 1940, Seite 12, oder „Gottesdienstliches Musizieren“. In: Parochialglocken Nr. 9 vom Dezember 1938, Seiten 45-49.

[74] Vgl. „Gottesdienstliches Musizieren“. In: Parochialglocken, Nr. 9 vom Dezember 1938, Seiten 45-49 und Kapitel 15, Exkurs III: „Gottesdienstliches Musizieren“

[75] Die Orgel gilt allgemein als die Königin der Instrumente. Daraus leitet auch der Organist traditionell sein hohes Selbstverständnis ab. „Sowie die Orgel das erste Instrument ist, so ist auch der Organist der erste Musiker. Die Behandlung der Orgel ist äußerst schwer, und man muß dazu mit intellectuellen, und phisischen Vollkominenheiten ausgerüstet seyn. Unter jene rechne ich: Genie und Studium. Wem nicht Geniusgluth im Busen flammt, der wird nie ein bedeutender Organist. Und wer sich bloß auf sein Genie verläßt, und die Natur dieses schweren Instruments nicht sorgfältig studiert, der wird ewig Naturalist bleiben: einzelne Feuerflocken werden Bewunderung erregen; aber das Ganze wird doch nie eine Feuermasse bilden.“ Vgl. Christian Friedrich David Schubart : Ideen zu einer Ästhetik der Tonkunst. Wien 1806, Seite 280.

[76] Vgl. Parochialglocken Nr. 7 vom Oktober 1938, Seite 4.

Die liturgische Restauration der Parochialkirche in den Jahren 1936-1938 war aus der Tradition heraus eindeutig lutherisch, d. h. reformatorisch und nicht reformiert, obwohl sich die Parochialkirche seit ihrer Gründung als reformierte Gemeinde verstand. Als „reformiert“ war zur Gründerzeit auch das neue Kirchengebäude konzipiert: Die 1703 eingeweihte Parochialkirche galt seinerzeit als Sakralbau, der nach einem neuen protestantischen Gestaltungsgesetz entworfen war, um die evangelisch-reformierte Auffassung vom Wesen des Gottesdienstes zu repräsentieren – weniger künstlerische Ambitionen, mehr auf den kultischen Zweck ausgerichtet. Dennoch hatte der reformierte Ansatzpunkt der Parochialgemeinde letztlich nur im Namen bestanden. Die Gemeinde selbst hatte sich – an der Liturgie zu erkennen – von Anfang an zu Luther hin entwickelt und immer schon den größeren liturgischen Reichtum der lutherischen Kirche ausgeschöpft[77]. Der Gottesdienst war darum von Anfang an nicht besonders streng reformiert abgelaufen, sondern – insbesondere die Kirchenmusik – eher reformatorisch[78]. Ein ausgesprochen reformiertes Bewusstsein war hier kaum gepflegt und gestaltet worden. Man konnte anhand der überlieferten Predigten in dieser „Simultankirche“ kaum mehr unterscheiden, wer von den Pfarrern reformiert oder lutherisch war.

Nach der Bildung der „Kirche der Altpreußischen Union“ im Jahr 1817 (zum 300. Jahrestag der Reformation) durch Friedrich Wilhelm III. entstand in Preußen eine einheitliche (unierte) evangelische Landeskirche aus Lutheranern und Reformierten. Die Parochialkirche trat der Union unverzüglich bei und kam den veränderten liturgischen Erfordernissen entschlossen entgegen. Die Gemeinde nannte sich nach 1817, als es auch offiziell zu einer „lutherischen Annäherung“ kam, folgerichtig „evangelische Parochialgemeinde“ und die Parochialkirche nicht mehr „Neue Reformierte Stadt- und Pfarrkirche“, sondern Evangelische Parochialkirche. Da das spezifische reformierte Bewusstsein der Parochialgemeinde zu diesem Zeitpunkt zum größten Teil schon geschwunden war, vollzogen sich die entsprechenden Veränderungen problemlos, ihr reformierter Ansatz ging in der Union weitestgehend unter. Mit ihrer liturgischen Erneuerung schlug sich die Parochialgemeinde nach 1935 offiziell auf die Seite der Lutheraner, auch um eine aus ihrer Sicht zurückliegende Fehlentwicklung, nämlich die Bildung der Union zwischen Lutheranern und Reformierten, rückgängig zu machen. Man fühlte sich in dieser Zwitterstellung offenbar nicht recht wohl und sprach sich oft genug das „Vollsein“ ab, weil ein eigenes und eindeutiges Bekenntnis zu fehlen schien[79].

Die aktuellen (kirchenmusikalischen) Reformbemühungen der Parochialkirche waren insoweit nicht so extrem wie sie Teile der zur zügellosen Übertreibung neigenden reformierten Puristen unter den Reformern der Bekennenden Kirche verwirklichen wollten. Nach deren Vorstellung sollte die Kirchenmusik eine zunehmend verselbständigte, aber streng isolierte Sparte werden, sich von der „großen Kunst“ fernhalten und alle Elemente der weltlichen Musik ausschließen. In ihrem Kreuzzug gegen die Ro-

[77] Vgl. Sonderdruck der Parochialkirche: „1703-1953. Zweihundertfünfzig Jahre Evangelische Parochialkirche“. Festgottesdienst zum zweihundertfünfzigjährigen Bestehen der Ev. Parochialkirche am 8. Juli 1953. Druckfassung Berlin 1953, Seite 15-16.

[78] Vgl.Sonderdruck der Parochialkirche: „1703-1953. Zweihundertfünfzig Jahre Evangelische Parochialkirche“, a.a.O., Seite 15.

[79] So zumindest nach Meinung von Pfarrer Kitscha. Vgl.Sonderdruck der Parochialkirche: „1703-1953. Zweihundertfünfzig Jahre Evangelische Parochialkirche“. Festgottesdienst zum zweihundertfünfzigjährigen Bestehen der Ev. Parochialkirche am 8. Juli 1953. Druckfassung Berlin 1953, Seite 16.

mantik verbarg sich bei einem Teil dieser Reformer eine spezielle religiöse Haltung, die an pietistische Askese und Buße erinnert. Mit überbordendem Eifer und einer gewissen Kirchenmusik-Hysterie verlangten sie, dass protestantische Kirchenmusik (also auch z. B. die Musik Bachs) aus den Konzertsälen grundsätzlich verschwinden müsse. Diese Spartentrennung und die daraus resultierende lediglich dienende Funktion der Musik im Gottesdienst waren für die an Autonomie gewöhnte Kunstmusik schwer zu ertragen.

Eine strenge puristische Reduktion der Kirchenmusik kam für die Parochialkirche nicht in Frage. Als Wilhelm Bender 1936 an die Parochialkirche berufen wurde (eine Liturgiereform war dort zuvor bereits schon vorbereitend diskutiert worden), sollte er nicht nur zur reicheren Ausgestaltung der eigenen gottesdienstlichen Feiern beitragen, sondern durch seine Konzerte auf dem Glockenspiel und auf der renovierten und erweiterten Orgel die Parochialkirche zum Ort künstlerischer Ereignisse werden lassen und sie – auch durch zeitgenössische Kirchenmusik – zu einem neuen Mittelpunkt des kirchenmusikalischen Lebens von Berlin (und möglichst darüber hinaus) machen. Ehrgeizige Ansprüche also, von denen ein durchschnittlicher Kantor mit den üblichen liturgischen Aufgaben im Gottesdienst überfordert gewesen wäre und die nur ein wahrer Künstler erfüllen konnte.

Eine Konzertkarriere ließ sich Wilhelm Bender auch als Kirchenmusiker nicht nehmen, ließ sich mithin von der „großen Kunst“ nicht abkoppeln. Schließlich hatten ehrgeizige Beweggründe, nämlich „die Verwirklichung höherer kirchenmusikalischer Ziele“, zu seinem Weggang von der Lazaruskirche zur Parochialkirche geführt. Die veraltete, mittelmäßige Orgel der Lazaruskirche konnte seinen künstlerischen Ansprüchen nicht mehr gerecht werden. Dennoch begann seine Konzertkarriere 1935 mit seinem Eintritt in die Lazaruskirche; sein Podium als Organist und Chorleiter nutzte er intensiv, um auch über die Lazarusgemeinde hinaus bekannt zu werden. Bei Wilhelm Bender war keinerlei Ablehnung von Konzerten in der Kirche erkennbar – ganz im Gegenteil: Kirchenkonzerte wurden in der Parochialkirche auch als missionarische Chance verstanden, um neue Gläubige zu finden. Mit seinen Orgelkonzerten vertrat er in der Kirche auch eine „Kirchenmusik ohne Worte“. Wilhelm Bender wusste, dass man mit großartigen kirchenmusikalischen Konzert-Aufführungen unabhängig und getrennt vom Gottesdienst viel mehr Menschen in und außerhalb der Kirche erreichen kann als mit jeder anderen kirchlichen Veranstaltung. Auch in der Parochialkirche wurde darum unter Wilhelm Bender nicht an reicher (Kirchen-)Musik gespart. Wilhelm Bender war – insbesondere nach dem gründlichen Studium der Bachschen Werke – davon überzeugt, dass Musik die „Gnade Gottes herbeiführen könne, wenn sie nur in vollem Bewusstsein der Gottesgeschöpflichkeit und der Gnadenbedürftigkeit des Individuums angestimmt werde“[80].

Im Gottesdienst aber sollte nicht das dargeboten werden, was den Kirchenkonzerten vorbehalten war; denn den Gemeindemitgliedern sei eine Liturgie uninteressant, die ihnen auch im Konzertsaal oder im Rundfunk begegne. Man kam in der Parochialkirche nicht in Versuchung, im Gottesdienst eine gottesdienstlich ausgerichtete Kirchenmusik mit einer konzertmäßig ausgerichteten Kirchenmusik zu kombinieren oder gar zu vermischen: Bei der gottesdienstlichen Kirchenmusik handele es sich schließlich um eine enge Verbindung von Wort-Verkündigung und Musik, um eine „Predigt

[80] Vgl. Michael Wersin: Bach hören. Eine Anleitung. Stuttgart 2010, Seite 11.

mit Musik“ von der Heilsbotschaft vom Leben, Tod und Auferstehung Jesu Christi, die zu den unmittelbaren Kernaufgaben der evangelischen Kirche gehöre. Die Kirchenmusik habe sich in dieser Rolle der gottesdienstlichen Handlung unterzuordnen, sei nicht für ein weltliches Konzertpublikum gedacht.

Wilhelm Bender setzte „seine“ Orgel nicht nur im Gottesdienst ein, sondern in zahlreichen Konzerten mit „weltlichen“ Kompositionen, von denen manche auch im Rundfunk übertragen wurden. Als solistischer Organist wollte er darauf nicht verzichten. Manche seiner Orgelkonzerte – auch außerhalb von Berlin - erregten besondere Aufmerksamkeit und festigten seinen Ruf als herausragenden Organisten: Im Dezember 1935 spielte er ein Weihnachtskonzert als Gast-Organist in der Dreikönigskirche in Frankfurt. Die Kritik schrieb: „Der noch junge Organist kann als ein Meister seines Fachs angesprochen werden. In seinem hervorragend gelungenen freien Spiel zeigt sich so recht die eigen-schöpferische Persönlichkeit des Künstlers... Bender spielte die riesige Schöpfung Bachs vollkommen aus dem Geist des großen Thomas-Kantors heraus und leistete sowohl in Registrierung wie Spielart etwas ganz Einmaliges“. Im September 1936, kurz nach Dienstantritt an der Parochialkirche, gab Wilhelm Bender ein Orgelkonzert in der Eosanderkapelle des Berliner Schlosses Charlottenburg, von der Presse überaus freundlich registriert[81]. Über 900 Besucher erschienen zuvor am 11. August 1936 zu seinem Antritts-Orgelkonzert „Alte deutsche Orgelmusik" in der Parochialkirche.

Beste Kritiken erhielt sein Orgelkonzert im März 1937 anlässlich der Erneuerung der 1732 geschaffenen Parochial-Orgel zugunsten des Winterhilfswerks. Seinen Ruf als Organisten begründeten 1938 seine Orgelkonzerte in der Parochialkirche „Die Mysterien von Biber“ und „Deutsche Meister der Fuge“. 1939 machte ihn ein Orgelkonzert in der Parochialkirche „Die Königin der Instrumente“, zusammen mit Günther Ramin, Organist der Thomaskirche in Leipzig, auch international bekannt. Der in „Großdeutschland und Ausland am meisten gehörte Deutschlandsender“ hatte dieses Konzert im Rahmen seiner Sendung „Kleine Nachtmusiken“ ausgestrahlt; die drei Orgelkonzerte aus 1938 und 1939 wurden vom Deutschlandsender mitgeschnitten und auf Schallplatten gepresst.

Wilhelm Bender verdiente sich auch in Chorkonzerten schnell einen Namen – zuerst als Chorleiter des Lazarus-Kirchenchors, dann als Leiter der Parochialkantorei, bereits ganz auf der Linie seiner künftigen neuen Liturgievorstellungen: Zwei Aufführungen der (a-capella) Matthäus-Passion von Heinrich Schütz mit dem Lazarus-Kirchenchor im April 1936 (Aufführungsorte waren der Berliner Dom und die Luisen-Stadtkirche), eingebettet in die liturgische Abendandacht, „...losgelöst von den fragwürdigen Einflüssen des Konzertsaals. Es ergibt sich hier nur die grundsätzliche Frage, ob derartige geistliche Erbauungs- und Andachtskonzerte dem Scheinwerferlicht öffentlicher Beurteilung ausgesetzt werden sollten“ – so ein Artikel der Berliner Morgenpost von April 1936. Wilhelm Bender hatte die Gesamtleitung und sang zusätzlich noch den Jesus-Part[82] (sein Bruder Erich übernahm „vortrefflich“ die Rolle des Evangelisten). „Mit der Matthäus-Passion gelang Schütz“ – so schreibt der Kritiker der Berliner Morgenpost weiter – „die Eindeutschung der Gregorianik. Die stilgerechte Aufführung

---

[81] Vgl. z. B. Parochialglocken Nr. 7 vom Oktober 1936, Seite 42; Parochialglocken Nr. 10 vom Januar 1938, Seite 62; Parochialglocken Nr. 10 vom Januar 1939, Seite 53; Parochialglocken Nr. 12 vom März 1939, Seite 67 – um nur die wichtigsten Hinweise auf Wilhelm Benders Orgelkonzerte zu nennen.
[82] Im Übrigen galt auch seine Rolle als Vorsänger in der Liturgie als stadtbekanntes Vorbild.

(„feine technische Präzision, edelste Leichtigkeit und Lebendigkeit“) erfuhr eine wesentliche Förderung dadurch, dass die Passion in den gottesdienstlichen Rahmen einer liturgischen Abendandacht eingebaut war.“

Bereits sechs Monate nach dem Amtsantritt Wilhelm Benders konnte man auf dem vorgegebenen Weg, die Parochialkirche zu einem Ort künstlerischer Ereignisse zu machen, erste Erfolge vermelden. Die Gründung seines Volksdeutschen Singkreises noch im Jahr 1936 verschaffte Wilhelm Bender Gelegenheit zu weiteren öffentlichen Auftritten. In einem Brief Pfarrer Kitschas heißt es: „Wie sehr es Bender bei seinem Ruf in kirchenmusikalischen Kreisen in kurzer Zeit seines Waltens an der Parochialkirche schon gelungen ist, diese zum Mittelpunkt einer kirchenmusikalischen Gemeinde zu machen, bezeugt die Tatsache, dass sein erstes in der Parochialkirche veranstaltetes Konzert von annähernd 1000 Personen besucht gewesen ist und dass auch unsere sonntäglichen Gottesdienste dank seines guten liturgischen Spiels einen erfolgreichen Aufschwung genommen haben“.

In einem Rechenschaftsbericht lobte Pfarrer Kitscha die von Wilhelm Bender geleistete musikalische Arbeit[83]. Er wies auf die einschneidende musikalische Entwicklung durch Wilhelm Bender hin – sowohl die Parochialkantorei betreffend, die sich auch an „Werken unserer Zeit“ in Konzerten erfolgreich profilieren konnte, als auch Glockenspiel- und Orgelmusik betreffend. Stolz zählt Kitscha die zahlreichen Schallplattenaufnahmen Wilhelm Benders und die weltweiten Rundfunk-Übertragungen seiner Konzerte auf – bis nach Afrika, wie ihm deutsche Auswanderer bei Besuchen in Berlin mit Dankbarkeit berichtet hätten.

Erstaunlich waren Beteiligung und uneingeschränkte Förderung der liturgischen Erneuerung in der Parochialkirche durch Pfarrer Kitscha (für den kirchenmusikalischen Reformteil hatte er Wilhelm Bender nach besten Kräften unterstützt). Schließlich fußten die grundsätzlichen liturgischen Veränderungen der Parochialkirche auf Ideen, die die Bekennende Kirche vertrat; Pfarrer Kitscha hingegen war auch Mitglied der Deutschen Christen (allerdings hatten die Nationalsozialisten – Kitscha war schließlich auch Parteimitglied – das kirchenmusikalische Reformkonzept der Bekennenden Kirche vorübergehend mit unterstützt; vielleicht wollte er zumindest in der liturgischen Frage nicht auf der falschen Seite kämpfen; immerhin hatte auch bereits 1934 nach Kitschas Amtsantritt in der Parochialkirche die Anzahl der nationalsozialistisch geprägten Fest- und Dankgottesdienste sowie Heldengedenkfeiern mit SA-Abordnungen und Musikzügen der NSDAP während der Gottesdienste zurückgegangen. Kitscha spürte wohl auch die sich im Kirchenkampf allmählich abzeichnende Bedeutungslosigkeit der Deutschen Christen für das Regime, später die Bedeutungslosigkeit der gesamten Kirche im Dritten Reich und schlug sich zumindest im Rahmen der Liturgiereform auf die Gewinnerseite. Auch aus tiefer persönlicher Enttäuschung über seine Parteigenossen durch Geschehnisse auf einer Freizeit mit Konfirmanden im März 1938 war er möglicherweise von manchen politischen „Machern“ und deren Ideen innerlich abgerückt[84].

Wilhelm Bender hatte trotz seines Engagements im Rahmen der kirchenmusikalischen Erneuerungsbewegung auf jegliche Mitwirkung an einem „obrigkeitlichen Ge-

---

[83] Vgl. Parochialglocken Nr. 4 vom Juli 1939, Seite 18 ff. und Kapitel 15, Exkurs II: „Der Rechenschaftsbericht“

[84] Vgl. Kapitel 5.

sangbuch“ verzichtet, mischte sich nicht einmal ansatzweise in die Gesangbucharbeit ein, auch nicht in die Überlegungen zu einem Kindergesangbuch: Dabei ging es um die Frage, ob von der evangelischen Kirche ein spezielles Kindergesangbuch herausgegeben werden sollte oder ob man die kirchlichen Kinderlieder wie bisher lediglich dem „Erwachsenen-Gesangbuch“ als Anhang beifügen sollte. Vom engagierten Kinderlieder-Komponisten mit hohem pädagogischem Anspruch hätte man vielleicht in dieser Frage einen Ratschlag erwarten können.

Sein Desinteresse bezog sich auch auf eine Mitarbeit an den Militärgesangbüchern (während er für einige Militärliederbücher eigene Beiträge beigesteuert hatte). Die Gesangbuchreform der evangelischen Kirche schloss die Überarbeitung und Neugestaltung von Militärgesangbüchern nicht ein. Federführend für ihre Neugestaltung waren nicht Kirchenmusiker und Kirchenausschüsse, sondern – von den Kirchen argwöhnisch beobachtet – die Militärgeistlichkeit, d. h. das evangelische Feldbischofsamt, der katholische Feldbischof der Wehrmacht oder der „dienstälteste evangelische Marinedekan“ – aus gutem Grund, weil in die Militärgesangbücher auch politische und militärische Interessen einflossen (auch Militärgemeinden schufen sich ihre eigenen Garnisonsgesangbücher, so bereits im frühen 18. Jahrhundert z. B. in der Berliner Garnisonsgemeinde[85]). In den Militärliedern und -gebeten fanden Aussagen und Ziele von Staat und Militär zur politischen und militärischen Beeinflussung ihren Ausdruck.

Nach der Machtübernahme wurde das „Evangelische Gesang- und Gebetbuch für das Reichsheer und die Reichsmarine“ von 1926 umgearbeitet und nannte sich ab 1935 „Evangelisches Militär-Gesang- und Gebetbuch“ für die Wehrmacht und Marine[86]. Noch beschränkte es sich neben den Liedern auf biblische Kernsprüche. In späteren Auflagen, die der Kriegsvorbereitung dienten, wurden die Lieder der Militärgesangbücher mit einschlägigen politischen Kriegslyrik-Beigaben ergänzt, die die militärischen Interessen nicht einmal ansatzweise leugneten. Es gab nach 1939 drei Militär-Gesangbücher, das „Evangelische Feldgesangbuch“ und das „Katholische Feldgesangbuch“. Die Marine erhielt 1940 ein eigenes „Gesangbuch für die Kriegsmarine“. Ergänzungen in den Militärgesangbüchern erinnerten und mahnten an die „Berufspflichten des deutschen Soldaten“ und appellierten u. a. mit „Kriegsbriefen tapferer deutscher Soldaten“ an den „patriotischen Geist“. Auch eine Wiedergabe des Fahneneids des deutschen Soldaten fand sich in allen drei Gesangbüchern[87]. Das Gesangbuch für die Kriegsmarine enthielt zudem noch „Worte deutscher Männer“, z. B. von Göring, Bismarck, Hitler („Als Christ habe ich nicht die Verpflichtung, mir das Fell über die Ohren ziehen zu lassen, sondern ich habe die Verpflichtung, ein Streiter zu sein für die Wahrheit und das Recht“[88]). Auch ein „Gebet für Führer, Volk und Wehrmacht“ enthielten die Feldgesangbücher, in denen es u. a. hieß: „...Segne die deutsche Wehrmacht, welche dazu berufen ist, den Frieden zu wahren und den heimischen Herd zu beschützen, und gib ihren Angehörigen die Kraft zum höchsten Opfer für

---

[85] Vgl. Andreas Wittenburg: „Militär-Gesangbuch und Militär-Seelsorge in Vergangenheit und Gegenwart“. In: Jahrbuch für Liturgik und Hymnologie, 7. Jahrgang 1973, Seite 110.

[86] Wie alle anderen Militärgesangbücher (alle immer ohne Noten, d.h. nur mit Liedertexten) erschien auch das Evangelische Militär-Gesang- und Gebetbuch im Verlag E.S. Mittler & Sohn, Berlin.

[87] Fahneneid des deutschen Soldaten: „Ich schwöre bei Gott diesen heiligen Eid, daß ich dem Führer des Deutschen Reiches und Volkes, Adolf Hitler, dem Obersten Befehlshaber der Wehrmacht, unbedingten Gehorsam leisten und als tapferer Soldat bereit sein will, jederzeit für diesen Eid mein Leben einzusetzen“.

[88] Vgl. Gesangbuch für die Kriegsmarine, Oldenburg 1940, Seite 90 ff.

Führer, Volk und Vaterland. Segne besonders unseren Führer und Obersten Befehlshaber in allen Aufgaben, die ihm gestellt sind..." Der Einfluss der nicht-militärischen Kirchenmusiker war in diesem Kontext nicht mehr gefragt.

Nicht nur die Vertreter der Gesangbuchreform bemühten sich nach der durch die Singbewegung hervorgerufenen kirchenmusikalischen Neubesinnung um eine Renaissance der lutherischen Kirchenmusik. Auch zahlreiche Kantoren und Organisten der evangelischen Kirche – teilweise mit den Gesangbuchreformern identisch – fanden dieses Ideal einer „neuen liturgisch-kirchenmusikalischen Reinheit" in der Musik der alten Meister aus der nachreformatorischen Zeit: vor allem in der Musik von Bach, Schütz, Buxtehude und Pachelbel. Diese Kirchenmusiker, die sich in der evangelischen Orgelbewegung zusammenfanden, erhoben für deren Musik die schlichte Bachorgel" mit ihrem „trockenen und frohen Klang" zum Klangideal. Auch die Orgelbewegung wollte die Orgel – im Schulterschluss mit der hymnologischen Bewegung und damit ebenso im Einklang mit der Jugendmusikbewegung - wieder auf ihre barocken Grundlagen zurückführen. Den Reformern galt als einzig mögliche Orgel die „alte Orgel" mit ihrer direkten „Anschlagmechanik" und es galt als einzig liturgisch verwendbare Orgelmusik nur diejenige, die sich an den Stil-Prinzipien der dazugehörigen alten Musik orientierte – möglichst in cantus-firmus-gebundener Form. So ergab sich für neue Orgelkompositionen seit den 1920er Jahren in Deutschland fast zwangsläufig das Stilideal neo-barocker Kontrapunktik. Dadurch (und durch die entsprechenden traditionellen Bauprinzipien für neue und restaurierte barocke Orgeln) wirkte sich die deutsche Orgelbewegung – anders als die hymnologische Bewegung, die dem zeitgenössischen Kirchenlied Raum ließ – hemmend auf die Entwicklungen der zeitgenössischen Orgelmusik aus.

Die Orgel sollte nach dem Willen der Orgelreformer in der Kirche wieder mit einem Maximum an Transparenz gespielt werden. Moderne, technisch aufgerüstete Instrumente würden dagegen auf falsche Weise dazu benutzt, den Klang großer Sinfonieorchester zu imitieren und tränenreiche Sentimentalität zu produzieren. Im Übrigen ließe die moderne Orgel, die wegen ihrer pneumatischen Verbindungen von Manual bzw. Pedal zur Orgelpfeife nach dem Anschlag nur verzögert erklingt, die gewünschte „frühbarocke" Präzision vermissen[89]. Die große hochgerüstete „romantische Orchesterorgel" galt als Spiegel des Niedergangs der Orgelbaukunst. Kein anderes Instrument könne so viele Klänge und Stimmen gleichzeitig erzeugen wie die Orgel – was allerdings bei extensivem Einsatz von der wahren Besinnung auf das Wort Gottes ablenke und darum zu verwerfen sei. Das Klangbild der romantischen Orgel sei zwar bestens geeignet, die Werke von Mendelssohn Bartholdy, Schumann, Reger, Liszt

---

[89] Man unterscheidet beim Orgelbau mechanische Trakturen, pneumatische Trakturen und elektrisch-(pneumatische-)Trakturen. Mechanische Trakturen erlauben einen Anschlag mit größeren Nuancierungen, die Mechanik begrenzt jedoch die Anzahl der Register, weil die beweglichen Verbindungen von der Taste bis zum Ventil der Pfeife in ihrer mechanischen Wirkung begrenzt sind und eine leichtgängige Spielart zwischen Tasten und Ventilen verhindern können. Die zu bewegende Masse ist darum so gering wie möglich zu halten, damit die Tasten leicht und schnell zu spielen sind (weshalb moderne mechanische Trakturen inzwischen neben leichtem Holz bevorzugt Karbonzüge verwenden). Eine Orgel mit pneumatsicher Traktur ist von der Registerzahl her kaum limitiert, jedoch stellt die (wenn auch minimale) technisch bedingte Verzögerung zwischen Anschlag und Tonbildung ein Problem für jeden Organisten dar. Moderne Groß-Orgeln werden heute mit elektrisch-pneumatischer Traktur gebaut – eine Kombination aus Magnet- und pneumatischer Ventilsteuerung. Tatsächlich gibt es keine Größenlimits (auch Fernorgeln können problemlos über größere Entfernungen vom Hauptmanual aus gespielt werden), die Anschlagverzögerungen sind zu vernachlässigen.

oder großer französischer Meister erklingen zu lassen. Aber den kirchenspezifischen Anforderungen der barocken Orgelliteratur könne sie nicht genügen. So wurde eine rein technische Entwicklung im Orgelbau zu einem wesentlichen Teil der Orgelbewegung. Gleichfalls hat die Orgelbewegung den kommerziellen amerikanischen Einfluss (z. B. der Wurlitzer-Orgel) bekämpft, was der Orgelbewegung (wie der gesamten Liturgiereform mit ihrer Ablehnung einer „kosmopolitischen Musik") einen zusätzlichen fremdenfeindlichen Charakter verlieh.

Der Kreuzzug der Orgelbewegung gegen die romantische Orgel wurde immer heftiger geführt, als sich die Deutschen Christen intensiver für die romantische Orchesterorgel zur stimmungsvollen Untermalung des Gottesdienstes einsetzten. Gegen dieses deutschchristliche Orgelverständnis führten die Orgelreformer in der evangelischen Kirche (Kopf der Orgelbewegung war Oskar Söhngen) ihren Reformkampf eng mit den Kirchenmusikern der Bekennenden Kirche zusammen, so dass auch diese kirchenmusikalische Auseinandersetzung wie die Gesangbuchreform zum Zankapfel des evangelischen Kirchenkampfs wurde. Der Widerwille innerhalb der Orgelbewegung gegen die romantische Orgel war auch deswegen von Bedeutung, weil die Orgel ein herausragendes Instrument der NS-Zeremonien und in diesem Sinne auch ein politisches Instrument werden sollte. Ferner wurde von den Orgelreformern abgelehnt, die Orgel in einen neuen gesellschaftlichen Zusammenhang zu stellen, den der Nationalsozialismus forderte: Orgeln, allemal Kleinorgeln, waren aus der Sicht der Deutschen Christen bestens geeignet, auch in kirchenfremden Räumen aufgestellt und für weihevolle NS-Feiergestaltung mit nationaler Bedeutungsschwere und Deutung genutzt zu werden. Entsprechend groß und wirkungsvoll sollten Orgelmusiken auf Partei- oder sonstigen Großanlässen sein. Die Orgel als herrliches Symbol für den NS-Staat! Die Säkularisierung der Orgel war ein Ziel der NS-Musik; die Verwendung der Orgel in politischen Feiern wurde stark gefördert. Hitler ließ 1936 z. B. auf dem Nürnberger Parteitagsgebäude Europas größte „Starkton"-Orgel mit 16.000 Pfeifen von der Orgelbaufirma Walcker & Cie. bauen, mit 220 Registern und fünf Manualen, verstärkt durch gigantische Lautsprecher[90]. Der majestätische Klang dieser Orgel sollte die Zuhörer in höchstem Maße überwältigen. Die Orgel als herausragendes Instrument der NS-Zeremonien wurde in diesem Sinne zu einem politischen Instrument und hatte als Königin der Instrumente in Verbindung mit dem „mächtigsten Politiker der Menschheit" eine beachtliche Bedeutung bei den Nationalsozialisten.

Die Nationalsozialisten strebten eine Art „Kultorgel" an, die mit der liturgischen Orgel nur noch den Namen gemeinsam hatte. Die „Orchesterorgel" sei das totale Instrument des totalen Staates, das umfassendste Instrument der Musikkultur, der Monumentalität der NS-Bauten aufs tiefste verwandt, das symbolische Instrument der Gemeinschaft[91]. Es gab eindeutige Bestrebungen, die Orgel dem exklusiven Besitz der Kirche zu entziehen und ihr einen zusätzlichen Stellenwert in der völkischen Gemeinschaft zu geben, eine Funktionsbestimmung der Orgel ohne Gottesdienstbezug. Parallel zum Streben nach Monumentalität wurde überlegt, die Kleinorgel auch als (politisches Haus-)Instrument zum Gebrauch im Konzertsaal und im familiären Rahmen zu nutzen.

---

[90] Vgl. Fußnote 50.

[91] Vgl. Bericht über die zweite Freiburger Tagung für deutsche Orgelkunst, 27.–30.6.1938, Hrsg. Josef Müller-Blattau, Kassel 1939, Seite 146.

Die Vertreter der Orgelbewegung sahen auch den aktuellen Orgelbau in der zweiten Hälfte des 19. Jahrhunderts als Irrweg an. Alle Orgeln, die sich nicht „barockisieren“ ließen, wurden als nicht erhaltungswürdig eingestuft, für die anderen wurden Umbauten mit einer möglichst dichten Nachgestaltung an das alte Klangbild der barocken oder noch besser vorbarocken Orgeln angestrebt. Ideal waren neue Kirchenorgeln nur dann, wenn sie mit ihren entsprechenden Dispositionen perfekt dem Charakter der alten Musik entsprachen. Jedenfalls erhielt der deutsche Orgelbau durch die veränderte Neubesinnung zur Orgelmusik einen enormen Aufschwung, verstärkt durch die Kampagne der Deutschen Christen und Nationalsozialisten für eine weite Verbreitung der (romantischen Klein-„Fabrik“-)Orgeln außerhalb der Kirche[92]. Wie in der Orgelbewegung ergaben sich auch im Orgelbau durch die Abkapselung von ausländischem Einfluss fremdenfeindliche Tendenzen: Man achtete sorgfältig darauf, dass auf der Basis einer überreichen Eigenart des deutschen Volkstums die eigenständige deutsche Orgelbaukunst durch eine „unnatürliche Angleichung an fremdländische Erzeugnisse und Kunstanschauungen“ nicht verfälscht würde.

Die Orgelbewegung hatte auch durch die 1921 eingeweihte „Praetorius-Orgel“ des Musikwissenschaftlichen Seminars Freiburg weitere wichtige Impulse erhalten. Für seine musikhistorischen Forschungen wurde der Ludwigsburger Orgelbauer Oscar Walcker 1920 von Wilibald Gurlitt gebeten, eine Orgel nach den Angaben aus dem zweiten Band des „Syntagma musicum – De Organographica“ von Michael Praetorius (1571-1621) zu bauen. Sowohl der methodische als auch der inhaltliche Ansatz dieses Projektes waren neu: Walcker sollte eine Disposition aufgrund von 300 Jahre alten Klangbeschreibungen und einigen wenigen maßstabsgetreuen Abbildungen zu neuem Leben zu erwecken. Mit diesem Forschungsinstrument wollte Gurlitt eine Sammlung historischer Musikinstrumente abschließen, die ihm die stilgerechte Wiedergabe der Musik des 16. bis 18. Jahrhunderts ermöglichte und zur Bearbeitung wissenschaftlicher Fragestellungen diente[93]. Die „Praetorius-Orgel“ war ausschließlich Forschungsinstrument und nicht für einen liturgischen oder konzertanten Bereich konzipiert. Der unerhörte Klang dieses Instruments und die Forschungen am Freiburger Musikwissenschaftlichen Seminar beeinflussten Musikwissenschaft, Orgelbau und Musik-leben der 1920er Jahre gleichermaßen[94]. Alle Tonaufzeichnungen und Fotografien dieser Orgel verbrannten 1944 nach einem Bombenangriff mit den Räumen des Freiburger Musikwissenschaftlichen Seminars.

Im Orgelbau wurde (anders als in der Orgelmusik) – ausgelöst durch die Ideen der Orgelreform – innovativ experimentiert. Viele Versuche galten einer Synthese zur Verwirklichung barocker und romantischer Orgeln. In diesem Zusammenhang steht die elsässische Orgelreform um Émile Rupp und Albert Schweitzer, die den modernen „Massen-Orgelbau“ heftig kritisierte und vor Fabrikorgeln warnten. Die Klangvorstellung der Orgelneubauten müsse sich klanglich sowohl an den barocken als auch an

---

[92] Die 1780 gegründete Orgelbaufirma Walcker&Cie in Ludwigsburg, die maßgeblich an der Entwicklung der romantischen Orgel beteiligt war, nahm dadurch einen großen wirtschaftlichen Aufschwung.

[93] Die Freiburger Praetorius-Orgel erhielt eine barocke Disposition, also eine am barocken Vorbild angelehnte Zusammensetzung ihrer Register; die Disposition setzte allerdings nicht auf eine mechanischen, sondern auf eine pneumatischen Traktur auf (vgl. Fußnote 89).

[94] Vgl. Markus Zepf: Die Freiburger Praetorius-Orgel. Auf der Suche nach vergangenem Klang, Freiburg i.Br./Berlin 2005.

den romantischen Vorbildern von Silbermann[95] und Cavaillé-Coll[96] orientieren, also eine Synthese aus barocker und romantischer Orgel anstreben, was gerade neuere technische Möglichkeiten nicht ausschließen sollte[97].

Wie selbst führende Kirchenmusiker zwischen der romantischen und der "reformierten Orgel" schwankten, zeigt das Beispiel Karl Straubes, der sich von einem führenden Vertreter der Orgel-Romantiker zu einem Wortführer der Orgelbewegung entwickelt hatte. Als „romantischer" Organist machte Straube die Orgelwerke des gleichaltrigen Max Reger, Komponist romantischer Musik, dessen Musik einigen Organisten zu "französisch" war, weithin bekannt. Neben den Orgelwerken Franz Liszts gab Straube auch eine Sammlung von Orgelkompositionen aus dem 17. und 18. Jahrhundert heraus, die er „Alte Meister" nannte und zu deren Aufführungen er ganz wesentlich die Möglichkeiten der zu seiner Zeit modernen Orgel mit ihrer Crescendo-Walze, den verschiedenen Schwellern und vor allem ihren zahlreichen grundtönigen und streichenden Registern nutzte: Alles Mittel zur Nachahmung des romantischen Orchesters, dessen klangliche und dynamische Differenzierung vor allem Richard Wagner bis zum Äußersten getrieben hatte. Damit wollte er den damaligen Ruf des Unmodern- und Veraltet-Seins der Musik von Johann Sebastian Bachs nehmen. Dies schien ihm nur durch einen „romantischen Bach" möglich, durch einen Aufführungsstil, der mit Wagnerscher Klangsinnlichkeit Bach nachschuf.

Unter dem Eindruck der evangelischen Orgelbewegung, also der Rückbesinnung auf die Vorzüge der Barock-Orgel zur Darstellung der Musik Bachs und seiner Vorgänger, hat sich Straube später von seiner romantisierten Interpretation deutlich distanziert. Die moderne Orgel, so schrieb er 1930 im Vorwort zur Neuausgabe seiner „Alten Meister", habe sich „zur Wiedergabe der Bach-Werke als ungeeignet erwiesen; nicht mehr „das Temperament subjektiver Auslegung" sei gefordert, sondern „objektiv klare", mit dem „geringsten Aufwand an effektmäßiger Wiedergabe" ausgestattete Interpretationen. Die Neubewertung historischer Orgeln und deren Einbeziehung in die Spiel- und Konzertpraxis führten ferner dazu, dass auch die Interpretationsausgaben älterer Musik, die bisher auf die modernen Instrumente zugeschnitten waren, wieder revidiert wurden. Karl Straube legte 1930 mit der Edition „Alte Meister des Orgelspiels" – Neue Folge – eine Ausgabe vor, die nun, anders als die bereits 1904 von ihm herausgegebene Sammlung „Alter Meister" des Orgelspiels, völlig auf den Gebrauch von Jalousie-Schweller und Walzen verzichtete. Seine älteren Ausgaben „Alte Meister" behielten somit, wie er meinte, lediglich „als Dokumente einer Zeit, die noch in engen Beziehungen zu dem Geistesleben der Romantik stand", ihre historische Bedeutung[98]. Seine Grundhaltung und sein geänderter Sinneswandel ließen ihn erahnen, dass trotz aller Bekenntnisse zur Barockorgel in den Resultaten der Orgelbewegung keine ewig gültigen Grundlagen von Orgelspiel und Orgelbau zu erwarten wären, sondern die deutsche Orgelbewegung vielleicht später einmal als Historismus

---

[95] Gemeint sind die barocken Orgeln der Gebrüder Andreas (1678-1734) und Gottfried (1683-1753) Silbermann aus Sachsen.

[96] Aristide Cavaillé-Coll (1811-1899) gilt als der bedeutendsten Orgelbauer der Romantik.

[97] Praktisch und nicht nur theoretisch-fordernd bemühte sich auf besondere Weise z. B. der Jehmlich-Orgelbau aus Dresden um den Ausgleich zwischen barocker und romantischer Stimmung mit der Entwicklung von Porzellanpfeifen. Die Porzellanmanufaktur Meissen stellt im Auftrag von Jehmlich neben Porzellanpfeifen auch Porzellanglocken für Glockenspiele her.

[98] Vgl. „Alte Meister für den praktischen Gebrauch", bearbeitet von K. Straube, Leipzig 1930, Seite III.

abgelehnt und eine Rückkehr zu den Werken der romantischen Orgel wieder bevorzugt würde.

Die Argumente und Forderungen der Orgelreform wurden auf verschiedenen Tagungen kontrovers diskutiert. Während des „Berliner Festes der Deutschen Evangelischen Kirchenmusik“ im Jahre 1937 verfolgten z. B. die Vertreter der Orgelbewegung, größtenteils Mitglieder der Bekennenden Kirche, die Ziele der Orgelreform gemeinsam, 1942 noch einmal bei den Berliner Orgeltagen[99]. Auf der zweiten „Freiburger Tagung für deutsche Orgelkunst“ im Juni 1938[100] war lt. Presse „alles, was Rang und Namen in der evangelischen Kirchenmusik hat, in Freiburg versammelt“. Erstaunlicherweise nahm Wilhelm Bender auch an der zweiten Freiburger Tagung für deutsche Orgelkunst nicht teil[101].

Die Ideen der Orgelbewegung, wie bei der Gesangbuchreform ausgelöst von der (sozialen) Jugendbewegung über die aus ihr hervorgegangene (kulturelle) Jugendmusik- (bzw. Sing-)bewegung als zentraler Impulsgeber einer musikalischen Weiterentwicklung, die als Teil der liturgisch-kirchenmusikalischen Erneuerung bereits in den späten zwanziger Jahren innerhalb der evangelischen Kirchen diskutiert wurden, fanden – anfänglich noch ohne Wilhelm Bender – auch in der Parochialkirche frühe Beachtung. Daraus schöpfte die Parochialkirche einen Teil ihrer Anregungen und den grundsätzlichen Willen zur kirchenmusikalischen Erneuerung. In der Parochialkirche wurde deren praktische Umsetzung seit 1935 vorbereitet; sie betraf vornehmlich die Bemühungen um einen „optimal-adäquaten Orgelklang“: Die ursprüngliche Orgel der Parochialkirche wurde 1732 vom Berliner Orgelbauer Joachim Wagner gebaut, erst 30 Jahre nach Einweihung der Kirche, da die calvinistischen Gemeindegründer jede künstlerische Ausgestaltung vom Gottesdienst fernhalten wollten. Die nachfolgende Generation hatte mit dem Einbau einer Orgel offenbar keine Bedenken. Man entschied sich – dem damaligen Geschmack entsprechend – für eine ausgesprochene Barockorgel (mit 1660 Pfeifen und 34 Registern), also für eine (in der Art der berühmten Silbermann-Orgeln) stark obertönige Orgel mit heller, silberner Klangfarbe. Der damalige Auftrag an Wagner lautete, eine Orgel zu bauen, die der „Berliner Dom-Orgel einigermaßen gleichkäme“. So entstand (für 3.091 Thaler) eine Orgel, die zu ihrer Zeit der Dom-Orgel – schließlich die „Herrschaftskirche“ – sogar überlegen war – worüber der Domorganist außerordentlich befremdet war. Die neue Orgel hatte aber nicht nur einen barocken Klang, sondern verfügte – was ebenfalls nicht minder missfiel – einen herrlichen Barockprospekt, der später immer wieder Gegenstand kunstgeschichtlicher Arbeiten war[102]. Je nach Geschmackstrend wurde die Wagner-Orgel in den Folgejahrzehnten häufig umgebaut. 1905 beschloss man wegen ihres allmählichen Verfalls

---

[99] Zu den entsprechenden Orgel-Aufführungen wurden in Berlin z. B. die Alte Garnisonkirche, die Gustav-Adolf-Kirche, Eosander-Kapelle, Luisenkirche, Nikolaikirche, Klosterkirche und der Dom herangezogen, nicht aber die Parochialkirche.

[100] Wegen der Praetorius-Orgel fand die erste Orgeltagung 1926 in Freiburg statt.

[101] Vgl. Josef Müller-Blattau (Hrsg.): Bericht über die zweite Freiburger Tagung für deutsche Orgelkunst vom 27.-30. Juni 1938, Kassel 1939. Ein hierin abgedrucktes Teilnehmerverzeichnis dieser Freiburger Orgeltagung nennt 502 Teilnehmer, nicht Wilhelm Bender, wohl aber u. a. Paul Hindemith, der sich intensiv für die von Walcker entwickelte Kino-Orgel, das „Oskalyd“, interessierte, für die er Stummfilm begleitende Filmmusik schreiben wollte.

[102] Zur ursprünglichen Ausstattung der Parochialkirche gehörte – „calvinistisch“ völlig inkonsequent - auch eine prächtige Barock-Kanzel von Johann Christoph Döbel mit dem für korinthische Kapitelle typischen Akanthusblatt-Ornament („Laube“) am Fuß, mit Girlanden, Blattkränzen und Bibelsprüchen, deren Aussehen noch auf einigen Abbildungen überliefert ist.

schließlich einen Orgel-Neubau; den Auftrag erhielt die Firma Sauer aus Frankfurt/Oder. Die neue Orgel entsprach – anders als ihre barocke Vorgängerin – dem romantischen Orgeltyp und repräsentierte damit die andere, zweite bedeutende Orgelbauepoche[103]. Man wollte durch die Orgel nun „ein ganzes Orchester ersetzen", baute also „grundstimmig" und verzichtete dafür auf die Möglichkeiten feinerer barocker Nuancierungen.

Die von der Orgelbewegung ausgelöste antiromantische Geschmacksänderung erreichte die Parochialkirche endgültig im Jahre 1935. Jetzt wollte man für die Sauer-Orgel von 1905 das von Joachim Wagner seinerzeit angestrebte barocke Klangbild wieder zurückgewinnen. Das von der Orgelbewegung ausgelöste Mangelempfinden an barockem Klang hätte durch eine grundlegende Erweiterung der Sauer-Orgel geheilt werden können. Wegen des geringeren Kostenaufwands im Vergleich zum alternativen Orgelumbau (und weil man auch den „romantischen Orgelgeschmack" zusätzlich weiterhin bedienen wollte) wurde nun ergänzend eine kleinere Chororgel im Altarraum angebracht. Diese Altarorgel wurde wiederum von der Firma Sauer gebaut. Kosten 8.156 Reichsmark. Da in der Parochial-Rundkirche eine zweite Empore fehlte, „versteckte" man die Sekundarorgel hinter dem Altar; diese so genannte Chororgel wurde – in einem Orgelkasten ohne Prospekt – von dem Sandsteinaltar verdeckt. Sie erhielt die alten Barockregister, wie sie zu einer stilechten Wiedergabe der Musik von Bach erforderlich sind und entsprach damit den Ansprüchen und Erkenntnissen der Orgelbewegung (und dem Klangbild der alten Wagner-Orgel) mit ihrem „Silberschmelz des Tones"; beim Altardienst – Abendmahl, Taufe, Trauung z. B. – verströmte sie eine ganz besondere intime Feierlichkeit.

Hauptorgel und Gegenorgel wurden miteinander verbunden – ein damals technisches Meisterwerk[104]. Beide Orgeln ergänzen sich in einer vollkommenen präzisen Tonsprache und präsentieren eindrucksvoll einen ineinander aufgehenden geschlossenen Klang – hier die Altarorgel mit ihren besonders zarten Stimmen, dort die vieltönigen Register der dreimanualigen großen Orgel. Durch ein neues viertes Manual am Hauptwerk konnten beide Orgeln auch gleichzeitig auf einem Spieltisch mit vier Manualen gespielt werden. Das Gesamtwerk hatte jetzt 19 Stimmen mehr, insgesamt 73 Stimmen. 2702 Holz- und Zinnpfeifen entfielen auf die Hauptorgel, 581 Pfeifen auf die Nebenorgel. Mit beiden Orgeln konnten vorklassische Werke in den schönsten Wechselwirkungen zwischen Haupt- und Altarwerk besonders gut hörbar gemacht werden. Dass der Klang beider Orgeln nicht auseinander fiel, verdankte man dem Zentralkuppelbau der Parochialkirche mit seinen vier in Kreuzform angeordneten Apsiden, in denen sich beide Orgeln gegenüberstanden. Durch die Schallführung nach oben mischten sich die Töne in der Hauptkuppel zu einer vollkommenen Klangeinheit. In der Koppelung mit der Hauptorgel ergänzten sich beide Orgeln – nach so manchen Pressestimmen – aufs glücklichste und führten zu jener Auflockerung der Klangfülle, die man bei den gewaltigsten Orgeln oft vermisst. Die Deutsche Allgemei-

---

[103] Die beiden für den Orgelbau bedeutendsten „Vorbild-Epochen" sind (norddeutscher) Barock und Romantik.

[104] Die Errichtung einer Sekundarorgel war an sich nichts Neues, obwohl nur wenige Kirchen über solche Orgel-Fernwerke verfügen (das Freiburger Münster hat immerhin drei miteinander vernetzte Orgeln, der Regensburger und der Mainzer Dom haben derer sogar vier, die vom Zentralspieltisch aus auch gemeinsam gespielt werden können, und der Dom zu Passau beherbergt fünf miteinander verbundene Orgeln, die vom Hauptspielwerk aus zusammen gespielt werden können; in dieser verbundenen Form gilt die Passauer Orgel mit ihrer großen Anzahl von Registern als die größte Orgel der Welt).

ne Zeitung vom 1. April 1937 bescheinigt der Parochialkirche, dass sie und damit Berlin „um ein bedeutsames Orgelwerk bereichert worden sei, das den Anforderungen der Orgelbewegung im schönsten Maße gerecht wird". Die beiden miteinander verbundenen Orgeln galten als das neueste akustische Wunder Berlins. Auch hierin wurde ein Beitrag der Parochialkirche – wie mit dem Glockenspiel – zur Renaissance der viel gelästerten Berliner Altstadt gesehen.

Aufgrund der ausgiebigen Diskussionen in der deutschen Orgelbewegung kristallisierte sich in der evangelischen Kirche immer apodiktischer die Forderung heraus, nicht nur bei Orgel-Neubauten zu alten Dispositions- und Mensurierungsgrundsätzen, zu historischen Registerbauweisen, Ladensystemen und Prospektgestaltungen zurückzufinden. So befand der Kirchenvorstand der Parochialkirche, dass nicht nur die 1935 fertig gestellte Chororgel die Erkenntnisse der deutschen Orgelbewegung berücksichtigen sollte. Folgerichtig wollte man darum auch das Orgel-Hauptwerk umgestalten, um eine starke Annäherung an den Klangcharakter der alten Wagner-Orgel zu erzielen. Wilhelm Bender wurden 1936 die technischen und künstlerischen Vorbereitungsarbeiten kurz nach seinem Dienstantritt an der Parochialkirche übertragen, gestützt und gefördert von Pfarrer Herbert Kitscha, wie Wilhelm Bender ein Verfechter der Orgelreform.

1937 schließlich wurde die Sauer-Hauptorgel nach Angaben Wilhelm Benders einer Erneuerung unterzogen (u. a. wurde die Orgel um einige zusätzliche Pfeiffen ergänzt), die das frühere Klangbild wiederherstellte und nun als eines der besten Orgelwerke über Berlin hinaus galt[105]. Nach dem Umbau der Orgel hatte man durch die Parochialorgel „...einen Klang erhalten, der in Berlin nicht überboten werden kann. Es will mir scheinen, als ob in dieser Vollendung in unserer Kirche in den letzten Jahrzehnten (!) noch nicht musiziert worden ist"[106]. Die renovierte Orgel habe nun „ihre konzertante Manier“ abgelegt. Insbesondere im Zusammenspiel mit der Altarorgel ergaben sich subtilste Klarheit der einzelnen Stimmen untereinander und schönste Wechselwirkungen zwischen Haupt- und Altarwerk. Berlin hatte nun ein weiteres bedeutendes Orgelwerk, das den Anforderungen der Orgelbewegung perfekt gerecht wurde. Es erlaubte jetzt die originalgetreue Wiedergabe von Werken der Barockmusik. „Die jetzt neu aufgenommenen Stimmen runden die Disposition ab. Dem Gesamtklang wurde die alte Frische, den Einzelstimmen der Charakter ohne Preisgabe ihrer Mischfähigkeit zurückgegeben. „Dabei hat sich das ständig überprüfende Ohr von historizistischen oder hypermodernen Gelüsten nie dreinreden lassen“ – so Wilhelm Bender über die Veränderungen an der Sauer-Orgel[107]. Das Ziel war erreicht: Wilhelm Bender konnte den „Venusberg“ erfogreich aus der Kirche heraushalten.[108]

Den Abschluss aller Arbeiten an der Orgel feierte Wilhelm Bender als Organist in einem festlichen Orgelkonzert. Bereits in früheren Presseveröffentlichungen wurde Wilhelm Bender u. a. für sein Eintreten für die Orgelbewegung besonders gewürdigt

---

[105] Zum Umbau der Wagner-Orgel durch die Orgelbauanstalt W. Sauer aus Frankfurt/Oder liegen Aufträge, Stellungnahmen und Anregungen Wilhelm Benders noch im Evangelischen Landeskirchlichen Archiv in Berlin ELAB, Bestand 7, vor. Die Kosten der Erneuerung betrugen 9.205 Reichsmark.

[106] Vgl. Parochialglocken Nr. 9 vom Dezember 1937. Gleichzeitig heißt es dort: „Wir besitzen mit Wilhelm Bender auch einen Organisten, der dieses, sein Instrument mit seltenem Geschick beherrscht".

[107] Vgl. „Zur Erneuerung unserer Orgel“. In: Parochialglocken Nr. 12 vom März 1937, Seite 3.

[108] Vgl. Fußnote 23.

(„Bender ist einer der jungen Organisten, denen es ernst ist mit der Erneuerung des Orgelstils“[109]).

[109] Vgl. Deutsche Allgemeine Zeitung. Zitiert in den Parochialglocken Nr. 6 vom September 1936, Seite 38.

15 Exkurs I:

Eine neue Liturgie – weshalb?

Pfarrer Herbert Kitscha[1]

Vorbemerkung: Die am 25. November 1938 von der Gemeinde erarbeitete Gottesdienstordnung hat während des gesamten weihnachtlichen Festkreises unseren Gottesdiensten Inhalt und Form gegeben. Der freudig-zustimmende Widerhall, den sie weithin gefunden hat, verpflichtet zu Dank. Die kritischen Bedenken aber und die Fragen, die auch laut wurden, werden am besten durch die schriftliche Wiederholung der Predigt beantwortet, die Pfarrer Kitscha am Abend des 25. November hielt. Sie ist an einigen Stellen gekürzt, an anderen durch kurze Erläuterungen ergänzt. Wir lassen sie hier folgen. Ihr biblischer Text lautet: „Lasset das Wort Christi unter euch reichlich wohnen in aller Weisheit; vermahnet euch selbst mit Psalmen und Lobsängen und geistlichen lieblichen Liedern, und singet dem Herrn in eurem Herzen". (Kol. 3,16)

Meine liebe Gemeinde! Ich irre wohl kaum, wenn ich die Gedanken der hier Versammelten mit der etwas erstaunten, vielleicht auch erschreckten Frage widergebe: „Eine neue Liturgie – weshalb?" Denn so tapfer und unverdrossen ihr soeben unserem Kantor auch nachgesungen haben mögt, was er euch singend vorbuchstabierte, – über den eigentlichen Grund und Sinn dessen, daß nun mit einem Mal alles so ganz anders sein soll, als es früher war, werden auch die Gutwilligen sich nicht ohne Weiteres klar sein. Dazu kommt ein gewisses Misstrauen, das in kirchlichen Kreisen heutzutage ja fast zum guten Ton christlichen Glaubens gehört, und das bei jeder Neuerung – gleichviel welcher Art – aufhorcht nach der Weise jenes alten Verses: „... und bringen stets was Neues her, zu fälschen deine reine Lehr!" Um also euer Kopfschütteln in ein zustimmendes Nicken zu verwandeln, wird es nötig sein, unseren Schritt zu begründen, die innere Notwendigkeit des „Neuen" nachzuweisen, und seinen Inhalt vom Evangelium her zu legitimieren. Dabei soll uns Martin Luther kräftig unterstützen. Und er wird das mit Freuden tun!

Weshalb nicht mehr die alte Liturgie? Dass es innerhalb der evangelischen Kirche nicht bei der bisherigen Liturgie und der mit ihr gegebene liturgischen Haltung verbleiben kann, darüber herrscht seit Jahrzehnten unter den Fachleuten der Theologie und der Kirchenmusik nur eine Meinung. Sie ist eben doch „die Liturgie des 19. Jahrhunderts" – das sagt für Kenner genug. Nicht als ob sie deshalb verdammt werden sollte! Es gibt Unzählige, denen sie in ihrem Klang lieb und wert geworden, gleichsam durch die Gewohnheit geheiligt ist. Gerade auf dem Gebiete des gottesdienstlichen Lebens üben Gewohnheit, Überlieferung und Sitte eine seltene Macht, und es ist immer gefährlich, hier durch eine Verurteilung des Althergebrachten das Neue empfehlen zu wollen. Kultische Dinge sind immer sehr tief gelagert, und ein Angriff auf sie geht durchs Herz – bis an die Nieren! Dennoch glauben wir – bei aller Pietät gegenüber dem Bisherigen – einfach um der Wahrheit- und Echtheitwillen feststellen zu müssen, dass nicht so sehr ihre Form, wie vor allem ihre Musik den reformatorischen Anforderungen einer sich über sich selbst besinnenden lutherischen Kirche nicht mehr genügt. Diese Musik stammt nicht aus einer evangelischen Werkstatt, – ja, sie ist nicht einmal deutsch! Sie ist in der Hauptsache das Werk des 1751 geborenen, in Peters-

[1] Vgl. Parochialglocken Nr. 11 vom Februar 1939, Seiten 59-63.

burg und Rom ausgebildeten russischen Komponisten Dimitrij Bortniansky, der seit 1779 kaiserlicher Kapellmeister in Petersburg war und dort den berühmten Hofkirchenchor leitete, – das Werk eines Mannes also, der selbst griechisch-orthodoxer Katholik war und seine reiche Begabung auf liturgischem Gebiete zu Gunsten der russischen Kirche einsetzte. Niemand wird so töricht sein, den Werken dieses Meisters seine Anerkennung zu versagen. Seine Musik ist heilig und fromm; und wer sie einmal von einem russischen Chor vier- oder achtstimmig hat singen hören, ist von ihr ganz gewiss tief beeindruckt gewesen. Große Leistungen wahrhaft begnadeter Meister gehören ebenso gewiss der ganzen Menschheit, wo immer sie auch entstanden sein mögen. Was von der Kunst an sich gilt, gilt aber noch lange nicht von ihrer Verwendungsmöglichkeit in einem Gottesdienst. Hier geht es zu allererst um den Glauben, und dann erst um die Kunst. Hier hat alle Kunst nur soweit „Wert", als sie die Welt eben dieses Glaubens zu charakterisieren und eben diesem Glauben sein Geheimnis zu entlocken, zu entfalten und auszusprechen vermag. Wir sind gerade in dieser Hinsicht in den letzten Jahren sehr scharfhörig geworden. Unserem reformatorischen Ohr wollen sich die kräftige Luthersprache und die weiche, mystisch-müde Musik des orthodoxen Slaventums nicht mehr reimen! Und wenn ein ganzes Jahrhundert diese Diskrepanz in dem innersten Bezirk des kirchlichen Lebens kritik- und wunschlos getragen hat, – unsere Zeit ist anspruchsvoller; sie will nicht mehr nur Reformation sagen, sondern auch Reformation singen und hören. Eine fremde Musik hätte in unseren Gottesdiensten nur dann ein gewisses Notrecht, wenn wir auf sie angewiesen wären. Das aber kann im Ernst niemand behaupten. Wir besitzen wundervolle Liturgien aus dem 16. Jahrhundert; sie atmen mit jeder Note evangelischen Geist; und es ist eine Schande, dass sie immer noch (in wieder und wieder veraltenden Buchausgaben) ein „historisches" Dasein fristen. Sie wollen nicht als ehrwürdige Museumsstücke von Fachleuten bewundert und untersucht, sondern von der Gemeinde frisch und fröhlich gesungen sein. Ihnen sollte man nachgehen, wie man längst versunkene oder vergrabene Schätze sucht! Und um sie zu erwerben, sollte man den gegenwärtigen Besitz gern drangeben, wie jener Mann, der eine „köstliche Perle" entdeckte. Der heutige Vorschlag unseres Kantors ist ein solches kirchenmusikalisches Kleinod aus dem 16. Jahrhundert. Der zuständige Dezernent im Ev. Oberkirchenrat hat es begutachtet und empfohlen. Wir aber wollen diese Musik von jetzt ab fleißig üben, bis die andere vergessen ist. Wer sich freudig in sie hinein singt, wird bald spüren: Sie ist heller und klarer, sie spricht Luthers Art reiner aus; in sie kann man viel mehr Bekenntnis hineinlegen, hier haben die Noten einen festen Schritt. Diese Musik „rührt" nicht, aber sie bewegt! Sie meditiert nicht, aber sie betet! Sie betet evangelisch, lutherisch, reformatorisch, deutsch! Sie erzeugt nicht erbauliche Stimmungen, sondern Stimmen, die nach oben tragen! Sie bringt frohe Gewissheit! Sie ist kernig, leuchtend, farbig und frisch! Ob süß oder herbe – immer ist sie echt und überzeugend. Das wäre zur neuen Musik zu sagen.

Im Übrigen sind – aufs Ganze gesehen – fast alle bisherigen Stücke der Liturgie erhalten geblieben; zu ihnen sind gleichsam als Bekräftigung, choralische Texte hinzugekommen, statt einer Bibellesung wird nun zweimal gelesen und inmitten dieser Lesungen singt die Gemeinde das „Hauptlied". Die Predigt selbst folgt dann unmittelbar auf das gesprochene und gesungene Glaubensbekenntnis. Das mag vielen befremdlich erscheinen, die an das Schema der alten preußischen Liturgie gewöhnt sind und die gerade das Hauptlied als eine Pause aufgefasst haben, in der man nach den Anstrengungen der „Eingangsliturgie" wiederum in „Ruhestellung" zurückgehen durfte, um das zweite Auftreten des Predigers abzuwarten. Was Wunder, das bei einer solchen Praxis schließlich Auffassungen oder Vermutungen entstehen konnten wie z. B. diese: das Hauptlied sei eigentlich nicht mehr als die Ausfüllung der für den armen Prediger nötigen Minuten zur inneren Sammlung, aber wohl auch äußeren „Sammlung", nämlich seine Predigtbücher, -Notizen, -Abkündigungen usw. (Er habe doch immerhin auf der Kanzel viel auswendig aufzusagen!) – oder aber wie jene andere Vermutung, das Hauptlied diene dazu, dass den verspäteten Gästen, die die langweilige Eingangsliturgie absichtlich oder unabsichtlich versäumt hätten, nunmehr Gelegenheit gegeben werden müsse, aus dem Dunkel des Hintergrundes hervorzutreten und mehr oder weniger geräuschvoll die Stammplätze einzunehmen. Die neue Ordnung räumt mit diesen Irrtümern auf und stellt den ursprünglichen Sinn der Liturgie wieder her: als einer Ordnung nämlich, die nicht Programmcharakter trägt, die deshalb auch nicht „Darbietungen", „Umrahmungen", „Untermalungen" oder gar „Theaterpausen" kennt – sondern die in einem lebendigen fließenden Ganzen das fromme Singen, Beten, Musizieren und Hören einer Gemeinde auffängt und trägt. Hier gibt es kein gähnendes Warten, hier ist nicht „Lethargie", sondern Liturgie! Hier geht es noch munter und fröhlich nach der Weise unsers Textwortes und des parallelen Pauluswortes (Epl. 5, 19) „Redet untereinander, lehret, vermahnet, singet und spielet dem Herrn in eurem Herzen!" Hier gibt es keine „Zuschauer", sondern nur Mitmacher! Und weil hier alles im Flusse ist, deshalb ist auch die Orgel das schönste Begleitinstrument. So gehen Text; Gesang und Musik wie 3 Brüder Arm in Arm miteinander. Das wäre zur inneren und äußeren Form der neuen Liturgie zu sagen.

Zu den bisherigen Ausführungen, die ihr Schwergewicht mehr im „Musikalischen" und „Formalen" hatten, nun aber ein rein theologisches Wort! Wie steht es mit der neuen Ordnung hinsichtlich ihres Inhaltes? Lebt sie und zeugt sie wirklich vom Evangelium? Kann sie vor ihm bestehen? Oder wird hier – in irgend einem Stück, in irgendeiner Ergänzung oder Änderung – das Heiligste verraten, verkürzt oder verlängert? Diese Frage muss von uns mit aller Schärfe gestellt und beantwortet werden. Alles, was in der Kirche Luthers geschieht, darf ja nur von der Schrift, nur vom Glauben, nur von Christus her legitimiert werden. Was diesen dreien widerspricht, ist Betrug und hat keine Verheißung. Und keine noch so vernünftigen oder tiefgeistigen Betrachtungen könnten einen evangelischen Christenmenschen das gute Gewissen geben oder ersetzen, das nun einmal zu einem rechten, fröhlichen Gottesdienst gehört! Es wird deshalb unerlässlich sein, die neue Liturgie im Ganzen und im Einzelnen evangelisch zu durchleuchten und auf ihren biblisch-reformatorischen Vollgehalt hin zu überprüfen. Wir greifen nochmals zu unserem Textwort Kol. 3, 16 zurück und stellen ihm unseren Entwurf gegenüber. Bei dieser Gegenüberstellung ergibt sich, dass in dem neuen Entwurf vor allem drei in der Kollosserbriefstelle besprochene liturgische Hauptmomente zu einer ungeahnten und wundervollen Entfaltung kommen. Wir gehen schrittweise vor!

Erstens: Unsre neue Liturgie macht wieder Ernst mit der Forderung, dass im Gottesdienst „das Wort Christi reichlich unter uns wohne". Diese Einsicht gab ja Martin Luther einst den reformatorischen Anstoß. Was er in der römischen Messe vorfand, war eine kultische Pracht, aus der das „Wort" wirklich nur als schüchternes, unverstandenes Beiwerk hie und da hervorlugte. Er spürte je länger, desto mehr: Hier konnte das Wort der frohen Botschaft auch gar nicht zu seiner Wirkung kommen, weil es sein Heimatrecht verloren hatte und „Fremdling" geworden war. Die römische Messe brauchte es nicht, sie hatte andere Eindrucksmittel ersonnen; sie war auf die Schau und Schönheit eingestellt; der urchristliche Sinn für die Gewalt des Wortes war ihr abhanden gekommen; das Wort erschien dieser Kirche zu armselig und gering, um auf das Menschenherz noch Eindruck machen zu können. Hier lag für Luther der furchtbare Schade, die Untreue der Kirche! Sollte die Reformation aber zum Durchbruch kommen, so musste gerade hier eingegriffen werden. Luther verhehlte sich die Schwierigkeiten nicht, die die Änderung eines jahrhundertealten, durch die Tradition geheiligten Kultus mit sich brachte. Was ihm dennoch das gute Gewissen und den Mut gab, gleichsam ins Allerheiligste zu gehen, um die alte, ehrwürdigen Ordnungen und „Aufsätze" (vgl. Mt. 15,2;3) umzustoßen, war die absolute Gewissheit, dass hier Dinge umfielen, die mit Christus und seinem ewigen Wort nichts mehr zu tun hatten. Bereits 1516, also ein Jahr vor seinem öffentlichen Auftreten, hatte er als Professor aus seiner entscheidenden Erkenntnis kein Hehl gemacht: „audire verbum (das Wort zu hören) sei besser als audire missam (die Messe zu hören)". Nun griff er ein, u.z. in jener freiheitlichen Haltung, der er den bekannten Ausdruck gab; „Was Christus nicht verboten hat, das tun wir frei, sofern es uns lustet". 1523 schrieb er eine lateinische „Form der Messe", zwei Jahre später wurde sie (mit einigen Vereinfachungen) in deutscher Sprache als „Deutsche Messe" in der Wittenberger Pfarrkirche gefeiert. Diese erste echt reformatorische Liturgie hat eine wohltuende Klarheit und Einfachheit; in ihr sind alle Stücke der römischen Messe verschwunden, die mit dem Evangelium unvereinbar sind. Das „Wort" als die frohe Kunde von der freien Gnade Gottes in Christus beherrscht das Feld. Die Deutschen können es hören und mitsingen. Sie hören's und singen's nicht in lallenden Brocken einer Fremdsprache, sondern in der melodischen und rhythmischen Sprache Lutherischer Übersetzung. Und sie hören es „reichlich". Es ist in Gestalt der 1. und 2. Lesung (Singung) sowie in der Auslegung der Predigt Mitte und Höhepunkt des Gottesdienstes geworden.

Von hier aus mag man verstehen, weshalb wir Heutigen wieder zu der Form der doppelten Lesung zurückgekehrt sind. Die doppelte Lesung unterstreicht das „Wort" und ist eine heilsame Erinnerung des Predigers daran, dass er niemals seine eigenen Ideen auf der Kanzel rhetorisch zu verkünden, sondern dass er mit seiner Auslegung Diener des Sonntagswortes zu sein hat. Vielleicht versteht man nun auch, weshalb die 2. Lesung hinter das „Hauptlied" gerückt ist. Sie bildet den Auftakt zum Kanzeldienst; das Evangelium zusammen mit dem Glaubensbekenntnis rückt dem Prediger gleichsam auf den Leib! Das ist die tiefe Theologik der neuen Liturgie.

Zweitens: Unsere neue Ordnung macht aber auch ganzen Ernst mit der paulinischen Forderung: „Lehret und vermahnet euch selbst mit Psalmen und Lobgesängen und geistlichen Liedern!" Auch hierin ist M. Luther unser Lehrmeister. Er hatte die große Bedeutung der Musik für die Frömmigkeit und den Gottesdienst erkannt. „Die Musika ist eine schöne, herrliche Gabe Gottes und nahe der Theologie." Weil ihm das Evangelium wieder eine Sache des Herzens war, darum war ihm die frohe Botschaft recht eigentlich eine Sache zum Singen. „Der Glaube ruhet und feiert nicht, er fähret heraus, redet und predigt, – ja, vor großer Freude fängt er an, dichtet schöne, süße Psalmen, singet liebliche lustige Lieder, damit zugleich Gott fröhlich zu loben und zu danken." Das sagte Luther nicht nur, weil er selbst musikalisch begabt war; er sagte es als Christ. „Der Heilige Geist heißet alle singen!" Das Singen war ihm Gottes Gebot, wie ihm das Sagen Gottes Gebet war. Damit ergaben sich ihm ungeahnte Möglichkeiten gerade für den Gottesdienst. Denn Singen ist ja zugleich die wundersame Form gemeinschaftlichen Sagens, Bekennens, Betens und Lobens! Singen – das ist die große Gabe des Schöpfers an seine Gemeinde. Hier erhält es seinen höchsten, seinen kultischen Sinn zurück! Hier kommt es in einzigartiger Weise zu jenem „Reden untereinander in Psalmen und Lobgesängen und geistlichen Liedern“ – wie es Paulus Eph. 5,19 beschreibt. Aus dieser Erkenntnis heraus geht Luther daran, selbst die ersten deutschen Lieder für den „Haufen“ zu dichten und dazu die Melodien zu schreiben. Er wusste, was er damit tat. Bisher war unter dem großen Haufen der Gesang einer Domäne des Teufels gewesen. Jetzt wird es anders: Das Volk wird auch in der Kirche sangesmündig. Es soll nicht nur stumm staunen und hören, sondern mitsingen, ja selber singen! Der Gesang als Gottesgabe kehrt in sein Eigentum zurück. „Die schöne Musika, die bisher immer das Kleid abgöttischer, toter und toller Texte gewesen ist, wird dem lebendigen heiligen Gotteswort angezogen, dasselbe damit zu singen, zu loben und zu ehren ... „damit sich Gottes Wort und durch den Gesang unter den Leuten erhalte;“ ja, dass es erst einmal „in Schwang gebracht“ würde!

So hat Martin Luther als erster den Choral, oder wie er sagte, „das deutsche Lied“ in die Liturgie eingeführt und damit die evangelische Gemeinde selbst zur Trägerin ihrer Gottesdienste gemacht. Und mit diesen Liedern sang sich die Reformation in die Herzen und Häuser.

Wir Heutigen können von dieser Weisheit Luthers nur immer wieder lernen. Es ist uns deshalb in den gegenwärtigen Zeiten (neben der Ausrichtung des Wortes) keine größere Aufgabe gestellt, als die Gemeinden wieder zum rechten und echten Singen zu erziehen. Wo eine Gemeinde nicht freudig singt, stimmt etwas an ihrem Christentum nicht; da ist sie auch nicht in der Lage, andere draußen stehende „zu locken, daß sie herzukommen“, wie Luther sagt. Die neue Ordnung unseres Gottesdienstes weiß, was sie in dieser Hinsicht Luther und seiner heiligen Sache schuldig ist. Hier kann man sich wirklich satt singen. Hier sind psalmische und choralische Weisen in kräftiger Fülle.

Und schließlich: Die neue Liturgie macht auch letzten Ernst mit der Forderung nach „lieblichen Liedern“. Es ist keine Frage, dass alles Beten und Singen seine Lieblichkeit durch den Mutterlaut und die Muttersprache gewinnt. Erst sie vermag uns den Glauben wonnesam und traut zu machen. Sie – die Muttersprache – vertieft alle Regungen des Glaubens zu letzter Bewusstheit. Das war mit die große reformatorische Einsicht Luthers, für die wir ihm nicht dankbar genug sein können. Aus dieser Erkenntnis heraus schenkte er seinem Volke die deutsche Bibel und verdeutschte, was zu seiner Zeit nur zu verdeutschen ging; schrieb er beispielsweise nicht „Jehowah“ oder „Jahwe“ – sondern „Herr“; ließ er bereits in seiner „deutschen Messe“ das „Allelujah“ fort und setzte an seiner Stelle „ein deutsch Lied“ usw. Er hat sich dazu einmal grundsätzlich geäußert – man höre!: „Text, Noten, Akzent, Weise und Gebärde muß aus rechter Muttersprache und Stimme kommen, sonst ist alles ein Nachahmen, wie die Affen tun“. Und er wusste, dass er bei diesem mutigen Schritt in Deutsche hinein das Evangelium auf seiner Seite hatte; dass das Evangelium diesem seinen heiligen Anliegen nicht nur nicht widersprach, sondern dass es gerade darin zu seiner höchsten Erfüllung und Wirklichkeit kam. Er kannte seine Bibel; er wusste, was Apg. 2,8; 11 und was 1. Kor. 14,7-11 steht. Man lese diese Stellen einmal aufmerksam nach. Es ist schon so: das Evangelium von Jesus Christus will „die Natur nicht ausreißen“; es will die Volkstümer nicht vernichten, sondern aufrichten; es will, dass alle Völker „mit ihren Zungen die großen Taten Gottes reden“. Und wie sie zu Hause sprechen, so sollen sie auch im Gotteshause singen und beten.

Das haben wir mit ernstem Bedacht berücksichtigt, als wir unsere neue Liturgie zusammenstellten. Wir haben dem „Halleluja" den Abschied gegeben, so wie unsere Väter vor einigen Jahrzehnten mit den fremden Buchstaben „Kyrie eléeson" taten, und der 2. Lesung den schönen alten liturgischen Schluss „Ehre sei dir, o Herr" gegeben. So ist eine Liturgie entstanden, die nicht „mit Zungen redet", sondern die „eine deutliche Rede gibt" (1. Kor.14,9), – die Liturgie einer deutschen, evangelischen Gemeinde. Möge der Herr der Kirche sie segnen und ihr pfingstliche Wunder und Wirkungen schenken, wenn sie nunmehr ihren Weg antritt in die Zukunft unserer Gemeinde! Das ist unser demütiges und freudiges Gebet!

Exkurs II:

Der Rechenschaftsbericht (Auszug)

Pfarrer Herbert Kitscha[1]

Damit komme ich zum 2. Abschnitt, der die geleistete musikalische Arbeit zusammenfassend darstellen soll. Was hier geschehen ist, – ich deutete es bereits an! – ist so einschneidend, daß gerade ihr Träger, nämlich unser Organist und Chorleiter Wilhelm Bender, hier eine besondere namentliche Erwähnung finden soll. Ich weiß, daß es ihm in allem um die Sache geht. Ich will wahrhaftig auch nicht „weihräuchern". Aber die ganze Gemeinde soll es wissen, wie sehr wir beide persönlich und sachlich bei unseren letzten Unternehmungen und Wagnissen konform gegangen sind. Das soll hier nicht zu allen Zeiten so gewesen sein, und es soll auch heute noch nicht in allen evangelischen Gemeinden so sein! Bei uns ist es so! Und wir sind nicht deshalb einig, weil wir beide der jungen Generation angehören. Worum es hier geht, ist überhaupt keine Frage des Alters, sondern gleicher sachlicher Ausrichtung. Wir haben uns gewöhnt, wie in der sonntäglichen Liturgie, so auch im Übrigen aufeinander zu hören und immer die Stimme des anderen zu respektieren. Der Gottesdienst ist in der Tat eine gute Schulung für das Zusammenleben und -arbeiten. Er schafft, wenn es mit Ernst betrieben wird, recht gute Kollegen.

1. So ist es uns gelungen, die von unserem Organisten in langer Arbeit vorbereitete neue Liturgie endgültig festzustellen, sie einer etwas überraschten Gemeinde zum 1. Advent 1938 darzubieten und zu erläutern und sie dann dem Gemeindekirchenrat als der über die Gemeindetradition wachenden Instanz zur Besprechung vorzulegen. Sie wurde in der Sitzung am 1. Februar d. Jhs., nachdem sie in einige Monaten praktiziert worden war, mit anerkennenden Worten besprochen und als künftige Liturgie für die Parochialgemeinde angenommen. Diese Sitzung des Gemeindekirchenrats, in der so manche ernste Glaubensfrage angeschnitten wurde, gehört wegen des Geistes, in dem die gesamte Aussprache verlief, nach dem Urteil aller Teilnehmer zu den schönsten Sitzungen, die wir miteinander gehalten haben.

Ich danke meinen Herren Ältesten für diese Stunde, insbesondere für ihre Aufgeschlossenheit den zentralsten Problemen der Kirchen gegenüber. Und ich werde dafür auch immer dankbar sein! Es war die Krönung einer fast fünfjährigen, gottesdienstlichen Arbeit, wie ich sie so schön kaum erhofft hatte. Nun ist in musikalischer Hinsicht ein wunderbares Neuland geschaffen. Die Gemeinde geht mit fröhlichem Verständnis und mit dankenswerter Geduld mit. Sie singt wieder mit lutherischer Zunge. Die neue Liturgie ist heller und klarer, als die alte Weise zu singen; sie spricht Luthers Art reiner aus; in sie kann man viel mehr Bekenntnis hineinlegen; hier haben die Noten einen festen Schritt. Diese Musik rührt nicht; aber sie bewegt! Sie meditiert nicht, aber sie betet. Sie betet evangelisch, lutherisch, reformatorisch, deutsch! Sie erzeugt nicht erbauliche Stimmungen, sondern Stimmen, die nach oben tragen! Sie bringt frohe Gewissheit! Sie ist kernig, leuchtend, farbig und frisch! Ob süß oder herbe – immer ist sie echt und überzeugend. Das ist unsere neue Musik. Und dieser liturgischen Musik huldigen wir (wohl gemerkt!) als erste Gemeinde Berlins. So viel mir bekannt ist, hat sich noch keine andere dazu entschließen können.

---

[1] Vgl. Parochialglocken Nr. 4 vom Juli 1939, Seiten 18-19.

2. Die praktische Einübung in die neue Liturgie wäre aber nicht möglich gewesen, wenn wir in unserer „Parochialkantorei" nicht ein Instrument besäßen, das dank seiner Hingabefreudigkeit und seiner ständigen Formung durch den Dirigenten schon zu den schwersten Proben und Aufgaben angesetzt werden konnte. Die Damen und Herren der Kantorei waren im vergangenen Jahr ein kühner Stoßtrupp ins Neuland der Kirchenmusik. Ihnen dafür im Namen des Gemeindekirchenrats zu danken, ist mir eine besonders freudige Pflicht. Ich wünsche Ihnen, dass sie mit ihren größeren Zwecken in die Tiefe und Höhe – und auch in die Breite wachsen zum Lobe des Gottes, den wir als Christen verherrlichen!

Über ihre besonderen Leistungen in der kirchenmusikalischen Öffentlichkeit haben die „Parochialglocken" und die Tageszeitungen Deutschlands jeweils berichtet. Die Betrachtungen und Rezensionen aus der Feder hochmusikalischer Fachleute waren durchweg anerkennend. Der 4. November 1938 brachte in unserer Kirche einen Bach-Abend mit den beiden großen Kantaten „Gott der Herr ist Sonn und Schild" und „Ein feste Burg"; am 1. März d. Jhs. empfahl sich die Kantorei im Rahmen der vom „Reichsverband für evangelische „Kirchenmusik" veranstalteten Kirchenmusiken" in der Französischen Kirche am Gendarmenmarkt durch eine Aufführung von „Werken unserer Zeit". In dieser Stunde waren der Herr Präsident des evangelischen Oberkirchenrats, sowie der Herr Referent für Kirchenmusik im E.O.K. anwesend. Gerade an diesem Abend zeichnete sich die Kantorei durch eine saubere filigranartige Wiedergabe schwerer neuer Kompositionen aus.

3. Ein zweites Wort der Erwähnung verdient die Orgelmusik des verflossenen Jahres. Unsere Orgel hat einen guten Klang; das liegt nicht nur an ihrer tadellosen Wiederherstellung, sondern auch an dem, der sie spielt. Die aufgelockerte und doch wieder streng gebundene Form der Vor-, Mittel- und Nachspiele ist nicht nur im musikalischen, sondern auch im religiösen Sinne des Wortes wahrhaft ergötzlich. Dieses Wunderinstrument mit seinen tausend Zungen und seinem tausendfachen Mund vermag gerade heute wieder, wenn es recht gespielt wird, den Menschen im Gotteshaus den Sinn für wahre Frömmigkeit zu erschließen, nachdem es – Gott-sei-Dank – seine konzertante Manier abgelegt hat. Wir dürfen auf unser Werk besonders stolz sein; und keiner sollte deshalb auch die Stunden versäumen, in denen die Orgel ganz allein, ohne führen oder begleiten zu müssen, ihr Loblied anstimmt. Das war am 13. Mai 1938 und am 20. Januar d. Jhs. der Fall, als Wilhelm Bender auf ihr „Die Mysterien von Biber" und „Die Deutschen Meister der Fuge" wiedergab. Der letztere Abend „Deutsche Meister der Fuge" wurde daraufhin in den kleinen Nachtmusiken des in ganz Großdeutschland und im Auslande meist gehörten Deutschlandsenders am 31.03., 07.04. und 12.04. nahezu vollständig gesendet. Auch die Orgelsendung unter dem Thema: „Die Königin der Instrumente" brachte neben den Beiträgen von Prof. Günter Ramin u. a. einen Beitrag unseres Organisten. Es darf dabei nicht verschwiegen werden, dass eine Schallplattenaufnahme[2] gerade für Orgelmusik ein Höchstmaß von Konzentration erfordert.

[2] Die entsprechenden Mitschnitte und Schallplatten konnten nicht mehr aufgefunden werden.

Exkurs III:

Gottesdienstliches Musizieren

Wilhelm Bender[1]

Hauptstück eines Vortrages, gehalten auf der Kirchenmusikertagung zu Danzig im Oktober 1938

Am Freitag, dem 25. November 1938 erarbeitete sich die Parochialgemeinde eine neue Liturgie, die auf reformatorische Vorbilder zurückgeht. Der nachstehende Aufsatz will das Verständnis dafür fördern helfen.

In diesen festlichen Tagen, da aus vielen Kehlen, aus den Orgeln und Glocken und mancherlei Instrumenten das Schöpferlob dringt, und die deutsche musica sacra in dem frischen Glanz ihrer Verjüngung daher schreitet, wäre es durchaus gerechtfertigt und entspräche der oft beobachteten Gepflogenheit, wenn auch der Sprecher, dem die Aufgabe praktischer Erörterungen zugefallen ist, etwa durch Entwürfe möglichst zahlreicher prächtiger liturgisch-musikalischer Ordnungen, durch die lückenlose Auf- und Einreihung der darin verwendbaren alten, neueren und neusten Chor- und Orgelwerke der Triumph der Kirchenmusik zu erhöhen trachtete. Wenn ich diesen Weg heute meide, dann nicht allein, weil erfahrungsgemäß kaum ein einziger solcher ins Blaue gezeichneter liturgischer Pläne gemerkt, geschweige denn verwirklicht wird, sondern weil es mir wesentlicher erscheint, an einem genau bestimmten Fall, dem Sonntagsgottesdienst, die kirchenmusikalischen Möglichkeiten zu besprechen, gleichzeitig aber auf die handwerklichen Grundlagen hinzuweisen, die den Möglichkeiten erst zu ihrer Verwirklichung verhelfen.

Der Kirchenmusiker sieht sich heute in eine Zeit gestellt, in der die Kirche aus neu errungener Sicht die Daseinsberechtigung ihrer Inhalte und Formen prüft. Indem die blickschärfende Erforschung der reformatorischen Anfänge maßgebendes altes Gut in nahezu unüberschaubarer Fülle neuentdeckt, beginnt sie gleichzeitig manches bisher gültige zu verwerfen. An der Freilegung eines klaren Geschichtsbildes, das seinerseits wieder mit den unverrückbaren Gesetzen des Fundamentbuches, der Bibel, zusammengehalten und daran geprüft werden muss, hat auch der Kirchenmusiker teilzunehmen, da gerade diese Rückbesinnung auf den Urgrund unserer Kirche ihn das Wesen seines Dienstes neu begreifen lehrt. Im Blick auf den scheinbar unwiederbringlichen Reichtum an alten kirchenmusikalischen Lebensformen wird er bald die liturgische Armut der letztvergangenen und gegenwärtigen Zeit erkennen.

Die Beschäftigung mit den liturgischen Vorbildern der Reformation weist uns folgende Ordnung für den heutigen Sonntagsgottesdienst an:

Gemeinde:	Eingangslied
Liturg:	Eingangswort
Gemeinde:	Ehre sei dem Vater
Liturg:	Anruf
Gemeinde:	Herr erbarme dich unser

[1] Vgl. Parochialglocken Nr. 9 vom Dezember 1938, Seiten 45-49.

Liturg:	Lobpreis der Gottesgnade Ehre sei Gott in der Höhe!
Gemeinde:	Und Friede auf Erden…
Liturg:	Der Herr sei mit euch!
Gemeinde:	Und mit deinem Geist!
Liturg:	Gebet
Gemeinde:	Amen
Liturg:	Epistellesung – Spruch
Gemeinde:	Hallelujah oder Liedstrophe
Gemeinde:	Sonntags- (De temporare – Lied) Evangeliumlesung
Liturg:	Gelobt seist du; o Christe!
Gemeinde:	Ehre sei dir, o Herr!
Gemeinde:	Wir glauben all an einen Gott
	P r e d i g t
Gemeinde:	Predigtlied
	Abkündigungen – Fürbitten – Friedensgruß
Gemeinde:	Gebetslied
Liturg:	Fürbittgebet
Gemeinde:	Amen
Gemeinde:	Abendmahlslied
Liturgie:	Erhebet Eure Herzen!
Gemeinde:	Wir erheben sie zum Herrn!
Liturg:	Lasset uns danken dem Herrn unserm Gott!
Gemeinde:	Recht und würdig ist es!
Liturg:	Recht ist es…
Gemeinde:	Heilig heilig…
Liturg:	Einsetzungsworte
Gemeinde:	O Lamm Gottes
Liturg:	Gebet und Vaterunser
Liturg:	Der Friede des Herrn...
	Einladung und Austeilung. Die Gemeinde singt während der Austeilung.
Liturg:	Dankspruch und -gebet
	Segen
Gemeinde:	Amen, Amen, Amen.

Lassen Sie uns nun die kirchenmusikalischen Möglichkeiten und Notwendigkeiten besprechen, die sich, aufgezeigt an der vorliegenden Gottesdienstordnung für den Kantor und Organisten ergeben. Wir schildern dabei nicht in der Reihenfolge des Wertes, der den einzelnen kirchenmusikalischen Faktoren zukommt, sondern halten uns an den Ablauf des Gottesdienstes.

Der Gottesdienst beginnt nicht mit dem Eingangslied, sondern mit dem Vorspiel dazu. Es entspricht dessen Ursprung, dass es sich auf das folgende Lied bezieht. Neben seiner allgemeinen Bestimmung, an den Grundklang des Liedinhaltes heranzuführen, wodurch es ähnlich dem Orgelchoral zum selbständigen liturgischen Faktor wird, hat es den praktischen Auftrag, die Gemeinde an die Singweise zu erinnern, nicht etwa, die bisher unbekannte Weise erstmalig durch die Orgel bekanntzugeben. Diese Erinnerung darf ihrem Wesen entsprechend nicht durch eine Art musikalischer Zeitlupenaufnahme oder allerlei Schnörkel und Veränderungen erschwert werden. Es haben demnach, vom Gemeindelied her gesehen, diejenigen Choralwerke als Vorspiele den Vorrang, welche wenigstens einmal die unveränderte Singform der Weise klipp und klar vorbringen. Dabei ist darauf zu achten, dass die verbindlich festgelegte Form der Melodie gewählt wird. Wie oft hört man zum Beispiel ein an sich ausgezeichnetes altes Vorspiel – meist sind es ja Orgelchoräle – über „Wie schön leuchtet der Morgenstern“, dessen Rhythmus oder Melodie oder beide in ihren charakteristischen Wendungen sich wesentlich von der Form entfernen, die der Organist gleich darauf mit unerbittlicher Genauigkeit von der Gemeinde fordert.

Sichtet man an Hand solcher Richtlinien den vermeintlich unerschöpflichen Bestand an Choralvorspielen, so gewahrt man eine starke Schrumpfung. Erfüllen beispielsweise die meisten Werke der Alten die höchsten Anforderungen an die Klarheit der cantus-firmus Gestalt, so bleiben – auch ungeachtet ihres absoluten Wertes – wegen der oft abweichenden Melodie und ihrer häufig isometrischen Fassung nur wenige verwendungsfähig in einer Zeit, welche die melodische und rhythmische Eindeutigkeit ihres Choralgutes erst wieder erkämpfen muss. Die zahlenmäßig gar nicht so überreiche Gruppe solcherart brauchbarer alter Choralmusik, die sich der Organist aus den vielen praktischen Sammlungen zusammensuchen muss, bildet mit der durchaus überschaubaren Gruppe neuerer, auf die obengenannten Forderungen rücksichtnehmender Choralvorspiele (ich denke dabei an ausgewählte Choralwerke etwa von David, Distler, Micheelsen) den Vorrat gedruckter Vorspielliteratur. Nimmt man dazu, dass der Gruppe neuer Choralvorspiele mancherlei Hemmnisse, wie schwierige Aufführbarkeit, stilistische Unzulänglichkeit, zu hoher Anschaffungspreis begegnen, so ist die oft gebrauchte Verlegenheitslösung, die Flucht in das nicht choralgebundene Orgelstück nicht zu verwundern. Indem nun aus der Not eine Tugend gemacht wird, bildet sich am Anfang des Gottesdienstes jenes viel zu lange Orgelwerk. Wenn sich am Schluss solchen Spiels leider zu oft die schöne Gestalt des Werkes in den Irrgarten einer „Zwirn“-Improvisation verliert, deren schiefe Modulationen endlich die Gemeinde zum Lied zwingen soll, ist es dann so erstaunlich, dass zum Einsingen zwei Strophen kaum genügen?

Wer verfiele auf den Gedanken, an Stelle solcher unbefriedigender Lösungen ein Choralvorspiel zu improvisieren, wenn ihm das passende fehlt. Bei solchem Vorschlag begegnet man sehr oft argwöhnischen Blicken, die nicht immer unberechtigt sind. Hinter den sogenannten Improvisationen gewisser Organisten verbirgt sich jener nichtskönnerische Schlendrian, dem ein gestaltloses Durcheinander – er nennt es Phantasieren – bei weitem genügt, um seine Übfaulheit zu tarnen. Prüft man auf der anderen

Seite das improvisatorische Können jener Argwöhner, so wird man ihnen die Vorsicht und Zurückhaltung in diesen Dingen kaum verargen. Wir verstehen unter dem Improvisieren jene Fähigkeit einer nach Inhalt und Form klaren musikalischen Stegreifäußerung, die neben der freien Rede auf der Kanzel nicht allein berechtigt im Gottesdienst, sondern geradezu notwendig ist. Sie muss im Handwerklichen genau so geübt sein wie die Darstellungskunst eines Werkes der Orgelliteratur. Wollten die Organisten nur einen geringen Teil ihrer Übezeit darauf verwenden, sich das gottesdienstliche Improvisieren insonderheit zu erarbeiten, so wäre der Niedergang dieses einst selbstverständlichen Könnens bald aufzuhalten. Man beachte einmal die Ansprüche, welche alte Organistenprüfungen an den Prüfling stellten (Müller-Blattau im Bericht über die Freiburger Orgeltagung 1926, S. 99ff.). Die stete Übung dieser schöpferischen Bereitschaft, die Beschäftigung mit den kompositorischen Baugesetzen vertieft auch das Verständnis des Literaturwerkes, das sonst im Alltag des Übens gar zu leicht nur als technische Aufgabe gesehen wird. Andrerseits befruchtet diese Betrachtung der musikalischen Zusammenhänge wiederum das eigene freie Spiel, das sich ja nicht etwa beim Choralvorspiel erschöpft. Beim Singen der Gemeinde und des Liturgen erwachsen ihm bedeutende Aufgaben, von denen nachher ausführlicher gesprochen werden soll. Außerdem aber gilt es, dort zu einem Choreinsatz geschickt hinzumodulieren, dort sind die übrigen Gemeindelieder einzuleiten, dort ist ein Nachspiel zustande zubringen. Bedeutet erst das Stegreifspiel keine unüberwindliche Schwierigkeit mehr, so entfällt auch die oft diskutierte Problematik des „absoluten“ Vorspiels, indem man auf das passend ausgewählte absolute Literaturwerk das freie Choralvorspiel zum Eingangslied folgen lässt. Ich bitte Sie also, sich dieses verfallenen Kunsthandwerkes wieder zu erinnern und besonders das cantus firmus-Spiel fleißig zu pflegen. Dass es nicht unbedingt hoher angeborener Begabung bedarf, dieses Handwerk gut zu versehen, sondern dass eine gediegene Fertigkeit durchaus erlernbar ist, habe ich bei der Ausbildung ausgesprochen unbegabter Improvisationsschüler schon öfter feststellen können.

Nach dem Orgelvorspiel singt die Gemeinde das Eingangslied. Soll sie es so singen, wie es der Gottesdienst von ihr fordert, so muss sie das Lied können. Darunter ist nicht das schlecht und rechte Absingen der Melodie und der Worte, sondern die rechte Art des Singens, richtiger Rhythmus, richtiges Zeitmaß zu verstehen. Der Ort für diese Liedlehre ist die Choralsingestunde. Ein Kantor, dem es ernstlich um die Erneuerung des Singens geht, braucht die Singstunden ebenso nötig wie seine Orgelübungszeit. In Zusammenarbeit mit dem Pfarrer, der die Erläuterungen zum Liedinhalt gibt, übermittelt er nach festem Plan Stück für Stück des Liedes, indem er ohne Schulmeisterei die charakteristischen Züge knapp erklärt und dann selber vorsingt. Dabei kann noch so klügliche pädagogische Spitzfindigkeit (wie viel sogenannte praktische Vorschläge, die nach der Lampe riechen, begegnen uns in den Zeitschriften!) das Vorsingen des Kantors nicht ersetzen. Erst wenn den pädagogischen Hilfen durch die sofort gesungene Weise Unterstützung gewährt wird, gelingt die schnelle Übernahme des Liedes. Hat sich die Gemeinde das neue Lied in die Werkstatt ersungen, so wird es in den Gottesdienst übernommen. Dort ergeben sich verschiedene Gliederungsmöglichkeiten für das Anstimmen der Strophen. Das abnutzende Alleinsingen der Gemeinde sollte wieder von dem alten Wechselgesang verdrängt werden. Wird man dem Eingangslied dabei keinen zu großen Raum lassen, so empfiehlt es sich, auch das längere Lied als Hauptlied ganz zu singen. Die lebendige Rede und Gegenrede der einzelnen Liedstrophen, die von der Gemeinde an den Chor, an den Kantor, an die Orgel (hierhin gehören die Orgelchoräle), womöglich auch an den Pfarrer weitegegeben und von jedem immer wieder zurück an die Gemeinde gereicht werden, kann auch im vielstrophigen Lied die Gefahr des ermüdenden Einerlei gänzlich bannen. Indem die Gemeinde jeweils die zweite Strophe singt, während der Gegensinger (auch die Orgel allein ist ein solcher) wechselt, lässt sich bei einigem Geschick des Organisten der Wechselgesang auch dann durchführen, wenn keine Handzettel auf die Reihenfolge hinweisen. Wer die Belebung und Straffung einmal gespürt hat, die von der Alternativ-Praxis ausgeht, wird sich von dem sturen Heruntersingen immer mehr wegwenden. Freilich, der Wechselgesang hat seinen Ursprung im alten echten Choral. Es wäre daher widersinnig, wollte man etwa eine singfremde Gemeinde mit einem winzigen und dazu schlechten Liedbestand zum Wechselgesang zwingen. Erst das Choralsingen, dann der Wechselgesang! Es muss die Sorge eines jeden Kirchenmusikers sein, das alte und das aus seinem Geist geborene neue Lied unter die Gemeinde zu bringen. Eine Überschau über das neue Lied gibt u. a. Friedrich Haufe in Musik und Kirche, Heft 2, 1938. Dazu kämen die Neuen Gemeindelieder von Hans Friedrich Micheelsen nach dem „Lobgesang“ von Rudolf Alexander Schröder.

Die Orgel kann je nach ihrer Verwendung das Singen hemmen oder fördern. Soll sie dem lockeren Singen dienen, so muss sie ihren breiten Schwall aufgeben. Sie darf das Singen nicht in einer Flut irreführender dicker oder schreiender Register ertränken, noch aber durch allzu blaublütig dünne Klänge der Gemeinde allen Singmut nehmen. Wie die Orgel das Singen nicht bremsen soll, so soll sie es aber auch nicht hetzen. Neues Singen dokumentiert sich nicht im rücksichtslosen Vorwärtsrasen der Orgel. Was bleibt der Gemeinde anderes übrig, als mit betonter Langsamkeit hinterdrein zu singen? Es empfiehlt sich, trotz vorangegangener Singstunde mit dem unisono-Spiel zu beginnen und nur an den Kadenzecken eine harmonische Versteifung zu geben. Dabei muss beachtet werden, dass die Orgel mitsingt, dass sie mithin nicht über einen endlosen legato-Atem verfügen soll, der sich, durch allerlei harmonische Schwänzchen aufgeputzt, mit Vorliebe an den Zeilenenden breit macht und den singenden Nachzüglern Gelegenheit gibt, sich bei der Fermate wieder mit den andern zu vereinen. Der Organist muss sich ferner darauf besinnen, dass die Vierstimmigkeit nicht die einzige Form der Orgelmehrstimmigkeit darstellt, sondern dass dem Gemeindegesang gerade eine geringere Begleitstimmenzahl sehr guttut. Dabei rate ich, die Weise nur dann auf einem Manual (das übrigens zwischen Hauptwerk und Rückpositiv wechseln kann) zu spielen, wenn Irrtümer nicht mehr zu erwarten sind. Die Mixturklänge, auf die wir auch beim Singen nicht verzichten können, verunklaren ganz besonders bei Auftakten sehr stark die Oberstimme, so dass ihr genauer Verlauf auch von musikalischen Laien nicht immer erkannt werden kann. Es empfiehlt sich dann einstimmiges oder Triospiel, wobei der cantus firmus gut durch ein Rohrwerk zu verdeutlichen ist. Auch die Bass- und die Harmonieführung kann melodische Fehler austreiben.

Die Gemeinde muss auch gelegentlich erfahren, dass der Orgel ursprünglich gar nicht die Aufgabe zufiel, den Gemeindegesang zu begleiten (Vgl. dazu Mahrenholz: Orgel und Liturgie, in den Bericht über die 3. Orgeltagg. 1928, S. 58ff.). Man muss einmal erleben, wie sich die Gemeinde zu einem singenden Trupp formiert, wenn die Orgel eine Strophe lang stumm bleibt und der Kantor singend vorangeht. Derselbe straffende Einfluss lässt sich ausüben, wenn die Orgel den cantus firmus der Gemeinde überlässt und sich nur mit dem Begleiten begnügt. Mit den vielfältigen Begleit- und Registriermöglichkeiten, die sich aus dem Inhalt der einzelnen Strophen ergeben, kann die improvisatorische Gewandtheit die Armut beheben, die uns leider so oft in der kläglichen uniformen „Harmonisierung" etwa eines sechsstrophigen Liedes begegnet. Freilich verlangt dieses Können harmonische und kontrapunktische Beweglichkeit, vor allem aber ein Wissen um das Wesen gottesdienstlicher Musik.

Dem Eingangslied folgt jener Teil, den der Volksmund, den Begriff verengend, als die „Liturgie" bezeichnet. Ist es dem Kantor und Organisten in zielbewusster Arbeit allmählich gelungen, die Gemeinde von den weichlichen Liedern zu entwöhnen und zu dem gesunden, echten Choral zurück und damit vorwärts zu führen, so darf er vor der Terzenseligkeit der unzeitgemäßen Bortnianskyweisen nicht haltmachen, will er nicht, dass der eben gesundete Geschmack im urteilschwächenden Gewöhnungssingen dieser Teile (worin sie dem weniger häufig gesungenen Choral gegenüber eine gefährliche Einprägsamkeit besitzen) sich von neuem an dem schon totgeglaubten Bazill infiziert. Wie der Kantor dabei zu Werk gehen muss, hängt ab von der besonderen Struktur seiner Gemeinde. Ohne eigene Kenntnis und Übung im liturgischen Singen wird der Organist und Kantor über ein unsicheres Experimentieren nicht hinauskommen. Bevor er daher mit der Gemeinde liturgisch singt, muss er diese Gesänge einmal in richtiger Ausführung gehört und vor allem selber gesungen haben. Gerade im Selbersingen werden ihm auch die Grenzen deutlich, die er nicht überschreiten darf, wenn die Gemeinde nicht in verwirrte Teilnahmslosigkeit gebracht werden soll. Das eigene Singen im Blick auf den „gemeinen Mann" wird den Kirchenmusiker auch lehren, für die deutsche evangelische Gemeinde die schlichte syllabische Prägung vor der südlich melismatischen zu wählen und, fern von historisierender Überladenheit, das richtige Quantitätsverhältnis zwischen dem mehr psalmodischen Gesang und dem liedförmigen Choral zu finden.

Unsere Ordnung sieht zunächst das Eingangswort des Liturgen vor. Gleichgültig, ob es gesungen oder gesprochen wird, singt die Gemeinde darauf das „Ehre sei dem Vater":

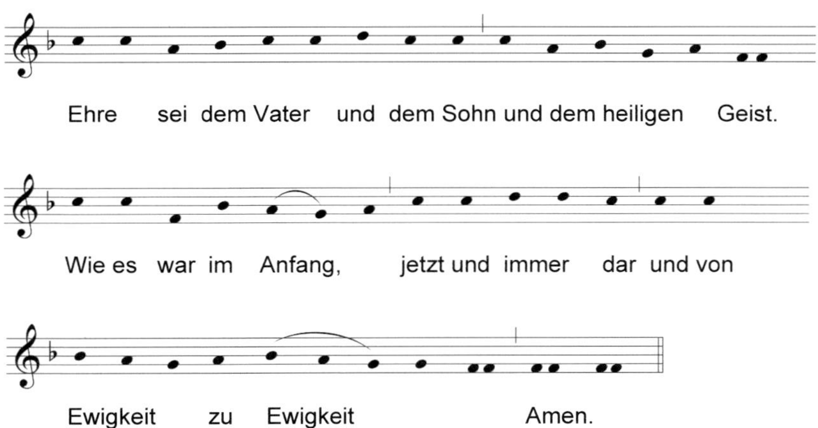

An die Stelle dieses Gesanges kann auch die Liedstrophe „Ehr sei dem Vater und dem Sohn" oder eine entsprechende treten. Erst wenn der Gemeinde wieder eines dieser beiden Gloria patri geläufig ist, kann als festliche Ausnahme ein mehrstimmiges (z. B. das von Heinrich Schütz im Chorgesangbuch von Gölz, S. 47) erklingen, das aber nicht etwa auf das Gemeindegloria folgt, sondern an seine Stelle tritt.

Auf das Gloria patri folgt das Kyrie:

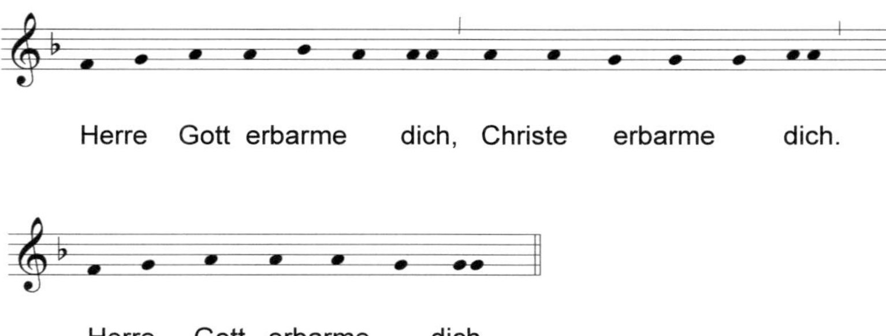

Hier gilt das gleiche wie bei Ehre sei dem Vater: Ein anderes, vielleicht größeres, tropierertes Kyrie oder ein mehrstimmiger Messsatz darf nur eine stets geübte Ordnung einmal durchbrechen. Dabei ist davor zu warnen, gerade an Festtagen allzu viel liturgische Stücke vom Chor singen zu lassen, während die Gemeinde leer ausgeht. Aus diesem Grund empfiehlt es sich auch, die tropierten Kyrie im Tropus dem Chor, in den „Erbarme dich"-Stellen immer wieder der Gemeinde zuzuweisen. An Stelle der erwähnten Kyrie kann die Gemeinde auch „Aus tiefer Not" oder ein ähnliches Kyrie-Lied, z. B. „Ach Gott und Herr", „Wo soll ich fliehen hin" anstimmen. Die ausgeprägte Eigengestalt des Chorals jedoch kann bei der durchgehenden Anwendung des Prinzips, die liturgischen Stücke durch Choralstrophen zu ersetzen, die Einheitlichkeit empfindlich stören, weswegen sein ausschließlicher Gebrauch nicht anzuraten ist. Die Orgelbegleitung muss für die Liturgiestücke besonders sparsam mit Lautstärke und Harmonie umgehen. Von dem Versuch, die bei Tonwiederholungen schleppende Gemeinde etwa durch immer neuen Akkordwechsel vorwärtszubringen, ist abzuraten. Neue Akkorde müssen den neuen Stützpunkt verdeutlichen, von dem aus sich ein größeres Melodiestück überschauen und zusammenfassen lässt. Man tut gut, an Stelle der Orgel gelegentlich vom Chor die mehrstimmige einfache Begleitung ausführen zu lassen.

Auf das Kyrie folgt das Gloria. Die Auswahl richtet sich nach dem Tongeschlecht des vorausgegangenen Kyrie:

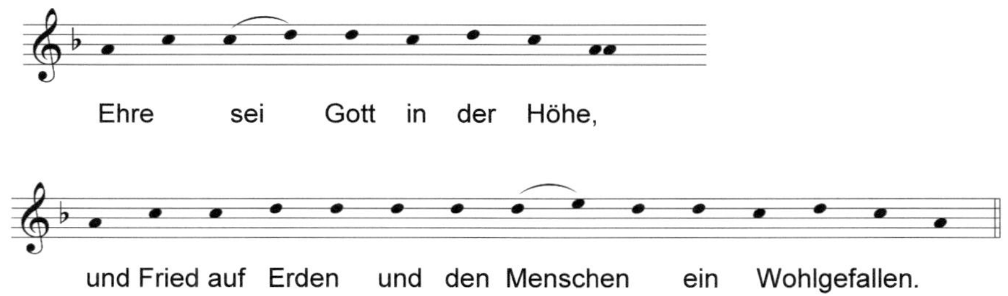

Unmittelbar darauf folgt der 1. Vers von „Allein Gott in der Höh sei Ehr". Natürlich darf die Orgel diesen Vers kein Vorspiel vorausschicken, sondern muss die Gemeindestrophe unmittelbar an den Chorgesang knüpfen. An hohen Festen kann der Chor beispielsweise das Straßburger Gloria 1525 ganz anstimmen.

Das Fried auf Erden der Gemeinde lässt sich auch durch das doppelchörige, vom Chor anzustimmende „deutsche Et in terra“ (das sog. Naumburger Gloria 1537) überhöhen, das nicht nur antiphonal, also Chor und Chor, sondern auch respondierend zwischen Chor und Kantor gesungen werden kann:

Die Lesungen werden durch das Grußwort eingeleitet.

Der Liturg singt oder spricht: Der Herr sei mit euch!

Gemeinde:

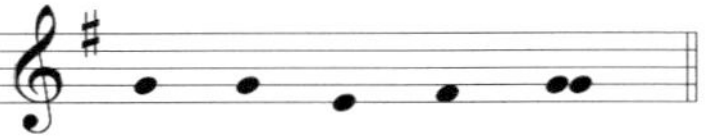

Und mit deinem Geist

Das auf das Gebet gesungene Amen kann sich zur Choralstrophe weiten („Amen, das ist es werde wahr“, „Amen zu aller Stund“, „Es danke Gott und lobe dich“).

Auf die Epistellesung singt die Gemeinde das Halleluja. Die wegen ihrer Kürze oft vernachlässigten Rufe lassen sich verlängern oder ersetzen durch die De tempore-Halleluja-Strophen. (Weihnachten: Lobt Gott ihr Christen allzu gleich, Ostern: Halleluja (Christ ist erstanden), Drum wir auch billig fröhlich sein (Erschienen ist der herrlich Tag). Das Halleluja kann auch das ganze Jahr über in „Erhalt uns Herr bei deinem Wort“ oder „Dein Wort ist unsres Herzens Trutz“ ausmünden.

An den Ort der alten Sequenz tritt in unserem Plan das Sonntags- oder de tempore-Lied. Hier ist die Stelle, an der sich der ganze Alternativ-Reichtum ausbreiten kann, wie ich ihn schon geschildert habe. Hier erklangen einst die ungezählten Kantaten der deutschen Kirchenmusik, hier wollen die neuen Choralkantaten, die auch die Gemeinde beteiligen, musiziert werden.

Die folgende Evangelienlesung kann nach altem Brauch vom Chor singend übernommen werden. Ein Werk von Christenius gibt ein Beispiel für diese weit verbreitete Praxis, der wir ganze Evangelienjahrgänge verdanken. Welche gewaltige Predigt, die von deutschen Kirchenmusikern allein durch diese musikalische Verkündigung gehalten wurde! Solches gesungene Bibelwort wieder an der zentralen Stelle des Gottesdienstes erklingen zu lassen, zählt zu den wesentlichen Aufgaben unseres Amtes. Nach dem „Ehre sei dir, o Herr“ intoniert

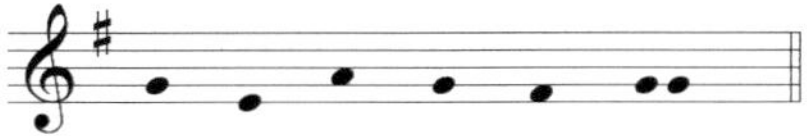

der Liturg das Glaubenslied. Den 2. Vers übernimmt der Chor vom intonierenden Liturgen, den 3. singen alle. Die Orgel spielt einstimmig, bis die Gemeinde fest geworden ist im Singen dieser für sie schweren Melodie. Bei allen liturgischen Stücken, also auch den zugehörigen Choralversen, beginnt die Orgel ohne lange Umschweife sofort mit der deutlich vernehmbaren Singweise. Sie beendet auch das jeweilige Spiel ohne das aufhaltende unsinnige Abebben der Lautstärke.

Auf das Predigtlied folgt nach Ankündigung, Fürbitte und Friedensgruß das Gebetslied. Die Gebetsstrophe kann aber auch in das Gebet einbezogen werden, indem ein gleichbleibender Choralvers (z. B. Wir bitten deine Güte) oder der Ruf „Erhör' uns, lieber Herr" das Gebet in eine übersichtliche Ordnung spannt: Zwischen den Gebetsteilen steht der Choral oder der Ruf.

An die Stelle des früheren Offertoriums tritt nach unserem Plan das Abendmahlslied. Hier wäre Gelegenheit, einmal das Lied „Herr Jesu Christ, du höchstes Gut" aus seinem Buchdasein zu erlösen (DEG, Nr. 136). Es folgen die Responsen „Erhebet eure Herzen" usw. (deren Weisen wir demnächst auf besonderen Blättern für die Parochialgemeinde drucken).

Als Sanktus können anstelle der bisher gebräuchlichen plumpen Fassung u. a. auch die Heilig-Stellen des schönen lutherischen Sanktus gut Verwendung finden.

Das auf die Einsetzungsworte gesungene Agnus dei, das in den bekannten Formen „O Lamm Gottes unschuldig" oder „Christe, du Lamm Gottes" gesungen wird, kann von dem Kantor begonnen, vom Chor fortgesetzt (2. Str.) und von der Gemeinde beschlossen werden (3. Str.). Möglich ist auch, die Gemeinde nur an den Stellen „erbarm dich unser" und Amen zu beteiligen. Es folgen die Gebete usw.

Während der Austeilung singt die Gemeinde, abgelöst vom Chor, Kantor oder von der Orgel das Lutherlied „Gott sei gelobet und gebenedeiet" (DEG, Nr. 133). Ehe die Gemeinde das Lied in festem Besitz hält, beteiligt man sie nur am Kyrie eleison, das mit der Orgel geführt wird, während Kantor und Chor das übrige ohne Orgel singen. Zwischenein folgt ein Orgelchoral, der nicht in sentimentalem Äolinengewand daherhauchen, sondern in klar vernehmbarer Registrierung zur Gemeinde sprechen soll. Musikalische Untermalung kennt die Kirchenmusik nicht.

Nach dem Dankspruch, der auch gesungen werden kann, beschließt die Gemeinde ihr Singen mit dem dreimaligen Amen:

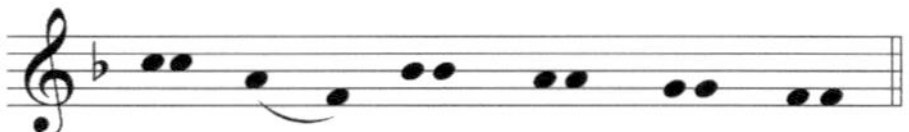

und hört – während sie noch sitzen bleibt oder beim Hinaus – den Beschluss des Gottesdienstes, das Orgelnachspiel. Hier finden auch die großen Orgelwerke ihren Platz. Der Improvisation öffnet sich zum letzten Male ein weites Feld.

Zum Schluss dieser Ausführungen bitte ich Sie, alle jene Reformpläne, die Sie im Verlauf dieser Tagung entwerfen, nur mit der Gemeinde, nicht aber gegen sie durchzuführen. Es bleibt Ihre nächste Aufgabe, nicht zu überrumpeln, sondern Verständnis zu suchen bei Gemeinde und Pfarrer. Bewahren Sie Ihre Gemeinde vor dem überladenen und durch sein Vielerlei ermüdenden Singgottesdienst. Wählen Sie zunächst den praktischen Weg, die Teile zu reformieren, die heute noch zum gesungenen Bestand Ihres Gottesdienstes gehören. Wir haben Grund, auch hier die Warnung auszusprechen, die das Handbuch der ev. Kirchenmusik auf jedem Umschlagdeckel seiner Lieferungen wiederholt. Wir können uns nicht aus der Verfahrenheit des gottesdienstlichen Musizierens retten, indem wir – ungeachtet des zeitlichen Abstandes die erstbeste alte liturgische Formel in die Gegenwart verpflanzen. In der Choralsingestunde, die uns vor Fehlschlägen sichern soll, muss sich erweisen, ob der Setzling noch Lebensfähigkeit besitzt, oder aber als archaisches Gebilde unseren Gottesdienst nicht mehr gegenwärtig vollziehen kann. So nur vermag aus den alten Quellen ein neuer Strom der Liturgie hervorbrechen, zu dem sich, so hoffen wir, auch aus zeitgenössischem Schöpfen neue Wasser finden. Dies erfordert aber, dass der Kirchenmusiker die Verbindung zu seiner musikalischen Umwelt nicht verliert. Ein Kirchenmusiker, der dem 16. Jahrhundert als dem verlorenen Paradies der Kirchenmusik nachtrauert und die folgenden Jahrhunderte darüber am liebsten ungeschehen machte, versäumt seine Pflicht. Wir wollen als echte Kantoren und Organisten mitten in unserer Gemeinde stehen. Gott loben, das ist unser Amt! Deutscher Kirchenmusiker, versieh es recht!

Exkurs IV:

Wilhelm Bender zum Gedächtnis
Trauergottesdienst in der Parochialkirche zu Berlin am Sonntag Jubilate, 30. April 1944

GEDENKANSPRACHE[1]
Oberkonsistorialrat D. Söhngen

Es ist nun schon eine lange Reihe von jungen zukunftsfrohen Kirchenmusikern, die dieser männermordende Krieg verschlungen hat, - länger als die Gefallenenreihe jedes anderen musikalischen Berufsstandes, – und wir haben jeden von ihnen schweren Herzens auf dem Altar des Vaterlandes niedergelegt. Aber sind es die besonders tragischen Umstände seines jähen Todes, oder ist es die lebendige Erinnerung an seine strahlende, sieghafte Erscheinung, die alles in uns sich gegen die Vorstellung auflehnen lässt, dass es Wilhelm Bender ist, dem wir heute das Nunc dimittis, das „Herr, nun lässest du deinen Diener in Frieden fahren": singen? Und doch müssen wir dieser bitteren Wirklichkeit ins Gesicht blicken, um darin nicht nur dem Triumphator Tod, sondern auch Dem zu begegnen, der über den Tod Herr geworden ist und von dessen Ostersieg zu singen die Kirche in diesen Wochen nicht müde wird.

Wilhelm Bender war der Besten Einer. Nicht nur weil er in vorbildlicher Weise das verkörpere, was in der kirchenmusikalischen Erinnnerungsbewegung heute am Werk ist und nach Verwirklichung drängt, sondern auch weil ihn seine hohen Gaben über den Kreis der Einzelgemeinde hinaus in das Ganze der Kirche und des deutschen Volkes wiesen. Darum sei es mir als dem Vertreter der obersten Kirchenbehörde, des Evangelischen Oberkirchenrats, gestattet, auch für die Gesamtkirche ein Wort des Dankes und Gedenkens in dieser gottesdienstlichen Stunde zu sprechen.

Erst vor wenigen Tagen kamen mir wieder Aufzeichnungen in die Hand, die aus dem Jahre 1941 stammen und in denen ich die künftige Verteilung der führenden kirchenmusikalischen Ämter in den verschiedenen Provinzen der großen altpreußischen Kirche zu skizzieren versuchte; unter den wenigen Namen befand sich auch der von Wilhelm Bender. Versucht man seiner musikalischen Persönlichkeit von außen näherzukommen, so war es zunächst die ungewöhnliche Vielseitigkeit seiner Gaben und Interessen, die in die Augen fiel: der Glockenmusiker und der Kantor, der Organist und der Komponist, der produzierende und reproduzierende Musiker einer hohen Chorkunst und der unbeschwert fröhlich musizierende Leiter von Soldatensingegemeinschaften, der kluge Redner und glänzende Stilist, dem auch die Gabe dichterischer Gestaltung zu Gebote stand, der Veranstalter hochwertiger Kirchenkonzerte und der ganz aus und in der Liturgie gestaltende Kirchenmusiker, der vorbildliche Interpret alter Musik und der leidenschaftliche Vorkämpfer für die zeitgenössische Musik, der praktische Musiker und der gediegene Theoretiker und der Hochschullehrer, der Kirchenmusiker mit Leib und Seele und der feinsinnige Komponist und Deuter weltlicher Musik, – alle diese verschiedenen Seiten seines Wesens banden sich bei Wilhelm Bender mühelos zur Einheit zusammen. Dabei war seine Vielseitigkeit nirgendwo mit dem Risiko des – vielleicht genialen Dilettierens belastet. Denn sie war in

[1] Vgl. Evangelisches Landeskirchliches Archiv in Berlin ELAB, Bestand 7, Signatur 11550.

jedem Einzelzug getragen von der absoluten Gediegenheit, die zu den hervorragendsten Merkmalen seines Wesens gehörte. Er beherrschte diese vielen Kunst- und Wissenszweige tatsächlich, und es war kein Zufall, wenn er in Gesprächen nicht müde wurde, auf die unerlässlichen handwerklichen Grundlagen jeder Kunst hinzuweisen.

Weil dem aber so ist, brauchen wir uns heute nicht nur in Klagen darüber zu ergehen, wie viele unerfüllte Verheißungen mit Wilhelm Bender ins Grab gesunken sind, sondern dürfen wir uns von den zahlreichen Erfüllungen trösten lassen, mit denen Gott dieses zwar kurze, aber von innerer Fülle schier überlaufende Leben begnadet hat.

Die Liturgie, die er seiner Gemeinde schenkte, trägt die Gewähr in sich, dass sie den Tag überdauern und noch in Zukunft ein tönendes Denkmal ihres Schöpfers sein wird, den liturgisches und musikalisches Verantwortungsgefühl dazu trieb, dem wiederentdeckten reformatorischen Choral nun auch liturgische Weisen zu gesellen, die sich an Reinheit der Gesinnung und Kraft der Gestaltung mit ihm vergleichen konnten; ja, er hat damit Schrittmacherdienste für die große preußische Landeskirche geleistet, die erst vor wenigen Monaten eine neue Ordnung der gottesdienstlichen Gesänge vorbereitet hat, die im Wesentlichen dasselbe Gut benutzt, das Wilhelm Bender schon vor Jahren seiner Gemeinde wieder erschlossen hat.

In die Zukunft führen auch die Wege, die er mit der Wiederentdeckung und Schaffung einer arteigenen Glockenspiel-Literatur gegangen ist. Ihm ist es entscheidend mit zu verdanken, dass das Glockenspiel heute wieder als hohe Kunst gewertet wird; und wenn erst, wie wir hoffen, nach einem glücklichen Kriegsende ein neues Schaffen und Musizieren in der Glockenspielkunst anheben wird, dann wird man immer auch Wilhelm Benders gedenken, der mithalf, die Fundamente zu legen.

Und überdauern wird auch Vieles von seinem kompositorischen Werk. Vielleicht, dass die unerfüllten Hoffnungen auf diesem Felde die schmerzlichsten sind. Ich werde nie den Sonntagvormittag in der Charlottenburger Städtischen Musikbücherei vergessen, wo im Rahmen einer Kammermusikveranstaltung auch Klavierstücke von Wilhelm Bender erklangen, die den Kenner aufhorchen ließen und an Originalität, Treffsicherheit und musikalischer Substanz alles in den Schatten stellten, was an diesem Vormittag geboten wurde. Und wie hat er es verstanden, das Ohr und Herz der Kinder zu finden, dass seine Lieder alle Aussicht haben, in die Überzeitlichkeit des echten Volks- und Kinderliedes einzugehen! Nein, wir wollen nicht undankbar sein und mit Gott hadern, weil er uns das vielleicht Beste vorenthalten hat, das Wilhelm Bender noch hätte sagen und geben können. Was bleibt, ist noch soviel, dass wir alle dankbar davon zehren können.

Diese Vielseitigkeit Wilhelm Benders hatte eine feste Mitte: das war die Kirchenmusik. Wilhelm Bender war Kirchenmusiker mit Leib und Seele. Was er einmal von der heutigen deutschen Kirchenmusik in einem Vortrag sagte, dass sie „in dem frischen Glanz ihrer Verjüngung daherschreite", ist wie ein Gleichnis für seine eigene Wirksamkeit. Er wusste, dass der Kirchenmusik verschworen sein ein Doppeltes in sich schließt; der Sache der Kirche mit derselben Treue und Hingebung zu dienen wie der Sache der Kunst. Und er hat diese doppelte Verpflichtung klar bejaht. „Der Kirchenmusiker", so schreibt er einmal, „sieht sich heute in eine Zeit gestellt, in der die Kirche aus neuerrungener Sicht die Daseinsberechtigung ihrer Inhalte und Formen prüft. Indem die blickschärfende Erforschung der reformatorischen Anfänge maßgebendes altes Gut in nahezu unüberschaubarer Fülle neu entdeckt, beginnt sie gleichzeitig, manches bisher Gültige zu verwerfen. An der Freilegung eines klaren Geschichtsbildes, das seinerseits wieder mit den unverrückbaren Gesetzen des Fundamentbuches, der Bibel, zusammengehalten und daran geprüft werden muss, hat auch der Kirchenmusiker teilzunehmen, da gerade diese Rückbesinnung auf den Urgrund unserer Kirche ihn das Wesen seines Dienstes neu begreifen lehrt."

Wilhelm Bender hat deshalb auch darum gewusst, dass das Herz der Kirche wie der Kirchenmusik im Gottesdienst schlägt: Er verlangt von jedem Kirchenmusiker eine klare Einsicht in das „Wesen gottesdienstlicher Musik." Von hier aus kommt er zu der Erkenntnis von der Notwendigkeit der Erneuerung des Gemeindesingens und der Einrichtung von Singestunden, in denen das Vorsingen des Kantors durch nichts zu ersetzen sei; von hier aus erhebt er die Forderung, dass die Orgel „mitsingen" und darum die vielfältigen Begleit- und Registriermöglichkeiten berücksichtigen müsse, die sich aus dem Inhalt der einzelnen Choralstrophen ergeben. Von hier aus bricht er auch eine Lanze für die Kunst des Improvisierens, die er als die Fähigkeit einer „nach Inhalt und Form klaren musikalischen Stregreifäußerung" bezeichnet, die neben der freien Rede auf der Kanzel im Gottesdienst nicht allein berechtigt, sondern geradezu notwendig sei.

Weil Wilhelm Bender diese feste Mitte in der Kirchenmusik besaß, darum konnte er getrost auch in die Weite schreiten, ohne die Gefahr, sich selbst zu verlieren. Die Magna Charta, der Adelsbrief der Christenfreiheit: „Alles ist euer, ihr aber seid Christi", gilt auch für den Kirchenmusiker und sein Verhältnis zur weltlichen Musik. Und darum bleibt Wilhelm Bender der unsere auch da, wo er über die Grenzen der Kirchenmusik hinausschritt, so wie die Welt auch außerhalb der Kirchenmauern immer Gottes Welt bleiben wird. Aber zusammengehalten wird diese Welt doch von den Betern, welche das Feuer auf Gottes Altar hüten und hegen. Zu ihnen gehörte auch Wilhelm Bender. Er ruft uns auch heute in die Pflicht: „Wir wollen" – so schloss er seinen großen Vortrag auf der Danziger Kirchenmusikertagung des Jahres 1938, – „als echte Kantoren und Organisten mitten in unserer Gemeinde stehen. Gott loben, das ist unser Amt! Deutscher Kirchenmusiker, Versieh es recht!"

Ihn selbst befehlen wir in jene Himmelskantorei, deren sich der greise Heinrich Schütz – und mit ihm alle großen Meister der deutschen Kirchenmusik – getröstete. Er ruhe in Frieden, und das ewige Licht leuchte ihm!"

16 Werkverzeichnis

Jahr	Werke	Noten	nur aus Aufzeichnungen oder Mitschnitten bekannt, Noten sind nicht vorhanden
1. Glockenmusik			
1937	5 Tänze für Glockenspiel (5 Glockentänze, auch 5 Glockenreigen genannt)	Druck	
1937	Glockenspiel 700 Jahre Berlin 16.08.1937	Druck	
1938	Suite für Glockenspiel	Druck	
1938	Vorspiel und Variationen über: Nun danket alle Gott (Choral)	Druck	
1938	Lied des Türmers für Carillon und Bläserquartett	Druck	
undatiert	Variationen über ein Thema von Hindemith	Druck	
undatiert	Variationen über ein eigenes Lied (Nichts kann uns rauben Liebe und Glauben zu diesem Land)	Druck	
undatiert	Fanfarenstück für Glocken	Druck	
undatiert	Kanon	Druck	
undatiert	Ostinato	Druck	
undatiert	Melody: Variationen	Druck	
undatiert	2 Glockenspiele	Druck	
Bearbeitungen:			
1937	3 Liedsätze ("Deutschland"): ▪ Kein schöner Land ▪ Heilig Vaterland ▪ Wenn alle untreu werden ("Wilhelmus")	Druck	
1937	Spielfolgen Febr. - Dez. 1937 für die Walze des Glockenspiels der Parochialkirche (halber und ganzer Stundenschlag). Zu diesen Spielfolgen wurden die weiteren Bearbeitungen notiert:		
März	O Haupt voll Blut und Wunden	Druck	
März	Herzallerliebster Jesu, was hast Du verbrochen	Druck	
April	Christ ist erstanden	Druck	
April	Erschienen ist der herrlich' Tag	Druck	
Mai	Wie schön leuchtet der Morgenstern	Druck	
Mai	Nun bitten wir den heiligen Geist	Druck	
Juni	Geh aus mein Herz und suche Freud	Druck	
Juni	Ich singe Dir	Druck	
August	O daß ich tausend Zungen hätte	Druck	

Jahr	Werke	Noten	nur aus Aufzeichnungen oder Mitschnitten bekannt, Noten sind nicht vorhanden
August	Wer nur den lieben Gott läßt walten	Druck	
September	Nun lob mein Seel den Herren	Druck	
September	Jesu, meine Freude	Druck	
Oktober	Wir pflügen und wir streuen	Druck	
Oktober	Lobe den Herren, den mächtigen König der Ehren	Druck	
November	Ein' feste Burg ist unser Gott	Druck	
November	Erhalt uns, Herr, bei Deinem Wort	Druck	
Dezember	Macht hoch die Tür	Druck	
Dezember	Nun komm, der Heiden Heiland	Druck	
Dezember	O Du fröhliche	Druck	
Dezember	Nun danket alle Gott	Druck	
Dezember	Vom Himmel hoch	Druck	
undatiert	2 Jahrgänge für Walzenspiele, wahrscheinlich für 1938 und 1939 (Glockenchoräle)		x
1938	Glocken singen von Soldaten: Bearbeitungen Deutsche Soldatenlieder aus vier Jahrhunderten		x
1939	Bearbeitungen für das automatische Spiel der Nikolaikirche in Frankfurt ▪ Die güldne Sonne ▪ Üb immer Treu und Redlichkeit ▪ Der Mond ist aufgegangen ▪ Wach auf, meines Herzens Schöne ▪ Es ist ein harter Schluß, daß ich aus Frankfurt muß ▪ Ade, nun zur guten Nacht		x
undatiert	Gute Nacht	Druck	
undatiert	2 Jahrgänge für Walzenspiele, wahrscheinlich für 1938 und 1939 (Glockenchoräle)		x
undatiert	Choralsätze für die Walzen (besondere Hefte!)		x
undatiert	Glockenmusik für das Handspiel		x
undatiert	Variationen über den Preußischen Choral		x
undatiert	Wenn Gott will	Druck	
undatiert	Wie schön blüht uns	Druck	
undatiert	Kommt ihr Gespielen	Druck	
undatiert	Sollt ich meinem Gott nicht singen	Druck	

Jahr	Werke	Noten	nur aus Aufzeichnungen oder Mitschnitten bekannt, Noten sind nicht vorhanden
2. Lieder			
Kinderlieder:			
1934	Kindelein zart	Manuskript	
1938	Neue Lieder für kleine Kinder (Liedersammlung: 12 Lieder)	Druck	
1938	Der Brunnen: Neue Kinderlieder zum Klavier (12 Lieder)	Druck	
1939	Unsre Katz heißt Mohrle (Liedersammlung: 24 Lieder)	Druck	
1940	Weisse Blum – Rote Blum (Liedersammlung: 8 Lieder)	Druck	
1942	Jahresreigen: Musik mit Liedern und Tänzen für 2 Blockflöten in C oder andere Melodie-instrumente (auch „Liedkantate als Blockflötenstücke und Kinderlieder") Auch bei der Flötenmusik aufgeführt.	Druck	
undatiert	Neue Kinderlieder für 2 Blockflöten	Druck	
undatiert	Neue Kinderlieder zum Klavier	Druck	
undatiert	Abendlied	Druck	
undatiert	2 Kinderlieder: Das Vöglein fliegt zum ersten Mal („Erster Flug")	Manuskript	
undatiert	Schneemann	Manuskript	
undatiert	Das Fohlen ist braun	Druck	
undatiert	Ich trinke aus dem Brunnen		als NDR-Aufzeichnung
undatiert	Auf der Wiese bei dem Bach		als NDR-Aufzeichnung
undatiert	Patsche, patsche, Küchelein		als NDR-Aufzeichnung
undatiert	Fegt der Wind die Bäume leer		als NDR-Aufzeichnung
Geistliche Lieder:			
1935	Kleine Kantate: „Ich singe Dir mit Herz und Mund" für Chor, Einzelstimme und Streicher	Manuskript	
1935	Kanon: „Danket dem Herrn"	Manuskript	
1935	Kleine Motette: „Singet dem Herrn ein neues Lied" für Chor und Streichtrio	Manuskript	
undatiert	Ich singe Dir mit Herz und Mund	Manuskript	
undatiert	Singet dem Herrn ein neues Lied	Manuskript	
undatiert	Psalm 150 „Lobet den Herrn"	Manuskript	
undatiert	Danket dem Herrn	Manuskript	
undatiert	Kanon: „Amen"	Manuskript	

Jahr	Werke	Noten	nur aus Aufzeichnungen oder Mitschnitten bekannt, Noten sind nicht vorhanden
Weltliche Lieder:			
1935	Nichts kann uns rauben Liebe und Glauben an dieses Land (Bekenntnislied;Text 1923 von Karl Bräger)	In: „Wir wandern und singen“ (1937)	
1935	Der eine fragt: „Was kommt danach“ (nach Theodor Storm)	In: „Wir wandern und singen“ (1937)	
1935	Wo die Räder der Maschinen sausen (Lied der Arbeiter; Text Fritz Fuck)	In: „Wir wandern und singen“ (1937)	
1936	3 Lieder für Sopran (Maria, Sneewittchen, De Fischer)	Manuskript	
1943	4 Lieder für Sopran: Trinkt, o Augen (Liederkreis nach Gottfried Keller)	Druck	
undatiert	Nun will der Lenz uns grüßen	Manuskript	
undatiert	Auf, grüner Jung (Seemannslied)	Manuskript	
undatiert	Die beste Zeit im Jahr	Manuskript	
undatiert	Kennt ji all dat nije Lied	Manuskript	
undatiert	„Frühmorgens durch die Klüfte"		x
undatiert	Liedkantate über „Lasst uns all nach Hause gehen"		x
undatiert	Ans Werk und lasst die Räder sausen		x
undatiert	3 Ferienlieder „Wir wandern und singen“		x
Ab 1940 Militärlieder:			
1941	15 Liedsätze/Bearbeitungen für Klavier „Morgen marschieren wir“	Druck	
1941	Bearbeitungen von Chorsätzen in „Kameradschaft im Lied“		x
Nov 43	Kamerad, wenn wir marschieren	Druck	
Dez 43	Weihnacht der Soldaten (Nun sind die Herzen aufgetan)	Druck	
Jan 44	Den Staub der Straße hast Du bezwungen	Druck	
undatiert	Ein junges Volk steht auf	Manuskript	
undatiert	4 einzelne Lieder für Soldaten		x
3. Chormusik (z. T. Bearbeitung eigener Lieder)			
1935	Kleine Motette: „Singet dem Herrn ein neues Lied" für Chor und Streichtrio		x
1935	Kanon: "Danket dem Herrn"	Manuskript	
1935	„Wurze des Waldes und Erze des Goldes"		x

Jahr	Werke	Noten	nur aus Aufzeichnungen oder Mitschnitten bekannt, Noten sind nicht vorhanden
1935	„Kindelein zart" für dreistimmigen Frauenchor		x
1935	Kleine Kantate: „Ich singe Dir" für Chor, Einzelstimme und Streicher		x
1943	Junges Volk (26 Chorlieder für 3 Stimmen)	Manuskript	
undatiert	Auf, grüner Jung (Männerchor, Orchester und Handharmonika)	Manuskript	
undatiert	Der Käppen, der Stümann (Liederblatt der Kriegsmarine)	Druck	
undatiert	Kleine Chorwerke a-capella		x
4. Klaviermusik			
1941	15 Liedsätze/ Bearbeitungen für Klavier „Morgen marschieren wir"	Druck	
1942	Tanzreihe: Acht Stücke für Klavier	Druck	
1943	2 Fugen für Klavier im 6/8- und 4/4-Takt	Manuskript	
1943	Kleine Klaviermusik in 6 Stücken	Druck	
1943	Der Jahrmarkt: 10 Klavierstücke	Manuskript	
1943	Fuge für Klavier in F	Manuskript	
undatiert	Zwischenmusik für 2 Klaviere (zu Kinderliedern)		als NDR-Aufzeichnung
undatiert	„Hör doch in den Stube“ für 2 Klaviere, bearbeitet von Erich Bender	Manuskript	
undatiert	Klaviersatz zu Eichendorffs „Abend“	Manuskript	
5. Flöten- und Blechbläsermusik			
1938	Sonate für Altblockflöte in f und Klavier	Druck	
1938	Jahresreigen: Liedkantate als Blockflötenstücke und Kinderlieder Auch bei den Kinderliedern aufgeführt.	Manuskript	
undatiert	Die Jägerei: Musik für 2 Blockflöten oder andere Melodieinstrumente	Druck	
undatiert	Kleine Suite für zwei Blockflöten (möglicherweise identisch mit „Die Jägerei“		x
undatiert	Gute Nacht: Vor- und Nachspiel für 2 Flöten	Manuskript	
undatiert	Langsamer Satz für Blockflöte und Klavier in F-dur	Manuskript	
undatiert	Sterben ist eine schwere Buß: 2 Sätze für Altflöte	Manuskript	
undatiert	„Nun laßt die Fahnen fliegen" für 4 Blechbläser und Pauke	Manuskript	
6. Kammermusik und Sonstiges			
1937	14 Kinderlieder-Sätze für 6 Instrumente	Manuskript	

Jahr	Werke	Noten	nur aus Aufzeichnungen oder Mitschnitten bekannt, Noten sind nicht vorhanden
undatiert	Bläserzwischenspiele für ein Glockenkonzert		x
undatiert	Wehnachtslieder für Streichquartett		x
undatiert	Liedsätze für 5 Instrumente		x
undatiert	Musik zum Märchen „Das Lied der Amsel"		x
undatiert	Musik zu „Schneemann, Flockenreich"		x
undatiert	Kinderlieder für Streichquartett		x
undatiert	Weihnachtslieder für Streichquartett		x
undatiert	Triosätze von Volks- und Kinderliedern		x
undatiert	Sätze zu Sudetenländern		x

17 Tonträgerarchiv

Titel	Besetzung	Tonträger	Aufnahmejahr	Archiv
Hans Kotter: Fantasia in ut für Orgel	Solist Wilhelm Bender	Platte	1938	Deutsche Welle/ Deutschlandsender und Deutsches Rundfunkarchiv Wiesbaden
Paul Hofhaimer: Nach Willen dein für Orgel	Solist Wilhelm Bender	Platte	1938	Deutsche Welle/ Deutschlandsender und Deutsches Rundfunkarchiv Wiesbaden
Paul Hofhaimer: Carmen magistri Pauli für Orgel	Solist Wilhelm Bender	Platte	1938	Deutsche Welle/ Deutschlandsender und Deutsches Rundfunkarchiv Wiesbaden
Hans Kotter: Prooemium in re für Orgel	Solist Wilhelm Bender	Platte	1938	Deutsche Welle/ Deutschlandsender und Deutsches Rundfunkarchiv Wiesbaden
Franz Xaver Anton Murschhauser: Variationen über eine Hirtenweise für Orgel	Solist Wilhelm Bender	Platte	1938	Deutsche Welle/ Deutschlandsender und Deutsches Rundfunkarchiv Wiesbaden
Kaspar Krell: Canzona für Orgel	Solist Wilhelm Bender	Platte	1938	Deutsche Welle/ Deutschlandsender und Deutsches Rundfunkarchiv Wiesbaden
Johann Jacob Froberger: Toccata für Cembalo	Solist Wilhelm Bender	Band von Platte	1939	Deutsche Welle/ Deutschlandsender und Deutsches Rundfunkarchiv Berlin
Suite für Glockenspiel	Solist Wilhem Ritter	MC	1989	privat
Suite für Glockenspiel	Solist Jeffery Bossin	MC	2001	privat
Zwischenmusik	Klavier	Band	1962	NDR
Wo tut's weh („Kälbchen und Kuh")	Kinderchor	CD	1954	privat und HR
Wo tut's weh	Chor und Instrumentalgruppe	Band	1954	Deutsches Rundfunkarchiv Berlin
Wo tut's weh	Streichquartett	Band	1959	NDR
Das Kälbchen liegt im Stroh	Kinderstimme	Band	1952	NDR
Das Kälbchen liegt im Stroh	Solo und Klavier	Band	1953	NDR
Das Kälbchen liegt im Stroh	Kinderchor	CD	1956	privat und HR
Das Kälbchen liegt im Stroh	Kinderstimme mit Guitarre	Band	1956	Deutsches Rundfunkarchiv Berlin
Das Kälbchen liegt im Stroh	Kinderchor mit Guitarre	Band	1966	Deutsche Rundfunkarchiv Babelsberg [1)]
Das Kälbchen liegt im Stroh	Kinderchor mit Instrumentalgruppe	Band	1970	Deutsches Rundfunkarchiv Babelsberg
Der Schaffner hebt den Stab	Kinderchor	Band	1953	NDR
Der Schaffner hebt den Stab	Cembalo	Band	1954	NDR
Der Schaffner hebt den Stab	Kinderchor mit Guitarre	Band	1960	Deutsches Rundfunkarchiv Babelsberg
Der Schaffner hebt den Stab	Kinderchor	CD	1960	privat und HR

Titel	Besetzung	Tonträger	Aufnahme-jahr	Archiv
Der Schaffner hebt den Stab	Kinderchor	Band	1962	NDR
Der Schaffner hebt den Stab	Instrumentalgruppe	Band	1962	NDR
Der Schaffner hebt den Stab	Kinderchor mit Instrumentalgruppe	Band	1969	Deutsches Rundfunkarchiv Babelsberg
Bleib ein Weilchen unterstehn	Kleiner Kinderchor des Deutschlansenders mit Gitarre	Platte	1970	VEB Deutsche Schallplatten Berlin
Der Schaffner hebt den Stab	Kleiner Kinderchor des Deutschlandsenders mit Gitarre	Platte	1970	VEB Deutsche Schallplatten Berlin
Der Schaffner hebt den Stab	Kinderchor mit Instrumentalgruppe	Band	1987	Deutsches Rundfunkarchiv Babelsberg
Der Schaffner hebt den Stab	Kinderchor mit Ensemble	Band	1961	Bayerischer Rundfunk
Der Thomas hebt den Stab	Kinderchor mit Instrumentalgruppe	Band	1979	MDR
Unsre Katz heißt Mohrle	Sänger mit Guitarre und Ensemble	CD	unbekannt	Bayerischer Rundfunk
Unsere Katz heißt Mohrle	Kinderstimme	Band	1952	NDR
Unsere Katz heißt Mohrle	Solo und Klavier	Band	1953	NDR
Unsere Katz heißt Mohrle	Kinderchor mit Akkordeon und Guitarre	Band	1954	Deutsches Rundfunkarchiv Berlin
Unsere Katz heißt Mohrle	Kinderchor	CD	1954	privat und HR
Unsere Katz heißt Mohrle	Kinderchor mit Instrumentalgruppe	Band	1954	Deutsches Rundfunkarchiv Berlin
Unsere Katz heißt Mohrle	Instrumentalgruppe	Band	1962	NDR
Unsere Katz heißt Mohrle	Kinderchor	Band	1962	NDR
Unsere Katz heißt Mohrle	Kinderchor	CD	1966	privat und HR
Unsere Katz heißt Mohrle	Kinderchor mit Instrumentalgruppe	Band	1966	Deutsches Rundfunkarchiv Babelsberg
Unsere Katz heißt Mohrle	Kinderchor mit Guitarre	Band	1991	Deutsches Rundfunkarchiv Babelsberg
Bleib ein Weilchen unterstehen	Kinderchor	Band	1952	NDR
Bleib ein Weilchen unterstehen	Cembalo	Band	1954	NDR
Bleib ein Weilchen unterstehen	Chor und Solo	Band	1954	NDR
Bleib ein Weilchen unterstehen	Solo	Band	1955	NDR
Bleib ein Weilchen unterstehen	Kinderchor	Band	1958	NDR
Bleib ein Weilchen unterstehen	Kinderchor mit Guitarre	Band	1961	Deutsches Rundfunkarchiv Babelsberg
Bleib ein Weilchen unterstehen	Klavier	Band	1963	NDR
Bleib ein Weilchen unterstehen	Kinderchor	CD	1983	Deutsches Rundfunkarchiv Babelsberg
Bleib ein Weilchen unterstehen	Kinderchor mit Instrumentalgruppe	Band	1983	privat und HR
Niklaus, Niklaus ("Hör doch in den Stuben")	Kinderchor mit Guitarre	Band	1959	Deutsches Rundfunkarchiv Babelsberg

Titel	Besetzung	Tonträger	Aufnahme-jahr	Archiv
Niklaus, Niklaus	Kinderchor mit Instrumentalgruppe	Band	1965	privat und HR
Niklaus, Niklaus	Kinderchor	CD	1965	privat und HR
Niklaus, Niklaus	Kinderchor mit Instrumentalgruppe	Band	1965	Deutsche Rundfunkarchiv Babelsberg
Niklaus, Niklaus	Kinderchor mit Orchester	Band	1978	MDR
Niklaus, Niklaus	Kinderchor mit Streichquartett	Band	1993	MDR
Der Milchmann	Kinderchor	Band	1952	NDR
Der Milchmann	Kinderchor	Band	1953	NDR
Der Milchmann	Kinderchor	CD	1956	privat und HR
Der Milchmann	Chor mit Guitarre	Band	1956	Deutsches Rundfunkarchiv Berlin
Wir stapfen durch den Schnee	Kinderchor	Band	1953	NDR
Wir stapfen durch den Schnee	Kinderchor	Band	1954	NDR
Wir stapfen durch den Schnee	Kleinstkinderchor	Band	1954	NDR
Wir stapfen durch den Schnee	Kinderchor	CD	1954	privat und HR
Wir stapfen durch den Schnee	Mädchenstimme mit Instrumentalgruppe	Band	1954	Deutsches Rundfunkarchiv Berlin
Wir stapfen durch den Schnee	Kinderchor	Band	1959	NDR
Wir stapfen durch den Schnee	Streichquartett	Band	1959	NDR
Patsche, Patsche, Kochelchen	Kinderchor	Band	1961	NDR
Fegt der Wind die Bäume leer	Chor und Klavier	Band	1956	NDR
Backe, backe, Kuchen	Kinderstimme	Band	1952	NDR
Heisa, trara, der Sommer ist da	Kleinstkinderchor	Band	1962	NDR
Steh auf, steh auf, zum Was-serchen lauf	Cembalo	Band	1954	NDR
Steh auf, steh auf	Solo	Band	1955	NDR
Steh auf, steh auf	Solo	Band	1959	NDR
Steh auf, steh auf	Instrumentalgruppe	Band	1962	NDR
Steh auf, steh auf	Kinderchor	Band	1962	NDR
Guten Morgen, Herr Bäcker	Kinderchor	Band	1952	NDR
Guten Morgen, Herr Bäcker	Kinderchor	Band	1953	NDR
Guten Morgen, Herr Bäcker	Cembalo	Band	1954	NDR
Guten Morgen, Herr Bäcker	Kinderchor	Band	1962	NDR
Das Fohlen ist braun	Kinderstimme	Band	1952	NDR
Das Fohlen ist braun	Kinderchor	Band	1952	NDR
Das Fohlen ist braun	Kinderchor	Band	1959	NDR
Liederstrauß (7 Kinderlieder)	Cembalo	Band	1954	NDR
Nun sagen wir euch allen gute Nacht	Kinderchor	Band	1952	NDR
Nun sagen wir euch allen gute Nacht	Kinderstimme	Band	1953	NDR
Nun sagen wir euch allen gute Nacht	Kleinstkinderchor	Band	1964	NDR
Wir sehen deinen Stern	Kinderchor	Band	1952	NDR

Titel	Besetzung	Tonträger	Aufnahme-jahr	Archiv
Wir sehen deinen Stern	Kinderchor	Band	1953	NDR
Wir sehen deinen Stern	Kinderchor	Band	1954	NDR
Mein Häuschen (Herr Maurer)	Kinderchor	Band	1952	NDR
Mein Häuschen (Herr Maurer)	Kinderchor	Band	1953	NDR
Mein Häuschen (Herr Maurer)	Instrumentalgruppe	Band	1962	NDR
Mein Häuschen (Herr Maurer)	Kinderchor	Band	1962	NDR
Frühling, Frühling, werft die Mützen	Cembalo	Band	1953	NDR
Frühling, Frühling, werft die Mützen	Kinderchor	Band	1953	NDR
Frühling, Frühling, werft die Mützen	Kinderchor	Band	1954	NDR
Frühling, Frühling, werft die Mützen	Kinderchor	Band	1955	NDR
Frühling, Frühling, werft die Mützen	Kinderchor	Band	1958	NDR
Frühling, Frühling, werft die Mützen	Kinderchor	Band	1962	NDR
Den Wagen voll Heu	Kinderstimme	Band	1952	NDR
Den Wagen voll Heu	Kinderchor	Band	1953	NDR
Der Wagen voll Heu	Kinderstimme	Band	1953	NDR
Der Wagen voll Heu	Kinderchor	Band	1959	NDR
Der Wagen voll Heu	Solo	Band	1963	NDR
Liebes Hündchen, krieg mich doch	Kinderstimme	Band	1952	NDR
Liebes Hündchen, krieg mich doch	Kinderchor	Band	1953	NDR
Liebes Hündchen, krieg mich doch	Solo	Band	1953	NDR
Liebes Hündchen, krieg mich doch	Kinderchor	Band	1957	NDR
Der Schnee ist leis' gesunken	Kinderchor	Band	1952	NDR
Der Schnee ist leis' gesunken	Kinderchor	Band	1953	NDR
Der Schnee ist leis' gesunken	Solo	Band	1955	NDR
Der Schnee ist leis' gesunken	Kinderchor	Band	1958	NDR
Der Schnee ist leis' gesunken	Kleinstkinderchor	Band	1962	NDR
Kinderlieder Wilhelm Bender	Solo	Band	1955	NDR
Langer Franz	2 Kinderstimmen	Band	1955	NDR
Langer Franz	Instrumentalgruppe	Band	1955	NDR
Langer Franz	2 Kinderstimmen	Band	1958	NDR
Langer Franz	Instrumentalgruppe	Band	1958	NDR
Langer Franz	Instrumentalgruppe	Band	1964	NDR
Die Sternlein kommen heraus	Solo	Band	1955	NDR
Die Sternlein kommen heraus	Kleinstkinderchor	Band	1964	NDR

Titel	Besetzung	Tonträger	Aufnahme-jahr	Archiv
Falle, falle gelbes Blatt	Kinderchor und Streichquartett	Band	1955	NDR
Falle, falle gelbes Blatt	Solo	Band	1955	NDR
Falle, falle, gelbes Blatt	Kinderchor	Band	1955	NDR
Falle, falle, gelbes Blatt	Kinderchor	Band	1959	NDR
Falle, falle, gelbes Blatt	Kinderchor mit Instrumentalgruppe	Band	1971	Deutsches Rundfunkarchiv Babelsberg
Piep, piep, piep, hab das Vöglein lieb	Kleinstkinderchor	Band	1954	NDR
Piep, piep, piep, hab das Vöglein lieb	Kinderchor	Band	1958	NDR
Piep, piep, piep, hab das Vöglein lieb	Kleinstkinderchor	Band	1963	NDR
Piep, piep, piep, hab das Vöglein lieb	Instrumentalgruppe	Band	1963	NDR
Christoffel, Christoffel	Kinderchor	Band	1962	NDR
Christoffel, Christoffel	Solo	Band	1963	NDR
Christoffel, Christoffel	Klavier	Band	1963	NDR
Auf der Wiese bei dem Bach	Kinderchor	Band	1954	NDR
Auf der Wiese bei dem Bach	Kinderchor	Band	1957	NDR
Nun sagen wir euch allen gute Nacht	Kinderchor	Band	1954	NDR
Nun sagen wir euch allen gute Nacht	Solo	Band	1955	NDR
Nun sagen wir euch allen gute Nacht	Solo Kleinkind	Band	1955	NDR
Ein Kuckuck auf dem Baume saß	Kinderchor	Band	1958	NDR
Hört doch in den Stuben	Kinderchor	Band	1962	NDR
Hört doch in den Stuben	Kinderchor	Band	1962	NDR
Hört dort in den Stuben	Kinderchor	CD	unbekannt	Bayerischer Rundfunk
Hört doch in den Stuben	Zwischenmusik	Band	1963	NDR
Komm, wir wollen tanzen	Kinderchor	Band	1952	NDR
Komm, wir wollen tanzen	Kinderchor	Band	1953	NDR
Komm, wir wollen tanzen	Kinderchor	Band	1962	NDR
Gesungen, gesungen, da kommt das Jahr gesprungen ("Neujahrslied")	Kinderchor	Band	1951	NDR
Gesungen, gesungen	Instrumentalgruppe	Band	1955	NDR
Gesungen, gesungen	Text gesprochen	Band	1955	NDR
Gesungen, gesungen	Kinderchor	Band	1958	NDR
Gesungen, gesungen	Solo	Band	1959	NDR
Gesungen, gesungen	Kinderchor	Band	1959	NDR
Gesungen, gesungen	Instrumentalgruppe	Band	1964	NDR
Gesungen, gesungen	Kleinstkinderchor	Band	1964	NDR
Gesungen, gesungen	Text gesprochen	Band	1964	NDR
Sitzt ein kleines Kätzchen	Kleinstkinderchor	Band	1955	NDR
Sitzt ein kleines Kätzchen	Solo	Band	1955	NDR
Sitzt ein kleines Kätzchen	Instrumentalgruppe	Band	1955	NDR
Sitzt ein kleines Kätzchen	Solo	Band	1958	NDR

Titel	Besetzung	Tonträger	Aufnahme-jahr	Archiv
Sitzt ein kleines Kätzchen	Instrumentalgruppe	Band	1958	NDR
Sitzt ein kleines Kätzchen	Kleinstkinderchor	Band	1958	NDR
Sitzt ein kleines Kätzchen	Instrumentalgruppe	Band	1964	NDR
Ich trinke aus dem Brunnen	Klavier	Band	1954	NDR
Ich trinke aus dem Brunnen	Kinderchor	Band	1954	NDR
Ich trinke aus dem Brunnen	Klavier	Band	1963	NDR
Langer Franz	2 Sänger mit Instrumentalgruppe	Band	1962	Bayerischer Rundfunk
Auf der Wiese bei dem Bach	Kinderchor	Band	1962	Bayerischer Rundfunk
Unsre Katz heißt Mohrle	Kleiner Kinderchor mit Ensemble	CD	unbekannt	Bayerischer Rundfunk

1) Im Deutschen Rundfunkarchiv Babelsberg sind Aufnahmen des ehemaligen Deutschlandsenders gelagert.

18 Abkürzungsverzeichnis

Apg	Apostelgeschichte
ApU	Altpreußische Union
ARG	Ausschuss für Rückführungen von Glocken
BDC	Berlin Document Center
BDM	Bund Deutscher Mädel
BK	(Glaubensbewegung) Bekennende Kirche
BRD	Bundesrepublik Deutschland
CD	Compact Disc
DAF	Deutsche Arbeitsfront
DC	(Glaubensbewegung) Deutsche Christen
DDR	Deutsche Demokratische Republik
d. h.	das heißt
d. Jhs	des Jahres
DEG	Deutsche evangelische Gemeinde
DEK	Deutsche Evangelische Kirche
DJ	Deutsches Jungvolk
DRA	Deutsches Rundfunkarchiv
DNVP	Deutschnationale Volkspartei („Kampffront Schwarz-Weiß-Rot")
DVA	Deutsches Volkslied-Archiv
EGOWiG	Einführungsgesetz zum Ordnungswidrigkeitengesetz
ELAB	Evangelisches Landeskirchliches Archiv Berlin
EKD	Evangelische Kirche Deutschlands
E.O.K	Evangelischer Oberkirchenrat
Eph.	Epheser
Epl.	Epistel
ERR	Einsatzstab Reichsleiter Rosenberg
ev.	evangelisch
ff.	folgende
Frh.	Freiherr
GEMA	Gesellschaft für musikalische Aufführungs- und mechanische Vervielfältigungsrechte
Gestapo	Geheime Staatspolizei
HR	Hessischer Rundfunk
Hrsg.	Herausgeber
HJ	Hitlerjugend
i.d.R	in der Regel
JM	Jungmädel
Kap.	Kapitel
KdF	Kraft durch Freude
KfdK	Kampfbund für deutsche Kultur

Kol.	Kolosser
Kor.	Korinther
KZ	Konzentrationslager
lt.	laut
Mt	Matthäus
MDR	Mitteldeutscher Rundfunk
NDC	Nationalchristliche Deutsche Christen
Nazi	Nationalsozialist
NSLB	Nationalsozialistischer Lehrerbund
NSRB	Nationalsozialistischer Deutscher Reichswahrerbund
NDR	Norddeutscher Rundfunk
NS	Nationalsozialismus, nationalsozialistisch(e)
NSDAP	Nationalsozialistische Deutsche Arbeiterpartei
NSV	Nationalsozialistische Volkswohlfahrt
o. g.	oben genannt
PDF	Portable Document Format
RDC	Reichsbewegung Deutsche Christen
RDB	Reichsbund der Beamten
RGBl.	Reichsgesetzblatt
RKK	Reichskulturkammer
RMK	Reichsmusikkammer
RRG	Reichs-Rundfunk-Gesellschaft
SA	Sturmabteilung
Sch.A.Anw.	Schul-Amtsanwärter
SS	Schutzstaffel
StGB	Strafgesetzbuch
Str.	Strophe
u. a.	unter anderem
uk	unabkömmlich
usw.	und so weiter
vgl.	vergleiche
VHS	Volkshochschule
VEB	Volkseigener Betrieb
WCF	World Carillon Federation
WHW	Winterhilfswerk des Deutschen Volkes
z. B.	zum Beispiel
z. T.	zum Teil

19 Personenregister

20 Bibliografie

Adorno, Theodor W.: Dissonanzen, Musik in der verwalteten Welt. Gesammelte Schriften, Band 14, 7. Auflage, Frankfurt am Main 1991

Albrecht, Christoph: Einführung in die Liturgik, Göttingen 1983

Allihn, Ingeborg: „Welch Größe, herrliche Stadt". Vom Fischerdorf zur Weltstadt. In: Wie mit vollen Chören. 500 Jahre Kirchenmusik in Berlins historischer Mitte. Hrsg. Ingeborg Allihn und Wilhelm Poeschel, Berlin 2010

Allihn, Ingeborg und Poeschel, Wilhelm (Hrsg): Wie mit vollen Chören. 500 Jahre Kirchenmusik in Berlins historischer Mitte. Berlin 2010

Aly, Götz: Hitlers Volksstaat. Raub, Rassenkrieg und nationaler Sozialismus. Frankfurt am Main 2005

Aly, Götz: Warum die Deutschen? Warum die Juden? Gleichheit, Neid und Rassenhass. Frankfurt 2011

Ansgar, Franz: „O Haupt voll Blut und Wunden". In: Geistliches Wunderhorn. Große deutsche Kirchenlieder. Hrsg. Becker, Franz, Henkys, München 2001

Arnhold, Oliver: Der kirchliche Antisemitismus während der Zeit des Nationalsozialismus, untersucht an der Arbeit des Eisenacher Instituts zur Erforschung und Beseitigung des jüdischen Einflusses auf das deutsche kirchliche Leben 1939-1945. Paderborn 1994

Ausstellungskatalog des Bachhauses Eisenach: „Blut und Geist. Bach, Mendelssohn und ihre Kritik im Dritten Reich." Eisenach 2009

Badstübner-Gröger, Sibylle: „Die Parochialkirche in Berlin". Große Baudenkmäler, Heft 525, München-Berlin 1998

Becher, Werner und **Fischer,** Roman (Hrsg.): Die Alte Nikolaikirche am Römerberg. Studien zur Stadt- und Kirchengeschichte. In: Studien zur Frankfurter Geschichte, Band 32. Frankfurt am Main 1992

Benz, Wolfgang und **Graml,** Hermann sowie **Weiß,** Hermann (Hrsg.): Enzyklopädie des Nationalsozialismus. Klett-Cotta 2007

Bergen, Doris L.: Twisted Cross. The German Christian Movement in the Third Reich, USA 1996

Berlioz, Louis Hector: Grand Traté d'Instrumentation et d'Orchestration modernes, Paris 1856

Besier, Gerhard: Die Kirchen und das Dritte Reich. Spaltungen und Abwehrkämpfe 1934–1937. Berlin 1987

Borggräfe, Henning: Schützenvereine im Nationalsozialismus. Pflege der „Volksgemeinschaft" und Vorbereitung auf den Krieg 1933-1945. Forum Regionalgeschichte Band 16, Münster 2010

Bossin, Jeffery: "The Berlin Carillon – 1706 to 1944". In: Bulletin of the Guild of Carillonneurs in North America, Vol. XXXIII, January 1984

Bossin, Jeffery: Die Carillons in Deutschland. Teil II: Die deutsche Carillonkultur im 20. Jahrhundert: Blüte und Vernichtung, Wiederaufbau und Wiedervereinigung. In: Jahrbuch für Glockenkunde, 5-6. Band 1993/94

Bossin, Jeffery: Die Carillons von Berlin und Potsdam: Fünf Jahrhunderte Turmglockenspiel in der Alten und Neuen Welt, Berlin 1991

Brinkmann, Reinhold und **Wolf**, Christoph (Hrsg.): Driven into Paradise. The Musical Migration from Nazi Germany to the Unites States. Berkeley, Los Angeles, London 1999

Brunners, Christian: Kirchenmusik und „Liederfrühling" in schweren Zeiten: das 17. Jahrhundert. In: Wie mit vollen Chören. 500 Jahre Kirchenmusik in Berlins historischer Mitte. Hrsg. Ingeborg Allihn und Wilhelm Poeschel, Berlin 2010

Buddrus, Michael: Totale Erziehung für den totalen Krieg. Hitlerjugend und nationalsozialistische Jugendpolitik, Teil 1 und 2, München 2003

Bullmann, Franz und **Rathert,** Wolfgang sowie **Schenk,** Dietmar (Hrsg.): Paul Hindemith in Berlin, Berlin 1997

Cahn, Peter: Das Hoch'sche Konservatorium in Frankfurt am Main (1878–1978), Frankfurt/Main 1979

Chamberlain, Housten Stewart: „Die Grundlagen des XIX. Jahrhunderts", München 1899

Carr, Jonathan: Der Wagner Clan, Geschichte einer deutschen Familie. Hamburg 2008

Conze, Eckart; **Frei,** Norbert; **Hayes,** Peter; **Zimmermann,** Moshe: Das Amt und die Vergangenheit, Deutsche Diplomaten im Dritten Reich und in der Bundesrepublik. München 2010

Cornehl, Peter: „Evangelischer Gottesdienst von der Reformation bis zur Gegenwart". In: Theologische Realenzyklopädie TRE, Band XIV, 1985

Der Spiegel: Der Anfang vom Untergang. In Nr. 3, 2008

Die Reichsorganisationsleiter der NSDAP (Hrsg.): Organisationsbuch der NSDAP. München 1937

Eichenau, Richard: Musik und Rasse, München 1932

Einstein, Alfred: Die Romantik in der Musik. Stuttgart-Weimar 1992

Eißfeld, Edith: Spielen mit Musik, Altenmedingen 1992

Ellerbrook, Ruth (Hrsg.): Vom Chaos zum KOSMOS: Beiträge zur Geschichte der Volkshochschule Charlottenburg im Jubiläumsjahr 1995.Berlin 1995

EKD-Texte 93: „Gott in der Stadt. Perspektiven evangelischer Kirche in der Stadt. Evangelische Kirche in Deutschland". Hannover 2007

Engl, Heinz und Feldhaus, Karl: „Ein Anfang mit Musik, 130 Vorschläge für die Praxis elementarer Musikerziehung in Kindergarten und Grundschule", Mainz 1985

Entartet? Kunst und Musik in der Zeit des Nationalsozialismus (Lehrerheft), Stuttgart-Düsseldorf-Leipzig 2006

Erk, Ludwig: Deutscher Liederhort. Auswahl der vorzüglichsten Deutschen Volkslieder". Umgearbeitet und fortgesetzt von Franz M. Böhme, Neudrucke Hildesheim – Zürich – New York 1963 und 1988

Fenske, Wolfgang: Wie Jesus zum „Arier" wurde. Auswirkungen der Entjudaisierung Christi im 19. und zu Beginn des 20. Jahrhunderts. Wissenschaftliche Buchgesellschaft, Darmstadt 2005

Fest, Joachim: Ich nicht. Erinnerungen an eine Kindheit und Jugend, Hamburg 2006

Fetthauer, Sophie: Musikverlage im „Dritten Reich“ und im Exil. Band 10 der Schriftenreihe „Musik im Dritten Reich und im Exil“. Hamburg 2004

Feuchtwanger, Lion: Erfolg. Drei Jahre Geschichte einer Provinz. Berlin 1930

Fischer-Defoy, Christine: Kunst, im Aufbau ein Stein. Die Westberliner Kunst- und Musikhochschulen im Spannungsfeld der Nachkriegszeit. Berlin 2001

Fischer-Defoy, Christine: Kunst, Macht, Politik. Die Nazifizierung der Kunst- und Musikhochschulen in Berlin. Berlin 1987

Fontane, Theodor: Frau Jenny Treibel, Berlin 1893

Frankfurt Glockenbuch. Mitteilungen aus dem Frankfurter Stadtarchiv 4, Frankfurt am Main 1986

Gailus, Manfred: Diskurse, Bewegungen, Praxis: Völkisches Denken und Handeln bei den „Deutschen Christen“. Unveröffentlichtes Vortragsmanuskript, Berlin 201

Gailus, Manfred(Hrsg.): Elisabeth Schmitz und ihre Denkschrift gegen die Judenverfolgung. Konturen einer vergessenen Biografie (1893-1977). Berlin 2008

Gailus, Manfred (Hrsg.): Kirchliche Amtshilfe. Die Kirche und die Judenverfolgung im „Dritten Reich“.Göttingen 2008

Gailus, Manfred: Mir aber zerriss es das Herz. Der stille Widerstand der Elisabeth Schmitz. Göttingen 2010

Gailus, Manfred: Protestantismus und Nationalsozialismus. Studie zur nationalsozialistischen Durchdringung des protestantischen Sozialmilieus in Berlin. Köln 2001

Gailus, Manfred: Vom Feldgeistlichen des ersten Weltkriegs zum politischen Prediger des Bürgerkriegs. Kontinuitäten in der Berliner Pfarrerfamilie Wessel. In: Zeitschrift für Geschichtswissenschaft ZfG Jahrgang 50, Heft 9 aus 2002

Gailus, Manfred: Vom „gottgläubigen“ Kirchenkämpfer Rosenbergs zum „christgläubigen“ Pfarrer Niemöller: Matthes Zieglers wunderbare Wandlungen im 20. Jahrhundert“. In: „Zeitschrift für Geschichtswissenschaften“, 54. Jahrgang, Heft 11, 2006

Gailus, Manfred und **Kroge,** Wolfgang (Hrsg.): Von der babylonischen Gefangenschaft der Kirche im Nationalen. Regionalstudien zu Protestantismus, Nationalsozialismus und Nachkriegsgeschichte 1930 bis 2000. Berlin 2006

Geck, Martin: „So kann es gewesen sein...so muß es gewesen sein...Zum 25. Todestag des Musikforschers Heinrich Besseler“. In: Musica, Band 48, Heft 4, 1994

Gemeindekirchenrat der Evangelischen Kirchengemeinde St. Marien (Hrsg): 300 Jahre Parochialkirche. Beiträge zur Geschichte. Berlin 2003

Gesangbuch für die Kriegsmarine, Oldenburg 1940

Goebbels, Joseph: „Die deutsche Kultur vor neuen Aufgaben. Signale der neuen Zeit“. München 1934

Hamann, Brigitte: Hitlers Edeljude. Das Leben des Armenarztes Eduard Bloch, München-Zürich 2008

Hammer, Christian und **Teicher,** Peter: Die Parochialkirche zu Berlin, Berlin-München 2009

Harvey, Elizabeth: „Der Osten braucht Dich!“ Frauen und nationalsozialistische Germanisierungspolitik. Hamburg 2010

Hattenhauer, Hans: Johann Sebastian Bach und die Politik – Zur Kantate „Schleicht, spielende Wellen“ (BWV 206). In: Bürgerliche Freiheit und Christliche Verantwortung. Festschrift für Christoph Link zum 70. Geburtstag. Hrsg. Heinrich de Wall und Michael Germann, Tübingen 2003

Hauschild, Wolf-Dieter: Lehrbuch der Kirchen- und Dogmengeschichte, Band 2, Reformation und Neuzeit, Gütersloh 1999

Heitmann, Fritz: „Die Orgel – das Instrument unserer Zeit“. In: Jahrbuch der deutschen Musik 1943. Berlin 1942

Herbst, Wolfgang: Das Lied von den „morschen Knochen“ und sein theologischer Ziehvater Anton Stonner. In: Kirchliche Zeitgeschichte, 19. Jhg, Heft 2, 2006

Herbst, Wolfgang (Hrsg.): Evangelischer Gottesdienst. Quellen zu seiner Geschichte. Göttingen 1992

Herbst, Wolfgang: „Evangelische Kirchenmusik und Nationalsozialismus.“ Vortrag vom 6.3.2005 in der Frankfurter Nikolaikirche (im Internet unter „antifa.frankfurt.org/Nachrichten/kirchenmusik_und_nationalsozialismus.html“ veröffentlicht)

Hermelink, Heinrich: Kirche im Kampf. Dokumente 1933–1945. Tübingen und Stuttgart 1959

Heyden, Ulrich van der: Rote Adler an Afrikas Küsten. Die brandenburgisch-preußische Kolonie Großfriedrichsburg in Westafrika. Berlin 2001

Hindemith, Paul: Johann Sebastian Bach. Ein verpflichtendes Erbe. Insel-Bücherei Nr. 575, Frankfurt am Main 1953

Hindemith, Paul: Unterweisung im Tonsatz. I. Theoretischer Teil, Mainz 1937

Hoffmann, E. T. A.: Alte und neue Kirchenmusik. In: Allgemeine Musikalische Zeitung Nr. 35 vom 31. August 1814, Nr. 36 vom 7. September 1814, Nr. 37 vom 14. September 1814

Hitler, Adolf: Mein Kampf, 598./602. Auflage, München 1941

Huck, Eva Christine: „Die Glocke in der Musikliteratur“. In: Frankfurter Glockenbuch, Hrsg. Konrad Bund, Frankfurt/Main 1986

Hutmacher, Hans A.: Symbolik der biblischen Zahlen und Zeiten. Paderborn-München-Wien-Zürich 1993

Isaac, Jules: Genesis des Antisemitismus. Wien, Frankfurt, Zürich 1968

Irmen, Hans-Josef: Mozart - Mitglied geheimer Gesellschaften, Essen 1988

Jahn, Dieter: „Solange ich hier bin“. Evaristos Glassner und die evangelische Kirchenmusik im Dritten Reich. In: Musik und Kirche, Jahrgang 1989

Jungklaus, Bettina: „Die Mumien in der Gruft der Parochialkirche in Berlin – Ergebnisse der anthropologischen Untersuchung“. In: Mitteilungen der Berliner Gesellschaft für Anthropologie, Ethnologie und Urgeschichte, Band 23, 2002

Kaepernick, Karlheinz: Persönliche Aufzeichnungen zur Geschichte der Parochialkirche von 1903–1968. Privatdruck (im Familienbesitz), Berlin 2010

Katalog zur Ausstellung im Deutschen Historischen Museum in Berlin: „Ordnung und Verstrickung. Die Polizei im NS-Staat“. Dresden 2011

Kater, Michael H.: Die missbrauchte Muse. Musiker im Dritten Reich, München-Zürich 2000

Kater, Michael H.: „Bürgerliche Jugendbewegung und Hitlerjugend in Deutschland von 1926-1939“. In: Archiv für Sozialgeschichte, Jahrgang 17, 1977

Kater, Michael H.: HITLERJUGEND, Darmstadt 2005

Kater, Michael H.: The Nazi Party: A Social Profile of Members and Leaders, 1919-1945. Cambridge, Mass. 1983

Knorr, Ernst-Lothar von: Lebenserinnerungen. Mit einer Einführung von Thomas Schipperges, Köln 1996

Knorr, Ernst-Lothar von: „Musik im Heer“. In: Musik im Volk. Grundfragen der Musikerziehung. Hrsg. Wolfgang Stumme, Berlin 1939

Knorr, Ernst-Lothar von: „Wehrmachtsmusik und Jugend“. In: Deutsche Musikkultur 4, 1939

Koschel, Alexander: Im Wandel der Zeit. Die Ladegasts und ihre Orgeln. Friedrichshafen 2004

Krebs, Daniel: „Die Beigesetzten der Gruftgewölbe in der Parochialkirche zu Berlin im historischen Kontext“. In: Mitteilungen der Berliner Gesellschaft für Anthropologie, Ethnologie und Urgeschichte, Band 23, 2002

Kruse, Matthias: „Frisch gesungen!“ Studien zur Geschichte des Schulmusikbuches in der ersten Hälfte des 20. Jahrhunderts. Münster-Hamburg 1992

Kück, Cornelia: Kirchenlied im Nationalsozialismus. Die Gesangbuchreform unter dem Einfluss von Christhard Mahrenholz und Oskar Söhngen. Leipzig 2003

Kühl-Freudenstein, Neuss, Wagener (Hrsg.): Kirchenkampf in Berlin 1932-1945. 42 Stadtgeschichten. Berlin 1999

Kuropka, Joachim (Hrsg.): Streitfall Galen. Studien und Dokumente. Münster 2007

Kurzgefasstes Tonkünstler-Lexikon, Band 1: A-K, 15. Auflage, Wilhelmshaven 1971

Lazarus-Gemeinde: Aus der Geschichte der Lazarus-Gemeinde anlässlich ihres 110-jährigen Bestehens (1896-2006), Berlin 2006

Lendvai, Ernó: Béla Bartók. An analysis of his music. London 1971

Lenz, Hans Friedrich: „Sagen Sie, Herr Pfarrer, wie kommen Sie zur SS? Bericht eines Pfarrers der Bekennenden Kirche über seine Erlebnisse im Kirchenkampf und als SS-Oberscharführer im Konzentrationslager Hersbruck“. Gießen 1983

Lenz, Siegfried: Deutschstunde, Hamburg 1968 (Erstausgabe)

Levi, Erik: Music in the Third Reich, London 1994

Lewy, Mordechay: „Das Schweigen des Papstes“. In: Frankfurter Allgemeine Zeitung Nr. 72 vom 26. März 2010

Lexikon des Chorwesens. Verlag Deutsche Sängerzeitung, Mönchengladbach 1954

Liederbuch für die Vorschulerziehung 1952. Volk und Wissen. Berlin 1952

Lindemann, Gerhard: „Antijudaismus und Antisemitismus in den evangelischen Landeskirchen während der NS-Zeit“. In: Geschichte und Gesellschaft Nr. 29, 2003

Löw, Konrad: „Juden unerwünscht“. In: Frankfurter Allgemeine Zeitung Nr. 51 vom 1. März 2007

Lübeck, Johannes: Biographie zu Horst Wessel (unveröffentlichtes Manuskript), Bünde 2007

Lübeck, Johannes: Vier Generationen Bodelschwingh (unveröffentlichtes Manuskript), Bünde 2011

Lüdemann, Winfried: Hugo Distler. Eine musikalische Biographie. Augsburg 2002

Ludwig, Hartmut: Die Denkschrift von Elisabeth Schmitz „Zur Lage der deutschen Nichtarier". Analyse, Kontext und Vergleich. In: Elisabeth Schmitz und ihre Denkschrift gegen die Judenverfolgung. Konturen einer vergessenen Biografie (1893-1977). Hrsg. Manfred Gailus, Berlin 2008

Mann, Thomas: Bruder Hitler. In: „Esquire", Chicago März 1939

Mattheson, Johann: „Neuntes Haupt-Stück. Von den Ton-Arten". In: Der vollkommene Capellmeister. Neusatz des Textes und der Noten. Kassel, Basel, London, New York, Prag 1999

Meier, Kurt: Die Deutschen Christen. Das Bild einer Bewegung im Kirchenkampf des Dritten Reiches. Göttingen 1967

Meinecke, Friedrich: Die deutsche Katastrophe, Betrachtungen und Erinnerungen. 2. Auflage, Mannheim 1946

Minkmar, Nils: „Endlich sprechen die Akten". In: Frankfurter Allgemeine Zeitung Nr. 248 vom 25. Oktober 2010

Müller-Blattau, Josef (Hrsg.): Bericht über die zweite Freiburger Tagung für deutsche Orgelkunst vom 27.-30. Juni 1938. Kassel 1939

Müller-Blattau, Josef: Germanisches Erbe in deutscher Tonkunst, Berlin-Lichterfelde 1938

Münnich, Richard: „Die nationale Revolution der Musik". In: Zeitschrift für Schulmusik ZfSch VII/5, Mai 1934

Naatz, H.: Geschichte der Evangelischen Parochialkirche zu Berlin von 1703–1903. Festschrift zum Zweihundertjährigen Jubiläum des Bestehens der Kirche im Auftrage der Gemeindekörperschaften, verfasst von H. Naatz, Erstem Geistlichen der Gemeinde. Berlin 1903

Neuhaus, Helmut (Hrsg.): Deutsche Geschichte in Quellen und Darstellung: Das Zeitalter des Absolutismus. 1648-1789. Reclam Band 5 Nr. 17005, Stuttgart 1997

Oberkommando der Kriegsmarine (Hrsg.): Liederbuch der Kriegsmarine, Heft 1 und 2. Leipzig 1934

Pangritz, Andreas: Nun ist Bußtag - und die Kirche soll schweigen. In: Elisabeth Schmitz und ihre Denkschrift gegen die Judenverfolgung. Konturen einer vergessenen Biografie (1893-1977). Hrsg. Manfred Gailus, Berlin 2008

Piper, Ernst: Alfred Rosenberg. Hitlers Chefideolog. München 2005

Price, Frank Percival: Bells and Man, Oxford, New York, Toronto, Melbourne 1983

Price, Frank Percival: Campanology, Europe 1945–47. A Report on the Condition of Carillons on the Continent of Europe as a result of the recent war. The University of Michigan Press. Ann Arbor 1948

Price, Frank Percival: „Mr. Handel and his carillon". In: Bulletin of the Guild of Carillonneurs in North America vol. XX, May 1969

Prieberg, Fred K.: Handbuch Deutsche Musiker 1933–1945. CD-ROM-Lexikon, Kiel 2004 bzw.Version PDF-Format, Auprès des Zombry 2004

Prieberg, Fred K.: Musik im NS-Staat, Frankfurt am Main 1982

Protz, Albert: Vorwort zum Gesangbuch „So singen deutsche Christen“, Berlin 1934

Prolingheuer, Hans: Die „Judenreine“ deutsche evangelische Kirchenmusik – Dargestellt am Schicksal des Kölner Musikdirektors Julio Goslar im Dritten Reich. Beiheft zu: „Junge Kirche“ 11/1981

Prolingheuer, Hans: Kleine politische Kirchengeschichte, Köln 1984

Rabenau, Eitel-Friedrich von: Gemeinde im Werden. Geschichte der Apostel-Paulus-Gemeinde. Berlin 1954

Reichelt, Werner: Das braune Evangelium. Hitler und die NS-Liturgie. Wuppertal 1990

Reichsamt Reisen, Wandern und Urlaub. Zentralverlag der NSDAP, Franz Eher Nachf. (Hrsg.): Liederbuch „Wir wandern und singen“ der Nationalsozialistischen Gemeinschaft „Kraft durch Freude KdF“. München 1937

Reichsbund für evangelische Kirchenmusik (Hrsg.): Fest der Deutschen Evangelischen Kirchenmusik. Werke unserer Zeit. Berlin 1937

Reifenscheid, Beate (Hrsg.): Die innere Notwendigkeit. Gedanken zu Musik, Malerei und Bühne bei Schönberg, Kandinsky und anderen. Koblenz 2000

Ritter, Wilhelm: Die Glockenspielwerke von Wilhelm Bender 1911-194. Vorwort zur „Wilhelm Bender Edition: Kompositionen für Carillon“, Heft 1, Kassel 2006

Roth, Matthias: War Wolfgang Fortner ein Nazi? Der Komponist mit der Partei-Mitgliedsnummer 7.818.245 im Spiegel seiner „Entnazifizierungsakte“. In: Musik in Baden-Württemberg, Jahrbuch 2005, Band 12

Rousseau, Jean: Méthode claire, certaine et facile pour apprendre à chanter la Musique, Paris 1691

Ruck, Michael: Bibliographie zum Nationalsozialismus, Köln 1995

Rummenhöller, Peter: Romantik in der Musik („Die Kirchenmusik – und also die Musik überhaupt“), Kassel 1989

Safranski, Rüdiger: Romantik. Eine deutsche Affäre, München 2007

Sayers, Dorohy L.: Der Glockenschlag (Original: „The nine Tailors“, London 1934)

Schirach, Ferdinand von: Der Fall Collini, München-Zürich 2011

Schenk, Dietmar: „Die Hochschule für Musik zu Berlin. Preußens Konservatorium zwischen romantischem Klassizismus und Neuer Musik, 1869 – 1932/33“. In: Pallas Athene. Beiträge zur Universitäts- und Wissenschaftsgeschichte. Band 8, Stuttgart 2004

Schilling, Margarete: „Kunst, Erziehung und Klang“, Berlin 1992

Schuberth, Dietrich (Hrsg: Kirchenmusik im Nationalsozialismus. Zehn Vorträge. Kassel 1995

Schuppan, Erich (Hrsg.): Bekenntnis in Not. Die evangelische Kirche in Berlin-Brandenburg im Konflikt mit dem totalen Staat (1933-1945). Aufsätze zur Geschichte des Kirchenkampfs. Berlin 2000

Schuppan, Erich (Hrsg.): Wider jede Verfälschung des Evangeliums. Gemeinden in Berlin-Brandenburg 1933 bis 1945. Zur Geschichte des Kirchenkampfs. Berlin 1998

Schirrmacher, Frank: „Die Täter vom Amt“. In: Frankfurter Allgemeine Sonntagszeitung vom 24. Oktober 2010, Nr. 42

Schmidt, Bernhard: „Musik im Gottesdienst. Gottesdienstordnungen von 1713-1829“. In: Wie mit vollen Chören. 500 Jahre Kirchenmusik in Berlins historischer Mitte. Hrsg. Ingeborg Allihn und Wilhelm Poeschel, Berlin 2010

Scholder, Klaus: Die Kirchen und das Dritte Reich. Band 1: Vorgeschichte und Zeit der Illusionen 1918-1934, Frankfurt-Berlin-Wien 1977. Band 2: Das Jahr der Ernüchterung 1934, Barmen und Rom, Loccum-Tübingen-Heidelberg 1985

Schubart, Christian Friedrich David: Ideen zu einer Ästhetik der Tonkunst, Wien 1806

Schuberth, Dietrich: „Der Berufsstand des Kirchenmusikers“. In: Der Kirchenmusiker, Heft 6, 1986

Schütte, Rika: Das Menschenbild Fritz Jödes und seine Bestrebungen zur außerschulischen Musikvermittlung im Zusammenhang mit der Jugendmusikbewegung. Magisterarbeit im Fach Musik. Studiengang Angewandte Kulturwissenschaften. Universität Lüneburg 2004

Schweitzer, Albert: J.S. Bach, Leipzig 1907

Seidel, Heinrich Ulrich: Aufbruch und Erinnerung. Der Freideutsche Kreis als Generationseinheit im 20. Jahrhundert. Archiv der deutschen Jugendbewegung auf Burg Ludwigstein, Band 9. Witzenhausen 1996

Seifert, Adolf: Volkslied und Rasse. Ein Beitrag zur Rassenkunde. Reichenberg und Berlin-Lichterfelde 1940

Seeliger, Rolf (Hrsg.): Braune Universität. Deutsche Hochschullehrer gestern und heute. Dokumentenreihe in 5 Heften. München 1964-1965

Siemens, Daniel: Horst Wessel. Tod und Verklärung eines Nationalsozialisten. München 200

Siepert, Hans: „Das Berliner Glockenspiel“. In: Familienzeitschrift Daheim, Heft Nr. 15/16, 1934

Signale für die musikalische Welt (SmW): Feierliche Eröffnung der Reichskulturkammer, Jahrgang XCI Nr. 47 vom 22. November 1933

Söhngen, Oskar: Das kirchenmusikalische Amt in der Evangelischen Kirche der altpreußischen Union. Die wichtigsten geltenden Verordnungen und Erlasse auf dem Gebiet der Kirchenmusik. Drucksachen für Superintendenten und Kirchenmusikwarte. Bearbeitet von Oskar Söhngen, Berlin 1942 und Berlin 1950

Sommer, Ernst: „Christliche Kampflieder der Deutschen“. In: Musik und Kirche, Heft 5, 1933

Sonderdruck der Parochialkirche: 1703-1953. Zweihundertfünfzig Jahre Evangelische Parochialkirche. Festgottesdienst zum zweihundertfünfzigjährigen Bestehen der Ev. Parochialkirche am 8. Juli 1953. Druckfassung Berlin 1953

Spiegel Special (Geschichte): Hitlers Machtergreifung. In Nr. 1, 2008

Steinert, Marlies G.: Hitlers Krieg und die Deutschen. Stimmung und Haltung der deutschen Bevölkerung im Zweiten Weltkrieg. Düsseldorf-Wien 1970

Sternheim-Peters, Eva: Habe ich denn allein gejubelt? Eine Jugend im Nationalsozialismus, Köln 2000

Ströb, Andreas: „Das letzte Möbel – Entwicklung der Särge in der Gruft der Parochialkirche in Berlin-Mitte“. In: Mitteilungen der Berliner Gesellschaft für Anthropologie, Ethnologie und Urgeschichte, Band 23, 2002

Tewinkel, Christiane: „Horch, was kommt von draußen rein!“ In: Frankfurter Allgemeine Zeitung Nr. 235 vom 9. Oktober 2010

Thiele, Eugen: Das Glockenspiel der Parochialkirche zu Berlin. Gedenkschrift zum zweihundertjährigen Jubiläum des Glockenspiels, nebst einem Anhange über das Glockengeläut. Im Auftrag des Gemeindekirchenrats verfasst von Eugen Thiele, Berlin 1915

Thoene, Helga: Johann Sebastian Bach. SONATA A-MOLL. Eine wortlose Passion. Analytische Studie. Oschersleben 2005

Thoene, Helga: Johann Sebastian Bach. CIACCONA. Tanz oder Tambeau. Eine analytische Studie. Oschersleben 2003

Thoene, Helga: Johann Sebastian Bach, SONATA C-DUR BWV 1005 „Lob sey Gott dem Heiligen Geist“. Analytische Studie. Oschersleben 2008

Traub, Hellmut: „Warum hat keiner laut geschrieen?“ Vortrag vom November 1988, gehalten in Stuttgart aus Anlass des 50. Jahrestags der Pogromnacht am 9. November 1988. In: Glaube und Lernen – Zeitschrift für theologische Urteilsbildung, 5. Jahrgang, Heft 1/1990

Vollmer, Antje: Doppelleben: Heinrich und Gottliebe von Lehndorff im Widerstand gegen Hitler und Ribbentrop. Frankfurt 2010.

Vota, J.: Der Untergang des Ordensstaates Preußen und die Entstehung der preußischen Königswürde. Aus den Quellen dargestellt von Dr. J. Vota. Mainz, Kirchheim & Co. 1911

Vogler, Georg Joseph: „Ausdruck (musikalischer)“. In: Deutsche Encyclopaedie oder Allgemeines Real-Woerterbuch aller Kuenste und Wissenschaften, Band 2, Frankfurt/Main 1779

Wagner, Gerhard: „Die Glocke als Musikinstrument“. In: Frankfurter Glockenbuch, Hrsg. Konrad Bund, Frankfurt/Main 1986

Wagner, Walter: Der Volksgerichtshof im nationalsozialistischen Staat, Quellen und Darstellungen zur Zeitgeschichte. Hrsg. Institut für Zeitgeschichte, Band 16. München 2011

Wehler, Hans-Ulrich: Deutsche Gesellschaftsgeschichte. Vierter Band. Von Beginn des Ersten Weltkriegs bis zur Gründung der beiden deutschen Staaten 1914-1949. München 2000

Wehrmann, Harald: „Der Roman praktiziert die Musik, von der er handelt“. Über den Versuch Thomas Manns, seinem Roman „Doktor Faustus“ eine dodekaphonische Struktur zu geben. In: Die Musikforschung, Heft 1, Kassel 1993

Werbeck, Alfred: Die St. Johannis-Kirchengemeinde in den Jahren der Herrschaft des Nationalsozialismus Berlin-Moabit 1933–1945. Archivbericht Nummer 3/1994 der Evangelischen Kirche in Berlin-Brandenburg

Wersin, Michael: Bach hören. Eine Anleitung. Stuttgart 2010

Wieneke, Friedrich: Deutsche Theologie im Umriß. Schriftenreihe der „Deutschen Christen“. Hrsg. Joachim Hossenfelder. Nr. 5, Soldin 1933

Winter, Jörg: „Personalgemeinden im Recht der Evangelischen Landeskirche in Baden“. In: Bürgerliche Freiheit und Christliche Verantwortung. Festschrift für Christoph Link zum 70. Geburtstag. Hrsg. Heinrich de Wall und Michael Germann, Tübingen 2003

Wittenburg, Andreas: „Militär-Gesangbuch und Militär-Seelsorge in Vergangenheit und Gegenwart“. In: Jahrbuch für Liturgik und Hymnologie, 7. Jahrgang 1973

Wittkopp, Blandine: „Frühneuzeitliches Totenbrauchtum im Spiegel der Gruft der Parochialkirche in Berlin-Mitte“. In: Mitteilungen der Berliner Gesellschaft für Anthropologie, Ethnologie und Urgeschichte, Band 23, 2002

Wolf, Hubert: „Eine deutsche Mission und zwei Traumata“. In: Frankfurter Allgemeine Zeitung Nr. 236 vom 9. Oktober 2008

Yu, Sungil: Die Orchesterwerke von Friedrich Ernst Fesca. Dissertation, Paderborn 2011

Zahn, Dieter: Ulrich Leupold – Zwei Hälften eines Lebens. Archivbericht Nummer 2/1994 der Evangelischen Kirche in Berlin-Brandenburg

Zepf, Markus: Die Freiburger Praetorius-Orgel – auf der Suche nach vergangenem Klang, Band 7, Freiburger Beiträge zur Musikwissenschaft, Freiburg-Berlin 2005

Ziegler, Hans Severus: ENTARTETE MUSIK. Eine Abrechnung. Broschüre zur Ausstellung „Entartete Musik“. Berlin 1939

Zimmermann, Reinhold: Nationalsozialistische Liederbücher. In: „Deutsche Kultur-Wacht“ DKW II/1933, Heft 18, November 1933